젊은 스탈린

Young Stalin

젊은 스탈린

사이먼 시백 몬티피오리 지음
김병화 옮김

시공사

사랑하는 아들 사샤에게

차례

서문

스탈린은 말했다. "젊은 사람들은 모두 똑같다. 그런데도 뭐하러 젊은 스탈린에 대해 쓰겠다는 건가?" 하지만 그가 틀렸다. 그는 언제나 달랐으니까. 그의 젊은 시절은 극적이고 모험으로 가득 찼으며 아주 특별했다. 하지만 나이가 들어 초년 시절의 수수께끼를 회상할 때에 그는 마음을 바꾼 것 같다. "나중까지 밝혀지지 않을 비밀은 누구에게도 없는 법이지." 그는 생각에 잠겼다. 나는 역사가로서, 새로 세워진 소비에트 정부에서 레닌의 심복 가운데 하나로 등장하기까지 그의 은밀한 삶을 밝혀내려고 한다. 그런 내가 볼 때, 비밀에 관해서는 그가 옳았다. 그의 비밀 중 많은 것이 이제는 밝혀질 수 있다.

스탈린의 초년을 다룬 저술은 (히틀러의 젊은 시절을 다룬 수많은 책에 비하면) 별로 없다. 자료가 거의 없어서 그랬던 것 같다. 그러나 이제는 달라졌다. 어린 시절, 혁명가로서의 경력을 쌓아가는 과정, 폭력단의 일원이고, 시인이고, 수습 사제이던 시절, 한 여자의 남편이자 혈기방장血氣方壯한 연인인 남자, 또 사생아를 낳게 하고 여자와 아이들을 저버리는 남자로 살아온 과정에 대해 생생하게 말해줄 새 자료들이 새로 공개된 기록보관소에 숨어 있었다. 흔히 간과되어온 그루지야의 기록보관소는 특히 보물창고였다.

스탈린의 초년 시절은 많은 부분이 어둠 속에 숨어 있었지만, 어느 모로 보든 매우 특이했다. 레닌이나 트로츠키의 어린 시절보다도 더욱 격동적이었다. 어린 시절을 보내면서 그는 최고 권력에 수반되는 승리와 비극, 또 맹수 같은 특성에 대비할 수 있었고, 그로 인해 파괴되기도 했다.

혁명 이전 동안 스탈린이 이룬 업적과 범죄는 우리가 알고 있는 것보다 훨씬 어마어마하다. 사상 처음으로 우리는, 레닌에게 강한 인상을 주었고 나중에는 소련이라는 정치적 정글에서 그에게 더 없이 귀중한 생존 기술이 되어준 은행 강도, 폭력적인 갈취, 방화, 약탈, 해적질, 살인 등의 행위에서 스탈린이 어떤 역할을 했는지 확인할 수 있다. 하지만 우리는 그가 한낱 강도단 두목을 훨씬 뛰어넘는 존재라는 것도 확인할 수 있다. 그는 정치 조직가이고 폭력 단원이었으며 차르 체제의 보안 시스템을 뚫는 달인이었다. 아이러니하게도 대숙청에 의해 파멸됨으로써 위대한 정치가로서 명성을 얻은 지노비예프나 카메네프, 부하린과 달리 스탈린은 신체적 위험을 무릅쓰기를 겁내지 않았다. 하지만 그는 독자적이고 생각 깊은 정치가로서 레닌에게 강한 인상을 주었고, 정력적인 편집자이자 기자이기도 했으며, 대장(즉 레닌)과 맞서는 것을 두려워하지 않는 인물이었다. 스탈린의 성공은 적어도 부분적으로는 특이하게도 그가 받은 (신학교에서의) 교육과 길거리 폭력이 결합된 덕분이었다. 그는 지식인의 재능과 살인자의 재능을 함께 갖춘 희귀한 사례였다. 1917년에 레닌이 스탈린을, 난관에 부딪친 폭력 혁명을 성공시킬 수 있는 이상적인 부관으로 여긴 것도 놀랄 일이 아니다.

이 책은 거의 10년에 걸쳐 23개 도시와 9개국에서 진행한 연구와 조사의 산물이다. 내가 돌아본 곳은 주로 모스크바, 트빌리시, 바투미의 새로 공개된 기록보관소였지만, 상트페테르부르크, 바쿠, 볼로그다, 시베리아, 베를린, 스톡홀름, 런던, 파리, 탐페레(핀란드 제2의 도시, 스웨덴어로는 탐메르포르스), 헬싱키, 크라쿠프, 빈, 스탠퍼드, 캘리포니아 등지에서도 조사했다.

《젊은 스탈린》은 다른 책과 연결되지 않고 단독으로 읽히도록 저술된 책이다. 이것은 권좌에 오르기 전, 1917년 10월 정부에 들어가기까지의 스탈린의 삶에 대한 연구다. 먼저 나온 내 저서 《스탈린: 붉은 차르의 궁정Stalin: The Court of the Red Tsar》은 권력을 거머쥔 뒤 1953년 3월에 죽기까지의 스탈린을 다루고 있다. 이 두 책은 모두 정치가인 한 인간을 근거리에서 관찰한 역사인 동시에 주위 여건 속에 놓인 그를 다룬다. 이 두 책이 어떤 최고 정치인의 성장과정과 성인이 된 초기 시절을 밝혀내어, 20세기의 거인 중에서도 가장 파악하기 힘든 한편 대단히 매력적인 인물에 대한 하나의 서문을 구성해주었으면 한다. 스탈린의 성장과정에서 공감의 요소가 어떤 식으로 누락되었기에 그가 그토록 쉽게 사람들을 죽일 수 있었고 또 정치적 삶에 그토록 잘 대비할 수 있었을까? 1878년에 제화공의 아들로 태어났고, 1898년에는 이상주의 성향을 지닌 신학생이던 사람이 어찌하여 1907년에는 은행 강도, 1914년에는 망각 속에 잠긴 시베리아의 사냥꾼이다가, 1930년대에는 광신적 마르크스주의의 대량학살자가 되고, 또 1945년에는 베를린의 정복자가 되는 운명을 지니게 되었을까?

내가 쓴 두 권의 책은 스탈린의 생애에서 정치, 이데올로기, 경제, 군사, 국제관계, 사적 영역의 모든 측면을 담아내기 위한 것이 아니다. 그런 작업은 이미 두 학자가 탁월하게 달성한 바 있다. 스탈린 시대의 역사를 구축한 거장인 로버트 콘퀘스트Robert Conquest의 《스탈린: 민족의 파괴자Stalin: Breaker of Nations》와, 좀 더 최근에 나온 로버트 서비스Robert Service의 《스탈린: 공포의 정치학, 권력의 심리학Stalin: A Biography》이 그것이다. 그들의 훨씬 폭넓은 연구에 내가 더 보탤 것이 있다고 생각하지 않는다.

내 책 두 권은 결국 소련을 건국하고 1960년대까지 소련을 통치하게 될 스탈린 및 그 주변의 작은 서클이 누린 친밀하고 은밀한 정치적, 사적인 삶에 치중한다. 그 점에 대해 변명할 생각은 없다. 볼셰비키를 다룰 때는 이데올로기가 바탕이 되지 않을 수 없다. 그러나 새로 공개된 기록보관소의 자료를 보면 성품과 후원관계에 의거하는 소수 독재정치가 레닌과 스탈린 치하 정치의 본질이었음을 알 수 있다. 이는 로마노프 황제들 치하에서도 마찬가지였을 뿐 아니라, 지금 21세기 러시아의 '관리민주주의managed democracy (러시아의 푸틴 대통령이 2004년 재집권 이후 추구해온 정치 형태. 제도적으로는 민주국가의 형태를 갖고 있지만 국가의 철저한 통제하에 운영된다―옮긴이)' 치하에서도 사정은 똑같다.

스탈린의 긴 유년기는 여러 의미에서 항상 수수께끼였다. 1917년 이전에 그는 알려지지 않았다는 것에서 오는 신비를 조장했지만, 지하세계 혁명의 '검은 작업'을 자신의 전문으로 삼기도 했다. 그런 작업은 본질상 은밀하고 폭력적이고 없어서는 안 될 일이었지만 논란 또한 피할 수 없었다.

일단 권력을 잡은 뒤 스탈린이 레닌의 계승자가 되기 위해서는 합법적인 영웅적 경력이 필요했다. 그러나 그에게는 그런 것이 없었다. 그가 거쳐온 정치의 '더러운 업무' 때문이었다. 이것은 입 밖에 낼 수 없는 일이었다. 그에게는 위대한 가부장적 정치가가 되기에는 폭력배 같은 면모가 너무 많았고, 러시아의 지도자가 되기에는 그루지야적인 요소가 너무 많았기 때문이었다. 그가 찾은 해결책은 엉성하지만 모든 것을 담아내는, 그러면서도 진실을 은폐하고 왜곡하고 새로운 이야기를 꾸며내는 인신 숭배였다. 아이러니하게도 이러한 자기선전이 너무 과도해지다 보니, 원래는 별 악의가 없었던 것도 그것이 튀긴 불꽃에 부채질을 하여 거대한 반스탈린 음모론의 불길을 확산시키곤 했다. 그랬으니 그의 정치적 반대자들이나 우리 같은 후대의 역사가들은 그런 선전이 모두 거짓말이고 그가 실제로 한 일은 별로 없다고 믿기 쉽다. 캅카스는 그의 유년 시절 경력 가운데 많은 사건이 실제로 일어났던 지방인데, 이 지방을 조사한 역사가는 거의 없는 관계로 그러한 믿음이 더욱 커졌다. 숭배의 반대 형태 또한 숭배 자체와 마찬가지로 그런 음모론을 중심으로 자라게 마련이다.

가장 풀기 힘든 소문은 여전히 남아 있다. 스탈린이 차르 체제의 비밀경찰이 파견한 이중첩자였던가? 독재자의 가장 악명 높은 비밀경찰인 니콜라이 예조프와 라브렌티 베리야는 스탈린이 자신들에게 등 돌릴 때를 대비하여(실제로 등을 돌렸다) 그가 이중첩자라는 증거를 은밀하게 수집했다. 하지만 엔카베데NKVD(소비에트 내부 인민위원회Narodnyi Komissariat Vnutrennikh Del의 약칭. 스탈린 시절 대숙청을 주로 담당했던 기관으로, 소련비밀경찰KGB의 전신-옮긴이)의 절대적인 조사 권력을 휘둘렀음에도 그들 중 누구도 끝내 그런 물증을 찾아내지 못했다는 사실은 의미심장하다.

하지만 그보다 더 깊은 수수께끼도 있다. 모든 역사가는 스탈린이 변변찮은 시골뜨기라는 트로츠키의 주장이나, 스탈린이 1917년에는 그저 '흐릿한 얼룩'에 불과했다는 수하노프의 주장을 인용한다. 거의 모든 역사가들은, 스탈린이 어찌나 눈에 띄지 않고 평범한 존재였던지 1905년과 1917년에는 제대로 임무를 해내지 못했다는 트로츠키 주장의 노선을 따랐다. 즉 로버트 슬루서Robert Slusser의 말과 같이, 스탈린은 '혁명을 놓친 사람'이었다는 것이다.

하지만 그게 사실이라면, 어찌하여 그처럼 평범한 남자가 권력을 쥐었고, 레닌이나 부하린, 트로츠키 본인 같은 유능한 정치가를 능가했으며, 산업화 계획을 진행했고, 농민들을 상대로 전쟁을 치렀으며, 무시무시한 대숙청을 실행할 수 있었을까? 어떻게 그 '얼룩'이 잔혹하기는 해도 지극히 효율적인 세계적 정치가가 되어 소련을 창조하고 산업화할 수 있었고, 처칠과 루스벨트를 요리했으며, 스탈린그라드 전투를 지휘하고 히틀러를 패배시켰을까? 1917년 이전의 평범한 남자와 그 이

Young Stalin

후의 20세기 거인은 도저히 동일인물로 보이지 않는다. 그렇다면 그 두 사람은 어떻게 같은 사람이 되었는가?

그 둘은 사실 철저하게 같은 사람이다. 적이나 친구들이나 모두 어렸을 때부터 스탈린을 특별한 존재로 여겼음은 분명하다. 우리는 너무 오랫동안, 편견에 가득 차서 주인공을 실제와 너무 다른 모습으로 그린 트로츠키의 스탈린 초상화에 의지해왔다. 진실은 그와 다르다. 트로츠키의 견해는 초기의 스탈린보다는 오히려 트로츠키 자신의 허영과 속물성과 정치적 기술의 결여에 대해 더 많이 말해준다. 그러므로 이 책의 첫 번째 목적은 스탈린의 성장과정에 대한 진짜 기록을 밝히는 것이다. 스탈린 숭배나 반스탈린 음모론 중 어느 편에 의해서도 얼룩지지 않은 원본 그대로의 기록 말이다.

위대한 정치가들의 초년 경력을 다루는 전기라는 전통은 이미 존재한다. 윈스턴 처칠은 자신의 청년 시절을 기록했으며, 그 외에도 처칠의 청년기를 다룬 저술은 많이 있다. 루스벨트 대통령 등 다른 역사적 거인들에 대해서도 사정은 마찬가지다. 젊은 히틀러에 관한 저술은 하나의 산업이 되었다. 물론 이언 커쇼Ian Kershaw가 쓴 《히틀러 1 : 의지 1889~1936Hitler 1889~1936: Hubris》에 비할 만한 것은 하나도 없지만 말이다.

그러나 서구에서 출간된 스탈린 관련 수천 권의 책들 가운데 1917년 이전 그의 활동을 진지하게 연구한 것은 고작 두 권뿐이다. 새 기록보관소가 개관되기 한참 전에 집필된 로버트 터커Robert Tucker의 탁월한 정치심리학 저술인 《혁명가로서의 스탈린Stalin As Revolutionary》(1974)과, 냉전 시대의 반스탈린 음모론의 입장에서 쓴 에드워드 엘리스 스미스

Edward Ellis Smith의 《젊은 스탈린Young Stalin》(1967)이 있다. 이 책에서 스미스는 스탈린이 차르 체제의 첩자였다고 주장한다. 러시아 내에는 많은 책들이 나와 있지만 그것들은 주로 저널리즘 선정주의의 저작들이다. 그러나 그중에서도 알렉산드르 오스트로프스키Alexander Ostrovsky의 장엄하고도 흠잡을 데 없는 연구인 《스탈린의 배후는 누구인가?Kto stoyal za spinoi Stalina?》(2002)는 무척 뛰어난 저작이다. 나 자신의 연구는 이 세 사람 모두의 연구에 빚지고 있다.

소련이 겪은 사건들에는 설명할 수 없는 부분이 너무나 많다. 예를 들면 농민의 증오, 비밀주의와 편집증, 대숙청 기간의 처참한 마녀사냥, 가족과 삶 자체보다 우위에 서는 당, 1941년 히틀러의 기습을 초래한 소련 자체 첩보기구에 대한 불신 등등. 이런 것들은 지하생활, 즉 오흐라나의 콘스피라치아konspiratsia(모든 일이 음모라는 판단에 입각하여 움직이는 첩보원들의 행동원칙. 뒤에 더 자세한 설명이 나온다−옮긴이)와 혁명가가 남긴 산물이며, 스탈린의 캅카스적 가치관과 스타일의 결과이기도 했다. 그러나 스탈린만이 그런 것은 아니었다.

1917년경, 스탈린은 소비에트의 엘리트층과 그가 최고 권좌를 차지하는 동안 그의 부하가 될 수많은 인물들을 이미 알고 있었다. 소련이 형성되는 과정에서 캅카스인, 즉 스탈린, 오르조니키제, 샤우미안 같은 남자들의 폭력성과 부족주의는 적어도 라트비아, 폴란드, 유대인과 같은 정도로, 심지어는 러시아인들에 못지않을 정도로 큰 역할을 담당했다. 그들은 지식인, 유대인, 이민자들, 특히 똑똑하고 고고한 트로츠키에 맞서 볼셰비키당의 핵심 구성원이 되고 스탈린을 지지했을 가능성이 큰 '위원회 일원'의 정수였다. 그런 유형의 인물은 내전 기간에 저질러진 잔혹성을 지지했다. 왜냐하면 그들 역시 스탈린과 마찬가지로 바로 그런 길거리에서 자라났기 때문이다. 갱들의 전쟁, 부족들 간의 경쟁, 민족 학살을 함께 겪고, 동일한 폭력의 문화를 수용한 것이다. 전체적으로 나는 스탈린과 히틀러를 너무 단순하고 불분명하게 이해하게 만들어버린 심리학적 역사를 따르지 않는다. 이 책에서 나는 스탈린을 형성한 것은 비참한 어린 시절보다 훨씬 더한 것이었다는 점을 보여주려고 한다. 소련을 형성한 것이 마르크스주의 이데올로기보다 훨씬 더 많은 것들이라는 사실과 같은 맥락이다.

하지만 스탈린의 성격 형성과정은, 그의 통치가 너무나 사적인 성격을 띠기 때문에 특히 중요하다. 게다가 레닌과 스탈린은 혁명 이전에 각자가 거느리던 무자비한 음모가들의 작은 그룹을 모방하여 기묘한 소비에트 시스템을 만들었다. 사실 레닌-스탈린주의 비극 가운데 많은 부분은 볼셰비키의 행동 양식이 크렘린에서 세계 최대 제국의 정권을 형성할 때이건 트빌리시 술집의 뒷방에서 무명의 작은 비밀조직을 만들 때이건 언제나 똑같은 비밀주의적 방식이었다는 점을 깨닫지 않으면 이해할 수 없다.

오늘날의 러시아는 독재정치와 제국에 익숙해져 있는 상태로 그것에 지배되고 있으며, 특히 볼셰비키 테러로 인해 사회가 산산이 부서졌다. 그 이후 강력한 시민적 제도가 없어진 러시아는 아직도 한동안은 자기선전하는 파벌들에 지배당할 운명에 처해 있다. 더 넓은 차원에서는 혼탁한 테러리즘 세계가 그 어느 때보다 지금 더 큰 의미를 갖는 상황이다. 20세기 초반의 볼셰비키 집단이든 21세기 초반의 지하드Jihadi 조직이든, 테러리스트 조직들 사이에는 공통점이 많다.

1917년이면 스탈린이 레닌을 알게 된 지 12년째가 되는 해였고, 20년이 넘게 알고 지낸 사람들도 많았다. 그러므로 이것은 그저 한 사람의 전기만이 아니라 그들 집단의 연대기이며, 소련의 전사이자 강철 날개를 가진 나비로 탈피하기 전 땅속에 있는 벌레, 침묵 속의 유충에 대한 연구이기도 하다.

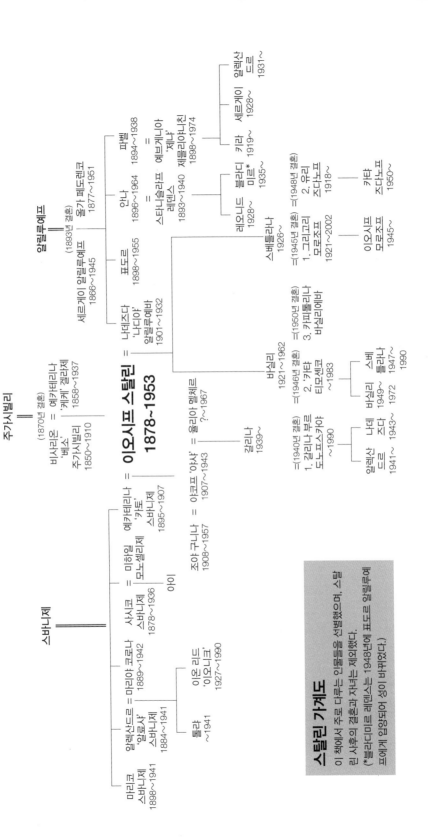

주가시빌리

바사리온 = 예카테리나
'베소' '케케' 겔라제
주가시빌리 1858~1937
1850~1910
(1870년 결혼)

스바니제

알렉산드르 = 마리야 코로나   사시코   = 미하일   예카테리나
'알료샤'   1889~1942   스바니제   모노셀리제   '카토'
스바니제   1878~1936   스바니제
1884~1941   1895~1907

마리코   아이
스바니제
1898~1941

돌라   이온 리드
~1941   '이오니크'
           1927~1990

이오시프 스탈린
1878~1953

조야 구니나 = 야코프 '야샤' = 율리야 멜체르
1908~1957   1907~1943   ?~1967

갈리나
1939~

알릴루예바

세르게이 알릴루예프 = 올가 페도렌코
1866~1945   1877~1951
(1893년 결혼)

표도르   안나   파벨
1898~1955   1896~1964   1894~1938
                          =
                    스타니슬라바 예브게니아
                    레덴스   '제냐'
                    1893~1940   제믈리야니친
                                1898~1974

나데즈다   세르게이   알렉산드르
'나디야'   1928~   드르
알릴루예바   1931~
1901~1932

레오니드   블라디   키라
1928~   미르*   1919~
          1935~

스베틀라나
1926~

=(1945년 결혼) =(1948년 결혼)
1. 그리고리   2. 유리
모로조프   즈다노프
1921~2002   1918~

이오시프   카탸
모로조프   즈다노프
1945~   1950~

바실리
1921~1962

=(1940년 결혼) =(1946년 결혼) =(1950년 결혼)
1. 갈리나 부르 2. 카탸   3. 카피툴리나
도노프스카야   티모센코   바실리예바
~1990   ~1983

알렉산드르   나탸   스베   바실리
드르   즈다   틀라나   1949~   1972
1941~   1943~ 1947~
                  1990

스탈린 가계도

이 책에서 주로 다루는 인물들을 선별했으며, 스탈
린 사후의 결혼과 자녀는 제외했다.
(*블라디미르 레덴스는 1948년에 표도르 알릴루예
프에게 입양되어 성이 바뀌었다.)

런던

북해

노르웨이
(1905년 독립)

스웨덴

핀란드 대공국

스톡홀름

탐페레

헬싱키

프랑스

독일 제국

발트 해

베를린

포츠담

리가

상트페테르
부르크
(1914년 페트로그
라드로 바뀜)

볼로그다

바르샤바

빌뉴스

비엔나

민스크

크라쿠프

합스부르크 제국

모스크바

이탈리아

렘베르크

키예프

쿠르스크

하리코프

오데사

러시

얄타

흑해

소치

날치크
블라디카프카즈

바투미

고리
트빌리시

지중해

오스만 제국

바쿠

카스피 해

이집트

아라비아

테헤란

페르시아

러시아 제국, 1878~1917

바렌츠 해

예니세이 강

쿠레이카

모나스티르스코
코스티노

솔비체고드스크

페름

나림

시 베 리 아

노바야 우다

아친스크

노보시비르스크

크라스노야르스크

제국

옴스크

아랄 해

1914년 이전 러시아 제국의 서쪽 경계

1917년 3월 스탈린의 기차 여행 경로

0   1,000마일
0   1,500킬로미터

고리   상트페테르부르크

고리   모스크바

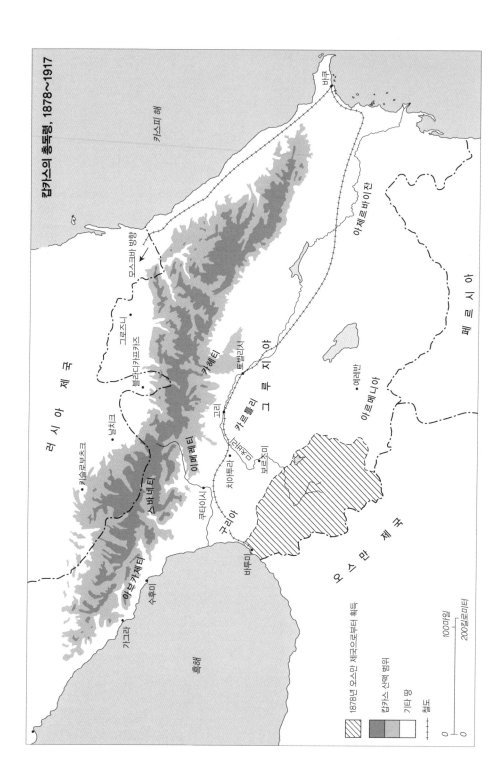

캅카스의 총독령, 1878~1917

러 시 아 제 국

카스피 해

카스피 해

바쿠

아제르바이잔

페 르 시 아

모스크바 방향

그로즈니

블라디캅카스

키슬로보츠크

날치크

스바네티

아브가제티

수후미

가그라

흑해

쿠타이시

구리아

카레타

트빌리시

고리

리자웃다

치아투리

보르조미

바투미

카르틀리 그 루 지 아

이메레티

에레반

아르메니아

오 스 만 제 국

1878년 오스만 제국으로부터 획득

캅카스 산맥 범위

기타 땅

철도

0   100마일

0   200킬로미터

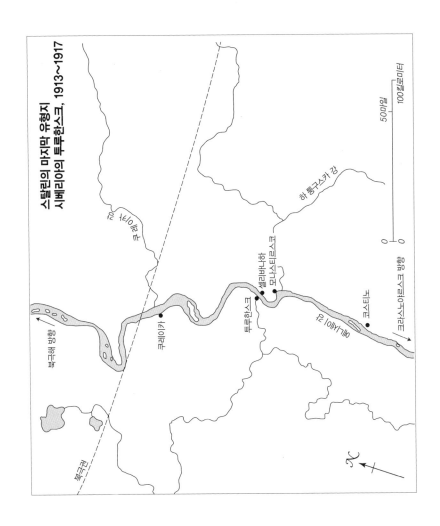

스탈린의 마지막 유형지
시베리아의 투루한스크, 1913~1917

북극해 방향

예니세이 강

쿠레이카

북극권

투루한스크

셀리바니하

모나스티르스크

코스티노

하 통구스카 강

에니세이 강

크라스노야르스크 방향

0   50마일
0   100킬로미터

등장인물 소개

가족

비사리온 '베소' 주가시빌리, 제화공, 아버지

예카테리나 '케케' 겔라제 주가시빌리, 어머니

스탈린, 이오시프 비사리오노비치 주가시빌리, '소소', '코바'

고리Gori

야코프 '코바' 에그나타시빌리, 고리 레슬링 챔피언, 상인, 생부일 수도 있음

이반 '바소' 에그나타시빌리, 야코프의 아들, 스탈린의 평생 친구

알렉산드르 '사샤' 에그나타시빌리, 야코프의 아들, 스탈린의 조신朝臣, '토끼'

다미안 다브리셰비, 고리의 경찰서장, 생부일 수도 있음

이오시프 다브리셰비, 다미안의 아들, 스탈린의 어린 시절 친구, 정치적 목적이 있는 은행 강도, 나중에는 프랑스에서 조종사, 스파이로 활동하며 회고록을 씀

이오시프 이레마시빌리, 고리와 트빌리시 신학교에서 함께 지낸 어린 시절의 친

구, 멘셰비키였고 회고록을 씀

크리스토퍼 차르크비아니 신부, 고리의 사제, 스탈린을 보호해주었고, 생부일 수도 있음. 그의 아들은 코테 차르크비아니

표트르 '페타' 카파나제, 사제, 고리와 트빌리시 신학교에서부터 평생에 걸친 친구

기오르기 엘리사베다시빌리, 고리의 친구, 볼셰비키

다토 가시타시빌리, 베소의 구둣방에서 일한 도제

학교 교사들

세미온 고그칠리제, 스탈린의 성악 선생, 고리 교회학교의 후견인

다비드 아바시제 공작, 드미트리 신부, '검은 점', 트빌리시 신학교의 현학적인 사제, 스탈린을 증오하여 탄압함

여자들

나탈리아 '나타샤' 키르타바, 바투미에서 묵은 하숙집의 여주인이자 여자친구

알바시 탈라크바제, 바쿠에서 문하생이자 여자친구

루드밀라 스탈, 바쿠와 상트페테르부르크에서 볼셰비키로 활동, 여자친구

스테파냐 페트로프스카야, 오데사의 귀족 여성, 망명자, 솔비체고드스크와 바쿠에서 연인이자 약혼녀

펠라게야 '폴랴' 오누프리예바, 별명은 '예쁜이', 볼로그다에서 연인이던 여학생

세라피마 호로세니나, 솔비체고드스크에서 연인이자 동반자

마리야 쿠자코바, 솔비체고드스크에서 하숙집 여주인이자 연인, 사생아 콘스탄틴의 어머니

타티야나 '타냐' 슬라바틴스카야, 볼셰비키로 유부녀였지만 연인이었음

발렌티나 로보바, 볼셰비키 해결사이자 아마 연인이었을 것임

리디야 페레프리기나, 투루한스크에 살던 열세 살의 고아, 스탈린의 아이를 둘 낳은 약혼녀

동지, 적, 경쟁자—트빌리시와 바쿠에서

라도 케츠호벨리, 고리 사제의 아들, 스탈린의 볼셰비키 멘토이자 영웅

알렉산드르 '사샤' 출루키제, 부유한 귀족, 스탈린의 볼셰비키 멘토이자 영웅

미하 츠하카야, 그루지야 사회민주노동당SDs의 설립자, 초기 볼셰비키, 스탈린의 후원자

필리프 마하라제, 볼셰비키이며 가끔 스탈린과 동맹하기도 했음

부두 '술통' 므디바니, 배우이자 볼셰비키 테러리스트, 스탈린의 동맹자

아벨 예누키제, 초기 볼셰비키, 알릴루예프 일가 및 스바니제 일가와 스탈린의 친구

실리비스트로 '실바' 지블라제, 신학교에 다닌 적이 있는 멘셰비키 선동자

레프 로젠펠트 '카메네프', 트빌리시의 유복한 엔지니어의 아들, 온건파 볼셰비키

미하일 '미샤' 칼리닌, 농민, 집사, 트빌리시의 초기 볼셰비키

수렌 스판다리안, 부유한 아르메니아 편집자의 아들, 볼셰비키, 바람둥이, 스탈린의 가장 가까운 친구

스테판 샤우미안, 유복한 아르메니아 볼셰비키, 스탈린의 동맹자이자 경쟁자

그리고리 '세르고' 오르조니키제, 가난한 귀족, 간호사, 볼셰비키의 폭력배, 오랫동안 스탈린의 동맹자였음

세르고 카프타라제, 서그루지야와 바쿠, 상트페테르부르크에서 스탈린의 젊은 심

복 노릇을 했음

아내들, 인척들

알렉산드르 '알료샤' 스바니제, 신학생, 스탈린의 친구, 초기 볼셰비키, 나중에는 스탈린의 처남이 됨

알렉산드라 '사시코' 스바니제, 알료샤 스바니제의 누이이자 스탈린의 친구

미하일 모노셀리제, 사시코의 남편이자 스탈린의 볼셰비키 동맹자

마리야 '마리코' 스바니제, 사시코와 알료샤의 누이동생

예카테리나 '카토' 스바니제 주가시빌리, 스바니제 일가의 막내, 스탈린의 첫 번째 아내이며 야코프 주가시빌리의 어머니

야코프 '야샤', 별명은 '사내Laddie' 주가시빌리, 스탈린의 아들

세르게이 알릴루예프, 철도와 전기 관리자, 초기 볼셰비키, 트빌리시와 바쿠, 상트페테르부르크에서 스탈린의 동맹자, 나중에 장인이 됨

올가 알릴루예바, 세르게이의 아내, 스탈린의 초기 친구, 정부였을 수도 있고 나중에는 장모가 됨

파벨 알릴루예프, 올가의 아들

안나 알릴루예바, 올가의 딸

표도르 '페드야' 알릴루예프, 올가의 아들

나데즈다 '나디야' 알릴루예바, 세르게이와 올가의 딸, 스탈린의 두 번째 아내

강도, 주모자, 해결사들

카모, 세미온 '센코' 테르-페트로시안, 스탈린의 친구, 문하생, 은행 강도이자 행동

대원

코테 친차제, 서그루지야에서 스탈린의 행동대원이자 강도단, 나중에는 은행 강도들의 대장이 됨

레오니드 크라신, 레닌 휘하의 폭탄제조와 돈세탁, 은행 강도 행각의 대가, 엘리트들과의 연락책, 나중에는 레닌과 결별

마이어 왈라크, '막심 리트비노프', 볼셰비키 무기상인이자 돈세탁 담당자

안드레이 비신스키, 오데사의 유복한 약제사의 아들, 바쿠에서 자랐으며 스탈린 휘하의 강도단원이었다가 나중에는 멘셰비키가 됨

마르크스주의의 거인

게오르기 플레하노프, 러시아 사회민주주의의 아버지

볼셰비키

블라디미르 일리치 울리야노프, '레닌', 혹은 가까운 사람들에게는 '일리치', 러시아 사회민주주의의 지도자이자 볼셰비키의 설립자

나데즈다 크루프스카야, 레닌의 아내이자 조수

그리고리 라도미슬스키, '지노비예프', 유대계 우유장수의 아들, 크라쿠프에서 레닌의 조수였다가 나중에 카메네프와 동맹하게 됨

로만 말리노프스키, 도둑, 강간범, 오흐라나의 스파이, 제국 시절 볼셰비키 지도자로 두마에 들어감

야코프 스베르들로프, 유대계의 볼셰비키 지도자이며 유형지에서 스탈린과 한 방을 썼음

레프 브론스타인, '트로츠키', 지도자, 연설가, 저자, 독자적인 마르크스주의자, 1905년에는 페테르부르크 소비에트에서 멘셰비키 의장이었다가 1917년에 볼셰비키에 가담함

펠릭스 제르진스키, 폴란드의 귀족, 혁명 전문가, 1917년에 볼셰비키에 가담함

엘레나 스타소바, 별명 '절대자'와 '젤마', 귀족이며 볼셰비키 활동가

클리멘티 보로실로프, 루간스크의 선반공, 볼셰비키이며 스탈린의 친구, 스톡홀름에서 스탈린과 같은 방을 썼음

비야체슬라프 스크리아빈, '몰로토프'로 이름을 바꿈, 젊은 볼셰비키, 스탈린과 함께 일간지 〈프라우다Pravda〉 창간

멘셰비키

율리 체르데르바움, '마르토프', 레닌의 친구였다가 혹독한 적이 됨. 멘셰비키의 창설자

노에 조르다니아, 그루지야 사회민주노동당 창립자이자 그루지야 멘셰비키 지도자

니콜라이 '카를로' 치헤이제, 바투미의 온건파 멘셰비키, 나중에는 상트페테르부르크에서 활동

이시도르 라미시빌리, 멘셰비키, 스탈린의 적

사이드 데브다리아니, 멘셰비키, 신학교 때 친구, 나중에 정적政敵이 됨.

노에 라미시빌리, 스탈린의 적인 억센 멘셰비키

미나도라 오르조니키제 토로셸리제, 스탈린의 멘셰비키 친구이자 볼셰비키 동맹자인 말라키아 토로셸리제의 아내

다비드 사기라시빌리, 그루지야 멘셰비키이며, 회고록을 씀

그리골 우라타제, 그루지야 멘셰비키, 회고록을 씀

라즈덴 아르세니제, 그루지야 멘셰비키, 회고록을 씀

하리톤 샤비시빌리, 멘셰비키, 회고록을 씀

스탈린의 이름, 별명, 필명, 가명

이오시프 비사리오노비치 주가시빌리 / 소소 / 소셀로 / 베소 / 코바 / 페트로프 / 이바노비치 / 베소시빌리 / 이반 이바노비치 비사리오노비치 / 갈리아시빌리 / 세미온 즈벨라야 / K. 카토 / 가이오스 베소비치 니제라제 / 오르가네즈 토토미안츠 / 자카르 멜리키안츠 / 표트르 치지코프 / 바실리, 바실리에프, 바샤, 바스카 / 괴짜 오시프 / 오시프 코바 / 이바노프 / 곰보 오스카 / 캅카스인 / 우유장수 / 곰보 / 절름발이(게자) / 비틀거리는 자(쿤쿨라) / 곰보(초푸라) / 다비드 / 사제 / 코바 신부 / 기오르기 베르제노시빌리 / K. 스테핀 / 이오스카 코리아비이(곰보 조[조 폭스]) / K.St. / K. 사핀 / K. 솔린 / 코바 스탈린 / J. 주가시빌리 – 스탈린 / J.V. 스탈린

일러두기

스탈린

스탈린은 1912년까지는 아직 자신의 유명한 이름을 쓰지 않았다. 스탈린이 그의 성姓이 된 것은 1917년 10월 이후의 일이다. 그의 본명은 이오시프 비사리오노비치 주가시빌리. 어머니, 친구들, 동지들은 1917년 이후에도 그를 소소라 불렀다. 시를 발표할 때는 소셀로라는 이름을 썼다. 코바라는 이름을 점점 더 많이 사용했지만, 비밀 생활을 하는 도중에는 여러 이름을 사용했다.

혼란을 피하기 위해 말해두자면, 이 책에서는 '스탈린'과 '소소'라는 이름을 두루 사용한다.

이름과 음역

가능한 한 그루지야와 러시아의 이름들에 대해 가장 알아듣기 쉽고 가장 잘 알려져 있으며 가장 쉽게 음역되는 버전을 사용하려고 했다. 물론 이렇게 하면 일관성이 없을 때가 많다. 가령 그루지야의 멘셰비키 지도자 노에 조르다니아Jordania의 경우 Zh가 아니라 J를 썼고, 지블라제Jibladze의 경우 Dj가 아니라 J를 썼다. 그러나 스탈린의 본명 주가시빌리Djugashivili의 경우 Dj로 널리 알려졌기 때문에 그렇게 썼다. 다브리셰비Davrichewy와 샤비시빌리Chavichivili의 경우 sh 대신에 ch를 써서 프랑스식으로 읽히도록 했다. 그들의 회고록에서 이 철자를 썼기 때문이다. 이것을 보고 경악할 수많은 언어학자들에게 심심한 사의를 표한다.

날짜

날짜는 러시아에서 사용되던 구식 율리우스력에 따른다. 그 방식은 서구에서 사용되는 신식 그레고리우스력보다 13일 늦다. 서구의 사건을 서술할 때는 두 방식이 모두 쓰인다. 소비에트 정부는 1918년 1월 31일 자정을 기해 신식 달력으로 전환하여, 그다음 날을 2월 14일로 선포했다.

화폐

20세기 초반의 환율로 10루블은 1파운드였다. 이것을 지금 화폐로 변환하려면 파운드는 5를 곱하고, 미국 달러는 10을 곱한다. 한두 가지 예를 들어보자. 바투미의 로스차일드(독일 출신 마이어 암셀 로트실트가 일으킨 가문으로, 자손들이 영국과 프랑스 등으로 퍼져 자리 잡았다. 영국식의 로스차일드라는 이름으로 널리 알려져 있으며, 프랑스에서는 로쉴드라고 한다. 세계적으로 유명한 와인 상표인 샤토 무통 로쉴드, 샤토 라피트 로쉴드가 이들의 소유다. 나중에 러시아에서 활동한 사람들도 프랑스계 후손들이므로 10장과 21장에 나오는 이 가문의 이름은 프랑스식의 로쉴드라고 표기한다—옮긴이) 정유소에서 노동자로 일했을 때 청년 스탈린은 일당 1.7루블, 또는 연봉 620루블을 받았다(오늘날 6,000달러 또는 3,000파운드의 연봉이다). 차르 니콜라이 2세는 자신에게 매년 25만 루블의 개인 용돈을 지급했고, 차레비치(황태자) 알렉세이의 경호원은 연봉 120루블을 받았다(현재 환율로는 1,200달러 또는 600파운드다). 하지만 이런 수치는 무의미하다. 그런 수치는 실제 구매력과 가치를 거의 알려주지 못한다. 다음의 예를 보자. 니콜라이 2세는 당시 세계에서 가장 부유한 인물이었을 것이고, 러시아에서는 틀림없이 그러했다. 하지만 그 개인이 소유한 토지, 보석, 궁전, 미술품, 광물 등의 전체 가치는 1917년에 1,400만 루블로 추산되었는데, 현재 화폐로 따진다면 1억 4,000만 달러 또는 7,000만 파운드에 불과하다. 이는 분명 터무니없이 적은 액수다.

직함

차르 체제의 모든 직함과 지위에 대등한 명칭이 있는 것은 아니지만, 최대한 가깝게 일치시키려고 했다. 러시아 지배자들을 말할 때는 차르와 황제를 함께 썼다. 차르 표트르 대제는 1721년에 스스로에게 황제의 관을 씌웠다. 캅카스 지배자의 직함도 가변적이다. 황제들의 아들이자 동생인 미하일 니콜라예비치 대공은 그곳의 총독viceroy이었다. 그러나 스탈린이 신학교에 다니던 기간에 대공을 계승한 그리고리 골리친 공작은 지사-장군governer-general이라는 더 낮은 지위였다. 그의 계승자인 일라리온 보론초프-다시코프 백작은 1905~1906년에 다시 총독으로 올라간다.

거리 및 무게

10베르스트verst = 6.63마일= 10.6킬로미터

1푸드pud = 36파운드 = 16.2킬로그램

주

본문 중 숫자로 표기된 주는 모두 자료 출처다. 자세한 내용은 다음 사이트에서 볼 수 있다. http://www.simonsebagmontefiore.com/Young-Stalin-Source-Notes.pdf

사진 출처

사진의 출처를 찾아내려고 최대한 노력했다. 그럼에도 부득이하게 빠뜨린 부분이 있다면, 추후에 모두 반영할 것이다.

① 데이비드 킹 콜렉션David King Collection

② 스탈린 박물관, 고리

③ 저자의 콜렉션

④ 다브리셰비 일가 콜렉션

⑤ 리아 노보스티RIA Novosti

⑥ 하리튼 아흐블레디아니 국립박물관Khariton Akhvlediani State Museum, 바투미

⑦ 마르크스-레닌주의 그루지야 형제애 연구소Georgian Filial Institute of Marxism-Leninism, GF IML

⑧ 미러픽스Mirrorpix

⑨ 게티Getty

⑩ 로저 비올레Roger Viollet / 탑포토Topfoto

⑪ 아제르바이잔 인터내셔널 매거진

⑫ RGASPI

⑬ 리사 트레인Lisa Train

⑭ 피어스 비테프스키Piers Vitebsky 박사

⑮ 스몰니학원 박물관Smolny Institute Museum

⑯ 아친스크 지역 박물관Achinsk Regional Museum, ARM

⑰ 〈선데이 타임스The Sunday Times〉(London)

⑱ 에그나타시빌리 일가 콜렉션

프롤로그 _ 은행 강도

1907년 6월 26일, 무더운 수요일 오전 10시 30분. 사람들로 북적대는 트빌리시(지금은 그루지야공화국의 수도) 중앙광장. 승마용 바지에 장화를 갖춰 신고 콧수염을 기른 멋쟁이 기병대 대위가 예쁜 그루지야 여자 둘과 농지거리를 하면서 큼직한 체르케스(북서부 캅카스어를 쓰는 캅카스인의 일파. Circass 또는 Cherkess로 쓰인다. 수니파 이슬람이 공식 종교이며, 12~13세기에 그루지야 군주들에 의해 합병되었다. 1864년에는 러시아에 정복되어 많은 주민들이 다른 곳으로 이주했다-옮긴이) 검을 휘두르며 재주를 부리고 있었다. 예쁘고 옷도 잘 입은 그 여자들은 야한 무늬가 그려진 양산을 빙글빙글 돌리는 한편, 한 손으로는 옷 속에 숨겨둔 모제르 권총을 만지작거리고 있었다.

농부들이 입는 밝은색 웃옷과 수병 스타일의 헐렁한 바지를 입은 인상이 불량한 젊은이들이 권총과 수류탄을 몰래 숨기고 길거리에서 기다리고 있었다. 광장에 있는 어쩐지 수상한 틸리푸추리 술집에서는 중

무장한 강도단이 1층을 차지하고 앉아, 지나가는 사람들에게 함께 한 잔 하자고 유쾌하게 권유하고 있었다. 그들은 모두 당시 스물아홉 살인 이오시프 주가시빌리, 나중에는 스탈린이라는 이름으로 전 세계의 주목을 받을 인물이 계획한 음모를 실행하려고 대기 중이었다.[1]

강도단 외에 그날의 범죄적 테러리스트들이 세운 '거창한 일'의 계획에 대해 아는 사람은 거의 없었지만, 스탈린은 그 계획을 짜기 위해 몇 달이나 작업했다. 당시 멀리 북쪽 핀란드의 쿠오콜라에 있는 어느 빌라에 은신해 있던 볼셰비키당*의 지도자 블라디미르 레닌도 계획 전반에 대해서는 알지 못했다. 사회민주노동당은 일체의 '징발'을 엄격하게 금지했지만, 레닌은 오래전에 베를린에서, 그리고 런던에서도 은밀히 스탈린을 만나, 대규모의 강탈 작전을 지시했다. 징발이란 은행 강도 행각을 가리키는 완곡어법이었다. 하지만 항상 아주 사소한 것까지 빈틈없이 신경을 써서 은밀하게 시행되는 스탈린의 작전과 강탈 행위와 살인은 그를 '볼셰비키 당중앙Bolshevik Centre'의 핵심 자금책으로 만들어주었다.[2]

그날 전 세계 신문의 머리기사로 실릴 사건들은 문자 그대로 트빌리시를 뿌리부터 흔들었고, 더 나아가서 이미 쪼개져 있던 사회민주노동당원들을 각축하는 파벌들로 분열시켰다. 그날은 스탈린의 경력을 구

---

*1898년에 창설된 러시아의 사회민주노동당은 1903년에 둘로 쪼개졌다. 레닌 휘하의 볼셰비키와 마르토프 휘하의 멘셰비키 두 파벌은 서로 싸우면서도 계속 같은 당 내에 남아 있다가, 1912년에 가서는 공식적으로 분당하여 다시는 통합되지 않았다. 레닌은 은행을 털어 자금을 마련하기 위해 볼셰비키 당중앙이라 불린 3인 그룹을 결성하여 범죄 행각을 조직하고 지휘했다.

축하는 동시에 거의 망칠 뻔했던, 생애의 분수령이 된 날이었다.

예레반 광장에는 강도단원 스무 명이 있었는데, 스탈린 패거리의 핵심 멤버인 '일당들outfit'로 알려진 사내들이었다. 이들은 골로빈스키 대로가 살짝 내려다보이는 지점에 자리 잡고 그곳을 지켜보았다. 이 대로는 하얀 이탈리아식 건물인 화려한 총독 궁전을 지나는 트빌리시의 우아한 중심가였다. 그들은 덜컹거리는 역마차 소리와 질주해올 카자크 kazak(흑해와 카스피 해의 북쪽 후배지에 사는 주민들로, 민족 구성은 주로 타타르인이지만 폴란드와 리투아니아 등지에서 온 난민들도 섞여 있다. 말을 잘 타고 호전적이어서 폴란드와 러시아가 계약을 맺어 군사력으로 많이 활용했다. 러시아에 반기를 든 스텐카 라진과 푸가초프 등의 반란이 실패한 뒤 자치력을 잃고 차르 체제를 수호하는 주요 병력이 되었다-옮긴이) 중대를 기다렸다. 체르케스 검을 찬 대위는 반회전했다가 말에서 내려, 최신유행으로 넘쳐나는 대로를 어슬렁거렸다.

거리 모퉁이마다 카자크나 경찰이 한 명씩 지키고 있었다. 당국은 대비를 하고 있었다. 1월 이후 뭔가 사건이 터질 것이라는 예상은 있었다. 차르의 비밀경찰 오흐라나에 소속된 정보원과 첩자들, 그리고 제복을 입은 정치경찰인 헌병들은 혁명당과 범죄자 무리 간의 비밀 음모와 쟁투에 대한 보고를 잔뜩 올렸다. 이런 지하세계의 어둠침침한 연막 속에서 강도떼와 테러리스트의 세계가 출현했고, 그런 세계에서는 무엇이 속임수이고 무엇이 진실인지 가려내기 힘들었다. 하지만 벌써 여러 달째, 뭔가 '거창한 일'에 대한 '소문'이 있었다.

그 햇빛 찬란하고 무더운 날 오전, 트빌리시의 동양적 색채는 1,600킬로미터 떨어진 곳에 있는 차르의 수도 상트페테르부르크와는 전혀 같은 세상에 속한 곳으로 보이지 않았다. 수돗물도 전기도 없는 훨씬 더 오래된 시가지가 성산聖山인 므타츠민다산 기슭을 천천히 휘감아 오르다가 도저히 더 오를 수 없이 가파른 곳까지 도달해 있었다. 그런 구역의 집들은 밝은색으로 칠해져 있고, 발코니가 있었으며, 해묵은 포도덩굴에 휘감겨 있었다. 트빌리시는 주민들이 다들 서로 잘 알고 지내는 커다란 마을 같은 곳이었다.

부대 본부 바로 뒤, 광장에서 엎어지면 코 닿을 거리인 평온한 프레일린스카야 가에 스탈린의 아내인 그루지야 출신의 젊고 예쁜 재봉사 카토 스바니제와 갓 태어난 아들 야코프가 살고 있었다. 그들 부부는 정말로 사랑하는 사이였다. 스탈린은 음울한 성격이었지만 카토에게 헌신적이었고, 카토는 그의 혁명적 열정을 함께하면서 그에게 찬사를 보냈다. 발코니에서 카토가 아들과 함께 햇볕을 쬐고 있을 무렵, 그녀의 남편은 그녀와 트빌리시 전체에게 사악한 충격을 막 가하려는 참이었다.

주민들이 서로 잘 알고 지내는 이 도시는 캅카스의 수도이자 흑해와 카스피 해 사이의 거친 산악지대에 있는 차르의 총독령으로, 억세고 사나운 사람들이 사는 격동적인 지역이었다. 파리 스타일로 만들어진 골로빈스키 대로는 우아했다. 신고전주의식 흰색 건물인 극장, 무어Moor 스타일의 오페라하우스, 웅장한 호텔, 그루지야의 왕공王公들과 아르메니아 원유 재벌들의 궁전이 거리에 줄지어 서 있었다. 그러나 군대 본부를 지나 예레반 광장에 오면 아시아식의 잡다한 풍경이 펼쳐졌다.

이국적인 옷차림을 한 행상꾼과 노점상들은 매콤한 그루지야 로비오 콩과 뜨거운 하차푸리 치즈빵을 권했다. 물장수, 노점상, 소매치기, 짐꾼들이 아르메니아와 페르시아식 상점에 물건을 실어다주거나 훔쳐냈다. 그 뒷골목은 유럽의 도시라기보다는 레반트(동지중해 연안 지역—옮긴이) 지역의 시장과 더 비슷했다. 낙타와 당나귀를 거느린 대상隊商들은 페르시아와 투르키스탄에서 온 비단과 향료, 풍요로운 그루지야 시골의 과일과 포도주용 가죽부대를 싣고 대상단 전용 숙소의 문을 옆걸음으로 드나들었다. 숙소의 젊은 하인과 심부름꾼들은 낙타 고삐를 풀고 짐을 날라주는 등 숙식을 하는 손님들의 시중을 들면서 광장을 지켜보았다. 이제 우리는 새로 개방된 그루지야 기록보관소에서 스탈린이 파긴Fagin(디킨스의 소설 《데이비드 코퍼필드》에 나오는 소년 소매치기단의 두목—옮긴이)처럼 사춘기도 채 되지 않은 대상단 전용 숙소의 소년 하인들을 혁명을 위한 길거리 소식통과 전령으로 활용했음을 알아냈다. 한편 대상단 숙소의 동굴 같은 뒷방에서는 갱단의 두목들이 사격수들에게 예비 지령을 내리고 전체 계획을 마지막으로 다시 한 번 연습하고 있었다. 그날 오전에는 스탈린도 그곳에 있었다.

장전한 권총을 숨긴 채 양산을 뱅글뱅글 돌리던 예쁜 10대 소녀 둘(갈색 머리에 몸매가 날씬하고 젊음이 넘쳐나는 검은 눈의 파치아 골다바와 아네타 술라크벨리제)은 몸을 살랑살랑 가볍게 움직이며 광장을 가로질러 군대 본부 밖으로 나가, 러시아 장교들, 날렵한 푸른 정복을 입은 헌병들, 항상 말을 타고 다니느라 안짱다리가 된 카자크들과 시시덕거렸다.

당시나 지금이나 트빌리시는 대로변을 거닐며 산보하다가 야외 술집에 수시로 들러 한잔 걸치는 손님들이 사는 나른한 소도시였다. 과시적이고 흥분 잘하는 그루지야인들과 닮은 사람들을 유럽에서 찾자면 아마 이탈리아인일 것이다. 그루지야인과 캅카스 지역 사람들은 폭이 넓고 긴 코트인 전통 의상 초하^{chokha}를 입고 총알집을 가슴에 가로질러 차고 큰 소리로 노래를 부르며 거리를 활보하고 다닌다. 검정 머릿수건 을 쓴 그루지야 여성들과, 유럽식 옷차림을 한 러시아 장교의 아내들은 푸시킨 정원의 문을 지나 산책하며, 축제 때 쓰는 것 같은 장식모자와 이색적인 의상을 걸친 페르시아인, 아르메니아인, 체첸인, 압하지야 Abkhazia(흑해 동쪽, 그루지야 서쪽에 있는 자치국-옮긴이)인, 산악지대의 유 대인들과 어울려 아이스크림과 셔벗을 사 먹는다.

길거리의 부랑아, 즉 킨토^{kintos} 무리는 사기를 칠 사람이 없는지 군중 을 남몰래 살펴보았다. 길 건너편에는 원기둥이 늘어선 흰색 건물인 신 학교가 있었는데, 거기서 흰색의 긴 사제복을 입은 10대 수습 사제들이 수염을 기르고 사제복을 입은 교사 신부들의 인솔 아래 밖으로 나왔다. 그 학교는 9년 전에 스탈린이 사제 서품을 받을 뻔한 곳이었다. 이 비 슬라브적이고 비러시아적이고 치열하게 캅카스적이며, 동양과 서양이 혼합된 만화경 같은 풍경이 스탈린을 길러낸 세계였다.

아네타와 파치아는 시간을 점검하면서 갈라져서 각각 광장의 양편 에 새로 자리 잡았다. 숨바토프 공작의 귀족적인 장엄한 궁전에서 멀지 않은 팰리스 가에는 악명 높은 틸리푸추리 술집이 있었는데, 그곳의 수 상한 단골손님들인 왕족, 호객꾼, 정보원, 소매치기 들은 이미 그루지 야 와인과 아르메니아 브랜디를 들이켜고 있었다.

바로 그때 스탈린과 그 갱단 몇 명을 아는 또 다른 혁명가인 다비드

Young Stalin

사기라시빌리David Sagirashvili가 술집 위층에 있는 가게 주인인 한 친구를 데려왔고, 문간에 있는 유쾌한 강도의 환영을 받았다. 그 강도는 바추아 쿠프리아시빌리Bachua Kupriashvili였는데, 즉시 다비드에게 "의자를 권하고 그루지야 관습에 따라 붉은 포도주 한 잔을 내놓았다." 다비드는 포도주를 들이켠 뒤 곧 일어서려고 했다. 그러자 그 총잡이는 다비드에게 "매우 깍듯이 예의를 갖추면서" 술집 안에 그대로 앉아서 "술과 안주를 더 먹으라"고 권했다. 다비드는 "그들이 사람들을 술집 안으로 들여보내기는 하지만 밖으로 내보내지는 않는다는 것"을 깨달았다. "무장한 사람들이 문간에 서 있었다."

망보는 임무를 맡은 늘씬한 갈색머리 소녀 파치아 골다바는 호송 대열이 대로를 달려 내려오는 것을 보자 모퉁이를 돌아 푸시킨 정원으로 달려가서, 문간에서 기다리던 스텝코 인츠키르벨리를 향해 손에 쥐고 있던 신문을 흔들어 보였다.

"시작이다!" 그는 이렇게 내뱉었다.

스텝코는 길 건너편의 틸리푸추리 술집 바로 바깥에 있던 아네타 술라크벨리제에게 고개를 끄덕였고, 아네타는 손짓으로 술집 안에 있던 사람들을 불러냈다. 문간에 있던 총잡이들이 사람들을 불렀다. "신호가 떨어지자" 사기라시빌리는 술집에 있던 패거리들이 술잔을 내려놓고 권총을 꺼내 머리를 쳐들고 광장 전역에 퍼져가는 것을 보았다. 통이 넓은 바지를 입은, 여위고 결핵에 걸린 듯한 젊은이들이었다. 아마 여러 날 변변히 먹지 못했는지도 모른다. 일부는 강도단이었고, 또 일부는 절망한 사람들이었으며, 또 나머지는 그루지야의 전형적인 유형인 가난에 찌든 왕족들, 지붕 벗겨진 시골의 성에서 살다가 올라온 귀족들이었다. 그들의 행위는 범죄였을지 모르지만, 결코 돈 욕심에서 나온 행동은 아니었다. 그들은 레닌과 그의 당, 그리고 트빌리시에 있는 레닌의 수하 대장인 스탈린에게 헌신하는 사람들이었다.

"우리 모두가 맡은 역할은 미리 계획되어 있었어." 강도단에 참여한 세 번째 여성 알렉산드라 다라흐벨리제가 기억했다. 아네타의 친구인 그녀는 갓 열아홉 살이었지만 난동과 총싸움이 벌어지는 상황에는 이미 도가 튼 사람이었다.

강도들은 광장의 경찰인 고로도보이gorodovoi, 길거리 용어로는 파라오라 불리는 경찰을 각자 한 명씩 상대했다. 총잡이 둘은 시청 밖에 있는 카자크를 조준했다. 나머지는 벨리야미노프 가가 아르메니아 상점과 만나는 모퉁이로 갔는데, 그곳은 국립은행에서 멀지 않은 곳이었다. 알렉산드라 다라흐벨리제는 미발표 회고록에서 총잡이 둘과 함께 길모퉁이를 지키던 일을 회상했다.

태연하게 신문을 읽는 체하던 바추아 쿠프리아시빌리는 멀리서 말발굽이 만들어내는 먼지 구름을 발견했다. 그들이 오고 있다! 바추아는 신문을 말아두고 잠시 기다렸다.

번쩍이는 검을 차고 광장을 산책하던 기병대 대위는 지나가는 사람들에게 상황에 끼어들지 말라고 경고했지만, 아무도 관심을 보이지 않자 근사한 자기 말에 뛰어올랐다. 그는 사실 장교가 아니라, 그루지야식의 검객이자 전형적인 조직폭력배의 이상형, 즉 기사인 동시에 강도였다. 그가 바로 스물다섯 살 난 카모, 스탈린의 말에 의하면 '조폭'의 두목이자 부유한 군주로 보일 수도 있고 농촌의 세탁부 차림으로 위장해도 통할 수 있는 위장의 달인이었다. 그는 반쯤은 보이지도 않는 왼쪽 눈을 이리저리 찡그리고 굴려대면서 뻣뻣하게 움직였다. 바로 몇 주 전 자신이 만든 폭탄이 코앞에서 터지는 바람에 아직도 그 부상에서 완전히 회복되지 않은 상태였다.

카모는 자신을 마르크스주의자로 개종시킨 스탈린에게 "완전히 매혹됐다." 두 사람은 트빌리시에서 45마일(72킬로미터) 떨어져 있는 폭력적인 분위기의 고리 마을에서 함께 성장했다. 그는 기발하고 뻔뻔스러운 은행 강도였고, 탈옥수들의 두목이었으며, 믿기 힘들 정도로 단순무식한 사람이었다. 또 사이코패스처럼 폭력을 휘두르면서 거의 미친 짓을 하고 다녔다. 강렬하고, 으스스할 정도로 차분하며, 기묘하게 아무 욕심도 없는 얼굴에 멍한 눈빛을 한 그는 대장을 섬기려는 열성이 대단했다. 걸핏하면 "대장을 위해 저 사람을 죽이게 해줘요!"라고 스탈린에게 애걸복걸하기도 했다. 그는 어떤 참혹한 일이나 용맹을 과시하는 행동도 주저하지 않았다. 나중에 그는 어떤 남자의 가슴을 맨손으로 후벼 파서 심장을 끄집어낸 일도 있었다.

스탈린은 평생 동안 초연한 자력磁力을 발휘하여 도덕심도 없고 한계도 없는 이 사이코패스의 헌신을 유도했고 그것을 획득했다. 어린 시절의 심복이던 카모와 이런 유의 강도들은 그에게 헌신하기 위해 길게 늘어선 사람들의 맨 앞에 서 있었다. "이들 젊은이들은 아무런 사심 없이 스탈린을 따랐다. 그들은 스탈린을 워낙 찬양한 나머지 강철같이 엄격한 그의 규율을 스스로에게 부과했다."[3] 카모는 스탈린의 집에 자주 찾아갔는데, 과거 그는 거기서 "나중에 카자크 장교를 연기할 것"이라는 이유를 대고 스탈린의 아내인 카토의 아버지가 쓰던 검을 빌려가기도 했다.⁴ 심지어는 귀족 출신이었고 빈틈없는 법률가인 레닌도 이 무모한 카모에게 매력을 느껴, "나의 캅카스 강도"라고 부르기도 했다. 나중에 나이가 들었을 때 스탈린은 "카모는 진정 놀라운 사람이었다"고 회상했다.⁵

카모 '대위'는 대로 쪽으로 말을 돌리고, 대담하게도 반대방향으로 오던 호송행렬 바로 곁으로 말을 천천히 달려 지나갔다. 총격전이 시작되자 그는 모든 사태가 "3분 이내에 끝날 것"이라고 으스댔다.

카자크들이 예레반 광장으로 달려 들어왔다. 두 대의 마차 앞쪽에 두 명, 뒤쪽에 두 명, 옆쪽에 또 한 명이 있었다. 강도들은 역마차 안에 프록코트를 입은 남자 둘이 타고 있는 걸 먼지 사이로 알아볼 수 있었다. 국립은행의 출납 직원인 쿠르디유모프와 회계사인 골로프니야였다. 라이플을 겨누고 있는 병사 둘도 있었다. 두 번째 역마차에는 경찰과 병사들이 가득 타고 있었다. 말발굽 소리를 요란하게 내면서 마차와 기수들은 눈 깜짝할 새에 광장을 가로질러 새 국립은행이 있는 솔로아키 가로 들어갈 수 있었다. 현관문 위에 세워진 사자와 신의 입상은 밀물처럼 부풀어오르는 러시아 자본주의의 표현이었다.*

---

*이 도시에서 동네 사이의 거리는 매우 짧다. 신학교, 스탈린 일가의 집, 총독 궁전, 은행은 모두 은행 강도 행위가 벌어진 현장에서 도보로 2분 거리에 있었다. 이 글에서 묘사되는 예레반 광장(나중에는 베리야 광장, 그다음에는 레닌 광장, 지금은 자유 광장으로 이름이 바뀌었음)에 면한 건물 대부분은 지금도 있다. 틸리푸추리 술집(지금은 공작이나 강도가 없는 곳), 신학교(지금은 박물관), 시청, 캅카스 지휘본부, 국립은행, 총독 궁전(스탈린의 어머니가

바추아는 신문을 떨어뜨려 신호를 보낸 다음 옆에 던져두고, 이제 무기에 손을 뻗었다. 갱단은 사과라는 별명의 무기를 꺼냈다. 그것은 아네타와 알렉산드라가 소파 속에 숨겨 트빌리시 시내로 들여온 강력한 수류탄이었다.

총잡이와 여자들이 앞으로 나서서, 퓨즈를 당긴 수류탄 네 개를 던졌다. 수류탄은 마차 밑에서 귀가 멀 것 같은 소음을 내며 터졌고, 폭발의 위력으로 말의 내장을 찢고 사람들을 조각냈다. 피와 내장 부스러기들이 광장의 조약돌에 튀었다. 강도들은 모제르 권총과 브라우닝 권총을 꺼내 광장 주위의 카자크와 경찰들에게 쏘아댔다. 거의 무방비상태이던 저쪽 편은 상처를 입고 쓰러지거나 달아나서 몸을 숨겼다. 터진 폭탄은 열 개가 넘었다. 목격자들이 볼 때는 사방에서 폭탄이 터지는 것 같았다. 심지어는 지붕 위에서도 터졌다. 스탈린이 숨바토프 공작 저택 지붕 위에서 첫 번째 폭탄을 던졌다는 말이 나중에 돌았다.

은행 마차는 멈춰 섰다. 지나가는 사람들은 비명을 지르며 몸을 숨겼다. 지진이 났다고 생각하는 사람도 있었다. 아니면 성산이 무너져 이 도시를 뒤덮은 건가? "끔찍한 총소리가 대포의 포성인지 폭탄이 터지는 소리인지 아무도 몰랐다." 그루지야 신문 〈이사리Isari〉는 이렇게 보도했다. "총소리 때문에 온 사방이 패닉상태에 빠졌다. 도시 전체에서 사람들은 달아나기 시작했다. 마차와 짐수레는 달려서 피했다." 건물에서 굴뚝이 무너졌고, 총독 궁전에서도 유리창이란 유리창은 모조리

오랫동안 살았던 곳)은 모두 변한 게 없다. 대상단 숙소, 푸시킨 정원, 아델하노프 구두공장 (스탈린이 일했던 곳)과 상점은 없어졌다.

깨졌다.

카토 스바니제는 친정 식구들과 함께 발코니에서 스탈린의 아기를 돌보고 있었다. "그러던 중 갑자기 폭탄 터지는 소리가 들렸어." 카토의 언니인 사시코가 회상했다. "우리는 겁에 질려 집 안으로 달려 들어갔지." 바깥에서는 누런 연기가 피어오르고 미친 듯한 난장판이 벌어졌다. 말과 인간의 사지가 토막 난 채 여기저기 널려 있고, 뭔가 나쁜 일이 일어났다.

앞쪽 마차에 매인 말 한 마리가 발작적으로 몸을 뒤틀더니 부르르 떨고는 정신을 차렸다. 강도들이 달려가서 마차 뒤편에 있는 돈 자루를 붙잡으려는 순간 말이 뒷걸음질 치면서 난장판을 벗어나 솔저스 바자르Soldiers Bazaar 지역을 향해 언덕길을 달려 내려가기 시작했다. 스탈린이 혁명을 위한 자금으로 레닌에게 보내겠다고 약속한 돈이 사라지고 있었다.[6]

그 뒤 한 세기 동안 그날 스탈린이 맡았던 역할은 의혹의 대상이었지만 입증될 수는 없었다. 하지만 이제 모스크바와 트빌리시의 기록보관소의 개방으로 그가 작전 전체를 지휘했고 여러 달 전에 이미 자기 사람을 은행 내부에 잠입시켜두었음이 밝혀졌다. 그의 처형인 사시코 스바니제의 미발표 회고록이 그루지야 기록보관소에 있는데, 거기에는 스탈린 자신이 작전 전체를 주도했음을* 그가 공개적으로 인정했다는

*사시코 스바니제의 이런 솔직함을 스탈린은 고마워하지 않았을 것이다. 그들은 30년 동안 가까운 가족으로 지냈다. 사시코는 1934년에 이 회고록을 남겼으며, 1936년에 암으로

말이 기록되어 있다.

　스탈린은 "정치라는 더러운 업무", 혁명의 음모적인 드라마에 뛰어난 솜씨를 보였다. 소비에트 러시아의 독재자가 되었을 때 그는 그런 '카자크들과 강도떼', '경찰과 도둑들'의 러시아식 버전인 '카자키 이 라즈보이니키kazaki I razboyniki'의 게임에 대해 수수께끼 같은 이야기를 하면서 그리운 듯 회상하기까지 했다. 하지만 정치가로서 자신의 신뢰성을 훼손할 수 있는 부분에 대해서는 절대로 자세한 이야기를 하지 않았다.[7]

　1907년의 스탈린은 가명을 여러 개 쓰는 신비한 남자, 몸집이 작고 여위고 강인한 남자로, 대개 붉은 새틴 셔츠와 회색 코트를 입고 그의 트레이드마크라 할 수 있는 검정 페도라 모자를 쓰고 다녔다. 가끔은 그루지야의 전통 의상인 초하를 즐겨 입었고, 흰색의 캅카스식 후드를 근사하게 어깨에 늘어뜨리고 다니기도 했다. 항상 여기저기 옮겨 다니고, 도피 생활도 했던 그는 차르 사회의 여러 가지 제복을 위장용으로 활용했으며, 넝마 차림으로 추적을 따돌릴 때도 많았다.

　그는 여자들에게 인기가 있었고, 그루지야 노래를 부르고 시를 읊기도 하는 등 카리스마 있고 유머러스했다. 그러나 한편으로는 무척이나 괴팍하고 북부식으로 차가운, 괴상한 그루지야인이었다. 불타는 것 같은 그의 눈은 다정한 기분일 때는 꿀 빛깔의 점무늬가 있지만, 화가 날

죽었다. 그렇지 않았더라면 언니인 마리코, 오빠인 알료샤, 그리고 스탈린의 아내와 같은 운명을 맞이했을 것이다. 사시코 스바니제의 회고록이 활용되는 것은 이 책이 처음이다. 카모, 바추아 쿠프리아시빌리, 알렉산드라 다라흐벨리제 등 은행 강도 중의 몇 명은 완전하지도 않고 발표도 되지 않은 회고록을 남겼는데, 역시 여기서 처음 사용됐다.

때는 누렇게 변했다. 그때의 그는 아직 전성기 시절의 콧수염과 헤어스타일을 하지 않았다. 가끔은 턱수염을 제대로 기르거나 머리를 길게 기르기도 했는데, 좀 더 젊었을 때처럼 적갈색 기운이 아직 남아 있긴 했지만 이제는 검은색으로 변해버렸다. 주근깨와 얽은 자국이 있었고, 걸음걸이는 빨랐지만 다리를 절었고, 왼팔은 뻣뻣했다. 어린 시절에 겪은 사고와 병의 후유증 때문이었다.

불굴의 행동가인 그에게는 아이디어와 독창성이 들끓었다. 배움에 대한 허기와 가르치려는 본능으로 고취된 그는 소설과 역사를 열렬하게 공부했다. 그러나 이런 그의 문자에 대한 사랑을 언제나 압도하는 것이 있었으니, 바로 지휘하고 지배하며 적을 물리치고 모욕에 대해 보복하려는 충동이었다. 그는 참을성 있고 침착하며 소박했지만, 그와 동시에 허영심과 추진력이 강하고, 예민했으며, 약간의 자극으로도 사악함이 폭발했다.

명예와 충성심을 중요시하는 그루지야의 문화에 흠뻑 젖은 그는 대담한 현실주의자에 빈정거리는 냉소주의자, 무자비한 백정이었다. 볼셰비키의 은행 강도단과 암살단을 만든 것이 바로 그였다. 그는 마피아 대부처럼 이런 패거리를 멀리서 조종했다. 그는 농부들처럼 거친 태도를 취했다. 이런 특성은 동지들을 그로부터 멀어지게 만들었지만 속물적인 경쟁자들로부터 자신이 가진 섬세한 재능을 감추는 데는 효과가 있었다.

그는 카토와 행복한 결혼을 했으면서도 무정하게 떠도는 생활을 선택했다. 사랑 자체와는 무관하게, 그런 생활이 정상적인 도덕성이나 책임감에서 자신을 해방시켜준다고 믿은 것이다. 하지만 타인들의 과대 망상에 대해 쓰면서도 그는 정작 자신의 권력 충동은 의식하지 못했다. 그는 자신의 비밀을 즐겼다. 친구들 집에 가서 문을 두드릴 때, 누구냐고 물으면 그는 짐짓 불길한 척하면서 "회색 옷의 남자요"라고 대답하곤 했다.

최초의 직업적 혁명가였던 그에게는 지하가 자연스러운 생활공간이었다. 지하에 들어가면 그는 고양이처럼 우아하게, 위협적으로 움직였다. 타고난 극단주의자이자 음모가인 회색 옷의 이 남자는 진정한 신자信者, "어렸을 때부터의 광신적 마르크스주의자"였다. 캅카스적 음모의 세계인 스탈린의 비밀 행성에서 행해지는 폭력적 의례는 나중에 소비에트연방 자체의 특이한 지배문화로 만개한다.[8]

"스탈린은 강도짓의 시대를 열었다"고 이오시프 다브리셰비가 썼다.[9] 그는 스탈린과 같은 마을 출신으로 함께 은행 강도를 구상한 동료다. 우리는 스탈린이 작전을 조직했지만 직접 참여한 적은 한 번도 없다고 믿어왔다. 1907년의 그날은 사실 그랬을 수도 있지만, 이제 우리는 다른 강도 작전에는 대개 모제르 권총으로 무장한 스탈린 본인이 직접 개입했음을 알고 있다.[10]

그는 규모가 큰 상품이 어디 있는지 항상 조사했고, 최고의 은행 강도 행각에는 대개 내부자들의 활약이 필요함을 알고 있었다. 이번 경우에는 '내부자'가 둘 있었다. 먼저 그는 쓸모 있을 만한 은행 직원이 어디 없는지 꼼꼼하게 살펴보았다. 그러다가 마침 우편송금 사무소에서 일하는 옛날 학교 친구를 우연히 만났다. 스탈린은 이 담당자를 몇 달 동안 길들여 끝내 거액의 돈(아마 최고 100만 루블 정도)이 1907년 6월 13일에 도착할 것이라는 힌트를 얻어냈다.

이 결정적인 '내부자'는 훗날 자신이 이 엄청난 소동을 벌이는 데 힘을 보탠 까닭은, 오로지 스탈린의 낭만시를 너무나 숭배했기 때문이었다고 말했다. 시인 스탈린 덕분에 강도 스탈린의 활동이 가능해지는 곳은 그루지야뿐이다.[11]

질주하는 마차와 말, 그리고 거기 실린 전리품은 광장을 가로질러 쏜살같이 내달렸다. 강도 몇 명은 극심한 공포에 빠졌지만 총잡이 셋은 놀랄 만한 속도로 움직였다. 바추아 쿠프리아시빌리는 침착을 유지하면서 말 쪽으로 달려갔다. 그 자신도 위험해질 정도로 가까운 거리에서 그는 말의 배 아래에 '사과(수류탄)'를 하나 더 던져 넣어 말의 내장을 터뜨리고 다리를 날려버렸다. 바추아 자신은 폭발의 충격으로 공중에 날아올랐다가 자갈 위로 떨어져 정신을 잃었다.

마차가 갑자기 멈추었다. 바추아는 움직일 수 없었지만 다티코 치프리아시빌리는 마차 위로 뛰어올라 돈 자루를 끌어냈다. 그는 돈 자루를 잡아당기면서 연기를 뚫고 벨리아미노프 가 쪽으로 갔다. 하지만 강도들도 우왕좌왕했다. 다티코는 돈이 너무 무거워 멀리 달아날 수 없었다. 누구에게든 돈을 넘겨줘야 했다. 그런데 누구에게 맡겨야 할까?

떠다니던 연기가 흩어지면서 작은 전쟁터라 해도 될 만한 참상이 드러났다. 공중에서는 여전히 비명과 총격이 난무했고, 시신 조각들이 널려 있는 자갈 위로 피가 시냇물처럼 흘렀다. 카자크들과 병사들은 무

Young Stalin

기를 찾아 쥐면서 조심조심 모습을 나타내기 시작했다. 도시의 다른 곳에서 지원병력이 오고 있었다. "동지들 전원은 자기가 있어야 할 자리에 있었다. 배짱이 모자라 달아난 세 명을 제외하고." 바추아 쿠프리아시빌리는 이렇게 썼다. 하지만 잠깐 동안 다티코 주위에는 아무도 없었다. 그는 머뭇거리면서 어찌 행동해야 할지 판단을 못하고 있었다. 계획의 성공 여부는 간발의 차이에 달려 있었다.

스탈린이 정말로 숨바토프 공작 저택의 지붕에서 폭탄을 던졌는가? 이 독재자가 총애한 작가인 파블렌코P.A. Pablenko가 쓴 또 다른 자료에 의하면, 스탈린 본인이 마차를 공격했고 폭탄 파편에 부상당했다고 한다. 하지만 이 말은 사실이 아닌 것으로 보인다.[12] 스탈린은 주로 보안 때문에 다른 모든 사람들과 떨어져 '혼자' 있었다. 이는 또 항상 자신을 특별한 존재로 여겼기 때문이기도 했다.[13]

그루지야의 자료에 따르면, 1920년대에 카모가 술에 취해 스탈린이 실제 활동에는 전혀 참여하지 않고 강도 행위를 지켜보기만 했다고 말한 적이 있다. 이는 확실치 않은 어떤 경찰 관련 소식통도 확인해준 내용이다. 이 소식통은 스탈린이 골로빈스키 대로에 있는 "어느 저택 마당에서 담배를 피우면서 그 무자비한 유혈 행위를 지켜보았다"고 썼다. 아마 그 '저택'은 숨바토프 공작의 집이었을 것이다.[14] 그 대로변의 밀크바,* 술집, 행상, 미용사, 불한당들 중에는 오흐라나의 정보원들이

---

*당시 인기 있던 카페.

득실득실했다. 아마 갑작스럽게 출몰하는 비밀행동의 달인인 스탈린은 총격전이 시작되기 훨씬 전에 현장을 벗어나 있었을 것이다. 사실 가장 정확한 자료에 따르면 그는 오전 중반쯤 기차역에 있었다.[15]

기차역에서라면 그의 휘하에 있는 예레반 광장 주위의 짐꾼이나 부랑배 네트워크와 쉽게 연락할 수 있었다. 그런 재주 있는 사기꾼들이 가져오는 소식이 나쁜 쪽이라면 그는 금방 기차에 뛰어올라 사라지면 되는 것이었다.

강도 행위가 금방이라도 실패로 돌아갈 찰나, 카모 '대위'가 자신의 쌍두마차를 타고 나타났다. 그는 한 손에는 고삐를 몰아 쥐고 다른 손으로는 자신의 모제르 권총을 쏘아대면서 광장으로 달려 들어왔다. 계획이 제대로 진행되지 않은 데 분기탱천하여 그는 '진짜 대위처럼' 목청껏 있는 대로 고래고래 고함을 질러대고 자신의 마차로 광장을 빙빙 돌면서, 광장의 지배권을 사실상 도로 빼앗았다. 그런 다음 다티코에게 달려가, 총잡이 여자들의 도움을 받아 몸을 굽혀 돈 자루를 말 위로 끌어올렸다. 그는 마차를 거꾸로 돌려 총독 궁전 바로 곁을 지나 대로를 달려 돌아갔다. 그 궁전에서는 병사들이 집결하여 벌집처럼 붕붕대고 있었다. 카자크들은 안장을 걸었고, 증강 병력을 보내라는 명령이 파송되고 있었다.

카모는 경찰 쌍두마차 한 대가 경찰부서장인 발라반스키를 태우고 반대방향에서 질주해 들어오는 것을 보았다. "돈은 안전해. 광장으로 달려가." 카모는 외쳤다. 발라반스키는 광장으로 몸을 돌렸다. 그다음 날에야 발라반스키는 자신의 실수를 깨달았다. 그는 자살했다.

카모는 곧바로 브토라야 곤차르나야 가로 달려가서 작전 가담자의 상점 마당으로 들어갔다. 이 상점은 바르바라 '베이브' 보쇼리제라는 이름의 한 노파가 소유한 집 뒤편에 있었다. 과거에 스탈린은 여기서 베이브의 아들 미하와 밤 시간을 함께 보낸 적이 많았다. 강도 계획도 이곳에서 세웠다. 지역 경찰들은 그 집에 대해 잘 알고 있었지만, 강도들은 헌병장교를 적어도 한 명 이상 매수해두었다. 주보프 대위라는 그 헌병은 나중에 뇌물수수죄로 고발당했다. 그는 심지어 장물 숨기는 걸 돕기까지 했다. 탈진한 카모는 돈을 전달하고, 제복을 바꿔 입고, 땀에 젖은 머리에 물 한 양동이를 퍼부었다.

스탈린의 거창한 작전이 가한 충격파는 전 세계를 진동시켰다. 런던에서 〈데일리 미러Daily Mirror〉지는 "폭탄의 소나기: 혁명가들이 군중 속에 파괴를 던지다"라고 보도했다. "대략 열 개가량의 폭탄이 차례차례 도시 중앙부의 사람들로 들끓는 광장에 투척되었다. 폭탄은 엄청난 화력으로 폭발했으며 많은 사상자를 냈다." 〈더 타임스The Times〉지는 "트빌리시 폭탄 소동"이라고 간단하게 불렀으며, 파리의 〈르땅Le Temps〉지는 더 간결했다. "재앙!"

트빌리시에서는 난리가 났다. 평소에는 온화한 캅카스 총독 보론초프-다시코프 백작은 오만무례한 테러리스트들에 대해 입에 거품을 물고 이야기했다. "행정부와 군대가 동원되었다. 경찰과 순찰대가 도시 전역에서 수색을 시작했다. 많은 사람이 체포되었다." 〈이사리〉지는 이렇게 발표했다. 상트페테르부르크는 격노했다. 돈과 강도들을 찾기 위해 보안 병력이 요청되었다. 특수수사팀이 파견되어 수사를 지휘했다. 도로가 폐쇄되었고, 예레반 광장은 포위되었다. 카자크들과 헌병들이 용의자들을 검거했다. 정보원, 이중첩자들은 모두 추궁당해 온갖 잡다한 정보를 털어내야 했지만, 그들 중 누구도 진짜 혐의자를 실제로 지목하지는 않았다.

마차에는 2만 루블이 남아 있었다. 살아남은 마차꾼은 운수대통이라고 생각하고는 그중 9,500루블을 챙겼지만 나중에 체포되었다. 그는 스탈린과 카모 일당에 대해서는 아무것도 몰랐다. 한 여자가 마구 떠들어대면서 자기가 은행 강도라고 주장했지만 나중에 보니 정신이상자였다.

몇 명의 강도가 현장에 있었는지는 아무도 알지 못했다. 현장에 있던 목격자들은 성산에서 던진 것은 아니더라도, 주변 건물 지붕에서 폭탄을 던진 강도가 50명은 된다고 생각했다. 카모가 지폐를 가져가는 걸 실제로 본 사람은 아무도 없었다. 강도 행위가 정부의 자작극이라는 설에서부터 폴란드 사회주의자, 로스토프 출신의 무정부주의자들, 아르메니아혁명연합Armenia Dashnak, 사회주의자혁명가당SRs : Socialist-Revolutionaries의 계획이라는 설까지 온갖 다양한 말들이 오흐라나의 귀에 들어갔다.

강도 중에는 잡힌 사람이 없었다. 쿠프리아시빌리조차도 잠시 후에 정신이 들어 몰래 달아날 수 있었다. 그 뒤 이어진 혼란 속에서 그들은 사방으로 흩어져서 군중 속으로 숨어들었다. 알렉산드라와 함께 길모퉁이를 담당하던 엘리소 로미나제라는 사람은 교사들의 집회로 스며들어갔다. 그러고는 한 교사의 제복을 훔쳐 입고 대담하게도 광장으로 다시 돌아와 어슬렁거리며 자신의 솜씨에 감탄하기까지 했다. "모두 무사했다"고 알렉산드라 다라흐벨리제는 1959년에 구술한 회고록에서 말했다. 그 운 나쁜 강도단 일원 가운데 그때까지 살아남은 것은 그녀 혼자였다.

광장에 쓰러진 부상자는 50명이었다. 카자크, 은행 직원, 무고한 보행자들의 찢긴 시신이 흩어져 있었다. 검열된 신문은 사상자 수를 줄여 말했지만 오흐라나의 기록보관소에 따르면 사망자가 40명가량이었다고 한다. 부상자를 처리하는 응급 진료소가 근처 상점에 차려졌다. 중상자 24명은 병원으로 이송되었다. 한 시간 뒤에는 도살장에서 나오는 가축 내장처럼 사망자들과 시신 조각들을 실은 음울한 수레가 줄을 지어 골로빈스키 대로를 따라 내려갔다.[16]

국립은행 자체도 자신들이 잃은 것이 25만 루블인지 34만 1,000루블인지, 아니면 두 액수 중간의 어느 만큼인지를 확실하게 알지 못했다. 그렇기는 해도 엄청난 거액임은 분명했다. 지금 가치로 따지자면 대략 170만 파운드(미국 달러로는 34만 달러)에 해당되지만 실질 구매력은 그보다 훨씬 높았다.

보쇼리제와 그의 아내이며 역시 여성 강도단인 마로는 매트리스 속에 돈을 넣고 꿰맸다. 그런 다음 모제르 권총을 휘두르는 늘씬한 파치아 골다바가 짐꾼을 불렀는데, 그들도 아마 스탈린이 지휘하는 부랑배들이었을 것이다. 그리고 쿠라 강을 건너 다른 은신처로 돈을 옮기는 일을 감독했다. 거기서 돈이 든 매트리스는 스탈린이 신학교를 떠난 뒤의 직장이자 거주지였던 트빌리시 기상관측소 소장의 침상에 놓였다. 그곳은 스탈린이 지하 음모 생활에 뛰어들기 전에 다녔던 마지막 직장이었다. 사실 1917년 10월에 레닌의 소련 정부에 참여하기 전 그가 얻은 제대로 된 일자리는 이것이 마지막이었다. 나중에 이 기상관측소의 소장은 자기 머리맡에 얼마나 큰돈이 들어 있었는지 전혀 몰랐다고 시인했다.

여러 자료들은 관측소에 돈을 숨기는 것을 스탈린 본인이 도왔다고 주장한다. 전설처럼 들릴 수도 있겠지만 이 주장은 사실일 확률이 높다. 또 그가 훔친 돈을 처리한 일이 자주 있었다는 사실도 넌지시 말해준다. 은행 강도와 해적질로 빼앗은 지폐로 가득 찬 안장주머니(안낭)를 매달고 산지를 내달리며 장총을 쏘아대면서 말이다.

놀랍게도 그날 밤 스탈린은 카토가 있는 집에 가서, 부하들이 일을 해냈다며 자신이 벌인 행각을 가족들에게 뽐낼 만큼 안전하다고 느꼈다.[17] 그래, 뽐낼 만도 했다. 그 돈은 기상관측소의 매트리스 속에 안전하게 있었고, 곧 레닌에게 이송될 테니 말이다. 스탈린이나 카모를 의심하는 사람은 아무도 없었다. 장물은 몰래 해외로 빠져나갈 것이고, 그중 일부는 리옹 은행에서 돈세탁을 거치기까지 할 것이다. 10여 개 국가의 경찰이 지폐와 강도들을 몇 달씩 추적하겠지만, 소용없을 것이다.

소동이 벌어진 지 이틀 뒤에도 스탈린은 강도와의 관련성을 전혀 의심받지 않은 채 강변 술집에서 의기양양하게 술을 마실 만큼 안전했다고 한다. 하지만 이런 상황이 그리 오래가지는 않았다. 그는 갑자기 아내에게 캅카스 산 반대편의 도시, 원유로 흥청대는 바쿠로 떠나 새 삶을 시작하자고 말했다.

〈노보예 브레미야Novoye Vremya〉(트빌리시의 〈뉴타임스New Times〉)지는 "이 특별히 대담한 강도 행각이 어떻게 수행되었는지는 아무도 모른다"고 회고했다. 스탈린은 완전범죄를 저질렀다.

그러나 결과적으로 보면 트빌리시의 은행 강도 행각은 결코 완전범죄가 아니었다. 그것은 독이 든 성배였다. 스탈린은 그 이후 다시는 트빌리시나 그루지야에서 살지 못했다. 카모의 운명은 비정상적으로 일그러졌다. 지폐 추적은 미궁에 빠졌지만(알고 보니 그중 일부는 표시된 지폐였다), 스탈린에게는 이처럼 경악스러운 사태 변화도 문제의 전부가 아니었다. 강도 행각의 성공은 그에게는 거의 재앙과도 같았다. 강도 행각의 전 세계적 악명은 레닌에게, 또 스탈린 개인에게도 부정적으로 작용하는 강력한 무기가 되었다.

강도들은 전리품을 놓고 분열했다. 레닌과 동지들은 우리 속의 쥐처럼 지폐 소유권을 놓고 싸웠다. 그의 적들은 그 이후 3년 동안 그를 파멸시키기 위해 당 차원에서 세 갈래로 별도의 조사를 벌였다. 그루지야에서 기피 인물이 되었고, 당의 규칙을 뻔뻔스럽게 위반하면서 이 무모한 소동을 벌여 과오를 범한 스탈린은 트빌리시 위원회에 의해 출당 처분을 받았다. 이것은 레닌을 계승하려는 그의 욕심을 짓밟고, 러시아 정치가가 되고 마르크스주의의 최고 제사장이 되려는 그의 야심을 망처버릴 수도 있을 오점이었다. 이것은 워낙 민감한 문제로서, 1918년에도 스탈린은 그런 소문을 억누르기 위해 특이한 중상모략 작전에 착수했다.* 강도단 대부이자 다분히 뻔뻔스러운 은행 강도, 살인자, 해적, 방화범 등으로 점철된 그의 경력은 21세기에 들어설 때까지 은폐되어 있었다. 하지만 고향에서는 은밀하게 전해졌고, 해외의 비평가들은 즐겨 논의하는 내용이었다.

또 다른 의미에서 이 트빌리시 사건은 그를 성장시켰다. 스탈린은 이제 자신을 입증했다. 진정 중요한 한 후견인에게 자신이 재능 있는 정치가일 뿐 아니라 무자비한 행동파임을 입증한 것이다. 이제 레닌은 스탈린이 "내게 필요한 바로 그런 종류의 인물"이라고 판단했다.

이틀 뒤 스탈린과 아내, 그리고 아기는 트빌리시에서 사라졌다. 하지만 그것이 그가 벌인 마지막 강도 행각은 절대 아니었다. 다만 정복해야 할 새로운 세상으로 간 것이다. 그것은 세상에서 가장 큰 원유 도시인 바쿠, 수도인 상트페테르부르크, 광대한 러시아 자체였다. 제국에서 벌어지는 은행 강도짓의 중심이었던 격동적인 도시의 난폭하고 부족주의적인 길거리에서 거칠게 성장한 그루지야의 아들인 스탈린은,

---

*독재자가 되기 전인 1920년대에 스탈린은 '징발' 행각에서 자신이 맡았던 역할을 숨기기 위해 지독하게 공을 들였다. 부하들의 대장이던 코테 친차제Kote Tsintsadze는 스탈린의 반대파로 돌아섰던 1923~1924년에 그루지야의 한 소규모 잡지에 회고록을 발표했다. 그 기록은 1927년에 재출판되었지만 그 이후 암살과 강도 행각에서 스탈린이 참여한 부분에 대한 이야기는 없어졌다. 이런 삭제 과정은 1930년대에도 베리야의 지휘하에 계속되었다. 오늘날 그런 기록은 찾기가 지극히 힘들다.

Young Stalin

이제 확실히 처음으로 러시아라는 무대에 올라섰다. 그리고 다시는 뒤를 돌아보지 않았다.

하지만 이 광포하고 극단적인 자기중심주의자를 최고의 정치가로 변형시키는 데 기여할 개인적 비극이 곧 닥치게 된다. 그 정치가는 인간적 삶에서 그 어떤 상이나 도전, 대가가 없다 하더라도 자신의 개인적 야심과 유토피아적 꿈을 실현하려고 마음먹고 있었다.[18]

아침

장미 봉오리가 피어나서
제비꽃을 건드리려고 하네
백합꽃은 잠이 깨어
산들바람에 고개를 굽히네

구름 높이 날아오른 종달새는
지지배배 지저귀고,
즐거운 나이팅게일이
고운 소리로 말하네

"활짝 피어라, 아 아름다운 땅이여
이베리아의 나라여, 환호하라
그대, 아 그루지야인들이여,
배움을 통해
그대의 모국에 기쁨을 가져오라"

— 소셀로(이오시프 스탈린)

1장

★★

케케의 기적, 소소

1872년 5월 17일, 그루지야의 작은 소도시인 고리의 우스펜스키 교회에서 스물두 살 난 한 잘생긴 젊은 제화공이 열일곱 살 난 적갈색 머리의 예쁜 소녀 예카테리나 '케케' 겔라제Ekaterina 'Keke' Geladze와 결혼했다. 신랑은 용맹스러운 그루지야 남자의 본보기라 할 비사리온 '베소' 주가시빌리Vissarion 'Beso' Djugashvili였다.[1]

중매인이 케케의 집에 찾아가서 제화공 베소의 구혼에 대해 알려주었다. 그는 베라모프의 작은 구두공장에서 존경받는 기능공이었으니, 그만하면 괜찮은 신랑감이었다. 새로 발견된 회고록에서 케케는 말한다.* "베소는 내 친구들 사이에서 매우 인기 있는 청년이었다. 그들은

---

*회고록은 70년 동안 잊힌 채 그루지야 공산당 기록보관소에 소장되어 있었다. 스탈린 숭배사조에서는 그 기록이 한 번도 사용되지 않았다. 스탈린은 그것을 한 번도 읽지 않았거나 존재 사실조차 몰랐던 것 같다. 필자가 아는 한 그 기록은 스탈린이 있던 모스크바 기록보관소에 보내진 적이 없었으니 말이다. 그는 어머니의 생각이 발표되는 것을 원치 않았다. 케케가 1935년에 소련의 언론과 유명인의 동정을 주로 싣는 〈헬로Hello!〉지 스타

모두 그와 결혼할 꿈을 꾸고 있었으므로, (내가 그와 결혼하자) 질투심으로 거의 폭발할 듯했다. 베소는 탐낼 만한 신랑이었고, 멋있는 콧수염을 기르고 정말 근사하게 차려입은 진짜 카라초겔리karachogheli(그루지야의 기사)였다. 도시 사람답게 아주 세련된 모습이었다." 또 케케는 스스로 상당히 괜찮은 신붓감이라는 점을 조금도 의심하지 않았다. "내 여자친구들 사이에서 나는 부러움을 사는 예쁜 여자였다." 실제로 "늘씬하고 밤색 머리칼에다 눈이 큰" 그녀는 "아주 예쁜" 여자라는 평판이 있었다.

전통적으로 결혼식은 해가 진 직후에 거행되었다. 어떤 역사가에 따르면 그루지야의 사회생활은 "영국 빅토리아조의 행동양식만큼 의례화되어 있었다." 결혼은 야성적인 고리 마을 스타일로 광분한 듯한 축하행사로 치러졌다. 케케는 회상한다. "엄청나게 거창했지." 남자 손님들은 진짜 카라초겔리였고, 근사한 검정 초하를 입어 "유쾌하고 용감하며 너그러운" 사람들로서, "어깨는 넓고 허리는 늘씬했다." 베소의 신랑 들러리 둘 가운데 으뜸은 야코프 '코바' 에그나타시빌리Yakov 'Kova' Egnatashivili였다. 끈을 사용하는 그루지야 전통 레슬링 선수인 그는 부유한 상인이며 지역 유지로서, 케케의 표현에 의하면 "우리 가족의 창조에 도움을 주려고 항상 애쓰는 사람"이었다.

일의 인터뷰를 했을 때 스탈린은 불같이 화를 내며 정치국을 꾸짖었다. "우리 언론에 침투해 들어온 속물 쓰레기가 내 어머니의 그 어떤 인터뷰나 기사도 싣지 못하게 금지하라. 이런 불한당들의 뻔뻔한 선정주의가 더는 날 성가시게 하지 못하게 하라!" 의지가 강하고 아들의 권력에 개의치 않던 케케는 죽기 직전인 1935년 8월 23일에서 27일 사이에 그런 인터뷰를 비밀리에, 그리고 그에게 도전하는 의미에서 기록한 것이 분명해 보인다.

신랑과 친구들은 그의 집에 모여 건배한 다음 거리를 행진하여 케케와 그녀의 가족을 데리러 갔다. 그리고 화환을 걸친 커플은 함께 색색깔의 리본이 휘날리는 혼례용 쌍두마차에 타고 쟁그랑 쟁그랑 종소리를 울리며 교회로 갔다. 교회의 합창단석에는 합창단이 있었고, 그 아래에는 두 남녀가 깜빡이는 촛불을 들고 따로 서 있었다. 노래하는 사람들은 베르베르Berber 피리 비슷한 그루지야식 목관악기인 주르나zurna의 반주에 맞춰 고상한 화음을 이루는 그루지야 곡조를 노래했다.

신부는 신부 들러리들과 함께 입장했다. 들러리들은 긴 베일 끝을 밟지 않으려고 조심했다. 불길한 징조일 테니까. 아르메니아인인 카르카노프 신부가 혼례를 집전했고, 카스라제 신부가 결혼식을 기록했으며, 가족의 친구인 크리스토퍼 차르크비아니Christopher Charkviani 신부는 축가를 불렀다. 그가 어찌나 훌륭하게 노래했던지, 야코프 에그나타시빌리는 그에게 10루블의 후한 사례를 했다. 적지 않은 돈이었다. 그 뒤에 베소의 친구들이 길거리에서 전통적인 노래와 춤 행렬을 선도하여, 기다란 피리 두두키duduki를 연주하면서 그루지야식 잔치인 수프라supra가 차려진 곳으로 갔다. 재담꾼이자 지혜의 말씀을 전해주는 건배꾼이 잔치를 주재했다.

결혼식과 노래는 그루지야어로 치러졌다. 그루지야가 최근에야 로마노프 왕국에 합쳐졌기 때문에 러시아어는 쓰이지 않았다. 1,000년 이상 동안 바그라티오니Bagrationi 왕조의 상속자들이 지배한 사카르트벨로 왕국Kingdom of Sakartvelo(서구인들에게는 조지아, 러시아인들에게는 그루지야)은 독립국으로서, 이슬람 권역인 몽골과 티무르 왕국, 오스만과 페르시아 제국에 맞서는 기사도적 용맹성의 기독교 측 보루였다. 그 왕국은 12세기 타마라 여왕 치세 때 전성기를 맞았다. 또한 12세기 그루지야 시인 쇼타 루스타벨리가 쓴 민족 서사시인 〈표범 가죽을 입은 기사 The Knight in the Panther Skin〉는 그 왕국을 영원성의 차원으로 올려놓았다. 그러나 세월이 흐르면서 왕국은 여러 개의 공국들로 쪼개져 서로 다투었다. 러시아의 차르 파울과 알렉산드르 1세는 1801년과 1810년에 공국들을 제국에 병합했다. 이맘 샤밀과 체첸 전사들이 30년간 전쟁을 치른 끝에 항복하자 러시아인들은 캅카스의 군사적 정복을 완성했다. 그루지야의 마지막 한 조각인 아자리야Adjaria는 1878년에 병합되었다. 상트페테르부르크의 황제 궁정이나 트빌리시의 총독 궁정에서 일하는 가장 높은 그루지야 귀족들도 독립을 꿈꾸었다. 케케가 베소의 그루지야적인 남성다움과 자신들의 그루지야식 전통 결혼에 자부심을 느낀 것은 이런 이유 때문이었다.

케케는 베소에 대해 "착하고 가정적인 남자로 보였다. 그는 신을 믿었고 항상 교회에 나갔다"고 회상했다. 신부와 신랑의 부모들은 모두 그 지역 영주의 농노였다가 '해방자 차르'인 알렉산드르 2세가 내린 농노해방령으로 자유민이 된 사람들이었다. 베소의 조부인 자자Zaza는 고리 북쪽에 있는 게리 마을에서 온 오세티아인Ossetian*이었다.[2] 자자는 증

---

*오세티아인은 그루지야 본토의 북쪽 경계 지역에 사는 반이교도 산지 종족이다. 그루지야에 동화된 사람들도 일부 있지만 대부분은 별도의 종족 집단을 유지하는 것을 자랑스럽게 여긴다. 1991~1993년에 남오세티아인들은 그루지야와 싸워 지금은 자치국이 되었다. 스탈린의 아버지가 죽기 직전 병원에 입원했을 때, 여전히 오세티아인으로 등록되었다는 점은 중요하다. 트로츠키 등 스탈린의 적들은 스탈린을 오세티아인이라 부르기를

손자인 스탈린처럼 그루지야 반군이 되었다. 1804년에 그는 엘리스바에리스타비 공작이 러시아에 반대하여 일으킨 봉기에 가담했다. 그 뒤에는 다른 '세례 받은' 오세티아인들과 함께 바두르 마카벨리 공작의 농노가 되어 트빌리시에서 9마일(14.4킬로미터) 떨어진 디디-릴로 마을에 정착했다. 자자의 아들 바노Vano는 공작의 포도원을 관리했으며 기오르기와 베소라는 이름의 아들 둘을 두었다. 기오르기는 강도들에게 살해당했고, 베소는 트빌리시의 아델하노프G.G. Adelkhanov 구두공장에서 일자리를 얻었다가 아르메니아인 이오시프 바라모프의 눈에 들어 고리에 주둔한 러시아 군부대를 위해 군화를 만들게 되었다.[3] 그곳에서 젊은 베소는 "밤색 머리칼과 아름다운 눈에 매무새가 깔끔한 매력적인 처녀"에게 눈이 끌렸다.

지역 유지인 아밀라흐바리 공작의 농노인 글라코 겔라제의 딸 케케 역시 고리에서 살기 시작한 지는 아직 얼마 되지 않았다. 그녀의 아버지는 고리 근처에서 도공으로 일하다가 도시 외곽인 감바로일리에 아름다운 정원이 있는 부유한 아르메니아인인 자카르 감바로프의 정원

좋아했다. 특히 시인 만델슈탐은 자신의 유명한 시에서 그렇게 불렀다. 그루지야에서는 19세기 초반까지도 기독교도가 아니던 오세티아인을 야만적이고 거친 사람들로 여겼기 때문이다. 주가시빌리라는 성에서 오세티아인의 뿌리를 분명히 짐작할 수 있다. 그것은 그루지야어로 주가Djuga의 아들이라는 뜻이다. 스탈린의 어머니에 따르면, 베소는 그 성이 그루지야어의 조기diogi, 즉 무리라는 단어에 근거한다고 한다. 그것은 원래 목축민이던 자신들이 오세티아인들의 습격 때문에 게리에서 쫓겨났기 때문이라는 것이다. 스탈린이 태어날 무렵이면 주가시빌리 일가는 완전히 그루지야화되었으므로, 이런 구분에 진정한 의미는 없다. 스탈린 본인은 이 점에 대해 이렇게 썼다. "오세티아인이… 그루지야인에 동화되는 사태는 도대체 어떻게 처리해야 할까?"

사가 되었다. 어렸을 때 아버지가 죽은 뒤 케케는 외가 친척들과 함께 자랐다. 그녀는 무질서한 분위기의 고리로 이사하면서 느꼈던 흥분을 기억했다. "정말 신나는 여행이었다! 고리는 축제날처럼 치장되어 있었고, 수많은 군중들이 바다처럼 불어났다. 군대의 행진은 눈이 부셨다. 음악이 쿵쾅거렸다. 사잔다리sazandari(타악기 넷과 목관악기들로 편성된 밴드)와 달콤한 두두키가 연주되었고, 다들 노래를 불렀다."[4]

그녀의 젊은 남편은 호리호리하고 피부 빛이 어두웠으며, 검은 눈썹과 콧수염을 기른 남자였다. 그는 항상 검은색 체르케스 코트에 벨트를 단단히 졸라매고, 뾰족한 모자를 쓰고 헐렁한 바짓단을 높은 장화에 집어넣어 신었다. "보기 드물게 특이하며, 성미가 까다로운" 편이었지만 "영리하고 자부심이 강하기"도 했다. 베소는 4개 언어(그루지야어, 러시아어, 터키어, 아르메니아어)를 말할 수 있었고, 〈표범 가죽을 입은 기사〉도 인용할 줄 알았다.[5]

주가시빌리 일가는 잘 살았다. 고리에는 너무나 가난하여 구덩이를 파거나 흙으로 지은 집이 많았다. 하지만 일거리가 많은 제화공 베소의 아내는 가난을 걱정할 필요가 없었다. "우리 가족은 무한히 행복했다"고 케케는 말했다.

베소는 친구들, 특히 후원자인 에그나타시빌리의 지원을 받아 "바라모프를 떠나 자기만의 가게를 열었다." 에그나타시빌리는 그에게 '제화기계'를 사주었다. 케케는 곧 임신했다. "다른 부부들이 우리 가족의 행복을 질투할 만했다." 사실 여자들이 탐내던 베소와의 결혼은 여전히 동년배들의 시기를 자아냈다. "결혼한 뒤에도 험담이 끊이지 않았다." 케케가 이 소문을 강조한다는 것은 흥미롭다. 아마 베소와 결혼하려던 다른 사람이 있었던 모양이다. 케케가 다른 약혼자로부터 베소를 빼앗았든 아니든 간에, 신랑의 들러리인 에그나타시빌리, 차르크비아니 신부, 고리의 경찰관인 다미안 다브리셰비Damian Davrichewy, 그리고 수많은 유명인사와 귀족들의 말을 인용하면, '험담'은 결혼 초기부터 무성했다고 한다.

결혼식이 있은 지 꼭 아홉 달 뒤인 1875년 2월 14일에 "아들이 태어나 우리의 행복은 특별해졌다. 야코프 에그나타시빌리는 우리를 정말 많이 도와주었다." 에그나타시빌리는 대부가 되었고 "베소는 거창한 세례식을 치렀다. 베소는 거의 행복으로 미칠 지경이 되었다." 하지만 두 달 뒤, 미하일이라 불리던 이 아기는 죽어버렸다. "우리의 행복은 슬픔으로 변했다. 베소는 슬픔으로 술을 마시기 시작했다." 케케는 다시 임신했다. 둘째 아들인 기오르기가 1876년 12월 24일에 태어났다. 에그나타시빌리는 다시 대부가 되었는데, 이번에도 운이 좋지 않았다. 아기는 홍역으로 1877년 6월 19일에 죽었다.

"우리의 행복은 산산조각이 났다." 베소는 슬픔으로 미칠 지경이 되었고, 자기 고향 마을의 사당에 있는 '게리의 성상'을 탓했다. 부부는 아이의 생명을 위해 우상에 호소했다. 케케의 어머니인 멜라니아는 점술가들을 찾아가기 시작했다. 베소는 계속 술을 마셨다. 성 조지 상을 집에 들여왔고, 그들은 마을 위로 우뚝 솟은 고리즈바리 산 위 중세의 성채 곁에 세워진 교회에서 기도했다. 케케는 세 번째로 임신하게 되자 아이가 살아남는다면 게리로 순례여행을 가서 성 조지의 기적에 대해 신께 감사를 드리겠다고 맹세했다. 1878년 12월 6일에 그녀는 셋째 아들을 낳았다.**6**

"우리는 서둘러 아이에게 세례를 주었다. 아기가 세례를 받지 못한 채 죽는 일이 없도록 말이다." 케케는 사모바르samovar(가운데에 있는 통에 달군 숯을 넣어 물을 끓이는 러시아 고유의 주전자-옮긴이), 침대, 소파, 탁자, 등유 등잔 외에 달리 아무것도 없는 방 두 개짜리 평범한 단층 오두막에서 그를 키웠다. 트렁크 하나면 온 가족의 소지품을 다 넣을 수 있었다. 나선형 계단을 내려가면 먼지투성이 지하실이 나왔다. 지하실에는 벽감이 셋 있었는데, 각각 배소의 도구와 케케의 재봉 도구를 두는 곳이었고, 또 하나는 불을 피우는 곳이었다. 그곳에서 케케는 아기를 돌보았다. 가족이 먹는 음식은 기본적인 그루지야식이었다. 로비오 콩, 바드리지아니 가지, 그리고 두꺼운 라바시 빵이 주메뉴였다. 아주 가끔씩 그루지야식 샤실리크shashlik(굵게 썬 양고기를 꼬치에 꿰어 구운 요리-옮긴이)인 므츠바디를 먹었다.

---

*스탈린은 나중에 자신의 생애에 대해 여러 가지 이야기를 꾸며냈다. 그의 공식 생일은 그 1년 뒤쯤 만들어진 날짜인 1879년 12월 21일이다. 일반적으로 그는 한 스웨덴 신문과 1920년에 인터뷰를 할 때까지는 1878년 12월 6일을 자기 생일로 고수했다. 1925년에 그는 비서인 토프스투하에게 지시를 내려 1879년의 날짜를 공식화했다. 그렇게 한 데는 자신을 재창조하고 싶은 욕망을 포함하여 여러 가지 설명이 있다. 가장 그럴듯한 것은 그가 징병을 피하기 위해 날짜를 뒤로 옮겼으리라는 것이다. 그의 생가는 고리의 스탈린 대로에 외따로 서 있는 오두막이다. 이 오두막은 성당 같은 외관의 스탈린 박물관 바로 옆에 세워진 그리스식 사원으로 둘러싸여 있다. 이 사원은 1930년대에 스탈린의 캅카스 총독이자 나중에 비밀경찰총수가 되는 라브렌티 베리야가 지은 것이다. 주가시빌리 일가는 그곳에서 별로 오래 살지 않았다.

12월 17일에 아기는 이오시프Josef라는 이름으로 세례를 받았지만 평소에는 소소Soso로 불렸다. 이 아이가 자라서 스탈린이 된다. 소소는 "허약하고 연약하고 여위었다"고 그의 어머니는 말했다. "병이 돌면 어김없이 그가 제일 먼저 걸렸다." 왼발의 둘째, 셋째 발가락은 달라붙어 있었다.

베소는 가족의 은인인 에그나타시빌리에게 아기의 대부가 되어달라고 부탁하지 않기로 했다. "야코프는 운이 나빠." 베소가 말했다. 교회에서 치러지는 공식 세례식에서 그 상인이 대부 자리에 서 있지는 않았지만 스탈린과 어머니는 그를 항상 '야코프 대부'라 불렀다.

케케의 어머니는 베소에게 아기가 살아남는다면 게리의 교회를 순례하기로 서약했던 일을 상기시켰다. "그저 아이가 살아남게만 해준다면 아이를 어깨 위에 태우고 게리까지 기어서라도 갈 거야!" 베소는 답했다. 하지만 그는 순례를 미루었고, 아이가 또 한 번 병이 들자 그제야 정신이 번쩍 들어 기도를 하러 갔다. 그들은 게리를 향해 "가는 도중에 수많은 고난을 겪었다. 양을 한 마리 바치고, 그곳에서 감사 예배를 드렸다." 하지만 게리의 신부들은 악령을 쫓는 의식을 거행하고 있었다. 그들은 어린 여자아이에게서 악령을 쫓아내기 위해 아이를 절벽 위로 내몰았다. 케케의 아기는 "겁에 질려 소리를 질렀다." 그들이 고리로 돌아온 후, 어린 스탈린은 "벌벌 떨었고, 잠을 자면서도 헛소리를 했다." 하지만 그는 살아남았고, 어머니의 사랑하는 보물이 되었다.

"케케는 젖이 충분히 나오지 않았으므로" 그녀의 아들은 치하타트리시빌리(스탈린의 공식적인 대부)와 에그나타시빌리 아내의 젖을 함께 먹었다. "처음에 아기는 내 어머니의 젖을 먹지 않으려 했지만, 눈을 가려 어머니를 볼 수 없게 하여 먹이니 점차 내 어머니의 젖을 좋아하게 되었다." 알렉산드르 치하타트리시빌리가 말했다. 에그나타시빌리의 아이들과 같은 어머니의 젖을 먹고 자란 덕분에, 그들은 "소소와 젖형제 같은 사이"가 되었다고 스탈린의 손녀인 갈리나 주가시빌리는 말한다.

소소는 말을 일찍 배웠다. 그는 꽃과 음악을 아주 좋아했는데, 특히 케케의 오빠들인 지오와 산달라가 두두키 부는 소리를 좋아했다. 그루지야인은 노래를 좋아하는 민족이었다. 스탈린은 마음을 사로잡고 놓아주지 않는 그루지야 선율을 항상 즐겨 들었다.* 생애 후반에 그는 "그루지야 남자들이 시장에 가는 길에 부르던 노래"를 듣던 일을 기억했다.[7]

베소의 작은 사업은 번창했다. 도제도 들어왔고, 직원이 많을 때는 열 명까지 있었다. 도제 중 하나인 다토 가시타시빌리Dato Gasitashivili는 소소를 좋아하여 그를 함께 돌보아주었으며, 베소가 얼마나 번창했는지도 기억했다. "그는 같은 업계의 다른 누구보다 잘살았다. 그의 집에는 항상 버터가 떨어지지 않았다." 이렇게 부자로 살았기 때문에, 나중에 가서 프롤레타리아의 영웅으로서는 민망한 일이라는 수군거림이 있었다. "나는 노동자의 아들이 아니다." 스탈린도 인정했다. "내 아버지는 도제를 고용한 구두공장 주인, 즉 수탈자였다. 우리는 못사는 편이 아

---

*독재자 스탈린은 열성적인 원예가였고, 레몬과 토마토, 특히 장미와 미모사를 길렀다. 그가 가장 좋아하는 그루지야 노래는 '날아가라 검은 제비여'와 '술리코'였다.

니었다." 이 행복한 시절에 케케는 부유한 아르메니아 군수 도급업자인 아르샤크와 마리야 테르-페트로시안 부부와 친해졌다. 그들의 아들인 세미온 테르-페트로시안Simon Ter-Petrossian은 나중에 악명 높은 은행 강도 카모가 된다.[8]

케케는 아들을 무척 사랑했고, "늘그막에도 그의 첫걸음마 모습은 여전히 눈에 선하다. 그 장면은 촛불처럼 내 눈 속에서 타오른다"고 했다. 그녀와 그녀의 어머니는 소소가 꽃을 좋아하는 걸 이용하여 걸음마를 시켰다. 케케가 국화 한 송이를 쥐고 있으면 소소는 그것을 붙잡으려고 달려왔다. 소소를 어떤 결혼식에 데려갔더니 그는 신부의 베일에 달린 꽃을 보고 그것을 붙잡았다. 케케는 그에게 놓으라고 말했지만 대부인 에그나타시빌리는 사랑스럽게 아이에게 입을 맞추고 쓰다듬어주면서 "이 나이에 벌써 신부를 훔치고 싶어 하다니, 네가 더 크면 무슨 짓을 할지 신만이 아시겠구나"라고 말했다.

감사하는 마음으로 충만한 어머니에게는 소소가 살아남은 것이 기적 같았다. "우린 정말 행복했어. 많이 웃기도 했고!" 케케는 이렇게 회상한다. 그녀가 아이에게 보인 관심이 아이로 하여금 자신이 어떤 특별한 존재라는 느낌을 갖게 했음이 틀림없다. 어머니의 헌신이 아들에게 정복자 같은 기분을 느끼게 해준다는 프로이트의 금언은 의심의 여지 없는 사실이었다. 어머니가 사랑을 담아 '소셀로Soselo'라 부른 스탈린은 매우 감수성이 풍부한 소년으로 자랐지만, 어린 나이 때부터 대단한 자신감을 보였다.

하지만 절정에 달한 베소의 성공에는 그늘이 있었다. 그의 고객들은 구두 값 일부를 포도주로 지불하기도 했다. 그루지야는 포도주가 워낙 많아 노동자들이 현금 대신 포도주로 보수를 받는 일이 많았다. 게다가 그는 친구네 술집 한구석에서 일을 하기도 했는데, 그 때문에 술을 너무 많이 마시게 됐다. 베소는 술친구를 사귀었다. 그는 포카라는 이름의 러시아에서 유형당한 정치범이었는데, 아마 나로드니키Narodnik(인민주의자라는 뜻으로, 19세기 후반 러시아에서 사회주의혁명을 일으킨 세력을 말한다-옮긴이) 포퓰리스트populists이거나, 인민의 의지당People's Will에 연결된 급진파였을 것이다. 인민의 의지당은 그 당시 차르 알렉산드르 2세의 암살을 거듭 시도하던 테러리스트 조직이었다. 그러므로 스탈린은 어려서부터 러시아 혁명가를 알고 있었던 셈이다. "내 아들은 그와 친구가 되었다. 그리고 포카는 그에게 카나리아 한 마리를 가져다주었다"고 케케는 말한다. 하지만 그 러시아인은 구제 불능의 주정뱅이인데다 누더기를 걸치고 있었다. 어느 겨울날 그는 눈 속에서 죽은 채 발견되었다.

케케는 베소에 대해 "자신이 술을 끊을 수 없음을 알았다. 선량한 가정적인 남자는 파괴되었다"고 분명히 말한다. 알코올이 그의 생업도 망치기 시작했다. "손이 떨리기 시작했고, 신발을 만들 수가 없었다. 공장의 업무는 도제들의 손으로 유지되고 있었다."

포카의 죽음에서도 배운 바가 없었던 베소는 차르크비아니 신부라는 새 술친구를 얻었다. 시골인 그루지야에는 성직자가 무척 많았지만, 이들 신의 사람들은 현세적 쾌락을 즐겼다. 교회 미사가 끝나고 나면 신부들은 고리의 술집으로 몰려가 완전히 인사불성이 될 때까지 술을 퍼마셨다. 늙었을 때 스탈린은 이렇게 회상했다. "차르크비아니 신부는 예배를 끝내자마자 우리 집에 와서, 아버지와 함께 서둘러 선술집으로 갔다."* 그들은 서로에게 기대어 "음정도 안 맞는 노래를 고래고래 부르면서" 완전히 고주망태가 되어 집으로 돌아오곤 했다.

"당신은 좋은 사람이야, 베소. 제화공치고는 말이야." 신부가 점잔 빼며 느릿느릿 내뱉었다.

"당신은 신부지. 하지만 정말 굉장한 신부란 말이지. 난 당신이 좋아!" 베소가 헐떡거리며 말했다. 두 주정뱅이는 끌어안곤 했다. 케케는 차르크비아니 신부에게 베소와 함께 술을 마시지 말라고 애걸했다. 케케와 그녀의 어머니는 베소에게 술을 그만 마시라고 잔소리했다. 에그나타시빌리도 그랬지만, 그래봤자 소용없었다. 아마 읍내에 퍼지고 있던 소문 때문이었을 것이다.[9]

그 소문이란 아마 케케의 결혼식 얘기에서 나왔던 바로 그 '험담'이었을 것이다. 고리 경찰국장의 아들인 이오시프 다브리셰비는 자신의 회고록에서 "아이의 생부가 코바 에그나타시빌리이거나… 내 아버지인 다미안 다브리셰비일 거라는 소문이 이웃에서 떠돌았다"고 주장한다. 이런 소문은 베소에게 악영향을 미쳤다. 다브리셰비가 "미친듯이 시기심 많은 꼬마"라 불렀던 베소는 이미 알코올중독에 빠져들고 있었다.[10]

---

*그루지야 여관의 이런 선술집은 "가구도 없고 오로지 더러운 방, 빵(과 치즈), 차, 포도주만이 있을 뿐이다. 기껏해야 달걀과 가금家禽이 나온다." 독일의 여행안내서 출판업자인 카를 베데커는 경고한다. "고기를 먹고 싶은 사람은 양 한 마리(4~5루블)나 갓난 새끼돼지(2~3루블)를 통째로 사는 수밖에 없다."

1883년에 베소는 "아주 무모하고 신경질적이 되었고", 술에 취해 걸핏하면 싸움질을 해대는 바람에 '미친 베소'라는 별명을 얻었다.

친자확인의 문제는 아이의 권력과 명성에 비례하여 커진다. 스탈린이 소련의 독재자가 된 이후 그의 생부라는 소문이 돈 사람들 중에는 유명한 중앙아시아의 탐험가인 니콜라이 프르제발스키Nikolai Przhevalsky도 있었다. 스탈린의 어른 때 모습과 닮았고, 고리를 지나간 적이 있기 때문이다. 심지어 차르 알렉산드르 3세가 생부라는 소문도 있었다. 그가 즉위하기 전에 트빌리시에 간 적이 있었는데 그때 묵은 궁전에서 케케가 처녀 시절에 하녀로 일했던 적이 있다는 것이다. 하지만 그 탐험가는 스탈린이 수태되었을 무렵 그루지야 근처에도 가지 않은 동성애자였다. 또 케케도 미래의 차르와 같은 시기에 트빌리시에 있지 않았다.

이런 터무니없는 소문을 제외한다면, 누가 스탈린의 생부인가? 에그나타시빌리는 분명히 그 가족의 후견인이었고, 그 아내를 위로해주고 아들을 뒤에서 돌봐주었다. 그는 결혼한 사람이었고 자녀와 함께 유복하게 살았으며, 장사가 잘되는 술집이 많고, 포도주가 흘러넘치는 고장에서 잘나가는 포도주 거래상이었다. 그뿐 아니라 윤기 흐르는 콧수염을 기른 이 끈 레슬러는 싸움꾼을 숭배하는 고장에서 첫 번째로 꼽히는 레슬러였다. 이미 지적했듯이 케케 본인도 그가 "우리 가족을 위해 도움을 주려고 항상 애썼다"고 쓴다. 이는 불행하게도 어떤 숨은 뜻을 내포한 말일지도 모른다. 그녀의 말이 문자 그대로 사실일 가능성은 없지만, 혹시 뭔가 속내를 드러내려고 했던 건 아닐까?

경찰국장 다브리셰비는 케케가 남편의 정신없는 술버릇을 불평할 때 그녀를 도운 또 한 명의 생부 후보자였다. "내가 아는 한 소소는 다브리셰비의 친아들이었다"고 다브리셰비의 친구이자 그 마을의 읍장인 주룰리Jourouli가 증언했다. "고리에서 소소의 예쁜 엄마와 그가 사귄 일을 모르는 사람은 없었다."

스탈린 본인은 자기 아버지가 사실은 신부였다고 말한 적이 있는데, 그렇게 하여 제3의 생부 후보자인 차르크비아니 신부가 등장한다. 에그나타시빌리, 다브리셰비, 차르크비아니는 모두 결혼한 사람이었다. 그러나 그루지야의 마초 문화에서는 이탈리아의 마초 남자와 비슷하게, 거의 모든 남자가 정부情婦를 두고 살았다. 고리의 사제들은 불륜으로 악명이 높았다. 위의 세 사람은 모두 한동네에서 힘든 처지에 놓인 젊고 예쁜 아내들을 구원해주기를 즐기는 것으로 유명한 사람들이었다.[11]

케케 본인을 놓고 보더라도, 수녀처럼 검은 머릿수건을 쓴 1930년대의 경건한 노파와 1880년대의 성깔 있는 젊은 여자를 동일 인물로 보기는 힘들다. 그녀의 신앙심에 대해서는 의심할 여지가 없지만, 종교적인 신조가 육체의 죄악을 배제한 것은 절대 아니었다. 그녀가 "남자들이 탐내는 예쁜 여자"인 데 자부심을 느꼈던 것은 분명하고, 보기보다 훨씬 더 세속적인 사람이었다는 증거도 있다. 케케가 늘그막에 스탈린의 캅카스 총독 라브렌티 베리야의 아내인 니나를 부추겨 바람을 피게 했다는 얘기도 있다. 그녀는 음담패설도 서슴지 않았다. "젊었을 때는 집 안 청소일을 하러 다녔는데, 잘생긴 남자를 보면 기회를 놓치지 않았어." 베리야 부부의 증언은 적대적인 입장에서 나온 것이지만, 케케

본인의 회고록에도 세속적인 나쁜 짓을 한 흔적이 남아 있다. 한번은 케케의 어머니가 정원에서 꽃을 들고 소소를 불렀다. 그런데 곁에서 케케는 아이에게 가슴을 드러내 보였다. 그러자 아이는 꽃을 무시하고 가슴으로 덤벼들었다. 하지만 주정뱅이 유배자인 포카가 그 장면을 엿보다가 폭소를 터뜨렸기 때문에 "나는 옷의 단추를 잠갔다"는 것이다.[12]

스탈린은 그 특유의 수수께끼 같고 거짓된 방식으로 이런 이야기를 은근히 부추겼다. 말년에 그는 그루지야인 문하생인 므겔라제와 잡담을 하면서 자신이 베소의 아들이 아니라 "에그나타시빌리의 사생아인 듯한 느낌"을 풍겼다. 1934년의 한 연회에서 그는 특별히 "나의 아버지는 신부다"라고 말한 적이 있다. 하지만 베소가 집을 떠나 있을 때면 위의 세 후원자는 모두 소소의 양육을 도와주었다. 그는 차르크비아니 가족과 함께 살았고, 다브리셰비의 보호를 받았으며, 절반 정도는 에그나타시빌리 가족과 함께 시간을 보냈으므로, 그들에게 가족 같은 호감이 분명히 있었을 것이다. 신부와 관련된 소문이 떠돈 이유는 하나 더 있었다. 소소의 어머니는 그가 신부의 아들로 알려져 있었기 때문에 성직자의 아들만 입학할 수 있는 교회학교에 들어갈 수 있었다고 말한다.[13]

스탈린은 미친 베소에 대해서는 항상 모호한 태도를 보였다. 그는 베소를 경멸했지만, 자부심과 동정심을 동시에 느끼기도 했다. 행복한 시간을 보낸 적도 있었다. 베소는 "부자들에게 맞서 싸웠고, 공작에게서 훔쳐 농민들을 도와준" 그루지야의 무법자 영웅들에 대한 이야기를 해주었다. 술이 물처럼 흐르는 만찬 자리에서 독재자 스탈린은 흐루시초프와 다른 거물들에게 자신이 알코올에 있어 아버지의 체질을 물려받았다고 뽐냈다. 베소는 아기가 요람에 있을 때 손가락으로 술을 찍어 먹였는데, 스탈린도 자기 아이들에게 똑같은 짓을 했다. 아내인 나디야가 불같이 화를 냈지만 말이다. 나중에 그는 작은 구두공장을 운영하다가 잔인한 자본주의에 의해 파멸한 이름 없는 제화공에 대한 감동적인 글을 썼다. "그가 지닌 꿈의 날개가 꺾였다." 한번은 "내 아버지는 하루에 구두 두 켤레를 지을 수 있었다"고 으스대기도 했다. 독재자가 된 이후에도 그는 자신을 제화공이라고 부르기를 좋아했다. 나중에 그가 쓴 가명들 중에는 베소시빌리, 즉 베소의 아들이라는 이름이 있었고, 가장 친했던 고리의 친구들은 그를 베소라 불렀다.[14]

이런 이야기들을 종합해보건대, 주정뱅이 베소가 소소를 '사생아'라고 떠들어대기는 했지만 스탈린은 베소의 아들이었음이 거의 확실하다. 결혼한 여성은 항상 존경받을 만한 처신을 할 것으로 기대되지만, 젊고 예쁜 케케, 반쯤은 과부 신세이던 케케가 결혼 생활이 파탄나자 에그나타시빌리의 정부가 된 것이 전혀 터무니없는 일은 아니었다. 케케의 회고록에서 에그나타시빌리는 남편처럼 등장하기도 했으며, 훨씬 더 호의적으로 기억된다. 실제로 그가 너무나 친절하고 도움이 되었기 때문에, 가끔 분위기가 '어색'해지기도 했다고 말한다. 에그나타시빌리 가족 가운데 유전적으로 스탈린과 친척이라고 주장하는 사람들도 있다. 그러나 에그나타시빌리의 손자인 구람 라티시빌리의 말이 가장 정확하다. "우린 그가 스탈린의 아버지인지 아닌지는 모른다. 하지만 그 상인이 그 소년의 대리 아버지가 되었다는 것은 안다."[15]

사생아 관계에 관한 소문은, 그가 오세티아인이라는 소문처럼, 1920

년대에 그의 손으로 정복하고 탄압했던 그루지야에서 널리 증오의 대상이 된 독재자 스탈린을 깎아내리는 또 다른 방식이었다. 미천한 출신의 위인들이 그의 명목상 아버지가 아닌 다른 남자의 아들이라는 얘기는 흔히 있다. 하지만 가끔은 그들이 공식적인 부친의 진짜 아들이기도 하다.

"어렸을 때 그는 자기 아버지와 외모가 매우 닮았다." 학교 친구인 다비드 파피타시빌리는 이렇게 증언했다. 알렉산드르 치카타트리시빌리는 스탈린이 더 자라자 "점점 더 자기 아버지와 모습이 비슷해졌고, 콧수염을 기르자 똑같아 보였다"고 말했다.[16]

소소가 다섯 살이 되었을 무렵, 미친 베소는 편집증에 시달리는 알코올중독자였고, 걸핏하면 폭력을 휘둘렀다. "나날이 상태가 더 나빠졌다." 케케는 말했다.

2장

★★

미친 베소

소소는 술에 취한 베소를 무서워하여 무척 힘들어했다. 케케는 이렇게
전한다. "내 아들 소소는 매우 예민한 아이였다. 아버지가 발람-발람 하
고 길거리에서 노래하는 소리가 들리기만 하면 그는 내게 달려와서, 아
버지가 곯아떨어질 때까지 이웃집에 가서 기다려도 되는지 묻곤 했다."

미친 베소는 이제 술값으로 돈을 너무 써대느라 벨트까지 팔아야 했
다. 나중에 스탈린은 이렇게 설명했다. "그루지야인이 벨트를 판다는
건 지독하게 형편이 어렵다는 뜻이다."[1] 케케는 베소를 경멸할수록 소
소에게 더욱 애착을 보였다. "난 항상 모직 목도리로 그를 따뜻하게 둘
둘 감쌌다. 그 역시 나를 매우 사랑했다. 술에 취한 아빠를 보기만 하면
그는 눈물이 그렁그렁하고 입술이 새파랗게 질려서는 내게 달라붙어
자기를 숨겨달라고 애걸했다."

베소는 케케와 소소 모두에게 난폭하게 대했다. 그루지야 남자에게
아들이란 자부심의 원천이었지만, 만약 험담의 내용이 사실이라면 아

들의 존재가 한 남편에게는 최악의 굴욕적인 현상이었는지도 모른다. 한번은 베소가 스탈린을 마룻바닥에 어찌나 심하게 내던졌는지, 여러 날 동안 아이의 소변에 피가 섞여 나왔다. "이유도 없이 두드려 맞다 보니 그 아이도 아버지만큼이나 무정하고 냉혹해졌다." 회고록을 낸 학교 친구인 이오시프 이레마시빌리는 이렇게 믿었다. "그가 사람들을 증오하게 된 것"은 아버지 탓이었다. 젊은 다브리셰비는 "케케가 어머니의 사랑으로 그를 감싸 안고 모든 일로부터 보호했지만, 베소는 아무 것도 아닌 일로도 두드려 패면서 개 취급을 했다"고 기억한다.

소소가 숨으면 베소는 고함을 지르면서 온 집 안을 뒤졌다. "케케의 사생아가 어디 있어? 침대 밑에 숨었나?" 케케는 맞서 싸웠다. 한번은 소소가 얼굴이 피투성이가 된 채 소리를 지르면서 다브리셰비의 집에 왔다. "살려줘요! 빨리 오세요! 그가 엄마를 죽이고 있어요!" 경찰관이 주가시빌리의 집에 도착했을 때 베소는 케케의 목을 조르고 있었다.

이런 상황은 네 살짜리 아이를 힘들게 했다. 케케는 소소가 아버지에게 고집스럽게 대들던 일을 기억한다. 그가 폭력을 처음 배운 곳은 자기 집이었다. 소소는 케케를 보호하기 위해 베소에게 칼을 던진 적이 있었다. 그는 자라면서 싸우기를 좋아하고 표독스러워졌다. 통제하기가 너무 힘들어, 그를 아끼던 케케조차도 이 버릇없는 보물을 다스리려면 힘으로 눌러야 했다.

그 가족을 알던 어느 유대인 부인은 이렇게 말했다. "아버지를 굴복시켰던 (어머니의) 주먹은 아들을 양육하는 데도 적용되었다." 스탈린의 딸 스베틀라나는 이렇게 말한다. "그녀는 아들에게 매질을 했다."

스탈린이 마지막으로 케케를 찾아간 1930년대에, 그는 왜 자기를 그렇게 많이 때렸는지 어머니에게 물었다. "그게 너한테 해롭지는 않았어." 그녀는 대답했다. 하지만 그게 정말일까? 의문의 여지가 있다. 심리학자들은 모든 폭력은 아이들을 파괴한다고 믿는다. 폭력이 사랑과 동정심을 심어주지 못하는 것은 분명하다. 알코올중독자 아버지에게 학대받은 많은 아이들은 나중에 자라서 그들 자신도 자녀나 아내를 때리는 행동을 되풀이한다. 하지만 그렇다고 해서 거의 모든 경우에 그런 사람들이 사람을 죽이는 독재자가 되지는 않는다.* 스탈린을 형성하는 데 기여한 폭력의 문화는 결코 이뿐만이 아니었다.

스탈린 자신도 보복이 효과가 있고 폭력이 실제로 쓸모 있다고 믿었다. 차르의 카자크들이 시위자들에게 나가이카nagaika 채찍을 휘둘렀을 때 그는 "채찍질은 우리에게 큰 도움을 준다"고 썼다. 생애 후반에 그는 폭력이 역사의 신성한 낫이자 유용한 관리 도구라고 믿었고, 자신의 하수인들에게 "사람들을 통제하는 방법으로 그들의 면상을 갈기라"고 권했다. 하지만 그는 "끔찍하던 어린 시절"에 "많이 울었다"고 인정했다.

---

*사실 아돌프 히틀러는 주정뱅이이던 아버지 알로이스에게 맞으면서 컸다. 스탈린은 아내나 아이들을 때리지는 않았지만, 파괴적인 남편이자 아버지이기는 했다. 그의 두 아내가 일찍 죽은 일은 적어도 부분적으로는 그의 책임이다. 그는 사생아들을 저버렸고, 아들인 야코프를 거의 15년 동안 무시했으며, 그 이후에도 그를 못살게 했다. 그는 두 번째 결혼에서 낳은 자식들 가운데 아들 바실리를 과하게 내세우면서 동시에 짓밟았다. 때로 바실리를 쥐어박았지만 독재자의 아들은 응석받이에다 통제 불능의 작은 독재자가 되었다. 바실리는 구제 불능의 알코올중독자가 되었는데, 그런 성질은 아마 베소에게서 내려왔을 것이다. 스탈린은 딸인 스베틀라나가 자기주장을 펴기 전에는 그녀에게 다정한 아버지였다. 스베틀라나는 10대였을 때 아버지에게 한 번 맞았는데, 그 이유는 40대의 어떤 유부남과 연애했기 때문이었다.

스탈린의 가족은 그가 태어난 집을 잃고 떠돌이가 되었다. 그들은 그 이후 10년 동안 음산한 셋방 등을 전전하면서 적어도 아홉 곳 이상을 이사다녔으니, 도저히 자녀를 안정적으로 키울 만한 여건은 아니었다.[2] 이제 케케와 아이는 그녀의 오빠네 집에 가서 살았는데, 베소가 행동을 고치겠다고 약속하고는 모자를 데려갔다. 그러나 그가 "술을 끊을 수 없었기" 때문에, 그녀는 다시 차르크비아니 신부의 집에 가서 살았다.

케케는 그런 생활이 어린 소소에게 어떤 영향을 미쳤는지 알 수 있었다. "그는 심하게 움츠러들었고, 걸핏하면 혼자서 앉아 있었으며, 더는 밖에 나가서 다른 아이들과 어울려 놀지 않았다. 그는 글 읽기를 배우고 싶다고 말했다. 나는 아이를 학교에 보내고 싶었지만 베소는 반대했다." 베소는 스탈린이 제화 기술을 배우기를 원했다. 1884년에 그는 그 기술을 가르치기 시작했지만, 곧 소소가 중병에 걸렸다.

그해에 고리에서는 천연두가 유행했다. "어느 집에서나 울음소리가 들렸다." 케케의 가장 소중한 후원자인 야코프 에그나타시빌리는 "훌륭한 아이 셋을 단 하루에" 잃었다. 그 불쌍한 남자는 슬퍼서 미칠 지경이 되었다. 아들 둘과 딸 하나가 살아남았다. 아이들의 죽음은 케케와 '대부 야코프'의 또다른 공통점이었다. 그녀는 병에 걸린 소소를 간호했다. 사흘째에 그는 열에 떠서 정신이 혼미해졌다. 어린 스탈린은 어머니의 주근깨와 적갈색 머리칼을 물려받았다. 이제 그에게는 천연두로 얽은 자국이 평생 남게 되었다. 그의 별명 중 하나(그리고 오흐라나가 그에게 붙인 암호)는 '초푸라Chopura(곰보)'였다. 하지만 그는 살아남았다.

어머니는 날아오를 듯 기뻐했지만, 바로 그 순간 그녀의 삶은 재앙으로 곤두박질쳤다. 베소가 그녀를 떠난 것이다.

그는 "아이나 키워"라고 말했지만, 가족에게 먹고살 돈도 주지 않았다. 스탈린은 베소가 케케더러 삯빨래를 하여 번 돈을 가져오라고 명령했다고 말했다. "얼마나 많은 밤을 울면서 보냈던가!" 케케는 회상한다. "내가 울면 아이가 너무 걱정하니, 아이 앞에서는 울지 않았다." 스탈린은 "겁에 질려 내 얼굴을 들여다보고 '엄마, 울지 마, 엄마가 울면 나도 울 거야'라고 말하면서 날 끌어안곤 했다. 그래서 나는 정신을 수습하고 웃으면서 아이에게 키스를 해주었다. 그러면 그는 책을 달라고 말하곤 했다."

케케가 소소를 학교에 보내야겠다고 결심한 것이 이때, 즉 아무런 지원도 없이 아이를 키우던 때였다. 가족 전체에서 공부를 한 사람은 그가 처음이었다. 그녀는 꿈꿨다. "난 항상 그가 주교가 되었으면 했다. 트빌리시에서 주교가 찾아올 때마다 난 찬탄의 눈길을 뗄 수가 없었으니까." 하지만 그녀의 삶으로 다시 기어들어온 베소는 그 계획을 막았다. "내가 죽거든 그렇게 하지. 소소를 교육시킨다니!" 그들은 다시 싸우기 시작했고 "아이가 울기 전에는 싸움을 멈추지 않았다."

베소의 병적인 질투심은 알코올중독 때문에 더 심해졌지만, 아내의 부정과 불륜의 소문이 이 그루지야 남성에게 신이 주신 힘을 뒤엎고 온 마을을 적으로 만들어버리고 그를 파멸시키는 데 일조한 것은 분명했다. 케케가 불행하게 산다는 사실은 다들 확실하게 알고 있었다. 에그나타시빌리, 차르크비아니 신부, 경찰국장 다브리셰비는 각자 나름대로 그녀를 도와주었다. 심지어 베소의 공장에서 일하던 친절한 도제 다토까지도 자신이 스탈린을 안고 보호해준 일에 대해 제2차 세계대전 당시 이야기한 바 있다. 한번은 길거리에서 어떤 러시아인이 여윈 소소를 메뚜기라고 불렀다. 다토는 그 러시아인에게 한 방 날리고 체포되었다. 하지만 판사는 웃어넘겼고, 가족의 보호자인 에그나타시빌리는 "자기 돈으로 그 러시아인에게 한 상 잘 차려주었다."

케케의 삶은 와해되고 있었다. 베소의 사업은 실패했고, 다토조차 그곳을 떠나 자신의 구두공장을 열었다.* "내가 열 살 무렵 아버지는 모든 것을 잃고 프롤레타리아가 되었다. 그는 항상 자신의 불운을 저주했지만, 그가 프롤레타리아가 된 것은 내게 잘된 일이었다! 하지만 당시에는 그가 모든 것을 잃은 것이 좋지는 않았지." 그는 이렇게 농담을 했다.

다브리셰비는 케케를 고용하여 집안일을 시켰다. 또 에그나타시빌리 일가에서는 그녀에게 빨래를 맡겼다. 그녀는 항상 그들의 집에 있었고, 소소도 거기서 밥을 먹을 때가 많았다. 케케의 회고록에서 볼 때 에그나타시빌리가 소소를 사랑한 것은 분명했고, 그 아내인 마리암도 마찬가지였다. 그녀는 바구니에 먹을 것을 담아주곤 했다. 에그나타시빌리와 케케가 과거에 애인 사이였는지는 모르지만, 당시에는 분명히 그렇게 되었다. "우리 가족은 그의 도움이 없었으면 살아갈 수 없었다. 그는 항상 우리를 도와주었는데, 그에게는 가족이 있었기 때문에… 솔직히 말해 마음이 불편했다." 케케는 이렇게 말한다.

---

*다토는 50년 뒤인 1940년에도 제화공이었다. 그때 스탈린은 에그나타시빌리 가족 중의 한 명에게 그를 불러오라고 시켜 다시 만났다. 에필로그를 보라.

신부 역시 케케의 계획대로 소소를 교육시키도록 도와주었다. 케케는 차르크비아니 가족에게 그들의 10대 아들들이 더 어린 동생들에게 러시아어를 가르칠 때 소소도 끼워달라고 부탁했다. 그녀는 소소에게 재능이 있음을 느꼈다. 그 10대 소년들은 누이동생을 가르쳤는데, 여동생은 오빠의 질문에 답을 하지 못했지만 어린 스탈린은 대답할 수 있었다. 노인이 된 스탈린은 어렸을 때 자기가 읽고 쓰기를 큰 아이들보다 더 빨리 배웠다고 자랑했다. 나중에는 10대 아이들을 가르치기도 했다. "철저하게 비밀을 지켜야 했다." 차르크비아니 신부의 아들인 코테가 말한다. "베소 아저씨가 나날이 더 심하게 굴었기 때문이었다. 그는 '내 아들을 망치지 말라'고 위협하면서 소소의 귀를 잡고 질질 끌어 작업장으로 가곤 했지만, 아버지가 나가기만 하면 소소는 다시 왔고, 우리는 문을 잠그고 공부했다." 다브리셰비 가족도 그를 자기 아들과 함께 공부하게 해주었다.

케케는 매력이 있었고 베소는 워낙 개차반이었으니, 다들 그녀를 도와주고 싶어 했다. 이제 그녀는 소소를 고리의 좋은 교회학교에 집어넣을 방도가 없을지 궁리했다. 그렇게 해야 주교가 될 수 있을 테니까. 그녀는 여러 가지 수를 써보았다. 하지만 그 학교는 성직자의 자녀만 받아들였다. 차르크비아니 신부는 소소의 아버지가 주임신부라고 주장하여 이 문제를 해결해주었지만, 이 사실은 자료에 전혀 나오지 않는다. 혹시 그가 학교 당국자에게 자기 자신이나 다른 어떤 죄 많은 신부가 그 아이의 생부라고 귀띔해준 건 아닐까 하는 생각이 든다. 스탈린이 자기 아버지가 신부라고 단언하게 만든 구실이 바로 이것이었을까?

소소는 시험(기도문, 읽기, 산수, 러시아어)을 쳤는데, 성적이 워낙 좋아서 교회학교는 그를 2학년으로 입학시켰다. 케케는 "나는 한없이 행복해"라고 말했지만, 일자리도 없었던 베소는 "불같이 화를 냈다."[3]

미친 베소는 에그나타시빌리의 술집 창문을 박살냈다. 케케가 경찰서장 다브리셰비에게 이 일을 털어놓자 베소는 그에게도 달려들어, 길거리에서 구두 만드는 공구로 그를 찔렀다. 아이러니하게도 시장인 주룰리는 이 사건을 경찰서장이 소소의 생부라는 증거로 받아들였다. 하지만 다브리셰비는 미친 베소를 잡아넣지 않았다. 그의 아들의 말에 따르면, 그의 상처는 그리 심하지 않았고, '정말 예쁜' 케케와 그는 어떤 관계가 있는 사이였다고 한다. 그는 항상 "소소에게 특별한 관심을 보였다." 다브리셰비는 베소에게 고리를 떠나라는 명령만 내렸는데, 이에 베소는 자신이 처음 일을 시작했던 트빌리시의 아델하노프 신발공장에서 일거리를 구했다. 한동안 베소는 소소를 보고 싶어 했고, 케케에게 화해를 청하면서 돈도 보냈다. 케케는 그 요청에 가끔은 동의했지만, 실제로 화해가 이루어진 적은 한 번도 없었다.

스탈린의 아버지는 카라초겔리로서는 물론, 한 남자로서 받아야 하는 존경심을 잃었다. 명예와 수치라는 감정이 지배하는 그루지야 사회에서, 이것은 죽음이나 마찬가지였다. "그는 이제 절반만 인간이었다." 케케가 말했다. 이 때문에 그는 절벽 끝으로 내몰렸다. 지금은 그가 떠났지만, 멀리 간 것은 절대 아니었다.[4]

케케는 고리에서 막 여성복 상점을 연 쿨리야나프 자매의 가게에서 제대로 된 일자리를 얻었다. 케케는 그곳에서 17년간 일했다. 이제 그녀는 스스로 돈을 벌었고, "내 아이의 심장이 다시는 슬픔으로 찌들지 않게 하려고 애썼다. 나는 그에게 필요한 건 모두 주었다."

그녀는 그를 그루지야식 기사로 키웠다. 스탈린은 이런 이상理想을 노동계급의 기사로서 자신에게 전이시켰다. "강한 인간은 반드시 용맹스러워야 해요." 그는 나이 든 어머니에게 이렇게 썼다. 그는 자신이 베소보다는 케케를 더 닮았음을 알고 있었다. 스탈린은 "그녀를 사랑했어요." 그의 딸 스베틀라나는 말했다. "그는 할머니에게 무자비하게 맞기는 했지만 그녀에 대해 이야기하기를 좋아했어요. 아버지는 내게 사랑을 온통 쏟아부었는데, 아버지 말에 의하면 내가 할머니를 닮았기 때문이라고 해요." 그런데도 그는 케케에게서 멀어지기 시작했다.

스탈린은 "자기 어머니를 사랑하지 않았다"고 베리야의 아들은 말한다. 주로 그루지야인들인 다른 사람들은 그가 그녀를 '창녀'라고 불렀다고 확신한다. 하지만 이런 이야기는 흔히 스탈린을 비인간적인 모습으로 그려내기 위해 그의 적들이 한 말이다. 정신분석가들은 창녀와 처녀의 성질이 복합된 케케의 존재에 그가 혼란을 느꼈다고 주장한다. 그 때문에 나중에 그가 관능적인 여성을 불신하게 되었다는 것이다.

그는 케케의 세속적인 면모에 충격을 받았던가? 그녀의 후원자인 남자들을 인정하지 않았던가? 그가 나중에 신중해진 것은 분명하다. 하지만 나이가 들면 수많은 사람들이 그렇게 된다. 우리가 확실히 아는 것은 그가 엄격하고 위선적이고 마초적인 문화에서 키워졌다는 사실이다. 그런데도 젊은 혁명가로서 그의 성도덕은 거의 제약이 없다고 할 정도로 자유로웠다.

두 사람을 모두 잘 알고 있던 이레마시빌리의 말에 따르면, 소소는 "오직 한 사람" 즉 어머니에게만 헌신했지만, 그녀에 대해 적대적인 입장에 섰다. 하지만 두 사람 사이가 갈수록 멀어지게 된 더욱 그럴싸한 이유는 외향적이고 냉소적인 그녀의 말버릇 때문이었다. "그녀는 어떤 일에 대해서든 망설이지 않고 자신의 견해를 내뱉었다." 베리야의 아들이 한 말이다. 또 그의 삶을 조종하려는 그녀의 지배 충동 또한 이유가 되었다. 그녀의 사랑은 상대방을 질식시킬 듯 지독했다. 스탈린 자신도 자녀와 친구들을 똑같은 방식으로 사랑했다. 어머니와 아들은 상당히 비슷한 사람들이었고, 바로 거기에 문제가 있었다.

하지만 그도 나름대로 그녀의 강렬한 사랑을 인정했다. 제2차 세계대전 동안 그는 케케가 자신의 응석을 받아주던 일에 대해 다정하게 웃으며 이야기했다. 그는 주코프 원수에게 그녀가 "내가 여섯 살이 되도록 눈 밖에 절대로 벗어나지 못하게 했다"고 말했다.[5]

1888년 후반, 열 살이 된 소소는 고리 교회학교에 자랑스럽게 입학했다.* 보기 좋은 이층짜리 붉은 벽돌 건물인 학교는 새로 난 역 가까이 있었다. 무척 가난했지만 케케는 소소가 사제들의 부유한 아들들 사이에서 가난한 표시를 내지 않게 하겠다고 결심했다. 오히려 그는 전교생 150명 가운데 단연 옷을 가장 잘 입고 다닐 터였다.

---

*그 학교는 지금도 고리에 남아 있으며, 2006년에 전면 수리되었다. 흐루시초프가 1956년에 스탈린 격하를 시작하기 전까지 이 건물에는 "과거 교회학교이던 이곳에서 위대한 스탈린이 1888년 9월 1일에서 1894년 7월까지 공부했다"는 명문이 새겨져 있었다.

실제로 그렇게 되었다. 당시 급우들 가운데 몇십 년 뒤까지도 스탈린의 첫 등교 모습을 기억하는 사람들이 많았다. "나는 학생들 중에서, 무릎까지 오는 아르할루키arkhalukhi(그루지야식 정장 코트)를 입고 새 장화에 넓은 가죽 벨트를 차고, 햇빛을 반사하는 광택 차양이 달린 검은색 뾰족 모자를 쓰고 있는 한 낯선 소년을 보았다." 얼마 안 가서 소소와 친구가 된 바노 케츠호벨리는 이렇게 회상했다. "키가 아주 작고 무척 여윈 이 아이는 몸에 꼭 끼는 바지와 장화와 스카프와 주름 잡힌 셔츠를 입고 두꺼운 면포로 만든 붉은색 책가방을 매고 있었다." 바노는 감탄했다. "학년 전체에서, 학교 전체에서 그런 옷차림을 한 아이는 아무도 없었다. 학생들은 감탄하면서 그를 둘러쌌다." 가장 가난한 소년이 고리의 소공자처럼 가장 좋은 옷을 차려입은 것이다. 이런 예쁜 옷을 살 돈은 누가 주었을까? 신부, 술집 주인, 경찰관이 당연히 각자의 몫을 냈다.

아무리 멋진 옷을 입었다 한들 스탈린은 고생을 겪었고, 이는 그를 강인하게 만들었다. "우리는 그가 무서워서 피했다." 이레마시빌리는 이렇게 말한다. "하지만 흥미는 느꼈다." 뭔가 특이하게 "아이답지 않고 과도하게 열정적인" 면이 그에게 있었기 때문이다. 그는 괴상한 아이였다. 기분이 좋을 때는 "정말 특이한 방식으로 만족감을 표현했다. 손가락을 뚝뚝 꺾으면서 큰 소리로 고함을 지르고 한 발로 뛰어다니곤 했다."* 스탈린이 독재자였을 때 그에 대한 개인숭배의 억압적인 범위

---

*이것은 스탈린과 계속 친밀하게 지낸 가까운 친구 표트르 카파나제의 회상에 나오는 이야기다. 찬양 일변도인 카파나제의 회고록은 1930년대에 출판되었는데, 위의 이야기는 그가 공식 판본에서는 누락했던 이야기 중의 하나다. 기록보관소 원본에는 나온다.

내에서 쓰인 것이든, 맹렬한 적대감에서 쓰인 것이든, 그의 어린 시절에 대한 모든 회고는 열 살밖에 안 되었을 때도 스탈린이 이미 대단한 흡인력을 발휘했다는 데 동의한다.[6]

이 무렵 언젠가, 아마 학교에 다니기 시작했을 무렵, 그는 다시 한 번 거의 죽을 뻔한 일을 겪었다. "아침에 건강한 모습으로 등교시켰는데, 오후에 사람들이 의식 불명인 그를 데려왔다." 케케는 이렇게 말했다. 길에서 쌍두마차에 치인 것이다. 소년들이 즐겨하는 게임 중에는 질주하는 마차의 차축을 붙잡는 치킨 게임이 있었는데, 아마 그런 놀이를 하다가 다쳤던 것 같다. 불쌍한 어머니는 다시 한 번 "겁에 질려 미칠 지경"이 되었지만, 의사는 그를 공짜로 치료해주었다. 아니면 에그나타시빌리가 말없이 치료비를 냈는지도 모른다. 케케의 아들은 나중에, 어머니가 마을 이발사 노릇을 겸하던 돌팔이 의사도 불러들였다고 말했다.

이 사고로 그는 달라붙은 발가락, 곰보 자국, 사생아라는 소문 외에 남달리 보일 이유, 경계심과 열등감을 가질 또 하나의 이유를 얻었다. 왼쪽 팔을 영영 못 쓰게 된 것이다. 이는 곧 그가 꿈꾸던 이상적인 그루지야 전사는 절대로 될 수 없다는 뜻이었다. 나중에 그는 그 사고로 인해 춤은 제대로 출 수 없었지만, 그래도 싸울 수는 있었다고 말했다.*

---

*이 불구가 된 왼팔은 썰매 사고 때문이라는 설, 출생 때의 결함 때문이라는 설, 혹은 아기 때의 감염이나 레슬링으로 다친 부상 때문이라는 설, 여자를 두고 치아투라에서 벌어진 싸움에서 다쳤다거나 마차 사고로 입은 부상이라는 설, 아버지에게서 얻어맞은 탓이라는 설 등 여러 가지 이유가 제기되었다. 이는 모두 (출생 때의 결함 때문이라는 것만 제외하고) 스탈린 본인의 입에서 나온 것들이다. 스탈린의 사고에 대해서는 혼동이 많은데, 아마 사실은 사고가 두 번 있었기 때문일 것이다. 위의 사고는 그가 막 학교에 다니기 시작했을 때 일어난 좀 가벼운 사고였거나(케케의 말에 따르면), 그가 여섯 살 때 일어난 것일 텐데(나중

반면 그 덕분에 그는 징병을 면할 수 있었고, 제1차 세계대전의 참호 구덩이에서 죽을 운명을 피할 수 있었다. 하지만 케케는 그 때문에 나중에 그가 주교가 되지 못할까 봐 걱정했다. "애야, 사제가 되면 그 팔로 어떻게 성배를 들겠니?"

"걱정하지 마세요, 엄마!" 소소가 대답했다. "내가 사제가 되기 전에 팔이 나을 것이고, 교회 전체를 들어 올릴 수도 있을 거예요!"[7]

고리의 길거리에 산재한 위험은 치킨 게임만이 아니었다. 그곳은 차르 체제의 정부도 통제하지 못하는 곳으로 악명이 높았다. 어린 스탈린은 학교에서는 금방 공부를 가장 잘하는 학생이 되었지만, 그 이후 지킬박사와 하이드식의 이중생활을 영위했다. (모범생) 합창단 소년인 동시에 길거리의 싸움꾼이며, 반쪽은 옷을 지나치게 잘 입은 마마보이였지만 나머지 반쪽은 부랑아였다.

"누군가가 그를 두들겨 패서 울면서 집에 가거나, 그가 누군가를 두들겨 패지 않은 날이 거의 하루도 없었다." 차르크비아니 신부의 아들인 코테가 말했다. 고리는 그런 종류의 고장이었다.

에 작성된 건강보고서에 따르면), 그 사고로 인해 아마 팔을 움직이기가 힘들어졌을 것이고, 나이가 들면서 그런 불편이 더 뚜렷해졌을 것이다. 그런 다음, 얼마 지나지 않아 훨씬 더 심한 사고가 있었다. 이 사고로 그는 중상을 입었고, 이 때문에 트빌리시에서 치료를 받아야 했다. 이때 그는 다리를 다쳤다. 여든 살이던 케케는 회고록에서 이 두 사건을 한데 뭉뚱그린 것으로 보인다.

3장

★★

싸움꾼, 레슬러, 합창단원

어린 스탈린은 이제 케케와 떨어져서 고리의 길거리에서 여가 시간을 보냈다. 그곳은 술과 기도와 난투극에 지배되는 자유롭고 난폭한 장소였다.

소소가 항상 어둡고 가난했던 집에서 달아날 이유는 얼마든지 있었다. "케케는 매일같이 삐걱거리는 재봉틀 앞에 앉아 있었고" 집 안에는 "나무로 짠 소파 둘, 스툴 둘, 등잔, 교과서가 잔뜩 놓인 간단한 탁자" 외에는 아무것도 없었다고, 자주 들렀던 손님인 스탈린의 성악 선생 세미온 고그칠리제는 말했다. 무척 작았던 방은 "항상 깨끗하고 단정"했지만 스탈린의 침대는 나무판자로 만든 것이었다. "그가 키가 커지자 어머니는 판자를 덧대어 침대를 길게 만들었다." 하지만 소소는 이제 어머니에게 대들었다. "그가 얼마나 거만하고 잘난 척을 하던지!" 그녀는 투덜댔다.[1]

그는 전형적인 고리 사람이었다. 고리의 주민은 그루지야 전체에서도 마트라바지matrabazi, 즉 뻐기기 잘하고 난폭한 건달로 악명이 높았다. 고리는 특정한 규칙은 있지만 마을 전체에서 누구나 끼어들 수 있는 무제한적인 싸움이라는 "그림 같고 야만적인 관습"이 시행되던 마지막 마을 중 하나였다. 술에 취한 사제들이 심판 노릇을 하는 판이었으니, 음주와 기도와 싸움이 모두 서로 연관되어 있었다. 고리의 술집에서는 폭력과 범죄의 잡탕이 손쓸 길 없이 끓어올랐다.[2]

러시아와 그루지야의 행정관들은 중세 때 그루지야가 끊임없이 전쟁을 벌이던 시기의 군사 훈련에서 유래한 이 수상한 스포츠를 금지하려고 애썼다. 러시아 군부대가 주둔해 있었는데도 이 지역의 경찰서장인 다브리셰비와 동료 경찰관들은 그런 사태를 도저히 처리할 수 없었다. 그 누구도 고리의 억누를 길 없는 무법상태를 진정시킬 수는 없었다. 또 그런 싸움 와중에 말과 쌍두마차가 이리저리 날뛰면서 거리의 어린아이들을 치고 다니는 것이 의외의 일도 아니었다. 역사심리학자들은 스탈린의 성격이 많은 부분 주정뱅이 아버지로 인해 형성되었다고 얘기하지만, 이런 거리 싸움의 문화도 그에 못지않게 중요한 영향을 미쳤다.

이곳을 방문한 작가 막심 고리키Maxim Gorky는 이렇게 썼다. "고리에는 그 특유의 생생하고 원천적인 야성미가 있다. 찌푸린 하늘, 시끄럽게 흘러가는 쿠라 강의 급류, 동굴 도시가 있는 근처의 산들, 더 멀리는 만년설로 덮인 캅카스의 산맥."

대포가 설치된 고리의 누런 요새는 아마 12세기의 타마라 여왕 때 지어졌을 것이다. 그녀의 제국이 와해되었을 때 고리는 그루지야 공국 가운데 하나의 수도가 되었다.* 그곳은 중앙아시아에서 오는 길의 중간 경유지였다. 낙타는 여전히 트빌리시로 가는 길을 지나다녔지만, 1871년에 흑해까지 철도가 개통되자 한때는 자부심에 넘치던 이 도시는 이내 낙후되어 거창한 역사와 유달리 소란스러운 전통을 지닌 혼란스러운 시골 오지로 변했다. 중심가(그 당시에는 차르 가였고 지금은 스탈린 가)와 광장이 한 곳뿐이었으니, 아이들은 어슬렁거리는 황소들과 섞여, 뚜껑 없는 홈통에서 내려오는 물로 거지반 진탕이 되어버린 구불구불한 골목길에서 놀았다. 고리의 주민은 고작 7,000명뿐이었는데, 그중 절반은 주가시빌리 일가와 같은 그루지야인이었고, 나머지 절반은 카모의 가족처럼 아르메니아인이었다. 아르메니아인들은 사업을 했다. 유대인은 18명뿐이었다. 고리가 이웃한 두 구역으로 나뉘어 있었다는 점은 그보다 훨씬 더 중요한 사실이었다. 왜냐하면 그 두 구역, 즉 러시아구역과 요새 구역은 서로 싸우는 마을이었기 때문이다.

마을의 싸움, 레슬링 경기, 학생들의 패거리 싸움은 고리 주민들의 세

---

*그 이후 그곳은 바그라시온-무흐란스키 공작 같은 반왕족들과 아밀라흐바리 공작 같은 거물들의 장원으로 둘러싸였다. 그루지야 귀족은 엄청나게 많았지만(전 인구의 6퍼센트) 가난해졌고, 따라서 러시아 본토에서보다 훨씬 덜 고립된 존재였다. 캅카스 총독이자 알렉산드르 2세의 동생인 미하일 니콜라예비치 대공은 근처에 있는 보르조미에 자신의 고딕식 리카니 궁전을 지었다. 혁명이 나기 전까지 로마노프 왕가는 이곳에서 여름을 났다. 스탈린이 권좌에 올랐을 때 그는 고리로 돌아갈 의향은 전혀 없었지만, 내전이 끝난 뒤 첫 휴가를 임신한 어린 아내 나댜 알릴루예바와 함께 리카니 궁전에서 보냈다. 건강이 악화되어 갈 무렵인 1951년, 그가 그루지야에서 마지막 휴가를 지낼 때 리카니에 있었다는 것도 중요하다. 그곳은 예나 지금이나 아름다운 휴양지이지만, 지방 소년이 이룬 성공의 상징이기도 했다. 이제 그곳은 그루지야 대통령의 여름 거처가 되었다.

가지 싸움 전통이었다. 축제 때, 크리스마스 때, 혹은 슈로브타이트Shrove Tide(사순절 시작 전 사흘을 뜻한다. 사순절을 준비하며 속죄하는 기간이다―옮긴이) 동안 두 구역은 행진을 벌인다. 남녀 옷을 바꿔 입은 자들이나 배우들이 낙타와 당나귀에 타고 선두에서 행진을 이끌며, 주위에서 축제의 상을 입은 피리 주자와 가수들이 연주한다. 그루지야가 1634년에 페르시아에게 거둔 승리를 축하하는 키노바Keenoba 축제에서, 한 배우는 그루지야 차르를 연기했고, 다른 배우는 페르시아의 샤를 연기했다. 페르시아의 샤는 곧 과일로 두들겨 맞았고 다음에는 물을 뒤집어썼다.

각 가정의 남자들은 노소를 불문하고 포도주를 마시고 노래하면서 저녁이 될 때까지 행진에 참가했고, 밤이 되면 진짜 재미가 시작되었다. 이런 '자유 복싱 공격(크리비krivi 경기)'은 규칙에 따르는 집단 결투였다. 세 살 난 소년은 다른 세 살짜리와 레슬링을 하고, 그런 다음 아이들이 함께 싸우며, 10대 소년들이, 마지막으로는 남자 어른들까지 "터무니없는 전투"에 가담한다. 그 무렵이면 마을 전체가 통제 불능이 되며 다음 날까지도 이런 상태가 계속되는데, 심지어 학교에서도 학급끼리 싸운다. 상점이 약탈되기도 한다.[3]

고리가 가장 좋아하는 운동은 챔피언들 간의 레슬링이었다. 이것은 어딘가 성서에 나오는 골리앗 이야기와 비슷했다. 그것은 굉장히 평등한 경기였다. 토너먼트 경기인 치두바tschidooba는 특별히 설치된 링에서, 주르나zurnas 악단의 반주에 맞춰 열렸다. 이 고장의 지주인 아밀라흐바리 공작 등 부유한 영주들과 상인들, 심지어 마을 주민들까지도 각자 응원하는 챔피언을 출전시켰다. 이들은 챔피언을 팔라바니palavani라 부르면서 존경했다. 스탈린의 대부인 에그나타시빌리의 세 형제도 챔피언이었다. 이제 나이도 있고 부자였으니, 팔라바니 에그나타시빌리는 자기 휘하의 선수들을 출전시켰다. 스탈린은 늙은 뒤에도 자기의 대부가 권투 경기에서 우승한 일을 자랑했다.

에그나타시빌리 형제들은 워낙 유명한 레슬링 선수여서, 카르틀리 전체에 걸쳐 이름을 날렸다. 그중에서도 가장 힘이 세고 첫째가는 자는 야코프였다.

아밀라흐바리 공작은 체첸 출신의 거인을 경호원으로 데리고 다녔다. 그 경호원이 고리 챔피언에 도전하여 모두를 다 물리쳤다. 그래서 고리 주민들이 야코프 에그나타시빌리에게 갔더니, 그가 이렇게 말했다. "내 형인 키카와 싸우게 하시오. 그가 키카를 물리친다면 또 다른 형인 세미온과 싸우게 하고, 그도 또 물리친다면 내가 그와 싸우겠소." 하지만 키카는 체첸 골리앗을 물리쳤다.

한번은 어떤 종교 축제 기간에 양가죽 모자를 쓴 도둑들이 단검을 들고 마을에서 설치고 다닌 일이 있었다. 강도들은 에그나타시빌리 술집에서 술을 마시고는 술값을 내지 않겠다고 했다. "우리는 키카 에그나타시빌리가 강도 하나를 때려눕히고, 다른 강도의 칼집에서 단검을 꺼내서는 무딘 칼끝으로 그 사람을 치는 것을 감탄하면서 바라보았다. 그러자 세 번째 강도가 술값을 냈다." 스탈린은 어린 시절을 이렇게 회상했다.[4]

교회학교의 학생들은 고리의 성당 가街에서 거의 일상적으로 벌어지는 맨주먹 싸움에 가담했다. 징벌방에 가두고 나중에는 퇴학시키겠다고 위협함으로써 학생들이 이런 격렬하고 무질서한 행위에 참여하지 못하게 했지만 "소소는 여전히 거기에 참여했다." 수학과 지리 교사인 일루리제는 학생들이 거리에서 싸우는 걸 보는 게 좋아서 "그래, 그래, 잘했어!"라고 고함을 질렀고, 그러느라 자기 몸에 피가 튀는 것도 모를 지경이었다.[5]

"어린 스탈린은 권투와 레슬링을 했는데 상당히 잘했다"고 다브리세비는 동의했다.* 그의 성악 선생은 그가 레슬링 시합을 벌이는 걸 지켜보았는데, 한번은 이미 장애가 있던 팔을 다친 일이 있었다. "처음에는 레슬링 시합이었지만 나중에는 진짜 주먹다짐으로 변했고, 서로 치고받았다." 선생은 이렇게 회고했다. 소소는 팔이 부어올라 고통스러워했고, 규칙에 따라 경기하기가 힘들어졌다.

친구인 이레마시빌리는 학교 마당에서 스탈린과 싸웠다. 그 싸움은 무승부로 끝났지만, 이레마시빌리가 돌아서자 스탈린은 뒤에서 덤벼들어 그를 풀숲에 넘어뜨렸다. 스탈린은 겁도 없이 더 강한 싸움꾼들에게 덤벼들었다가 생명이 위태로워질 지경으로 두들겨 맞았고, 케케가 경찰서에 달려가 울면서 "신이시여, 저 애들이 내 아들을 죽이고 있어

---

*늘그막에 스탈린도 자신이 마초 씨름꾼이었다고 자랑했다. 제2차 세계대전이 끝난 뒤 티토 원수를 만났을 때 스탈린은 어쩐지 그 잘생긴 유고슬라비아인 앞에서 자신이 늙고 허약하다는 기분이 들었는지 갑자기 티토를 들어 올리고는 으스댔다. "내가 아직 힘이 있지." 유고슬라비아인들은 경악하고 당혹스러워했지만, 이것은 스탈린이 고리 레슬링을 과시한 마지막 기회였다.

요"라고 아우성을 쳐서 그를 구해내야 했다. 당시의 스탈린은 길거리 싸움꾼이었으면서도 옷은 여전히 흠잡을 데 없이 차려입었다. "종종 그의 어머니는 그에게 커다란 흰 칼라가 달린 옷을 입히기도 했는데, 어머니가 등을 돌리기만 하면 그는 깃을 떼어내 호주머니에 집어넣곤 했다."

그 소년의 진짜 에너지가 발휘된 곳은 집단 패싸움이었다. "우리 고장의 아이들은 사는 곳이나 길거리에 따라 집단이 나뉘었다. 이런 집단들은 항상 서로 싸웠다." 그런 집단은 용광로 역할도 했다. "고리의 아이들은 종교나 국적이나 빈부 격차에 상관없이 모두 함께 길거리에서 교육을 받았다." 스탈린 같은 부랑아도 유명한 장군인 아밀라흐바리 공작의 아들과 거리에서 함께 놀면서 수영도 배웠다. 칼과 활과 화살, 혹은 돌팔매를 가진 아이들은 거칠었지만 행복하고 자유롭게 생활했다. 그들은 강에서 헤엄쳤고, 좋아하는 노래를 불렀으며, 아밀라흐바리 공작의 과수원에서 사과를 훔쳐 먹었고, 불량스럽게 들판을 휩쓸고 다녔다. 한번은 스탈린이 공작의 과수원에 불을 놓은 적도 있었다.

"소소는 아주 불량했다." 더 어린 친구인 기오르기 엘리사베다시빌리는 회상한다. "항상 거리에서 설쳤다. 그는 돌팔매와 직접 만든 활을 아주 좋아했다. 한번은 어느 목동이 가축 떼를 이끌고 집으로 돌아가고 있었는데, 소소가 뛰어들어 선두의 암소에게 돌을 던졌다. 황소들은 놀라서 날뛰며 달아났고, 목동은 소소를 뒤쫓아 갔지만 원래 잡기 힘든 아이인 소소는 달아나버렸다."* 또 다른 급우는 이렇게 썼다. "그는 마치 미꾸라지처럼 내 손을 빠져나가 달아나곤 했다. 그를 붙잡으려고 애를 써봤자 소용이 없었다." 폭발물에 불을 붙여 상점 주인을 기겁하게 만들고 가게를 부숴버린 일도 있었다. "그의 어머니는 아들에게 쏟아지는 저주를 수없이 들어야 했다."

소소는 패거리를 이끌고 '높은 황색 성벽의 성'이 서 있는 산인 고리즈바리의 가파른 언덕을 올라가기를 좋아했다. 그곳에서 그들은 노래하고 싸우고 종교 논쟁을 하고 경치를 감상했다. "그는 자연의 아름다움을 사랑했다." 약 10킬로미터 떨어진 곳에는 '동굴의 도시Uplis-Tsikhe'가 있었다. 그곳으로 올라가는 절벽이 워낙 가팔라서, 스탈린은 처음에는 맨 위까지 올라갈 수 없었지만 지칠 줄 모르고 훈련하여 마침내 올라갈 수 있게 되었다고 이레마시빌리는 말한다.

그는 다른 아이들에게는 무자비했지만, 부하들은 보호해주었다. 헤엄치는 법을 배웠을 때(팔 때문에 결코 잘하지는 못했지만) 그는 쿠라 강의 급류 속에 헤엄을 칠 줄 모르는 작은 아이를 밀어 넣었다. 그 소년은 거의 익사할 뻔했다고 항의했다. 이에 소소는 "그래도 말썽이 생길 때를 대비해서 수영을 배워두어야 하거든"이라고 대답했다. 하지만 친구들이 다른 패거리의 습격을 받자 소소는 "소나기처럼 돌을 던져 그들을 물리쳤다." 소소는 한 친구가 흠씬 얻어맞고 있을 때 나타나서 이렇게 소리쳤다. "야, 넌 왜 당나귀처럼 그냥 서 있어? 주먹을 써야지!" 그는

---

*기오르기 엘리사베다시빌리와 사촌인 산드로가 전하는 이런 사악한 어린 부랑배의 모습, 근면하게 일하는 근로자들의 생계를 거의 망쳐버리거나 거리에서 싸운 이야기는 기록보관소에는 남아 있지만, 당연히 스탈린의 전기에는 등장하지 않았으며, 지금까지도 책으로 출판되지는 않았다.

적을 물리쳤다.

스탈린은 항상 "자신보다 더 나이가 많고 힘이 센" 소년들에게 도전했다고 어린 이오시프 다브리셰비는 말한다. 그는 항상 공격적이었다. 동작이 너무 서툴러서 그루지야의 레쿠리^{lekuri} 춤을 제대로 배우지 못하자, 곧 그 춤을 가장 우아하게 추는 소년의 다리를 걸어 넘어뜨렸다.

그는 죽는 날까지 자신을 떠나지 않을 권력에 대한 의지를 보여주었다. "소소는 거주지역의 패거리에 속해 있었지만 걸핏하면 자기 패거리 두목의 명령을 거부했기 때문에 반대편 패거리로 넘어가곤 했다." 그의 패거리 두목은 소년 스탈린이 "내 권위를 망가뜨리고 나를 끌어내리려고 했다"고 투덜거렸다. 이레마시빌리는 "나이로든 힘으로든 다른 사람들을 지배하는 사람이 그에게는 모두 자기 아버지처럼 보였다. 그 때문에 자기보다 더 우위에 있는 사람들에게 복수할 마음을 먹게 되었다"고 생각했다. 스탈린은 어렸을 때도 어머니의 손을 벗어나자마자 지도자가 되어야 했다.

아버지의 폭력성과 형편없는 처신, 열정적인 어머니의 사랑, 그리고 타고난 영리함과 거만함이 스탈린에게 교대로 작용했다. 그래서 자신이 항상 옳고 남은 반드시 자기에게 복종해야 한다는 확신이 만들어졌고, 전염성 강한 그 확신은 그에게 추종자를 만들어주었다. 어머니의 아르메니아 친구 아들도 추종자가 되었다. 그것이 세미온 '센코' 테르-페트로시안, 나중에 카모라 불리게 될 아이였다. 알렉산드르 2세가 벌인 히바 칸국과 부하라 칸국 정복전에서 군대 보급품을 조달하여 재산을 쌓은 그의 부자 아버지는 화를 내며 딸에게 물었다. "도대체 그 돈

한 푼 없고 아무짝에도 쓸모없는 스탈린이 뭐가 좋단 말이냐. 고리에는 괜찮은 아이가 없느냐?" 아마 별로 많지 않았던 모양이다.

소소는 "그의 독재적 의지에 굴복하는 사람에게는 좋은 친구가 될 수 있었다"고 이레마시빌리는 생각한다. 어떤 소년이 성찬식의 빵을 먹었다고 코테 차르크비아니를 고자질하자, 소소는 미래에 닥칠 대숙청을 유치하게 재현하는 것처럼, "그 소년의 인생을 저주하면서 고발자, 첩자라 불렀다. 또 다른 아이들에게 그를 증오하라고 명령하고, 얼굴을 때려 멍이 들게 하기도 했다. 소소는 그런 면에서는 헌신적인 친구였다."

스탈린은 산과 하늘에 대해서는 시적인 열정을 보여주었지만 인간에 대한 연민은 거의 없었다. 경찰관의 아들은 그 무렵의 그가 "어머니의 복사판"이었다고 기억한다. 그는 매우 침착하고 신중했지만, "화가 나면 잔인해졌고, 마구 욕을 하면서 극단으로 치달았다." 다른 사람들보다 잃을 것이 적었고 감정적인 애착의 대상이 별로 없었으므로, 스탈린은 천성적인 극단주의자가 되었다.[6]

길거리 싸움은 고리에서는 불법이 아니었다. 그곳 출신 부모들부터 연례적으로 싸움에 가담하고 레슬링 경기에 내기를 걸었을 뿐 아니라, 소년들은 근처의 산지에서 러시아인들에게 맞서는 그루지야 의적 놀이를 하고 놀았다. 하지만 이제 학생들은 학교에서도 러시아제국의 박해를 맛보게 되었다.

우둔한 황제 알렉산드르 3세는 암살당한 아버지가 펼쳤던 유연하고 자유주의적인 정책과 정반대로 보수적인 역공을 취하여, 거의 모든 그루지야인들이 단합하여 저항하게 만들었다. 차르는 그루지야인들이 러시아어를 배워야 한다는 포고령을 내렸다.* 스탈린이 차르크비아니 형제들과 러시아어를 공부한 것도 그 때문이었다.

1890년 9월에 등교했을 때 스탈린은 다른 사람들과 마찬가지로 새로운 러시아 규칙을 증오하게 되었다. 소년들은 서로 그루지야어로 말할 수도 없었다. 러시아어를 그리 잘 할 수 없었으므로 "우리 입은 아동용 감옥에 갇혀버렸다"고 이레마시빌리는 말한다. 우리는 "우리의 조국과 모국어를 사랑했다. 그들은 우리 그루지야를 러시아 문명이라는 축복을 주입받아야 하는 열등한 문명으로 취급했다." 그루지야어를 학급에서 쓰면 "오전 내내 긴 나무 장대를 들고 교실 구석에 서 있거나 먹을 것도 없이 깜깜한 징벌방에 저녁 늦도록 갇혀 있어야 했다."

러시아식 제복(금단추가 달린 양복에 뾰족한 모자 차림)을 입은 러시아어 교사들**은 그루지야 언어를 멸시하는 잔인한 현학자들이었다. 하지만 교사 한 명은 인기가 있었다. 바로 성악 선생인 세미온 고그칠리제로, 스패츠(종아리와 발목에서 구두 윗부분까지 감싸주는 타이츠처럼 딱 달라붙는 각반-옮긴이), 윙칼라 셔츠(턱시도를 입고 보타이를 맬 때 입는 뾰족

---

*이 어리석은 포고령은 스탈린을 저항운동의 길로 나아가게 만든 시발점이 되었다. 그는 비록 평생 강한 그루지야 악센트를 떨쳐버리지는 못했지만, 이 포고령은 러시아 제국을 다스리기에는 충분할 정도로 고급 수준의 러시아어를 구사하게 해주었다.
**장학사 부티르스키가 그 전형적인 인물이었다. 키가 작고 둥실하게 살이 쪘으며 붉은 콧수염을 기른 엄격한 군인인 그는 그루지야어를 말하는 소리를 들으면 고함을 질렀다. "그 말을 쓰지 마!"

하고 작은 칼라가 달린 셔츠-옮긴이), 상의에 꽂는 꽃 등 언제나 최신 유행 복장을 하고 다니는 다정한 멋쟁이였다. 여학생들은 그에게 반했고, 어떤 학생은 그를 두고 노래를 쓰기도 했다. 그는 합창단원 중에서 스탈린을 가장 좋아했고, 도와주려고 최대한 노력했다. 소소는 "2년 동안 음악을 배웠고 지휘자에게 도움이 되기 시작했다. 독창 부분이 많았는데, 항상 그가 불렀다." 그 낭만적인 교사가 쓴 바에 따르면 이는 '아름답고 달콤한 고음' 때문만이 아니라 그의 '거창한 연기 스타일' 때문이었다. 스탈린은 결혼식에서 축가를 불러달라는 요청을 자주 받았다. "사람들은 그가 노래하는 것을 들으러 결혼식에 가기도 했다. '놀라운 목소리로 노래하는 주가시빌리를 보러가자'고 말하곤 했다." 스탈린이 "흰색 성가대복을 입고 제단에 올라가 독창을 하면 듣는 사람들은 모두 황홀해했다!"

학교 초년생 때 스탈린은 어찌나 독실했는지 미사를 거의 한 번도 놓치지 않았다. "그는 의례에 참여할 뿐 아니라 그것이 어떤 의미인지 항상 우리에게 상기시켰다"고 급우인 A. 첼리제가 말한다. 또 다른 급우인 술리아시빌리는 스탈린과 다른 두 소년이 교회에서 "성가대복을 입고 무릎을 꿇고 얼굴을 쳐들고 천사 같은 목소리로 저녁기도의 송가를 부르던 것을 기억한다. 그 노래를 듣는 다른 소년들은 이 세상 것이 아닌 듯한 황홀감을 한껏 느꼈다." 교회에서 시편 낭송을 가장 잘하는 것도 그였다. 다른 사람들은 소소에게 직접 가르침을 받은 뒤에야 읽도록 허락받았다. 이를 감사히 여긴 학교는 그에게 시편의 다윗서에다 "이오시프 주가시빌리에게… 탁월한 진보와 행동과 뛰어난 낭독과 노래에 대해 감사하며"라고 새겨 그것을 선물했다.

소소는 그림도 잘 그렸고, 연기 소질도 있었는데, 이런 재질은 평생 남아 있었다. 그는 셰익스피어를 조롱한 풍자극에 출연했다. "소소가 연기하면 청중은 웃음을 터뜨렸다!" 그때 그는 이미 시를 쓰기 시작했다. "그는 친구들에게 편지가 아니라 시를 써 보냈다."*

또한 전교에서 가장 뛰어난 학생이기도 했다. "그는 매우 영리한 소년이었다." 성악 선생이 말했다. "누구의 기억에도 그가 5s(A등급)보다 더 낮은 점수를 받은 적은 없다." 소소는 "여가 시간에는 책을 읽었다." 그는 "흔히 책을 바지 벨트에 끼워 넣고 다녔고" 머리가 덜 영리한 아이들의 공부를 도와주는 것을 즐겼다. "그는 절대 결석이나 지각을 하지 않았고, 모든 과목에서 일등 하는 것을 목표로 했다"고 급우인 페트르 아담시빌리가 말했다. 소소는 그에게 이렇게 조언했다. "너 자신을 발전시키고 게으름을 피우지 마라. 그렇지 않으면 인생에서 실패할 거다."

그루지야를 싫어하는 선생들도 스탈린의 지식에는 감명을 받았다. 부티르스키 장학관은 공부를 해야 한다는 이유로 학교 행사를 빠지고 집에 가는 때가 많았다. "내일 수업을 준비하지 않으면 주가시빌리라는 학생이 날 따라잡을 테니까!"** 스탈린은 그만큼 모범생이었기 때문

---

*정치가로서 스탈린은 최고의 배우였다. 권력을 가진 그를 잘 아는 거물들은 그가 연기한다고 느낄 때가 많았다. 흐루시초프는 그를 '얼굴이 여러 개인 남자'라 불렀다. 카가노비치는 스탈린이 네댓 가지 모습을 지녔다고 말했다. 미코얀과 몰로토프는 스탈린이 그저 연기한다고 느낀 적이 여러 번 있었다. 그가 남긴 그림 재능의 유일한 흔적은 긴 회의가 이어지는 동안 그리곤 하던 늑대 스케치였다.
**평생 동안 스탈린은 부하들에게 자신만큼 준비를 하라고 명령했다. 1930년대에 그의 부관이던 라자르 카가노비치는 스탈린과 면담을 하려면 학생 때처럼 준비해야 했다고 말했

에, 학급의 임무를 맡게 되면 지각하거나 속임수를 쓰려는 학생을 모두 잡아냈다. 그를 헌병이라는 별명으로 부르는 아이들도 있었다.

하지만 그 학급의 인기 학생은 절대 편파적으로 굴지 않았다. 학교에서 소풍을 갔을 때, 한 학생이 부티르스키 장학관을 업어 개울을 건네주자 스탈린은 비웃었다. "넌 뭐야, 당나귀냐? 난 신이 온다 해도 업어주지 않을 거야. 장학관 따위는 물론이지." 좋아하는 교사라 하더라도 마찬가지였다. 고그칠리제가 자신이 좋아하지 않는 노래를 부르라고 설득하려 하자 소소는 그날 학교에 나오지 않았다.

그루지야적인 모든 일을 탄압하던 가장 미움받는 선생 라브로프는 스탈린을 자신의 조수로 임명했는데, 이 결정을 곧 후회하게 된다. 그루지야어를 쓰는 사람을 모두 고하라고 라브로프가 명령하자 조수인 스탈린은 행동을 개시했다. 그는 열여덟 살의 억센 소년들 몇 명의 지원을 받아 교사를 빈 교실로 꾀어내 죽이겠다고 위협했다. 라브로프는 훨씬 더 고분고분해졌다.

4학년 말쯤 스탈린은 합창단의 단체사진을 찍어야겠다고 판단했다. 성악 선생은 그가 "일을 분담시켜 돈을 걷고, 사진사를 예약하도록 지시하는 것을 들었다. 우리가 모여 있으니 (스탈린은) 꽃다발을 들고 와서는 소년들에게 꽃송이를 단춧구멍에 끼우고 사진을 찍도록 자리 잡

다. 기록보관소에 가면 스탈린이 동지인 세르고 오르조니키제에게, 두 사람이 소비에트에서 가장 강한 지도자이던 1930년대에 보낸 손으로 쓴 메모가 있다. "세르고, 내일 있을 은행 개혁에 관한 회의 말인데, 자네 준비했는가? 반드시 준비를 해야 하네." 제2차 세계대전 동안 그는 충분히 준비를 하지 않은 사람을 갈기갈기 찢어발겼다.

으라고 지시했다."

하지만 소소에게는 항상 그늘이 있었다. 미치광이 베소는 술에 취해 교회학교에 와서 그를 끌어내고 제화공이 되라고 했다. 케케는 자신의 보호자들에게 호소했다. "나는 온 세상을 선동했다. 오빠들, 대부 에그나타시빌리, 선생들…." 그래서 베소는 "내 아들을 돌려주었다." 하지만 베소는 그 뒤로도 자꾸 "술에 취한 채 학교로 쳐들어와서 소소를 완력으로 끌어냈다." 그 이후 소소는 문자 그대로 외삼촌들의 코트 안에 숨어 학교를 다녀야 했고, "모두들 그 아이를 숨기는 일을 도와주었다. 화가 나서 씩씩대는 베소에게는 소소가 학교에 없다고 말했다."

학생 스탈린은 미래의 정치가 스탈린처럼 온갖 모순점들의 집합체였다. "소소 주가시빌리는 최고의 학생이었지만 가장 못된 학생이기도 했다"고 이레마시빌리는 요약한다. 스탈린의 유년 시절은 이미 불운을 넘은 승리라 할 수 있다. 하지만 학교에서 눈부신 활약을 보이던 무렵 또다시 그를 거의 파멸시키는 일련의 끔찍한 타격이 가해진다.[7]

4장

★★

고리에서의 교수형

1890년 1월 6일, 예수 공현대축일Epiphany Day이 지난 뒤 합창단원들은 성악 선생 고그칠리제의 인솔 아래 고리의 러시아 수비대를 축복하는 노래를 부르며 교회 밖으로 대열을 지어 나갔다. "통제를 잃은 쌍두마차를 본 사람은 아무도 없었다"고 고그칠리제는 회상했다. 마차는 군중 속으로 곧바로 달려 들어갔다. 그때 막 길을 건너고 있던 열두 살 소년 스탈린에게 마차가 "달려와 부딪혔다. 막대가 그의 뺨을 치고 그를 넘어뜨렸으며, 바퀴가 그의 다리를 밟고 지나갔다. 군중은 그 주위를 둘러싸고, 의식을 잃은 아이를 안아 올렸다." 마차꾼은 체포되었고, 나중에 1개월 동안 수감되었다. 하지만 불쌍한 케케의 아이는 또다시 피투성이가 되어 집에 실려 왔다. 의식이 돌아온 그의 눈앞에 절망에 빠진 어머니가 보였다. "걱정 말아요. 엄마, 난 괜찮아요." 그는 씩씩하게 말했다. "난 죽지 않아요."[1]

소소는 부상이 너무 위중하여 수도인 트빌리시의 병원으로 실려 가서, 몇 달 동안 학교에 나가지 못했다. 다리를 심하게 다친 것이다. 몇 년 뒤 신학교에 다닐 때에도 그는 '아픈 다리' 때문에 투덜거렸다. 회복된 뒤에도 옆으로 비뚤어진 자세로 무겁게 걸었기 때문에 또 다른 별명이 생겼다. 그는 곰보(초푸라)일 뿐 아니라 절름발이(게자Geza)이기도 했다. 어느 때보다도 그는 분명 자신의 힘을 입증하기를 갈망했을 테지만, 또 그런 곤경을 극복하고야 말겠다는 자신감을 즐기기도 했던 것 같다.

그 사고로 인해 베소가 그늘에서 나왔다. 아마 트빌리시에서 아들을 만나보았을 것이다. 케케는 아이가 그토록 위중하다는 사실을 아이 아버지에게 알리지 않을 수 없었다. 하지만 베소가 고분고분하지 않은 가족에게 자기 뜻을 강요할 기회를 놓칠 리가 없었다. 소소가 회복하자마자 그의 아버지는 트빌리시에서 아들을 끌고 나가 자신의 일터인 아델하노프 구두공장에 제화공 도제로 등록시켰다.

"내 아들을 주교로 만들고 싶다고? 내가 죽고 나면 그렇게 하든가!" 그는 케케에게 소리쳤다. "난 제화공이고 내 아들도 반드시 그렇게 될 거야."

베소와 아들은 이제 아델하노프의 80명가량의 노동자들과 함께 다락방에서 오랜 시간 힘겹게 일하면서 쥐꼬리만 한 임금을 받았다. 등유 등잔이 켜진 반쯤 질퍽질퍽한 다락방에서는 가죽을 무두질할 때 나는 분뇨 냄새가 진동했다. 그 악취를 맡으면 다 자란 어른도 구역질이 날 지경이었다. 차르 체제 당국도 아델하노프의 음울한 직사각형 공장에 소년 노동자들이 너무 많은 점을 우려했다. 소소는 아블라바 노동자 구역에 있는 방에서 아버지와 함께 살았고, 메테히 요새 감옥을 지나 다리를 넘어 일하러 가야 했다. 그는 완성된 신발을 예레반 광장 너머 시장에 있는 상점의 창고로 운반해야 했다. 고리에 있던 아버지의 공장에서 잠시 일했던 기간을 제외하면 이것이 프롤레타리아에 헌신한, 평생 스탈린이 직접 노동자로 일한 유일한 경험이었다. 베소가 성공했더라면 그의 아들은 교육을 받지 못했을 것이므로 스탈린은 존재하지 않았을 것이다. 스탈린의 정치적 성공은 순전히 길거리의 잔혹성과 고전적 교육이 비상하게 복합된 산물이었다.

"학교 전체가 소소의 부재를 아쉬워했지만, 케케가 가장 심했다"고 성악 선생이 회고했다. 다시 한 번 케케는 행동에 나서, 자신의 동맹자를 모조리 동원했다. 그 막강한 미인은 학교의 교사들, 차르크비아니 신부, 에그나타시빌리의 지원을 거느리고 트빌리시에 나타났다. 그들 모두 베소의 뜻을 꺾으려고 노력했다. 그루지야 정통교회의 주교대리도 이 사건에 대해 알고는 소소에게 트빌리시에서 합창단원 자리를 알아봐주겠다고 제안했지만, 케케는 단호했다. 베소는 분기탱천했다. 소년에게 의견을 물었다. 그는 고리의 교회학교에서 공부하고 싶어 했다. 사제들은 그를 케케에게 돌려주었다. 베소는 가족에게 일전 한 푼도 보내지 않겠다고 맹세하고, 그들을 자기 생애에서 잘라냈다.

"시간이 흘렀고 베소의 목소리가 더는 들리지 않았다. 그가 죽었는지 살았는지 아무도 내게 말해주지 않았다. 나는 그가 없어서 행복했다. 나 혼자서 다시 가족을 든든하게 안정시켰다." 하지만 베소는 영원히 사라지기 전에 스탈린의 삶에 다시 한 번 등장한다.[2]

스탈린은 학교로 돌아가서 다시 한 번 "최고의 학생(그의 어머니가 자랑한 말)"으로 뛰어난 활동을 보였다. 베소의 도움 없이 케케 혼자서 학교 등록금을 낼 수는 없었다. 그녀는 후원자들을 찾아다니며 새 일거리를 얻어 더 많이 일했다. 그녀는 학교 이사회 의장인 바실리 벨리아예프의 집 청소와 세탁 일을 해주고 매달 10루블을 받았다. 에그나타시빌리와 다브리셰비는 더 많이 도와주었다. 물론 벨리아예프 학교 이사회 의장과 케케의 후원자들, 헌신적인 성악 선생의 입김이 작용한 탓이겠지만, 학교 또한 소소를 다시 받아주었을 뿐 아니라 3루블 30코펙의 장학금도 주었다.

아마 그 사고와 납치, 그리고 공장에서 겪은 험악한 여건이 남긴 후유증 때문에 소소는 탈진했다. 베소가 놓아준 직후에 소년은 폐렴을 심하게 앓았다. 그의 어머니는 "아들을 거의 잃을 뻔했지만, 소소는 간신히 죽음을 면했다"고 성악 선생이 전한다. 이번에 학교는 장학금을 두 배로 늘려 7루블을 주었다. 자부심 가득한 케케는 그가 몸이 아파 열에 들떠 있으면서도 헛소리를 했다고 전했다. "어머니, 학교에 가게 해줘요. 안 그러면 일루리제 선생이 나쁜 성적을 줄 거라고요…."

1년이 넘도록 위기가 계속 이어졌다. 이제 스탈린은 새로운 열정으로 공부를 재개하여 학교로의 복귀를 축하했다. 하지만 그는 점점 더 반항아로 변했다. "그는 거의 매일 벌을 받았다"고 합창단에서 그와 함께 노래한 이레마시빌리는 말한다. 소소는 학생들을 끌어모아 증오의 대상인 부티르스키 장학관에게 반대하는 항의를 벌였는데, 거의 시위라 해도 될 정도였다. "이것이 소소가 주도한 최초의 반란이었다."

그의 어머니는 소보르나야 가에 있는 비참한 집으로 이사해야 했다. "낡고 작고 더러운 집"이었던 그곳은 지붕으로 비바람이 새어들었다. "방은 언제나 어둠침침했다. 혼탁한 공기에는 비 냄새, 젖은 옷, 요리 냄새가 잔뜩 배어 있었고, 그런 냄새를 피할 수가 없었다"고 이레마시빌리는 회상한다. 하지만 스탈린은 피할 수 있었다. 이제 그는 부하들과 함께 길거리와 고리즈바리 산 위에서 지낼 이유가 더 많아졌다.

여전히 학교 최고의 합창단원이었지만, 스탈린은 이제 빈민이 처한 곤경에 관심을 보이기 시작했고 신앙에 의심을 품기 시작했다. 그의 가까운 친구 중에는 신부의 아들이 셋 있었다. 라도와 바노 케츠호벨리 형제는 그의 앞으로의 삶에서 결정적으로 중요한 역할을 하게 된다. 또 미하일 다비타시빌리*는 스탈린처럼 다리를 절었다. 케츠호벨리 형제 중 형인 라도는 곧 트빌리시 신학교에 입학하여 자신이 저항과 파업을 어떻게 이끌었는지, 그래서 어떻게 퇴학당했는지 등의 이야깃거리를 갖고 돌아왔다. 그는 이런 새 친구들과 그들의 책에서 영감을 얻었지만, 여전히 사제직이 빈민을 도울 수 있는 자신의 소명이라고 보았다. 그러나 이제 그는 처음으로 정치에 이끌렸다. 카리스마 넘치는 라도 케츠호벨리에게 영향을 받은 그는 여건을 개선시킬 힘을 가진 지방 행정관이 되고 싶다고 선언했다.

---

*스탈린을 도운 교사는 성악 선생만이 아니었다. 다비타시빌리의 나이 든 사촌인 자카리는 러시아 문학에 대해 또 다른 영감을 주는 선생이었다. 여러 해 뒤 케케는 이렇게 썼다. "당신이 내 아들 소소를 얼마나 특별히 여겼는지 저는 기억합니다. 그는 자신이 공부를 좋아하도록 도와준 것이 당신이었고, 당신 덕분에 러시아어를 잘 배웠다고 여러 번 이야기했습니다."

스탈린은 내내 책에 대해 이야기했다. 어떤 책이 갖고 싶으면 다른 학생에게서 기꺼이 훔치기라도 했을 것이다. 그가 열세 살 때 라도 케츠호벨리는 그를 고리에 있는 작은 서점으로 데려가서, 가입비 5코펙을 내고 책을 빌리게 해주었다. 그 책은 아마 다윈의 《종의 기원Origin of Species》이었을 것이다. 스탈린은 밤을 새워 그 책을 읽었고, 케케가 그를 재우러 올 때까지 잠자는 것도 잊었다.

"잘 시간이야." 그녀는 말했다. "새벽이 다 되었어."

"엄마, 이 책이 너무나 좋아서 멈출 수가 없어요." 독서에 열중할수록 신앙심은 더 흔들렸다.

어느 날 소소와 그리샤 글루리제 등 몇몇 친구는 마을의 풀밭에 드러누워, 부자와 빈자가 존재한다는 불의에 대해 이야기하고 있었는데, 소소가 갑자기 이렇게 말하여 모두를 놀라게 했다. "신은 불공정하지 않아. 그는 실제로 존재하지 않거든. 우리는 속았어. 신이 존재한다면 그는 분명 세상을 더 공정하게 만들었을 거야."

"소소! 그런 말을 어떻게 해?" 그리샤가 소리쳤다.

"책을 한 권 빌려줄 테니 읽어봐. 그럼 너도 알게 될 거야." 그는 글루리제에게 다윈의 책을 보여주었다.

정의를 전하려는 소소의 꿈은 인기 있는 의적의 이야기와 부활하는 그루지야 민족주의와 함께 융합되었다. 그는 그루지야 민족주의자인 라파엘 에리스타비Raphael Eristavi 공작의 시를 존경하여, 그의 걸작인 〈케브수르의 모국Khevsur's Motherland〉을 암송했다. 노년의 스탈린은 이것을 '그 훌륭한 시'라고 열광했다. 이 학생은 이제 자신의 낭만시를 쓰고 있

었다. 소년들은 스탈린의 집에서 어울리면서 이런 금지된 이념과 작품 들에 대해 열정적으로 토론했다.[3]

이때쯤 스탈린은 사랑에 빠졌다. 그것은 공식적인 회고록에서는 가위질되어 절대로 출판되지 않은 또 하나의 인간적인 순간이었다. 열정의 대상은 차르크비아니 신부의 딸이었다. 그와 어머니는 그 일가의 집에 세 들어 살았다. "3학년 때 그는 차르크비아니의 딸에게 반했다." 기오르기 엘리사베다시빌리는 말한다. "그는 자기 감정을 내게 말해주면서, 자신이 그런 감정에 휩쓸린다는 사실을 스스로 비웃곤 했다." 그녀가 러시아어를 배우고 있을 때 "나는 자주 들러서 그 공부에 관심을 보였다." 50년 뒤 스탈린은 회상했다. "그녀가 어려워할 때면 내가 도와주었다." 신부의 딸이 그의 사랑에 응답했는지는 모르지만 그녀의 오빠인 코테가 알아차린 대로, 어렸을 때 두 사람은 항상 가까이 지냈다. "그는 내 누이동생과 인형놀이를 하기 시작했다. 그는 그녀를 울렸지만, 잠시 뒤에는 화해하고 진짜 친구들처럼 함께 앉아 책을 읽었다."[4]

한 가지 사건, 19세기에 고리에서 일어난 가장 놀라운 사건이 스탈린에게 깊은 인상을 남겼다. 1892년 2월 13일, 교회학교의 교사들은 학생 전원에게 참혹한 어떤 현장에 참석하라고 명령했다. 그들은 그 현장, 즉 교수형 장면이 소년들에게 공포감과 존경심을 불러일으키기를 기대한 것이다.

화창한 겨울날, 산 위의 요새 아래 쿠라 강둑에 교수대 셋이 세워졌다. 수많은 고리 주민들이 보러 왔고, 교회학교 학생들의 교복도 군중 속에서 눈에 띄었다. 하지만 소년들은 "그 처형을 보고 매우 침울해졌다."

죄수들은 황소 한 마리를 훔쳤고, 그 뒤 달아나다가 경찰관 한 명을 죽였다. 하지만 소년들은 죄수라는 것이 실제로는 고작 "지주들에게 극심하게 시달리다가 숲으로 달아난 농부" 세 명임을 알게 되었다. 숲에서 그들은 대단하지는 않아도 로빈 후드처럼 그 고장의 지주들만 습격하고 다른 농민들은 도와주었다. 스탈린과 표트르 카파나제는 사제들로부터 배운 모세의 십계명에 '살인하지 말라'라는 조항이 있는데, 어찌하여 도둑들을 죽이는 것이 옳을 수 있는지 의아해했다. 두 학생은 커다란 십자가를 든 신부가 교수대에 서 있는 모습을 보고 특히 경악했다.

소년들은 그 광경에서 눈을 뗄 수가 없었다. "소소 주가시빌리와 나는 다른 학생 네 명과 함께 나무에 기어 올라가 그 끔찍한 광경을 보았다." 소년 그룹 중의 하나인 그리고리 라즈마제가 기억한다(경찰국장 다브리셰비는 자기 아들을 가지 못하게 막았다). 또 다른 구경꾼으로 막심 고리키가 있었는데, 스탈린은 나중에 그와 친해지고 사람들에게 그를 알린다. 고리키는 당시 기자였고, 얼마 안 가서 러시아에서 가장 찬양받는 작가로 떠오르게 된다.

고리 주민들은 이 세 명의 용감한 캅카스 도둑들을 동정했다. 두 사람은 오세티아인이었고 하나는 이메레티아(그루지야에 속한 한 공국-옮긴이)인이었다. 사형집행은 러시아가 힘을 과시하는 수단이었다. 어린 다브리셰비는 그 죄수들을 '신성한 순교자'라 불렀다. 군중의 분위기가 살벌해졌다. 러시아 병사들이 광장을 두 겹으로 에워쌌다. 북소리가 나기 시작했다. "제복을 입은 관리들이 교수대 주위에서 어슬렁거렸다." 고리키는 기사에 이렇게 썼다. "그들의 음울하고 심각한 얼굴에서는 기괴한 적대감이 드러났다." 불안해할 이유가 있었다.

강철 족쇄를 찬 세 도둑은 교수대를 향해 걸어갔다. 한 명은 다른 둘과 갈라졌다. 그는 사면되었다. 신부는 두 사형수에게 축복을 내렸다. 한 명은 받아들였고 다른 한 명은 거부했다. 두 사람은 담배와 물 한 모금을 달라고 했다. 산드로 쿠불루리는 아무 말도 없었지만, 잘생기고 강인한 선동가 타토 지오시빌리는 찬양하는 군중 앞에서 용감하게 웃으면서 우스갯소리를 했다. 그는 교수대 난간에 기대어 있다가 고리키를 알아보았고, "자기가 죽는 장면을 보러 온 사람들과 잡담을 나누었다." 군중은 가면을 쓰고 새빨간 옷을 입은 집행자에게 돌을 던졌다. 그는 사형수들을 작은 의자에 앉히고 올가미를 목에 걸고 죄었다. 산드로는 콧수염을 한 번 비틀더니 올가미를 다시 조정했다. 때가 되었다. 집행자는 의자를 걷어찼다. 차르 체제의 탄압이 언제나 그렇듯이, 일이 제대로 되지 않았다. 산드로의 로프가 끊어진 것이다. 군중은 기겁했다. 새빨간 옷을 입은 집행자는 그를 다시 의자에 앉혔고, 새 올가미를 목에 걸고, 다시 집행했다. 타토 역시 죽기까지 시간이 좀 걸렸다.

마을 주민들과 학생들은 서둘러 흩어졌다. 스탈린과 급우들은 처형된 사람들의 영혼이 어찌 될 것인지 토론했다. 그들이 지옥불로 가게 될까? 스탈린은 그들의 의심을 정리했다. "아니. 그들은 처형되었으니까, 두 번 벌을 받는다면 공정하지 않을 거야." 소년들은 이 말이 옳다고 생각했다. 교수형은 흔히 스탈린의 잔혹한 성정을 자극한 사건으로 인용되지만, 우리가 아는 것은 오로지 소년들이 이 그루지야 무법자들에게 동정했으며, 러시아 탄압자들을 경멸했다는 사실뿐이다. 혹은 그 광경이 스탈린을 살인자가 아니라 반란자로 만드는 데 기여했다고는 할 수 있다.[5]

고리를 떠날 때가 되었다. 소소가 교회학교를 졸업한 것이다. 케케는 새벽에 그의 침대 머리맡에 앉아, 잠들어 있는 훌륭한 아들을 아무 말 없이 감탄하며 보곤 했다. "내 소소가 다 컸어." 그녀는 말했다. 그래도 두 사람은 여전히 함께 지내는 시간이 많았다. "우린 거의 떨어져본 적이 없었다. 그는 항상 내 곁에 있었다." 몸이 아팠을 때도 "그는 내 곁에 앉아 책을 읽었다. 그가 유일하게 즐기는 건 강을 따라 걷거나 고리즈바리 산을 오르는 일이었다."

하지만 이제 그녀는 자신의 꿈을 실현하려면 그를 놔주어야 한다는 것을 깨달았다. "설사 나 없이 그가 살아갈 수 없고 나도 그가 없으면 살 수 없다 하더라도, 배움에 대한 갈증 때문에 그는 나를 떠나야 한다." 이 갈증은 사실 끝까지 그를 떠나지 않는다.* 당연히 교회학교를 졸업한 뒤에 그는 제국 남부에서 최고의 종교교육기관인 트빌리시 신학교에 가야 했다. 1893년 7월, 열다섯 살이 된 그는 뛰어난 성적으로 시험에 통과했다. 그의 선생들, 특히 세미온 고그칠리제가 신학교에 추

---

*일흔이 넘은 독재자, 베를린의 정복자가 된 뒤에도 그는 계속 공부했다. 1950년경 그는 이렇게 말했다. "날 봐, 난 늙었는데도 계속 공부하잖아." 서재의 책에는 그가 꼼꼼하게 쓴 메모가 붙어 있다. 트로츠키처럼 위기에 처한 정적들이 간과했던 것은 그의 잔인한 농부 스타일의 거친 매너 아래 감쪽같이 감춰져 있던 사려 깊고 근면한 독학의 열정이었다.

천서를 써주었지만, 문제가 하나 있었다.

"어느 날 소소가 눈물이 그렁그렁해서 집에 왔다." 어머니가 말했다.

"무슨 일이냐?" 케케가 물었다.

소소는 파업이 일어나 트빌리시의 신학교가 폐교되었다고 대답했다. 그의 급진파 친구인 라도 케츠호벨리도 그 파업에 부분적으로 가담했는데, 그렇게 되면 "여름 학기에는 성직자의 아들이 아닌 사람은 입학시키지 않기 때문에, 자신은 1년을 기다려야 할지도 모른다"는 것이었다.

"나는 아들을 안심시켰다. 그리고 옷을 차려입고 머리도 가장 예쁘게 치장한 다음, 소소의 교사와 후원자들을 찾아다녔다. 그들은 도와주겠다고 약속했다." 성악 선생은 소소를 직접 사범학교에 입학시켜주겠다고 제안했다. 하지만 케케는 최고의 직업을 원했고, 그것은 성직자여야 했다. 그러니 신학교에 가야 했다.

케케는 아들을 데리고 트빌리시로 떠났다. 소소는 신이 난 한편, 기차에 타고 72킬로미터를 가는 동안 갑자기 울기 시작했다.

"엄마, 거기 갔을 때 아버지가 날 찾아내서 구두장이가 되라고 강요하면 어떻게 하지요? 난 공부하고 싶어요. 구두장이가 되느니 차라리 죽어버리겠어요." 스탈린은 흐느꼈다.

"나는 그에게 키스해주고, 눈물을 닦아주었다"고 케케는 회상한다.

"아무도 네가 공부하는 걸 막지 못해. 아무도 내게서 널 데려가지 못해." 그녀는 아들을 안심시켰다.

소소는 "번잡하고 소란스러운 대도시" 트빌리시를 보고 감명을 받앗지만, 두 주가시빌리는 "베소가 어디선가 나타날까 봐 겁에 질려 있었다. 그러나 그와 마주치지는 않았다." 케케는 말했다.

불굴의 여인 케케는 우선 지낼 곳을 마련한 뒤, 연줄이 좋은 친척을 찾아 나섰다. 그는 어느 사제의 집에 세 들어 살고 있었는데, 집주인의 아내는 부자였고 남편보다 연줄이 더 좋았다.

"이 여자를 제발 도와주세요." 케케의 친척은 사제의 아내에게 부탁했다. "그렇게 하시면 교회 한 채를 짓는 것만큼이나 좋은 일을 하시는 겁니다."* 사제의 아내는 다른 사제 여러 명에게 청탁했고, 그들은 신학교를 설득하여 스탈린이 입학시험을 치를 수 있게 해주었다. 시험만 치를 수 있다면 케케에게는 충분했다. "그가 나를 자랑스럽게 해줄 것임을 알고 있었다." 실제로 그는 그녀를 '자랑스럽게' 만들었다. 하지만 사제의 아들이 아닌 학생이 신학교에서 기숙생활을 하는 비용은 1년에 140루블로, 케케 혼자 힘으로는 도저히 마련할 수 없는 금액이었다. 물론 케케의 간청 때문이었겠지만, 다브리셰비는 유명한 귀족인 바라토프 공비를 설득하여 도움을 요청했다. 케케가 온갖 연줄을 다 동원하는 한편 소소는 장학금을 신청하여, 기숙사비를 절반으로 감면받았다. 그렇기는 해도 1년에 40루블이라는, 여전히 상당 액수를 내야 했고, 사제복을 장만해야 했다. 케케는 걱정하지 않았다. '세상에서 가장 행복한 어머니'는 고리로 돌아와서, 돈을 구하기 위해 바느질을 시작했다. 에그나타시빌리와 다브리셰비도 학비를 보냈다.

---

*나중에 스탈린이 파괴하게 될 아름답고 유서 깊은 교회가 몇 채나 될지, 그의 손에 죽을 성직자가 얼마나 많을지를 생각하면, 이 말은 아이러니하다.

"한 달 뒤에 나는 신학교 교복을 입은 소소를 보고, 너무나 행복해서 한참 울었다. 또 무척 슬프기도 했다." 1894년 8월 15일경 입학한 소소는 신학교 기숙사와, 캅카스의 수도라는 더 넓은 세상으로 들어갔다.

절름발이에다 곰보, 발가락이 달라붙은 소년, 아버지에게 구타를 당하고 버림받기까지 한 굴욕 속에서 자란 소년, 홀로 된 어머니로부터 사랑을 받았지만 두드려 맞기도 한 소년, 사생아라는 소문에 시달린 소년, 여러 사고와 질병을 이기고 살아남은 이 소년은 불운을 넘어섰다.

이것이 얼마나 결정적인 순간이었는지는 아무리 강조해도 지나치지 않는다. 신학교가 없었다면, 어머니의 결단력이 없었다면 소소는 고전 교육을 받지 못했을 것이다. 그것은 억압적이기는 했어도 제화공의 아들이 레닌의 계승자가 될 수 있게 해주었다.

"그는 편지에서, 곧 나를 가난에서 구해주겠다고 썼다." 그의 어머니는 회상한다. 그것은 사랑하는 아들이 평생 보내게 될 의무적이지만 거리를 둔 편지들 중 첫 번째 것이었다. "그가 편지를 보내면 나는 심장에 편지를 갖다 댔고, 잘 때도 갖고 있었으며, 거기에 입을 맞추었다."

케케는 덧붙인다. "학교에서는 다들 나를 축하했다. 하지만 세미온 고그칠리제는 서운한 표정이었다. '학교가 어쩐지 쓸쓸하군요.' 그가 말했다.* '이제 합창단에서 누가 노래하지요?'"⁶

---

*스탈린은 이 성악 선생을 끝까지 잊지 않았다. 유배지에서 케케에게 보낸 편지에서나, 지하활동을 하고 있을 때, 그는 세미온 고그칠리제에게 인사를 보내곤 했다. 케케는 고그칠리제에게 그와 관련된 내용은 보여주었지만 편지의 나머지 부분은 손으로 가렸다. "당신에 관한 부분은 읽어도 돼요." 그녀는 말했다. "하지만 나머지 부분과 내 아들이 지금 어디 있는지는 당신이 알 필요가 없지요."

5장

★★

시인과 성직

고리에서 온 열여섯 살 난 소년, 길거리의 싸움이나 고리즈바리를 오르는 데 익숙해 있던 소년은, 이제 사실상 하루 24시간 내내 종교를 가르치는 학교라기보다는 지독히 억압적인 19세기의 영국 공립학교와 더 비슷한 기관에 갇혀 있게 되었다. 기숙사, 폭력배 같은 소년들, 만연한 남색, 잔혹하게 처벌하는 교사들, 징벌방 등, 그곳은 캅카스판《톰 브라운의 학창시절Tom Brown's Schooldays》(19세기 전반의 영국 기숙학교를 배경으로 한 토머스 휴스의 소설. 영국 학교 소설의 전통에서 매우 중요한 작품이다 – 옮긴이)이었다.

스탈린은 고리 출신 학생들 무리와 함께 도착했다. 그중에는 이오시프 이레마시빌리와 표트르 카파나제도 있었다. 둘 다 소소만큼 가난하지는 않았지만 이들 시골 소년들은 "부자 부모를 둔 거만한 아들들과 함께 다니게 되었다.* 우리는 선택받은 소수라고 느꼈다." 이레마시빌리는 이렇게 썼다. 그 신학교는 "외관상 완벽한 문명을 토대로 한 역사적 바탕을 가진 그루지야의 지성적 삶의 원천"이었기 때문이다.

소소와 다른 600명의 수습 사제들은 고상한 흰색 원기둥이 세워진 4층짜리 신고전주의식 신학교 건물에서 살았다. 소년들은 20~30개의 침상이 놓인 꼭대기 층의 기숙사를 함께 썼다. 다른 층에는 예배실, 교실, 식당이 있었다. 종소리에 맞춰 엄격하게 구분된 하루 일정에 따라 소소는 매일 아침 7시에 기상하여 사제복을 입고, 예배실에 가서 기도문을 읽은 다음 간단한 아침을 먹고 수업에 들어갔다. 당번을 맡은 학생이 또 다른 기도문을 읽는다. 두 시까지 수업이 있었다. 세 시에 점심을 먹고, 한 시간 반 동안 휴식을 취한 다음 다섯 시에 점호를 받는다. 그 뒤에는 다시 나가는 것이 금지된다. 저녁기도를 올린 뒤 저녁 식사는 여덟 시에 나오며, 추가 수업과 추가 기도가 이어지고, 10시에는 소등된다. 주말에는 교회 예배가 끝없이 이어졌다. "같은 장소에서 서너 시간 동안, 지칠 줄도 모르고 꿰뚫어보는 듯한 수도사들의 눈길 아래에서, 이쪽저쪽 다리를 교대로 들었다 내렸다 하면서 한자리에 서 있어야 했다." 하지만 소년들은 오후 세 시에서 다섯 시 사이에는 외출할 수 있었다.

제국의 신학교들은 "관습과 중세적 현학성, 주먹이 지배하는 곳으로

---

*신학교 학생들은 주로 신사, 하급귀족, 사제의 아들들이었다. 상위 부유층은 아니었지만 스탈린보다는 훨씬 더 형편이 나았다. 고리 경찰서장의 아들인 다브리셰비나, 그 외에 나중에 스탈린의 동지가 되는 카메네프처럼 더 잘사는 소년들은 트빌리시 소년 김나지움에 다녔다. 부잣집인 에그나타시빌리의 아들들인 바소와 사샤는 모스크바의 김나지움에 갔다. 스탈린 시절에 그 신학교에는 아래의 동판이 붙어 있었다. '세계의 볼셰비키와 프롤레타리아들의 지도자인 위대한 스탈린이 과거의 신학교이던 이곳에서, 1894년 9월 1일에서 1899년 5월 29일까지 지내면서 공부했고, 트빌리시에서 불법 노동자 서클을 이끌었다.'

악명이 높았다"고 트로츠키는 말한다. "성서가 금지한 모든 악덕이 이런 경건성의 온상에서 번성했다." '돌자루Stone Sack'라는 별명이 붙은 이 신학교는 다른 어떤 곳보다 더 심했다. "즐거움이라고는 눈곱만큼도 없었다"고 한 학생이 전한다. "단조롭고 지루했다. 감옥에 있는 것 같았다."

스탈린이 입학했을 때 그곳의 교사 스물세 명은 한심한 삼총사의 지휘하에 있었다. 교장인 아르키만드리테 세라핌, 부교장인 장학관 게르모겐, 가장 큰 증오의 대상인 디미트리 신부가 그들이었다. 이 중에서 유일한 그루지야 사람인 드미트리 신부는 원래 이름이 다비드 아바시제 공작이었다. 이 아바시제라는 인물은 거무스레한 용모의 비만한 현학자로 얼마 뒤 장학관으로 승진하게 된다. 그 자신의 말에 따르면 그는 "신에게 순종하는 천한 노예, 차르의 하인"이었다.

수도승들은 자부심 넘치는 그루지야 소년들로부터 그루지야적인 성질을 끝까지 쥐어짜 없앨 결심을 하고 있었다. 그루지야 문학은 전면 금지되었을 뿐 아니라 푸시킨 이후의 러시아 작가들도 모두 금지되었다. 톨스토이, 도스토옙스키, 투르게네프도 마찬가지였다. 두 장학관은 항상 "무자비한 감시"를 실시했다. 처벌과 나쁜 점수는 학교 신문에 모두 기록되었다. 얼마 안 가서 정학을 당하는 것이 명예의 표식이 되었다. 이는 '늑대의 입장권'이라 불렸다.

아바시제 신부는 소년 몇 명을 밀고자로 부렸고, 스탈린이 학교에 다니던 동안 항상 학교 안을 살금살금 걸어 다니거나, 신파 연극에서처럼 기숙사를 기습하여 금서를 읽거나 험한 행동을 하거나 나쁜 말을 하는 현장을 붙잡으려고 애썼다. 신랄한 별명을 만들어내는 재주가 있었던 스탈린은 곧 이 괴상망측한 신부에게 '검은 점Black Spot'이라는 별명을 붙였다. 처음에 무서운 존재였던 이 남자는 본질적으로 희극적인 존재였고, 결국 현학적이고 까다로운 정신이상자가 아니었다면 그렇게 행동하지 못했을 것이다.

스탈린은 멘토인 라도로부터 신학교의 유명한 반란에 대한 이야기를 죄다 들었다. 몇 년 전인 1885년에 한 학생이 그루지야어는 개의 언어라고 말한 교장을 두들겨 팼다. 그다음 해에 그 교장은 그루지야식 칸잘리khanjali 칼로 살해되었다. 영국에서는 아무리 잔혹한 교장이라 해도 그런 운명을 겪지는 않는다.

이 신학교가 달성한 유별난 업적은 러시아 혁명의 가장 무자비한 급진파 몇 명을 배출했다는 점이다. "그 어떤 세속 학교도 트빌리시 신학교만큼 많은 무신론자를 만들어내지는 못했다." 또 다른 신학생이자 스탈린의 동지인 필리프 마하라제는 이렇게 썼다. '돌자루'는 문자 그대로 혁명가들의 기숙학교가 되었다.

스탈린은 원래 "차분하고 주의력 있고 겸손하고 수줍은" 소년이었다고 한 급우는 기억한다. 한편 다른 급우는 예전에는 으스대고 다니던 고리의 패거리 두목이 "사색적이고 은둔적인 성격으로, 놀이와 장난을 좋아하던 아이 때의 습성은 사라진" 모습이 되었음을 알아차렸다. 우울한 10대였던 소소는 상황에 신중하게 대응했지만(그는 자의식이 강한 낭만주의 시인이 되고 있었다), 공부도 열심히 하여, 1학년 시험에서 뛰어난 성적을 받았고, 전 학년에서 8등을 했다. 1894~1895년에 그는 그루지야어 노래와 언어 과목에서 전부 5s(최고 등급)를 받았고, 성경 공부에서도 4, 5, 4를 받았다. 그는 모범생이었고, 품행에서도 우수 평점을 얻었다.

형편이 '어려운' 장학생인 소소는 항상 학비 보조를 더 받기 위해 교장에게 무릎을 꿇고 간청해야 했다.* 스탈린은 합창단에서 노래를 하여 여분의 용돈을 벌었다(나중에 기억하기로는 5루블이었다). 그는 합창단의 핵심인 '합창단 오른편의 제1테너'였고, 오페라 하우스에서도 자주 노래했다.

케케는 스탈린과 함께 트빌리시로 와서 그가 자리 잡을 때까지 한 주일 동안 함께 지냈다. 그녀는 삯바느질 일거리와 신학교 식당에서 배식하는 일자리를 얻었는데, 이는 분명히 스탈린에게는 부끄러운 노릇이었을 것이다. 그가 처음에 과묵했던 것은 이 때문이기도 할 것이다. 임무를 마치고 나자 그녀는 고리로 돌아갔다. 그 이후 유형지에 있을 때나 40년 뒤에 그녀가 죽을 때까지 내내 스탈린은 그녀에게 의무적으로 꼬박꼬박 편지를 썼지만(특히 돈이나 옷이 필요할 때) 모자간의 분위기는 점점 더 소원해졌다. 어머니의 놀라운 추진력과 신랄한 말솜씨를 물려

---

*"트빌리시 정통 신학교의 존경하는 아르키만드리테 세라핌 교장선생님께, 2학년생 이오시프 주가시빌리 올림: 선생님께서는 저를 돌보는 제 어머니의 힘든 처지에 대해 잘 알고 계십니다. 제 아버지는 3년 동안 저를 부양하지 않았습니다. 그는 제가 공부를 계속하기를 원치 않기 때문에, 자기 나름의 방식으로 이렇게 저를 처벌하려는 것입니다. 그래서 저는 선생님께 두 번째 장학금을 신청하고자 합니다. 무릎 꿇고 애원하오니, 저를 도우셔서 공식적인 모든 비용을 지원해주십시오. 이오시프 주가시빌리, 1895년 8월 25일."

받았지만 정작 그녀의 그런 점을 참지 못했던 그는 사실상 다시는 어머니에게 돌아가지 않게 된다.[1]

한편 트빌리시에 살던 베소는 소소에게서 술값을 뜯어낼 수 있겠다고 생각했다. 그는 스탈린의 교장에게 가서 아들을 내놓으라고 요구했다. "그를 내보내시오. 날 돌봐줄 사람이 필요하니까!" 스탈린은 "움직이지 않았다." 그는 "베소나 그와 비슷한 사람들의 고난"을 덜어주기를 원했지만, 그 사람 자체에 대해서는 역겨움을 느꼈다.

"한번은 밤에 당직을 서던 경비원이 와서 아버지가 밖에 있다고 말했다." 스탈린은 회상했다. 소년이 아래층으로 달려 내려가니 "그가 거기 서 있었다. 그는 내가 잘 지내는지 물어보지도 않고, 그저 거칠게 말했다. '이봐, 젊은이, 자넨 아버지를 완전히 잊어버렸군, 안 그래? 난 다른 고장으로 일하러 간다.'"

"내가 무슨 돈이 있어서 당신을 도와주겠어요?" 스탈린이 맞받아쳤다.

"닥쳐!" 베소는 고함쳤다. "3루블은 내놔. 네 엄마처럼 인색하게 굴지 말고!"

"고함치지 말아요!" 소소가 대답했다. "여긴 내 기숙사예요. 지금 나가지 않으면 경비원을 부르겠어요. 그들이 당신을 쫓아낼 거예요."

"위협이 먹혀들었다"고 스탈린은 회상한다. "아버지는 뭐라고 중얼거리면서 슬그머니 길거리로 물러났다."[2]

휴가 때 소소는 고리로 돌아와서 그를 보고 싶어 하는 케케와 함께 지냈다. 그는 "수염을 기르기 시작했지만 여전히 다섯 살짜리처럼 내게 달라붙었다." 하지만 그는 거의 모든 시간을 츠로미 마을에 사는 부자 친구인 절름발이 미하일 다비타시빌리의 집에서 머물렀다. 다음 학기에 학교로 돌아갔을 때 스탈린의 성적은 더 좋아졌고, 또 다른 '우수상'을 받았으며 전 학년에서 5등을 했다. 그리고 그는 시를 쓰기 시작했다.

학기가 끝날 무렵 소소는 자기가 쓴 시를 그루지야의 유명한 신문 〈이베리아Iveria〉의 편집실로 가져갔고, 거기서 그는 그 고장의 위대한 시인인 일리야 차프차바제Ilya Chavchavadze 공작을 만났다. 공작은 계몽된 귀족이 농촌인 그루지야를 다스려야 한다고 믿는 낭만주의적 민족주의자였다.

공작은 10대 소년의 작품에 충분히 감명을 받았다. 그는 스탈린의 시를 칭찬하면서 편집자들에게 보여주었고, 그중 다섯 편을 골라 신문에 실었다. 이는 대단한 성취였다. 차프차바제 공작은 스탈린을 "불타는 눈의 젊은이"라고 불렀다. 그루지야에서 스탈린은 혁명가가 되기 이전에 먼저 시인으로서 칭찬받았다.[3]

6장

★★

불타는 눈의 젊은이

그루지야는 자신을 탄압받는 기사와 시인들의 왕국으로 여긴다. 〈이베리아〉지에 스탈린의 별명인 소셀로Soselo라는 이름으로 실린 시들은 널리 읽혔고, '스탈린'이라는 이름을 아직 아무도 모를 때 이미 최고의 그루지야 시선집에 실려 그루지야 문학의 하급 고전에 속하게 되었다. 1912년에서 1960년대 사이에 만들어진 그루지야의 동시 선집인 〈데다 에나Deda Ena〉에는 스탈린이 처음 쓴 시인 〈아침〉의 1916년도 버전이 포함되어 있다. 그 뒤에 나온 판본에도 그 시는 그대로 남아 있는데, 브레즈네프Brezhnev 시절까지도 스탈린의 것으로 알려지기도 하고 다른 사람의 것으로 알려지기도 했다.

이제 사춘기에 달한 스탈린의 음역은 테너였는데, 노래를 직업으로 삼아도 될 만큼 잘했다. 시인으로서도 그는 정치나 피가 낭자한 직업이 아니라 다른 일을 했어도 될 만한, 또 다른 기예에 상당한 재능이 있음을 보여주었다. 그의 시를 영어로 번역한 도널드 레이필드Donald Rayfield

교수는 "스탈린이 시에서 혁명으로 길을 바꾼 것을 애석해하는 것은 순수하게 정치적인 이유 때문만은 아니"라고 믿는다. 그의 시에 들어 있는 낭만적인 심상心象은 독창적이지는 않지만 섬세하고 순수한 리듬과 언어가 아름답다.

그의 시 〈아침〉의 단어 배치와 각운이 완벽하게 처리되어 있지만, 그것이 칭찬을 받은 이유는 페르시아, 비잔틴, 그루지야적인 심상이 풍부한 감수성으로 조숙하게 어울어진 덕분이었다. 레이필드는 "그루지야 문학과 정치의 제1인자인 일리야 차프차바제가 이 시와 적어도 네 편의 다른 시들을 기꺼이 싣겠다고 한 것도 이상한 일은 아니"라고 회상한다.

소셀로의 다음 시 〈달에게〉는 광기 어린 송가로, 시인에 대해 더 많은 것을 알려준다. 난폭하고 비극적으로 우울한 낙오자가 빙하와 신의 섭리의 세계에서 신성한 달빛에 이끌린다. 세 번째 시에서 스탈린은 "인간과 자연 속의 폭력과, 새와 음악과 가수들의 부드러움의 대비"를 탐구한다.

네 번째 시가 가장 의미심장하다. 스탈린은 예언자가 자신의 고향에서 칭송받지 않는다고 생각한다. 방랑하는 시인은 동족들에게 비난받는다. 이제 열일곱 살인 스탈린이 묘사하는 세계는 아무리 위대한 예언자일지라도 오로지 음모와 살해 외에는 아무것도 기대할 것이 없는 편집증적인 세계였다. 레이필드는 만약 스탈린의 시 중에 "머리말로 삼을 만한 것은 바로 이 시다"라고 말했다.

그루지야의 사랑받는 시인*인 라파엘 에리스타비 공작에게 헌정된

---

*스탈린은 그루지야 시에 흠뻑 빠져 있었다. 그는 에리스타비를 매우 좋아했다. 차프차바제는 "그루지야의 자유 운동에서 엄청난 역할을 한 위대한 작가였다." 또 그는 아카키

스탈린의 다섯 번째 시는 〈아침〉과 함께 그의 시 중에서 가장 많은 칭송을 받았다. 국립은행 내부에 있는 스탈린의 '내부자'가 그에게 예레반 광장 은행 강도를 위한 정보를 넘겨주어야겠다고 마음먹은 것은 이 시를 읽고서였다. 또 1899년에 나온 에리스타비 공작의 희년禧年 기념 선집에 실리기에도 충분히 좋은 작품이었다. 그 시의 영웅적 이야기에는 하프와 낫이 모두 필요하다.

사회주의 주간지인 〈크발리Kvali〉(쟁기)에 실린 그의 마지막 시 〈늙은 니니카〉는 "과거의 꿈을 꾸거나, 자기 아이들의 아이들에게 그 이야기를 해주는" 늙은 영웅에 대해 애정을 담아 묘사한다. 이는 아마 늙은 스탈린 본인처럼 이상적으로 그려진 그루지야인, 흑해 연안의 베란다에 앉아 자신의 모험 이야기로 아이들을 즐겁게 해주는 그루지야인을 상상한 것일 테다.

체레텔리에 대해 열광했다. "우리 세대는 체레텔리의 시를 기쁨으로 암송했다. 아름답고 감정이 풍부하고 음악적인 그는 그루지야의 나이팅게일로 불려 마땅하다." 하지만 돌이켜보건대 스탈린은 이런 시인들을 정치적으로 평가하기도 했다. 체레텔리에 대해서는 "아름다운 시를 썼지만, 이데올로기적으로는 원시적이고 촌스러웠다"고 말한다. 장래에 시적인 볼셰비키가 될 사람이 스탈린만은 아니었다. 똑같은 시간에 오데사에서 학교를 다녔고 거의 동시대인인 젊은 레프 브론스타인Lev Bronstein, 즉 미래의 트로츠키도 시를 쓰고 있었다. 트로츠키는 작가로서는 스탈린보다 훨씬 뛰어났지만 시인으로서는 그렇지 못했다. 스탈린의 동료들 중 누구든 공작에게 시를 헌정한 사람이 있었다면 대숙청 기간 동안 그 일은 그들에게 불리하게 사용되었을 것이다. 1949년에 스탈린의 일흔 번째 생일을 위해 정치국의 거물인 베리아는 비밀리에 보리스 파스테르나크와 아르세니 타르코프스키 등 최고의 시 번역가들에게 그 시를 러시아어로 번역하도록 했다. 번역가들에게는 그 시의 작가가 누구인지 알려주지 않았는데, 그들 중 한 명은 그 시들이 스탈린 1등상을 받을 만한 작품이라고 생각했다. 아마 그 젊은 시인의 정체를 그들이 눈치챘는지도 모른다. 이 프로젝트가 진행되던 도중에 그들은 일을 중단하라는 엄한 명령을 받았는데, 이는 스탈린 본인의 명령임이 분명했다.

스탈린의 초기 시들은 독재자로서 문학에 대한 그의 강박적이고 파괴적인 관심뿐 아니라, 오시프 만델스탐Osip Mandelstam과 보리스 파스테르나크Boris Pasternak 같은 뛰어난 시인들에 대한 존경심과 질투심을 설명해준다. 이 '크렘린이라는 바위에 붙어사는 자Kremlin crag-dweller'이자 '농민 살해자'가 문학에 대해 한 말과 그것에 미친 영향력은, 만델스탐이 외설적이기로 유명한 스탈린 비난시에서 썼듯이 "굼벵이처럼 찐득거리는⋯ 살찐 손가락"같이 막중했다. 하지만 아이러니하게도 우둔한 속물주의로 악명 높고 거드름 피우기 좋아하는 짐승 같은 그 사내는 자신이 놀랄 만한 지식이 있는, 고전 교육을 받은 문인임을 숨겼다. 스탈린은 항상 시를 좋아했다. "러시아에서 시는 정말 높이 떠받들어진다. 여기서는 시 때문에 사람을 죽인다"고 한 만델스탐의 말은 사실이었다.

한때 낭만주의 시인이던 스탈린은 모더니즘을 경멸하고 파괴했지만 자신이 가진 왜곡된 낭만주의, 즉 사회주의 리얼리즘은 선전했다. 그는 네크라소프Nekrasov와 푸시킨의 시를 외고 있었고, 괴테와 셰익스피어를 번역본으로 읽었으며, 월트 휘트먼을 암송할 수 있었다. 그는 어린 시절에 읽은 그루지야의 시인들에 대해 끝도 없이 이야기했으며, 루스타벨리의 〈표범 가죽을 입은 기사〉의 러시아어 번역을 직접 도와주기도 했다. 2행시 몇 편을 직접 섬세하게 번역하여 "이 정도면 되겠나?"라고 겸손하게 물어보는 것이다.

스탈린은 예술적 재능의 소유자를 존경하여, 대체로 뛰어난 시인보다는 바보 같은 공산당원을 죽이는 편을 선택했다. 만델스탐을 체포할 때 스탈린은 이렇게 지시했다. "따로 가두되 목숨은 살려두라." 그는 쇼스타코비치Shostakovich, 불가코프Bulgakov, 아이젠슈타인Eisenstein 같은 러시아의 천재들을 거의 모두 살려두었고, 때로는 그들에게 직접 전화를 걸어 격려했고, 때로는 그들을 비난하고 가난한 처지로 몰아넣기도 했다. 올림포스 신전에서 때리는 벼락처럼 그는 파스테르나크에게 전화를 걸어, 만델스탐에 대해 물었다. "그는 천재다. 그렇지 않은가?" 만델스탐의 비극은 스탈린의 (독재자 자신의 어린 시절 꿈의 매체인) 시를 조롱하겠다는 자기파괴적인 결정 때문만이 아니라 동료가 진정으로 천재임을 주장하지 못한 파스테르나크 탓이기도 했다. 만델스탐은 사형 선고를 받지는 않았지만 살아남지 못했다. 굴락이라는, 지옥으로 가는 디스토피아적인 길에서 죽은 것이다. 하지만 스탈린은 파스테르나크는 살려두었다. "구름 속에 사는 그 사람은 그냥 내버려두라."

열일곱 살짜리 신학생 시인은 한 번도 자신의 시를 공개적으로 인정한 적이 없지만, 나중에는 한 친구에게 이렇게 말했다. "나는 시 쓰기에 흥미를 잃었다. 시를 쓰려면 모든 관심을 거기 쏟아부어야 하니까 인내심이 엄청나게 많이 필요하지. 하지만 그 당시의 나는 쉽게 변하는 수은처럼 변덕스러웠거든." 그는 당시 트빌리시의 젊은이들을 거쳐 신학교로 흘러들던 혁명과 음모의 수은 같은 존재였다.[1]

'돌자루'의 흰 계단에 서면 예레반 광장 주위의 분주하지만 위험스러운 페르시아 시장과 아르메니아 시장이 보였다. 그곳은 "금세공인과 갑주 장인들의 야외 작업장, 패스트리 상점, 흙으로 지은 거대한 화덕에서 납작한 빵이 구워지는 빵집의 판매대… 화려한 색깔의 구두가 전시된 구두 가게… 양이나 물소의 통가죽을 안팎으로 뒤집어 만든 자루에 포도주를 담아둔 술 가게들이 늘어서 있는 좁은 뒷길과 골목이 그물망처럼 얽힌 곳이었다."* 골로빈스키 대로는 거의 파리 스타일이었다. 다른 곳들은 리마나 봄베이와 비슷했다.

베데커의 안내서에는 이렇게 되어 있다.

> 길거리는 대체로 경사가 심하고 몹시 좁아 마차 두 대가 동시에 지나갈 수 없다. 거의 모두 발코니가 달린 주택은 산기슭을 따라 계단처럼 서로 포개져 있다. 해가 떠서 질 때까지 길거리에는 온갖 잡다한 인간과 동물들로 혼잡하다. 커다란 나무 쟁반을 머리에 인 그루지야의 채소상인들, 긴 카프탄caftan(아랍 지역 사람들이 입는 허리통이 헐렁하고 소매가 긴 옷—옮긴이)을 입고 머리칼과 손톱에 빨강 물을 들이고 검은색 높은 모피 모자를 쓴 페르시아인들, 초록과 흰색의 터번을 쓰고 망토를 휘날리는 타타르족의 사이드said와 물라mullah, 산지 부족들의 대표자들은 그림 같은 체르케스 코트를 입고 납루한 모피 모자를 썼다. 무슬림 여성들은 베일을 쓰고… 물자루를 신고 가는 말 옆에는 밝은색의 옷을 입은 종자들이 따라간다.

---

*"서둘러 방문하려면, 특히 일행에 여성들이 있다면 마차로 오는 편이 제일 좋다. 공공의 안전 기반이 좀 불안하다. 혼자 여행하거나 돈이 있음을 드러내는 일은 피해야 한다. 소지품을 면밀히 살피도록 한다. 주민들은 주의가 소홀한 사소한 물품들을 집어가버리는 것을 꺼리지 않기 때문이다." 베데커 안내서는 이렇게 제안한다. 또 총독이나 지방 공작들이 써준 추천서가 "그곳에서 발생할 수도 있는 어려움을 해결하는 데" 약간은 도움이 될 것이라고 덧붙인다. "이런 일은 단호한 태도로 처리해야 한다. 아마 앞에서 언급한 권총이 도움이 될 수 있을 것이다."

고농도의 유황온천(그리고 유명한 목욕장)이 있는 도시인 이곳은 성산의 기슭, 쿠라 강의 제방 위, 둥근 나선형의 그루지야식 교회와 메테히 요새 감옥의 엄숙한 탑 아래에 건설되었다. 이레마시빌리는 그 탑을 트빌리시의 바스티유라 불렀다. 성산의 꼬불꼬불한 오솔길 높은 곳에는 흰 대리석으로 된 교회(왕족과 시인들 사이에 케케가 묻혀 있는 곳)가 순박하면서도 찬란하게 빛나는 모습으로 서 있었다.

트빌리시의 인구는 16만 명, 그중의 30퍼센트는 러시아인, 30퍼센트는 아르메니아인, 26퍼센트는 그루지야인이었고, 나머지는 유대인, 페르시아인, 타타르인 등으로 이루어져 있었다. 아르메니아어 신문이 6종, 러시아어 신문은 5종, 그루지야어 신문은 4종이었다. 트빌리시의 노동자들은 주로 철도 보급창과 소규모 작업장에서 일했다. 부와 권력은 아르메니아인 재벌, 그루지야 공작들, 그리고 제국 총독 궁정에 모여드는 러시아 관료와 장군들이 나눠 가졌다. 물장수는 서쪽의 라챠Racha 출신, 석공들은 그리스인, 재봉사들은 유대인, 목욕장 주인은 페르시아인이었다. 그곳은 마치 "인간과 짐승들, 양가죽 모자와 빡빡 깎은 머리, 페르시아의 페즈fezz 모자와 뾰족 모자… 말과 노새, 낙타, 개들…이 뒤섞인 죽 같았다. 저마다 타오르는 듯한 대기 속에서… 소리를 지르고 쿵쿵거리고 웃고 욕질하고 덜컹거리고 노래했다."

극장, 여관, 대상단 숙소, 시장, 홍등가가 즐비한 이 같은 국제적인 제국도시는 이미 그루지야 민족주의와 국제적인 마르크스주의로 진동하고 있었다. 이것들은 이미 신학교의 폐쇄적인 회랑 속으로 위험스럽게 스며들고 있었다.[2]

소소와 또 한 명의 소년 사이드 데브다리아니는 기숙사를 나가서 더 작은 방으로 이사했다. "건강이 나빠졌기 때문"이었다. 데브다리아니는 나이가 더 많고, 이미 금지된 사회주의 문헌을 읽기 위해 모이는 소년들의 비밀 그룹의 일원이었다. "나는 스탈린에게 참여하라고 제안했고, 그는 환호하면서 동의했다"고 데브다리아니는 말한다. 그 그룹에서 스탈린은 고리 때부터의 친구인 이레마시빌리와 다비타시빌리를 만났다.

처음에 그들이 읽은 책들은 도저히 마르크스주의의 음모를 전파하는 인화성 강한 저작이라 할 수 없었고, 그저 신학교가 금지한 별로 해롭지 않은 종류의 책이었다. 소년들은 '싸구려 서재Cheap Library'라 불린 금서 클럽을 결성하여 과거 나로드니키이던 주인이 운영하는 서점에서 다른 책들을 가져오기 시작했다. "그 작은 책방을 기억합니다." 이 작은 서점의 주인인 이메다시빌리는 나중에 최고 지도자 스탈린에게 이렇게 썼다. "대답할 수 없는 거대한 물음들에 대해 우리는 정말 많이 생각하고 소곤거렸지요!" 스탈린은 빅토르 위고의 소설을 알게 되었다. 특히 《1793년Quatrevingt-treize》에서 주인공인 혁명가 사제 시무르댕은 그가 추구하는 원형 중 하나가 된다.* 하지만 수도사들은 위고의 책을 엄격하게 금지했다.

---

*주인공 시무르댕은 "절대로 우는 모습을 보이지 않았다. (그는) 범접할 수 없고 냉혹한 자질을 가졌다. 공정하지만 무서운 사람이었다. 그 혁명가–사제에게는 어중간한 것이란 없었다. (그는) 반드시 악명 높고 숭고해야 했다. 시무르댕은 숭고했다. 남루하고 받아들이기 힘들 정도로 거부감을 주었으며, 순수했지만 우울했다."

밤이면 '검은 점'이 복도를 순찰했고, 불이 꺼졌는지, 누가 책을 읽지는 않는지, 또 다른 악덕에 탐닉하는 학생들이 없는지 끊임없이 점검했다. 그가 지나가기만 하면 소년들은 촛불을 켜고 다시 책을 읽기 시작했다. 소소는 그답게 "너무 지나치게 읽어, 거의 한숨도 자지 않아 눈이 충혈되어 병자처럼 보였다. 기침을 하기 시작하자" 이레마시빌리는 "그의 책을 빼앗고 촛불을 껐다."

감독관인 게르모겐 신부는 스탈린이 위고의 《1793년》을 갖고 있는 것을 붙잡아 "징벌방에 장기간 가두는" 처벌을 내렸다. 그럼에도 그는 또 다른 위고의 책을 갖고 있다가 염탐하던 또 다른 검열 신부에게 들켰다. "주가시빌리가 '싸구려 서재'에 가입하여 그곳에서 책을 읽는 것으로 보인다. 오늘 나는 빅토르 위고의 《바다의 일꾼들Les Travailleurs de la Mer》을 압수했다. 나는 빅토르 위고의 《1793년》과 관련하여 그에게 이미 경고를 내린 바 있다. 서명자: 조장학관 V. 무라코프스키."

젊은 스탈린은 급진파 젊은이들 사이에 센세이션을 일으킨 러시아 작가들에게서 더 큰 영향을 받았다. 그것은 니콜라이 네크라소프의 시와 니콜라이 체르니셰프스키Chernyshevsky의 소설 《무엇을 할 것인가What Is to Be Done?》 같은 것들이다. 이 소설의 주인공인 라크메토프는 강철 같은 금욕적 혁명가로서 스탈린이 본받으려 하는 원형이 되었다. 라크메토프처럼 스탈린은 자신을 "특별한 인물"로 여기게 되었다.

얼마 안 가서 스탈린은 "학교 계단에서" 또 다른 금서를 읽다가 잡혔다. 이 때문에 그는 "교장의 지시에 따라 징벌방에 장기간 갇히는 벌과 심한 꾸중"을 받았다. 그는 "졸라를 숭배했다." 이 파리지앵의 소설 가운데 그가 가장 좋아하는 것은 《제르미날Germinal》이었다. 그는 실러, 모 파상, 발자크를 읽고, 새커리의 《허영의 불꽃Vanity Fair》은 번역본으로, 플라톤은 그리스어로 읽었다. 러시아와 프랑스 역사를 읽었으며, 이 런 책들을 다른 소년들에게도 돌렸다. 그는 고골, 살티코프-셰드린과 체호프를 매우 좋아했다. 그는 이들의 작품을 외우고 있었고, "암송할 수" 있었다. 그는 톨스토이를 찬양했지만 "기독교 사상 때문에 지루해 졌다." 나중에 나이가 더 든 뒤에는 구원과 구제에 관한 톨스토이의 성 찰의 글 옆에다 "하-하-하"라고 써넣었다. 그는 혁명적 음모와 배신에 관한 도스토옙스키의 걸작인 《악령The Devils》에다 뭔가를 잔뜩 써넣었 다. 이런 책들은 신학생들이 사제복 속에 끈으로 묶어 몰래 숨겨 들여 왔다. 나중에 스탈린은 혁명을 위해 이런 책들을 서점에서 "수탈해 와 야", 즉 훔쳐 와야 했다고 우스갯소리를 했다.[3]

스탈린의 삶을 바꾼 작가는 위고 외에도 더 있었다. 또 한 명의 소설 가가 그의 이름을 바꾸게 만들었다. 그는 알렉산드르 카즈베기Alexandre Kazbegi의 금지된 소설 《부친 살해The Patricide》를 읽었다. 그 소설에는 코바 Koba라는 캅카스의 고전적인 의적이 등장한다. "나와 소소에게 감명을 준 것은 그루지야인들의 자유의 투쟁을 찬미한 그루지야 문학작품들 이었다." 그 소설에서 코바는 러시아인들에 맞서 싸우면서, 아내와 조 국을 위해 모든 것을 희생하고, 적들에게 끔찍한 보복을 가한다.

"코바는 소소의 신이 되었고, 그의 삶에 의미를 주었다"고 이레마시 빌리가 말한다. "그는 코바가 되기를 소원했다. 그는 자신을 코바라 불 렀고, 우리더러 자기를 그렇게 불러달라고 요구했다. 우리가 그를 코바라 불러주면 그의 얼굴은 자부심과 기쁨으로 빛났다." 그 이름은 스탈린에게 캅카스 산사람들의 복수, 도둑들의 무잡함, 충성과 배신에 대한 강박적 집착, 명분을 위한 개인과 가족의 희생 등 많은 것을 의미했다. 그것은 그가 이미 사랑하고 있던 이름이었다. 그에게는 아버지 대신이던 에그나타시빌리의 이름인 야코프의 약칭이 코바였으니까. '코바'는 스탈린이 가장 좋아하는 별명이자 혁명의 이름이 되었다. 하지만 그의 친지들은 여전히 그를 소소라 불렀다.[4]

그의 시가 이미 신문에 실렸지만, 열일곱 살이던 1896년 가을 스탈린은 사제가 되는 공부에, 심지어는 시에도 흥미를 잃기 시작했다. 이해에 그의 성적은 5등에서 16등으로 미끄러졌다.

소등 시간이 되면, 소년들은 무서운 '검은 점'이 오는지 보초를 세워두고 목소리를 죽여 존재의 거대한 문제에 대해 열정적으로 토론했다. 70대에 들어선 뒤에도 독재자는 여전히 이런 토론을 떠올리며 킬킬대고 웃었다. "나는 1학년 때 무신론자가 되었다." 이는 곧 독실한 친구인 세미온 나트로시빌리 같은 다른 소년들과의 토론으로 이어졌다. 하지만 생각을 좀 더 한 뒤 나트로시빌리는 "날 보러 와서 자신의 잘못을 인정했다." 스탈린은 기뻐했지만 세미온은 이어서 말했다. "신이 존재한다면 지옥도 존재한다. 작열하는 지옥불은 늘 있다. 지옥불을 계속 타오르게 할 장작은 누가 마련할 수 있을까? 그러려면 장작이 무한히 있어야 할 텐데, 무한한 장작이 어찌 존재할 수 있겠느냐고?" 스탈린은 기억했다. "난 웃음을 터뜨렸다! 나는 세미온이 철학적 추론을 통해 결론을 냈다고 생각했으나, 사실 그는 지옥불을 타오르게 할 만큼 장작이 충분치 않을 거라는 걱정 때문에 무신론자가 되었다!"

이제 소소는 단순한 동정심을 넘어 직설적인 반란으로 나아갔다. 바로 이때 그의 외삼촌, 케케의 오빠인 산달라가 경찰관에게 살해되었다. 스탈린은 이 사실을 한 번도 언급하지 않았지만 그것은 분명히 어떤 역할을 했을 것이다.

스탈린의 관심은 "수은처럼" (변덕스럽게도) 프랑스 소설가들을 떠나 마르크스 본인으로 이동하고 있었다. 소년들은 5코펙을 내고《자본론 Das Kapital》을 보름 동안 빌렸다.[5] 그는 독일어를 배우려고 애썼다. 마르크스와 엥겔스의 책을 원전으로 읽기 위해서였다. 영어도 배우려고 했다. 그는《자유를 위한 영국 노동자들의 투쟁The Fight of the English Workers for Liberty》을 한 권 갖고 있었다. 이때부터 외국어, 특히 독일어와 영어를 배우려는 평생에 걸친 그의 노력이 시작되었다.*

스탈린과 이레마시빌리는 곧 어둠을 틈타 신학교 밖으로 몰래 나가서 성산에 있는 작은 오두막집에서 열리는 진짜 철도 노동자들과 만나는 최초의 모임에 참석했다. 이 최초의 음모의 불꽃은 그 뒤 절대 꺼지

---

*이런 젊은 마르크스주의자들은 마르크스의 글을 일일이 손으로 베껴 써서 그 사본을 배포했다. 고리의 친구인 코테 카하나시빌리가 집에 오면서 마르크스의 책을 몇 권 가져왔을 때 스탈린은 그 책들을 빌려 보았지만 돌려주지 않겠다고 했다. "너한테 그게 왜 필요해? 여러 사람이 그 책들을 돌려 읽고, 그 책에서 배우고 있어." 그는 또 독일어로 된 교재를 훔치기도 했다. 그는 영어와 독일어를 공부했지만 끝내 유창하게 말할 수 있는 수준이 되지는 못했다. 1930년대 초반에도 그는 아내인 나디아에게, 휴가 동안 공부할 영어 교재를 보내달라고 부탁하곤 했다.

지 않을 불을 붙였다.

스탈린은 데브다리아니의 신학생 클럽에서 벌어지는 고상한 교육적인 토론에 지루해졌다. 그는 그 그룹이 더 공격적인 행동을 하도록 밀고 나가기를 원했다. 데브다리아니는 이에 저항했으므로 스탈린은 그에게 반대하는 작전을 개시하여, 자신의 그룹을 만들기 시작했다.[6]

두 사람은 계속 친한 사이로 지냈으므로 그는 1896년의 크리스마스 휴가 때 데브다리아니의 마을에 머물렀다. 아마도, 어떤 일에서든 항상 밀고 당기기의 대가였으며, 다른 사람들의 호의를 남용하는 재주꾼이었던 스탈린은 휴가 지낼 곳을 마련하기 위해 데브다리아니와의 최후의 절연을 뒤로 미루었을 것이다. 가는 길에 소년들은 케케를 찾아갔다. 케케는 '작은 오두막'에 살고 있었는데, 데브다리아니가 보니 그곳은 온통 빈대천지였다.

"내 잘못이야. 포도주도 없이 식사를 하고 있으니 말이야." 식사 때 케케가 말했다.

"제 잘못이기도 해요." 스탈린이 말했다.

"빈대 때문에 잘 때 힘들진 않았니?" 케케가 데브다리아니에게 물었다.

"저는 모르겠던데요." 데브다리아니는 재주껏 대답했다.

"아, 얘는 빈대에게 왕창 물렸어요." 스탈린은 불쌍한 어머니에게 말했다. "밤새도록 다리를 비비적댔어요." 케케는 소소가 "나를 피하고, 되도록 나와 말을 적게 하려고" 했음을 눈치를 챘다.

1897년에 신학교에 복귀하면서 스탈린은 데브다리아니와 절연했다.

"큰 싸움, 또 피해가 없지 않은 싸움은… 대개 코바가 도발했다." 데브다리아니와 계속 친구로 남았던 이레마시빌리는 말했다. "코바는 자신이 당연히 지도자가 되어야 한다고 여겼고, 자신에 대한 어떤 비판도 참아주지 않았다. 두 개의 파벌이 만들어졌다. 코바의 파벌이 하나, 그에게 반대하는 파벌이 하나였다." 평생 동안 이런 패턴이 반복된다. 그에게 영감을 주었던 고리 출신의 라도 케츠호벨리가 그와 다시 만나 더욱 강인한 멘토가 되어주었다. 트빌리시와 키예프의 신학교에서 퇴학당했던 라도는 체포되었다가 당시에는 석방된 상태였다. 소소는 라도를 누구보다 더 존경했다.

그 멘토는 이 젊은 친구를 불꽃같은 검은 눈의 실리비스트로 '실바' 지블라제에게 소개했다. 지블라제는 교장을 때려눕힌 전설적인 신학생이었다. 지블라제와 노에 조르다니아라는 품위 있는 귀족은 다른 사람들과 함께 1892년에 그루지야 사회당인 제3그룹Mesame Dasi을 세웠다. 이제 이들 마르크스주의자들은 트빌리시에서 재결집하여 〈크발리〉 신문사를 장악하고 노동자들 사이에 혁명의 씨앗을 뿌리기 시작했다. 지블라제는 10대 소년인 스탈린을 바노 스투루아의 아파트로 데려갔다. 스투루아는 "지블라제가 처음 보는 젊은 아이를 데려왔다"고 기억한다.

도움이 되려고 열심이던 스탈린은 유형에서 막 돌아온 이 그룹의 막강한 지도자인 노에 조르다니아를 만나기 위해 신문사 〈크발리〉로 찾아갔다. 스탈린의 최신작 시를 실어준 바로 그 신문이었다. 조르다니아는 키가 크고, "우아하고 잘생긴 얼굴에, 검은 턱수염을 길렀으며… 귀족적인 습관과 행동거지를 취했다." 그는 어른 행세를 하면서 소소에게 공부를 더 하고 오라고 말했다. "생각 좀 해볼게요." 호전적인 젊은이는 대답했다. 이제 그에게는 싸워야 할 적이 생겼다. 그는 조르다니아와 〈크발리〉를 비판하는 편지를 썼다. 그들은 그 편지를 실어주기를 거부했고, 이에 스탈린은 "좋은 생각을 내놓지도 않으면서 항상 자리만 차지하고 있다!"고 편집진을 모욕했다.

라도 역시 조르다니아의 온건함 때문에 좌절하고 있었다. 트빌리시의 수많은 소규모 작업장들 사이에서 우후죽순처럼 생기기 시작한, 주로 러시아인으로 구성된 노동자 그룹에 스탈린을 소개한 것은 분명 그였을 것이다. 그들은 독일인 묘지에서, 방앗간 곁의 작은 집에서, 무기창고 근처에서 몰래 만났다. 스탈린은 성산 위에 있는 방을 빌리자고 제안했다. "그곳에서 우리는 매주 두 번, 저녁 식사가 끝난 뒤 점호가 있기 전에 모였다. 비용은 5루블이었는데, 우리는 부모님들이 보내준 용돈을 모아 그 돈을 마련했다." 스탈린은 "자신들이 논의한 내용을 그루지야어로 기록하기 시작했다." 그 기록은 신학교에서 그를 추종하는 학생들에게 돌려 읽혔다.[7]

그는 이미 반항적인 학생에서 이제 처음으로 비밀경찰의 관심 대상이 되기 시작한 혁명가로 변신하고 있었다. 또 다른 마르크스주의 행동가이자 숙련된 철도 노동자이며 나중에 스탈린의 장인이 될 사람인 세르게이 알릴루예프Sergei Alliluyev가 체포되었을 때, 그는 라브로프 대위라는 헌병에게 취조를 받았다. 라브로프는 그에게 "그루지야 신학생 중에 누구 아는 사람 있는가?"라고 물은 일도 있었다.[8]

낭만주의 시인은 "반쯤 신비주의적 신앙"을 가진 "독실한 광신주의자"가 되어가고 있었다. 그 신앙에 그는 자신의 삶을 바쳤고, 그 길에서 결코 흔들리지 않을 것이다. 하지만 그가 진정으로 믿은 것은 무엇이었는가?

당사자의 입으로 그에 대한 설명을 들어보자. 스탈린의 마르크스주의는 "혁명적 프롤레타리아만이 인류를 해방시키고 세계에 행복을 가져다주도록 역사가 정해놓았음"을 의미한다. 하지만 인류는 "과학적으로 입증된 사회주의"를 달성하기까지 엄청난 "시련과 고난과 변화"를 겪게 될 것이다. 섭리에 따르는 이러한 진보의 핵심은 "계급투쟁이다. 마르크스주의가 곧 일반 대중이다. 그들의 해방은 개인의 자유를 위한 촉매제가 된다."

이 신조는 "사회주의 이론만이 아니라 전체적인 세계관, 철학적 체계다"라고 스탈린은 말한다. 이는 과학적으로 입증된 종교와 같다. 이들 젊은 혁명가들은 그 체계에 속해 있다. 트로츠키는 설명했다. "내가 하나의 미세한 고리로써 거대한 사슬에 참여하고 있다는 느낌을 가졌다." 트로츠키도 스탈린처럼 "최후의 목표는 전투를 통해 얻어진다"고 믿었다. 피, 죽음, 갈등은 필수적이었다. 스탈린 자신의 말을 빌리자면, "숱한 폭풍우, 수많은 피의 개울이 억압을 종식시키기 위한 투쟁"의 특징이 될 것이다.

그런데 스탈린과 트로츠키 사이에는 커다란 차이가 하나 있다. 스탈린은 그루지야인이었다. 그는 하나의 민족과 문화로서의 그루지야에 대한 자부심을 절대로 잊지 않았다. 캅카스의 작은 국가들은 모두 진정한 국제주의적 마르크스주의를 끌어안기가 힘들다고 느꼈다. 억압받는 자신들의 상황 때문에 독립을 꿈꾸게 되기 때문이다. 젊은 스탈린은 마르크스주의와 그루지야 민족주의의 융합을 믿어, 국제주의적 마르크스주의에 반대하는 입장에 가까웠다.

마르크스주의 교재를 읽은 소소는 사제들에게 무례하고 표독스럽게 굴었지만, 그를 전후한 다른 신학생들처럼 노골적으로 반란을 일으키지는 않았다. 이후의 스탈린 홍보물들은 그가 어린 나이에 혁명가가 되었다는 사실을 과장했지만, 그렇다고 그가 절대로 자기 세대에서 진짜 혁명가가 된 유일한 인물은 아니었다. 그때까지 그는 혁명의 물에 이제 막 발을 담근 급진파 학생이었다.[9]

7장

★★

소소와 '검은 점'의 대결

1897년 초반경, 스탈린은 '검은 점'과 전쟁 중이었다. 학교 기록에는 그가 금지된 책들을 읽었다는 이유로 열세 번 붙잡혔고 경고를 아홉 번 받았다고 적혀 있다.

"갑자기 장학관 아바시제가" 사물함은 물론 심지어 세탁물 바구니까지 조사하기 시작했다. 광적인 면이 있는 '검은 점' 아바시제는 금서를 읽는 스탈린을 현장에서 붙잡는 일에 집착했다. 기도할 때 소년들은 책상 위에는 성서를 펼쳐두고 무릎에는 마르크스, 혹은 러시아 마르크스주의의 현자인 플레하노프를 올려두고 그것을 읽었다. 학교 마당에는 거대한 장작더미가 있었는데, 스탈린과 이레마시빌리는 금서들을 그곳에 숨겨두고, 그 위에 올라앉아 책을 읽었다. 아바시제는 이 순간을 기다렸다가 달려들어 붙잡으려 했지만, 그들은 장작더미 속에 책을 떨어뜨리는 데 성공했다. "우리는 곧 징벌방에 갔었고, 어둠 속에서 밤 늦게까지 밥도 먹지 못하고 앉아 있었지만, 배가 고파지니까 더 반항적이 되어 수도사들이 먹을 것을 가져다줄 때까지 문을 두들겼다."[1]

방학이 되자 스탈린은 더 어린 친구인 신부의 아들 기오르기 엘리사베다시빌리의 마을에 가서 그의 집에서 함께 지냈다(어머니와 함께 지내는 것이 아니라면 어떤 일이든 좋았다). 신부는 기오르기의 신학교 입학시험 준비를 위해 스탈린을 가정교사로 데려간 것이다. 그는 항상 가르치려는 마음이 강한 편이었지만 소년을 마르크스주의로 전향시키는 데 더 큰 관심이 있었다. 수레 뒤에 탄 채 금서 더미와 함께 도착한 두 소년은 시골에서 불량스러운 장난을 쳤다. 스탈린은 농부들을 완벽하게 흉내 내면서 비웃고 나쁜 장난을 쳤다. 그들이 어떤 오래된 교회에 갔을 때 스탈린은 자기 제자에게 낡은 성상을 끌어내려 부수고 거기다 소변을 보라고 부추겼다.

"아니, 신이 두렵다고?" 스탈린이 말했다. "잘했어!"

스탈린의 제자는 시험에 합격하지 못했다. 엘리사베다시빌리 신부는 화가 나서 가정교사를 탓했다. 하지만 소년은 두 번째 시험에서는 합격했고, 나중에 스탈린을 따르는 볼셰비키 가운데 하나가 되었다.[2]

신학교에 돌아간 스탈린은 끊임없이 문제에 부딪혔다. 사제들은 그가 무례하게 굴고 교사에게 "인사를 하지 않았으며", "다섯 시간 동안 징벌방에 갇혔다"고 기록했다. 그는 머리 자르기를 거부하고 반항적으로 길게 길렀다. '검은 점'에게 도전하는 뜻으로 그는 머리를 자르려 하지 않았다. 기도 시간에는 웃고 떠들고, 저녁기도가 끝나기 전에 자리를 떴으며, 성모 송가 시간에는 지각을 하고, 미사 때도 소란스럽게 나가버렸다. 아마 징벌방에서 상당히 많은 시간을 보냈을 것이다. 1898년 12월에 그는 스무 살이 되었는데, 기숙사에 있기에는 나이가 너무 많았다. 다른 학생들보다 한 살이 더 많았으니(아마 마차 사고에서 회복하느라 시간이 지체됐을 것이다) 그가 좌절감을 느낀 것도 무리는 아니었다.

그는 신학교의 수준을 넘어섰다. 신학생들은 형제들처럼 만날 때마다 서로에게 키스를 하도록 되어 있었다. 하지만 이제 데브다리아니와의 파벌싸움에 몰두해 있고, 마르크스사상에 헌신하게 된 그는 이런 기사도적인 포옹의 가치를 믿지 않았다. "그런 포옹은 그저 가면일 뿐이야. 난 바리새인이 아니야." 그는 포옹을 거부하면서 말했다. 가면을 쓴 배신자에 대한 강박증은 그를 평생 떠나지 않았다.

무신론자들이 읽는 조제프 에르네스트 르낭Joseph Ernest Renan의 《예수의 생애Vie de Jesus》는 학교 측의 광적인 추적의 대상이었는데, 스탈린은 그 책을 소유한 사실을 자랑스럽게 여겼다. 공작과 수도사들과 장학관은 그의 침대 머리맡 탁자를 거듭 조사했지만 아무것도 찾을 수 없었다. 한 소년이 영리하게도 그 책을 교장의 베개 아래에 숨겨두었다. 스탈린은 소년들이 점호 시간에 호출되어 나갔다 돌아오면 항상 옷상자를 뒤져본 흔적이 있었던 일을 기억했기 때문에 미리 조처해둔 것이다.

소소는 공부에 흥미를 잃었다. 5학년이 시작될 무렵 그는 스물세 명 중 20등이었고, 예전에는 5등급을 받던 과목에서 주로 3등급을 받았다. 그는 세라핌 교장에게 편지를 써서 성적이 나쁜 것이 병 때문이라고 변명했지만 그래도 몇 과목에서 재시험을 쳐야 했다.

한편 '검은 점'은 "우리를 더 면밀하게 감시했고" 다른 소년들에게도 반란자들을 밀고하라고 꾀었다. 하지만 스탈린은 매주 더 과감하고 도전적으로 변했다. 그와 동료들이 그가 베껴 쓴 책에서 우스운 시구들을 읽기 시작하면 밀고자는 아바시제에게 이를 알렸고, 아바시제는 몰래 다가와서 들었다. 그는 갑자기 방에 들어와서 글이 적힌 종이를 빼앗았다. 스탈린은 다시 빼앗으려 했다. 사제와 10대 소년의 몸싸움은 결국 '검은 점'의 승리로 끝났고, 그는 스탈린을 앞세워 자기 방으로 갔다. 그곳에서 '검은 점'은 "이 불결한 영혼에게 그 전복적인 글을 파라핀으로 적시라고 명령했다." 그런 다음 종이를 불태웠다.

마침내 아바시제는 스탈린에 대한 감시를 강화했다. "오전 9시에 장학관은 식당에서 한 무리의 학생들이 뭔가를 읽고 있는 주가시빌리 주위에 모인 것을 알았다. 내가 다가가니 주가시빌리가 노트를 숨기려 했다. 그러나 명령에 따라, 할 수 없이 자신이 읽고 있던 불온서적을 내놓았다. D. 아바시제 서명."

스탈린의 어머니는 "그가 반란자가 되었다는 나쁜 소문"을 들었다. 케케답게 그녀는 사태를 바로잡기 위해 옷을 차려입고 열차에 올라 트빌리시로 갔다. 하지만 처음으로 아들은 "내게 화를 냈다. 그는 내가 상관할 일이 아니라고 고함쳤다. 나는 말했다. '아들아, 넌 내 외아들이야. 날 죽이지 마라. 네가 어떻게 황제 니콜라이 2세를 죽일 수 있겠니? 그런 일은 형제와 자매가 있는 사람들에게 맡겨라.'" 소소는 그녀를 진정시키며 끌어안고, 자신이 반란자가 아니라고 말했다. "그것이 그가 한 첫 번째 거짓말이었다"고 케케는 슬프게 회상한다.

근심에 빠진 부모는 그녀만이 아니었다. 스탈린은 형편이 좋지 않은 아버지를 계속 만나고 있었는데, 아마 케케에게는 알리지 않았던 것 같다.* 스탈린은 어머니의 사촌인 안나 겔라제와 함께 베소를 찾아갔다. 베소는 스탈린에게 정성껏 만든 장화를 주고 싶어 했다. 안나는 덧붙인다. "소소는 어렸을 때부터 장화 신는 걸 좋아했다." 장화 신은 독재자의 모습은 그저 군사적인 허세일 뿐 아니라 아버지와 아버지가 직접 만들어준 예쁜 가죽 장화에 보내는 무언의 헌사였던 것이다.

아마 이제는 그가 컸기 때문에 베소를 덜 겁내게 되었고, 그의 참을성 없는 성격도 마르크스사상 때문에 누그러졌던 것 같다. 이제 신세가 구차해져 옷수선집에서 일하며 지내던 베소는 "자기 아들을 두 배로 사랑하게 되었고, 내내 아들 이야기만 했다"고 코테 차르크비아니는 말한다. "나는 소소와 함께 그를 찾아가곤 했다. 그는 소소에게 언성을 높이지 않았다. 그래도 투덜거리기는 했다. '그가 이제 니콜라이 2세에 반항한다는 소문을 들었어. 언젠가는 그를 뒤엎을 수 있기나 할 것처럼 말이지!'"

'검은 점'과 스탈린 사이의 전쟁은 가열되고 있었다. 신학교 기록에 보면 스탈린이 자신은 무신론자라고 선언하고는 기도하는 도중에 걸어 나갔으며, 수업 시간에 떠들었고, 식사 시간에 늦었으며, 수도사들

---

*거의 모든 역사가들은 스탈린이 1890년 이후로는 베소를 한 번도 보지 않았다는 주장을 되풀이하지만, 기록보관소에 있는 여러 자료와 캉디드 차르크비아니의 회고록에는 그가 훨씬 뒤에는 주정뱅이 아버지를 만나보았다고 나와 있다.

앞에서 모자 벗기를 거부했다고 되어 있다. 그는 경고를 열한 번 더 받았다.

그들의 대결은 소년들이 자신들의 장학관에 대한 존경심을 완전히 상실함에 따라 점점 더 웃음거리가 되었다. 소소의 몇몇 친구들이 예레반 광장의 푸시킨 정원에서 잡담을 나누고 있었는데, 한 소년이 달려나와 아바시제 신부가 스탈린의 옷상자를 뒤지고 있다고 알려주었다. 그들은 신학교로 급히 달려가서 간신히 감독관이 스탈린의 가방을 억지로 열고 금서 몇 권을 찾아내는 모습을 보았다. 아바시제가 그 책들을 움켜쥐고 의기양양하게 계단을 올라가는 중에, 바소 켈바키아니가 달려들어 수도사를 들이받아 거의 책을 놓치게 만들었다. 하지만 '검은 점'은 용감하게 버텼다. 소년들은 그에게 올라타서 책들을 손에서 떨쳐냈다. 스탈린은 직접 달려가서 책을 움켜쥐고 줄행랑을 쳤다. 그는 시내 외출을 금지당했고 켈바키아니는 퇴학당했다.

그런데 아이러니하게도 소소의 공부는 다시 나아졌다. 그는 거의 모든 과목에서 '매우 훌륭함'인 4등급을 받았고 논리학에서는 '최고'인 5등급을 받았다. 이런 상황에서도 그는 여전히 역사 수업을 좋아했다. 사실 그는 신학교에서 유일하게 존경하던 역사 선생 니콜라이 마하타제를 매우 좋아했고, 나중에는 손을 써서 그의 목숨을 구해주기까지 했다.*

---

*1931년 9월에 그의 옛 역사 선생은 트빌리시의 메테히 요새 감옥의 지하에 갇혀 있었다. 그는 소비에트의 독재자가 된 과거의 학생에게 청원서를 보낼 수 있었다. 그래서 스탈린은 캅카스의 총독인 베리야에게 다음과 같은 편지를 보냈다. "일흔세 살의 니콜라이 드미트리예비치 마하타제가 메테히 감옥에 있다. 내가 신학교 시절부터 아는 사람인데, 나는 그가 소비에트 권력에 위험이 되리라고는 생각하지 않는다. 노인을 석방하고 그 결과에

한편, '검은 점'은 스탈린을 통제할 수 없었지만 이 불만꾼을 꼭 잡고 싶다는 집요한 욕구 또한 절제할 수 없었다. 두 사람은 서로 한계점에 점점 다다르고 있었다. 그 수도사는 그에게 몰래 다가가서 그가 또 다른 금서를 읽는 것을 엿보았다. 그런 다음 덤벼들어 책을 빼앗았지만, 스탈린은 그의 손에서 손쉽게 책을 도로 빼앗아, 다른 소년들을 놀라게 했다. 그러고는 계속 책을 읽었다. 아바시제는 충격을 받았다. "자네는 내가 누구인지 모르는가?" 그가 소리쳤다.

스탈린은 눈을 비비더니 말했다. "'검은 점' 외에는 아무것도 보이지 않는데요." 그는 선을 넘은 것이다.

'검은 점'은 누군가가 이 말썽쟁이 수습 사제를 쫓아내주기를 고대했던 것이 분명하다. 학기는 거의 끝나가고 있었다. 스탈린은 어떤 교사에게 인사하지 않았다는 이유로 4월 7일 최후의 꾸중을 들었다. 그리고 이틀 뒤, 방학이 시작되었다. 그는 다시는 돌아가지 않았다. 1899년 5월의 학교 기록에는 간단하게 이렇게 적혀 있다. "퇴학. 시험에 미응시." 그러나 스탈린에게 관한 일이 항상 그렇듯이, 실상은 그처럼 단순하지 않았다.[3]

"내가 퇴학당한 것은 마르크스주의를 선동했기 때문이었다." 나중에 스탈린은 이렇게 뽐냈지만 이는 거짓이다. 하지만 '검은 점'이 예배실에서의 야단법석이나 읍내에서의 마르크스주의자 모임 이외에 뭔가 더 해로운 것을 탐지하긴 했을 것이다.

대해 알려줄 것을 그대에게 요청하는 바다."

스탈린보다 용돈이 더 넉넉한 소년들은 성산 위에 셋방을 얻곤 했다. 그런 곳에서 자유주의적 독서 모임을 가지려는 것이었다. 하지만 그들이 10대 소년이자 연애행각을 뽐내곤 하는 그루지야인이니만큼, 그곳에서는 파티도 열렸을 것이고, 술과 여자도 있었을 것이다. 사제들, 특히 장학관인 '검은 점'은 영국의 사립학교 교장들처럼 극장이나 술집, 홍등가에서 학생들을 잡아내기 위해 시내를 순찰하곤 했다.

공부를 하지 않을 때면 스탈린은 술을 마시고 연애도 했다. 그도 휴가철에는 고리에서 더 심각한 문제를 일으켰을지 모른다. 차르크비아니 일가의 딸에 대한 그의 사랑 때문이었을까? 그는 그녀를 끝까지 잊지 않았고, 노년에도 그녀에 대해 이야기했다. 오랜 뒤에 그는 고리 출신의 또 다른 소녀인 리사 아코포바도 기억했다. 1926년에는 그녀가 어떻게 되었는지 알아내려고 시도하기까지 했는데, 이는 그들이 가까운 사이였음을 말해준다. 이 일로 그녀는 그에게 편지를 쓸 마음이 생겼다. "당신이 우리에 대해 물어보고 내게 관심을 보여주어 굉장히 기뻤습니다. 나는 좋을 때나 나쁠 때나 항상 당신의 둘도 없는 친구였습니다. 당신의 예쁜 이웃인 리사가 당신에게 사랑을 호소했던 일을… 기억하는지요." 이것은 1920년대로서는 용감한 일이었지만, 1938년에 스탈린이 받은 또 다른 편지에 비하면 그 용감함은 절반에도 못 미친다.

한 여성이 자신의 조카딸인 프라스코비아 미하일로프스카야, 약칭으로는 파샤에 대해 스탈린에게 편지를 보냈다. 파샤가 1899년에 태어난 스탈린의 친딸이라는 것이다. "젊은 시절을 기억한다면 당신은 잊을 수 없을 겁니다. 검은 눈의 작은 소녀 파샤를 당신은 분명히 기억할 겁니다." 이 편지는 스탈린의 어머니가 그 아이에게 관심을 보였고, 그 아이도 케케를 기억한다고 주장했다. 파샤의 어머니는 파샤의 아버지가 "나라를 구하는 데 자신을 바쳤고, 유형을 떠났다"고 파샤에게 말해주었다. 파샤는 "키가 크고 늘씬한 검은 눈의 그루지야 미인"으로 자라서 타이피스트가 되었고 결혼을 했지만, 그녀의 어머니와 남편은 모두 죽었고, 무척 힘든 처지였다. 1930년대 모스크바에서 그녀의 흔적은 사라졌다.

그 편지는 정치가들에게 매혹된 다소 광적인 서신일 수도 있다. 다만 자신의 개인적 기록을 별로 보관하지 않는 스탈린이 그 편지만은 보관했다는 사실을 제외하면 말이다. 그의 어머니가 언급된 부분은 사실일 가능성이 있다. 케케였다면 틀림없이 그런 상황에 처한 소소를 도와주었을 것이다. 그루지야의 젊은 카사노바들이라면 그런 상황이 전혀 낯선 일일 수 없다. 게다가 이 일이 사실이 아니었다면 대숙청이 한창 벌어지던 시기에 감히 스탈린에게 그런 편지를 쓸 생각을 하지 못했을 것이다. 죽고 싶어 환장하는 미치광이가 아니라면 말이다. 스탈린이 애인이나 아이들을 저버렸던 다른 이력이 없었다면 이 편지를 무시해버릴 수 있다. 하지만 그는 여자 없이 지낸 적이 거의 없었던 것 같고, 약혼녀, 아내, 아이들을 저버리는 일에 양심의 가책도 느끼지 않았다. 사실을 확인할 수는 없겠지만, 성격이나 시기 면에서 볼 때 그런 추측이 사실일 가능성이 크다.[4]

그런 사건이 아바시제 신부에게 발각되었거나, 신학교에 그런 일이 알려질까 봐 케케가 걱정한 것 같은데, 그가 학교를 떠날 때 그녀가 개입한 부분은 이로써 설명될지도 모른다. 소소는 1899년 부활절을 고리의 집에서 보내면서, 만성 폐렴에 걸렸다고 주장했다. 정말로 아팠는지도 모른다. "난 그를 학교에서 데리고 나왔다. 그는 떠나고 싶어 하지 않았다." 케케는 이렇게 주장했지만 그녀의 실망은 분명 무척 컸을 것이다.

확실히 소소는 퇴학의 영광을 과장했다. 그는 혁명가였기 때문에 퇴학당한 것이 아니었고, 그 이후로도 신학교와 예의 바른 관계를 유지했다. 몇몇 전기는 그가 시험을 치지 않아 퇴학당했다고 주장하지만, 그런 이유는 그가 몸이 아팠다면 사면될 수 있는 종류였다. 실제로 교회는 그 뒤에 그를 받아주겠다는 의사를 전하며 한발 물러섰고, 5년 동안 그가 받은 장학금(480루블)을 물어내지 않아도 된다고 했다. 심지어 최종 시험을 다시 치르면 교직을 주겠다는 제안까지 했다.

그러나 실제 이유는 아바시제 신부가 자신의 고문관을 쫓아내는 온건한 방식을 찾아냈기 때문이었다. "난 졸업하지 않았다." 스탈린은 1910년에 헌병들에게 심문당할 때 이렇게 말했다. "1899년에 전혀 예상치 못하게 학비 25루블을 내라는 고지서가 나왔다. 나는 그 돈을 내지 않아서 퇴학당했다." '검은 점'은 교묘하게 등록금을 인상했다. 스탈린은 그 돈을 내려고 노력하지 않았고, 그냥 떠나버렸다. 스탈린의 친구이자 이 무렵 그를 만난 또 다른 전직 신학생인 아벨 예누키제는 이렇게 말한다. "그는 신학교에서 날아가버렸다." 하지만 논란이 없지는 않았다.

그는 고리의 친구인 다브리셰비에게 자신이 고발당한 뒤에 쫓겨났다고 털어놓았다. 그것이 '타격'이었다는 것이다. 그 뒤 스무 명의 다른 학생들도 혁명활동을 이유로 퇴학당했다. 나중에 소소의 적들은, 그가 동료 마르크스주의자들을 교장에게 밀고했다고 주장했다. 훗날 그가 감옥에서 그 사실을 고백했다는 말이 있었다. 동료들을 혁명가로 전환시키는 중이었다는 말로 자신의 배신을 정당화했다는 것이다. 실제로 그들은 그의 핵심 추종자가 되기도 했다. 스탈린은 이런 종류의 궤변과 배신에 능했지만, 이런 일이 널리 알려져 있었다면 그가 마르크스주의 지하운동에 받아들여졌을까? 트로츠키조차 그 이야기는 터무니없다고 생각한다. 그보다는 자신을 비난한 데 대한 그의 냉소적인 응답이었을 확률이 더 높다. 하지만 이 때문에 그가 나중에 오흐라나의 첩자가 되었다는 의혹이 커지기는 했다. 어쨌든 매년 수많은 신학생들이 퇴학당했다.

독학자인 애서가 소소는 신학교 도서관에서 빌린 책들을 돌려주지 않고 '탈취'했다. 학교는 그에게 18루블을 청구했고, 1900년 가을에도 15루블을 더 요구했지만, 그 무렵 그는 이미 지하로, 신학교의 손이 영영 닿지 않는 곳으로 들어가 있었다. 교회는 끝내 돈을 돌려받지 못했고, '검은 점'은 그 책들을 절대 돌려받지 못했다.*

---

* 《놀라운 사람들과의 만남Meetings with Remarkable Men》의 저자인 강령술사 게오르게 구르지에프George Gurdjieff는 어떤 사람에게는 무례하게 굴고 또 어떤 사람들은 신성시하는 사람이었는데, 스탈린과 함께 신학교를 다녔다고 주장했다. 스탈린은 트빌리시에서 자기 가족과 함께 지냈다고 말했다. 하지만 아르메니아 출신인 구르지에프는 환상에 빠진 사람이었다. 1866년에 태어난 그는 스탈린보다 열두 살 많았고, 그가 신학교를 다녔다는 증거는 하나도 없다. 스탈린은 학기 중에는 기숙사에 있었다. 구르지에프는 또 '니에라제 공작'의 동료였다고 주장하기도 한다. '니에라제'는 나중에 스탈린이 바쿠에서 썼던 가

1878~1904년

스탈린의 수배 사진. 1912년.① 무자비한 스탈린, 미래의 편집광 독재자, 최고의 기밀관리자, 경계심 많은 대음모가, 절정의 정치가, 범죄와 정치폭력의 기획자, 마르크스주의 광신자. 페도라를 쓰고, 뻣뻣한 칼라 셔츠에 비단 넥타이를 매고 있다. 1912년에 찍힌 경찰의 전신사진.

*사진 설명 중간에 삽입된 숫자 표기는 모두 사진 출처 주다. 본문 37쪽을 참조하라.

학교. 1880년대 후반.② 이미 카리스마 넘치는 지도자가 된 학생 때의 소소 주가시빌리. 장래의 스탈린. 열살 무렵의 사진. 동년배들보다 몸집은 작지만 여러 병과 사고를 견디고 우수한 학생이자 스타 합창단원이 된다. 이 사진을 찍자고 제안한 사람은 바로 그였다. 그는 자리를 직접 배치했고, 자신은 가장 좋아하는 지휘자 자리인 뒷줄 중앙에 섰다.

스탈린이 태어난 곳, 고리.① 소소는 고리의 거친 길거리에서 싸움꾼, 갱 두목, 카리스마 있는 조종자가 되었다. 고리는 차르 제국 중에서도 가장 폭력적인 마을 가운데 하나였다. 종교 축일에도 아장아장 걷는 아이에서 백발노인에 이르기까지 전 주민이 가담하는 조직적 패싸움을 벌여 축하하는 식이었다. 사진 왼쪽의 집이 스탈린의 생가.

스탈린의 아버지 베소 주가시빌리의 공식 사진.③ 부모에 대한 의혹. 그는 알코올중독 제화공이자 아내와 아들을 때리는 버릇이 있었다. 스탈린은 이 사람이 자신의 아버지라고 확실히 말해주지 않았다. 질투심은 베소를 미치게 했다.

스탈린의 대단한 어머니 케케 주가시빌리의 노년시절.① 젊었을 때 그녀는 예쁘고 똑똑하지만, 아들과 마찬가지로 강인하고 냉소적이고 외향적이었다. 권력이 있는 남성들이 그녀를 베소로부터 지켜주었다.

코바 에그나타시빌리.⑧ 그가 스탈린의 진짜 아버지일까? 레슬링 선수, 부유한 여관주인, 소소를 사랑하고 돈을 대주고 보호해준 지역 유지다.

사샤 에그나타시빌리.⑨ 스탈린의 이복형제인가? 소소는 멋쟁이인 에그나타시빌리 형제들과 함께 자랐다. 그중에는 또 다른 레슬러이자 사업가인 사샤도 있었다. 사샤는 나중에 크레믈린의 정신㊉이자 엔카베데의 장군으로 승진하며, 시식 담당자로 신뢰를 받았고, 토끼라는 별명이 있었다.

이오시프 다브리셰비.④ 아버지인 고리의 경찰서장 다미안 다브리셰비가 케케에게 치근댔기 때문에 베소는 그를 죽이려고 했다. 그의 아들인 이오시프는 스탈린의 어린 시절 친구였고, 이복형제라는 주장도 있었다. 그와 스탈린은 캅카스에서 가장 악명 높은(성공적인) 은행 강도이자 테러리스트가 되었다.

16세 때의 스탈린, 1893년(위).⑤ 어머니의 기쁨이자 착실한 학생이며 중심 합창단원인 소소 주가시빌리는 트빌리시 신학교에서 성직자가 되기 위해 공부했다. 그 학교는 사제들이 운영하는 빅토리아조의 영국 사립학교와 비슷했다.

사춘기의 소소(아래 오른쪽, 1896년)①는 신학교에서 큰 소란을 피웠다(아래 왼쪽, 1890년대 후반 신학생 때.① 맨 뒷줄 왼쪽에서 두 번째가 스탈린이며 사제복을 입고 있다). 그는 마르크스주의를 받아들였고, '검은 점'이라는 별명이 붙은 신부와 엄청난 두뇌 싸움을 벌인다.

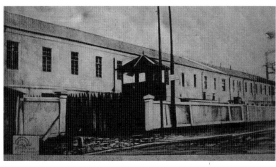

바투미, 1902년. "난 로스차일드 회사에 취직했다!" 스탈린은 환호했다. 그다음 날 로스차일드 정유소(아래 왼쪽)⑥에는 불이 났다(위).⑥ 다른 정유소에도 비슷한 불이 났다. 스물넷의 스탈린은 원유 항구인 바투미를 아수라장으로 만들었다. 여기서 그는 처음으로 배신자를 죽이라는 지시를 내렸고, 연애를 시작했으며, 학살을 일으키고, 친했던 무슬림 강도인 하시미 스미르바(아래 오른쪽)⑥의 도움을 받아 글을 인쇄했다.

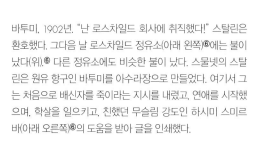

쿠타이시 감옥에서의 단체 사진. 1903년(위).⑥ 처음 체포되었을 때 스탈린은 적을 죽이고 당국에 도전하면서 감옥을 지배했다. 쿠타이시 감옥에서 이 장발의 마르크스주의자는 동지들이 시베리아 유형지로 떠나기 전에 이 사진을 찍도록 일을 꾸몄다. 자신은 맨 뒤 중앙에 자리 잡았다(사진 중앙의 4번이 스탈린이다).

첫 번째 유형지인 노바야 우다(중간)⑥에서 그는 범죄자 친구들과 떠들썩하게 놀며 지냈고, 탈출을 준비했다.

쿠타이시 감옥 외관(아래 왼쪽)⑥과 스탈린의 감방(아래 오른쪽).⑥

돈 한 푼 없고 별로 눈에 띄지 않는 혁명가일 때도 스탈린에게는 항상 여자친구가 있었다. 처녀, 유부녀, 젊은 여자, 나이든 여자, 농민, 지식인, 귀족여성까지 다들 그와 사귀었다. 그런 초기의 여자친구 가운데 하나가 아름다운 유부녀인 나타샤 키르타바였다(위 왼쪽).[6] 하지만 그녀가 자신과 동거하지 않으려 하자 스탈린은 불같이 화를 냈다. 집시의 피가 섞인 올가 알릴루예바(위 오른쪽)[3]는 스탈린의 볼셰비키 동지인 세르게이의 아내였다. 남자관계가 복잡하기로 유명했던 그녀는 아마 스탈린과도 관계가 있었을 것이며 스탈린에게 늘 헌신적이었다. 올가는 장래의 장모이기도 하다. 아래는 올가와 그녀의 자녀들(파벨, 표도르, 안나, 나디야)의 사진[3]이다.

스탈린은 사제 자격을 얻지는 못했지만, 기숙학교는 그에게 고전 교육을 시켜주었으며, 엄청난 영향을 미쳤다. 의도와는 정반대의 결과였지만, '검은 점'은 스탈린을 무신론적 마르크스주의자로 바꾸어놓았고, 나중에 소련의 국가경찰을 통해 그가 재창조하게 될 바로 그런 탄압적인 전술을 가르쳤다. 감시, 염탐하기, 사적 생활에 대한 습격, 감정의 침해 등등이다.

스탈린은 평생에 걸쳐 성직자에게 매력을 느꼈다. 다른 신학생이나 성직자의 아들들을 만나면 그는 흔히 그들에게 신중한 질문을 던지곤 했다. "사제들은 사람들을 이해하는 법을 가르친다"고 그는 회상했다. 더 나아가서 그는 항상 종교의 교리문답식 언어를 사용했다. 그의 볼셰비즘은 숭배풍조, 성인들, 성상이 있는 그리스도의 종교와 닮았다. 그는 1929년에 지도자로서 찬양된 일에 대해 신성모독적인 글을 썼다. "노동계급이 나를 낳았고, 그 자신의 이미지와 그들을 닮은 모습으로 나를 길러냈다."

신학교가 가진 또 다른 아이러니는 그것이 프랭클린 루스벨트 같은 외국인들에게 미친 효과였다. 루스벨트의 비서는 대통령이 (1943년의 테헤란 회담에서 스탈린에게 완전히 매혹당한 뒤에) "스탈린이 성직자의 소명을 받았음을 이상하게 여겼다"고 기록했다.

하지만 그의 무신론적 의식 속에는 옛날의 신이 여전히 존재하고 있

명이었다. 하지만 구르지에프의 주장 중 어느 하나도 사실이라는 증거는 없다. 통치 기간 중에 스탈린은 강령술사들을 박해했으며, 특히 '구르지에프 부류들'은 심한 탄압을 받아, 총살당한 사람들이 많았다.

었다. 제2차 세계대전 기간 언젠가 윈스턴 처칠을 만났을 때 그는 이렇게 말하면서 처칠의 반볼셰비즘을 용서했다. "과거에 있었던 것과 과거는 모두 신의 것이다." 그는 미국의 특사인 애버렐 해리먼Averell Harriman에게 "신만이 용서할 수 있다"고 말했다. 카파나제 같은 친구들은 사제가 되었지만, 스탈린은 그들과 너그럽게 연락을 계속했다. 그와 다른 거물들은 볼셰비키식 폭음이 따르는 만찬에서 찬송가를 불렀다. 그는 반쯤은 농담으로 러시아정교와 마르크스주의를 뒤섞었다. "무오류인 것은 성자들뿐이다. 신은 빈민을 만들어냈으니 비난받아도 되지." 하지만 스탈린을 가장 확실하게 드러내는 것은 그의 행동이다. 독재자는 교회를 무자비하게 탄압했고 사제들을 살해하고 유형 보냈다. 1943년까지는 그랬다. 그때 그는 러시아정교를 복구했지만 이는 러시아인들의 오래된 애국심을 발동시키기 위한 전시戰時의 제스처였을 뿐이다.*

그는 제2차 세계대전이 끝난 뒤 부하 알렉세이 코시긴Alexei Kosygin(나중에 브레즈네프 치하에서 수상이 된 사람)에게 생선을 선물로 보내면서 다

---

*1943년 9월 4일에, 유형을 가 있던 러시아정교의 수장인 세르게이와 두 수석 대주교는 야밤에 크렘린에 불려 와서 이상한 대화를 나누었다. 그곳에서 스탈린은 교회와 신학교를 복구하기로 했음을 밝혔다. 세르게이는 신학교를 복구하는 것은 다소 이른 것 같다고 말했다. 스탈린은 "신학교 쪽이 더 낫소"라고 대답했지만, 표리부동하게도 이렇게 중얼거렸다. "왜 당신은 배짱이 없소? 그런 건 어디로 사라졌소?" 세르게이는 자신의 배짱을 스탈린이 체계적으로 말살했다고 대답하는 대신 교묘한 농담을 던졌다. "한 가지 이유는 우리가 어떤 사람을 사제로 훈련시켰는데 그가 소련의 원수가 되었기 때문입니다." 그러자 스탈린은 신학교에 대해 새벽 3시까지 회상했다. "예하," 마침내 그는 사제들에게 저녁 인사를 하면서 "지금은 그게 내가 해줄 수 있는 전부요"라고 말했다.

음과 같은 쪽지를 넣어두었는데, 아마도 그때 미래의 자신이 신을 진정으로 어찌 생각하는지 드러낸 건지도 모른다. "코시긴 동지, 여기 신이 당신에게 준 선물이 있소! 난 그의 의지의 집행자요! J. 스탈린." 어떤 식으로든 '역사'라는 과학의 최고 제사장으로서, 트빌리시 신학교 학생은 정말 자신을 신의 의지의 집행자로 여겼다.[5]

"자네는 그런 것이 스탈린을 좀 다르게 만들었다고 생각하지 않나? 그 점이 그의 본성에서 우리 모두가 느끼는 어떤 공감 가능한 성질의 측면을 설명해주지 않느냐는 말이야. 아마 기독교 신사가 어떻게 처신해야 하는지 스탈린에게 가르친 것이 성직제도였는지도 모르지." 프랭클린 루스벨트는 이런 말을 여러 번 했다.

가장 비기독교적인 이 신사는 그리스도교에서 멀리 떨어져 나왔다. 그와 라도의 눈에는 조르다니아 같은 온건하고 귀족적인 사회주의자도 이제 짜증스럽게 보였다. "그들은 노동자를 혁명가가 되도록 가르치는 게 아니라 문화적이고 교육적인 행동을 하도록 지휘한다." 소소는 불평했다. 그는 친구들에게 '툴린Tulin'이라는 탁월한 새 급진파의 활동을 발견했다고 말하면서 조르다니아를 깎아내렸다. 툴린은 나중에 레닌이 되는 블라디미르 울리야노프의 가명 중의 하나였다.

"레닌이 없었다면 나는 계속 그냥 합창단원이나 신학생으로 있었을 것이다." 노년의 스탈린은 말했다. 이제 그는 친구들에게 이 극단적인 급진파에 대해 말해주었다. "무슨 일이 있어도 그를 만나야 해!" 그는 선언했다. 삶을 마르크스주의적 혁명가의 길에 완전히 던지겠다는 결정을 막 내린 것이다. 하지만 그에게는 눈앞에 닥친 다른 문제가 있었다. 신학교를 떠난 일에 케케가 심히 화를 냈으므로 그는 고리 외곽에 있는 감바로일리 정원에서 며칠 숨어 지내야 했다. 친구들이 그곳으로 음식을 가져다주었다. 그는 트빌리시로 돌아갔지만 곧 조르다니아의 지지자들이던 같은 방 친구들과 다투고 짐을 싸서 나왔다. 그는 신학교 친구들과도 싸웠고, 그다음에는 룸메이트와도 싸웠고, 이제는 트빌리시의 더 나이 든 급진파들과 맞서게 된다. 이 무례하고 거만한 소년이 가는 곳에는 어디서든 문제가 생겼다.⁶

8장

★★

기상관측소 직원: 당과 공작들

소소에게는 직장과 집이 필요했다. 그는 기상관측소 직원이 되었다. 몹시 생뚱맞게 들리지만 트빌리시 기상관측소의 관측사라는 신분은 젊은 혁명가에게는 가장 편리한 위장이었다. 라도의 동생이자 고리 출신의 친구인 바노 케츠호벨리가 1899년에 이미 그곳에서 일하고 있었으므로, 스탈린은 관측소 탑 아래 작은 방을 그와 함께 썼다.*

'수습 관측자'로서 그의 업무는 매주 세 번 오전 6시 30분에서 오후 10시까지 매시간 온도와 기압을 기록하는 일이었다. 보수는 한 달에 20루블이었다. 밤 근무가 있을 때는 오후 8시 30분에서 오전 8시 30분까지 일했지만, 이제 낮 시간 내내 혁명적인 과업을 수행하러 나갈 수 있

---

*그 관측소는 지금도 있다. 비록 그루지야의 모든 기관들처럼 폐쇄되었지만 말이다. 스탈린이 살던 방이 남아 있고, 그의 소지품이었다고 주장되는 물건도 몇 가지 있으며, 다음과 같은 내용의 동판이 붙어 있다. '위대한 스탈린(공산당 볼셰비키 전연합VKPB과 세계 프롤레타리아의 지도자)이 1899년 12월 28일에서 1901년 3월 21일까지 이곳 트빌리시 기상관측소에서 살면서, 불법적인 사회민주주의 노동자 조직을 이끌었다.'

었다. 1899년 말에 라도는 소소의 열정적인 도움을 받아 파업을 조직하기 시작했다. 그것은 그루지야에서 일어난 최초의 본격적인 규모의 급진파 노동자 동원 사례 중 하나였다.

신년 첫날, 라도는 벨기에인이 소유한 전차 회사의 운전사들이 파업을 일으키게 만들어 도시를 마비시키는 데 성공했다. 비밀경찰은 라도와 관측소의 혁명가 직원들을 주시하고 있었다. 1900년이 시작된 지 몇 주 만에 경찰이 관측소에 들이닥쳐 스탈린을 체포한 뒤 메테히 요새로 데려갔다. 체포되는 일은 앞으로 수없이 거듭되겠지만, 스탈린의 이번 체포는 공식적으로는 베소가 고향 마을인 디디-릴로[1]에 지방세를 내지 않았기 때문이라고 되어 있다. 하지만 이것은 헌병대가 암호처럼 보낸 경고였을 것이다.

스탈린에게는 돈이 없었지만, 잘사는 친구들(다비타시빌리의 주도로)이 힘을 모아 세금을 처리했다. 이 사건으로 베소에 대한 소소의 애정이 결코 더해질 수 없었겠지만, 그래도 베소는 관측소로 그를 여러 번 찾아왔다.

베소가 또다시 아들을 찾아온다는 말을 듣자, 성질 사나운 케케는 아들을 구하기 위해 트빌리시로 향했다. 그녀는 소소의 방에서 함께 지내겠다고 우겼다.[2]

스탈린은 석방되자(그리고 간섭쟁이 케케가 집으로 돌아가자) 도시 전역에서 파업에 참여하는 노동자들을 격려하러 돌아갔다. 철도 작업장은 이 격동의 중심지였다. 그는 철도 차고 주위에서 "주철 장식이 달린 커다란 창문이 있는 긴 석조건물, 기관차의 덜컹거리는 소리와 두들기는 소리, 증기 내뿜는 소리, 헐떡거리는 소리가 들리는 곳"에서 많은 시간을 보냈다. 원래 동지들이 그에게 맡긴 임무는 철도 노동자의 비밀 그룹(소위 서클) 두 곳을 감독하는 일이었다. "나는 완전 초보자, 진짜 신참이었다."[3]

스탈린은 트로츠키가 "일반적으로 인식되는 혁명가, 특히 시골 혁명가의 특징"이라 묘사한 모습 그대로 살았다. 긴 수염, 거의 히피 스타일이라 할 긴 머리칼, 러시아식의 검은 비단 상의, 붉은색 타이…. 그리고 특히 지저분하게 지내기를 좋아했다. 이레마시빌리가 말한다. "그가 더러운 상의와 먼지에 찌든 신발 외에 다른 차림을 한 것을 한 번도 본 적이 없다."[4]

소소는 자기 서클에서 원기왕성하게 강연하고 선동했다. "우리는 왜 가난한가?" 그는 노동자들의 술집에서 열린 소규모 집회에서 물었다. "우리에게는 왜 선거권이 없는가? 우리의 삶은 어떻게 변화되어야 하는가?" 마르크스주의와 러시아 사회민주노동당을 따라야 한다는 것이 그의 대답이었다.[5]

노동자들은 존경하는 태도로 이 젊은 설교자의 말을 들었다. 혁명가들 중에 신학생 출신이 많고, 신앙심이 깊은 농민 출신의 노동자가 많았던 것도 우연의 일치가 아니다. 어떤 사람은 나중에 소소를 '사제'라는 별명으로 불렀다. "그것은 신성한 투쟁이다"라고 트빌리시의 선동가 미하일 칼리닌은 설명했다. 또 다른 도시에서 선동활동을 벌이던 트로츠키는 노동자들 가운데 그 운동이 초기 기독교도들의 운동과 비슷하다고 생각하는 사람들이 많았고, 무신론자가 되어야 한다는 사실을 가르쳐야 했던 일을 기억했다.

"'위원회committee'라는 단어가 요즘은 지루하게 들릴 수도 있겠지만, 당시 위원회와 당이라는 단어는 유혹적인 선율처럼… 젊은이들의 귀를 매혹했다"고 트로츠키는 썼다. "당시는 열여덟 살에서 서른 살 사이의 사람들이 활약하던 시절이었다. 거기에 가담한 사람은 모두 감옥과 유형이 자신을 기다리고 있음을 알고 있었다. 얼마나 오래 버티는가 하는 것은 명예가 걸린 문제였다."

명분의 신성함을 믿었던 소소 역시 곧 자신의 첫 번째 성공을 달성하게 된다.[6]

1900년 5월 1일, 소소는 그답게 빈틈없는 보안 능력을 발휘하여 비밀스럽고 중대한 미사 모임을 조직했다. 노동절인 5월 1일, 즉 마이에프카Maievka는 사회주의의 크리스마스였다. 비밀경찰은 라도를 체포하려고 했지만 그는 카스피 해 연안의 원유 도시인 바쿠로 잽싸게 도망쳤다. 스탈린이 라도의 역할을 떠맡았다.

전날 저녁, 지시와 암호가 시달되었다. 밤이 되자 노동자와 활동가 500명이 트빌리시 외곽의 언덕 지역으로 향했고, 거기서 피켓을 들고 등불을 흔드는 리더들을 만나 새로운 암호와 경로를 전달받았다. 모임에서 그들은 '라마르세예즈La Marseillaise(프랑스혁명 때 루제 드 릴이 작사 작곡했으며, 1795년 프랑스 국가로 인정되었다-옮긴이)'를 불렀다. 그런 다음, 스탈린과 다른 연사들이 바위 위에 올라섰다. 소소는 대규모의 군중 앞에서 최초의 연설을 하여 파업 행동을 열정적으로 고무했지만, 조르다니아와 사회민주주의 비밀결사 메사메 다시Mesame Dasi(제3그룹)는 이에 반대했다.

소소와 그의 급진파가 승리했다. 철도 차고 및 아델하노프 구두공장도 조업을 중단했다. 베소는 그때까지도 거기서 일하고 있었다.

"네가 여기 왜 왔느냐?" 그는 아들이 찾아온 것을 못마땅해하면서 이렇게 물었다.

"이 사람들과 이야기할 게 있어서요." 소소는 대답했다.

"넌 왜 일을 배우지 않지?" 그것이 기록상 남은 그들의 마지막 만남이었다. 베소는 일자리를 잃었고, 노숙자가 되어 알코올중독과 빈곤과 절망의 물결에 이리저리 휩쓸리다가 사라졌다.

이제 최초로 비밀경찰은 훨씬 더 나이가 많고 레닌과 직접 아는 사이이던 빅토르 쿠르나토프스키Victor Kurnatovsky, 교장을 때린 일로 유명한 전설적인 실바 지블라제와 함께 소소 주가시빌리의 이름을 파업 지도자로 기록에 올렸다. 스탈린은 자신의 표시를 남겼다.[7]

비밀경찰의 감시는 있었지만, 풍요로운 밤 생활과 분주한 거리 카페가 있는 트빌리시에서의 삶은 여전히 나른하고 매혹적이고 소박했다. 혁명가들은 거의 학생 때와 같은 삶을 즐겼다. "그들은 저녁 시간을 큰 소리로 토론하고 독서하고 끝없이 대화하며 보냈다. 간혹 기타를 연주하고 노래도 불렀다." 숙련된 전기기사이자 마르크스주의 선동가로서, 트빌리시 철도 차고에서 스탈린과 함께 활약한 세르게이의 딸인 안나 알릴루예바는 이렇게 회고한다. 트빌리시는 이웃집의 발코니 사이로 입소문이 전달되는 '발코니 통신'을 통해 소식이 빨리 소통되는 친밀한 도시였다.

스탈린은 이제 막 시작하는 시점에 있었지만 이미 동지들을 주인공, 추종자, 적으로 분류했다. 먼저 그는 새 멘토를 찾아냈다. 바로 붉은 공작 알렉산드르 '사샤' 출루키제Alexander 'Sasha' Tsulukidze로, 키가 크고 잘생긴 젊은이였다. 서구식으로 맵시 있게 옷을 입고 다니는 그는 소소의 다른 영웅인 라도의 친구였다. 두 사람 모두 스탈린보다 더 상위 계급 출신이었다. 라도는 사제의 아들이었고 붉은 공작의 아버지는 그루지야에서도 가장 부유한 귀족 중의 하나였다. 어머니인 올림피아다 세르바시제 공비의 가문은 압하지야를 다스렸다.* 스탈린은 라도와 사샤 공작의 "경이롭고 탁월한 재능"을 찬양했으며, 두 사람은 그가 감히 질투할 수 있는 수준을 넘어선 존재였다. 둘 다 일찌감치 죽었기 때문이었다. 스탈린의 진짜 영웅은 오직 한 명, 그 자신뿐이었다. 도전적이고 독자적이고 이기적인 생애에서, 그의 영웅에 가장 근접한 인물은 오로지 라도와 사샤 공작과 레닌뿐이었다. 그는 자신이 그들의 '사도'였다

---

*제정 러시아에서 상인계급과 중간계급은 정계에 들어갈 수 없었기 때문에, 혁명가들에게 공감할 때가 많았다. 하지만 그루지야에서 그들은 지역적인 애국심의 역할, 그리고 최고위층 귀족에 이르는 씨족 간의 네트워크에 기대해볼 수 있었다. 세르바시제 일가는 페테르부르크의 최고위층 궁정신하가 될 수 있었지만 압하지야에 있는 그들의 영지에서는 혁명가들과의 관계를 즐기고 있었다. 기오르기 세르바시제 공작은 알렉산드르 3세의 미망인이자 니콜라이 2세의 어머니인 섭정태후 마리야 표도로프나가 거느리는 궁정의 수상이었다. 혁명이 일어난 뒤 1930년대까지, 소련 내에 남아 있던 세르바시제 일가는 지역의 볼셰비키 지도자이자 스탈린의 가까운 부하인 네스토르 라코바의 보호를 받았다.

고 말했다.[8]

스탈린은 이미 신학교에서 쫓겨난 급진파 소년들 중에서 자신만의 작은 신하 부대를 거느리고 있었다. 1901년에 40명이 더 퇴학당했고 그중에는 성상에 오줌을 눈 (스탈린의 예전 제자) 엘리사베다시빌리와 그의 친구 알렉산드르 '알료샤' 스바니제가 있었다. 이들은 예레반 광장 바로 근처인 솔로라키 가에 아파트를 빌렸다. 그곳에서 스탈린은 자기 그룹들에게 교습을 하고, 300권에 달하는 독서 목록을 내주었다. "그는 그냥 책을 읽기만 하는 게 아니라 집어삼켰다"고 엘리사베다시빌리가 말했다. 높은 신분의 사람들에게 연줄이 닿는 고상한 분위기에다 예쁜 누이 셋이 있었던 알료샤 스바니제는 나중에 스탈린의 처남이 되고, 대숙청 때까지 가까운 동료로 지내게 된다. 하지만 스탈린이 그의 누이들을 만나기까지는 아직 시간이 더 지나야 했다.

고리에서 이제 막 도착한 다른 제자는 반쯤 정신병자인 세미온 테르-페트로시안이었다. 이제 곧 '카모'라고 알려지게 되는 열아홉의 세미온은 어린 시절을 거리에서 싸우고, "과일을 훔치고, 가장 좋아하는 권투를 하면서" 보냈다. 그는 "뭔가를 좀 배워보기 위해" 스바니제의 아파트 주변을 맴돌았지만, 사실 군대 장교가 되고 싶어 했다. 그의 전제적인 아버지는 "무일푼의 무용지물" 스탈린과 어울린다고 그를 마구 야단쳤다. 하지만 1901년에 파산한 후 그 아버지는 아들을 더는 통제할 수 없게 되었다. "스탈린이 내 가정교사였다. 그가 내게 문학을 가르쳤고 책을 주었다. 난 졸라의 《제르미날》을 정말 좋아했다!" 스탈린은 "그를 자석처럼 끌어당겼다."

하지만 스탈린은 교사로서 참을성이 많은 편은 아니었다. 테르-페트로시안이 러시아어와 마르크스사상을 공부하느라 끙끙대고 있으면 스탈린은 자신의 또 다른 숭배자인 바르도얀Vardoyan에게 그를 가르치라고 지시했다. "소소는 내가 카모에게 러시아어 문법을 가르치는 동안 누워서 책을 읽었다"고 바르도얀은 기억한다. "하지만 카모는 지적 능력이 낮았고 코무komu(목적격인 '누구에게')라고 해야 할 부분에서 자꾸 카모kamo라고 말하곤 했다." 스탈린은 "짜증이 나서 벌떡 일어났지만 곧 웃어버렸다. '카모가 아니라 코무라고! 기억을 좀 해, 이 자식아!'

항상 부하들에게 별명 붙이기를 좋아했던 소소는 그 뒤로 테르-페트로시안을 '카모'라고 불렀다." 바르도얀은 말한다. 그 별명은 카모에게 평생 붙어 다녔다. 카모는 언어 때문에 힘겨워했지만 마르크스주의에 완전히 매혹당했고 스탈린에게 흠뻑 빠졌다. "이제는 그냥 더 많이 읽어!" 스탈린은 그에게 가르쳤다. "넌 그냥 장교가 되는 것도 좋을지 몰라. 하지만 포기하고 뭔가 다른 일을 하는 게 더 나을걸." 스탈린은 프랑켄슈타인 박사처럼 카모를 길들여 자신의 행동대장이자 살인자로 삼았다.

"소소는 처음부터 철학적 음모가였다. 우리는 그에게서 음모를 배웠다"고 바르도얀은 말한다. "나는 그가 말하고 웃는 방식, 그의 버릇에 중독되었다. 난 나도 모르는 새에, 원하지 않는데도 그를 따라하고 있었다. 친구들은 날 소소의 녹음기라 불렀다."9

그런데도 소소는 절대로 자유방임적인 그루지야인은 아니었다. 그 당시에도 "그는 매우 특이하고 수수께끼 같은 남자였다"고 이 무렵 그를 만난 젊은 사회주의자인 다비드 사기라시빌리는 설명한다. 사기라시빌리는 "여위고, 얽은 자국이 있고, 옷은 되는 대로 대충 입고, 큰 책꾸러미를 지고 트빌리시 시내를 걸어가던 그를 눈여겨보았다."

스탈린은 알료샤 스바니제가 연 야단스러운 파티에 참석했다. 그곳의 사람들은 멜론주스와 브랜디를 섞은 칵테일을 마셨고, 정신없이 술에 취했다. 그런데도 소소는 베란다의 소파에 드러누워 아무 말없이 책을 읽으면서 메모를 하고 있었다. 사람들은 그를 찾기 시작했다. "그는 어디 있어?"

"소소는 책을 읽고 있어." 알료샤 스바니제가 대답했다.

"무얼 읽고 있는데?" 친구들이 놀리듯 물었다.

"나폴레옹 보나파르트의 회고록." 소소는 대답했다. "그가 어떤 착오를 범했는지 보면 정말 놀라워. 난 그런 착오에 대해 메모를 하고 있지!" 술에 취한 신사계급 출신자들은 조급하고 어색한 걸음걸이 때문에 쿤쿨라Kunkula(뒤뚱거리는 사람)라는 별명이 붙은 이 제화공의 독학자 아들의 말에 발작하며 웃어댔다.[10] 하지만 스탈린이나 라도, 사샤 공작 같은 진지한 혁명가들은 술을 마시느라 시간을 허비하지 않았다.

그루지야는 혁명적 "이념이 부글거리는 상태"였다. 열정으로 타올랐던 젊은 이념가들은 "밤늦게 친구들과 돌아왔다"고 안나 알릴루예바가 설명한다. "그들은 테이블에 앉았다. 누군가가 책을 펼쳐 큰 소리로 읽기 시작한다." 그들이 읽는 것은 모두 똑같았다. 바로 레닌이 펴낸 신문 〈이스크라Iskra〉(불꽃)였다. 그것은 아주 작은 규모의 군사적 엘리트가 지도하는 당이라는 비전을 선전했다.

이런 새로운 혁명가 모델은 스탈린 같은 젊은 열성분자들에게 전기 자극처럼 충격적으로 다가왔다. 스탈린은 더는 광범위한 노동자 그룹을 유도하는 아마추어 신사가 되고 싶어 하지 않았고, 잔혹한 전문가, 무자비한 파벌의 지도자가 되기로 결심했다. 외부의 적만이 아니라 내부에 대해서도 격렬한 전투를 벌일 때 항상 가장 행복해했던 소소는 아직 스물두 살밖에 안 되었지만, 조르다니아와 지블라제와 절연하고, 트빌리시 사회민주노동당을 자신의 의지대로 끌고 가기로 결심했다. "그는 잔혹하게 말했다." 라즈덴 아르세니제가 전한다. 온건한 마르크스주의자인 아르세니제는 스탈린에게서 "에너지가 뿜어 나왔고, 그의 말은 날것 그대로의 힘과 단호함으로 충만했다. 걸핏하면 비꼬는 투로 말하는 그의 잔인한 재치는 채찍을 내리치는 것처럼 극단적일 때가 많았다"고 인정했다. 그의 "분개한" 청중들이 항의하면 그는 "그런 것이 프롤레타리아의 언어라고 설명하면서 사과했다." 프롤레타리아는 "퉁명스럽게 말하지만 항상 진실을 말한다"는 것이다.

비밀경찰과 노동자들은 이 전직 신학생을 "지식인"으로 여겼지만, 갈피를 못 잡고 있던 온건파들에게 그는 "트빌리시에서의 사회민주노동당 조직의 지도부에 대항하여 적대적이고 분열적인 선동을 감행하고" "혼란을 조장하는 젊은 동지"였다. 다브리셰비의 말에 따르면, 그들은 소소를 공개적으로 "무식하고 뻔뻔스럽다"고 조롱했다. 지블라제는 "우리는 그에게 국가에 대항하여 선동하라고 조직을 주었는데, 그는 그 조직을 선동하여 우리에게 맞섰다"고 투덜댔다.[11]

스탈린과 그의 멘토와 추종자들은 여전히 "쿠라 강둑 위에서 아카시아 향기를 맡으며, 매점 주인이 부어주는 싸구려 포도주를 마시면서" 만났다. 하지만 스탈린의 파업이 성공을 거두자 경찰의 관심이 집중되었다. 비밀경찰은 그들이 1901년 노동절 시위를 조직하기 전에 운동을 진압하기로 결정했다. 헌병대는 혁명가들의 지도자 스탈린에 관한 정보를 분석하여 그가 가진 음모의 재능에 즉각 주목했다. "그는 철도 노동자 무리를 이끄는 지식인이다. 외부에서 관찰한 바에 의하면 그는 매우 경계심이 높다. 걸어갈 때는 항상 뒤를 살펴본다." 그는 항상 붙잡기 힘든 사람이었다.[12]

1901년 3월 21일에서 22일로 넘어가는 밤중에 비밀경찰 오흐라나는 그 지도부인 쿠르나토프스키와 마하라제를 붙잡았다.* 그들은 기상관측소를 포위하여 스탈린을 잡으려고 했는데, 그때 그는 전차로 돌아오는 중이었다. 갑자기 그는 전차 창문으로 관측소를 둘러싸고 있는 사복 입은 비밀경찰들을 발견했고, 훈련된 태연함을 눈치챘다. 미국 영화에서 흔히 쉽게 눈에 띄는 형사의 태도 같은 것 말이다. 그는 전차에서 내리지 않고 그대로 계속 갔다가 나중에 정찰하러 돌아왔지만, 다시는 그

---

*당시 그루지아에 있던 러시아 혁명가들 중에서 가장 중요한 인물은 키가 크고 등이 구부정하고 머리가 벗겨진 빅토르 쿠르나토프스키였다. 그는 레닌과 함께 시베리아에서 유형 생활을 했으며, 취리히에서 플레하노프도 만났다. 가장 활동적인 혁명가들 중에는 캅카스인이 아닌 러시아인이 많았다. 철도 차고에서 세르게이 알릴루예프는 붙임성이 있고 빨간 수염을 기른 미하일 칼리닌의 도움을 받았다. 칼리닌 역시 농민 출신의 철도 노동자로서, 소소는 곧 그를 만나게 된다. 그는 스탈린이 다스리는 나라의 수장으로 오래 봉직했다. 다른 지도부는 그루지야인인 조르다니아, 지블라제, 미하 츠하카야, 필리프 마하라제였는데, 모두 1892년 제3그룹의 설립자들이었다.

곳에서 살 수 없게 되었다.

그 기습은 그의 운명을 바꾸었다. 설사 그가 정상적인 생활을 하고 싶은 열망이 있었다 하더라도 그 열망은 여기서 끝장났다. 교사가 되려는 생각도 한동안 저울질해보았다. 가정교사 일을 하여(대개는 제자들을 마르크스주의자로 전환시키려고 했지만) 한 시간당 10코펙씩 받으면서 여분의 돈을 마련하는 것이다. 하지만 그것도 이제 모두 끝났다. 그 이후 그는 다른 사람들의 도움으로 생계를 유지했다. 친구들이나 동조자들, 그리고 당이 박애주의적 혁명가의 임무를 수행하기 위한 자금을 대주기를 기대한 것이다. 그는 즉각 트로츠키가 "혁명적 음모라는 매우 심각한 게임"이라 부른 것에 돌입했다. 이것은 그 자체의 특별한 관습과 까다로운 에티켓과 잔혹한 규칙을 가진 테러리스트들의 혼탁한 어둠의 세계다.

이 비밀의 세계에 들어가면서 소소는 공격적인 노동절 시위 계획을 세우고 이를 추진했다.

캅카스의 총독인 골리친 공작은 최종결전을 위해 코사크와 용기병龍騎兵, 포병대와 보병대를 트빌리시로 진군시켰다. 병사들은 광장에서 천막을 치고 지냈다. 1901년 4월 22일 일요일 오전, 3,000명가량의 노동자와 혁명가들이 솔저스 바자르 외곽에 모여들었다. 카자크 부대는 다른 의도가 있었지만, 소소는 이에 대비하고 있었다. 세르게이 알릴루예프는 활동가들이 "계절에 맞지 않게 무거운 외투와 캅카스식 양가죽 모자"를 쓰고 있는 것을 알아차렸다. 왜 그렇게 입었는지 물어보자 한 동지가 대답했다. "소소의 지시야."

"왜?"

"우리가 카자크들의 채찍을 가장 먼저 맞게 될 거라는군."

정말로 카자크들은 골로빈스키 대로를 따라 마당이 있는 곳마다 대기하고 있었다. 정오가 되자 병영의 대포가 울렸다. 시위자들은 골로빈스키 대로를 따라 올라가서 예레반 광장에 이르렀다. 그곳에서는 신학생들이 '라마르세예즈'와 '바르샤바의 여인Warszawianka(1917년 러시아의 볼셰비키 혁명을 일으킨 레닌이 가장 즐겨 부른 노래였다. 이후에는 공산주의운동이 진행되는 어느 나라에서든 '인터내셔널가Internacionale'와 함께 가장 많이 불리는 노래가 되었다. 항일무장투쟁 시기에 우리 독립군들도 이 노래를 '최후의 결전'이라는 제목으로 불렀고, 에스파냐 내전 때 공화파 민병대원들이 '바리케이드를 향하여A Las Barricadas'라는 제목으로 불렀는데 영국의 좌파 영화감독 켄 로치Ken Loach가 에스파냐내전을 그린 영화 〈토지와 자유Land and Freedom〉에서 들을 수 있다-옮긴이)을 부르면서 그들을 만나게 되어 있었다. 카자크들은 전력 질주하여 그들에게 달려들었고, 검을 뽑아 들었으며, 사람을 죽일 수 있는 묵직한 나가이카 채찍을 휘둘러댔다. 파라오들, 즉 경찰들이 앞으로 나왔고 검이 칼집에서 뽑혀 나왔다. 카자크들은 세 사람 이상 있는 곳마다 달려들면서 대로를 따라 45분간의 "필사적인 교전"이 열띠게 벌어졌다. "독재를 끌어내리라"고 선언하는 붉은 깃발이 손에서 손으로 옮겨졌다. 노동자 14명이 중상을 입었고 50명이 체포되었다. 트빌리시에 계엄령이 선포되었다.[13]

이것은 스탈린의 첫 번째 성공이었다. 온건파인 조르다니아가 체포되고 1년간 수감되어 있는 동안 그의 신문 〈크발리〉는 폐쇄되었다. 하지만 스탈린은 그저 며칠간 고리로 달아나 있었을 뿐이었다. 조르다니아가 이 젊은 열성분자를 혐오한 것도 무리가 아니다. 하지만 스탈린은 이제 막 시작했을 뿐이다. 그와 동지들은 곧 "공개적인 투쟁"을 강화하려고 열심이었다. 설사 그렇게 하기 위해 "강물 같은 피"를 흘려야 한다 해도 말이다.

이런 젊은 급진파들은 트빌리시의 헌병대 부부대장인 라브로프 대위를 살해하자고 논의했다. 그러나 실제 행동은 철도 감독인 베데네프가 열성적으로 스탈린의 파업에 저항한 철도 차고에서 벌어졌다.

스탈린은 이제 또 다른 공범인 스테판 샤우미안Stepan Shaumian을 만났다. 샤우미안은 부유한 아르메니아 사업가의 아들로 교육 수준이 높았다. 그는 캅카스의 귀족정치가들과 가까운 연줄을 맺고 있었고, 그 도시 최고의 부자인 원유 재벌 만타셰프의 자녀들의 가정교사였으며, 최고 정유회사 회장의 딸과 곧 결혼할 예정이었다.

"키가 크고 신체가 건장했으며 얼굴빛이 창백하고 눈빛이 하늘색인 매우 잘생긴 남자" 샤우미안은 베데네프의 문제를 처리하는 일을 도왔다. 그 철도 감독이 자기 사무실에 앉아 있을 때 창문 너머에서 발사된 권총이 그의 심장을 꿰뚫었다.

잡힌 사람은 아무도 없었다.[14] 허무주의자nihilist인 네차예프Nechaev의 널리 읽힌 저서 《혁명가들의 문답서Revolutionary Catechism》에 따르면 이 총격은 "가족, 친구, 사랑, 감사, 심지어 명예 등의 부드러운 감정이 혁명과업을 향한 유일한 열정 앞에 반드시 짓밟혀야 하는" 새로운 시대의 출발점이었다. 비도덕적인, 혹은 도덕성을 결여한 법칙은 양편 모두에게서 콘스피라치아, 즉 도스토옙스키의 소설 《악령》에서 너무나 생생하게 그려진 "전혀 딴 세상"으로 묘사되었다. 콘스피라치아에 대해 알지 못하면 소련이라는 나라 자체를 이해하는 것이 불가능하다. 스탈린은 이 세계를 한 번도 떠난 적이 없었다. 콘스피라치아는 그의 소비에트 국가를, 그리고 그의 정신상태를 지배하는 정신이 되었다.

그 이후 스탈린은 대부분 벨트에 권총을 차고 다녔다. 비밀경찰과 혁명적 테러리스트들은 이제 러시아 제국을 놓고 겨루는 직업적 비밀 투사가 되었다.*

---

*지하로 들어간다는 것은 스탈린 역시 1901년에 나온 징병을 피했음을 뜻했다. 1913년에 마지막으로 체포되었을 때 그는 경찰에게 "1901년에 가족 관련 사유로 인해 징병을 면제받았다"고 말했다. 고리의 경찰국장 다브리셰비의 아들의 회고록에 의하면, 다브리셰비는 스탈린이 국방의무를 피할 수 있도록 서류 작성을 도와주었다고 한다. 아마 스탈린 가족의 생활고를 이야기하고, 그의 생일을 한 해 늦은 1879년 12월 21일로 옮기는 방법을 썼을 것이다. 스탈린은 1916년까지는 징병에 대해 걱정하지 않았다.

9장
★★
스탈린, 지하로 들어가다: 콘스피라치아

바로 그 무렵, 고리의 신부 아들인 코테 차르크비아니는 트빌리시의 뒷길에서 한 도로청소부와 다투고 있었는데, 귀에 익은 음성이 들려왔다. "그를 때려눕혀, 코테. 겁내지 말고. 그는 헌병을 졸졸 따라다니는 길거리 사냥개야!" 그것은 거의 본능적으로 배신자와 첩자를 가려낼 줄 알았던 소소의 목소리였다. 그는 얼쩡거리며 잡담할 시간이 없었다. 비밀경찰이 그를 쫓고 있었다.

그러다 "그는 구부러진 좁은 길로 사라졌다." 하지만 음모의 본능은 이 같은 안개와 거울과 그림자의 게임에서 필수적인 자질이었다. 악역들은 친밀하고 처절하고 부도덕한 품에 붙들려 꼼짝 못했고, 그 품 안에서 첩자, 이중첩자, 삼중첩자들이 약속했다가 배신하고 편을 바꾸고 또다시 배신했다.

1870년대의 반항자는 중산계급의 인민주의자인 나로드니키였다. 이들은 순수한 농민층이 자유주의의 미래를 짊어지기를 기대했다. 나로드니키의 한 파벌이 테러리스트 집단인 토지와 자유당으로 발전했고, 나중에는 차르 알렉산드르 2세를 암살하면 혁명이 달성될 것이라고 믿는 인민의 의지당으로 발전했다.

인민의 의지당은 당시 철학자 네차예프의 이념을 받아들였다. 네차예프가 쓴 부도덕한 《혁명가들의 문답서》는 레닌과 스탈린을 낳았다. 그는 경찰을 "가장 고통스러운 방식으로 죽임으로써… 이 강도들의 세계를 재편성하여 눈에 보이지 않는 파괴적 힘을 만들라"고 제안했다. 아나키스트인 바쿠닌도 그들처럼 "허세 부리는 강도의 세상"의 고삐를 제어하여 혁명으로 나아가게 하는 꿈을 품었다. 레닌은 인민의 의지당에서 훈련된 조직, 완전한 헌신, 갱단 같은 잔혹함의 이념을 차용했다. 스탈린은 이런 자질의 화신이었다.

쥐잡기 게임을 벌이는 테러리스트들을 상대하던 알렉산드르 2세는 테러리스트들만큼 복잡한 현대적인 보안서비스를 만들기 시작했다. 그는 자기 아버지 휘하의 제3부문Third Section을 재조직하여 사복 비밀경찰인 '질서와 사회 안전을 보호하는 부서'를 편성했다. 이 부서는 곧 '오흐라나'라는 약칭으로 불리게 되었다. 하지만 사실 개혁이 시행되는 동안 줄곧 인민의 의지당은 그 부서 내에 첩자를 두고 있었다. 경찰은 테러리스트들을 사냥했지만 너무 늦었다. 1881년에 인민의 의지당은 목표물을 손에 넣었다. 상트페테르부르크의 길거리에서 알렉산드르 2세를 살해한 것이다.

그의 계승자인 알렉산드르 3세는 스탈린이 알고 있는 이중 체제를 창설했다. 오흐라나와 특권적인 준군사적 조직인 헌병대는 차르의 눈과 귀가 되어, 흰색 끝단을 댄 아름다운 푸른색 제복을 입고 장화를 신고 검을 찬 채로 각자의 정보업무를 수행했다.

페테르부르크 모이카 강가의 폰탄카 가 16번지에 있는 우아한 본부 건물에서 오흐라나의 특별부서는 테러리스트 그룹들의 미로 같은 관계를 여러 색깔로 분류하여 표시한 차트와 파일을 꼼꼼하게 대조했다. 그들의 '검은 사무국bureaux noirs'은 서신검열제perlustratsia를 실시했다. 1882년경에는 연간 38만 통의 서신이 개봉되어 검열되었다.* 그들은 유럽에서도 불길한 전제정치의 도구라는 평판이 높았지만, 그래도 그 잔혹한 능력 면에서는 스탈린 시대의 엔카베데는 물론 레닌 시대의 체카Cheka 근처에도 가지 못했다. 그들이 사용한 무기는 세 가지였다. 교수형은 별로 시행되지 않았고, 로마노프 왕가와 장관들을 암살하는 자들에게만 실시되었는데, 한 가지 결정적인 결과를 낳았다. 반차르 음모를 거의 성공시킬 뻔했던 청년 알렉산드르 울리야노프Alexander Ulyanov를 처형함으로써 그의 동생인 레닌을 급진파로 만드는 데 기여한 것이다. 다음은 카토르가katorga, 즉 노역苦役이었는데, 이것 역시 별로 흔치는 않았다. 가장 흔한 처벌법은 '행정적 유형'으로, 길게는 5년까지 내려졌다.

콘스피라치아 운영자인 모스크바 오흐라나의 수장 주바토프Zubatov는 새로운 감시 시스템을 만들어냈다. 그는 탐정도 고용했지만 진짜 도구는 아젠투라agentura, 즉 '외부 첩자'였다. 혁명가들의 용어로 하면 시피크

---

*내무부 장관 플레베가 1904년에 암살되자, 그의 경찰총수인 로푸힌은 죽은 이의 금고에서 자신의 사적인 편지 40통을 발견했다. 장관은 자신의 경찰수장까지도 검열하고 있던 것이다.

shpik, 즉 스파이인 이들은 스탈린 같은 인물을 따라다니는 임무를 맡았다. 오흐라나의 가장 효과적인 전술은 프로보카치아provocatsia, 즉 내부에 심어둔 요원들의 도발이었다. 주바토프는, 비밀경찰이 이런 도발하는 비밀요원을 "불륜관계를 맺고 있는 애인"처럼 다루어야 한다고 설명했다. "그들을 아주 귀중한 존재처럼 보살펴주어라. 한 번이라도 조심성 없이 행동하면 그녀에게 모욕을 주는 게 된다. 네 정보원의 이름을 절대 아무에게도 알리면 안 된다. 네 상사에게도 알리지 마라. 그의 이름은 잊어버리고 가명만 기억하라." 위험도는 매우 높았다. 우리 편의 도발자는 다른 편에서 보면 배신자이니, 그들은 죽음 앞에 서 있는 존재다.

종종 거액을 대가로 받는 이들 이중첩자는 혁명가 조직의 내부 생활에 침투할 뿐 아니라 그들을 지도하는 경우도 있다. 오흐라나는 그들 나름의 혁명가 그룹과 노조를 결성하기까지 했다. 그들의 존재 자체가 혁명가들 사이에서 살인적인 의심과 광기의 열기를 촉발하기 위해 계획된 것이었다. 스탈린 시대 소련에서 자행된 광적인 대숙청은 그런 도발이 얼마나 성공적이었는지를 보여주는 예다. 하지만 콘스피라치아는 테러리스트들에게도 그렇지만 당국에게도 똑같이 위험할 수 있다.*

---

*1880년대에 페테르부르크 오흐라나의 G.P. 수데이킨 대령은 인민의 의지당의 데가예프라는 젊은 테러리스트를 첩자로 육성했다. 이는 그 경찰이 '러시아 혁명의 대가'가 될 수 있게 해준 성공작이었다. 하지만 여기에는 대가가 있었다. 대령은 자신의 이중첩자를 은폐하기 위해 살인을 지시하지 않을 수 없었다. 그러다가 1883년에 데가예프가 회의를 구실로 그를 불러내 살해했다. 데가예프는 결국 종적을 감추었다. 오랜 세월이 지난 뒤 미국 중서부의 한 작은 대학교에 재직한 수학 교수가 바로 데가예프임이 밝혀졌다. 이는 리처드 파이프스Richard Pipes의 《데가예프 사건Degaev Affair》에 잘 서술되어 있는 이야기다. 그런 전술은 항상 생사를 건 도박이 된다. 오늘날에는 아프가니스탄의 무자헤딘을 훈련

러시아는 이 같은 대테러전쟁에서 음모의 전성기를 맞았다. 오흐라나는 사회민주노동당과 아르메니아 민족주의자인 다시나크Dashnaks, 그리고 그루지야 사회연방주의자들만이 아니라 러시아의 가장 지독한 테러리스트이며 포퓰리스트 사회주의자인 사회주의자혁명가당도 상대해야 했다. 이중첩자가 직면하는 위험을 잘 보여주는 최고 사례를 들어보자. 오흐라나는 사회주의자혁명가당 전투여단의 우두머리이며 사실상 자살폭탄조를 운용한 에바노 아제프Evano Azef를 끌어들였다. 1902년에서 1905년 사이에 아제프는 엄청난 거액을 받고 내무부 장관 두 명과 대공 한 명을 암살했다.

하지만 전체적으로 오흐라나-헌병대의 경쟁과 관료주의에서 혼란이 생겨났음에도 비밀경찰은 놀랄 만큼 교묘하고 성공적으로 혁명가들에게 침투하여 그들을 탄압했다. 그들은 당대 최고의 비밀정보원들이었다.* 실제로 레닌은 "가장 완벽한 음모의 기술을 가진 비밀경찰로서 고도로 훈련되고 경험 많은 소수의 직업적 전문가들"을 조직하기 위해 오흐라나를 모방했다.

시켜 소련과 싸우게 했던 미국 정보관과, 이슬람 급진파를 지원하여 서안 지역에서 팔레스타인해방기구PLO를 상대하게 만드는 이스라엘 정보관들은 자신들의 조직이 각각 지하드주의의 알카에다와 하마스로 변신했을 때 이와 비슷한 진리를 깨달아야 했다.
*오흐라나는 사회주의자혁명가당 암살자들의 독창성을 무시할 수 없었다. 알카에다와 9·11 테러의 예시에서 보듯, 비행기의 성공은 이 새 기계를 무기로 활용할 가능성을 열어주었다. 사회주의자혁명가당 테러리스트들은 다이너마이트를 가득 채운 복엽기를 날려 겨울궁전을 습격할 계획을 구상했다. 그래서 오흐라나는 1909년에 모든 비행을 감시하고, 비행술을 배우는 사람들과 비행클럽의 모든 회원을 감시하도록 지시했다. 21세기의 FBI와 CIA의 영역을 뛰어넘는 범죄를 이미 1909년에 감시할 만큼 상상력이 풍부했다는 것은 오흐라나의 우수성을 말해주는 표시다.

스탈린이 바로 그런 사람이었다. 그는 '전혀 딴 세상(콘스피라치아)'에서 자연스럽게 살 수 있었다. 캅카스에서는 그 게임을 이해하기가 더 힘들었다. 그루지야적인 성장은 테러리스트-갱단을 위한 이상적인 훈련 방식이었다. 가족과 친구들에 대한 신성한 충성심, 싸움 기술, 개인적인 허장성세, 복수의 기술, 이 모든 것이 고리의 뒷골목에서 스탈린에게 각인되어 들어가 있었다. 캅카스의 비밀경찰은 더 난폭했지만 매수되기도 더욱 쉬웠다. 스탈린은 그들을 부패시키고 경찰의 첩자를 식별하는 데 무서울 정도로 능숙해졌다.[1]

스탈린에게는 오흐라나의 스파이가 항상 따라다녔지만 스탈린은 그를 따돌리는 데 전문가가 되었다. "저런 멍청이들." 그는 또 한 번 트빌리시의 뒷길에서 뱀처럼 그들을 따돌린 뒤 이렇게 비웃었다. "저자들이 제대로 일하도록 우리가 가르쳐줘야 하는 거야?"[2] 그는 노동절 소동이 있은 뒤로 체포되지 않고 계속 무사했지만, 거의 잡힐 뻔한 적은 있었다. 한번은 불법 서점에서 그루지야 노래를 부르고 있었는데 경찰이 그 장소를 포위했다. 그는 '얼간이 경찰들' 바로 곁을 지나 걸어갔다. 또 한번은 혁명가들이 회의를 하고 있는데 경찰이 그 집을 에워쌌다. 하지만 스탈린과 친구들은 덧신도 신지 않은 채 창문을 뛰어넘어 비를 맞으며 폭소를 터뜨리면서 달아났다.[3]

그는 이름을 바꾸었다. 이 무렵 그가 쓰던 가명은 다비드였다. 그리고 적어도 여섯 군데의 다른 집에서 잠을 잤다. 친구인 미하 보쇼리제의 집에 묵고 있었을 때 경찰이 그 집을 기습했다(트빌리시 은행 강도를 벌인 뒤 카모는 이곳에 돈을 숨겨둔다). 스탈린은 담요와 붕대를 감고 자리에 누워 병든 세입자 행세를 했다. 경찰은 그 집을 수색했지만 병자에 대해서는 아무런 지시를 받지 못했으므로 장교에게 문의하러 갔다. '병자'를 체포하러 그들이 돌아와 보니 어느새 병자는 신속하게 회복하여 달아나버렸다.[4]

탈출과 모임 사이사이에 스탈린은 낭만적이고 묵시록적인 교리문답서 스타일로 첫 번째 기사를 쓰느라 분주했다. 라도는 모래빛깔 머리칼의, 다정한 과거의 신학생이자 바람둥이인 아벨 예누키제와 한 팀을 이루어 급진파 신문인 〈브르졸라Brdzola〉(투쟁)를 창간하기 위해 준비했으며, 바쿠의 불법적 인쇄소에서 신문을 인쇄했다.[5]

경찰 스파이들은 그를 쫓아다녔고 가끔은 따라잡기도 했다. 1901년 10월 27일과 28일에 그들은 멜라니 술집에서 "지식인 이오시프 주가시빌리가 모임을 주도한다"고 주장했다.

11월 11일에 그는 스물네 명가량의 마르크스주의자가 참석한 시 단위 회의의 주최자 가운데 하나였다. 여기서 그는 온건파에게 "중상모략자"라고 공격당했다. 그들은 "뻔뻔스러운" 소소에 대한 지블라제의 비난을 모두 알고 있었겠지만, 동시에 그의 에너지, 유능함, 철저함도 인정했다. 직업적 혁명가들의 군사적 파벌이라는 레닌의 비전을 따르는 스탈린은 민간인 노동자를 위원으로 선출하는 데 깃든 위험을 경고했다. 즉 "경찰 첩자가 선출될 수 있다"는 것이었다. 대신 회의는 노동자 넷과 지식인 넷을 위원으로 선출했다.

그의 수많은 적들은 당연히 그를 축출하라고 요구했고, 나중에는 그가 트빌리시에서 쫓겨났다고 주장했다. 그 이후의 역사가들도 항상 이런 희망 섞인 관측을 되풀이해왔다. 다행히 그들보다는 상황을 더 잘 알았고, 그날 보고서를 썼던 헌병대 첩자는 소소가 지식인 위원 가운데 네 번째로 선출되었음을 알려준다. 하지만 아마 이것은 일석이조격인 타협책의 일부였을 것이다. 그는 위원으로 선출되어 생애 최초로 지도부에 들어가게 되었지만, 비밀경찰이 죄어 들어오던 상황에서 '선전 임무'를 맡아 파견됨으로써 '구조'되었다(그리고 그의 동지들은 그의 악랄한 모략으로부터 구조되었다). 파견지는 편리하게도 트빌리시에서 멀리 떨어진 곳이었다.

헌병대는 새로 선출된 위원, 어디에나 있는 스탈린이 1901년 11월 25일에 위원회 회의에 결석했음을 알아차렸다. 그는 T.S. 엘리엇의 붙잡기 힘든 고양이 마카비티처럼 종적을 감추었다.

사실 그는 바투미로 가는 기차에 타고 있었다. 러시아 제국의 격동적인 원유 항구인 그곳에서 그는 피와 불을 확산시킬 참이었다.[6]

10장

★★

바투미 화재, 학살, 체포

소소 동지는 자신의 새로운 무자비한 스타일을 바투미에 열심히 이식시켰다. 그가 번영하는 이 해안도시에 온 지 석 달 이내에 로스차일드 일가의 정유공장에 이유를 알 수 없는 불이 났다. 전투적인 파업이 감옥에 대한 습격으로 이어졌고, 카자크 부대의 학살이 일어났다. 도시에는 마르크스주의자들의 팸플릿이 흘러넘쳤다. 정보원들이 살해되었고, 말이 죽임을 당하고, 공장 관리자들은 총격을 받았다. 소소는 구식 그루지야 혁명가들과 전투를 벌이고 있었고, 비밀경찰이 그를 추적해오는 동안 어느 유부녀와 연애를 하고 있었다.

그는 바투미에서 정식으로 활동을 개시했다. 터키 시장 안의 어느 술집에서 그는 콘스탄틴 칸델라키와 만났다. 칸델라키는 바투미에서 그의 대리인이 될 노동자로서 사회민주노동당원이었다. 그는 칸델라키에게 일련의 회의를 소집하라고 지시했다. "미리 합의된 방식의 노크 소리가 들려 우리는 문을 열었다"고 그 지역 노동자인 포르피로 쿠리제가 썼다. 문을 연 그는 아주 긴 옷을 입고 서 있는 "호리호리하고 활력적인 검은 머리칼의 청년"을 보았다.

"아무도 그의 이름을 몰랐다"고 이 회의가 열린 아파트의 주인 도멘티 바다치코리아는 기록한다. "검은 셔츠와 긴 여름 겉옷을 입고 페도라를 쓴 젊은이였다." 이미 콘스피라치아의 베테랑이며 배신자를 골라내는 자신의 안목을 믿고 있던 스탈린은 바다치코리아에게 "노동자 일곱 명을 회의에 부르라"고 지시했다. 그리고 "그 노동자들을 먼저 보게 해달라고 내게 부탁했다." "초청된 노동자들을 한 명씩 데리고 걸어오는 동안" 그는 창문 곁에 서 있었다. "그는 그들 중 한 명은 부르지 말라고 요청했다. 그는 놀랄 만한 음모가였고, 인간 본성에 대해 잘 알았다. 또 사람을 꿰뚫어볼 수 있었다. 나는 그에게 어떤 남자가 우리와 함께 일하고 싶어 한다고 말했다." 그 남자의 이름은 카르즈히야였다.

"그 작자는 스파이요." 스탈린이 말했다. 잠시 후 "카자크들이 회의 장소에 쳐들어왔을 때 그 남자가 경찰제복을 입고 있는 것을 보았다. 우리는 그를 제거하기로 결정했다. 그는 살해되었다"고 바다치코리아는 이어 말했다. 이것은 스탈린이 배신자의 냄새를 맡고 그를 죽게 만든 최초의 사건이며, 아마 그가 행한 최초의 살인이었을 것이다.* 어쨌

---

*이런 회고록에 나온 날짜는 항상 중요하다. 1936년에 구술된 회고록에서 바다치코리아는 살인을 지시한 것이 스탈린이었다고 암시하는데, 당시 상황을 생각하면 그런 사실을 기록한 것은 순진한 노릇이었다. 한 해 뒤에 벌어질 대숙청 기간이나 그 이후에는 그런 일을 기록한다는 것은 생각도 못할 일이었다. 스탈린이 경찰 스파이를 의심했고 그의 의심이 옳았다는 이야기는 개인숭배에 포함된다. 첩자가 살해되는 이야기는 기록보관소에 있는 원본에만 실려 있으며, 이 책에서 최초로 발표된다.

든 그 이후 그는 "배신이라는 심각한 게임"에서 활동했다. 카르즈히야 같은 배신자는 또 있을 것이다. 하지만 그때에도 그는 '검은 일black work'이라 칭한 일(살인)을 부하들에게 넘겼다.

회의에서 스탈린은 자신이 바투미의 혁명에 새로이 공격적인 정신을 가져왔다고 선언했다. 그런 다음 그는 그곳에 있는 모두에게 "당신들 공장에서 새로 일곱 명을 모으고, 지금 한 말을 그대로 전하라"고 부탁했다.[1] 터키 시장에 있는 페르시아인 알리의 술집에 본부를 차린 소소 동지는 야간 방문과 강연으로 미친 듯이 돌아다녔다. 처음에 그는 유대인 시계제작자인 시모비치의 집에 묵었다가, 다음에는 예전에 강도였다가 지금은 원유 공장의 노동자가 된 실베스트르 롬지하리아의 집에 묵었다. 실베스트르는 동생인 포르피로와 함께 스탈린의 경호원이 되었다.

어느 날 스탈린은 일찍 일어나더니 아무 말없이 사라졌다. 얼마 지나지 않아 칸델라키가 와서는 불안해하면서 그가 돌아오기를 기다렸다.

"오늘 아침에 내가 왜 일찍 일어났는지 짐작이 되나?" 스탈린이 활기차게 물었다. "오늘 난 로스차일드 일가의 원유 공장 창고에 일자리를 얻었어. 일당은 6아바즈(1루블 20코펙)야." 프랑스계 유대인의 왕조, 국제적 자본주의의 권력과 광채와 국제주의의 화신이던 로스차일드 일가는 스탈린만큼 즐거워하지는 않았을 것이고, 자신들이 장래의 국제적 마르크스주의의 최고 제사장을 고용했다는 생각 또한 꿈에도 하지 않았을 것이다. 스탈린은 노래하듯이 "난 로스차일드를 위해 일한다"고 소리치면서 웃기 시작했다.

칸델라키가 농담을 했다. "기대되는데. 로스차일드 일가가 이제 불이 붙듯 번창하겠군!"

스탈린은 아무 말도 하지 않았지만, 그들은 서로를 이해했다. 그는 로스차일드 일가가 틀림없이 불이 붙듯 번창하도록 최선을 다할 것이다.[2]

신년 전야에 소소는 반군의 고위급 인물 서른 명과 함께 회의 겸 파티를 위해 롬지하리아의 집에 모여, 치즈와 소시지, 포도주를 나누어 먹었다. 하지만 그는 과도한 음주는 금지했다. 신과 같으면서도 피를 얼어붙게 하는 그의 연설은 이렇게 마무리되었다. "우리는 죽음을 두려워해서는 안 된다! 해는 떠오른다. 우리의 삶을 희생하자!"

"신은 우리가 편안한 잠자리에서 죽는 걸 금하신다!" 건배의 주동자가 소리쳤다. 스탈린의 공격성에 자극된 노동자들은 환호했다. 비록 바투미의 병원 관리자인 카를로 치헤이제와 교사인 이시도르 라미시빌리 휘하의 온건파 마르크스주의자들은 그렇지 않았지만. 그들은 노동자들을 위한 일요학교를 운영했는데, 스탈린이 보기에 그런 방식은 감상적인 접근이었다. 그는 합법적 활동가들로부터 활동자금을 지원받았지만, 친밀한 관계는 오래 이어지지 않았다. 스탈린은 이제 곧 "바투미를 완전히 뒤엎어 놓게" 된다.

바투미는 아열대성 기후의 흑해에 면한 국경지대 소도시였다. 그곳을 지배하는 것은 제국의 거대한 금융-원유 왕조인 노벨 일가와 로스차일드 일가였다. 그로부터 20년이 지난 뒤에도 시인 오시프 만델스탐은 바투미를 "러시아판 캘리포니아 골드러시의 도시"라 불렀다.

차르는 1878년에 오스만 터키의 파디샤에게서 해변의 해적 소굴이 던 이곳을 사들였는데, 캅카스 지협의 반대편에 있는 바쿠에서 원유 붐이 일자 이 검은 황금을 서구로 운송할 방법을 해결해야 했다. 로스차일드 일가와 노벨 일가는 바투미까지 송유관을 건설하여 그곳에서 원유를 정제한 다음 나프타 항구에 정박시킨 유조선으로 그것을 실어 날랐다. 망간, 감초액, 차의 수출항이기도 했던 바투미는 순식간에 유럽으로 가는 문, 그루지야의 유일한 현대적 도시가 되었다.

이제 바투미는 페르시아인, 터키인, 그리스인, 그루지야인, 아르메니아인, 러시아인으로 구성된 노동자 1만 6,000명을 자랑했고, 그중 1,000명가량은 에두아르 드 로쉴드(로스차일드의 프랑스식 표기-옮긴이) 남작의 카스피 해와 흑해 원유 회사 소유의 정유소에서 일했다. 노동자들은 원유 도시 내의 기름이 배어 나오는 정유공장 근처, 오수가 넘치는 구덩이가 사방에 널린 악취 나는 거리에서 비참하게 살았다. 아이들이 일하는 경우도 많았다. 티푸스 때문에 많은 사람이 죽었다. 하지만 바투미의 백만장자와 외국인 사장들, 특히 영국인 사장들은 낙후했던 이 지역을 해변의 대로, 쿠바 스타일의 흰색 저택, 사치스러운 유곽, 카지노, 크리켓 경기장, 영국식 요트 클럽을 갖춘 쾌락의 도시로 바꾸어 놓았다.[3]

1902년 1월 4일 "집에 오던 중에 불이 난 걸 보았어!"라고 칸델라키가 말한다. 그때 스탈린이 돌아와서 유쾌하게 뽐냈다. "이봐, 자네 말이 실현됐어!" 스탈린을 고용한 로스차일드 일가는 말 그대로 "불이

Young Stalin 1부

붙듯 번창하게" 될 것이다. "내 창고에 불이 났거든!"*

군중이 모여 부두 위로 검은 버섯 같은 연기가 솟아오르는 것을 지켜보았다. 노동자들은 불을 끄는 것을 도왔는데, 그렇게 하면 보너스를 받을 수 있었기 때문이다. 스탈린은 노동자 대표단에 끼어 로스차일드 일가의 프랑스인 경영자인 프랑수아 쥔을 만나러 갔다. 쥔은 그가 처음 만난 유럽인 사업가였다. 그 이후로 스탈린이 로스차일드의 경영진과 비밀리에 접촉을 계속했다는 증거가 있다. 이는 스탈린이 원유 재벌과 맺었던 불투명하지만 소득은 많았던 관계의 시작이었다. 로스차일드 일가는 분명히 그 화재가 방화에 의한 것임을 알았을 것이고, 쥔은 보너스를 주지 않겠다고 거부했다. 스탈린은 바로 이런 도발을 노리고 있었다. 그는 파업을 선언했다.

당국은 그를 저지하려고 시도했다. 오흐라나는 바투미의 새 선동자를 추적하려고 애썼다. 경찰 조직인 파라오는 파업자들을 괴롭혔다. 경찰 스파이는 마르크스주의자들을 감시했다. 로스차일드 일가는 원유 운송에 대해 걱정했다. 하지만 스탈린은 파업을 확산시키는 데 필요한

---

*칸델라키는 대숙청 이전인 1935년에 기록된 회고록에서 로스차일드 공장에 불을 지른 것이 스탈린이었음을 강하게 암시했다. 스탈린 시대의 역사책에서 칸델라키가 인용되는 경우, 지도자가 방화범이나 살인자나 은행 강도나 유혹자였다는 암시는 전면 금지된다. 칸델라키의 기록은 이 책에서 최초로 발표된다. 역사가들은 흔히 그를 다비드 칸델라키로 착각한다. 다비드 칸델라키는 스탈린이 1939년에 몰로토프-리벤트로프 조약을 맺기 3년 전에 히틀러와의 사이에서 상황을 더듬어보기 위한 협상을 추진하기 위해 비밀 특사로 활용한 젊은 교역담당관이었다. 하지만 이 관리는 바투미의 콘스탄틴, 혹은 코치아 칸델라키, 즉 나중에 멘셰비키가 되어 1918년에서 1921년 사이에 독립 그루지야 민주공화국의 재무장관이 된 사람과는 다르다.

인쇄기계를 확보하기 위해 기차로 열한 시간 거리인 트빌리시로 향했다. 전단지는 그루지야어와 아르메니아어 두 개 언어로 인쇄되어야 했다. 그래서 위원회는 그를 보내 수렌 스판다리안Suren Spandarian과 만나도록 한 것이다. 스판다리안은 부유하지만 무자비한 아르메니아인으로서, 처자식이 있는데도 통제 불능의 난봉꾼으로 살았다. 스탈린은 신문사 편집장이던 스판다리안 아버지의 인쇄기계로 아르메니아어 팸플릿을 인쇄했다. 스판다리안은 스탈린의 가장 좋은 친구가 되었다.[4]

카모의 도움을 받은 스탈린이 인쇄기계를 가지고 돌아왔을 때 바투미는 격동의 한복판에 빠져 있었다. 카모와 칸델라키는 신속하게 인쇄기계를 설치했고, 그 기계는 곧 스탈린의 말을 원유 도시의 모든 노동자들에게 전파했다.

2월 17일, 로스차일드 일가와 노벨 일가는 항복하고 노동자들의 요구에 동의했다. 그중에는 30퍼센트 임금 인상도 포함되었는데, 이는 젊은 혁명가가 얻어낸 승리였다. 트빌리시에서 라브로프 대위의 헌병대는 기습과 체포로 마르크스주의자들을 와해시키고 있었지만, 헌병대 대위 기오르기 자켈리는 과거 너무나 조용했던 바투미에서 '갑작스러운 불안이 증가하는 데' 대한 우려가 커진다고 인정했다. 그는 정체모를 '소소 동지'에 대한 감시를 강화했다.

롬지하리아의 아파트에 있던 스탈린은 거처를 옮겨야 했다. 여기저기 다른 아파트에서 지내본 뒤 노동자들의 거주 구역인 바르스하나에 있는 나타샤 키르타바가 소유한 작은 집에 정착했다. 키르타바는 스물두 살의 농촌 미인으로 사회민주노동당의 동조자였는데, 남편이 있기는 했지만 행방이 묘연했다. 바투미에서 돌아다니던 소문과 키르타바 자신의 회고록 및 본인이 나중에 주장한 바에 따르면, 스탈린은 이 젊은 여성과 연애를 했던 것 같다. 이 연애는 자신이 머무는 집의 안주인이자 음모의 동지인 여성과의 첫 번째 연애이지만 결코 마지막은 아니다. 회고록에서 그녀는 그의 "부드러운 관심과 사려 깊음"에 대해 이야기하며, 마르크스주의적 투쟁의 와중에서도 사랑이 꽃피던 순간*을 기록해두기까지 했다. "그는 내게로 몸을 돌려, 내 이마에 흘러내린 머리칼을 쓸어 올리더니 키스했다."[5]

쥔과 폰 슈타인을 사장으로 앉힌 로스차일드 일가는 스탈린의 성공에 복수하기로 결심했다. 2월 26일에 그들은 골칫덩이 노동자 389명을 해고했다. 노동자들은 파업에 돌입하여 "소소 동지를 찾기 위해 사람을" 보냈지만, 그는 부하인 스바니제와 카모를 만나러 자주 가곤 하던 트빌리시에 있었다.

소소는 그다음 날에 서둘러 바투미로 돌아와서는 추종자들을 롬지하리아의 집에 불러 회의를 열었다. 거기서 그는 "일련의 요구사항을 제안했고" 더 도발적인 파업을 벌여 원유 수송시설 전체를 정지시키자고 제안했다. 그의 조수 중 하나인 포르피로 쿠리제는 그를 알아보지 못했다. 스탈린이 턱수염과 콧수염을 깎았던 것이다. 스탈린이 페르시

---

*이 기록은 스탈린을 화나게 했을 것이다. 그는 사적인 내용이 세세하게 드러나는 것에 대해 화를 냈는데, 1930년대에 쓰인 더 교양 있는 인터뷰 대상자들은 이런 종류의 기록을 자신들의 회고록에는 넣지 않았다. 나타샤 키르타바는 회고록을 두 번 썼다. 하나는 1934년에, 다른 하나는 1937년에 쓴 것이다. 말할 필요도 없지만, 발표되지 않은 키스 일화는 대숙청 이전에 쓰인 첫 번째 기록에만 나온다.

아인 알리의 술집에 있지 않을 때는 수크-숙 묘지를 음산한 본부로 삼았다. 한밤중에 무덤 사이에서 회의를 열어 대표단을 선출한 것이다. 한번은 그곳에서 회의를 하던 중에 경찰이 급습했다. 그는 한 여성 동지의 넓은 치마 속에 숨었다. 또 다른 회의에서는 카자크에게 포위되었는데, 스탈린은 여자 옷을 입고 여장을 하여 달아났다.

노동자들은 자신들이 사제라는 별명을 붙인 '지식인'에게 감명을 받았다. 그는 노동자들이 읽을 도서목록을 주었다. "한번은 그가 우리에게 책을 한 권 주고 갔다." 쿠리제가 말했다. "이건 고골이오"라고 하면서 스탈린은 고골의 생애에 대해 가르쳐주었다.

대개 그의 트레이드마크라 할 넓은 창의 페도라를 쓰고 근사한 체르케스 코트를 입고 흰색 캅카스 후드를 어깨 뒤로 넘긴 차림의 소소 동지는 금방 열렬한 추종자를 얻었다. 그들은 소소주의자로 알려졌는데, 이들이 스탈린주의자의 초기 형태였다. 치헤이제와 주일학교의 '합법적 활동가들'은 그를 불러 야단을 치려고 했지만, 그는 가기를 거부했다. "그들은 편안한 곳에서 전략이나 짤 뿐 진짜 정치 투쟁은 기피한다"고 소소는 코웃음 쳤다. 소소는 전적인 통제권을 가져야 직성이 풀리는 사람이었다. "주가시빌리의 독재적 태도 때문에 사회주의자의 젊은 층과 늙은 층 간에 벌어진 투쟁에서 많은 사람이 소외되었다." 파업은 확산되었다. 파업 거부자들은 위협을 받았고, 그들의 말이 도살당했다. 하지만 비밀경찰은 사제 소소를 뒤쫓고 있었다. 카자크들이 집결하고 있었다.[6]

바투미가 속한 쿠타이시 주의 지사인 스마긴 장군은 파업을 진압하기 위해 시내로 달려 들어왔다. 노동자들을 대상으로 한 그의 발언에 담긴 메시지는 살벌했다. "일터로 돌아가든가 아니면 시베리아로 가라!" 3월 7일 밤새 스마긴은 스탈린의 경호원인 포르피로 롬지하리아와 파업 지도부를 체포했다.

다음 날 스탈린은 사람들이 갇혀 있는 경찰서 밖에서 시위를 벌였다. 이 압박이 통했다. 헌병대는 죄수들을 이송감옥으로 옮겼다. 지사는 시위자들을 만나주겠다고 약속했다. 소소는 이런 사태를 마음에 들어 하지 않았다. 그날 밤 회의에서 그는 감옥을 습격하자고 제안했다. 바다치코리아는 협상 쪽을 선호했다. "자네는 절대로 혁명가가 못 될 거야"라고 사제 소소가 비웃었다. 소소주의자들이 그를 지지했다. 다음 날 아침에 스탈린은 공격적 시위대를 이끌었다. 그다음 날 시내의 많은 사람들이 그에게 가담하여 행진하면서 감옥을 습격하러 나섰다. 하지만 배신자 한 명이 그 계획을 밀고했다. 카자크가 대비하고 있었다. 억센 안타제 대위 휘하의 부대가 이송감옥으로 가는 길목을 막고 있었다. 그들은 총검을 찼다. 거대한 군중은 봉쇄된 길 앞에서 망설였다.

"돌아서지 마라. 그러면 그들은 총을 쏠 것이다"라고 스탈린은 경고했다.

"소소는 노래를 부르자고 제안했다. 우리는 혁명 송가를 몰랐기 때문에 그저 '알라-파샤!'를 불렀다"고 포르피로 쿠리제가 말했다.

"병사들은 총을 쏘지 않을 거다. 그리고 장교들을 겁내지 마라. 그들을 두들겨주고 우리 동지들을 해방시키자." 스탈린은 군중들에게 부르짖었다. 군중은 한 덩어리로 뭉쳐 감옥을 향해 전진했다.

소소 주위에는 소소주의자들이 둘러싸고 있었다. 그들은 주로 칸델라키가 이끄는 구리아Guria(1903년에서 1906년까지 존속했던 캅카스 지방의 단명한 공화국-옮긴이)의 농민 출신 노동자들이었다. "구리아인들은 용맹스러운 음모가들이다. 그들은 내가 전면에 나서지 못하게 막으려 했지만 나는 나섰다." 스탈린은 나중에 이렇게 뽐냈다. "그래서 그들은 내 주위를 일곱 겹으로 에워쌌고, 다친 사람도 대열을 이탈하지 않아 원형 대열이 결코 무너질 수가 없었다."

감옥 바로 곁에 당도한 군중들이 병사들에게 막 달려들려는 찰나 감옥 안에 있던 죄수들이 간수들을 휘어잡았다. 죄수 중 하나인 포르피로 롬지하리아는 시위자들의 소리를 들었다. "우리는 나가려고 애를 썼다. 문은 부서졌다. 간수들 몇 명은 달아났다." 카자크 기마 병사들이 시위 군중들에게 전속력으로 달려들었고, 사람들은 그들의 장총을 빼앗으려 했다. 반군들은 병사들에게 총을 쏘고 돌팔매를 던졌다. 병사들은 총신으로 그들을 후려쳤지만 물러나지 않을 수 없었다. 안타제 대위는 돌에 맞고, 총탄에 손목을 뚫렸다. 병사들은 반격하여 공중에 총을 쏘았다가 다시 퇴각했다. 하지만 이번에는 그들도 자리를 지켰다. "다시 한 번 스탈린이 큰 목소리로, 우리에게 흩어지지 말고 노동자들을 해방시키자고 외쳤다." 시위에 참가했던 인제라비안이 회상했다. 군중은 앞으로 나아갔다.

"그러다가 끔찍한 소리가 들렸다!" 안타제 대위가 "발사!"라는 명령을 내뱉은 것이다. 총소리가 울렸다. 사람들이 땅에 쓰러졌다. 모두들 비명을 지르며 달아났다. "아수라장, 지옥 그 자체였다. 사람들이 사라진 광장은 죽은 자와 죽어가는 자, 병사들의 눈 밑에서 신음하는 자로 뒤덮였다." 죽어가는 사람들은 "물"이라거나 "살려줘!"라고 외쳤다. 그러다 "난 소소 생각이 났다"고 칸델라키가 말한다. "우리는 따로 떨어졌다. 난 겁에 질려 죽은 자들 사이에서 그의 시체를 찾아다니기 시작했다." 하지만 포르피로의 누이인 베라 롬지하리아는, 자신이 일으킨 소동을 관찰하면서 여기저기 돌아다니는 스탈린을 알아보았다. 시체들 사이에서 오빠를 찾고 있던 그녀는 한 병사의 시신에 달려들었다. 이에 그가 말했다. "그건 안타제요."

소소는 "부상자 하나"를 들어 올려 쌍두마차에 태웠다. "그는 부상자를 우리 아파트에 데려왔다"고 일라리온 다라흐벨리제가 전한다. 칸델라키도 이 말에 동의한다. "소소는 부상자를 붕대로 감았다." 나타샤 키르타바와 다른 여자들이 부상당한 동지들을 수레로 실어 병원에 데려가는 일을 도왔다. 사망자 열셋, 부상자는 쉰넷이었다. 그날 밤 다라흐벨리제의 집에서 "우리는 지독하게 흥분한 상태였다." 하지만 소소는 하늘을 날아오를 듯한 기분이었다.

"오늘 우리는 몇 년 이상 전진했다!" 스탈린은 카치크 카자리안에게 말했다. 다른 것은 그 무엇도 중요하지 않았다. "우리는 동지들을 잃었지만 승리했다." 다른 여러 번의 유혈 작전에서처럼 인적 비용은 중요하지 않았고, 그것의 정치적 가치에 종속되었다. "채찍과 칼은 순진한 구경꾼들을 순식간에 혁명화함으로써 우리에게 엄청난 일을 가져다준다." 젊은 트로츠키는 바투미 학살에서 감명을 받았다. "그것은 전국을 뒤흔들었다."

조르다니아와 치헤이제는 "지도자가 되고 싶어 하지만 사태를 파악하는 필수적 능력이 없으며… 거친 말을 쓰는" 이 젊은이에게 분개했다. 그들은 이 학살이 당국의 손에 놀아난 것이라고 믿었다. 스탈린이 비밀요원이었는가?

스탈린은 젊은 마르크스주의자 데스피나 샤파토바의 오두막에 숨겨놓은 인쇄기계로 달려가서 학살에 대한 반응을 인쇄했다. "그런 아들들을 길러낸 어머니들에게 감사하라!" 그리고 다음 날 아침에 시내 전역에 인쇄물을 돌렸다. 하지만 한 정보원이 인쇄 장소를 밀고했고 경찰이 그 집을 덮쳤다. 그러나 데스피나가 그들 앞을 가로막았다. "아이들이 자고 있어요." 그녀는 소리쳤다. 경찰들은 웃었다. 스탈린도, 인쇄도 방해받지 않았다. 하지만 그가 싸운 무기가 언어만은 아니었다. 그는 로스차일드의 관리자인 폰 슈타인을 암살하라는 지시도 내렸던 것 같다. "우리는 (한 동지에게) 그의 암살을 위임했다." 스탈린의 하수인 하나가 회상했다. "폰 슈타인의 마차가 가까이 오자" 저격수는 권총을 꺼냈지만 과녁을 놓쳤다. "폰 슈타인은 마차를 돌려 달아났고, 그날 밤 도시를 떠났다."

스탈린에 대한 추적이 시작되었다. 이제 그는 귀중한 인쇄기계를 더 안전한 은신처로 옮겨야 했다. 그는 "음모를 엄청나게 중요시했다"고 쿠리제가 말한다. "그는 마차로 왔다가 옷을 바꾸어 입고 순식간에 사라지곤 했다." 그는 모습을 바꾸고, 갑자기 동지들과 옷을 바꾸어 입었으며, "흔히 긴 머리 위에 후드를 뒤집어쓰곤 했다."**7**

그날 밤, 스탈린은 인쇄기계를 마차에 실어 묘지에 숨겼다가 다시 하시미 스미르바라는 늙은 압하지야인 노상강도의 헛간에 숨겼다. 그곳은 바투미에서 7베르스타(7.4킬로미터) 떨어진 마흐무디아^{Makhmudia}라는 곳인데, 바로 코앞에 수비대 요새의 대포가 있었다(그래서 의심을 피할 수 있었다). 그 전직 노상강도는 친구인 롬지하리아가 위조 루블 지폐를 인쇄할 계획이고 그의 몫도 주겠다는 말에 기꺼이 인쇄기계를 숨겨주었다. 스탈린 숭배 문헌 중에 그의 회고록이 보이지는 않지만, 스미르바의 아들인 함디는 한밤중에 무거운 상자 네 개를 들고 온 스탈린이 곧 행동을 시작하여 짐을 풀고 다락방에다 기계를 설치하던 일을 설명한다. 스탈린은 아마 베일을 쓴 무슬림 여인의 차림으로 활자판과 함께 왔다가 다시 그 차림으로 떠난 것 같다. 밤낮없이 일하면서 그는 스미르바를 위해 새 집을 지을 건설업자를 고용했다. 그 집에는 윙윙거리는 인쇄기계를 설치할 비밀 공간이 생길 터였다.

"저 소리는 뭡니까?" 건설업자가 물었다.

"뿔에 벌레가 든 소가 울부짖는 거야." 스미르바가 대답했다.

소소가 스미르바의 나무집으로 옮기려고 할 때 이 늙은 무슬림은 젊은 그루지야 반란군에게 자기 몫을 챙겨달라고 요구했다.

"당신은 여러 날씩이나 인쇄했지 않소. 그 돈을 언제 쓸 거요?" 스미르바가 말했다.

소소는 스미르바에게 전단지 한 장을 건네주었다.

"이게 뭐요?" 경악한 스미르바가 소리쳤다.

"우린 차르와 로스차일드 일가, 그리고 노벨 일가를 내쫓을 거요." 경악한 스미르바에게 스탈린은 말했다.

매일 아침 그는 스미르바가 수레에 실어둔 농부들의 과일바구니에 전단지를 숨겼다. 롬지하리아를 시내에서 만난 두 강도는 과일바구니를 공장들에 가져가서 전단지를 배포했다. 과일을 사려는 사람이 있으면 스미르바는 값을 너무 비싸게 부르거나, 예약된 물품이라고 우겼다. 인쇄기계가 고장 나자 스탈린은 칸델라키에게 말했다. "사냥하러 가세." 그 지역 인쇄 가게에 필요한 부품이 있음을 확인한 그는 말했다. "곰이 총에 맞았어. 이제 껍질을 벗기지." 그리고 부하를 보내 부품을 훔쳐 본부인 터키 시장 안의 페르시아 술집 알리에 있는 자신에게 가져오게 했다. 한번은 어린 함디가 부품 하나를 막 배달하던 중에 카자크 몇 명이 거리를 질주해왔다. 그는 가방을 집 안에 던져넣고 도랑에 뛰어들었다. 그 뒤 스탈린은 소년의 몸을 닦아주며 용기를 칭찬했다.

스미르바의 온 마을은 이제 체구가 큰 베일 쓴 여자들이 수없이 들락거리는 새로 지은 나무집에서 뭔가가 벌어지고 있다는 걸 알게 되었다. 그래서 소소는 믿을 만한 농부 열두 명을 모아 자신의 임무를 설명했다. "그 뒤로는 사람들이 그 집을 떠받들었다." 함디 스미르바가 기억한다.

"당신은 좋은 사람이오, 소소." 파이프를 뻐끔거리면서 스미르바는 말했다. "당신이 무슬림이 아닌 게 애석하군. 무슬림이 된다면 당신은 예쁜 처녀 일곱 명을 얻을 텐데. 무슬림이 되고 싶지 않소?"

"당연히 되고 싶지!" 소소는 웃었다.[8]

죽은 노동자들의 장례는 3월 12일에 치러졌는데, 그날은 또 다른 시위의 기회가 되었다. 스탈린이 써서 인쇄한 격렬한 선동문구에 격발된 최소 7,000명의 군중이 모였다. 카자크 기병대가 장례 행진을 사방에서 포위하고 있었다. 노래는 금지되었다. 소소 동지는 조용히 장례식을 감독했다. 헌병대는 일체의 발언을 미리 막았다. 군중이 떠나자 카자크들은 죽음의 행진곡을 노래하면서 그들을 조롱했다.

비밀경찰은 이제 스탈린이 바투미 소요사건의 지도자 중 하나임을 알고 있었다. 그 조직은 "이오시프 주가시빌리가 1901년 가을에 이곳에 온 뒤로 큰 성공을 거두었다"고 쿠타이시 헌병대장에게 자켈리 대위가 보고했다. "나는 이오시프 주가시빌리가 3월 9일의 소요 때 군중

---

*바투미 시위와 스미르바의 이야기는 스탈린주의의 위력적인 전설이 되었다. 스탈린이 총애하는 신하 중 하나인 압하지야의 두목 네스토르 라코바가 1934년에 쓴 《스탈린과 하시미Stalin i Hashimi》는 1929년에 시작된 개인숭배를 강화했다. 스탈린의 비서인 이반 토프스투하는 그 글에 대해 걱정이 되어 당시 스탈린의 부관이던 라자르 카가노비치에게 아래의 편지를 보냈다. "하시미의 글을 갖고 있는데… 아직도 고치고 다시 써야 할 곳들이 있습니다. 어떻게 해야 할까요? 없애버려야 할까요?" 그렇게 되지는 않았다. 그 책이 발표되자 라코바는 총애를 얻었지만 오래가지는 않았다. 한 해 뒤에 그의 저술은 베리야가 쓴 《캅카스에서의 볼셰비키 조직의 역사History of the Bolshevik Organization in the Caucasus》에 담긴 엄청난 과장에 압도되었다. 베리야의 아들 말에 의하면 스탈린 본인이 그 본문을 고쳐주면서 "사람들의 이름을 지우고 자기 이름을 써넣었다"고 한다. 뒤이어 1937년에는 《1902년 바투미 시위The Batumi Demonstration 1902》라는 엄청난 분량의 책이 나왔다. 베리야는 자신의 경쟁자인 라코바를 제거하기 위해 신속하게 움직여 그를 독살했고, 다음에는 그의 처자식을 살해하고 직접 고문했다. 하시미 스미르바는 1916년에 이사하면서 인쇄기계를 정원에 파묻었다. 그는 1922년에 여든한 살로 죽었다. 칠십이 넘은 스탈린은 스미르바에 대해 이야기하면서 킬킬거렸다. 그는 라코바의 책이 선전물로 널리 간주된다는 것을 알고 있었다. 어쨌든 그 책은 스탈린이 "역사가 100~200년에 딱 한 번 인류에게 줄 수 있는, 전체 시대를 통틀어 가장 위대한 인물"이라고 주장했다. 하지만 스탈린은 "그 책에서 말한 사건들은 사실이다. 실제로 일어난 그대로였다"고 주장했다.

속에 있었음을 확인했다. 모든 증거는 시위에서 그가 맡았던 적극적인 역할이 사실임을 가리킨다." 그들은 그를 체포하기로 결정했다.

4월 5일, 데스피나 샤파토바는 스탈린에게 그가 고발당했다고 경고했다. 그는 그날 밤에 만날 장소를 두 번 옮겼고, 마침내 다라흐벨리제의 집에서 만났다. 갑자기 데스피나가 달려 들어왔다. 헌병대가 집 밖에 있었다. 또는 그날 밤 지휘했던 장교의 말에 따르면, "어제 한밤중에 우리는 만타셰프 정유소 노동자들이 모여 있다고 정보원이 알려준 집을 포위했다."

사제 소소는 뒤쪽 창문으로 달려갔지만 절망적이었다. 집은 푸른 제복을 입은 헌병대로 포위되어 있었다. 이번에는 달아날 길이 없었다.*⁹

---

*1939년 초반, 모스크바 예술극장은 재능이 탁월하지만 일자리가 없었던 작가인 미하일 불가코프에게 그해 12월에 있을 독재자의 예순 살 생일을 축하하기 위해 바투미의 젊은 스탈린에 관한 낭만적 희곡을 쓰도록 위촉했다. 스탈린이 그 위촉장에 서명한 것은 분명하다. 그는 체호프처럼 의사 출신 작가인 불가코프를 찬양했다. 특히 그의 소설 《백색 근위병The White Guard》을 좋아했다. 그것을 극화한 〈터빈의 나날The Days of the Turbins〉은 스탈린이 가장 좋아하는 연극이었다. 스탈린은 이 연극을 열다섯 번 보았다. 하지만 파스테르나크와 쇼스타코비치에게 그러했듯이 스탈린은 불가코프에게도 쥐잡기 게임을 걸었다. 그는 불가코프에게 직접 전화를 걸어 일거리를 줄 거라고 확언했다가, 또다시 나사를 조이곤 했다. 불가코프는 파스테르나크처럼 자신의 전능한 박해자에게 매혹되었고, 이 희곡에 대한 아이디어가 자신에게 위험을 가져오리란 걸 알면서도 1936년부터 그 아이디어를 계속 매만졌다. 1902년 바투미 시위를 희곡의 바탕으로 하고, 목격자들과 나눈 대화를 자료로 삼은 불가코프는 1939년 6월에 초안을 마쳤고, 처음 제목을 노동자들 사이에서 통했던 스탈린의 별명인 '사제'로 정했다. 그러다 '바투미에서 그 일이 있었다'로 바꾸었다가 나중에는 단순하게 '바투미'라고 불렀다. 이 낭만적 희곡에는 연애 사건은 없지만 나타샤 키르타바와의 관계를 암시한다. 희곡에서 그의 동반자는 나타샤라는 인물인데, 그 배역은 키르타바와 롬지하리아의 누이를 합성하여 만들어졌다. 문화부의 관료들은 희곡을 좋아하여 승인했다. 8월에 불가코프는 자신이 목격자를 만나 이야기해보고 기록들을 읽고 싶다고 말하고, 기차로 아내인 엘레나와 함께 바투미로 떠났다. 하지만 스탈린은

정치가로서 자신의 지위가 이런 기록보관소에 남아 있던 어떤 새 소식 때문에 훼손되는 것을 원치 않았다(그때는 그가 막 히틀러와 맺게 될 몰로토프-리벤트로프 조약을 체결할 즈음이었다). 그런 기록 중 많은 수가 이 책에 활용되었다. 불가코프 가족은 다음과 같은 전보를 받고 소환되었다. "더는 여행이 필요치 않음. 모스크바로 돌아올 것." 불가코프는 불길한 분위기를 느꼈다. 스탈린은 희곡을 읽었다. 예술극장을 방문한 스탈린은 연출자에게 〈바투미〉가 좋은 작품이지만 상연될 수는 없겠다고 말하면서, (위선적으로) 덧붙였다. "젊은 사람들은 모두 똑같은데 왜 젊은 스탈린에 관한 희곡을 쓰겠다는 건가?" 그 희곡은 불가코프에게는 하찮은 하청작업이었고, 그는 1940년에 죽기 전 비밀리에 반스탈린적 걸작인 〈주인과 마르가리타The Master and Margarita〉를 완성했다.

2부

Young
Stalin

달에게

지치지 말고 움직이고
머리를 수그리지 마라
흐릿한 구름을 흩어놓으라
주의 섭리는 위대하다

그대 밑에 넓게 펼쳐져 있는
대지를 보며 부드럽게 미소 지으라
하늘에 매달려 있는
빙하에게 자장가를 불러주라

한때 땅에 내던져진 탄압받는 남자가
희망으로 고쳐되면
다시 순결한 산에 닿으려고
애쓸 것임을 분명히 안다

그러니 사랑스러운 달이여, 예전처럼
구름 사이로 어른거려라
짙푸른 창공에서 즐겁게
그대의 광채가 노닐게 하라

하지만 나는 단추를 풀고
내 가슴을 달에게 내던질 것이다
팔을 활짝 벌리고
대지에 빛을 던지는 존재를 존경할 것이다!

−소셀로(이오시프 스탈린)

11장

★★

죄수

스탈린은 바투미 감옥에 갇혔는데, 무뚝뚝하고 으스대는 태도와 거만하고 뻔뻔스러운 성격 때문에 곧바로 유별나게 눈에 띄는 존재가 되었다. 감옥은 그에게 평생 지속될 깊은 영향을 주었다. "나는 감옥에서 고독에 익숙해졌다"고 그는 한참 뒤에 말했다. 하지만 실제로 그가 혼자 있었던 적은 별로 없었다.

나중에 유형지에서 그를 탄핵했던 적들이든, 공식 문헌에서 그를 찬양했던 스탈린주의자들이든, 동료 죄수들은 모두 감옥에서 스탈린이 "냉담한 스핑크스" 같았다고 입을 모았다. 그는 "지저분하고 곰보에다 거친 턱수염이 덥수룩했고 머리칼은 뒤로 빗어 넘겼다." 그의 동료들은 "그의 철저한 침착성"에 가장 놀랐다. 그는 "절대로 입을 벌리고 웃지 않았다. 그저 서늘하게 미소만 지을 뿐"이었고, "누구와도 협력할 수 없었다. 그는 혼자서 걸어 다녔다. 언제나 차분했다."[1] 하지만 그도 처음에는 바보 같은 실수를 저질렀다.

1902년 4월 6일, 그는 헌병대의 자켈리 대위에게 첫 취조를 받았다. 그는 학살 때 자신은 바투미에 있지도 않았다고 부인했다. 그때 자기는 고리에서 어머니와 함께 있었다는 것이다. 이틀 뒤 그는 다른 죄수를 시켜 죄수들의 가족과 친지들이 음식과 편지를 전해주기 위해 모이는 감옥 마당으로 쪽지 두 장을 던지도록 했다. 하지만 스탈린의 글씨로 된 그 쪽지는 간수들의 손에 들어갔다. 첫 번째는 이런 내용이었다. "이오시프 이레마시빌리… 선생에게 소소 주가시빌리가 체포되었다고 말해주고, 어머니에게 이 말을 전해달라고 부탁하라. 헌병대가 당신 아들이 고리를 언제 떠났느냐고 물으면 여름 내내, 그리고 겨울에도 3월 15일까지 고리에 있었다고 대답해야 한다고 말이다."

다른 쪽지는 예전의 제자인 엘리사베다시빌리를 바투미로 불러 자기 조직을 맡으라는 내용이었다. 자켈리 대위는 이미 트빌리시 비밀경찰에게 문의하여, 스탈린이 트빌리시 위원회를 이끌던 사람임을 밝혀냈다. 하지만 이제 그는 고리에다 사정을 알려주고, 바투미에서 두 사람이 가서 케케와 그녀의 오빠(스탈린의 외삼촌)인 기오르기 겔라제와 이레마시빌리와 의논할 것이라고 전했다. 세 사람 모두 체포되어 취조를 받았다. 케케에게는 좋은 날이 아니었다.[2]

바투미에서 온 두 사람은 스탈린의 어머니를 데리러 간 것이었지만, 서투른 쪽지 투척 때문에 카모와 스바니제와 함께 트빌리시에 살던 엘리사베다시빌리의 정체도 드러나버렸다. 헌병대는 카모를 체포했는데, 카모는 마지못해 그들을 솔로라키 목욕장으로 데려갔고, 그곳에서 옷도 입고 있지 않은 엘리사베다시빌리를 붙잡았다. 그는 유명한 라브로프 대위 앞에 끌려갔고, 대위는 그를 자켈리 대위에게 넘겨주었다. 엘리사베다시빌리가 바투미 감옥 마당에 들어가자 스탈린이 달려와서 그를 스쳐 지나가면서 "자넨 날 모르는 거야"라고 속삭였다.

"그래요." 엘리사베다시빌리가 대답했다. "다들 안부 전하더군요!"

다음 날, 엘리사베다시빌리는 자켈리 대위에게 취조를 받았다.

"이오시프 주가시빌리를 아는가?"

"아니오."

"말도 안 돼. 그는 널 안다던데!"

"그가 미쳤나보군."

"미쳤다고?" 대위는 웃었다. "그런 사람이 어찌 미칠 수 있지? 예전에도 마르크스주의자를 잡아 온 적이 있지만 그들은 조용한 편이었지. 이 주가시빌리는 바투미 전체를 뒤집어놓았다고."

스탈린의 감방을 지나 끌려가던 엘리사베다시빌리는 창문 창살을 통해, 분개한 소소가 "같은 감방의 죄수에게 욕을 하면서 주먹을 날리는 것"을 흘끗 보았다. "다음 날 나는 헌병들이 그의 감방에 *끄나풀*을 넣어두었음을 알았다." 엘리사베다시빌리는 석방되었지만, 스탈린의 지시에 따라 바투미의 소소주의자들을 지휘하러 돌아갔다.[3]

케케는 소소의 호출에 복종했다. 5월 18일경 그녀는 고리를 떠나 6월 16일에야 돌아왔다. 그녀는 바투미 감옥에 있는 아들을 두 번 면회했다. 트빌리시로 돌아가는 길에 그녀는 미친 베소, 화가 나고 술에 취한 베소와 두 번 마주쳤다.

"거기 서, 아니면 널 죽일 거야!" 그는 반란자가 된 아들을 두고 욕을 하면서 고함을 질렀다. "그가 세상을 뒤집어놓고 싶어 한단 말이지? 네가 그를 학교에 보내지 않았더라면 그는 기술자가 되었을 텐데, 이제 그는 감옥에 있지. 그런 아들을 내 손으로 죽이겠어. 날 수치스럽게 만들었으니까!" 군중이 모여들었다. 케케는 슬쩍 빠져나갔다. 이것이 그녀와 남편의 마지막 만남이었다.

소소의 반란은 케케가 품었던 꿈을 산산조각냈다. 그녀도 베소 못지 않게 나름대로 근심이 컸다. 그녀는 그가 석방되도록 탄원서를 냈고, 동지들이 보낸 메시지도 아마 전달했을 것이다. 그 나름의 괴팍한 방식 이지만, 늙은 스탈린은 그녀가 겪은 고생을 인정했다. "그녀가 행복했 느냐고? 이거 봐! 아들이 체포되었는데 케케에게 무슨 행복이 있겠어? 우리가 어머니들을 위해 배려한 건 별로 없지. 어머니의 운명이란 건 그런 법이지!"*

스탈린은 곧 바투미 감옥의 두목이 되어 친구들을 지배하고 지식인 을 겁에 질리게 했으며 간수를 매수하고 범죄자들과 사귀었다.[4]

제국의 감옥은 자체의 관습과 요령들이 있는 숨은 문명이었지만, 스탈린은 항상 그래왔듯이 자기에게 맞지 않는 에티켓은 무시했다. 감옥 은 "국가 그 자체와 비슷하게 야만주의와 가부장적 간섭주의가 혼재

---

*"행복했느냐고요?" 케케는 1935년에 만난 한 인터뷰어가 스탈린의 어머니로서 행복했 느냐고 묻자 빈정대듯이 말했다. "당신은 내가 어떤 행복감을 느꼈느냐고 물었지요. 온 세상이 내 아들과 내 나라를 행복한 눈으로 보고 있지요. 그러니 내가 어머니로서 어떤 기분을 느껴야 할까요?"

된 곳이었다"고 트로츠키는 말한다. 일관성도 없었다. 때로 정치범들은 교회라 불린 큰 감방 한곳에 배치되었고, 그곳에서 장로들을 선출했다.

혁명가들은 일련의 기사도적 규칙에 따라 살았다. 동지가 들어오거나 떠날 때마다 감옥 전체가 '라마르세예즈'를 부르고 붉은 깃발을 흔드는 것이 전통이었다. 혁명가, 종교적 지식인, 스스로 자임한 십자군은 너무 고상해서 일반 범죄자와는 어울리지 않았지만, 스탈린은 "나는 그들, 범죄자들을 더 선호했다. 정치범 중에는 쥐새끼가 너무 많았기 때문"이라고 말했다. 그는 지식인들의 표리부동한 잡담을 혐오했다. '쥐새끼'들은 살해되었다.

독방에 있게 되면 정치범들은 노크를 기본으로 하는 답답하지만 단순한 암호, 즉 '감옥 알파벳'을 통해 소통했다. 트빌리시의 메테히 요새 감옥에 수감되어 있던 세르게이 알릴루예프에게 감방 난로파이프를 두들기는 소리로 소식이 전달됐다. "나쁜 소식! 소소가 잡혔어!" 또 '감옥 전보'라 알려진 빈약한 감옥 소통 시스템이 있었다. 이것은 죄수들이 감방 창문에서 마주보면서 꾸러미를 묶은 끈을 서로에게 던지고, 상대방은 끝에 돌을 묶은 끈으로 그것을 낚아채는 방식이었다.

죄수들이 마당에서 산책할 때는 규율이 느슨해졌다. 그곳에서는 어떤 비밀도 지켜지기 힘들었다. 소소는 누가 새로 들어오는지, 죄수들이 어찌 처신하는지를 항상 아는 것 같았다. 미국의 마피아가 감옥에서 라 코사 노스트라La Cosa Nostra(우리 가족)를 경영하는 것처럼 소소는 신속하게 외부 세계와의 소통 방식을 개선했다. "그는 감옥에서 계속해서 일을 처리했다."**

　혁명가들에게 감옥에서 공부할 수 있게 허용한 것은 당국이 범한 심각한 실수였다. 강박적일 정도의 독학자인 이들은 그곳에서 열심히 공부했는데, 그중에서도 스탈린은 누구보다 열심이었다. 그의 감방 동료는 말한다. "그는 하루 종일 읽고 썼다. 그는 감옥에서 엄격한 일정에 따라 살았다. 아침에는 일찍 일어났고, 오전 운동을 한 다음 독일어를 공부하고 경제학 책을 읽었다. 조금도 쉬지 않았고, 동지들에게 무슨 책을 읽을지 권하기를 좋아했다." 또 다른 죄수는 스탈린이 "감옥을 대학교로 만들었다"고 말했다. 그는 그곳을 자신의 "제2의 학교"라 불렀다.

　간수들은 관대했다. 혁명가들이 사회적으로 우월한 '신사들'이었기 때문인지, 아니면 매수되었거나 동조자였기 때문인지는 모른다. 스탈린의 감방 가까운 곳에 수용된 그의 한 친구가 그에게 〈공산당선언〉에 대해 물었다. "우리는 만날 수는 없었지만, 내가 그 책을 큰 소리로 읽으면 그가 들을 수 있었다. 한번은 내가 소리 내어 책을 읽고 있는데 바깥에서 발걸음소리가 나서 읽기를 중단했다. 그러자 갑자기 간수의 말소리가 들렸다. '멈추지 마시오. 동지, 부탁이니 계속해주시오.'"[5]

---

*스탈린은 그의 은밀한 기술을 신속하게 개발했다. 바투미의 한 동조자 가운데 감옥에 나무를 공급하는 회사에서 일하는 사람이 있었다. 어느날 그는, 누군가가 나무 배달하는 일을 도울 것이고 그 사람의 지시를 정확하게 따라야 한다는 말을 전달받았다. 그는 장작을 배달하여 감옥 마당으로 운반했는데, 정말로 오후 3시 정각이 되자 간수들이 죄수 한 명, 즉 스탈린을 데리고 나왔고, 스탈린은 동조자에게 바투미에 전달해야 하는 시급한 메시지를 주었다.

어떤 논문 한 편이 '감옥 전보'의 전파 문제를 다룬 것은 분명하다. 1902년 3월 당시 레닌이라는 가명을 쓰던 한 마르크스주의자가 〈무엇을 할 것인가?: 우리 운동의 절박한 물음들What Is to Be Done?: Burning Questions of Our Movement〉이라는 논문을 발표하여 가차 없는 음모가들의 '새로운 전위부대'를 요구한 것이다. 이는 즉각 당을 분열시킨 비전이었다. "우리에게 혁명가들의 조직을 달라. 그러면 러시아 전체를 뒤엎어주겠다." 레닌은 약속했다.*6

자켈리 대위는 스탈린의 젊은 하숙집 안주인이자 애인이던 나타샤 키르타바를 포함한 바투미의 소소주의자들을 일망타진했다. 그녀가 감옥 마당에 들어오자마자 한 낯선 죄수가 재빨리 그녀에게 접근했다. "소소 동지가 그의 감방 창문을 올려다보라고 부탁했습니다."

나타샤는 이 죄수가 밀고자일까 봐 경계심을 가졌다. "난 소소 동지를 몰라요."

하지만 그녀가 감방에 갇혔을 때 스탈린이 그 방 창문에 나타났다. "자, 동지들, 지루한가?" 그는 당당한 태도로 물었다. 그녀는 소소 동지가 여전히 감옥 안팎의 투쟁을 대체로 장악하고 있음을 알아챘다. "죄수들은 그가 자기들을 친절하게 돌봐주었기 때문에 그를 좋아했

---

*레닌은 자기 자신을 군사적-종교적 집단에서의 기사 같은 존재로 보려는 스탈린의 꿈을 다음과 같이 요약했다. "우리 당은 철학자들의 학교가 아니라 투쟁의 당이다. 지금까지 그것은 너그러운 가부장제 가족과 비슷했다. 이제 그것은 요새처럼 되어야 한다. 그 문은 자격 있는 자들에게만 열린다." 그는 의미심장하게 단언했다. 다른 길은 오직 "그 지성소에 대한 신성모독"이었다.

다." 그는 물론 나타샤를 잘 돌봐주었다. 한번은 그녀가 그의 감방으로 그를 만나러 갔는데, 간수 한 명이 그녀를 붙잡아 칼자루로 밀어냈다. 스탈린은 이 간수를 해고하라고 요구했다. 그런 용기 덕분에 그는 죄수들 사이에서는 인기를 얻었고, 당국에서는 존경을 얻었다. 그는 자기 방식대로 행동했다.[7] 그를 찬양한 것은 소소주의자들만이 아니었다. 그의 감방에 함께 있었던 한 죄수는, 소소가 나중에는 괴물이 되었지만 "매우 유쾌하고 용감한 감방 동료였다"고 인정했다.[8]

트빌리시에 있는 검사는 바투미 시위를 주도했다는 죄목으로 스탈린을 기소할 증거가 충분하지 않다고 판정했다. 아마 목격자들이 너무 겁이 나서 증언하지 못했을지도 모른다. 그는 함정에서 벗어났지만 여전히 감옥에 남아 있었다. 라브로프 대위가 다른 사건도 조사하고 있었기 때문이다. 그것은 스탈린이 트빌리시 위원회에서 맡은 역할에 관한 일이었다. 8월 29일에 헌병대는 스탈린을 위원회의 더 나이 든 동지들과 함께 기소했다. 하지만 관료주의 때문에 일처리 속도도 느리고 진행 양상도 뒤죽박죽이었다.[9]

그는 오래전에 앓았던 가슴병이 도졌다. 어떤 때는 그것이 심장 이상이라고 했고, 다른 때는 폐에 흠집이 있다고 하기도 했다. 10월 동안 소소는 감옥의 의사를 움직여 그의 조수 칸델라키와 함께 병원에 갈 수 있었다.[10] 혁명적 에티켓에는 반하는 일이지만, 지사-장군인 골리친 공작에게 세 차례나 직접 탄원서를 보내기도 했다.

제 기침이 점점 악화될뿐더러, 12년 전에 남편에게 버림받고 부양가족이라고는 오직 저밖에 없는 연로한 모친의 가련한 여건 때문에 두 번째 탄원을 올립니다. 부디 너그러움을 베풀어 제가 경찰의 감시 아래 석방될 수 있게 해주십시오. 제 요청을 들어주셔서 청원에 답해주시기를 간청합니다.

　　–J. 주가시빌리, 1901년 11월 23일[11]

　하지만 병이 들었다고 해서 그가 얌전히 있었던 것은 아니었다. 1903년 4월 17일에 그루지야 정교회 주교가 탕아들을 전도하러 오자 전직 신학생은 격렬한 항의를 벌여 독방에 갇히게 되었다. 시위를 조직한 일이 그때가 처음도 아니었지만, 그 시위로 인해 그는 서부 그루지야에 있는 더 엄격한 쿠타이시 감옥으로 이송되었다.

　이틀 뒤, 이송될 죄수들이 집결했을 때 스탈린은 나타샤가 자신과 함께 이송되는 것을 알았다. 간수들은 그에게 수갑을 채우기 시작했다.

　"우리는 수갑을 차야 할 도둑이 아니오!" 스탈린은 짧게 내뱉었다. 장교는 수갑을 풀어주었다. 이 이야기는 스탈린이 죄수들과 관리들 모두에게 권위를 가졌음을 보여준다. 차르 치하의 경찰은 소련의 비밀경찰이라면 꿈도 못 꿀 정도로 양순한 조직이었다. 그런 다음 죄수들은 이동하기 위해 바투미 시내를 가로질러 모였다. 스탈린은 소지품을 실을 수레와, "여자인 나를 태우고 갈 쌍두마차"를 요구했다고 나타샤는 자랑스럽게 회상한다. 믿을 수 없는 일이지만 감옥 시스템에 통달한 스탈린의 요구가 이번에도 통했다.* 스탈린의 여자에게는 최고의 것이 주

---

*차르 체제의 관대함을 경멸했던 스탈린은 소비에트의 지도자가 되었을 때 자신이 행한 탄압에서는 그런 점을 피하기로 결심했다. "감옥이 휴양소 같은 곳이 되면 안 된다"고 대

어져야 한다. 나타샤는 마차를 타고 역으로 갔다.

쿠타이시 부근에 기차가 당도하자, 스탈린은 모두를 뒤로 물러서게 했다. "나타샤가 선두에 나서게 하여 여성도 이런 개들과 투쟁한다는 것을 누구나 볼 수 있게 한 것이다."[12]

쿠타이시에서 당국은 죄수들에게 올바른 처신을 강요하려고 했다. 정치범들은 여기저기 나누어 수감되었지만, 스탈린은 얼마 지나지 않아 새로운 소통방식을 찾아내어 반격을 계획했다. 나타샤 키르타바는 여러 명이 있는 감방에서 독방으로 옮겨지자, "감정이 격해져서 울기 시작했다." 스탈린은 이 소식을 감옥 전보를 통해 듣고는 그녀에게 쪽지를 전달했다. "당신 눈물이 무슨 뜻인가? 여자 독수리여! 감옥에 굴복한 건 아니겠지?"

감옥 마당에서 스탈린은 온건파에 속하는 동지인 그리골 우라타제를 만났다. 그리골은 그를 싫어했지만 "스탈린의 얼음장 같은 기질에 감탄했다. 여섯 달 동안 난 그가 울거나 화를 내거나 분개한 모습을 한 번도 보지 못했다. 그는 항상 완벽하게 냉정을 유지하면서 처신했다. 그리고 그의 웃음은 신중하게 자신의 감정에 맞게 조율되어 있었다. 우리는 다들 마당에서 잡담을 나누었다." 하지만 스탈린은 "괴상한 잰걸음으로 혼자 걸어 다녔다. 다들 그가 얼마나 기분이 나쁜지 알 수 있었다." 그러면서도 "철저하게 범접할 수 없는" 사람이었다.

숙청이 절정에 달했던 1937년에 썼다. "죄수들이 사교할 수 있는 데다, 서로 편지질을 하고, 소포를 주고받다니…!"

스탈린은 거만한 지식인들에게는 적대감을 품었지만, 노동자-혁명가들에게는 별로 그렇지 않았다. 이들은 자신의 열등감을 자극하지 않았기 때문이다. 그들에게 그는 교사, 사제였다. 소소는 "신문, 책, 잡지 읽기 모임을 조직하고, 죄수들에게 강의를 했다." 한편 그의 상대는 쿠타이시의 감옥의 한층 더 엄격한 체제였다. 그 지역의 지사는 그의 요구를 거부했다. 그러자 7월 28일에 소소는 신호를 보냈고, 죄수들은 철문을 두드리면서 시끄럽게 항의하기 시작했다. 소란이 너무나 커서 온읍내가 경악했다. 지사는 부대를 불러들여 감옥을 둘러쌌지만, 그러다가 양보하여 정치범을 모두 한방에 수용하라는 요구를 들어주었다. 스탈린이 이겼다. 하지만 지사는 복수를 했다. 그 감방은 감옥에서도 가장 음산한 지하 감방이었던 것이다.

일부 죄수들이 신속하게 시베리아 유형지로 이송되자 스탈린은 단체 사진을 찍자고 제안했다. 권좌에 올랐을 때 단체 사진 속 자리를 일일이 지정하기를 좋아한 것과 똑같이 이번에도 그는 모든 사람의 자세를 지시하고 자신은 자기가 가장 좋아하는 자리, 맨 윗줄 중간에 섰다. "나 역시 한 사람의 혁명군이니까 난 중간에 설 거요." 그 자리에 그가 있다. 머리가 길고 수염을 기른, 스스로 임명한 지도자였다.

동지들이 끌려 나가 긴 여정을 떠날 때 "동지 소소는 마당에 서서 붉은 깃발을 들어 올렸다. 우리는 '라마르세예즈'를 불렀다."[13]

당시 비밀경찰은 스탈린의 소재를 파악하지 못했다. 그들 자신의 감옥에 있는데도 말이다. 트빌리시 헌병대와 오흐라나는 '초푸라, 곰보'

가 오래전에 석방되었다고 생각하고 있었다. 라브로프 대위는 그가 또다시 바투미에서 "특별 감시를 받으며" 노동자들을 이끌고 있다고 믿었다. 두말할 나위 없이 스파이들은 전혀 엉뚱한 인물을 감시하고 있었던 것이다. 바투미 당국은 샤벨스키 소령이 사라진 곰보 사건을 제대로 처리하기 전까지는 상황을 확신하지 못했다. 그는 모두를 조사한 끝에 "주가시빌리가 이미 1년 이상 (지금은 쿠타이시의) 감옥에 있다"는 것을 알아냈다.[14]

정치범 사건을 지역 총독에서 페테르부르크에 있는 법무상과 내무상에게 보고하는 방식인 차르 사법체제의 가혹한 메커니즘은 스탈린에게 3년간 동부 시베리아 유형을 권고했다.* 1903년 7월 7일에 법무상은 이 권고안을 황제에게 올렸고, 황제는 스탈린의 형량에 황제 직인을 찍어 승인했다. 니콜라이 2세는 상상력은 없지만 워낙 꼼꼼한 통치자였기 때문에, 자기 책상에 올라온 온갖 사소한 서류까지 부지런히 모두 읽었다. 그렇기 때문에 장래의 붉은 차르의 운명은 마지막 차르의 책상을 여러 번 지나갔을 것이다.

---

*차르 체제 당국은 증거 부족과 비밀 유지라는 특히 힘든 문제 때문에, 테러리스트와 혁명가들을 배심원이나 판사가 심판할 수 없음을 깨달았다. 지역 헌병대 장교는 사건을 지역 총독-장군에게 보고하고, 총독은 그것을 특별 위원회로 송치한다. 이 위원회는 다섯 명의 판사와 내무부 관리들로 구성되며, 이들이 선고를 내린다. 내무상은 그것을 확인하고 황제가 서명하여 이를 승인한다. 스탈린도 늘 이런 식으로 선고했다. 이런 식으로 선고된 인원은 1881년에서 1904년 사이에는 1만 1,879명뿐이었지만, 스탈린 통치 시절에는 대략 같은 기간에 2,800만 명의 이송을 처리했으니, 경악할 정도로 늘어났다. 그중 수백만 명은 끝내 돌아오지 못했다. 차르 체제하의 중범죄자 가운데 서부 지역의 폴란드인 가톨릭교도와 유대인들은 러시아정교도나 그루지야인들보다 교수형을 당할 확률이 훨씬 더 높았다.

이제 경찰은 또다시 스탈린의 종적을 찾지 못해 헤매기 시작했다. 트빌리시 총독은 그가 메테히 요새 감옥에 있다고 생각했지만 그 감옥은 그가 그곳에 온 적이 없다고 답했다. 그래서 트빌리시 경찰국장은 "지금까지 주가시빌리의 행방은 알려지지 않았다"고 선언했다. 경찰은 헌병대에 지원을 요청했고, 그들은 그가 바투미 감옥으로 돌아갔음을 밝혀냈다. 이 정도면 괜찮은 수준이었다. 단지 그가 아직 쿠타이시 감옥에 있었다는 사실만 빼면 말이다. 그를 찾아내기까지 다시 한 달 반이 더 걸렸다. 그런 혼란은 그 이후 음모이론가들의 뜨거운 상상력에 기름을 부었다. 헌병대나 오흐라나가 서로에게 그의 존재를 숨긴 것은 그가 이중첩자였기 때문이었을까? 그렇다는 증거는 없다. 그런 혼란이 스탈린에게만 해당된다면 이런 상황이 수상하게 여겨질 수 있지만, 사실은 거의 모든 경우가 이런 식이었다. 살인적인 음모와 느려터진 서류 작업이 서로 얽혀 있는 세상에서는 콘스피라치아만큼이나 혼란도 많았다.

대기하는 동안 그는 끔찍한 소식을 들었다. 1903년 8월 17일, 그의 영웅인 라도 케츠호벨리가 죽은 것이다. 그는 바쿠에서 체포되어 메테히 요새 감옥에 유폐되어 있던 중, 감방 창문에 서서 보초병들을 놀리며 "전제정치 타도!"를 외치다 보초가 쏜 총에 가슴을 맞고 죽었다. 스탈린 자신도 얼마든지 그런 운명에 떨어질 수 있었다. 그는 절대 라도를 잊지 않았다.

10월 8일, 마침내 스탈린은 자신이 매우 긴 여행을 떠나게 되었음을 알았다. 첫 단계는 바투미로 돌아가는 것이었다. 그는 또 다른 단체 사진 촬영을 기획했다. 그가 감옥을 떠날 때 동지들은 깃발을 흔들면서

'라마르세예즈'를 불렀다.

"나는 유형을 떠난다." 그는 직전에 석방된 나타샤 키르타바에게 편지를 썼다. "감옥 근처에서 만나." 그녀는 러시아의 겨울로 들어가는 긴 여행에서 그에게 도움이 되도록 10루블을 걸고 약간의 음식을 마련했다. 하지만 그는 얇은 그루지야 외투인 초하를 걸치고 장화만 신고 장갑도 없이 떠났다. 노보로시스크와 로스토프를 지나가는 그 여정의 제1단계로, 바투미 항구에서 죄수용 증기선으로 걸어 올라갈 때 아름다운 나타샤가 부두에서 기다리고 있었다. "나는 그를 배웅했다."

이 여행은 노래와 포도주 냄새를 풍기는 그루지야의 풍요로움에 익숙했던 한 그루지야인을 멀리 떨어진 얼어붙은 땅, 시베리아에서의 또 다른 삶으로 데려간다.[15]

12장

★★

얼어붙은 그루지야인: 시베리아 유형

시베리아 유형은 그 자체보다 그곳으로 가는 여정이 더 살인적일 때가 많았다. 스탈린은 무시무시한 에타프etap, 즉 가는 길에 다른 죄수들을 합류시키면서 한 걸음 한 걸음 동쪽으로 나아가는 느린 전진의 공포를 전부 다 겪었다. 스탈린은 발목에 쇠공이 묶여 있었다고 주장했으며, 한번은 감상적이 되어 "족쇄를 차고 있다가 풀고 난 뒤 허리를 똑바로 펴는 것만큼 기분 좋은 일은 없다"고 말하기도 했다.

로스토프–온–돈Rostov-on-Don에 닿았을 때는 돈도 이미 다 떨어져버려, 그는 바투미에 전보를 쳐서 돈을 좀 더 보내달라고 요청했다. 칸델라키가 돈을 보냈다. 거기서 멀지 않은 곳에서 그는 심한 치통을 앓기 시작하여 의사 조수에게 보였다. "치통을 완전히 치료해줄 약을 주겠소." 조수가 약속했다. "그는 그 약을 아픈 이빨에 직접 집어넣었다." 스탈린은 회고했다. "그것은 비소였다. 그런데 그는 약을 넣었다가 꺼내야 한다는 말을 해주지 않았다. 그래서 통증은 멈추었지만 이빨 두어 개가 함께 빠져나갔다. 그의 말이 옳았다. 뽑힌 이빨은 절대로 다시 아프지 않았으니까!" 치통은 스탈린을 평생 괴롭힌 여러 병 가운데 하나에 불과했다.

문명에서 멀어지는 방향으로 여행할수록 죄수들은 시베리아의 극단적 여건, 질병, 폭력에 더 많이 노출되었다. 시베리아의 어딘가에서 죄수 하나가 "괴저가 너무 심해 거의 죽을 지경"이 되었다고 70대의 스탈린은 회고했다. "가장 가까운 병원도 최소한 1,000킬로미터는 떨어져 있었다. 의사 조수가 불려 왔는데, 다리를 절단해야겠다고 결정했다. 그는 죄수의 다리에 독한 술을 붓고, 남자 여러 명에게 그를 붙들고 있으라고 말하고는 수술을 시작했다. 나는 도저히 수술을 지켜볼 수 없어서 막사에 피해 있었다. 하지만 마취제도 없이 뼈가 잘리고 있으니 그 남자의 비명을 듣지 않을 도리는 없었다. 지금도 내 귀에는 그 비명이 똑똑히 들린다!"

가는 도중에 그는 구리아족 농민 출신의 노동자를 수십 명 만났다. 그들은 바투미 시위 기간에 체포된 사람들이었다. 소소는 갈피를 못 잡고 있는 이 그루지야인들이 시베리아로 가는 길에서 떨고 있는 모습을 보면서 그로서는 드물게 죄책감을 느꼈음을 인정했다. 하지만 그들은 그에게 고맙다고 말했다.

정말 위험한 것은 죄수들이었다. 대개 그들은 "우리의 투쟁을 존경했다"고 스탈린의 심복인 비야체슬라프 몰로토프가 말했다. 몰로토프 역시 이르쿠츠크까지 이와 비슷한 여행을 한 적이 있었다. 하지만 그들은 역시 정치범들을 겁먹게 했다. "유형지로 가는 여행길에서 사이코

같은 위험인물을 상대해야 하는 운명이 내 몫으로 떨어졌다. 그는 키가 거의 2미터는 됨직한 거인이었다. 난 내 담배쌈지를 놓고 그에게 별 의미 없는 말을 몇 마디 걸었다. 그런 잡담은 싸움으로 끝났다. 그 바보는 나를 땅바닥에 때려눕히고 갈빗대를 여러 개 부러뜨렸다. 아무도 날 도와주지 않았다." 스탈린은 의식을 잃었다. 하지만 그는 여기서 그답게 정치적 교훈을 얻었다. "정신이 들 무렵, 내 머릿속에는 정치가란 반드시 동지를 얻어야 한다는 생각이 들었다." 미래에 그 사이코패스들은 그의 편에 서게 된다.[1]

멀리 떨어져 있는 시베리아의 수도인 이르쿠츠크에 도착하자 스탈린은 서쪽으로 가서 그 지역의 중심, 가장 가까운 기차역에서 75베르스트(약 80킬로미터) 떨어진 발라간스크로 이송되었다. 이제 그들은 걷거나 수레를 타고 갔다. 스탈린은 여전히 총알주머니가 달린 흰색의 그루지야식 초하를 입고 있었는데, 그런 차림은 시베리아의 삭풍을 견디기에는 터무니없이 얇았다. 발라간스크에 있는 유형수는 일곱 명이었다. 그는 유대인 유형수인 아브람 구신스키와 함께 묵으면서, 더 먼 곳으로 보내지지 않도록 애썼다.[2] 하지만 그는 노바야 우다로 가도록 지정되어 있었다. 지역 경찰은 "이오시프 주가시빌리, 7월 9일에 내려진 황제 폐하의 명령에 따라 유형되어 11월 26일에 도착했으며, 경찰 감시하에 있음"이라 기록했다.

노바야 우다는 발라간스크에서 70베르스트(약 74킬로미터), 그리고 가장 가까운 기차역에서 120베르스트(약 128킬로미터) 떨어진 곳으로, 모스크바나 트빌리시에서는 수천 베르스트나 떨어져 있었다. 지금껏 그가 간 유형지 중 가장 먼 곳이기도 했다. 이곳은 둘로 쪼개진 작은 마을이었다. 가난한 사람들은 습지가 많은 농경지에 있는 오두막에 살았고, 상대적으로 유복한 층은 두어 개의 상점과 교회 부근, 또는 목제 요새 근처에서 살았다. 이 요새는 샤머니즘을 믿는 그곳의 토착민인 몽골계 부리아트족에게 겁을 주어 항복시키기 위해 지은 것이었다. 노바야 우다에서는 책을 읽고 논쟁하고 술 마시고 연애하고 또 술 마시는 것 외에 달리 할 일이 없었다. 지역 주민이든 유형수든 다들 이런 일을 하고 지냈다. 그 마을에는 술집이 다섯 군데나 있었다.

소소는 이런 일들을 모두 좋아했지만, 동료 유형수들을 견디기가 힘들었다. 노바야 우다에는 유형수가 세 명 더 있었다. 그들은 유대인 지식인들로, 분드주의자Bundist(유대인 사회주의자 정당 추종자) 또는 사회민주노동당원이었다. 스탈린은 캅카스에서 유대인을 만난 적이 거의 없었지만, 나중에는 차르 체제의 탄압과 편견을 벗어나는 수단으로 마르크스주의를 받아들인 유대인을 많이 만났다.

스탈린은 마을의 빈곤층 거주지역에 사는 "농민 마르타 리트빈체바의 허름한 방 두 개짜리 오두막"에서 살았다. 방 하나는 식량을 저장하는 창고였고, 다른 방은 나무 가리개로 나눈 침실이었는데, 온 가족이 그곳에 살면서 난로 주위에서 잠을 잤다. 스탈린은 가리개 반대쪽의 식량창고에 있는 트레슬 탁자(A자형 다리 위에 상판을 얹은 형태의 탁자-옮긴이) 위에서 잠을 잤다. "밤에 그는 작은 등잔을 켜고 리트빈체프 가족이 자는 동안 책을 읽었다."3

시베리아 유형은 차르 전제정치가 행한 가장 지독한 처벌 중 하나였다. 그것은 분명히 지루하고 우울한 생활이었다. 하지만 일단 외딴 마을에 정착하고 나면 유형수들, 흔히 세습 귀족이던 지식인들은 대개 대접을 잘 받았다. 가부장제적인 그런 체류는 스탈린 시대의 살인적인 굴라그Gulag(구소련의 강제노동수용소–옮긴이)보다는 지루한 독서 휴가 쪽에 더 가까웠다. 차르는 심지어 이들에게 용돈까지 지급했다. 레닌 같은 귀족에게는 12루블, 몰로토프 같은 학교 졸업생에게는 11루블, 스탈린 같은 농민 출신에게는 8루블이었다. 의복과 식량, 방세는 그것으로 충당되었다. 집에서 돈을 너무 많이 보내오면 용돈은 취소되었다.

부유한 혁명가들은 열차의 일등칸을 탈 수 있었다. 개인 수입원이 있던 레닌은 자기 돈을 써서 유형지까지 갔고, 유형생활 내내 괴상한 자연주의자 스타일의 휴가를 지내러 온 귀족처럼 살았다. 부농인 아버지로부터 돈을 받는 트로츠키가 뽐내듯 회상한 바에 따르면 시베리아는 유형수들이 "올림포스의 신들처럼" 행복하게 살 수 있었던, "우리의 시민적 감수성을 시험하는" 장소였다. 하지만 레닌 같은 부자들과 돈 한 푼 없는 스탈린 같은 사람들의 처지는 천양지차였다.*

---

*레닌은 유형지에 가서 역장에게 호통을 쳤고, 그곳 주민인 어떤 상인의 서재를 이용했으며 아내인 나데즈다 크루프스카야와 장모도 함께 데리고 와서 보살핌을 받았다. 심지어 하녀를 고용하여 집 안 청소도 시켰다. 레닌이 농민을 대하는 태도는 가부장적이었다. 크루프스카야는 농민들이 "대체로 깨끗한 습관을 가졌다"고 적었다. 레닌은 쾌적한 집필 환경이 되어준 이 '시베리아의 이탈리아'의 풍경을 매우 좋아했다. 크루프스카야는 "대체로 유형자들은 그리 나쁜 대우를 받지 않았다"고 썼다. 그 시스템은 귀족과 러시아정교도와 그루지야인을 유대인과 폴란드인보다 선호했다. 레닌과 그의 친구인 율리 마르토프는 같은 시기에 같은 죄목으로 체포되었지만, 고귀한 러시아인인 레닌은 경치 좋은 곳에서 독서 휴가를 즐긴 데 반해 사회민주주의 지도자인 유대인 마르토프는 북극의 극한極寒 지역인 투루한스크에서 살아남기 위해 필사의 노력을 해야 했다.

유형자들의 행동은 일련의 규칙에 따라 운영되었다. 각 정착지에서는 당의 규칙을 위반하는 사람을 재판할 수 있는 위원회가 선출되었다. 책은 공동소유였다. 유형수가 죽으면 그의 책은 생존자들이 나누어 가졌다. 범죄자와는 어울리지 말아야 한다. 떠날 때 유형수는 동료 유형수들로부터 선물을 받을 수 있고, 자신을 묵게 해준 집주인에게 기념물을 남겨야 한다. 유형자들은 집안일을 나누어 했고 우편물을 가져오는 것도 그들의 임무였다. 우편물이 오는 때는 그들의 가장 행복한 시간이었다. "유형지에서 친구 편지를 받는 게 얼마나 좋았던지 기억하는가?" 예누키제는 권력을 잡았을 때 이렇게 회상했다.

하지만 황량한 동부에서 이런 규칙을 지키기는 쉽지 않았다. 유형수들 사이에서 성적인 사건은 얼마든지 일어났다. "디에고 리베라 지역의 야자나무처럼, 거대한 바윗덩이 아래에서 사랑은 태양을 향해 뻗어갔으며, 커플들이… 유형지에서 맺어졌다"고 트로츠키는 호언장담했다. 나중에 스탈린의 부관인 클리멘티 보로실로프와 결혼한 골다 고브만은 유형지에 있는 동안 나중에 스탈린의 거물 중 하나가 된 그루지야인 예누키제의 유혹을 받아 임신했다. 권력을 쥐게 된 정치국원들은 이런 스캔들에 대해 즐겨 회상했다. 스탈린 본인도 유형수 레즈네프의 뻔뻔스러움을 한 번도 잊지 않았다. 그는 그 지역 검사의 예쁜 아내와 동침했다가 그 벌로 북극지역에 보내졌다. 몰로토프는 여자 하나를 놓고 결투했던 두 유형수 이야기를 했다. 둘 중 하나는 죽었고 여자는 남은 사람 차지였다.

유형수들은 지역 농민들의 집에 묵어야 했다. 그들은 비좁고 시끄러운 작은 방에 끼어들어 살아야 했고, 소리를 질러대는 아이들과 사생활이 없는 상황 때문에 짜증스러워 했다. "유형생활에서 가장 나쁜 것은 집주인과 따로 지낼 수 없다는 점이었다"고 나중에 스탈린과 함께 유형생활을 했던 야코프 스베르들로프가 썼다. 하지만 이렇게 방을 함께 쓰다 보니 성적 유혹이 더 커지기도 했다. 지방에서는 관습적으로 유형수들과의 관계가 금지되었지만, 이를 강요하기는 불가능했다. 유형수들은 이국적이고 교양 있고 언변이 좋았기 때문에 현지의 여자들이 그 매력에 저항하기는 힘들었다. 특히 한방에서 잠을 자다 보면 더욱 그러했다.

혁명가들은 원래 파벌을 잘 만들지만, 유형지에서 고립되어 살다 보면 그런 파벌주의 특유의 단점이 드러나게 된다. "사람들은 당신 앞에 온갖 치졸한 면모를 훤히 노출시키게 된다. 근사한 모습을 보여줄 만한 공간이 없었다." 유형수들의 처신은 경악스러웠지만, 빈틈없는 유혹자, 사생아 생산자, 연쇄적 싸움꾼, 강박적인 말썽꾼으로서의 스탈린의 처신은 그중에서도 최악이었다. 그곳에 도착하자마자 스탈린은 규칙을 어기기 시작했다.[4]

그는 유대인 동료 유형수들과는 어울리지 않았지만 그 지역의 취미는 받아들였다. 범죄자들과 술집을 순례하는 일이었다. "그들 중에는 소탈하고 좋은 사람들이 몇 있었고, 정치범들 중에는 쥐새끼가 너무 많았어." 1940년대에 흐루시초프 및 정치국원들과 만찬을 하던 중에 그는 이렇게 말했다. "난 주로 범죄자들과 어울렸지. 읍내의 술집에 들러 우리 중의 누구든 몇 푼이라도 있으면 창문에다 그걸 들이대고 호주머니가 텅텅 빌 때까지 술을 마셔댔어. 어느 날은 내가 내고 다른 날은 다른 사람이 내는 식으로 말이지." 이 같은 범죄자들과의 사교는 속물근성이 있는 중산층 출신 혁명가들에게는 체면을 깎는 일로 치부되었다. "한번은 그들이 동지들의 법정을 열더군. 그러고는 범죄자들과 어울려 술을 마신다고 날 거기에 세우는 거야." 스탈린이 말한다. 어딘가 이질적인 소소가 동지들에게 심판을 당한 것은 이번이 처음도 마지막도 아니었다.[5]

하지만 그는 바깥세계와 연락을 끊지 않았고, 정착하여 장기간 그곳에 머물 생각도 없었다. 1903년 12월, 우편물 중에는 레닌에게서 온 편지가 있었다. "난 1903년에 레닌을 처음 만났다. 직접 만난 것이 아니라 우편을 통한 만남이었다. 그것은 긴 편지는 아니었지만 우리 당에 대한 대담하고 두려움 없는 비판이 담겨 있었다." 그의 말은 과장이었다. 이것은 개인적인 편지가 아니라 팸플릿이었으니까 말이다. '조직적 과업에 대해 동지들에게 보내는 편지A Letter to a Comrade on Organizational Tasks'가 그것이다. 레닌은 그때까지 스탈린에 대해 알지 못했다. 그럼에도 그것은 스탈린에게 확실한 영향을 미쳤다. "그 단순하고 대담한 편지는 레닌이 우리 당에서 산악의 독수리라는 믿음을 강화시켰다."

스탈린은 그 뒤 팸플릿을 태워버렸지만 곧 브뤼셀과 런던 양쪽에서 열린 사회민주노동당 제2차 당대회에서 레닌과 마르토프가 그들의 경쟁세력인 분드주의자를 물리쳤다는 소식을 들었다. 분드주의자들은 사회주의를 소수민족을 위한 민족적 영토 주장과 혼합하려는 것이었다. 하지만 그런 다음 승자들은 자기들끼리 분열했다. 레닌은 배타적인 혁명가로 이루어진 파벌을 요구했고, 마르토프는 더 넓은 구성원과 광범위한 노동자 참여를 받아들이려고 했다. 분열적인 대립에 열중했던 레닌은 당을 쪼갰고, 자기 그룹이 다수파 즉 볼셰비키이고, 마르토프 편은 소수파 즉 멘셰비키라고 주장했다.*

다비타시빌리는 고리 출신의 절름발이 친구로 레닌과 접촉이 있었다. 스탈린은 라이프치히에 있는 그에게 즉시 편지를 썼다고 주장한다. 하지만 이것 역시 그의 허세였다. 사실 거의 1년이 지나도록 편지를 쓰지 않았다. 하지만 그는 이미 레닌주의자였다. 트로츠키는 사람을 보기만 하면 그가 볼셰비키인지 알아볼 수 있다고 믿었다. 이레마시빌리의 말에 따르면 스탈린은 "인스턴트 볼셰비키"였다. 1904년에는 뭔가 세상을 뒤흔들 일이 움트고 있다는 느낌이 매우 강하게 퍼져 있었다. 그움직임이 활발해지고 있다는 것이다. 극동의 제국을 얻고 싶었던 니콜라이 2세가 일본과 벌인 "승리의 작은 전쟁"에서 점점 더 실수를 저지

---

*이러한 초반기에도 레닌과 스탈린은 프롤레타리아의 옹호자로 자임하면서도 실제 노동자들의 참여는 반대했다. 그들은 노동자의 이름으로 지배하는 과두제를 믿었다. 이것이 나중에 '프롤레타리아의 독재'가 되는 개념이다. 스탈린은 노동자들을 당의 위원으로 선출하면 아마추어 혁명가와 경찰의 첩자가 위원회에 끼어들 가능성이 너무 크다고 확신했다. 레닌주의자들은 농민들의 토지에 대한 열망에 대해서도 별로 공감하지 않았다. 그루지야 사회민주노동당원들은 거의 대부분 광범위한 노동자와 농민 참여와 농민에 대한 토지 허용을 믿었기 때문에 멘셰비키가 되었다. 조르다니아 같은 열정적인 인물 휘하에 들어간 그루지야 멘셰비키들은 매우 유능했고 인기가 점점 높아졌다. 그루지야 멘셰비키는 러시아 멘셰비키보다 폭력성이 훨씬 강했다. 지블라제와 노에 라미시빌리는 1907년까지만 해도 테러와 수탈에 대해 스탈린 못지않게 열렬히 찬성했다. 하지만 결국 볼셰비키들이 훨씬 더 훈련이 잘 되었고 더 무자비했고 더 편한 마음으로 테러와 살인을 저질렀다. 게다가 카메네프 같은 온건한 볼셰비키와, 극단적 멘셰비키도 있었기 때문에 문제가 더욱 복잡해졌다.

를수록, 혁명은 갑자기 그 어느 때보다도 더 가까워졌다. 노바야 우다에 주저앉아 있을 때가 아니었다.[6]

소소는 그곳에 당도하자마자 탈출 계획을 짜기 시작했다. 체포와 유형이 그렇듯 탈출도 혁명가의 경험에 속한다.

탈출은 "그리 어렵지 않았다. 누구나 탈출을 시도했다"고 트로츠키는 썼다. "유형 제도라는 것에는 구멍이 숭숭 뚫려 있었다."

탈출하려는 사람은 '장화', 즉 위조 서류를 살 돈이 있어야 했다. 대개 완전한 탈출 도구 한 벌, 즉 장화, 음식, 의복, 열차표, 뇌물을 갖추려면 100루블가량이 필요했다. 음모이론가들은 순진하게도 스탈린이 그 돈을 어떻게 마련했는지 묻는다. 그가 오흐라나의 첩자였던가? 아마 케케를 통해 에그나타시빌리와 당의 동지들이 그 돈을 마련해주었을 것이다. 돈을 걷는 것은 전혀 드문 일이 아니었다. 1906년에서 1909년 사이에 전체 3만 2,000명의 유형수 중에서 종적이 묘연해진 1만 8,000명은 어떤 수로든 돈을 마련하여 탈출했으니까.

스탈린은 자신을 선전하는 글에서 탈출과 체포 횟수를 바꾸어 썼기 때문에 그의 기록은 신빙성이 더 없다. 하지만 알고 보면 그가 체포되고 탈출한 횟수는 자신이 공식적으로 주장한 것보다 더 잦았다. 1930년대에 그가 자신의 전기인 《지름길Short Course》을 직접 편집했을 때 그는 체포가 8번, 유형이 7번, 탈출이 6번이라고 썼지만, 그 책을 1947년에 다시 편집했을 때 그는 푸른색 크레용으로 숫자를 고쳤다. 체포는 7번, 유형은 6번, 탈출은 5번이었다는 것이다. 대화하다가 그는 "난 5번 탈출했다"고 주장했다. 놀랄 일이지만, 스탈린은 겸손을 떨었거나 기억이 틀렸다. 실제 횟수는 체포가 적어도 9번, 짧은 구류는 4번, 탈출은 8번이었다.

최종적인 확인은 스탈린과 비밀경찰의 관련성에 관한 전문가인 알렉산드르 오스트로프스키의 몫이다. "스탈린이 자주 탈출했다는 사실을 알고 놀라는 사람은 혁명 이전 러시아 유형 제도의 구체적 상황에 대해 전혀 알지 못하는 것이다."

소소는 레닌의 팸플릿을 1903년 12월에 읽고 난 뒤 아마추어적인 첫 번째 탈출을 시도했다. 그가 머물던 집주인 여자와 아이들은 탈출해서 먹을 빵을 챙겨주었다. "처음에는 경찰국장이 날 주시했기 때문에 성공하지 못했다. 얼음이 얼자 나는 겨울용품을 챙긴 다음 걸어서 떠났다. 얼굴이 거의 얼어붙었다!" 나이가 들수록 이런 이야기는 더 거창해졌다. 그는 소련의 도살자인 라브렌티 베리야에게 "나는 얼어붙은 강에 떨어졌다. 얼음이 깨졌지"라고 말해주었다. "뼛속까지 얼어붙었어. 어느 집 문을 두드렸지만 아무도 들어오라고 하지 않더군. 탈진할 지경이 되었을 때 마침내 초라하기 짝이 없는 오두막에 사는 어떤 가난한 사람들이 날 들여보내줬어. 그들이 내게 음식을 주고, 난로 곁에서 몸을 녹이게 해주었고, 다음 마을까지 가는 동안 입을 옷도 주었지."

그는 70베르스트(74.6킬로미터) 떨어진 발라간스크에 있는 아브람 구신스키의 집까지 갈 수 있었다.

어느 날 밤, 영하 30도로 끔찍하게 얼어붙은 날씨에, 문을 두드리는 소리가 들렸다.

"누구세요?"

"문 열어줘, 아브람. 나야, 소소."

그러자 얼음으로 뒤덮인 소소가 들어왔다. 시베리아의 겨울을 생각하면 그의 옷은 너무 얇았다. 그는 펠트로 된 망토, 페도라, 멋쟁이 스타일의 캅카스 후드를 쓰고 있었다. 내 아내와 딸이 그 흰색 후드를 보고 너무나 감탄하니 스탈린 동지는 너그럽게도 그걸 벗어서 그들에게 주었다.

그는 '필요 서류'를 이미 다 갖고 있었다. 하지만 더 갈 수는 없었다. 세르게이 알릴루예프에 따르면 "코와 귀에 동상이 걸려 아무 데도 갈 수 없었으므로 노바야 우다로 돌아갔다." 당연히 그의 유형수 친구들은 변방마을의 술잔치를 벌여 그를 따뜻이 해주었고, 그동안 그는 두 번째 탈출을 계획했다.

소소는 케케에게 편지를 썼고, 그녀는 "알맞은 옷을 만들어 최대한 빨리 보내주었다. 소소는 그 옷을 입고 탈출했다." 그동안 그는 미트로판 쿤가로프라는 사람의 집으로 이사하여 살고 있었는데, 1904년 1월 4일에 쿤가로프가 스탈린이 노바야 우다를 벗어날 때까지 태워주었다. 검으로 무장한 스탈린은 쿤가로프를 속여 자신은 그저 경찰국장에 대한 불만을 털어놓기 위해 근처의 차르코보까지만 가고 싶을 뿐이라고 주장했다. 쿤가로프는 아마 멈출 때마다 삯으로 보드카를 달라고 했던 고주망태 썰매꾼이었을 것이다. "우리는 영하 40도의 날씨에 길을 떠났다. 나는 모피로 몸을 감쌌다. 마차꾼은 마차를 모는 동안 코트 옷깃을 열어젖혀, 거의 맨살이 드러난 배에 혹독하게 차가운 바람이 불어닥치게 했다. 아마 알코올이 그의 몸을 데워주는 모양이었다. 얼마나 건강한 사람인지!" 하지만 스탈린이 탈출한다는 것을 알게 되자 그 농부는 더는 도와주지 않겠다고 하면서 썰매를 멈추었다. "그 순간 나는 모피코트를 헤치고 칼을 보여주면서 계속 가라고 명령했다. 그 농부는 한숨을 쉬더니 말을 달리게 했다."*

소소는 달아났다. 마침 러시아정교회의 공현대축일이었으니, 축하행사 때문에 경찰의 주의가 산만해지기를 기대한 것이다. "유형수 이오시프 주가시빌리가 탈출했다! 적절한 조처를 취해 그를 다시 잡아오도록!" 지역 경찰은 전보를 쳤다. 그는 티렛 역에 도착한 후 이르쿠츠크까지 간 다음 시베리아 횡단열차를 타고 간 것 같다.

시베리아의 역에서는 휴일에도 제복 입은 헌병들이 순찰을 했고, 오흐라나의 스파이와 직업적인 스파이도 종종 있었다. 그러나 대개 프

---

*1934년에 탈출을 위해 빵을 마련해주었던 아이들이 스탈린에게 편지를 썼다. 그는 그들에게 답장하고 라디오와 축음기를 선물로 보냈다. 1947년에 연금생활자 쿤가로프는 이렇게 편지했다. "소련의 대통령, J.V. 스탈린 동지, 각하를 귀찮게 해서 무척 죄송한 마음이지만, 1903년에 각하께서는 저희 집에 사셨고, 1904년에는 제가 직접 각하를 티렛 역까지 가는 길목의 차르코보에 모셔다드린 적이 있습니다. 경찰이 심문했을 때 제가 각하를 발라간스크에 데려다주었다고 거짓말을 했습니다. 그 거짓말 때문에 저는 감옥에 갇혔고 채찍질을 열 번 당했습니다. 저를 도와주시기를 간청합니다." 쿤가로프가 이 일을 꾸며냈을 가능성은 거의 없지만 편지를 읽은 스탈린은 이 일이 기억나지 않는다면서, 쿤가로프에게 더 자세히 설명해보라고 했다. 아마 첫 번째 유형에 대한 스탈린의 기억이 별로 생생하지 않았을 수도 있지만, 그보다는 처음에 탈출을 도와주기를 거부했던 쿤가로프에게 원망이 남았기 때문일 가능성이 더 크다.

리랜서 정보원인 스파이들이 도망자를 살피고 있었다. 하지만 스탈린은 정상적인 '장화'만이 아니라 경찰 정보원의 신분증명서도 갖고 있었다. 멀리 떨어진 시베리아에서는 (캅카스에서도 그랬지만) 어떤 서류든 돈만 주면 구할 수 있었는데, 그래도 그가 가진 서류는 좀 유별난 것이었다. 스탈린은 한 역에서 진짜 스파이가 자신을 미행했다고 말했다. 그런데 이 탈출자는 스파이가 따라붙는데도 오히려 헌병에게 가서 가짜 신분증을 보여주고 그 경찰 스파이를 가리키면서, 저자가 탈출한 유형수라고 말했다고 자랑했다. 그 경찰은 항의하는 스파이를 체포했고, 그동안 스탈린은 태연하게 캅카스로 가는 열차에 올랐다. 이런 이야기는 스탈린이 어둠의 분야에서 뛰어난 재능을 보였음을 증명한다. 소소가 정말 경찰 스파이였다면 애당초 그가 이 이야기를 했을 것 같지는 않다. 어쨌든 그가 꾸며낸 이야기일 수도 있다. 하지만 이런 이야기는 이 음모의 대가 주위에 감도는 수수께끼 같은 분위기(와 의혹)를 더해준 것은 확실하다.[7]

열흘도 안 되어서 그는 트빌리시에 돌아왔다. 그가 한 친구의 아파트에 갑자기 들이닥쳤을 때 친구들은 그를 거의 알아보지 못했다. 시베리아에서 체중이 줄었기 때문이다.

"날 몰라보는 건가, 이 비겁자들아!" 그는 웃었고, 그제야 그들은 그를 환영하고 방을 내주었다.

스탈린이 돌아온 시점은 더할 나위 없이 적절했다. 1904년 1월 당시 러시아는 전쟁 속으로 굴러 들어가고 있었다. 극동의 포트아서Port Arthur(중국 랴오둥 반도의 항구 도시 뤼순의 별칭-옮긴이)에서 일본군이 러시아 함대를 공격했다. 황제와 장관들은 원시적인 일본 '원숭이들'이 문명한 러시아군을 물리칠 수는 없다고 확신했다. 하지만 니콜라이의 군대는 구식이었고, 농민 출신 병사들은 무장이 빈약했으며, 지휘관들은 구제 불능의 패거리들이었다.

"그가《프랑스 혁명사History of the French Revolution》를 읽던 것이 기억난다"고 스탈린과 한방을 쓰던 친구가 말한다. 그는 전쟁과 혁명, 즉 묵시록의 말馬(세계를 멸망시킬 재앙을 상징하는 존재들. 전쟁과 죽음 외에, 정복 또는 학살, 기근 또는 질병이 포함된다-옮긴이)들은 함께 질주할 때가 많다는 것을 알고 있었다.

그루지야는 끓어오르는 중이었다. "그루지야인은 워낙 정치적인 민족이다." 스탈린은 나중에 회고했다. "어떤 정당에든 소속되지 않은 그루지야인이 있을 것 같지 않다." 젊은 아르메니아인들은 다시낙Dashnaks에 가담했고, 그루지야인들은 사회연방주의Socialist-Federalism에 가담했으며, 다른 많은 사람들은 멘셰비키, 볼셰비키, 아나키스트, 혹은 사회주의자혁명가당에 가담했다. 사회주의자혁명가당은 차르와 장관들에 대한 격렬한 테러 작전을 수행하고 있었다. 전쟁이 제국의 등골을 휘게 만들자 오흐라나는 혁명가들을 수없이 체포하여 불안감을 억누르려고 했다.

호전적이고 공격적인 소소의 귀환을 동지들 모두가 기뻐한 것은 아니었다. 그의 적들은 그를 치워버릴 방도를 궁리했다. 스탈린은 마르크스주의 정통성 면에서 문제가 있었다. 레닌은 제국의 모든 민족을 위한 국제주의적 정당을 믿었기 때문에 분드주의자들을 무너뜨렸다. 심지어 조르다니아도 캅카스 지역 전체를 위한 마르크스주의를 설교했다. 하지만 젊은 스탈린은 그의 시에서 읊었던 낭만적 꿈에 집착하여 고집스럽게 그루지야 사회민주노동당을 주장했다. 그래서 그의 적들은 그에게 마르크스주의 국제주의자가 아니라 분드주의자의 경향이 있다고 비난했다. 이때 스탈린은 그 자신의 본능에 맞추어 마르크스를 재단한 것이다. 그는 마르크스를 인용했지만 "항상 그 자신만의 독특한 방식을 따랐다"고 다비드 사기라시빌리가 주장했다. 한 회의에서 이에 대해 도전을 받았지만 소소는 "눈곱만큼도 당황하지 않고" 이렇게 말했다. "마르크스는 멍청이 같은 자식이다. 그는 내가 말한 것처럼 글을 썼어야 했다!" 이 말을 마치고 그는 질풍처럼 나가버렸다.

다행스럽게도 스탈린은 그루지야 최초의 볼셰비키인 미하 츠하카야의 열렬한 비호를 받았다. 츠하카야는 이제 레닌의 급진적 접근법을 지지하는 메사메 다시의 설립자 가운데 한 사람이다. 스탈린은 자기보다 나이는 많지만 정력적인 츠하카야, 염소수염을 기르고 이데올로기적인 장중함이 있던 츠하카야를 존경했다. 나중에는 그를 조롱했지만, "감사라는 것을 개똥"처럼 여기는 사람이 할 수 있는 최대한으로 항상 그에게 감사하고 있었다.

츠하카야는 스탈린을 위해 이곳저곳 다니며 간청하여 그가 추방되지 않도록 구해주었지만, 그의 생각에 스탈린은 마르크스주의를 새로이 배우는 과정을 거쳐야 했다. "당신을 별로 신뢰할 수 없소. 당신은 아직 어리기 때문에, 굳건한 이념의 기초가 필요하오. 아니면 힘든 일이 많을 거요." 츠하카야는 소소에게 알려주었다.

츠하카야는 스탈린에게 다네시 셰바르디안이라는 한 젊은 아르메니아 지식인을 소개해주고 '새 문학'에 대한 강의를 듣게 했다. 스탈린은 나중에 웃으며 말했다. 츠하카야는 "행성의 창조, 지구 상의 생명, 단백질, 원형질 등에 관한 설명으로 시작했다. 세 시간이 지난 뒤에야 우리는 마침내 노예 소유 사회의 단계에 도달했다. 우리는 도저히 눈을 뜨고 있을 수가 없어 꾸벅꾸벅 졸기 시작했다."

하지만 스탈린이 말하는 일화들은 굴욕스러운 사실을 숨기고 있었다. 츠하카야는 그에게 자신의 이단적 견해를 포기하겠다는 〈신앙고백서Credo〉를 쓰라고 지시했다. 그 아르메니아인은 글을 읽고 만족했다. 그 글은 70부 인쇄되어 배포되었다.* 스탈린은 사면되었지만, 속죄할 만한 임무를 다시 받기까지는 "쉬어야" 한다고 츠하카야가 말했다.[8]

소소는 부끄러움도 없이 친구들에게 빌붙어 살았다. "그는 누군가의

---

*〈신앙고백서〉는 스탈린의 과거에 숨어 있는 중요한 비밀 가운데 하나다. 그것은 레닌주의에서 스탈린이 가진 신뢰성을 심각하게 훼손한다. 이 문서에 따르면 그의 위치는 독립 그루지야를 창설했던 1918년의 멘셰비키와, 1921년에서 1922년의 볼셰비키 일탈파들과 더 가까워진다. 1925년에 레닌의 계승자가 되기 위해 애쓰던 스탈린은 이 문서의 사본을 찾아내어 모두 없애기 시작했다. 1934년에 그는 셰바르디안에게 두 번 접근했다(처음에는 무역 인민위원회에서 그의 상관인 스탈린주의자 거물 아나스타스 미코얀을 통해, 그다음에는 옛날의 트빌리시 동지인 트빌리시대학교 학장 말라키아 토로셀리제를 통해서였다). 셰바르디안은 서류를 그의 마을에 파묻었다. 1937년의 대숙청 때 미코얀과 베리야는 아르메니아 볼셰비키 300명의 처형 명단을 갖고 예레반으로 갔다. 미코얀은 300명 중 한 명, 즉 셰바르디안은 살려두었지만 그래도 체포는 면하지 못했다. 그의 가족은 그 문서를 없앴다. 셰바르디안은 독일군이 진군해 오자 1941년 10월 24일에 베리야에 의해 총살되었다. 〈신앙고백서〉를 받아본 사람이 모두 총살당한 것은 아니었다. 츠하카야는 여전히 총애를 받았다.

가족을 찾아가서 가족의 일원처럼 처신했다." 카모와 스바니제의 친구인 과거의 신학생 미하일 모노셀리제가 회상했다. "자신이 좋아하는 포도주나 과일이나 과자가 있는 걸 알면 그는 낯을 붉히지도 않고 이렇게 말했다. '누군가가 나더러 여기 와서 술과 과일을 먹으라고 했어.' 그러고는 찬장을 열어 자기 마음대로 꺼내 먹었다." 그는 자신이 행하는 신성한 임무에 대한 고마움을 갚으려면 친구들은, 문자 그대로, 자신의 생계를 마련해줘야 한다고 믿었다.

그는 부유한 친구 스판다리안과 함께 지냈는데, 스판다리안은 그를 레프 로젠펠트가 운영하는 그룹으로 데려갔다. 로젠펠트는 나중에 카메네프로 이름을 바꾸어, 레닌이 죽은 뒤 스탈린과 함께 공동통치자가 되고, 또 그에게 희생되는 인물이다. 바투미-바쿠 철도를 건설한 부유한 엔지니어인 카메네프의 아버지는 마르크스주의자인 아들에게 돈을 대주었다. 스탈린보다 나이가 더 들어 보였지만 실제로는 더 젊었던 로젠펠트는 붉은 턱수염을 기르고 근시에 물기 어린 하늘색 눈을 가진 교사 같은 인상이었다. 그는 스탈린과 사귀었지만 항상 우월한 자세로 그를 대했다. 진작 그러지 말았어야 했지만 말이다. 카메네프는 볼셰비키였지만 매우 온건한 편이었고, 머리가 뜨거운 스탈린과는 이미 갈등을 겪고 있었다.

"나는 지식인들과 자주 싸웠다"고 카모는 기억한다. "그리고 시위에 참가하고 싶어 하지 않았던 카메네프와도 다투었다." 카메네프의 집에서 소소는 또 한 명의 옛 친구를 만났다. 트빌리시에서 가장 사치스러운 학교인 골로빈스키 대로의 김나지움에 카메네프와 스판다리안과 함께 다녔던 이오시프 다브리셰비였다.

사회연방주의 진영을 기웃거리던 다브리셰비는 "고리를 떠난 이후 소소를 처음 만나서 기뻐했다." 그는 스탈린과 비슷하게 생겼다(그리고 자기들이 반쯤은 형제라고 믿었다). 다브리셰비는 "우리는 한참 동안 이야기를 했다"고 회상하면서, 스탈린이 "트빌리시에서 아는 사람은 한 명도 없었다"고 속물처럼 덧붙인다.[9]

이 말은 전혀 사실이 아니다. 이 무렵 그는 나중에 함께 소련을 통치하게 될, 아니면 적어도 삶을 함께 나누게 될 젊은 혁명가 여러 명을 만난 뒤였다. 어느 날 세르게이 알릴루예프는 바쿠에 가서 인쇄기계 활자를 가지고 돌아와 혁명가들이 가장 잘 가던 곳인 베이브 보쇼리제의 집에 갖고 갔다. "나는 사방을 둘러보았다"고 알릴루예프는 썼다.

스물서너 살 정도의 청년이 옆방에 들어왔다.

"저 사람도 우리 편이야." 베이브가 말했다.

"우리 편이라고." 청년이 말을 따라하면서 내게 들어오라고 권했다. 그는 나를 탁자에 앉히고 물었다. "자, 어떤 좋은 소식을 말해줄 건가?"

알릴루예프보다 열 살이나 더 어렸음에도 거만했던 소소는 지휘권을 쥐었고 인쇄기계의 운송에 관해 지시를 내리고 있었다. 이전에 그들은 음모가로서 만난 적이 있었지만, 이제 알릴루예프는 스탈린을 자기 집으로 초대하여 남자 좋아하기로 악명 높은 아름다운 아내를 만나게 했다. 나중에 스탈린은 알릴루예프 가족의 여자들이 "도무지 날 가만 내버려두지 않았고, 항상 나와 자고 싶어 했다"고 투덜거렸다.

13장

★★

유혹적인 볼셰비키 여인

알릴루예프 일가는 스탈린의 가족이 되어 이 감옥과 죽음과 음모의 세계에서 권력의 절정에 이르기까지 함께 여행한다. 그리고 스탈린 본인의 손으로 다시 감옥과 죽음과 음모의 세계로 돌아간다.

세르게이는 "그의 선조인 집시들처럼 대단히 모험적인 남자였다. 그는 싸움에 잘 말려들었다. 누군가가 노동자에게 나쁘게 대하면 그가 그들을 때려눕히곤 했다." 처녀 때 성이 페도렌코였던 그의 아내 올가는 "회색빛이 감도는 초록색 눈과 금발의 진짜 미인이었고" 무척 성욕이 왕성하고 남자를 잘 꾀는 마르크스주의자였다. 올가는 "걸핏하면 남자들과 연애했다"고 그녀의 손녀인 스베틀라나는 썼다.

독일계인 그녀의 부모는 야심이 많고 부지런히 일하는 사람들로 올가에 대해 많은 기대를 품고 있었다. 그런데 집시의 후손인 데다 농노 출신으로 열두 살 때부터 노동을 해온 스물일곱 살 난 정비공 세르게이 알릴루예프가 그들의 집에 하숙하게 되었다. 그때 고작 열세 살이던 올가는 그 지방의 소시지 가공업자와 결혼할 예정이었지만 하숙생과 사랑에 빠지고 말았다. 그들은 야반도주했다. 그녀의 아버지는 채찍을 들고 세르게이 뒤를 쫓아갔지만 이미 늦었다. 세르게이와 올가는 2남 2녀를 키우면서 혁명적 행동주의에 흠뻑 빠졌다.

알릴루예프 가족의 막내인 나디야는 그때 아직 아기였지만, 그녀의 언니와 오빠들은 불안정한 색정광 어머니와 명분에 헌신하는 이 가정에서 성장했다. 집안은 쉴 새 없이 들고 나는 젊은 음모가들, 특히 그 어머니의 취향에 맞게 어둡고 수수께끼 같은 사람들로 북적댔다. 그 어머니는 특히 그루지야인을 좋아했다. "가끔 그녀는 폴란드인과도 관계를 가졌고, 그다음에는 헝가리인, 또 불가리아인, 심지어는 터키 남자와도 사귀었다." 스베틀라나는 말한다. "그녀는 남쪽 남자를 좋아했고, 가끔 '러시아 남자들은 시골뜨기야'라며 비웃기도 했다."

올가 알릴루예바가 가장 좋아한 사람은 레닌의 음울한 특사로서, 당시 시베리아에 유형을 와 있던 빅토르 쿠르나토프스키와 스탈린이었다. 그녀의 아들 파벨 알릴루예프는 자기 어머니가 "처음에는 스탈린을, 다음에는 쿠르나토프스키를 쫓아다녔다"고 불평한 것으로 알려져 있다. 자기 어머니가 두 사람 모두와 잤다고 나디야가 말했다는 주장도 있다. 그녀의 손녀인 스베틀라나는 "올가는 스탈린에게 항상 다정하게 대했다"고 썼다. 그러나 "자녀들은 이런 상황을 그러려니 하고 받아들였다. 그런 관계는 머잖아 끝이 났고 가정생활은 계속되었다"*

두 사람의 관계는 사실이었을 것 같다. 하지만 그렇다 해도 당시에는 그런 일이 흔했다.

지하로 들어간 혁명가들은 신중함의 가면을 썼지만 성적으로는 자유분방했다. 결혼한 동지들도 혁명적 작업의 열기 속에서 끊임없이 서로 뒤엉키곤 했다.[1]

스탈린은 알릴루예프 일가와 함께 있지 않을 때는 다시 카모와 젊은 소소주의자 아첨꾼들을 지휘하고 있었다. 어떤 지시가 신속하게 수행되기를 원할 때 그는 "지금 내가 침을 뱉을 테니, 넌 그게 마르기 전에 일을 마치고 돌아오도록!"이라 말했다.

카모는 빠른 속도로 당에서 가장 쓸모 있는 깡패가 되어갔다. 폭력을 쓰고, 인쇄기계를 설치하고, 전단지를 숨겨 다니는 데 전문가였다. 그는 절대 기사를 쓰거나 연설을 하지 않았지만, 이제 자기 기술을 젊은 강도단원들에게 가르쳤다. 그의 투박한 (그리고 출판되지 않은) 회고록에서 카모는 자신과 스탈린이 이때 어떤 식으로 살았는지 많이 알려준다. 그는 팸플릿을 배포할 때 그것을 숨겨둘 최적의 장소가 매음굴임을 알아냈다. "왜냐하면 거기에는 스파이가 없으니까!" 돈이 워낙 없었기 때문에 그는 살아남기 위해 사실상 돈을 받고 제비족 노릇을 해야 했다. 처음에는 어떤 의사의 아내가 그를 머물게 해주었다. "나는 왜 집주인 여자가 나를 그처럼 열심히 돌봐주는지 의아했다. 그러다가 나는

---

*그 '사건'은 스탈린이 올가의 막내딸인 나디야와 결혼했을 때 다시 부상했다. 스탈린이 그녀의 생부라는 소문이 퍼졌다. 두 사람 모두 그 소문을 들은 모양이지만, 스탈린이 그녀의 가족을 만났을 때 나디야는 이미 세 살이었다. 한편 1904년에 소소는 집안의 전통이 더 좋은 그루지야 여성 니나 구르게니제에게도 구애하며 결혼해달라고 말하고 있었다. 그녀가 그를 떠나 어떤 난잡한 변호사와 결혼하자 소소는 그녀를 저주했다. "어떻게 네가 그런 빙충이와 결혼할 수 있어?" 그녀의 남편인 변호사는 1937년에 총살되었다.

그녀와 가까운 사이가 되었다. 구역질이 날 것 같았지만, 다른 비밀 아지트가 없었으니 그냥 항복했고, 그녀에게서 돈도 빌려야 했다."

또 다른 여자인 어떤 유대인 간호사도 그에게 수작을 걸었다. 카모는 그녀에게도 항복했다. "그 이후 나는 그 여자를 떠났고 다시는 만나지 않으려고 애썼다!" 여자에게 빌붙어 살아야 할 정도로 곤궁해진 사람은 카모만이 아니었을 것이다. 출처는 없지만 가끔은 정확한 사실을 말해주는 어떤 전기에 따르면, 스탈린은 마리 아렌스베르크라는 여자와 관계를 시작했는데, 그녀는 트빌리시에 있던 독일 사업가의 아내로, 스탈린을 도와 상인들에게서 돈을 강탈해 올 만한 힌트를 알려주었다고 주장한다.

카모의 어린 시절 친구로 그리고리 오르조니키제라는 가난에 찌든 젊은 귀족이 있었다. 그는 세르고라는 별명으로 알려졌다. 남자 간호사 수련을 받은 세르고는 싸움질로 악명이 높았고 격정적이었으며, 미남인데다 원기 왕성했다. 그는 갈색의 큰 눈, 조각 같은 옆모습, 과장된 콧수염을 기른, 만화에 나올 법한 그루지야인의 모습 그대로였다.

"내 조수가 되라!" 카모는 세르고를 설득했다.

"공작의 조수인가, 아니면 세탁부의 조수인가?" 세르고가 되받았다. 이는 카모가 머리에 바구니를 인 길거리 행상꾼, 체르케스 제복을 입은 공작, 또는 가난한 학생으로도 위장했기 때문에 나온 말이었다. 커다란 세탁물 바구니를 인 세탁부로 위장한 일은 그의 걸작이었다. 세르고는 스탈린과 친해졌다. 이 연대관계 덕분에 세르고는 크렘린에 가게 되지만, 결국 그 관계 때문에 파멸하게 된다.

남자아이들이나 저지를 법한 스탈린과 카모, 세르고의 아슬아슬한 행동은 그 도시의 관심을 끌어당겼다. 세르고의 사촌인 미나도라 토로셸리제Minadora Toroshelidze*는 예술협회 극장의 객석에서 그 세 사람을 본 일을 기억한다. 그곳에서는 당시 〈햄릿〉을 상연하고 있었다. 햄릿의 죽은 아버지가 막 등장하는 순간 그들은 상들리에를 향해 수백 장의 전단을 뿌렸고, 종잇조각이 귀족과 부르주아들의 무릎에 펄럭이며 떨어졌다. 그런 다음 세 사람은 달아났다. 국립극장에서는 전단지를 부지사의 머리 위로 떨어뜨리기도 했다.[2]

당의 사면을 기다리던 소소는 다시 바투미로 소환되었다. 멘셰비키인 지블라제와 이시도르 라미시빌리는 얼음처럼 차가운 태도로 그를 맞아들였다.

"문에서 노크 소리가 들렸다." 나타샤 키르타바가 말한다. "누구세요?" 그녀는 물었다.

"나야! 소소!"

"소소라고? 세상에! 이르쿠츠크에서 당신에게 편지를 보냈는데. 어

---

*처녀 때 성이 오르조니키제였던 미나도라는 볼셰비키인 말라키아 토로셸리제와 결혼한 멘셰비키였다. 토로셸리제 역시 스탈린과 가까웠다. 미나도라는 1918년에 멘셰비키가 쓴 그루지야의 독립선언문에 서명한 유일한 여성이었다. 스탈린과 세르고가 1921년에 그루지야를 정복한 뒤 그녀는 토로셸리제와 함께 트빌리시에 남았다. 토로셸리제는 트빌리시대학교의 학장이었고, 〈신앙고백서〉의 사본을 1부 받은 사람들 중의 하나였다. 1937년에 두 사람 모두 체포되었다. 멘셰비키인 그녀는 석방되었고 볼셰비키인 그녀 남편은 총살되었다. 이 일은 전형적인 스탈린 시대의 대숙청에 담겨 있는 변덕스러운 아이러니로 남았다. 하지만 이것이 우연은 아닐 것이다. 스탈린이 그녀를 좋아했기 때문이다. 미나도라의 회고록은 출판되지 않았다.

떻게 여기 올 수 있었지?"

"탈출했어!" 그녀는 애인을 기쁘게 맞아들였다. 그는 위장 신분인 군인 제복을 입고 있었다. 프러시아식 제복을 입은 로마노프 제국 군대의 계급제도는 혁명가들에게는 위장수단이 가득 든 커다란 요술상자나 마찬가지였다. 나타샤가 동지들에게 소소가 돌아왔다고 말하자 "일부는 기뻐했고 일부는 슬퍼했다." 멘셰비키인 라미시빌리는 나타샤 앞에서 스탈린을 비난했다.

"그를 내쫓아!" 그는 고함질렀다. "그러지 않는다면 우리는 당신을 당에서 축출하겠다."

스탈린은 기사답게 나타샤를 떠났지만 라미시빌리는 그가 탈출한 데 수상한 점이 있다는 소문을 퍼뜨리고 있었다. 스탈린은 분명히 경찰의 스파이라는 것이다. 군인 제복을 입은 채 집을 여덟 번 옮기고 나자 소소는 나타샤에게 돌아가지 않을 수 없었다. 그녀는 충실하게도 그가 트빌리시로 돌아갈 돈을 마련해주었다.

"어디로 갈 거야, 소소? 다시 실패하면 우리는 어떻게 하지?" 그녀는 물었다. 그녀가 나중에 기억하기로, 그는 그녀의 머리칼을 쓸어주고 키스하고는 "겁내지 마!"라고 말했다.

어느 철도 직원이 그에게 또 다른 제복을 빌려주었다. 그 옷차림은 "뾰족한 모자, 상의, 기차표 검수원의 손전등"이었다고 철도 차장은 기억한다. 그는 트빌리시와 바투미 구간에서 소소를 정기적으로 태워주었다. 하지만 스탈린은 나타샤를 잊지 않았다. 한번은 그가 트빌리시에 있을 때 자기에게 오라는 내용의 쪽지를 의학 용어 같은 암호를 써서 작성한 후 그녀에게 보냈다. "나타샤 간호사님, 당신이 사는 고장의 의사는 바보군요. 복잡한 병이 있다면 좋은 의사들이 있는 여기로 오세요."

"나는 집안 사정 때문에 갈 수가 없었어요." 그녀의 남편이 돌아왔기 때문인가? 스탈린은 분개했다.[3]

나이 든 볼셰비키이자 제3그룹의 창설자인 필리프 마하라제는 이때 스탈린과 함께 당의 불법적인 그루지야어 신문인 〈프롤레타리아티스 브르졸라Proletariatis Brdzola〉(프롤레타리아의 투쟁)를 편집하고 배포하느라 분주했다. 그 신문은 트빌리시의 노동자 구역인 아블라바에 있는 비밀 인쇄소에서 발행되었다. 하지만 그런 다음 그는 4월에 한 달간 바투미로 돌아가 지냈는데, 이번 역시 즐겁지 않은 방문이었다.

해변에서 열린 노동절 축하행사에서 스탈린이 어떤 지역민과 싸움을 벌인 것 같다. 상대방은 아마 멘셰비키였을 것으로 추측되며, 이 싸움은 포도주의 힘을 빌린 마르크스주의자들의 파벌 다툼으로 이어져서 그가 두들겨 맞았다.

그는 함께 살자는 자신의 제안을 거절했던 나타샤 키르타바와 맞닥뜨렸다. 그녀는 말했다. "나는 달려가서 그를 반가이 맞았다. 하지만 화가 난 소소는 내게 소리 질렀다 '저리 꺼져!'"*

바투미에서는 맞아서 멍이 들고 나타샤에게 거절당했으며, 트빌리

---

*키르타바는 바투미에서 당 관료이자 열렬한 스탈린주의자가 되었다. 그녀의 회고록은 딱딱한 상형문자 같은 볼셰비키 용어로 쓰였지만, 1930년대에도 그녀는 자신이 스탈린을 거절한 이야기, 그리고 그 때문에 그가 분개했던 이야기를 감히 썼다. 그 이야기는 지금까지 발표되지 않았다.

시에서는 헌병대에게 추적당한 소소는 고리로 물러났다. 그곳에서 그는 외삼촌인 기오르기 겔라제의 집에 숨어 살았고, 아마 케케를 만났을 것이다. 다브리셰비는 그가 고리에서 페트로프라는 이름으로 나온 새 신분증을 받았다고 말하는데, 그것은 그가 쓴 여러 개의 가명 중 하나다.[5]

7월 말에 츠하카야는 스탈린을 서부 그루지야의 오래된 공국인 이메레티아Imeretia와 밍그렐리아Mingrelia로 보냈다. 그곳에서 새로운 이메레티아–밍그렐리아 위원회를 결성할 임무를 맡은 것이다. 그는 쿠타이시로 떠났다. 쿠타이시는 인구 3만의 그루지야 시골 소도시로서, "썰매꾼, 경찰, 술집 주인, 창백한 관리와 게으른 하급 귀족들"이 살고 있었다. 이것은 매우 중요한 임무였다. 서부, 특히 구리아 농민들의 정치적 성향은 제국 전역 어디보다 더 강했기 때문이다. "산과, 습지가 많은 골짜기와, 옥수수가 자라는 부드러운 구릉을 이루는 언덕, 포도밭, 차나무 밭으로 이루어진" 지형이 이제는 반란군으로 가득 차서 붕붕대고 있었다. '붉은 공작'과 사샤 출루키제, 그리고 새로 사귄 '술통' 부두 므디바니라는 이름의 낭랑한 목청과 유창한 말솜씨를 가진 젊은 배우의 지원을 받은 스탈린은 지극히 기묘한 시기에 혁명가로서의 행운을 연이어 누린다. 1904년 7월에 사회주의자혁명가당의 투쟁 여단에 소속된 테러리스트들이 강경파 내무상인 플레브Plehve를 폭사시키자, 그의 후임으로 경험 없는 귀족인 스비아토폴크–미르스키Sviatopolk-Mirsky 공작이 들어섰다. 미르스키는 해빙 정책을 시도해보았지만 불행히도 파업과 불안이 확산되었다.

서부 그루지야의 마을들은 이미 열기로 불타오르고 있었다. 그 뒤에 이어진 농민반란에서 농민들은 귀족을 공격했고, 지주를 붙잡았으며 차르 체제의 경찰서를 몰아냈다. 스탈린은 캅카스 지역을 열성적으로 돌아다니기 시작했다. 열 번도 넘게 트빌리시를 떠나 쿠타이시에서 블라디카프카즈와 노보로시스크까지 혁명을 조직하고 자금을 모으러 다닌 것이다. 오흐라나는 그가 트빌리시로 돌아온 것을 알아차렸고, 10월에는 이렇게 썼다. "주가시빌리는 유형지에서 탈출했고, 지금은 그루지야 노동자당의 지도자가 되었다." 헌병대는 트빌리시에서 그를 매복하여 잡으려고 했지만, 그는 사전에 정보를 받고 달아났다. 그런 뒤 다시 부두 므디바니와 함께 붙잡혀 트빌리시의 오르타찰라 감옥에 갇혔다. 그러나 그와 새 친구는 달아났다. 경찰이 그들에게 총을 쏘자 부두가 자기 몸으로 소소를 감쌌다.

서부 그루지야에서 그는 낚싯대와 낚시 도구를 갖고 다녔다. 시골 경찰에게 체포되면 그는 단지 낚시를 하러 온 거라고 주장하여 빠져나갔다. 9월과 12월에 그는 기차를 타고 처음으로 신흥 원유 도시인 바쿠에 갔다. 그곳에서 볼셰비키의 인쇄기계는 노동자들을 동원하여 12월 파업을 감행하려 하고 있었다. 노동자들이 승리했다.

사회민주노동당은 반드시 통합되어야 했던 그 순간에 스스로를 찢어발기고 있었다. 볼셰비키들이 혁명적 전위부대에 집중한 반면 조르다니아와 멘셰비키들은 약삭빠르게도 반란을 일으키는 그루지야 농민들에게 호소하여, 그들이 진정 원하는 것, 즉 토지를 주겠다고 제안했다. 스탈린은 쿠타이시에 있는 자신의 본부에서, 중상모략, 거짓말, 음모 따위를 교묘하게 사용하여 분쟁을 조종했다. 그 때문에 지역 멘셰비키 한 명은 위원회의 한 위원에게 보기 드문 편지를 보냈는데, 그 글에는 스탈린의 성격과 스타일이 훌륭하게 드러나 있다.

코바 동지(스탈린)는 우리가 당신에게 반대하며 당신을 위원회에서 쫓아내라고 요구했다고 말했다지요(멘셰비키인 노에 호메리키가 이렇게 썼다). 그러나 맹세하건대, 그런 일은 전혀 없었습니다. 코바가 당신에게 말한 모든 내용은 악질적인 거짓말이오! 그래요. 우리를 믿지 못할 자로 만들려는 중상모략입니다! 난 그의 뻔뻔스러움에 그저 경악할 따름이오. 그가 얼마나 하찮은 인간인지는 알지만, 그 정도로 '용기'가 있을 줄은 몰랐소. 하지만 그는 아마 목적이 정당화시켜줄 수만 있다면 무슨 수단이든 쓸 모양이오. 이 경우에 목적이란, 즉 야심이란 그 자신을 국가 앞에 위대한 인물로 내세우려는 것이지요. 하지만… 신은 그에게 올바른 재능을 주지 않았으니, 그는 음모와 거짓말과, 다른 소소한 기교에 호소해야 할 것이오. 그런 더러운 인간은 우리의 신성한 임무를 구정물로 더럽히고 싶어 합니다!

스탈린은 자기 마음대로 누구든 위원회에서 쫓아낼 권리가 있다고 주장했다. 실제로는 그렇지 않음을 알면서도 말이다. 호메리키는 그를 돈키호테 코바라 불렀다. 하지만 흔히 그랬듯이, 결국에는 스탈린의 뻔뻔스러운 '무례함'이 승리했다.*

---

*노에 호메리키는 나중에 1918년에서 1921년까지 존속했던 독립국 그루지야의 토지 장관으로 봉직했고, 그 뒤로는 1924년에 있었던 멘셰비키 반란을 지도하던 중에 포로로 잡

레닌을 위해 통제력을 장악하는 데 승리한 스탈린은 1904년 9월에 라이프치히에 있던 고리 시절의 친구 다비타시빌리에게 '산악의 독수리' 레닌을 찬양하고 멘셰비키를 공격하는 편지 두 통을 썼다. 그는 "위원회는 망설이고 있었지만 자신이 그들을 설득했다"고 자랑했다. 그는 플레하노프에 대해 "정신이 나갔거나 아니면 증오와 적대감을 보여주었다"고 썼고, 조르다니아는 멍청이라고 썼다. 이 하찮은 그루지야인이 마르크스주의의 국제적인 현인들을 아주 신나게 비난하고 있었다. 그 편지는 효과가 있었다. 레닌이 스탈린의 이름을 처음으로 듣게 된 것이다. 산악의 독수리는 그를 자신의 "불같은 콜키스인"이라 불렀다.*

1904년의 마지막 날에 소소는 한 철도 노동자들의 소규모 조직에게 트빌리시의 골로빈스키 대로에 있는 귀족 클럽에서 만나자며 불렀다. 그때 자유주의자 귀족들은 차르에게 헌법 제정을 청원하기 위한 연회 캠페인을 열고 있었다. 하지만 볼셰비키들은 그런 설익은 부르주아 자유주의를 혐오했다. 의장이 연회를 시작하자마자 노동자들의 지지를

혀 총살당했다. 그의 편지는 헌병대가 기습했을 때 압수되었고, 그 뒤에는 기록보관소 깊숙이 파묻혔다. 그런 편지는 보기 드문데, 스탈린의 방식과 야심을 유달리 부정적으로 분석하는 내용이기 때문이다. 1950년대 후반, 당시 원자력 기획을 담당하던 정치국 거물 베리야는 총애를 잃고 있었고 종말이 닥칠까 봐 두려워했다. 지금 우리는 그가 그루지야인들 덕분에 이 편지에 대해 알게 되었고, 실탄을 모아두었다가 필요할 때 스탈린에게 맞서는 데 쓰기로 했음을 알고 있다. 그는 비밀리에, 그리고 비공식적으로 문서 전문가를 시켜 그 편지를 찾아보게 했다. 하지만 베리야는 이를 찾아내지 못했다. 그 편지가 드러난 것은 1989년이었다.
*황금양털의 땅인 콜키스는 그루지야의 옛날식 이름이었다. 레닌이 스탈린을 콜키스인이라 부른 것은 그 때문이다.

받은 스탈린이 쳐들어와서 발언권을 요구했다. 연회 참석자들이 이를 거절하자 스탈린은 "전제정치를 무너뜨리자"고 소리 치며 그날 저녁을 망치고, 노동자들을 이끌고 '라마르세예즈'와 '바르샤바의 여인'을 부르며 나갔다. 새해 1월 2일, 극동에 있는 차르의 주요 항구인 포트아서는 병사와 탄약이 잔뜩 쌓여 있는데도 일본군에게 항복했다. 1905년은 이렇게 시작되었다.[7]

1월 9일 일요일, 스탈린이 다시 바쿠에 갔을 때 혁명가이자 경찰 스파이인 가폰 신부가 노래를 부르며 행진하는 15만 명의 노동자 앞에 서서 페테르부르크의 겨울궁전에 있는 차르에게 '소박한 충성심의 청원 Humble and Loyal Petition'을 제출하러 갔다. 카자크가 길을 막았다. 그들은 경고하는 뜻으로 포격을 두 발 가했지만 노동자들은 계속 전진했다. 부대는 군중에게 사격을 개시한 다음 쳐들어갔다. 노동자 200명이 죽었고, 부상자도 수백 명이 넘었다. "이제 신은 없다." 가폰 신부는 중얼거렸다. "차르도 없다."

피의 일요일은 제국을 뒤흔들었고, 시위와 민족 학살, 살인, 공개적인 혁명의 폭풍우가 개시되었다. 제국 전역에서 파업이 우후죽순처럼 발생했다. 농민은 영주들의 궁전과 서재를 불태웠다. 장원 3,000군데가 파괴되었다. 불안은 군대에도 확산되었다. "차르의 연대는 흔들리고 있다. 차르의 해군은 소멸하는 중이고, 이제 포트아서는 수치스럽게도 항복했다. 노망한 전제정치의 노쇠함이 또다시 드러났다." 스탈린은 기사에서 이렇게 썼다. 하지만 차르는 여전히 기적을 기대했다. 그는 물이 새는 발트함대를 아프리카, 인도, 싱가포르를 지나 거의 세계를 한 바퀴 돌아서 일본과 싸우라고 내보냈다. 이는 세계 항해사에서 가장 특이한 해군 원정이다. 이 도박이 성공했다면 니콜라이 2세의 승리는 오랜 세월 동안 찬양되었을 것이다.

차르는 불운한 내무상을 해임하고 새 장관을 임명했다. 새 장관이 어느 정도 정치적인 양보를 할 필요가 있다고 제안하자, 황제는 "당신은 혁명이 발생할까 봐 겁내는 것 같군"이라고 대답했다.

"폐하, 혁명은 이미 시작되었습니다." 트로츠키는 나중에 1905년 혁명을 총연습Dress Rehearsal이라 불렀다. 당시에는 그것이 본 혁명으로 보였다. 그것은 제국 전역에 걸쳐 일어나는 야만적이고 흥분되는 전투였다. 특히 캅카스에서는 더욱 그랬고, 스탈린은 그곳에서 나중에 평생 활용하게 될 방법을 배웠다.[8] 그는 그곳이 자신에게 가장 어울리는 자리임을 알았고, 피를 얼릴 듯한 혁명의 드라마에 환호했다.

"캅카스의 노동자들이여! 보복의 시간이 당도했다!" 그는 썼다. "그들은 우리더러 채찍이 휘날리는 소리를, 총알이 날아다니는 소리를, 살해당한 우리의 영웅 동지 수백 명을, 우리 주변을 맴도는 그들의 영광스러운 유령이 '우리의 복수를 해달라'고 속삭이는 것을 잊으라고 요구한다!"[9]

14장

★★

1905년: 산악지대의 왕

1905년은 살육으로 시작되고 끝이 났다. 그것은 젊은 스탈린이 처음
으로 무장한 사람들을 지휘하고 권력을 맛보았고, 테러와 강도짓을 수
용한 혁명의 해였다. 2월 6일에 몇몇 아르메니아인들이 바쿠의 도심에
서 한 타타르Tartar(러시아 연방 중동부, 볼가 강과 카마 강 유역에 있는 자치공
화국. 10세기 이후에 터키계 민족이 국가를 형성하였으며, 1552년에 제정 러시
아에 병합되었다가 1920년에 자치공화국이 되었다. 주민은 대부분 터키계 타
타르인과 러시아인이다-옮긴이)인을 쏘았을 때 그는 바쿠에 있었다. 아제
리 투르크인들Azeri Turks(캅카스 남동부, 카스피 해에 면한 공화국인 아제르바
이잔의 터키인-옮긴이), 혹은 통칭 타타르인들은 보복했다. 소식이 퍼졌
다. 오래전부터 아르메니아인들의 부와 성공을 원망해오던 당국은 무
슬림인 아제리 군중이 시내로 쏟아져 들어오도록 부추겼다.

아제리인 군중은 닷새나 되는 긴 시간 동안 아르메니아인을 보이는
대로 다 죽였다. 종교적 갈등, 경제적 시기심, 그리고 가까운 이웃이라

는 데서 오히려 유발되는 광적인 증오감이 날뛰었다. 반유대주의 포그롬pogrom(파괴 또는 학살이라는 뜻. 주로 19세기 후반 이후 러시아에서 민족적, 계급적으로 소수인 집단에게 당국의 묵인하에 군중들이 박해를 가하는 행위-옮긴이)이 제국 전역에 확산되었지만 바쿠는 인종적 살해, 방화, 강간, 총격, 참수의 광란으로 빠져들었다. 지사인 나카시제 공작과 경찰국장은 아무런 조처도 취하지 않았다. 카자크들은 아르메니아 정교도들을 경찰병력의 무장 지원을 받는 아제리 군중에게 넘겨주어 죽게 만들었다. 아르메니아의 한 원유 재벌은 저택에 있다가 아제리 군중에게 포위되었다. 그는 윈체스터총으로 군중을 하나씩 쏘아 맞히다가 탄약이 떨어진 뒤에는 온몸이 찢겨 죽었다. 하지만 시간이 지나자 더 부유하고 더 좋은 무기를 갖춘 아르메니아인들이 반격하기 시작하여 아제리인들을 학살했다.

"그들은 왜 자기들이 서로 죽이는지도 몰랐다"고 시장은 말했다. "수천 명이 거리에서 죽어 쓰러져 있었고, 기독교도와 무슬림의 묘지를 뒤덮었다. 시체의 악취 때문에 질식할 것 같았다. 온 사방에서 여인들은 자기 아이들을 찾느라 눈이 뒤집혔고, 남편들은 썩어가는 살덩어리를 치우고 있었다"고 바쿠 학살의 한 목격자가 썼다. 적어도 2,000명 이상이 죽었다.

스탈린은 그곳에 있으면서 이 묵시록적인 지옥 같은 광경을 지켜보았다. 그는 바쿠에서 소규모의 볼셰비키 전투대를 결성했다. 이제 그는 주로 무슬림들로 이루어진 이 패거리를 불러 모아, 두 인종집단을 가능한 한 떼어놓고, 쓸 만한 인쇄도구가 눈에 띄면 언제라도 훔쳐오라고 지시했다. 그리고 보호 작전을 펴서 당을 위한 자금을 걷으라고도 지시했다. 바쿠에서 자랐으며 스탈린의 첫 번째 전기를 쓴 에사드 베이Essad Bey*에 따르면 그는 "아르메니아인 가장에게 자기소개를 한 후 무거운 어조로 곧 식구들이 무슬림의 칼날 아래에 떨어질 것이라고 알려주었다"고 한다. 하지만 "스탈린은 볼셰비키에게 자금을 내는 아르메니아 상인들을 시골로 옮겨주었다."1

그 뒤로 소소는 서둘러 트빌리시로 돌아갔다. 그곳에서는 그루지야인과 아르메니아인, 혹은 기독교도와 무슬림 사이에서 언제라도 인종적 피바람이 불어닥칠 위험이 있었다. 그 도시는 파업으로 마비되어 있었다. 경찰은 혁명가를 잡아 가두었고, 카자크들은 골로빈스키 대로에서 시위자들에게 달려들었다.

스탈린은 학살을 예방하기 위한 화해의 시위를 조직하도록 도와주었고, 열정적인 팸플릿을 써서 카모에게 인쇄하고 배포하게 했다. 거기서 그는 차르가 "유대인과 아르메니아인에게 불리한 포그롬을 내렸

---

*에사드 베이는 레프 누심바움Lev Nussimbaum이 쓴 가명 중 하나였다. 그는 바쿠의 유대인 원유 재벌의 아들로서 《스탈린: 광신자의 경력Stalin: Career of a Fanatic》을 쓴 사람이다. 그는 또 쿠르반 사이드라는 이름으로 《알리 와 니노Ali and Nino》라는 고전적인 연애소설을 쓰기도 했다. 사이드의 정체는 내내 수수께끼였지만, 톰 라이스Tom Reiss는 새로운 전기 《오리엔탈리스트The Orientalist》를 펴내어 누심바움의 기괴한 삶과 파시스트 이탈리아에서 무슬림으로 민족적 변신을 한 일을 밝혀주었다. 근거가 제시되지 않은 그의 일화들은 오랫동안 전설처럼 여겨져왔지만 그중에는 역사적으로 정확한 사실임이 밝혀진 것들도 많다. 누심바움은 트빌리시와 바쿠에서 온 유형수들을 분명히 알고 있었던 것 같고 그들의 이야기를 기록했다. 그러나 그의 자료는 신빙성이 부족하기 때문에 교차 확인될 필요가 있었다.

으며, 무고한 시민들의 순결한 피와 죽어가는 아르메니아인과 타타르인들의 신음소리 위에서 자신의 비열한 옥좌를 굳건히 버티려 한다"고 경고했다.

스탈린은 2월 13일에 "우리들 속에 분쟁의 씨를 뿌리는 악마에게 대항하는 투쟁의" 시위를 주도했다. 그는 자신이 쓴 팸플릿 3,000부가 배포되었다고 자랑스럽게 보고했다. 또 "군중을 이끄는 심장부에서 깃발을 든 사람이 사람들의 어깨 높이에 올라서서 강력한 연설을 했다." 말할 필요도 없지만 깃발 든 사람은 그 자신이었다.[2] 하지만 볼셰비키와 멘셰비키 간의 불화는 이제 완전히 심각한 수준에 도달했다.

귀족 출신의 멘셰비키 지도자인 조르다니아가 유형에서 돌아왔다. 우뚝 솟은 그의 권위와 사려 깊은 친농민 정책은 그루지야인들의 마음을 사로잡았고, 그들은 멘셰비키를 압도적으로 지지했다. 트빌리시 위원회에서 스탈린의 수상한 바투미 탈출에 대해 수군댔던 이시도르 라미시빌리는 공개적으로 스탈린이 정부의 첩자라고 고발했지만, 증거는 없었던 것 같다. 조르다니아가 있어서 대담해진 멘셰비키가 위원들을 선출하자, 볼셰비키도 자기들의 위원을 따로 선출했다.[3]

4월에 스탈린은 서쪽으로 갔다. 그곳에서 무장 갱단과 선출된 위원회가 지방 정부와 사법권을 장악했다. 비록 일부 농민들은 위원회라는 것이 그저 새로운 종류의 차르라고 생각했지만 말이다. "경찰력이 들어올 수 없는 독립 공화국"에서 방화와 암살은 늘상 있는 일이 되었다. 스탈린은 미친 듯이 글을 썼고, 대중 집회에 나가 바투미와 쿠타이시의 멘셰비키에 반대하는 연설을 했다. 한 토론에서 "코바 동지는 오후

10시에 시작하여 새벽까지 이어진 회의에서 강력하게 활약했다." 그런 다음 검정과 회색의 옷을 입고 콧수염과 턱수염을 깎아 위장한 뒤, 숲으로 들어가서 밤이 되어 탈출이 가능해질 때까지 숨어 있었다.

스탈린과 대적할 만한 멘셰비키 쪽 인물은 카리스마 넘치는 선동가 노에 라미시빌리였다. 그는 "스물다섯 살로 키가 크고 호리호리하며, 웃음기 있는 눈과 활기찬 음성"을 가진 사람이었다. 멘셰비키인 하리톤 샤비시빌리*는 대립하는 이 두 사람이 신화 속의 영웅들처럼 대면하는 광경을 보았다. 먼저 라미시빌리가 도착했고, 다음에는 "유명한 소소, 코바 동지가 왔는데, 라미시빌리보다 작았지만 똑같이 여위었다. 그의 표정은 차분하고 깊이가 있었고, 얼굴은 더 거칠었는데, 아마 곰보 자국 때문이었던 것 같다. 그의 스타일과 매너는 완전히 그루지야식이었지만, 철저하게 독창적인 어떤 것, 헤아리기 힘든 어떤 것, 표범 같기도 하고 고양이 같기도 한 어떤 점이 그에게 있었다. 평범한 외모 아래에 뭔가 특출한 것이 있지 않았던가?"

샤비시빌리는 그의 연설법, 혹은 연설법의 부재에도 감명을 받았다. "그는 연설가가 아니었고, 위장술의 대가였다." 그는 "미소를 가볍게 지으며, 눈을 한곳에 고정시킨 채… 엄밀하고 명료하게 말을 했으며, 매우 설득력 있었다." 말솜씨는 라미시빌리가 더 나았지만 말이다. 흔

---

*샤비시빌리의 두 권짜리 회고록은 매우 귀중한 자료지만 역사가들은 그것을 별로 쓰지 않는다. 그 책은 아주 작은 판형의 프랑스어판으로만 출판되었다. 샤비시빌리는 스탈린을 적대하는 입장의 증인으로 유형지에서 집필했지만 그래도 스탈린의 흡인력에 대해 반쯤은 감명을 받았고 반쯤은 경악했다.

히 있는 일이었지만 "유명한 소소"가 멘셰비키에게 패했을 때도 "노동자들은 눈물을 지으며 그에게 키스했다."[4]

하지만 냉랭할 만큼 침착한 소소의 겉모습 뒤에는 유대인의 비중이 높고 독선적이던 멘셰비키에 대한 질투심 섞인 분노가 부글부글 끓고 있었다. 한번은 그가 토론을 마친 뒤 멘셰비키들 속으로 달려 들어갔다. "신이 멘셰비키 따위의 동지들을 보냈기 때문에 레닌은 분개하고 있다! 이자들이 도대체 누군가? 마르토프, 단, 악셀로드는 할례를 받은 유대인들이다. 당신들은 그들과 맞서 싸울 수도 없고, 함께 떡 벌어지게 차려 먹을 수도 없다!"[5]

스탈린이 쿠타이시에 있었을 때 그 근처 치아투라의 광부들이 그에게 하소연을 해왔다. 이 산속의 광산촌은 그루지야에서 유일한 볼셰비키의 진정한 거점이었다. 이제 그는 그곳을 지키기 위해 그곳에 시간을 쏟아붓기 시작했다. 정상이 눈에 뒤덮인 산지, 아찔한 절벽과 낮게 깔린 구름으로 가득 찬 치아투라는 빠른 속도로 성장하고 있었다. 러시아 최대인 그곳의 망간 광산은 전 세계 생산량의 60퍼센트가량을 공급했다. 달 표면 같은 지형에 광물 덩이가 쌓인 곳이 대부분인 그곳의 "피부가 검은" 노동자 3,700명은 질식할 것 같은 먼지 속에서 하루에 18시간을 일하고도 쥐꼬리 만한 임금밖에 받지 못했다. 목욕시설이나 주거시설도 부족하여 광부들은 갱도 안에서 쓰러져 잠을 잤다. "동물도 치아투라 노동자들보다는 더 잘살았다." 나중에 스탈린의 은행 강도 두목이 될 총잡이 코테 친차제가 이렇게 썼다.[6]

어느 뜨거운 여름날, 유랑가수의 공연에 나오는 흑인처럼 먼지에 뒤

덮인 2,000명의 광부들은 멘셰비키의 연설을 듣고 그다음에 스탈린의 연설을 들었다. 샤비시빌리는 "궁극적인 전략가"인 소소가 멘셰비키더러 먼저 발언하게 하여 청중을 지루하게 만드는 수법을 보았다. 자기 차례가 오면 그는 청중을 피곤하게 만들고 싶지 않으니 연설을 하지 않겠다고 한다. 그러면 "노동자들은 그에게 발언하라고 간청했다." 이에 그는 그저 15분 동안만 "놀랄 만큼 단순하게" 발언했다. 스탈린은 "기절할 정도로 냉철한 태도를 유지하면서… 마치 참신하고 평온한 대화를 하는 듯이 이야기했다. 그는 아무것도 보지 않지만 모든 것을 관찰하는 것 같았다." 그가 토론에서 이겼다. 그의 단순한 발언은 노동자들이 신뢰하지 않는 공연자들의 더 화려하고 거창한 연설을 능가했다. 여러 해 뒤에 그는 트로츠키 같은 유명한 연설가를 상대했을 때도 같은 전략을 구사했다. 그는 자신의 매력이 어디 있는지를 깨달았고, 멘셰비키 연사에 대해 "대단한 연설가였지만 단거리 과녁을 맞혀야 할 때는 당신네의 큰 대포가 아무 소용이 없다"고 샤비시빌리에게 설명했다.

스탈린은 "볼셰비키의 보루"가 된 치아투라를 장악했다고 샤비시빌리가 말한다. 소소는 "그곳에서 매우 큰 힘을 쥐었다. 그보다 나이가 두 배는 되고 두 배는 더 교양 있는 사람들이 주위에 모여들었지만, 사방에서 감탄과 애정을 한 몸에 받은 덕분에 자신의 강철 같은 규율을 부하들에게도 강요할 수 있게 되었다." "유명한 소소" 혹은 "특무상사 코바"라 알려진 그는 젊고 예쁜 여학생 파치아 골다바의 도움을 받아 인쇄기계를 설치했다. 골다바는 나중에 1907년의 트빌리시 은행 강도 사건에서 권총을 운반하게 될 사람이다.[7]

유명한 소소는 무장 항쟁의 옹호자로서, 그루지야 전역에서 절반은 유격대원(파르티잔Partisan)이고 절반은 테러리스트로 구성된 붉은 전투 분대를 창설하고 무장시키고 지휘했다. "우리는 전투분대를 결성하는 일에 진심을 다해야 한다." 군사와 테러 활동의 빼어난 조직가인 스탈린은 말했다. 이 경험은 그에게 단지 군사적 지휘의 맛을 보여주었을 뿐 아니라 자신이 그 분야에 재능이 있다는 망상도 안겨주었다.

멘셰비키들은 무장을 했을 뿐 아니라, 스탈린의 라이벌인 라미시빌리에게 독자적인 군사기술위원회를 조직하고 폭탄공장을 만드는 일을 맡겼다. 1905년 중반경에는 카자크 부대가 휩쓸고 지나가는 틈틈이 이런 민병대가 그루지야의 거리와 마을을 지배했다. 스탈린과 볼셰비키는 가끔 멘셰비키와 협력했고 그렇지 않을 때도 있었다.

치아투라에서 스탈린은 광부들과 지역 깡패들을 무장시켰고, 바노 키아사시빌리를 지휘관으로 임명했다. "소소 동지가 와서 지시를 내리곤 했고, 우리는 붉은 분대를 출범시켰다"고 키아사시빌리가 말한다. 그는 유격대원들을 훈련시키고 총을 훔치고 언덕을 넘어 탄약을 숨겨 들여왔다. 샤비시빌리는 치아투라 역에서 스탈린이 다른 전투분대의 우두머리인 친차제에게 지시를 내리는 모습을 지켜보았다. 친차제는 매력적인 붉은 머리의 용감한 남자로서, 깡패였을 때 여학생들을 몇 명 모집해왔는데, 다들 그에게 반한 여학생들이었다. 친차제와 스탈린의 총잡이들은 러시아 군인들을 무장해제 시키고 가증스러운 카자크에게 매복을 걸고, 은행을 습격하고, 스파이와 경찰관을 살해했다. 그리하여 "그 지역 거의 전체가 우리 손에 들어왔다. 치아투라는 일종의 예비

적인 군사 캠프 같은 곳이 되었다"고 친차제는 뽐냈다.[8]

소소는 이 게릴라 전쟁을 감독하기 위해 항상 치아투라를 들락거렸다. 이상하지만, 그곳에 있을 때 그를 숨겨주고 보호해준 것은 귀족 출신의 망간 광산 재벌들이었다. 먼저 그는 바르톨로메 케케리제의 저택에서 묵었고, 그다음에는 더 거물 귀족인 이반 아바시제 공작과 함께 지냈다. 공작은 당시 망간 산업가위원회의 부의장이었고, 세르바시제 공작, 아밀라흐바리 공작, 그리고 신학교 교사이던 '검은 점'이라는 별명의 다비드 아바시제 공작과 친척이었다(아바시제 공작은 그루지야의 전 대통령인 미하일 사카슈빌리의 증조부이기도 하다). 무슨 일이 벌어지고 있는가?

모든 혁명가들은 대기업가와 중산계급으로부터 자금을 적어도 일부는 지원받았다. 그들 중 많은 수는 차르 체제와 소원해지고, 어쨌든 어떤 영향력의 행사에서도 배제된 존재들이었다. 러시아 본토에서도 직물 재벌인 사비아 모로조프 같은 귀족정치가들이 볼셰비키의 최대 자금줄이었다. 또 변호사, 관리자, 회계사 사이에서는 "혁명정당에게 돈을 주는 것이 지위의 상징이었다." 그루지야에서는 특히 그러했다.

하지만 그런 행동에는 단순한 호의와 박애주의 이상의 것이 들어 있었다. 스탈린은 아마 범죄자들과 사귀면서, 또 바쿠와 바투미에서 거래하면서 보호와 무법자 활동과 수탈이라는 수익성 높은 기술을 배웠을 것이다. 이제 그는 돈을 대가로 안전을 제공했다. 재벌들이 돈을 내지 않으면 그들의 광산은 폭파될 수 있고, 관리자들은 살해될 것이다. 그러나 돈을 내면 스탈린은 그들을 보호해주었다.

그의 부하 전사 두 명은 미발표 회고록에서 스탈린이 이런 흥정에서 자기 이익을 어떻게 지켰는지, 그는 악마와도 협상할 수 있음을 보여주었다고 회상한다. 재벌이 강도를 당하면 "'범인' 수사를 주도하는 것은 지역 시민이 아니라 J.V. 스탈린이었다"고 G.바샤제가 전한다. 어떤 도둑들이 한 독일계 망간회사의 사장 집을 털어 1만 1,000루블을 훔친 일이 있었다. "스탈린 동지는 그 돈을 찾아내 돌려주라고 우리에게 지시했다. 우리는 그렇게 했다." N.루하제는 말한다.

재벌들이 스탈린을 자기편에 두고 싶어 한 것이 놀랄 일은 아니다. 치아투라에서는 온 사방에서 암살이 벌어졌다. "자본가들은 너무나 겁에 질려, 돈을 꺼내기까지 오래 걸리지 않았다"고 친차제가 썼다. 경찰관이나 스파이에 관해 말하자면, "치아투라 조직은 그들을 없애기로 작정했다." 그들은 하나씩 없어졌다. 스탈린은 산지에서 장총을 휘두르고 다니는 패거리와 신문을 소유해 직접 기사를 써서 실었으며, 대중집회에서 놀랄 만큼 인상적인 활약을 보였다. 이렇게 스탈린은 산악지대의 왕이 되었다. "코바 동지와 사샤 출루키제 공작은 우리의 거물이었다"고 젊고 부유한 볼셰비키 변호사인 비베네이시빌리 남작이 말했다. 하지만 그 외의 캅카스 지역에서 승리한 것은 멘셰비키들이었다.[9]

"토론에 참여하고 동지들을 격려하기 위해 온 캅카스를 돌아다녀야 했습니다." 소소는 외국에 있던 레닌에게 설명했다. "멘셰비키는 온 사방에서 작전을 벌이고 있고 우리는 그들을 물리쳐야 합니다. 우리에게는 사람이 거의 없어요(지금도 너무나 적어서 멘셰비키에 비하면 2분의 1이나 3분의 1밖에 안 됩니다). 트빌리시의 거의 전역이 그들의 손에 들어갔습니다. 바쿠와 바투미의 절반도 마찬가지입니다. 하지만 볼셰비키들은 바쿠의 나머지 절반과 바투미 절반, 그리고 트빌리시 일부, 치아투라(9,000명에서 1만 명의 노동자가 있는 망간 광산 지역)가 포함된 쿠타이시 지역 전부는 볼셰비키에 속해 있어요. 구리아는 멘셰비키 쪽으로 기울고 있는 '조정론자들Conciliators'에 속해 있습니다."[10]

멘셰비키에 속하는 스탈린의 어느 적은 이렇게 썼다. "스탈린은 매우 정력적으로 일했다. 구리아, 이메레티아, 치아투라, 바쿠, 트빌리시를 돌아다니며 온몸을 던져 일했다. 하지만 그의 작업은 주로 파벌주의를 조장하고 멘셰비키에게 더러운 낙인을 찍으려고 시도하는 것이었다."* 그는 멘셰비키와 치열하게 싸웠다. "그들을 상대하는 데는 어떤 방법이든 상관없다"고 그는 말했다.[11]

1905년 5월 5일에 트빌리시 역에서는 "군악대, 깃털 달린 모자, 금빛 견장, 허세적인 연설" 속에서 새로 부임하는, 그리고 자유주의적인 총독이 기차에서 내렸다. 예순여덟 살의 일라리언 보론초프-다시코프 Illarion Vorontsov-Dashkov 백작은 말 사육자, 원유 투자자, 대귀족 가문의 후계자였으며, 예카테리나 여제의 배우자인 포템킨 공작의 유명한 조카

---

*그는 활자로도 싸웠다. "우리 멘셰비키들은 정말 너무 지겹다!" 스탈린은 그들의 마르크스주의적 허위성을 비난하는 팸플릿에서 이렇게 썼다. 그 기사는 기묘한 구절과 우화로 흥미를 돋운다. "어느 날 까마귀 한 마리가 장미꽃을 보았다고 해서 그 까마귀가 나이팅게일이 되는 것은 아니다." 멘셰비키들은 "돈을 훔치고서 '도둑 잡아라!'라고 외치는 도둑을 생각나게 한다." 하지만 그는 이렇게 끝맺었다. "익히 알려진 일이지만, 혀는 항상 아픈 이빨 쪽을 건드린다."

딸의 후손인 보론초프 공주의 남편이었다. 황제의 인척이자 전직 궁정 대신인 그는 개방적이고 공정한 사고의 소유자였다. 그는 첫 조처로 구리아의 총독에 자유주의자를 임명했다. 하지만 보론초프-다시코프 백작은 너무 늦게 왔고, 너무 일관성이 없었다. 만주의 봉천(선양)에서 벌어진 잔혹한 전투에서 차르의 군대는 수만 명의 농민 병사를 잃고도 일본군을 물리치지 못했다. 5월 27일에 러시아의 발트함대는 그동안 세운 공적이라고는 북해에서 영국 어선을 침몰시킨 일밖에 없는 돈키호테적인 세계일주 항해를 하고 나서 불명예스럽게도 쓰시마 해전에서 일본군에게 패했다. 제독도 포로가 되었다. 이런 재난이 제국을 뒤흔들었다. 유대인에 대한 포그롬이 자행되었다. 6월 14일, 북해함대의 대표 함선인 전함 '타브리다의 포템킨 공작' 호의 수병들이 반란을 일으켰다.

이곳에 당도한 지 며칠 안 되어 보론초프-다시코프 백작은 자신의 권력이 무너지는 상황에 직면했다. 트빌리시에서는 무장 갱단이 설쳤고, 철도 차고에서는 테러가 행해지고, 바쿠에서는 또 다른 피바다가 벌어졌다. 백작의 자유주의적 본능은 그 잔혹한 현실을 따라잡기도 힘들었고, 그의 휘하 장군들과 카자크는 트빌리시에서 급진파들을 살인적으로 공격했다. 그는 곧 공개적인 전쟁, 포악한 테러리즘, 산업적 행동의 발진을 상대해야 했다. "1905년에는 손금 읽는 사람에서 창녀에 이르기까지 모두들 파업에 들어갔다"고 한 역사가가 쓴다.[12]

6월 9일, 스탈린이 사랑하는 붉은 공작인 사샤 출루키제가 결핵으로 죽었다. 쿠타이시에서 치러진 장례식에는 5만 명이 모여 그의 열린 관

뒤에서 '라마르세예즈'를 부르면서 호니까지 따라갔다. 현상금이 붙은 죄수인 주제에 스탈린은 장례식 연설을 했는데, 이는 한 참석자가 30년이 지난 뒤에도 여전히 암송할 수 있을 정도로 열정적인 연설이었다.*

유명한 소소는 이 무렵 미친듯이 활동했다. 동쪽의 트빌리시로 갔다가, 서쪽의 바투미로 갔다가, 거기서 또 쿠타이시로 가서 전투분대를 지휘했다. "테러리즘은 거대한 규모를 가정한다"고 그 자신도 볼셰비키 테러리스트인 비베네이시빌리 남작은 말한다. 모든 젊은 혁명가가 폭발물을 다루고, 총을 훔치고, 은행을 터는 것 같았다. "정치적인 이유에 의한 살해, 또는 구체제의 대표자에 대한 공격이 거의 매일 있었다." 지주들, 헌병대, 관리들, 카자크들, 경찰 스파이, 배신자들이 수시로 훤한 대낮에 살해되었다. 트빌리시에서 전 총독-장관인 골리친은 사슬갑옷 조끼를 입고 있지 않았더라면 아르메니아인 다시나크들이 시도한 암살을 모면할 수 없었을 것이다. 1905년 2월에서 1906년 5월 사이에 총독은 황제에게 136명의 관리가 암살당했고, 72명이 부상을 입었다고 보고했다. 제국 전체에서 관리 3,600명이 살해되거나 부상당했다. 이런 공식적 수치는 아마 실제보다 훨씬 축소된 규모일 것이다. 바쿠에서는 지사인 나카시제 공작이 다시나크들에게, 그의 경찰서장은 볼셰비키 암살자의 손에 살해되었다.

---

*1940년 10월에, 유명한 그루지야 작가 샬바 누추비제는 갑자기 감옥에서 석방되어 스탈린 앞으로 불려 왔다. 스탈린은 누추비제의 루스타벨리 번역에 감탄하여, 편집을 하기도 하고 도움도 주었다. 쿤체보에 있는 스탈린의 저택에서 식사를 하면서 누추비제는 츌루키제의 장례식 때 했던 연설을 기억하여, 그것을 암송했다. "비범한 재능이 비범한 기억력과 함께하는군." 스탈린은 감탄하면서 손님 앞으로 걸어와 이마에 입을 맞추었다.

"테러 짓 속에서도 당파들 간에 경쟁이 심했다"고 스탈린의 고리 시절 친구인 다브리셰비가 설명했다. 쿠타이시에서 소소는 전투분대에게 쿠타이시 무기창을 습격하여 무기를 얻으라고 지시했다. 그들은 근처에 있는 집을 빌려 그 아래를 파고 들어가 지뢰를 매설했지만, 토굴이 무너졌다.

피의 일요일과 트빌리시에서 일련의 학살이 있은 뒤, 카자크들에 대한 증오심은 특히 심해졌다. 스탈린은 카모와 테러리스트들에게 카자크들을 공격하라고 지시했다. 6월 22일에서 25일 사이에 차르의 기병대는 폭탄세례를 다섯 번 받았다.

트빌리시에 있는 흰 궁전에서 건전했던 꿈이 산산조각 난 60대의 총독은 신경쇠약으로 쓰러질 지경에 처해 있었다. 반면 그보다 훨씬 아래쪽에 있는 혁명의 난리판 속에서 스탈린은 무자비한 투쟁의 작열하는 분위기에서 마음껏 활약했다. 카모 같은 무식한 깡패와 백정은 무법의 시대에는 항상 제 세상을 만난 듯 설치게 마련이다. 하지만 스탈린은 특이했다. 그는 공격과 소동을 조직하는 것 못지않게 토론하고 글을 쓰고 조직하는 데도 능했다. 그는 소동을 지휘하고 고삐를 조이고 도발하는 것에 재능이 있었다. 총독은 계엄령을 선포하고 장군들에게 권력을 넘겼다.[13]

어느 날, 치아투라와 치루알 역 사이의 체바 마을에서 한 젊은 사제가 시장에 갔다가 어느 낯선 남자의 인사를 받았다. "나는 고리에서 온 코바라고 하오. 난 장을 보러 여기 온 것이 아니오. 당신과 사적으로 처리할 업무가 있소." 카시아네 가체칠라제 신부*를 한쪽으로 데려간 스탈린은 그 사제가 당나귀를 몇 마리 갖고 있다는 얘기를 들었고, 언덕을 넘어 치아투라로 가려면 어떻게 해야 하느냐고 물어보면서 덧붙였다. "이 지역을 당신만큼 잘 아는 사람은 없다더군요."

그 사제는 이 불길한 낯선 남자가 자신과 자신의 젊은 가족에 대해 많은 것을 알고 있음을 깨달았다. 또 그 지역 붉은 전투분대의 암살자이자 경찰 살해자가 시장 밖에서 경계를 서고 있다는 것도 알아차렸다. "당시 체바에는 경찰이 없었고, 붉은 분대가 관장하고 있었다." 붉은 두목임이 분명한 '고리의 코바'는 예의 바르게 그 사제의 당나귀를 쓰게 해달라고 요청했고, 산을 넘어 길을 인도해준다면 상당한 액수인 50루블을 내겠다고 했다. 돈 때문에 사제의 불안은 누그러졌다.

스탈린은 그곳 술집에서 사제에게 술을 한잔 사겠다고 고집했다.

"내가 오는 것을 사람들이 미리 알려줄 거요." 그는 가기 전에 말했다. "신부님, 늦지 마시오. 난 갔다가 그날 안으로 돌아오고 싶으니까요. 우린 둘 다 젊은 사람이오."

얼마 안 가서 사제는 연락을 받았다. 스탈린은 부하 두 명과 함께 돌아와서 그들의 도움을 받으며 당나귀에 돈과 인쇄기계와 탄약으로 보이는 물건이 든 안장주머니를 실었다. 스탈린은 치아투라로 가는 기차에

---

*카시아네 가체칠라제 신부의 회고록은 스탈린의 생전에 몰래 기록되었고, 그의 손자가 물려받았다. 그는 필자가 이 책의 기획에 대해 그루지야 TV에서 이야기하는 것을 보고 연락을 취했다. 그가 당나귀를 끌고 산을 넘어가던 일에 대한 설명, 그의 움직임과 대화 내용은 다른 자료들과 모두 일치한다.

서는 검문 검색이 심하다는 것을 이미 알고 있었으므로, 이 길이 자신의 '볼셰비키 요새'에 당도할 가장 안전한 방법이라고 판단한 것이다.

거의 동갑이던 사제와 신학교 퇴학생은 길을 가는 동안 잡담을 나누었다. 가끔 나무 아래에서 스탈린은 사제의 무릎을 베고 짧은 잠을 청했다. 가체칠라제 신부는 스탈린이 독재하는 동안 그때 그 동행자를 죽여버릴 걸 하고 후회했지만, 당시에는 "그는 모두에게 감명을 주었다. 난 그를 좋아하기까지 했다. 그는 절제력이 있었고 진지했고 멋있었다. 심지어 내게 시를 읊어주기까지 했다." 스탈린은 시를 읊으며 자신이 직접 지은 시라는 말을 덧붙였다. 그는 자신이 여전히 시인임을 자랑스러워했다.

"내가 쓴 시 몇 편은 신문에도 실렸어요." 스탈린은 뽐냈다. 정치 이야기는 거의 하지 않았지만 그는 "친구 한 명이 여자 문제로 치아투라에서 싸움을 벌였고 내가 그 친구를 지나치게 도왔기 때문에 경찰이 날 쫓고 있다"고 주장했다. 그는 그 싸움의 증거로 뻣뻣한 팔을 보여주었다(그가 지어낸 또 다른 이야기다). 스탈린은 식사하기 전에 기도문을 외웠다. "보시오. 난 아직도 이걸 기억하고 있어요." 그는 웃었고 걸으면서 노래를 불렀다. "음악은 영혼을 편안하게 만드는 힘이 있다니까!" 그는 회상했다.

한 농부가 사제와 혁명가를 잔치자리에 불러 앉혔다. 스탈린은 말이 많아졌고 "어찌나 감미롭고 부드럽게 노래를 불렀는지" 농민들은 "자기 딸을 그에게 시집보내고" 싶어 했다.

사제는 그를 칭찬했다. "당신은 좋은 사제가 되었을 법한데요."

"제화공의 아들인 내가 귀족 자제들과 경쟁했는데, 내가 더 나았어요." 스탈린은 대답했다.

그들이 치아투라에 닿았을 때 스탈린은 안장주머니를 들고 시장 안으로 사라졌다가 빈 자루를 들고 돌아왔다. "이제 적어도 돌아가는 기차에서 그걸 베고 쉴 수 있겠군." 스탈린이 말했다.

1905년 여름의 혁명기에 스탈린은 이런 비밀의 삶을 살았다. 밀반입 총과 약탈한 지폐가 든 안장주머니를 실은 짐말을 끌고 산을 넘어 치아투라로 가는 무장한 두목의 모습이었다.[14]

트빌리시에서 카자크들과 테러리스트들은 거리의 주도권을 놓고 싸웠다. 예레반 광장에 있는 시청에서는 수천 명이 매일같이 모였고, 시의회를 점거하여 나날이 더 급진적인 방안을 제안했다. 8월에 학생들이 공식 회의를 열어 니콜라이 2세가 제안한 타협 의회, 내무상인 불리긴의 이름을 붙인 의회에 대해 토론하던 중에 카자크들이 이들을 무자비하게 공격하여, 총을 쏘며 시청에 침입했다. 학생 60명이 죽고 200명이 부상당했다.

스탈린은 동지인 샤우미안을 만나러 트빌리시로 달려가서, 신문으로, 또 다이너마이트로 대응책을 계획했다. 그는 전단에 실을 글을 써서 치아투라로 달려갔다가 9월 25일로 결정된 거창한 보복전을 조율하기 위해 시간 맞춰 다시 돌아왔다. "스탈린이 돌아오자 신호가 내려졌다. 신성한 산꼭대기에 켜진 붉은 등불이었다. 오후 8시경, 갱단은 중심 병영 바깥에서 총격을 시작했다. 카자크들이 달려 나오자 그 학생

살해자들에게 수류탄이 투척되었다." 스탈린의 테러리스트들은 아홉 군데에서 동시 공격을 실시했다.

볼셰비키와 멘셰비키 암살자와 선동가들은 이미 거리에서 작전을 벌이고 있었다. 10월 13일에 스탈린과 볼셰비키들은 멘셰비키를 만나 정치와 테러 활동에서 협력하기로 동의했다. 무너지기 직전으로 보이는 전제정치에 가할 압박을 늘리기 위해서였다. 제국 전역에서 노동자와 군인들은 위원회, 혹은 소비에트를 세웠다. 가장 유명한 것은 페테르부르크 소비에트였다. 시골에서는 농민들이 날뛰었고, 10월 6일에는 모스크바-카잔 철도에서 파업이 일어나 전면적인 운행정지 상태가 제국 전역으로 확산되었다. 차르 체제는 끝장이 난 것 같았다.

"임박한 폭풍우가 언제라도 러시아 전역으로 불어, 어마어마한 홍수가 휘몰아쳐 케케묵고 썩은 것들을 모조리 쓸어버릴 것이다." 소소는 이렇게 썼다.

상트페테르부르크에서는 돌처럼 둔한 정치적 더듬이를 가진 니콜라이 2세까지도 이제 곧 자신의 영토를 잃게 되리라는 것을 깨닫지 않을 수 없었다. 그는 일본군과 화평을 할 준비가 되었지만, 정치적 양보란 신성한 전제정치에 대한 그의 깊은 확신에 위배되는 문제였다. 그는 가장 유능한 장관들을 질투하고 증오했지만 그의 어머니와 삼촌은 그에게 전직 재무장관인 세르게이 비테와 상의하도록 강요했다. 미국 대통령인 테디 루스벨트의 중재로 뉴햄프셔의 포츠머스에서 일본과 평화협정을 맺으러 떠나기 전에, 비테는 자신이 경멸하는 차르에게 헌법 문제에서는 양보하라고 강력하게 말했다. 니콜라이 2세는 마음이 흔들렸지만, 키가 크고 군인다운 사촌인 니콜라이 니콜라예비치 대공에게 군부독재자가 되어달라고 요청했다.

로마노프 전제체제가 흔들거리는 동안 우리는 트빌리시의 뒷길에서 죽음을 처리하는 갱들의 두목으로서 스탈린의 보기 드문 모습을 잠깐 보게 된다.[15]

15장

★★

1905년: 싸움꾼, 부랑배, 재봉사

1905년 후반의 어느 날 밤, 트빌리시에서 스탈린의 고리 시절 친구이자 이제 그루지야 사회연방주의자들의 무장분과 우두머리가 된 이오시프 다브리셰비는 신성한 산기슭의 뒷길에서 싸우는 소리를 들었다. 그는 스탈린의 행동대원인 카모가 낯선 아르메니아인을 권총으로 위협하는 모습을 보았다.

"네가 원래 지켜야 하는 금고에 돈을 돌려놓지 않는다면 넌 이제 죽은 목숨이야!" 카모는 말하고 있었다. "생각해! 내가 셋을 셀 테니까. 하나, 둘, 조심해, 이 친구야, 셋!"

다브리셰비는 달려가서 카모의 팔을 붙들었다. "여기서는 안 돼. 바보 같으니. 이 지역에서는 안 된다고. 여기서는 우리가 모든 걸 관리한다는 걸 알고 있잖아." 그 거리는 다브리셰비의 민병대가 통제하고 있었다. 하지만 "너무 흥분한" 카모는 팔을 뿌리쳐버리고 그 남자에게 세 발의 총을 쏘았다.

"세 번째 총격이 끝나자 우리는 죽어라고 달아났다." 희생자는 피를 흘리며 보도 위에 쓰러졌다.

"도대체 왜 우리 일에 네가 끼어드는 거냐?" 안전한 곳으로 갔을 때 카모가 물었다. "코바가 화가 나서 길길이 뛸 거야. 그가 항상 너그럽지 않다는 건 너도 알지." 다브리셰비 역시 기분이 좋지 않았다. '그'의 구역에 곧 경찰들이 몰려들 것이다. 하지만 이것이 문제의 전부가 아니었다.

스탈린은 다브리셰비에게 카모를 보내 회의에 참석하라고 불렀다. 두 사람이 만났을 때 다브리셰비는 "우리가 안전을 통제하는 지역에서 아르메니아인을 죽이지 말라"고 말했다.

"들어봐." 스탈린은 침착하게 대답했다. "우리 걱정은 하지 말게. 카모는 해야 할 일을 했고 자네도 똑같이 행동했어야 해. 자, 난 자네에게 제안하겠네. 연방주의자를 떠나 우리에게 오라고. 우리는 옛날 고리 사람들이 아닌가. 난 우리가 하던 근사한 놀이를 기억해. 아직 시간이 있을 때 오는 게 어때. 그렇지 않으면⋯."

"그렇지 않으면 뭔가?" 다브리셰비가 물었다.

스탈린은 대답하지 않았지만 그의 눈은 좁혀졌고, 표정은 굳어졌다.[1]

세계를 무너뜨리는 사건들이 벌어지던 바로 그때 스탈린은 알릴루예프 일가가 아닌 다른 가족의 삶에 들어갔다. 그들의 운명도 그의 운명과 뒤엉키게 된다. 그는 자신의 문하생인 알료샤 스바니제에게 자기가 살 집을 알아봐달라고 부탁했다. 지적이고 푸른 눈에 금발인 스바니제는 알맞은 곳을 알고 있었다.* 프레일린스카야 거리 3번지 연립주택에 있는 그의 집은 군대 본부 바로 뒤편이었다. 그곳은 여러 가지 장점이 있었다. 먼저 그곳에는 아름다운 그루지야 여자들이 살고 있었다. 스바니제의 세 누이인 알렉산드라(사시코), 마리야(마리코), 예카테리나(카토)는 제복과 드레스를 만드는 양장점인 아틀리에 에르비우에서 일했는데, 호황을 누리던 그 가게의 상호는 프랑스인 디자이너인 마담 에르비우의 이름을 따서 지어졌다.

그 여성들은 차분하고 사랑스러운 미인이 많기로 유명한 라차(서부 그루지야에 있다) 출신이었다. 사시코는 얼마 전에 신학교에서 스탈린과 알게 된 볼셰비키인 미하일 모노셀리제와 결혼했지만 다른 두 소녀는 아직 결혼 전이었다. 막내인 카토는 매혹적으로 아름다운 갈색머리에 몸매가 예쁜 여성이었다. 젊은 재봉사들이 있는 그들의 양장점은 분위기가 환하고 여성적으로 아기자기했다.

모노셀리제는 어느 날 스바니제가 와서 자신을 데리고 나가더니 "소소 주가시빌리 동지를 우리 집에 묵게 하고 싶은데, 누이들에게는 한마디도 하지 말라고 말했다. 난 그렇게 하겠다고 했다"고 말한다.

"그래서 1905년에 알료샤는 우리 집에 모두가 볼셰비키 파벌의 지도자로 여기는 어떤 남자를 묵게 했다." 그의 아내인 사시코는 쓴다. "그

---

*스탈린은 알료샤를 통해서만 스바니제 일가를 안 것은 아니었다. 알료샤와 세 누이의 아버지인 세미온 스바니제는 쿠타이시에서 교사로 있었다. 어머니인 시포라는 귀족인 드발리 일족 출신이었다. 쿠타이시에서 시포라의 사촌인 드발리가 경찰서장으로 있었다. 스바니제와 드발리 경찰서장은 모두 스탈린을 비밀경찰로부터 숨겨주었는데, 이는 그루지야인들에게 연고가 국가에 대한 충성보다 더 중요함을 보여주는 또 다른 사례다.

는 허름한 옷을 입었고 여위었고, 피부색은 올리브빛이었다. 얼굴에 살짝 얽은 자국이 있었고, 키는 평균보다 작았다. 그가 바로 소소 주가시빌리였다."

"우리 집은 경찰의 의심을 받지 않는 곳이었다. 한쪽 방에서 동료들이 불법적인 일을 하는 동안 내 아내는 옆방에서 장군 아내들의 드레스를 짓고 있었으니까." 대기실은 대개 백작과 장군과 경찰 장교들로 가득 했다. 이 집은 지하세계 두목의 본부로서 이상적이었다. 실제로 스탈린은 자신의 갱단과 테러리스트 모임을 마담 에르비우의 아틀리에에서 여러 번 가졌다. 그는 비밀 서류들을 마담의 패션마네킹 몸통 속에 숨겼다.

"소소는 여러 날씩 꼬박 앉아서 〈브르졸라〉와 신문 〈아할리 치호브레바Akhali Tskhovreba〉(새 삶)에 실을 기사를 준비하고, 모노셀리제가 이를 편집하곤 했다. 저녁에는 일을 마치고 사라졌다가 오전 두세 시까지 돌아오지 않았다." 사시코는 기억한다. 스탈린의 본부는 쿠라 강 제방 위에 있는 미하일로프스키 병원이었다. 인쇄기계는 그곳의 지하실에 설치되어 있었다. 그런 위험한 시기에 스탈린은 "항상 총을 뽑을 준비가 되어 있었다"고 다브리셰비는 지적한다. 하지만 연애를 하고 자신의 잔인한 게임에 끼어들 시간도 있었다.

스바니제 일가의 사촌이자 볼셰비키인 피멘 드발리가 와서 묵었는데, 그는 하루 종일 잠만 잤다.

"이자를 어디에 써먹겠는가?" 스탈린은 그를 흔들어대면서 불평했다. 드발리는 일어났다. "뭔가 언짢은 일이 있나?" 스탈린은 비꼬는 투로 물었다.

"아닐세, 소소." 잠이 덜깬 드발리가 대답하더니 다시 곯아떨어졌다. 스탈린은 "다가가더니 담배용지를 말아서 피멘의 발가락 사이에 꽂고 거기에 불을 붙였다. 발가락이 불에 데자 그는 펄쩍 뛰며 일어났다. 우리는 웃었다!"*

스탈린은 앉아서 자매들과 재봉사들에게 사회주의 팸플릿이나 소설을 읽어주었고, "농담을 하고 바보 놀이를 하거나 또다시 잠꾸러기 피멘을 놀렸다"고 사시코는 말한다. 여자들의 부모가 쿠타이시에서 찾아오면 "스탈린은 절절한 감정을 담아 로맨틱한 노래를 불렀기 때문에 다들 매혹되었다. 그가 거칠고 혁명에 헌신하는 사람인 줄 다들 알고 있으면서도 말이다." 카토의 사촌 중 하나가 말한다. 스탈린은 어디까지나 스탈린이었으니, 심술궂은 파워게임도 수시로 벌였다. 어느 날 재봉사가 갑자기 더 높은 임금을 요구했다. "내 아내와 카토는 깜짝 놀랐다. 이 여자들이 일하는 여건은 좋은 편이었기 때문이다. 하지만 그때 정황이 파악되었다. 소소가 그렇게 하도록 시킨 것이다. 우리는 아주 재미있어 했고 소소도 그랬다."

---

*사시코 스바니제와 그녀의 남편인 모노셀리제의 회고록은 무척 귀중하다. 두 책 모두 스탈린이 이미 독재자가 된 1930년대 초반에서 중반 사이에 기록되었지만, 그럼에도 놀랄 정도로 솔직하다. 사시코의 회고록은 출판되지 않았다. 모노셀리제의 회고록 일부분은 숭배 저술에 사용되었지만 나머지 대부분은 적절하지 않은 것으로 간주되었다. 이 무렵, 1905년에서 1906년 사이에 시골에서 도착하는 볼셰비키들은 병원에 있었던 스탈린에게 보고되었지만 지도자들, 즉 샤우미안, 스판다리안, 아벨 예누키제(또 다른 라차 출신), 그리고 부두 '술통' 므디바니는 소소의 암살자들인 카모와 친차제와 함께 정기적으로 스바니제의 집에 왔다.

가장 어리고 가장 예뻤던 카토는 특히 스탈린에게 매혹되었다.[2]

    소소의 트빌리시 아틀리에에서 멀리 떨어진 로마노프 왕가의 궁정에서 니콜라이 대공은 황제에게 군부독재자가 되느니 차라리 총으로 자살하겠다고 말했다. 니콜라이 2세에게는 남은 선택지가 거의 없었다. 10월 17일에 그는 비통한 태도로 러시아 최초의 헌법과 선거에 의한 의회, 즉 '황제의 두마(의회)Imperial Duma'와 자유언론을 허용하는 데 동의했다. 니콜라이는 이런 관대함을 곧 후회했다. 그의 선언이 발표되자 제국 전역으로 환호의 격동과 잔혹한 폭력이 빠른 속도로 퍼져나갔다.
    그다음 날 카스피 해 연안에서는 촛농에 젖은 화약통처럼 위태롭던 바쿠에 불이 났다. 상징적인 불이었고, 또 실제 화재이기도 했다. 잘 무장된 다시나크의 지휘를 받은 아르메니아인들은 2월의 포그롬에 보복하기 위해, 시골로 가서 아제리인의 마을을 학살하기 시작했다. 곧 유정은 불타올랐다. 러시아 자체에서만도 오데사 거리의 절정으로 치닫는 미친듯한 학살극 속에서 3,000명의 유대인이 죽임을 당했다.
    스탈린은 트빌리시의 대로에 나갔다. "시위 군중들은 혁명과 자유 그루지야의 깃발을 휘두르며 길거리로 몰려나왔다. 거대한 군중이 오페라 하우스 앞에 모였고, 맑고 푸르게 빛나는 하늘 아래에서 자유의 노래들을 불렀다"고 이오시프 이레마시빌리는 회상한다. 흥분감이 "어찌나 대단했는지, 비싼 옷을 입고 있던 어느 여성은 붉은색 치마를 벗어… 그 자리에서 붉은 깃발을 만들었다." 이레마시빌리는 친구인 스탈린을 보았다. "나는 그가 전차 지붕 위로 기어 올라가서, 손짓발짓을 하면서 군중에게 발언하는 것을 보았다." 하지만 스탈린의 흥분은 차르의 양보에 대한 불신 때문에 도발된 것이었다. 조금 더 밀어붙인다면 썩어빠진 옥좌는 틀림없이 허물어질 것이다.

두마는 "민중의 혁명에 대한 부정"이라고 스탈린은 썼다. "이 함정을 부숴버리고 인민의 적인 자유주의자들에 대항하여 가차 없는 투쟁을 전개하라." 황제는 러시아를 잃었다. 그것을 되찾으려면 그는 처음부터 다시 시작해야 하며, "무한한 러시아를 두 번째로 정복해야 한다."[3]

스탈린과 친구들인 스바니제 일가와 알릴루예프 일가는 특별한 시절을 살고 있었다. 총독의 힘이 미치는 곳은 중부 트빌리시와 그의 병영뿐이었다. 도시의 그 외 부분에서 "무장 노동자들이 인민의 민병대를 결성하여 거리를 순찰했다"고 안나 알릴루예바가 말한다. "키가 작고 여윈 작은 말을 타고 트빌리시 외곽에 나타난 새 친구들이 합세하여 대열이 불어났다. 우리는 고깔모자를 쓰고 엄청나게 큰 양가죽 외투를 입고 부드러운 가죽으로 지은 높은 장화를 신은 이들 숙련된 기마인들을 볼 때마다 걸음을 멈추고 그들의 실력에 감탄했다. 산악지대에서 온 농부와 목동들이었다."[4] 소소는 이런 드라마를 실컷 음미했다. "혁명의 천둥소리가 울려 나온다!" 그는 썼다. "우리는 용맹한 자가 부르는 소리를 듣는다. 삶은 끓어오르고 있다!"[5]

시내에서 지블라제는 멘셰비키 민병대를 지휘했다. 스탈린, 츠하카야와 부두 므디바니는 볼셰비키 지휘부를 결성했다. 파벌들은 동맹을

맺었고, 각자 자기들 지역의 노동자들을 통솔했다.[6] "트빌리시 근교
는 무장노동자들의 손에 들어갔다"고 트로츠키는 썼다. 디두베와 나
잘라데비 지역은 어찌나 자유로웠는지 스위스라는 별명을 얻었다. 하
지만 〈신앙고백서〉를 쓴 지 1년이 지난 뒤에도 스탈린은 여전히 그의
그루지야식 마르크스주의 쪽으로 기울어지고 있었고, 노조위원회Union
Committee에서 그 점에 대해 공격받았다. 쿠타이시에서 그의 부하이자
미친 듯이 설쳐대는 세르고 카프타라제는 화를 참지 못한 나머지 스탈
린을 배신자라 불렀다.

"난 이 문제를 두고 싸울 생각이 없소. 당신 하고 싶은 대로 하시오!"
스탈린은 침착하게 대답했다. 그런 다음 그는 담배 한 대에 불을 붙이
고, 눈도 깜빡이지 않으면서 카프타라제의 눈을 들여다보았다. 회의가
끝난 뒤 두 사람이 주먹질을 한 것이 아마 그때였을 것이다. 카프타라
제는 스탈린에게 등잔을 던졌다.[*7]

스바니제 자매들은 급진파의 대의명분을 위한 모금 행사를 주최했
으며, 미나도라 토로셸리제에게 스탈린을 자랑스럽게 소개했다. 미나
도라는 그의 연설에 감명을 받았다. "동지들, 당신들은 우리가 빈손으
로 차르를 패배시킬 수 있다고 생각하는가? 절대로 그렇지 않다! 우리
에게는 세 가지가 필요하다. 하나는 총, 둘째도 총, 셋째도, 또다시 몇
번을 되풀이해도 총이다!" 그는 총을 얻으러 나설 것이다. "그의 첫 번

---

*이런 모욕에 대한 스탈린의 반응은 놀라웠다. 그는 이 일을 절대 잊지 않았다. 카프타라
제의 운명에 대해 알고 싶으면 에필로그를 보라. 노조위원회에는 볼셰비키와 멘셰비키가
모두 들어가 있었다.

째 작전 중 하나이자 가장 무모한 작전은 트빌리시에 있는 무기창 세 곳을 대낮에 털겠다는 계획이었다." 다브리셰비가 말한다. "당시 사람들은 값이야 얼마가 들든 저마다 무기를 갖추고 있었다!"[8]

바쿠에서의 학살과 오데사에서 벌어진 유대인 대학살극 때문에 그루지야에서는 긴장이 고조되어 있었다. 바쿠와 트빌리시의 군중들이 감옥을 습격하려 했을 때 스탈린은 두 도시 사이를 서둘러 왕래했다. 혁명은 승리를 목전에 두고 있는 듯했다. 상트페테르부르크에서 트로츠키가 이끄는 소비에트는 차르에게 대항했고, 대담무쌍하게 자신들을 또 다른 정부로 선전했다.* 모스크바에서 볼셰비키 민병대는 프레스나야의 동굴 같은 공장들을 요새화했다. 하지만 벌레는 이제 막 몸을 돌리려 하고 있었다. 차르는 반유대주의자인 '검은 100인단Black Hundreds(자체 무장단체를 보유한 우파 러시아 민족주의자-옮긴이)'이라는 민족주의자들의 지원을 받아 보복을 계획하고 있었다. 그들은 자체의 살인부대를 조직하여 러시아 전역에서 유대인과 사회주의자들을 죽이려고 계획했다. 강경파 장군들의 주장이 우세해졌고, 부대가 소집되었다. 그루지야에서 황제는 알리하노프-아바르스키 중장에게 구리아의 농민과 찬투리아인 광부들을 진압하라고 명령했다. 카자크들이 오고 있었다.

10월 22일에 트빌리시 김나지움에서는 7명의 그루지야 학생들이 러시아인 검은 100인단들에게 살해되었다. 그 뒤에 이어진 싸움에서 41명

---

*트로츠키는 "1905년에 스탈린은 소박한 사무실에서 찬란한 사건들에 대해 지루한 해석이나 쓰면서 보냈다"고 썼다. 거의 모든 역사가들은 트로츠키의 입장을 따랐다.

이 죽었고 65명이 부상당했다. 스탈린 휘하의 테러리스트들은 러시아의 카자크들과 검은 100인단에게 거듭 반격했다.⁹

11월 21일에 트빌리시의 아르메니아 상점에서 아르메니아인과 아제리인들 사이에 총격전이 일어났다. 25명의 무슬림이 살해되었다. 스탈린과 사회민주주의자들은 각자 부하들을 투입하여 양편을 떼어놓았다. 그 싸움이 오흐라나의 부추김으로 발생했다고 믿었기 때문이다. 트빌리시는 내전이 임박한 "끓어오르는 솥단지" 같은 곳이라고 트로츠키는 썼다. 필사적이 된 총독은 통제력을 잃었음을 인정하면서, 멘셰비키인 지블라제에게 평화를 유지하도록 라이플 500정을 주었다. 전투분대는 양편을 격리시키기는 했지만 총은 돌려주지 않았다.

다브리셰비는 볼셰비키 패거리들이 이에 가담하지 않았음을 알아차렸다. 스탈린이 없으니 카모는 어떻게 해야 할지 결정할 수 없었기 때문이다. "분쟁이 벌어지던 중에 스탈린은 트빌리시에 없었다." 그는 어디에 있었는가?¹⁰

니콜라이가 격동에 휩싸인 제국을 다시 정복할 준비를 하고 있을 때, 혁명의 물결이 분수령에 도달했을 때, 스탈린은 산악의 독수리 레닌과의 첫 만남을 위해 핀란드로 가고 있었다.

16장

★★

1905년: 스탈린이 레닌을 만나다

"나는 우리 당의 '산악의 독수리'를 만나서 기뻤다. 그는 정치적으로만이 아니라 신체적으로도 위대한 사람이었다." 스탈린은 회고했다. "레닌은 내 상상 속에서 위풍당당한 거인의 모습을 하고 있었기 때문이다." 1905년 11월 26일, 당 회의에서 스탈린과 다른 두 사람은 상트페테르부르크에서 열리는 볼셰비키 당대회에 참석할 캅카스 대의원으로 선출되었다. 12월 3일경 '이바노비치'라는 가명을 쓰던 스탈린은 레닌을 만나기 위해 제국의 수도로 향했다.

소소와 동료 대의원이 기차를 타고 북쪽으로 가고 있을 때 황제는 보복을 실행했다. 트로츠키와 소비에트 의원들이 체포되었다. 스탈린은 지시받은 대로 사회민주노동당 신문인 〈노바야 지즌Novaya Zhizn〉(새로운 삶)의 페테르부르크 사무실에 가보았지만 그곳은 이미 습격당한 뒤였다. 이 그루지야인들은 이리저리 정처 없이 돌아다니다가 네프스키 대로에서 한 친구를 만났다. 스탈린 같은 이방인이 수도의 중심가를 걸어 다니다가 아는 사람을 만날 수 있다는 것이 이 시기의 놀라운 특징이다. 이런 일은 계속 일어났다. 하지만 관광을 할 시간은 거의 없었다. 그 친구는 그들이 레닌의 아내인 크루프스카야를 만나기 전 이틀 동안 그들을 숨겨주었다. 레닌의 아내는 그들에게 돈과 암호와 새로 숨을 장소인 핀란드 탐페레에 갈 기차표를 주었다. 그곳은 차르의 반자치 대공국으로서, 1905년의 자유가 1년 더 유지된 곳이었다.

스탈린과 마흔 명의 다른 볼셰비키 대의원들은 당일치기 여행을 가는 교사들로 어설프게 위장하여 기차에 올라타고 상트페테르부르크를 떠나, 12월 24일 오전 9시 8분에 탐페레에 도착했다. 그들은 역 옆에 있는 바우어 호텔에 들어 여러 명이 한방을 썼다. "다들 얼마나 열광적이었는지!" 크루프스카야는 기억한다. "혁명은 정점에 다가가고 있었고, 모든 동지들은 최고의 열정으로 혁명에 달라붙었다."

다음 날 아침, 크리스마스에 레닌은 핀란드 붉은 근위대(볼셰비키 노동자민병대)의 본부이던 인민회의장에서 당대회를 개최했다.* 스탈린은 자신의 영웅을 만나기를 고대했다. 그는 레닌이 추종자들을 열렬하게 기대하게 만든 뒤 늦게 등장할 거라고 예상했다. 지도자라면 마땅히 그렇게 처신할 거라고 믿은 것이다. 하지만 놀랍게도 레닌은 이미 "일찌감치 그곳에 와 있었고, 가장 평범한 대의원들과 대화를 나누고 있었다!" 그리고 그가 거인이라고? "정말 평범한 남자, 평균보다 작은 키에, 평범한 일반인과 전혀 다른 점이 없는 사람을 보았을 때 내가 얼마

---

*현재 서구에 마지막 남은 레닌 사당인 레닌박물관이다.

나 실망했는지 상상해보라."

　직접 보면 인상적이지 않을지 몰라도 개성 면에서는 비상한, 레닌이라는 이름으로 알려진 블라디미르 일리치 울리야노프는 작고 땅딸막했으며 젊은 나이에 대머리가 벗겨졌고, 툭 튀어나온 강렬한 이마와 찌르는 듯 쏘아보는 비스듬히 기울어진 눈을 갖고 있었다. 그는 온화했고, 웃으면 주위 사람들도 따라 웃게 만드는 사람이었지만, 그의 삶은 마르크스주의 혁명에 대한 광적인 헌신에 지배되었다. 그는 자신의 지성, 무자비한 실용주의, 공격적인 정치적 의지 모두를 그곳에 쏟아부었다. 트빌리시에 돌아간 스탈린은 다브리셰비에게, 레닌을 "입만 살아 있는 수많은 사람들 중에서" 그토록 뛰어나게 만드는 것은 그의 지성의 힘과 완전한 실용성의 융합이었다고 말했다.

　양쪽 부모 모두 세습귀족인 레닌은 사랑이 넘치는 신사 가족에서 성장했다. 아버지는 심비르스크에 있는 학교의 장학관이었고, 어머니는 국가 자문관의 지위로 승격한 지주 출신 의사의 딸이었다. 유대인, 스웨덴인, 타타르계 칼미크인(그의 비스듬한 눈은 이 종족에서 유래했다)의 피가 섞인 레닌에게는 귀족으로서의 당당한 자신감이 있었다.* 청년 시절 그는 자신의 영지를 훼손했다는 이유로 농민을 고발하기도 했다. 이 일은

---

*그의 선조 가계에는 수치스러운 부분이 있다. 그의 어머니는 스웨덴인과 결혼한 유대인 상인인 모이세 블랭크의 손녀였다. 볼셰비키 중에서 유대인이 큰 비중을 차지한다는 사실은 소련에서 항상 문젯거리였다. 실제로 1932년에 레닌의 누이인 안나는 레닌의 유대계 배경을 언급한 편지를 스탈린에게 보낸 바 있다. "이 편지에 대해 누구든 한마디도 하지 말라!" 스탈린은 그 위에 이렇게 갈겨썼다. 그 편지는 1990년대까지 비밀로 남아 있었다.

구러시아에 대한 레닌의 경멸을 설명해준다. '바보 러시아인들'이라는 말은 그가 가장 잘 쓰는 욕이었다. 귀족 출신이라는 비판을 받자 그는 대답했다. "내가 뭐 어때서? 나는 지주 신사의 후계자야. 난 아직도 우리 영지에서 누렸던 즐거운 일들을 잊지 않았다. …그러니 계속해봐. 날 죽이라고! 내가 혁명가가 될 자격이 없는가?" 그가 자기 영지에서 나오는 수입으로 먹고사는 것을 절대 부끄러워하지 않은 것은 분명하다.

가문의 영지에서 누리는 시골의 목가적인 삶은 형인 알렉산드르가 처형된 1887년에 끝났다. 그것이 모든 것을 바꿔놓았다. 레닌은 카잔대학교에서 변호사 자격을 얻었으며, 거기서 체르니셰프스키와 네차예프를 읽었고, 마르크스를 받아들이기 전에 이미 러시아의 혁명적 테러리스트들의 규율을 주입받았다. 체포와 시베리아 유형을 겪은 뒤 그는 서유럽으로 옮겼고, 그곳에서 〈무엇을 할 것인가?〉를 썼다.

보지cunts, 호래자식bastards, 쓰레기filth, 창녀prostitute, 쓸모 있는 천치useful idiots, 백치cretins, 멍청한 노파silly old maids 등은 레닌이 자신의 적에게 던진 욕설 중 일부다. 그는 싸움 솜씨가 뛰어났고 정치적 진동의 강박적 광기 속에서 살았다. 그리고 동맹자를 지배하고 적들을 때려눕히려는 강박증과 강렬한 분노가 그를 몰아붙이는 추진력이었다.

그는 예술이나 개인적 로맨스에 대해서는 전혀 상관하지 않았다. 엄격하고 눈이 툭 튀어나온 크루프스카야는 아내라기보다는 매니저나 서기라 해야 옳을 사람이었지만, 그는 부유하고 자유주의적인 아름다운 유부녀 이네사 아르만드와 열정적인 연애를 하기도 했다. 권력을 쥐자 레닌은 비서들과 소소한 연애행각을 벌였으며, 스탈린의 말에 의하

1905〜1910년

어린 시절의 친구인 사이코패스, 살인자 카모.③ 그루지야식 초하 외투를 입고 있다. 그는 대단히 특이한 사람으로, 걸핏하면 스탈린에게 "저자의 목을 따게 해줘요!"라고 애걸했다. 단순무식하고, 연애의 선수이며, 탈출의 대가이고, 은행 강도, 살인자, 그리고 세탁부 여자에서 공작에 이르기까지 변장의 귀재였다. 그는 스탈린의 트빌리시 강도 사건을 지휘했다. 체포되었을 때 그는 여러 해 동안 미친 증상을 가장하면서 심한 고문을 견뎠는데, 의사들은 그가 정말 정신이상이라고 결론지었다.

음모. 부랑아들을 활용한 스탈린의 조직망, 1905년. 1905년 혁명 기간에 스탈린은 길거리 부랑아들로 디킨스 소설에 나오는 파긴 스타일의 네트워크를 운영했다(위).[7] 그들은 총을 숨겨 오고 심부름을 하는 등, 그의 개인 정보요원 노릇을 해주었다. 한편 스탈린은 차르의 비밀경찰인 오흐라나의 요원이나 첩자들의 추적과 감시를 받았다. 그런 요원들이 사복을 입고 포즈를 취하고 있다(아래).[3] 하지만 그는 그들을 속이고 비밀경찰 자체에 침투하는 데 능숙해졌다.

스탈린을 만났을 무렵의 블라디미르 일
리치 레닌. 1905년경.⑤ 스탈린은 레닌
을 존경했지만 항상 자기 의견을 갖고
있었다. 스탈린은 은행 강도와 강도짓을
하여 레닌의 주요 자금원이 되었다.

체포된 스탈린, 1906년.⑤

레프 트로츠키.⑤ 허영심 많고 뛰어난
유대인 지식인, 페테르부르크 소비에트
의장. 1905년에 체포됨. 런던에서 트로
츠키를 만난 스탈린은 처음 본 순간부
터 그를 싫어했다.

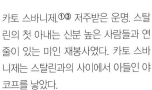

카토 스바니제.①③ 저주받은 운명. 스탈
린의 첫 아내는 신분 높은 사람들과 연
줄이 있는 미인 재봉사였다. 카토 스바
니제는 스탈린과의 사이에서 아들인 야
코프를 낳았다.

RUSSIAN REVOLUTIONISTS MEET SECRETLY IN A CHURCH HALL.

Day after day Russian Labour delegates meet in a hall attached to the Brotherhood Church, Southgate-road, N., in order to plot against the Russian Government. The large photograph shows three of them entering the hall, and the inset the Brotherhood Church, where the meetings take place.—(*Daily Mirror* photograph.)

Harmless pedestrians who pass the delegates in the streets have no idea of their proximity to revolutionists who are plotting against a throne.—(*Daily Mirror* photograph.)

The entrance to the hall, showing three delegates going in to a meeting and a watchman at the door.—(*Daily Mirror* photograph.)

〈데일리 미러〉 기사 1907년 5월 16일자(위).⑧ 런던에 간 스탈린. 이 여행에서 레닌은 스탈린에게 트빌리시 은행을 털라고 지시했다. 스탈린은 영국 부두 노동자들에게 거의 맞을 뻔했지만, 교회에서 설교를 들으면서 영어를 배웠다. 영국 신문들은 테러리스트들에게 매혹되었다. 혁명가들은 사진을 찍히지 않으려고 얼굴을 숨겼다(오른쪽 페이지. 맨 위 왼쪽 사진. 1907년 5월 15일자 〈데일리 미러〉에서 발췌). 돈이 떨어지자 레닌은 조지프 펠스에게서 돈을 빌려야 했다. 그는 미국의 비누사업가인 백만장자였는데, 대의원 전원에게 합의서(아래. 러시아 사회민주노동당 합의문)③에 서명하라고 요구했다. 모두들 가명으로 서명했다. "바쿠의 바실리(아래 오른쪽 종이 사진에서 여덟 번째 줄)는 아마 스탈린일 것이다."

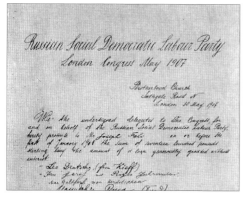

RUSSIAN REVOLUTIONISTS
AFRAID OF THE CAMERA.

A band of Russian revolutionists entering the Brother-hood Church Hall, Southgate-road, N., where their meetings are being held.—(Park.)

RAIN OF BOMBS.

Revolutionaries Hurl Destruction Among Large Crowds of People.

TIFLIS, Wednesday.—About ten bombs were hurled to-day, one after the other, in the square in the centre of the town, which was thronged with people at the time.

The bombs exploded with terrific force, many people being killed and injured.

Window-panes, doors, and chimneys were shattered over a large area.—Reuter.

TIFLIS, Later.—It now appears that the bomb outrage was connected with an attack on a Treasury van which was escorted by five Cossacks and two other soldiers.

The van, which was proceeding from the Post Office to the local branch of the Imperial Bank, contained a sum of £25,000. When the van reached the Erivan-square, a bomb was thrown, and an appalling explosion ensued, striking terror among the large number of people in the square, scattering them in all directions.

In order to increase the confusion the robbers threw bomb after bomb, which burst with deafening reports. Two employees of the Imperial Bank were hurled out of the van, which, together with the bags containing the money, disappeared without leaving any trace behind it.

The number of victims has not yet been ascertained, but it is known that two soldiers were killed and that the robbers got away with the sum of £25,000.—Reuter.

스탈린은 트빌리시 은행 강도 사건을 기획했다. 이 사건은 대담하고 피비린내 나고 이익이 두둑한 사건이었고, 전 세계 언론의 머리기사로 보도되었다(위 오른쪽. 1907년 6월 27일자 〈데일리미러〉에서 발췌).⑧ 완전범죄처럼 보였지만, 유럽의 경찰들은 강도들과 돈을 추적했다. 그 낙진 때문에 스탈린은 거의 파멸할 뻔했다. 살인적으로 무모한 은행 강도 두목 카모는 베를린에서 체포되었다(아래. 오른쪽. 1908년경 경찰조서 파일에 실린 카모의 인상 사진).⑨ 가난한 귀족인 세르고 오르조니키제(아래 왼쪽)⑩는 스탈린의 문하생으로, 나중에 신뢰받는 크렘린의 동지가 되지만 불행한 종말을 맞는다.

무법천지인 원유 도시이며, 허세를 부리는 백만장자들로 가득한 바쿠에서 스탈린은 강도행각, 징발, 해적질을 활용하여 레닌에게 자금을 공급했다. 바쿠의 유정 사진(위 왼쪽)⑤과 지옥 같은 유전 사진 (아래 왼쪽. 1903년 9월 14일, 바쿠 유전 화재).⑩ 위 오른쪽 사진은 자수성가한 재벌인 나게예프의 궁전⑨으로, 그는 아마 스탈린의 지시에 따라 납치되었을 것이다. 아래 오른쪽은 스탈린을 때리거나 죽이라는 명령을 내린 바쿠의 원유 재벌 무흐타로프과 그의 아내 사진⑪이다.

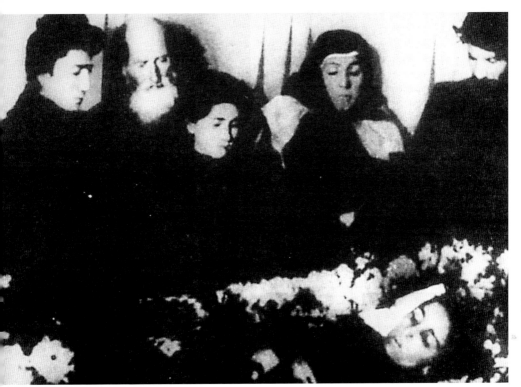

스탈린의 아내인 카토가 급사하자, 그는 가슴이 찢어졌다(위, 1907년 카토의 시신 옆 스탈린과 카토의 가족).① 가족은 이를 그의 탓으로 돌렸다. 그는 자기 마음속의 부드러움이 카토와 함께 죽었다고 말했다. 그는 장례식 때 무덤에 뛰어들었지만 붙잡힐 위기에 처하자 묘지 담을 넘어 달아났다. 카토가 죽은 뒤 스탈린은 여러 번의 연애를 즐겼다. 특히 알바시 탈라크바제(아래 왼쪽).⑥ 루드밀라 스탈(아래 오른쪽)⑪이 있는데, 루드밀라는 노련한 러시아 볼셰비키로서, 스탈린이라는 유명한 이름이 그녀의 성에서 힌트를 얻은 것인지도 모른다.

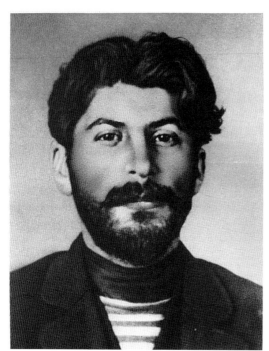

스탈린은 지하세계에서 존재했다. 달아나거나 감옥에 갇혔다가 석방되거나, 자기 당 내에 있는 첩자를 추적하거나, 시베리아 유형지에서 거듭 탈출했다. 이 사진들은 경찰의 인증 사진들이다. 왼쪽 위 아래 사진들은 1908년 바쿠에서 찍은 것이고,① 아래 사진(체포된 스탈린)①은 1910년의 바쿠 헌병대라는 제목이 붙은 것이다. 왼팔이 더 짧은 것이 사진에 보인다. 힘든 시절이었다. 그는 눈에 띄게 여위었다.

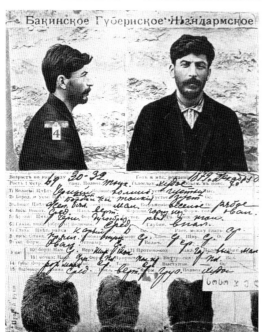

면 크루프스카야는 정치국원들에게 그들에 대해 불평했다고 한다. 하지만 레닌에게는 정치가 전부였다.

레닌은 뛰어난 연설가는 아니었다. 그의 목소리는 알아듣기 쉽지 않았고, 'r' 발음을 내지 못했지만, "잠깐만 듣다 보면 모든 사람이 그랬듯 나 또한 그에게 빨려들었다. 복잡한 정치 문제들을 그토록 쉽게 다루는 이야기였으니까." 고리키는 이 무렵 레닌을 처음 만난 인상을 이렇게 썼다. 스탈린은 레닌이 발언하는 것을 보면서 "어딘가 여유가 없지만 청중을 완전히 압도하여 점차 그들을 충전시키고 그런 다음 완전하게 사로잡아버리는 저항 불가능한 논리의 힘에 매혹되었다."

그러나 스탈린은 감히 레닌에게 반대하지 못할 만큼 그에게 매혹된 것은 아니었다. 스탈린은 정치가로서는 아직 완성되지 못했지만 그 거만하고 호전적인 개성으로 이미 사람들 사이에서 두드러진 존재였다. 일단 '산악의 독수리'를 관찰한 다음 그는 자신을 그에게 알렸다. 레닌은 캅카스에 대해 보고하라고 그를 불렀지만, 제국 두마 선거에 대해 논의하게 되자 두 사람의 입장은 충돌했다. 레닌은 선거에 참여하는 쪽을 지지했지만 젊은 스탈린은 그에게 반대하여 날카롭게 공격했다. 예상치 못하게도 레닌이 스탈린에게 양보하여 결의안 초안을 작성하도록 제안할 때까지 회의장에는 침묵만이 감돌 뿐이었다.

"회의 막간에 우리는 모제르 권총, 브라우닝 권총, 윈체스터식 연발총을 쏘는 법을 배웠다"고 크루프스카야는 쓴다. 스탈린은 정말로 권총을 갖고 다녔다. 토론이 한차례 끝난 뒤 분개한 그는 회의장 밖으로 달려 나가서 허공에 대고 총을 한 발 쏘았다고 한다. 성질 급한 그루지야인이 핀란드의 얼어붙은 대기를 맛본 것이다. 하지만 회의는 이미 때를 놓쳤다. 모스크바에서 볼셰비키 민병대도 공개적으로 반란을 일으켰지만 너무 늦었다. 이제 대의원들은 차르의 세미오노프스키 근위대가 노동자들의 보루인 프레스나야를 잔혹하게 습격했다는 소식을 들었다. 모스크바의 거리에 피가 개울물처럼 흘렀다.

이와 동시에 트빌리시에서는 캅카스의 난폭한 지휘관인 표도르 그리아자노프 장군, 알리하노프-아바르스키 장군이 캅카스를 탈환하고 볼셰비키의 전투단을 궤멸시킬 준비를 했다. "반동의 바람이 거세게 휘몰아치고 있었다!"고 트로츠키는 말했다. 당대회는 혼란 속에서 해산했다.

스탈린은 레닌을 제외한 다른 모든 대의원들보다 자신이 우월하다고 여겼다.* "이 모든 수다쟁이들 중에서 이미 조직 경험이 있고 부하

---

*이 대의원들 중에서 가장 중요한 인물은 레오니드 크라신이었다. 그는 뛰어난 엔지니어이고 바람둥이였으며 레닌의 재정담당자, 테러리즘과 폭발물 전문가였다. 스탈린은 바쿠에서 이미 그를 알고 있었다. 그곳에서 크라신은 대기업을 위해 전기발전 시스템을 발명했지만 볼셰비키를 위해 지하 인쇄시설도 만들어냈다. 1905년에 그는 사바 모로조프 같은 귀족 산업가들과 여배우 코미사르제프스카야(그녀는 자신의 입장권 수입을 기부했다) 같은 사람들과의 연고를 통해 레닌이 자금을 모으도록 도와주었다. 하지만 그의 장기는 테러, 은행 강도, 폭탄제조였다. 탐페레에서 스탈린은 에멜리안 야로슬라프스키도 만났는데, 크라신은 스탈린이 권력을 잡은 뒤 그의 으뜸가는 선전가가 되었다. 레닌과 함께 유형을 갔던 야코프 스베르들로프는 레닌의 주임 조직가이자 소비에트의 첫 번째 국가수반이 되었다. 장래에 스탈린의 부외무위원이 될 솔로몬 로조프스키는 반유대주의 테러가 행해지던 1952년에 재판을 받고 총살된다. 로조프스키는 스탈린의 희생자들 가운데 법정에서 독재자에게 공개적으로 저항할 용기를 가졌던 유일한 인물이었다.

를 이끌고 전투를 해본 사람은 나뿐이었다"고 그는 뽐냈다.

소소는 전투가 한창 벌어지던 트빌리시로 향했다.[1]

장군들은 자기 휘하의 카자크들을 소집하여 노동자들의 구역을 포위했고, 집회를 금지했으며 반군이 보이기만 하면 발사하라고 명령했다. 무기를 숨길 수 있는 캅카스식 후드나 망토는 아무도 입지 못하게 금지되었다. 1906년 1월 18일, 그리아자노프 장군은 공격을 시작했다. 조르다니아와 라미시빌리는 카모와 볼셰비키들도 포함된 유격대원들에게 트빌리시의 노동자 구역을 방어하라고 명령했다.

약 나흘 뒤 스탈린이 스바니제 가족의 아파트에 도착했을 때에도 길거리에서는 여전히 전투가 계속되고 있었다. 안나 알릴루예바는 "카자크들이 전진하면서 밤새 총을 쏘아대는 걸 방 창문에서 지켜보았다. 새벽이 되자 부대는 해산하여 디두베로 들어갔고, 카자크들의 말이 우리 창문 곁으로 스쳐 지나갔다. 길거리는 카자크들로 가득했다." 트빌리시는 "끊임없는 총격과 포격 발사와 거리의 기마병들로 진동했다." 반군 60명이 살해되었고, 250명이 부상당했으며, 280명이 체포되었다. 나무가 울창했던 산기슭에는 시신들이 높이 쌓였다. 그녀는 "두 명의 포로를 보았는데, 한 명은 얼굴에 피가 흐르고 있었다." 그녀는 "스탈린의 어린 제자들 중에서 가장 용감하고 총애를 받던 그 얼굴을 알아보았다."

"카모!"

그리아자노프가 트빌리시를 짓밟는 동안 알리하노프-아바르스키 장군은 서부 그루지야를 야만적으로 재정복했다. 전투분대는 쿠타이시로 가는 철도 터널을 봉쇄하려고 했지만 카자크는 전진하면서 총을 쏘고 약탈하고 불태우고 목을 매달았다. 그들은 쿠타이시를 점령했다. 그들의 "부대는 눈에 보이는 모든 사람을 죽이고 도시에 불을 놓고 술집과 상점을 약탈했다"고 친차제가 기억한다. 서부는 '재와 숯'만 남았다. 모든 것을 잃게 되자 서부에서 돌아다니던 스탈린은 농민들을 설득하여 그냥 죽지 말고 무기를 내놓자고 설득했지만 그들은 그 말을 들으려 하지 않았다. "나는 쓸모가 없었다." 그러다가 알리하노프-아바르스키가 동쪽으로 이동하여 불에 타고 무법천지인 바쿠의 배후지역과 차르의 불타는 유정들을 다시 정복하러 갔다.

친차제와 그의 예쁜 동지인 파치아 골다바는 배신자라는 의혹이 있는 모든 자를 죽이는 잔치를 준비했다. 그런 사람들은 트빌리시로 달아나기 전에 살해되었다. 카자크들이 그 주에서 찾아다니던 총잡이들은 수도에서 피난처를 찾았다. 하지만 스탈린 전투분대의 호시절은 끝났다. 그들은 지하로 들어갔고, 그는 그들을 비밀 암살 부대로 재결성했다. 그는 그들에게 줄 과제를 이미 마련해두었다.[2]

카자크들의 채찍 아래에 있는 트빌리시에서, 스탈린과 멘셰비키들은 사형선고를 내리기 위해 모였다. 표도르 그리아자노프 장군은 그의 이름에서 따온 똥궁둥이Shitheap 장군이라는 별명으로 불렸다. 그는 그루지야 혁명의 최대 원수였고, 캅카스 전역에서 가장 큰 증오의 대상이었다. 스탈린은 제1의 암살자인 친차제를 불러왔다. 소소와 멘셰비키들은 "협력했다." 그들은 "스탈린 패거리에 속한" 또 다른 암살자인 아르센 조리아시빌리에게 카모의 조력을 얻어 그 장군을 죽이라고 명령했다. 하지만 스탈린은 동시에 친차제에게도 이 명령을 내렸다. "쓸 만한 친구를 준비해두어라. 그리고 조리아시빌리가 일주일 내에 임무를 달성하지 못하면 그 일을 네게 맡기겠다." 친차제와 소소 휘하의 최고 암살자 두 명은 장군을 따라다니기 시작했고, 한편으로 다른 그룹은 자기들이 그를 먼저 죽이려고 질주했다.*

며칠 이내에 불발로 끝난 암살이 두 건 있었는데, 그 이유는 장군이 아내와 함께 있었기 때문이었다. 그동안 그리아자노프는 트빌리시 거리에서 또 한 건의 학살을 감행했다.

2월 16일에 막강한 카자크 경호원을 옆에 거느린 장군은 군대 본부에서 마차에 타고 질주해 나오면서, 총독 궁전 맞은편의 알렉산드르 정원을 둘러싼 울타리에 페인트를 칠하던 그루지야 일꾼 몇 명을 주의해서 보지 않았다. 그의 마차가 지나가자 일꾼들은 페인트 솔을 내던지고 사과를 그의 무릎에 던졌다. 수제 수류탄이었던 그 사과는 트빌리시의 백정을 갈기갈기 찢었다. 카자크들은 그들을 추적했다. 암살자들은 사방으로 달아났지만, 상처를 입은 조리아시빌리는 금방 붙잡혀 처형되었다. 그는 곧바로 트빌리시의 영웅이 되었다.

이 암살단에는 또 누가 있었을까? 역사가들은 멘셰비키들이 암살 작

---

*이 같은 경쟁을 통한 관리는 전형적인 방식이다. 그것은 스탈린이 나중에 1945년에 주코프 원수와 코네프 원수에게 각각 베를린을 점령하라는 명령을 내려 경쟁시킨 방식과 비슷하다.

전을 실행했다는 데 동의해왔지만, 실제로는 협력 작업이었다. 친차제는 스탈린과 멘셰비키들이 당시에 같은 조직에서 함께 일했다고 설명한다. 한 아르메니아인 테러리스트는 스탈린이 그 작전을 위촉했다고 말했다. 다브리셰비는 다른 암살자가 카모였다고 구체적으로 말한다. 1920년대에 볼셰비키 테러리스트 두 명이 가리아자노프를 죽인 공로를 내세워 연금을 달라고 요구했다. 이들의 쪽지가 최근에 그루지야 기록보관소에서 발견되었다. 스탈린은 멘셰비키와 볼셰비키 양편 모두에서 암살자를 위촉한 것으로 보인다.

한 일꾼은 나중에, 자신이 근처에서 지켜보던 스탈린을 보았다고 주장했는데, 그가 폭탄 파편 때문이거나 아니면 나중에 카자크들을 피해 달아날 때 다친 것으로 보아 이 주장은 사실인 것 같다.

그날 밤, 스탈린은 집에 돌아오지 않았다고 사시코가 말한다. 여자들은 걱정이 되었다. 그가 체포되었을까? 나중에 그는 자신이 경찰에 쫓겨 전차로 달아나야 했지만, 미끄러져서 몹시 심하게 다쳤다고 주장했다. 그래서 츠하카야가 미하일로프스키 병원에 자신을 데려가서 베이브 보쇼리제의 집에 숨겨주어야 했다는 것이다. 보쇼리제의 집은 당시 또 다른 은신처였고, 그는 옛 친구의 여권을 사용했다. 하지만 암살이 있은 뒤 도시는 통행금지가 실시되었고, 어디에 가든 검문소가 있었다. 이 아파트에도 병사들이 급습했는데, 스탈린은 머리와 오른쪽 눈에 붕대를 감고, 얼굴 전체에 상처와 멍 자국이 난 채 자리에 누워 있었다. 이름은 기오르기 베르제노시빌리라고 둘러댔다.

러시아 병사들은 혼란스러웠다. 자기들이 받은 명령으로는 붕대를 감고 자리에 누워 있는 사람을 어떻게 처리해야 할지 분명치 않았기 때문이다. 하지만 병자는 일어나기 힘들 정도로 몹시 아파 보였기 때문에, 그들은 수상해 보이는 그 환자를 감옥으로 실어갈 수레를 보내놓고는 상관들과 의논을 하기 위해 자리를 떴다. 하지만 그때쯤 그 환자는 어둠 속으로 사라져서 종적을 감췄다. 그가 붕대를 감은 비밀스러운 인물의 행색으로 경찰을 피한 것은 이번이 처음도 마지막도 아니었다.

어둠 속에서 한 동지가 "머리와 얼굴에 상처가 나 있고 후드와 커다란 망토 속에 숨은" 스탈린을 쌍두마차로 빼내 다른 안전가옥으로 데려갔다.

스탈린이 집에 돌아와서 파라오들의 추격을 받아 전차에서 떨어졌다는 이야기를 하자 비로소 스바니제의 딸들은 안도했다. 특히 카토가 그랬다. 사시코와 그녀의 남편은 둘 사이에 뭔가가 있음을 알아차렸다. "소소가 우리 집에서 지내는 시간이 차츰 길어지자, 아내와 나는 소소와 카토가 서로를 좋아한다는 걸 눈치챘다."[3]

17장

★★

결혼, 소동 (그리고 스웨덴)

"스탈린의 선도와 지시를 따르는 우리의 과제는 무기를 확보하고 탈옥을 조직하고, 은행과 무기창을 점령하고 배신자를 죽이는 것이었다." 그의 패거리 내 우두머리 중 하나인 바추아 쿠프리아시빌리가 말했다.* 이제 상설 강도단이 결성되었다. 스탈린은 친차제에게 "기술 집단, 혹은 볼셰비키 수탈자 클럽을 결성하라고 주문했다. 그것은 곧 드루지나Druzhina, 그룹, 아니면 간단하게 '일당들'이라는 다른 별명으로 알려지게 되었다."

"그 강도 행각의 지도자는 코테 친차제와 카모였다." 스탈린은 나중에 말했다. 스탈린의 어린 시절 친구인 카모는 디두베 습격에서 체포됐

---

*트빌리시 은행 강도 사건에서 지도적 역할을 맡은 강도 중 하나인 바추아 쿠프리아시빌리는 스탈린 시절에 회고록을 썼다. 그는 스탈린이 일당들을 직접 지휘했음을 확인했지만, 신중을 기하여 그들이 벌인 강도 행각에 그를 직접 연결 짓지는 않았다. 회고록은 60년 동안 잊힌 채 그루지야 기록보관소에 있었다.

을 때 카자크들에게 지독한 고문을 당하여 코가 거의 잘려 나갔지만 끝내 아무것도 인정하지 않아 석방되었다. "그는 어떤 고통도 견딜 수 있다"고 말하며 스탈린은 감탄했다. "대단한 사람이야."

소소는 레닌에게 돈을 마련해주기 위해 온갖 재주를 다 짜내어, 멀리 흑해 연안에 있는 노보로시스크, 오세티아의 블라디카프카즈까지 여행했다. 트빌리시에서는 학교와 신학교의 교사들로부터 돈을 걷어오라고 명령하는 한편 비밀리에 일당들을 시켜 강도 행각을 벌일 준비를 했다.

여러 정보원들의 말을 종합해보면, 대개 스탈린은 한 사업가에게 편지를 보내라고 지시한다. 그 편지에는 "폭탄, 찢어진 시체, 십자로 교차시킨 단검" 그림이 그려져 있다. 그런 다음 모제르 권총을 허리에 차고 사업가에게 돈을 걷으러 가는 것이다. 신뢰할 수는 없지만 아는 것은 많았던 에사드 베이, 즉 스탈린의 첫 번째 전기작가는 "소소가 트빌리시에 있는 독일 사업가의 아내이자 그의 정부인 마리 아렌스베르크를 통해 부유한 목표물에 대한 정보를 얻었다"고 주장한다. 하지만 거액을 얻어내는 가장 빠른 길은 은행 강도였다.

고리 출신의 또 다른 악명 높은 은행 강도인 다브리셰비는 말한다. "그루지아에서 은행 강도 행각의 시대를 연 것은 진정 스탈린이었다." 일당들은 1906년에 용감무쌍한 은행 강도 행각을 여기저기서 마구 벌이는 데 성공했다. 비록 멘셰비키인 타티야나 불리크의 말처럼 "트빌리시는 전쟁 중이었고, 밤낮으로 순찰이 돌았고, 도시 전체가 출입통제 상태에 있었는데도" 말이다.

친차제는 가장 먼저 시내 전당포에 쳐들어가서 권총을 들이대고 몇 천 루블을 쓸어 담았다. "어느 날 스탈린 패거리들이 대낮에 권총을 쏘아대면서 총독 궁전 맞은편에 있는 그루지야 농업은행을 습격했다." 다브리셰비가 회상한다. "'손들어!'라고 소리치면서 그들은 돈다발을 움켜쥐고 허공에 총을 쏘아대면서 사라졌다. 뛰어난 조직가인 스탈린이 세운 계획에 따라 일을 실제로 지휘한 것은 카모였다."

은행 강도들은 서로 치열하게 경쟁도 했지만, 서로에 대한 동지애도 있었다. "주요 은행 강도는 모두 고리 출신이었다!"고 다브리셰비는 뽐냈다. 두세티에서 사회연방주의자들을 위해 10만 루블을 약탈한 것은 다브리셰비였는데, 이는 그때까지 가장 큰 강도 행각이었다. 스탈린과 친차제와 카모는 갈수록 과감해지는 행동으로 이에 응답했다. 그들은 카르스에서 기차를 정지시켰다. 비록 일이 잘못되어 총격전에서 패거리가 여러 명 죽기는 했지만 말이다. 그러다가 1906년 11월에 코테는 보르조미 역마차를 세웠는데, 카자크 기마병들이 반격했다. 총격전 끝에 말들이 역마차를 끌고 돈과 함께 달아나버렸다.

다음에 그들은 치아투라에서 광부들의 임금을 지급할 금을 싣고 가는 열차를 세웠다. 기차를 세운 강도들은 카자크 근위병을 상대로 두 시간짜리 총격전을 벌였으며, 군인 한 명과 카자크 한 명을 죽였다. 일당들은 2만 1,000루블을 싣고 달아났다. "그중에서 1만 5,000루블을 볼셰비키 분파(핀란드에 있는 레닌)에게 보냈고 나머지는 앞으로 벌일 수탈 작전을 위해 우리 그룹이 보관했다"고 친차제가 회상했다.

최근에 스탈린의 노상강도들은 카조르스코에 역마차를 세우고 또다시 2만 루블을 털었다. 일부는 스탈린의 신문인 〈브르졸라〉의 자금으로 남겼지만 그 대부분은 그루지야산 포도주 술병 속에 숨겨 레닌에게 보냈다.

"그들 모두는 대단한 친구들이었고 모두 그들을 아주 좋아했다. 다정하고 친절하고 항상 유쾌했다. 언제라도 누구든 기꺼이 도와주었다"고 이들 강도단을 잘 알던 타티야나 불리크가 기억했다. 무법자들의 수는 최소한 열 명이었다. 총을 운반하는 여자들인 파치아, 아네타, 알렉산드라도 있었다. 강도단은 아파트 두 곳에 나눠 살면서, 남자들이 한 방, 여자들이 한 방을 차지했다. 그들 중 누구도 책은 거의 읽지 않았고, 여자 두 명만 좀 읽었다. 그들 대부분은 결핵환자들이었다. "그들은 어찌나 가난했는지, 가끔은 입을 바지가 없어서 침대를 벗어나지 못할 때도 있었다!"

스탈린은 카모와 친차제와도 어울렸지만 대개는 자신의 '기술적 조수'라 부른 경호원을 통해 지시를 내렸다.* 하지만 동지들은 장난스럽게 그 경호원에게 '소소의 부관'이라는 별명을 붙여주었다. 그리하여 "다른 동지들과 좀처럼 함께 걷지 않는 위대한 음모가"는 일반 강도들과 적어도 한 발짝 떨어져 있었다. 스탈린은 총잡이들 배후에 있으면서 자신만의 정보망과 전령의 네트워크를 운영했다. 타맘셰프의 대상단 숙소 및 여러 군데의 인쇄소에 있는 아이들은 심부름을 하고 팸플릿을

---

*'기술적'이라는 용어는 테러와 살인을 가리키는 볼셰비키의 은어였다. 크라신과 멘셰비키들은 폭탄 제조 작업실을 '기술 분과'라 불렀다.

돌리고 정보를 모아 왔다.

강도들이 돈을 훔치는 것은 자기들을 위해서가 아니었다. 다른 강도 단의 총잡이들은 훔친 돈을 옷과 여자와 술에 썼지만 스탈린은 돈에 전혀 흥미를 보이지 않았고, 가진 것을 항상 동지들과 나누었다. "스탈린 은 형편없는 옷을 입었고, 항상 돈이 필요했는데, 이 점에서 그는 풍족 한 생활을 즐기는 다른 볼셰비키 지식인들과 달랐다. 예를 들면 샤우미 안이나 마하라제, 므디바니, 카프타라제 같은 사람들 말이다." 소소의 강도단은 그의 마르크스주의적 신념과 금욕주의를 함께했다. 그들의 "복음은 레닌의 〈무엇을 할 것인가?〉였다. 그들은 당과 반대되더라도 레닌을 따랐다." 불리크는 말한다. "그들의 단순한 사고방식의 목표점 은 20~30만 루블을 모아 레닌에게 전달하는 것이었다. '이 돈으로 무 슨 일이든 하고 싶은 대로 하십시오'라고 말하면서."

강도단의 영광은 마피아 스타일의 사이코패스 같은 잔혹성을 덮어 주었다. 전리품을 빼돌리는 사람은 죽였다. 앞에서 본 다브리셰비의 증 언대로, 스탈린은 카모에게 훔친 돈을 빼낸 한 동지를 처형하라고 지시 했다. 커다란 성공일수록 유혹은 더 커진다. 다브리셰비가 두세티에서 10만 루블을 훔쳐낸 이후 연방주의자 강도단은 내부에서 분열하여, 전 리품을 나눠 가지려다가 서로 죽였다. 그들 중 지도자 한 명은 현금 다 발을 훔치고, 자기 흔적을 덮기 위해 처음에 그 돈을 파묻었던 정원의 농부들에게 누명을 씌웠다. 연방주의자 은행 강도들은 은행 강도들끼 리의 동지애를 발휘하여 스탈린의 총잡이인 엘리소 로미나제에게 잃 은 돈을 되찾아달라고 부탁했다. 로미나제는 그 농부들을 밤새도록 고문했지만 결국 그들이 훔치지 않았음을 알아차렸다. "그 뒤 그는 자신이 무고한 사람을 그토록 잔인하게 다룬 사실에 절망했다." 불리크는 말한다. 그래서 그는 자신에게 일을 부탁한 진짜 혐의자를 죽여버렸다. 그 과정에서 그가 돈을 찾았더라면, 아마 그는 볼셰비키를 위해 그것을 도로 훔쳤을 것이다. 어쨌든 사회연방주의자들은 그 돈을 잃었다. 오흐라나는 그들의 지도자가 훔친 돈의 일부를 코트다쥐르의 카지노에서 쓰는 것을 보았다.

비밀경찰은 이런 강도 행각 혐의자들을 추적하려고 애썼다. 이오시프 다브리셰비에 대해 알게 되자 그들은 그가 대부분의 강도짓을 지휘했다고 판단했다. 둘 다 고리 출신 강도이고 똑같이 소소라는 약칭을 썼기 때문에, 스탈린과 그를 혼동한 것이다. 또 그 두 사람을 카모와 친차제와도 혼동했다. 비밀경찰의 보고서에는 "카모가 친차제다"라고 되어 있다. "그는 바투미 감옥에서 탈출했고 트빌리시에 도착하여 이오시프 주가시빌리(소소가 그의 가명인 게 분명하다)와 협력했다."

이런 허세를 부리는 영웅과 야비한 살인의 세계에서 스탈린은 인간의 목숨이 어떤 가치를 가졌는지 스토아적인 견해를 계발했다. "약탈 행위 도중에 동지가 죽었다는 말을 들으면 소소는 이렇게 말하곤 했다. '어쩌겠어? 가시에 찔리지 않고 장미를 꺾을 수는 없잖아? 가을이면 나무에서 잎은 떨어진다. 하지만 봄에는 새 잎이 나오게 되어 있지.'"[1]

하지만 소소의 강도 행각은 어떤 목표에 도달하기 위한 방법이었다. 권력의 장악이라는 목표 말이다. 신학생 시절에 시끄러운 술잔치 와중에서도 나폴레옹을 읽던 소년, 자신이 트빌리시를 차지하고 무장 반란으로 그곳을 장악할 수 있다고 뽐내던 소년은 이제 어딘가에서 지도를 발견했다. 그는 은신처 바닥에 그 지도를 펼쳐놓고, 작은 장난감 병정으로 상상 속에서 부대를 배치하기를 좋아했다. 그가 머물던 어떤 집 주인의 아들은 아버지에게 달려가서 "소소 삼촌이 병정놀이를 한다"고 말했다. 거짓말이라고 생각한 집주인이 방 안을 들여다보니 스탈린은 바닥에 엎드려 트빌리시 지도 위에서 병정들을 이리저리 움직이고 있었다. 스탈린은 주인을 올려다보더니 뽐냈다. "난 우리 당 본부에서 지휘관으로 임명받아서 작전계획을 짜고 있소." 그는 은행 강도도 이와 비슷하게 착실하게 계획했을 것이다.[2]

망상에 빠졌지만 야심 만만한 군사 작전이라는 이야기는 의미심장하다. 딸인 스베틀라나에 의하면 스탈린은 항상 자신을 군대형 인간으로, 타고난 지휘관으로 여겼다고 하는데, 이제 그는 자신이 전투를 지휘해보았다고 자랑하고 다니니 말이다. 언젠가는 소소 아저씨가 진짜 군인들로 이루어진 1,000만 명은 될 소련 군대를 거느리고 베를린을 점령할 테지만, 군대 훈련 면에서 그가 해본 것이라고는 이런 장난감 병정들을 갖고 노는 게 고작이었다.

은행 강도 행각은 스탈린의 신문 발행 자금을 대주었는데, 그 신문은 당의 비밀 아블라바 인쇄소에서 비싼 값으로 인쇄되었다. 편집은 스탈린이 했고, '베소시빌리(베소의 아들)'와 '코바'라는 필명으로 기고했다.

"소소가 마하라제(공동편집자)에게 기사 두 편을 써서 오전 9시까지 갖고 오라고 했던 일이 기억난다." 모노셀리제가 말한다. "그러나 마하라제는 다음 날 정오까지도 오지 않았다. 아직 쓰지 못했다는 것이다. 소소가 들어와서, 왜 아직 신문이 안 나오는지 묻기에 내가 대답했다. 그는 이를 갈더니 담배를 한 대 물고는 마하라제를 보고는 야단쳤다. 그런 다음 소소는 자기 호주머니에서 기사를 꺼냈고, 우리는 그것을 인쇄했다." 어차피 스탈린 자신이 기사를 써 왔던 것이다.

모노셸리제의 말에 따르면 스탈린은 "굉장한 조직가이고 엄청나게 진지했지만 성질을 부리는 일은 거의 없었다. 담배 살 돈도 없을 때가 많았다. 한번은 한밤중에 카토가 그를 집에 들어오게 했다. 그는 신선한 채소, 오이, 삶은 양과 돼지 머리, 붉은 포도주 두 병을 꺼냈다."

스탈린은 외쳤다. "이봐, 이리 오게. 잔치를 벌이자고! 당이 내게 월급 10루블을 줬어!"

고급 의상실 겸 테러리스트 본부에서 벌어지는 혁명은 마음씨가 따뜻했던 카토에게 영향을 주었다. 카자크들이 학생과 노동자들을 학살한 날 카토도 현장에 있었다. 언니들은 카토가 죽었을까 봐 걱정했지만, 그녀는 전장을 방불케 하는 현장에서 부상자들을 돕고 있었다.

스탈린과 카토는 서로 사랑하는 사이였다. 도피 중이던 때에도 그는 마담 에르비우의 살롱에 숨어 들어와 밀회를 하곤 했다. 한번은 아틀리에에서 둘이 만나고 있는데, 헌병대 소위인 스트로예프가 독일산 추적견 두 마리를 데리고 집에 다가왔다. 마담 에르비우가 달려 들어와서 연인들에게 경고했다. 소소는 뒷 창문을 넘어 달아났지만, 그 헌병은 그저 새 제복을 주문하러 왔을 뿐이었다. 스탈린은 이런 종류의 탈주에 대단히 재능이 있었다. 그는 어둠이 진 뒤에 멘셰비키 친구인 미나도라 토로셀리제를 자주 찾아갔는데, 너무 자주 가다 보니 토로셀리제의 장모가 자신의 평판이 나빠진다고 불평하기 시작했다.

"무슨 수가 있겠어? 낮에 가면 저들이 날 잡아갈 텐데." 스탈린은 웃었다. 미나도라 앞에서 그는 자신을 '회색 옷의 남자'라고 부르기를 좋아했다.[3]

4월 15일, 당의 가장 귀중한 보물인 아블라바 인쇄소가 밀고당해 경찰이 급습했다. 스탈린의 멘셰비키 적들은 그가 이중첩자로 변신했다고 비난했는데, 이는 거의 모든 전기에서 거듭하여 사실이라 주장된다. 하지만 그가 정말 인쇄소를 밀고했을까?

1906년 3월에 스탈린은 트빌리시와 바쿠에서 열린 당대회에 참석했다. 그는 "커다란 외투를 입고 날카로운 얼굴에(얼굴 윤곽이 정말 뾰족했다) 턱수염을 기르고 유대인들의 기도 수건과 비슷한 여러 색 줄무늬로 된 스카프를 두르고 일종의 중산모 같은 것을 썼다."* 당대회가 끝난 뒤 멘셰비키인 라즈덴 아르세니제는 스탈린이 체포되었지만 불가사의하게도 석방되었다고 주장했다. "스탈린이 헌병대에서 풀려났고 메테히 감옥에 오지 않았다는 것은 내가 증언한다. 그는 자신이 다른 죄수들의 갈채를 받으면서 감옥에 의기양양하게 등장했다고 이야기하지만 말이다. 그것은 그저 자기애에 사로잡힌 이야기꾼의 환상에 불과하다. 그가 배신했다는 소문이 무척 많다." 아르세니제는 말한다.

---

*이것은 분명히 유대교의 기도 수건과 비슷한, 이 불가사의한 체포 사건 때 경찰의 피의자 사진에서 스탈린이 두르고 찍은 그 스카프였을 것이다.

스탈린은 분명 당대회가 끝난 뒤 체포되었고, 트빌리시의 다른 감옥, 오르타찰라 같은 곳에 억류되었다가 풀려났을 가능성이 있다. 가장 그럴듯한 해석은 그가 불법 행위로 얻은 돈을 써서 헌병대를 매수했으리라는 것이다. 어쨌든 그들은 그의 정체에 대해 확실하게 알지 못했으니까 말이다. 하지만 그는 무례하고 거만했기 때문에 의심을 유발했고 거의 자초하기까지 했다. 또 바람을 타고 항해하는 것이 그의 장기였다. 그가 배신했다는 증거는 조금도 없다. 또 배신 이야기에는 상당히 큰 허점이 있다.

그 이야기에 따르면 그가 체포된 것이 아블라바 습격 때였다고들 하는데, 실제로 습격이 있었던 4월 15일에 스탈린은 긴 여행을 하고 있었다. 그는 1,000마일 떨어진 스웨덴에 갔으며, 이 여행에 대해서는 기록도 잘 남아 있다.[4]

1906년 4월 4일경, 스탈린은 레닌을 다시 만나기 위해 스톡홀름으로 떠났는데, 그 희극적인 여행에서는 배가 난파하기도 했고, 선상에서 파벌들 간의 주먹다짐이 벌어지는 등 여러 가지 사건이 있었다.

그는 100명의 다른 사람들과 함께 페테르부르크에서 기차를 타고 핀란드의 행코Hangö로 갔다가, 거기서 스톡홀름으로 가는 배 오이혼나Oihonna 호에 승선했다. 승객 중에는 스탈린, 크라신, 광대극단, 공연에 쓰는 말이 있었다. 속물적인 멘셰비키들은 당에서 받은 자금으로 일등석표를 샀고, 거친 볼셰비키들은 삼등석으로 쫓아 보냈다. 술을 너무 많이 마신 대의원들 사이에서 주먹다짐이 시작되었다. 이 싸움에 광대들이 개입되었는지는 기록에 없다. 바닷바람 때문에 혁명가들의 기분이 더 날카로워졌던 모양이다.

그런 다음 정말로 기괴한 상황에 마침표를 찍은 것이 난파 사건이었다. 항구를 지척에 두고 오이혼나 호는 좌초되어, 구조선인 솔리드 호가 왔는데도 전혀 손을 쓸 수가 없었다. 스탈린은 구조될 때까지 구명조끼를 입은 채 가라앉는 배에서 밤을 지새우는 수밖에 없었다. 그들은 다른 배인 웰라모 호에 옮겨 탄 후에야 간신히 스웨덴에 닿을 수 있었다.

스톡홀름에 도착한 스탈린은 경찰서에 신고해야 했다. 경찰서에서 그는 해마 같은 콧수염을 기른 스웨덴 범죄 수사부 형사 베르틸 모그렌에게 취조받았다. 모그렌은 자주 국왕 오스카 2세의 경호원 역할도 겸하던 사람이었다. 그는 스탈린을 "몸집이 작고 여위고, 검은 머리칼, 턱수염, 얽은 자국, 큰 코에 회색 울스터 코트를 걸치고 가죽 캡을 쓴 사람"으로 기억했다. 스탈린은 자신을 "러시아 경찰이 수배 중인 저널리스트, 이반 이바노비치 비사리오노비치"라고 소개했다. 비사리오노비치는 비사리온의 아들이라는 뜻이었다. 생일은 1879년 12월 21일이라고 다른 날짜를 댔다. 돈은 100루블을 갖고 있었고, 스톡홀름 역 근처에 있는 허름한 호텔 브리스톨(지금은 없다)에 두 주일간 묵다가 베를린으로 떠날 것이라고 말했다.

4월 10일에 열린 제4차 당대회는 핀란드 당대회보다 훨씬 중요한 회의였다. 156명의 대의원들이 볼셰비키, 멘셰비키, 폴란드 사회주의자, 유대인 연맹주의자 노조를 대표했기 때문이다. 멘셰비키 대의원은 거의 대부분 그루지야인이었다. 볼셰비키는 그들에 비해 인원수가 적었다. 16명의 그루지야인 중에는 조르다니아, 이시도르 라시빌리, 쿠타이시 감옥에서 나온 우라타제가 있었는데, 그들 중에서 볼셰비키는 스탈린뿐이었다.

스톡홀름에서 그가 만난 많은 사람들*은 권력으로 향하는 그의 길에서 중요한 인물들이 된다. 그는 제철노동자이자 기마우편배달부인 멋쟁이 노동자 클리멘티 보로실로프라는 사람과 한방을 썼다. 보로실로프는 나중에 그의 국방위원, 제1원수가 되고, 1937년에 실시한 러시아군의 대학살 때 공범이 된다. 금발에 장밋빛 뺨과 푸른 눈을 하고 소년 시절 또 한 명의 합창단원이었던 보로실로프는 "유쾌하고 장난스러우며" 자기 침대에 걸터앉아 시를 암송하기를 좋아하던 "불안정한 에너지 덩어리"인 스탈린에게 매력을 느꼈다.

당대회에서 스탈린은 마르크스주의의 거인들인 플레하노프, 마르토프, 레닌의 말을 경청했지만, 두 가지 중심 이슈에 관해서는 자신의 입장을 당당하게 고수했다. 농민 문제에서 레닌은 토지 국유화를 제안했지만 멘셰비키는 자치단체 소유제를 제안했다. 스탈린은 두 가지 모두를 거부했다. 나중에 집단농장 캠페인을 벌여 농민 1,000만 명의 죽음

---

*스탈린은 여기서 폴란드 사회주의자 펠릭스 제르진스키를 처음 만나는데, 그는 나중에 소련비밀경찰인 체카Cheka의 설립자가 되며, 레닌 사후 권력 투쟁에서 스탈린의 동지가 된다. 유대인 우유 상인의 아들인 그리고리 라도미슬스키는 곧 지노비예프라 알려지게 된다. 그는 레닌 사후에 스탈린과 함께 삼두체제를 결성하며, 1936년에 카메네프와 함께 스탈린에 의해 처형된다. 알렉세이 리코프는 레닌의 뒤를 이어 수상이 되며, 스탈린과 함께 잠시 권력을 나누지만 1938년에 숙청된다. 당대회에서 스탈린은 신학교 시절의 옛 친구인 사이드 데브다리아니와 알릴루예프 가족들을 통해 알던 사람으로 장래에 국가수반이 될 칼리닌, 그리고 트빌리시의 동지인 스테판 샤우미안도 만났다.

을 처리하게 될 이 남자는 이 무렵에는 농민들에게 토지를 주자고 주장했다. 스탈린의 주장 덕분에 레닌은 패했다.

당대회가 제국 두마 선거에 참가할 것인지 여부를 놓고 토론했을 때, 거의 모든 볼셰비키가 반대했지만, 레닌이 그 아이디어를 지지하고 멘셰비키들 편에 표를 던져 승리했다. 스탈린은 의견 표명을 삼갔다. 모인 사람들은 그 회의를 낙관적으로 통합 당대회라 불렀지만 사실은 그저 볼셰비키가 수적으로 눌렸을 뿐이었다. 레닌과, 시내에서 그의 돈세탁을 맡아주던 테러리즘의 대가 크라신은 당대회가 은행 강도를 금지하는 결의안을 통과시켰을 때 그 자리를 피했다. 스탈린은 레닌이 이 패배 때문에 "자신의 추종자들을 고취시킬 에너지를 억제하고 있는 용수철 같은 존재로 완전히 바뀌었다"고 썼다. 하지만 레닌은 은행 강도를 그만둘 의사가 전혀 없었다. 돈이 필요했으니까.

카모에게 트빌리시를 떠나 북쪽으로 가서 핀란드에 있는 자기들의 집에서 총과 폭탄을 가져오도록 일을 꾸민 것을 보면 레닌과 크라신은 은행 강도 행각을 더 벌이기로 스탈린과 의논했음이 틀림없다. 만약 그렇다면 이것은 레닌이 강력한 독립적 정치가로서만이 아니라 가차 없는 지하활동 운영자로서 스탈린의 가치를 처음 알아본 시점이었다.[5]

귀향길에 소소는 베를린에 들러 라이프치히대학교에서 공부하던 알료샤 스바니제를 만났지만, 6월에는 트빌리시로 돌아가 있었다.[6]

"소소가 돌아왔을 때 그를 알아보기가 힘들었다. 스톡홀름에서 동지들이 그에게 양복과 펠트 모자, 그리고 파이프를 사라고 한 것이다. 그런 옷을 차려입으면 진짜 유럽인처럼 보일 테니까. 그가 옷을 잘 입은 모습을 그날 처음 보았다." 사시코는 이렇게 회상했지만, 감명을 받은 여자는 사시코만이 아니었다.

"소소와 카토는 서로 좋아하는 사이라고 밝혔다." 모노셀리제가 말한다. "우리는 그 문제를 처리하기 시작했다."

7월 15일에 소소는 아블라바 인민극장에서 비밀 회의를 열고 있었는데, 망보던 자가 달려 들어와서 경찰이 건물을 포위했다고 경고했다. 볼셰비키들은 서류를 불태웠다. 하지만 달아나기는 너무 늦었다. "경찰이 해명을 요구하자 그들은 모두 리허설을 하고 있었다고 주장했다."

"너희들이 어떤 종류의 배우인지 난 아주 잘 알아!" 그 경찰관은 대답했지만, 그들을 놓아주었다.

바깥에서 스탈린은 미나도라 토로셀리제를 만나서 자신의 후원자인 츠하카야와 함께 그녀를 안으로 끌어들였다. "난 오늘밤 카토 스바니제와 결혼할 거요." 그는 그들에게 말했다. "당신들은 모두 오늘밤 그들 집에서 열리는 파티에 초대되었어요."

카토는 "매우 사랑스럽고 아름다웠어. 그녀는 내 심장을 녹였어." 스탈린은 딸인 스베틀라나에게 보내는 편지에서 이렇게 썼다. 그는 나중에 어떤 여자친구에게도 털어놓았다. "그녀를 얼마나 사랑했는지. 그녀가 만드는 드레스가 얼마나 예뻤는지 상상도 못 해!"

아마 스톡홀름에서 돌아오는 길이었을 텐데, 베를린에서 그가 보낸 편지에는 그가 그녀를 소중히 생각하고 있음이 드러나 있다. "이곳 소식은 좋은 일이 하나도 없어요. 하지만 그런 걸 오래 생각해봤자 소용

없지요. 아마 알료샤를 만나서 그를 '잘못된 길'로 끌고 갈 거요. 그 때문에 예카테리나 세미오노프나(카토)가 불행해지지 않는다면 말이오. 당신의 친구 소소."

카토는 소소를 "거의 신처럼" 숭배할 뿐 아니라 그를 이해하기도 했다. 그녀는 "스탈린에게 온통 마음을 빼앗겼고 그의 사상에 매혹되었다. 그는 매력적인 사람이었고 그녀는 그를 정말 사랑했다." 하지만 그녀는 그가 대의명분에 몸을 바친 사람이며, 성질이 거칠다는 것을 알고 있었다. 나이가 든 뒤, 스탈린은 "그녀는 라차식의 미인이었어"라고 회상했는데, 이는 그녀가 마음씨가 착하고 아름답고 헌신적이었다는 뜻이었다. 하지만 그녀에게는 그 이상의 자질이 있었다. 카토는 그루지야 수준에서 볼 때 교육도 잘 받았고 자유로운 사람이었으며, 사회적 지위도 스탈린보다 높았다. 그녀는 사회민주주의자들의 모금 행사를 조직하는 일을 도왔고, 카자크들의 학살이 있은 뒤 부상자들을 능숙하게 구조하고 치료했다. 자매들의 회고록에서 분명히 나타나듯이, 카토는 스탈린이 예레반 광장 소동 등 은행 강도 사건의 조직자라는 것을 충분히 알고 있었다.

그녀는 교회에서 결혼하고 싶어 했는데, 소소는 무신론자였지만 이에 동의했다. 하지만 스탈린이 당시 위조 서류밖에 없었던 데다 갈리아시빌리라는 이름을 쓰고 있었기 때문에 교회는 그의 결혼을 거부했다. 모노셀리제는 온 사방을 뒤진 끝에 마침내 신랑이 신학교에 다닐 때 알았던 근처 교회의 키타 트힌발레리 신부를 찾아냈다. 그 사제는 두 사람이 결혼하려면 오전 두 시에 와야 한다고 했다.

7월 15일에서 16일 사이의 밤, 가족과 친구들은 카토와 소소가 촛불이 낭만적으로 깜빡거리는 작은 교회에서, 츠하카야를 신랑 증인으로 내세워 결혼하는 모습을 지켜보았다. 무뚝뚝한 스탈린은 "신랑처럼 차려입지 않았다. 우리는 예식이 치러지는 내내 특히 소소 동지 본인 때문에 계속 웃었다"고 엘리사베다시빌리가 말한다.

식이 끝난 뒤 사시코는 결혼식 만찬을 열었는데, 암살자 카모와 친차제가 시중을 들었다. 스탈린은 이미 그들과 함께 예레반 광장 은행 강도 계획을 짜기 시작했다. 그루지야식의 건배주도자인 타마다^{tamada}를 하게 된 츠하카야는 농담을 했다. 스탈린은 "달콤한 목소리로 달콤한 노래"를 불렀고, 카모는 웃었다. "멍청한 경찰은 어디 있는 거야? 현상금 걸린 남자들이 죄다 여기 있으니, 그냥 와서 염소 떼처럼 몰고 가기만 하면 되는데!"

두 사람은 사랑에 빠져 있었다. "일을 할 때나 동지들에게는 그토록 엄격한 소소가 자기 아내에게는 그토록 부드럽고 다정하고 얼마나 관심을 쏟는지 보고 놀랐다"고 모노셀리제가 말했다. 하지만 카토는 몇 주일만 지나면* 혁명을 진짜 아내이자 애인으로 삼은 남자와 결혼한다는 것이 얼마나 힘든 일인지 알게 될 것이다.

---

*필자가 트빌리시에서 인터뷰한 카토의 이모의 손녀인 케트반 겔로바니의 말에 따르면 소소는 성질이 폭발할 때를 제외하면 카토에게 부드럽게 대했다고 한다. "결혼식이 끝난 뒤 얼마 안 되어 그는 화를 내다가 그녀의 손을 담뱃불로 지졌지만, 그녀는 그를 사랑했고, 대개의 경우 그는 그녀에게 친절하고 다정했다." 핀란드에서는 그가 그녀와 함께 카렐리아로 신혼여행을 떠났다는 이야기가 전해지지만, 그녀가 그를 따라 스웨덴에 갔다는 증거는 없으며, 그때는 아직 결혼도 하지 않았을 때였다.

그녀는 곧 임신했다. "그는 항상 그녀를 어떻게 기쁘게 해줄지를 생각했다. 시간이 있을 때는 말이다. 하지만 작업에 들어가면 다른 모든 것을 잊었다." 모노셀리제가 썼다. 항상 현실적이었던 케케는 기뻐했지만, 조카딸인 안나 겔라제에게 이렇게 털어놓았다. "소소가 결혼했단다. 신부는 아직 어린 여자인데 그들이 도대체 어떤 식으로 살아갈까?"[7]

신혼여행은 없었다. 스탈린은 밤이 되어야 기운이 나는 사람이었다. 위험하고, 아슬아슬한 위기를 즐기는 삶은 평생 계속되었다. 차르가 내놓은 무자비한 폭력적 대책은 의심이 가는 사람은 질문도 없이 그냥 죽이는 식이었다. "그저 살아 있는 걸로 족하다. 그 외에는 스스로 알아서 처리될 거야." 소소는 스바니제에게 이렇게 썼다.

한번은 오전 5시에 그와 모노셀리제가 비밀 인쇄소 문을 잠그고 있었는데, 한 경찰이 그들을 도둑으로 몰아붙이면서 총을 뽑으려고 손을 뻗었다. 하지만 스탈린이 더 빨랐다. 그는 베르단 소총을 꺼내면서 소리쳤다. "쏜다!"[8]

18장

★★

해적과 아버지

스탈린이 막 총을 쏘려는 찰나, 그의 처남이 총을 붙들었다. 겁에 질린 그 경찰관이 누구인지 알아본 것이다. 그는 인쇄소를 가만 내버려두도록 뇌물을 받은 경찰이었다. 소소가 예민하게 군 데는 이유가 있었다. 카자크들이 혁명가를 탄압했고, 유럽에서 무기를 사 들여올 자금을 마련하기 위해 캅카스의 여러 장소에서 일당들의 강도 행각을 더 많이 조직하고 있던 그를 오흐라나가 뒤쫓고 있었기 때문이다. 스탈린은 여러 주일씩 새 아내와 떨어져 있었고, 자신의 삶이 그녀를 심각한 위험에 몰아넣었다는 사실도 생각하지 않고 있었다.

1906년 9월 9일 경, 스탈린은 조르다니아가 트빌리시에서 개최한 사회민주노동당 당대회에 참석했다가 그다음에는 바쿠의 한 호텔로 갔다. 차르 정부의 탄압과 멘셰비키들의 성공은 그루지야에서 볼셰비키의 세력을 와해시켰다. 그뿐 아니라 멘셰비키는 공식적으로 테러리즘을 포기했으며, 스탈린과 그 일당들을 수치스러운 강도떼로 간주했다.

42명이라는 빈약한 수의 대의원들 중에서 스탈린과 샤우미안, 츠하카야를 포함한 고작 여섯 명만이 볼셰비키였다.

스탈린은 이 약한 입지를 보완하기 위해 멘셰비키들을 비웃고 그들에게 도전했으며, 사악한 잔재주를 부렸다. "그는 당대회 내내 묘하게 비틀린 미소를 짓고 있었다." 멘셰비키이며, 신학교에 함께 다닌 친구인 데브다리아니가 말한다. "그는 어떤 제안이 나와도 혁명과 무관하다고 생각했다." 스탈린이 너무나 도전적이고 거칠고 음울하게 굴어, 멘셰비키파 의장인 아르세니제는 그를 속바지도 입지 않은 길거리의 여자나 창녀처럼 처신이 불량하다고 비난했다. 스탈린은 자기는 아직 바지를 벗지 않았다고 가볍게 대답했다. 그런 다음, 왼쪽 입꼬리를 비틀어 조롱하는 듯이 웃던 그는 쿵쿵 소리를 내며 걸어 나갔다. "몇 분 뒤 우리는 경찰이 오면 불기로 미리 약속된 호루라기 신호를 들었다. 우리는 흩어졌다." 아르세니제가 말한다. 하지만 경찰은 없었다. 코바의 장난질이었다.

하지만 멘셰비키인 우라타제의 말에 의하면, 스탈린은 러시아 볼셰비키 당중앙의 주요 자금책이 되었고, 그 뒤 3년 동안은 레닌을 위한 주요 자금 모금책 셋 중 하나였다. 당대회가 끝난 뒤 스탈린은 새로 강도 작전을 벌일 전선을 열기 위해 흑해 연안에 있는 수후미로 향한 것으로 보인다. 그것은 먼 바다에서 벌이는 해적 활동이었다.

9월 20일, 배수량 2,200톤에 285피트 길이의 증기선 차레비치 기오르기 호는 승객들과 상당량의 귀중품을 싣고 오데사에서 바투미로 가는 도중이었다. 배의 선장은 모르고 있었지만, 배가 임금을 전달하기 위해 노보로시스크와 수후미와 뉴 아토스에 정박했을 때 펠트 망토 아래 총과 수류탄을 숨긴 볼셰비키 강도단 무리가 승선했다.

대부분의 승객이 잠들어 있던 오전 1시 15분, 배가 케이프 코도리를 지날 때, 노동자와 지식인들을 포함한 스물다섯 명의 해적 무리가 모제르 권총, 베르단 소총과 폭탄을 망토 밑에서 꺼내 들고 배를 점령했다. 나중에 헌병대가 묘사한 바에 따르면, 붉은 머리칼에 주근깨가 있고 키가 작은 20대의 그루지야인인 그 강도 두목은 함교를 점령하고 모제르 권총을 신케비치 선장에게 겨누었다. 부관, 항해사, 승무원들은 총으로 위협받고 있었다. 수부 네 명은 아마 '내부자'로서 해적들을 도왔을 것이다.

승무원들은 나중에, 해적 두목이 행각이 벌어지는 내내 얼음처럼 침착하고 예의발랐다고 전했다. "우리는 범죄자가 아니라 철저한 혁명가들이오. 우리는 혁명을 위해 현금이 필요하니, 재무성 자금만 가져갈 것이오. 내 명령을 따르면 피는 흘리지 않아도 됩니다. 하지만 저항할 생각이라면 우리는 당신들을 모두 죽이고 배를 폭파시킬 거요."

"나는 항복했다." 신케비치 선장은 나중에 〈티플리스키 리스토크 Tiflissky Listok〉(트빌리시 소식)지와 한 인터뷰에서 이렇게 인정했다. 승무원과 승객들은 한곳에 모였고, 아무것도 보지 말라는 경고를 받았다. 선장은 강도 두목에게 돈을 보여주었다. 경찰은 볼셰비키들이 1만 6,000루블을 가져갔다고 공식적으로 발표했지만, 아마 해적들이 가져간 돈은 훨씬 더 많았을 것이다.

이 강도단 두목은 신케비치 선장에게 구명보트를 내리라고 명령했다. 해적들은 돈을 옮겨 싣는 동안 배의 장교 몇 명을 인질로 잡았고, 그런 다음에는 수부들에게 노를 저어 해안으로 자신들을 데려가도록 했다. 수부들이 어찌나 효율적으로 명령에 따랐던지, 해적 두목은 "자신의 지시를 지극히 양심적으로 복종한 데 감동받아서는 수부들에게 각각 10루블씩 팁을 주라고 명령했다." 차레비치 기오르기 호는 풀려난 후 바투미로 항해할 수 있었다.

7시간 뒤 경보를 발령한 카자크들과 헌병대는 해안을 따라 볼셰비키 해적들을 수색했지만 갱단이나 전리품의 흔적을 하나도 찾지 못했다. 스탈린과 러시아 볼셰비키 두 명은 강도단 중 하나인 스테판 카프바의 집에(오랜 시간 뒤에 그의 누이가 기억한 바에 따르면) 숨었다. 그런 다음 그 누이는 그들이 아툼 일가의 소유인 또 다른 은신처로 이동했고, 마지막으로 그바라미아의 집으로 갔다고 증언했다. 노인이 되었을 때 캄시시 그바라미아는 스탈린이 자기 집에 도착하던 때를 회상했다. 그의 아버지는 "케이프 코도리 밖에서 우편선을 사로잡았던 강도단의 곰보 두목을 숨겨달라는 부탁을 받고 흥분했다. 그 두목은 나중에 그의 위대한 나라의 지도자가 되었다."

스탈린과 강도단은 압하지야를 통해 서쪽으로 가서 엥구리 강을 건너 구리아로 들어갔다. 노인들은 압하지야의 작가이자 역사 편찬자인 파실 이스칸드르Fasil Iskander에게, 스탈린이 못 미더운 강도 일곱 명(협력한 수부 네 명을 포함)을 죽이라고 지시한 일과, 그런 다음 카빈 총을 어깨에 둘러매고 돈을 실은 말들을 한 줄로 끌며 산을 넘은 일을 말해주었다. 이스칸드르는 그의 대표작인 《체젬의 산드로Sandro of Chegem》에서 이 이야기를 한다. 쿠타이시에서 현금을 부하들에게 전달한 뒤 시신들은 "자칼의 먹이가 되도록" 내버려둔 채 스탈린은 기차를 타고 트빌리시로 돌아왔다.

스탈린이 정말 이 해적 사건을 직접 지휘했는가? 경찰이 묘사한 해적 두목은 스탈린의 스타일과 외모, 발언과 일치한다. 그 역시 자신이 "범죄자가 아니라 혁명가"라고 주장했다. 하지만 그런 묘사는 매우 모호하다. 거의 대부분의 회고록은 그가 강도 행각을 조직은 했지만 참여는 하지 않았다고 주장한다.*

하지만 우리는 스바니제 일가와 다브리셰비의 회고록을 통해 이 무렵 스탈린이 총을 들고 다녔고, 그것을 거리낌 없이 사용했음을 알고 있다. 소식에 정통한 멘셰비키 아르세니제는 스탈린이 악명 높은 트빌리시 강도 사건에는 "참여하지 않았다"고 설명하지만, "온갖 약탈 행각이 있었다"고 덧붙였다. 그는 그런 일 중의 하나에 "스탈린도 참여했다"는 말을 들었다. 스탈린은 노보로시스크, 뉴 아토스, 수후미 항구에 연줄이 있었는데, 해적들은 그곳에서 배에 올랐다. 그는 1905년에 이런 곳에 간 적이 있었다. 지폐로 가득 찬 안장주머니를 실은 짐말을 끌고 산을 넘는 스탈린의 수법은 앞에서 언급한 가체칠라제 신부의 회고록에서 확인되었다.

---

*이는 특히 1907년의 런던 당대회가 약탈을 금지하고, 이에 복종하지 않는 자들을 당에서 축출한다고 명령한 이후로는 사실이었다. 하지만 이 일은 1906년 9월에 있었고, 그때 런던 당대회는 아직 열리지 않았다.

스탈린이 해적질에 참여한 일은 이밖에도 또 있었다. 그는 나중에 또 다른 우편선의 강도 행각을 지휘했고, 바쿠에서도 여러 번 다른 사건을 계획했다.* 빈틈없이 꼼꼼한 압하지야 역사가인 스타니슬라프 라코바는 이런 전해지는 이야기의 출처를 추적했다. 마침내 그는 두 명의 연로한 목격자를 그들이 죽기 전에 각각 따로 만나 이야기를 듣는 데 성공했다. 그들은 그가 공격을 이끌었고 돈도 가져간 사실을 확인해주었다.

날짜는 완벽하게 들어맞는다. 스탈린은 집에 없었다. 바쿠 당대회는 끝났다. 이 며칠간은 공백으로 남아 있다. 배는 9월 20일에 털렸으며, 그 뒤에 스탈린이 트빌리시로 돌아가기까지 며칠 걸렸을 것이다. 스톡홀름에서 레닌 및 크라신과 계획한 대로 카모와 스탈린의 동지 두 명이 트빌리시에서 기다리고 있다가 당을 위한 무기 구매 여행을 떠날 것이다.

스탈린의 역할을 입증할 자료는 없지만, 적어도 그가 참여했을 가능성은 매우 높다. 강도 행각은 어떤 목적을 위해 시간을 맞춘 듯 벌어졌고, 카모가 그 돈을 받아갔다.

사건이 있은 지 닷새 뒤인 9월 25일에 카모는 유럽을 돌아다니며 무기를 살 돈을 충분히 챙겨 들고 트빌리시를 떠났다.[1]

말 많은 배우–혁명가인 므디바니와, 스탈린에게 등잔을 던진 적이

---

*혁명가 무리에서 해적 활동은 아주 흔한 일이었다. 고리 출신으로 스탈린의 분신이며 사회연방주의자의 군사분과의 우두머리인 다브리셰비는 자신이 차레비치 기오르기 호의 사건과 대략 같은 시기에 자금을 운반하는 배를 털었던 일을 말한다. 한편 오데사 밖에서 혁명가들은 유람선 소피아 호에서 열린 귀족들의 디너파티를 점령하여 황금 5,000파운드를 노획했다.

있는 카프타라제와 함께 떠난 카모는 처음에는 상트페테르부르크에서 기차를 탔다. 그들은 크라신을 만나 지시를 받았다. 크라신은 핀란드에 있는 비밀 본부인 볼셰비키 센터를 레닌 및 알렉산드르 보그다노프와 함께 운영했다. 그는 레닌의 동지이자 철학자, 조직가였다. 이 셋은 나중에 '소 3인조Small Trinity'라고 알려진다.

크라신은 바쿠와 스톡홀름에서 스탈린을 만났다. 항상 뻣뻣한 흰색 목깃을 하고, 잘 다듬어진 찰스 1세식 턱수염을 기른 그는 이중생활을 했다. 한편으로 그는 사교적인 바람둥이이자 백만장자들의 친구였다. 하지만 또 한편으로 그의 폭탄 공장은 볼셰비키나 다른 테러리스트 집단을 위해 살인 무기를 제공했다.* 트로츠키는 "그의 꿈은 호두 크기의 폭탄을 만드는 것이었다"고 말한다. 그런 호두만 한 폭탄은 끝내 만들어지지 못했다.

크라신은 "카모를 보자마자 사랑에 빠질 정도로" 현학적인 폭력숭배자의 대열에 속한 최초의 사람이었다. 그는 카모를 곱슬곱슬한 금발에 안경을 쓴 세속적인 유대인 볼셰비키 마이어 왈라크Meyer Wallach**와 접선시켜주었다.

카모와 두 명의 그루지야인은 파리에서 왈라크를 만났다. 죽이 잘맞은 이 유대인 해결사와 아르메니아인 사이코패스는, 벨기에의 리에주

---

*이 시점에 크라신은 최신식의 극악무도한 도구를 맥시멀리스트Maximalist(최대 강령주의자, 목적 달성을 위해 직접 행동에 호소하는 진영이다─옮긴이)인 SR 테러리스트들에게 빌려주었다. 이들은 차르의 뛰어난 수상 스톨리핀의 집을 날려버리는 데 그 도구를 사용했다. 이 지옥 같은 사태에서 수많은 사람이 죽었지만 스톨리핀 자신은 살아남았다.
**1930년대에 스탈린의 외교 인민위원이 되는 막심 리트비노프Maxim Litvinov다.

와 베를린, 다음에는 불가리아의 소피아로 다니면서 주로 모제르 권총과 만리허 총과 탄약 등의 무기를 구입했다. 흑해에 면한 바르나에서 그들은 허름한 요트인 자라Zara 호를 구입하여 무기를 싣고, 포템킨 전함에서 근무했던 혁명가 수부를 선장으로 임명하고 다른 승무원 네 명을 고용했다. 카모는 자원하여 요리사이자 명령자 역할을 맡았고, 배와 자기 침대를 선으로 연결하여, 차르 체제의 첩자들이 승선을 시도할 경우 배를 폭파시킬 수 있게 해놓았다. 흑해에서 폭풍우가 자라 호를 뒤흔들어 물이 새다가 좌초했다. 카모는 자살용 다이너마이트에 불을 붙였지만 폭발하지 않았다. 선장도 자살을 시도했지만 실패했다. 수부와 요리사는 모두 꽁꽁 얼은 채로 지나가던 배에 구조되었다. 자라 호는 침몰했고, 스탈린의 해적질이 거둔 전리품은 파도에 쓸려갔다.

카모는 트빌리시로 돌아왔다. 스탈린은 엄청난 규모의 은행 강도를 할 새 아이디어를 생각해냈다. 두어 달 전에 트빌리시에서 그는 고리의 교회학교와 트빌리시 신학교에서 함께 공부했던 보즈네센스키라는 사람을 우연히 만났다. 보즈네센스키는 자신이 지금은 트빌리시 은행 우편사무소에서 일하고 있으며, 현금수송 역마차의 비밀 일정을 알 수 있다는 이루 말할 수 없이 귀중한 정보를 옛날 학교 친구에게 알려주었다. 스탈린은 아다미아 밀크바에 그를 데려가서 우유 한 잔을 사주면서 그 우편사무소를 거쳐 가는 돈을 볼셰비키가 약탈할 수 있게 도와달라고 설득했다. 보즈네센스키는 1908년에 당의 비밀 조사 때의 면담에서 자신이 "오로지 코바 때문에" 협력하기로 동의했다고 자백했다. "코바가 에리스타비 공작의 죽음을 읊은 혁명적인 시를 썼기 때문이었다. 나는 그 시에 너무나 감동받았다." 테러리스트가 훌륭한 시인이라는 이유로 강도 행각을 위한 적절한 시기와 정보를 지원받을 수 있는 곳은 오로지 그루지야밖에 없다!

스탈린은 보즈네센스키를 일당들에게 소개했고, 몇 달 동안 그와 접촉을 계속하면서 자신의 내부 인물들과 모임을 가졌다. 그가 보즈네센스키를 마지막으로 만난 것은 1906년 후반이었으니, 그 강도 행각이 처음에는 1907년 1월이나 2월로 예정되었으리라는 오흐라나의 추측은 옳았던 것 같다. 하지만 그때는 그 일이 일어나지 않았다. 멘셰비키 당의 조사단에서 이중으로 조사를 받을 때 스탈린은 퉁명스럽고 비꼬는 어조로 대답하는 도중에, 자신이 세계에서 가장 악명 높은 강도 행각의 배후였음을 확인해주었다. 그리고 그가 일당들에게 소개해준 "코바 동지가 학교 시절부터 알고 있던 사람"을 포함한 '내부자' 두 명을 조종한 것도 확인했다.

스탈린의 또 다른 내부인사는 그리고리 '기고' 카스라제였다. 그 역시 고리 출신이고, 케케와 차르크비아니 신부의 사촌이며, 당 조사위원회에서 또 다른 심문을 받았다. 스탈린은 카스라제 역시 강도 행각에 참여하기 전 몇 달간 샅샅이 조사했다. 두 사람 모두 스탈린의 개인적 정보망에 속하는 사람이었다.

자라 호가 침몰한 뒤 카모에게는 새 작전을 수행하는 데 쓸 무기가 없었으므로, 스탈린은 그를 돌려보내 크라신을 만나도록 했다. 거물급 동조자인 코키 다디아니 공작이 그에게 여권을 빌려주었고, 멋쟁이처럼 수도로 여행할 수 있게 해주었다. 핀란드의 은신처에서 카모는 레닌과 크루프스카야를 만났다. "그는 무한히 대담하고 불굴의 의지력을 가진 두려움 없는 투사였다"고 크루프스카야는 판단했다. "하지만 매우 민감하고 어딘가 순진하기도 했다." 레닌은 그를 캅카스 산적이라 불렀는데, 그가 항상 권총 두 정을 챙겨 다니는 데 전율을 느꼈다. 그는 귀족인 크루프스카야의 모친에게 권총을 채워주기도 했다. 특권과 교양 있는 분위기에서 성장한 레닌과 크루프스카야는 모두 카모에게 호감을 보였다. 그들은 아나키스트인 바쿠닌이 느끼던 것처럼, 잔인한 살인자의 멋(그리고 효용)에 항상 매력을 느꼈다. 혁명이 승리를 거두려면 "우리는 허세 부리는 강도들, 러시아에서 유일하게 진실한 혁명가들의 세계에 가담해야 한다"고 그는 썼다.

레닌 부부는 세상을 단순하게 보는 카모의 매력에 매혹되었지만, 그의 기묘한 평정함이 비정상적 폭력 행위로 순식간에 박살이 날 수 있음을 느꼈다. 언젠가 그는 레닌 부부와 점심을 함께하러 와서는 그들에게 줄 선물이 있다고 말하면서 냅킨에 싼 물건을 천천히 테이블에 놓았다. "다들 '그가 폭탄을 가져왔어!'라고 생각했다. 하지만 그건 수박이었다." 크루프스카야가 설명한다. 카모는 수류탄을 한 짐 가지고 트빌리시로 돌아갔다.[2]

스탈린의 강도인 쿠프리아시빌리에 따르면 레닌은 곧 열릴 런던 당대회의 비용으로 꼭 필요한 자금을 모으라고 스탈린에게 지시했다고 한다. 스탈린은 카모 및 은행에 있는 그의 내부자들과 연락을 계속 유지했지만, 바쿠로 돌아가서 샤우미안과 스판다리안과 함께 러시아어 신문인 〈바킨스키 프롤레타리Bakinsky Proletary〉(바쿠 노동자)를 설립하고 편집하는 일로도 분주했다. 그런 온갖 야바위 일에 간여하고 있으니 소소는 범접할 수 없는 존재로 보였다. 하지만 그가 떠나 있는 동안 그의 아내는 그리 운이 좋지 못했다.

모스크바에서 한 볼셰비키를 습격했다가 오흐라나는 다음과 같은 내용의 쪽지를 발견했다. "프레일린스카야 가 3번지, 스바니제 재봉사, 소소를 찾을 것." 얼마 뒤 카모는 스바니제 일가에게 "모스크바의 유대인 동지" 한 명을 두 주일간 묵게 해달라고 부탁했다. 자매들은 그를 맞아주었지만, 그가 떠난 지 얼마 되지 않은 1906년 11월 13일에 헌병대가 집을 급습하여 소소와 카토를 찾았다. 자매들은 "모스크바의 유대인 동지"가 배신자였음을 깨달았다. 헌병대는 다행히 소소나 마네킹 몸통에 숨겨둔 그의 자료를 찾아내지 못했다. 하지만 카토는 사촌인 폭탄제조자 스피리돈 드발리와 함께 체포되었다. 드발리는 사형선고를 받았다. 이것은 이미 임신 4개월째이던 여자가 결코 쉽게 감당할 수 있는 일이 아니었다.

사시코 스바니제는 스탈린의 아내를 돕기 위해 곧 행동을 개시하여, 고객들에게 도와달라고 부탁했다. 헌병대의 장교 대부분이 그녀의 고객이었다. "나는 헌병대 중령인 레치츠키의 아내(그때 마침 그녀의 드레스를 만들던 중이었다)를 만나러 가서 드발리의 사형선고를 감형시키고 무고한 카토를 석방해달라고 부탁했다." 중령의 아내는 드발리의 선고를 감형시키고 임신한 카토에게는 더욱 큰 도움을 주었다. 감옥이 아니라 경찰서에서 석방을 기다리게 해준 것이다. 자매들은 경찰서장 아내의 드레스도 만들고 있었는데, 그녀는 곧 카토를 자기 집에 데려가서 돌봐주었다.

미친 듯이 캅카스 지방을 돌아다니다 집에 돌아온 스탈린은 "그동안 일어난 일에 대해 깊이 낙담했다"고 모노셸리제가 기록한다. 그가 카토를 찾아가겠다고 우겼으므로 사시코는 경찰서장의 아내를 찾아가서 "우리 마을에서 온 사촌이 카토를 만나러 왔다고 말했다. 경찰서장 아내가 이를 허락했으므로 우리는 소소를 밤중에 그녀의 집으로 데려갔고, 그곳에서 두 사람이 만났다. 다행히 그녀 가족 중 아무도 소소의 얼굴을 아는 사람이 없었다. 서장 아내는 카토가 매일 저녁 두 시간씩 집에 가 있을 수 있어야 한다고 요구했다. 소소와 카토는 두 달 뒤 석방될 때까지 매일 저녁 그런 식으로" 만났다.

석방된 직후인 1907년 3월 18일에 카토는 아들 야코프를 낳았다.* 카토의 사촌인 케테반 겔로바니에 따르면 소소는 출산 때 그의 어머니와 함께 그 자리에 있었다고 한다. 케케와 '아내' 카토는 매우 사이가 좋았다. 스탈린은 아버지가 되어 기분이 하늘을 날 듯했다. 아기가 태어난 뒤 아내와 아이에 대한 사랑이 열 배는 더 커졌다고 모노셸리제가 주장한다. 그는 아기에게 파차나^{Patsana}(젊은이)라는 별명을 붙였다. 그러나 밤낮으로 글을 쓰는 스탈린은 "아기가 울어 일에 방해가 되자 짜증을 냈다. 하지만 어머니가 젖을 먹이고 아기가 울음을 멈추면 아기에게 키

---

*가족들에게는 야샤로 알려진 야코프는 여러 달 뒤에 세례를 받았고, 출생신고는 몇 년 뒤에 했다. 그의 생일에 혼란이 있는 것은 이 때문이다. 야코프라는 이름은 아마 스탈린의 보호자인 야코프 코바 에그나타시빌리에게 표하는 감사의 의미로 지었을 것이다.

스하고, 코를 간질이면서 귀여워했다."

소소의 머릿속에서는 많은 일이 진행되고 있었다. 1907년의 3월에 스탈린 일당들은 쿠타이시 역마차를 털 계획을 세웠지만 예정된 날이 오기 직전에 두목인 친차제가 체포되었다. 스탈린은 그 후임으로 카모를 임명했다. 스탈린이 총애하는 이 사이코패스는 강도 무리를 지휘할 능력이 넘쳤다. 그는 항상 단순한 열광과 광적인 살인 사이에서 오락가락했다. 아마도 스탈린이었을 어느 볼셰비키가 멘셰비키와 이론 싸움을 하는 걸 들을 때마다 그는 이렇게 외쳤다. "당신은 무엇하러 그자와 논쟁을 합니까? 나더러 그의 목을 따라고 할 것이지." 친차제의 여성 총 운반자인 아네타, 파치아, 알렉산드라와 함께 카모는 쿠타이시 역마차를 털었지만 카자크들이 반격했다. 카모와 여자들은 잔혹한 싸움 한복판에 말려들었지만, 싸움이 극심해지자 여자들이 급히 달려 들어와서 돈 자루를 쥐고 달아나 속옷 속에 숨겨 트빌리시로 몰래 들여갔다. "아네타와 나는 돈 자루를 우리 코르셋 둘레에 묶었다"고 알렉산드라 다라흐벨리제가 회상한다. 카모는 그 돈을 포도주 자루에 숨겨 핀란드의 레닌에게 보냈다.

스탈린의 은행 우편국 내부자는 트빌리시에 거액이 전달될 것이라는 정보를 일당들에게 알려주었다. 100만 루블가량은 될 거액으로, 돈이 많이 드는 레닌의 조직을 몇 년간 운영할 자금으로 충분할 정도였다. 스탈린과 카모는 거창한 강도 행각을 준비했다.

한 달도 채 되기 전에 제5차 당대회의 비선출직 대의원으로 선발된 스탈린은 아들과 카토를 트빌리시에 남겨두고 바쿠, 상트페테르부르크, 스톡홀름, 코펜하겐을 경유하는 긴 여행길에 올랐다. 이바노비치라는 가명으로 여행하는 스탈린의 목적지는 런던이었다.

4월 24일경, 덴마크에 있을 때 그는 베를린행 기차를 타고 레닌을 만나러 갔다. 그들이 이 여행에서 비밀리에 만났으며, 스탈린이 베를린에 갔다는 사실을 우리는 알고 있다. 그들이 논의할 주제는 한 가지, 얼마 남지 않은 트빌리시 은행 강도였다. 트로츠키는 레닌이 베를린에 갔다면 "그것은 이론적 대화를 하기 위해서가 아니라, 말할 것도 없이, 오로지 곧 벌어질 약탈 행위와 돈을 어떻게 전달할지에 관한 방법을 논의하기 위해서였을 것"이라고 쓴다. 비밀은 오흐라나만이 아니라 자신들의 동지들에게도 지켜져야 했다. 이제 멘셰비키에게 지배되는 당이 강도 행위를 금지했기 때문이다.

그런 다음, 레닌과 스탈린은 각자 따로 런던으로 향했다.[4]

19장

★★

런던에 간 스탈린

1907년 4월 27일에서 5월 10일 사이, 지루한 여행을 한 끝에 스탈린은 동행인 츠하카야와 샤우미안과 함께 영국의 하위치에 도착했다. 런던의 리버풀 가 역*으로 가는 기차를 잡아 탄 그들은 영국 언론의 선정적인 머리기사의 환영을 받았다. 이국의 아나키스트들이 영국 수도에서 자유롭게 돌아다닌다는 사실에 전율을 맛보기도 했다. 그때나 지금이나 런던은 살벌한 극단주의자들이 찾아가는 악명 높은 피난처였다.**

---

*그들은 원래 런던에 갈 작정이 아니었다. 원래 계획은 코펜하겐에서 열리는 당대회에 참석하려던 것이었기 때문에, 스탈린은 상트페테르부르크로 갔다가 핀란드로 가서 스웨덴의 말뫼로 간 다음, 동료들과 함께 페리를 타고 코펜하겐으로 가려고 했다. 하지만 덴마크 사람들은 그들을 스웨덴으로 추방했고, 스웨덴은 그들을 도로 덴마크로 추방했으며, 덴마크는 이들을 에스베르크Esbjerg로 보냈다. 그곳에서 이들은 런던으로 가는 증기선을 탔다.

**이 주간의 다른 큰 뉴스는 차르를 죽이려는 음모 소식과, 세 살 난 황태자 알렉세이의 초상사진과 함께 '황태자가 처음 니커 바지를 입었다'는 머리기사였다. 그 밖에 차르의 사촌 니콜라이 대공과 몬테니그로 공의 딸과의 결혼 소식, 영국 출신인 에스파냐 왕비의 득남 소식이 '영국의 아기'라는 제목으로 실렸다.

대의원들은 이런저런 영국 신문의 기자와 사진기자들, 특수수사대 형사 열두 명과 오흐라나 첩자 두 명, 그 밖에도 영국 사회주의자이거나 러시아 망명자인 그곳의 동조자들을 만났다.

"역사는 런던에서 만들어지고 있다!"고 〈데일리 미러〉지는 말했다. 그 신문은 혁명가들 중 일부는 위대한 명분에 대한 열정을 불태우는 여성이라는 사실과, 거창하게 여행하는 것이 유행이던 당시에 짐을 별로 갖고 오지 않았다는 사실에 가장 흥미를 보이는 것 같았다. "이들 중에는 마흔 살이 넘은 남자는 하나도 없었고 스무 살을 갓 넘은 사람들이 많았다." 스탈린은 스물아홉, 레닌은 서른일곱("그래도 우리는 항상 그를 노인이라 불렀다"고 스탈린이 나중에 말했다)이었다. 〈데일리 미러〉지는 이들에 대해 "가장 눈길을 끄는 군중이었다"고 결론지었다.

대의원들은 모두 평등해야 하겠지만 소련 자체가 그렇듯이 그중 일부는 다른 사람들보다 더 평등했다. "유명한 소설가"인 막심 고리키가 "런던에 있는 것은 사실이지만 어디 머무는지는 그의 아주 가까운 친구들만 안다"고 〈데일리 미러〉지는 말했다. 고리키는 배우인 애인과 함께 러셀 스퀘어에 있는 호텔 임페리얼에서 안락하게 지냈고, 레닌과 크루프스카야도 그곳에 합류했다. 그들이 도착했을 때는 비가 왔고 추웠다. 어딜 가나 지배하는 성격인 레닌이 책임감을 발휘하여, 고리키의 침대 시트가 축축한지 살펴본 뒤, 젖은 속옷을 말리기 위해 가스난로를 가져다달라고 주문했다.

"여기서 제대로 난투극이 벌어지겠군." 레닌은 자기들 부부의 양말이 마르는 동안 고리키에게 말했다. 개인 수입이 있는 대의원들은 블룸

즈버리의 작은 호텔에 묵었고, 레닌과 크루프스카야는 켄싱턴 스퀘어에 방을 얻어, 매일 아침 그가 가장 좋아하는 음식인 피시앤드칩스를 사러 킹스크로스 역 너머까지 가곤 했다. 그러나 스탈린 같은 가난한 대의원들은 돈이 매우 부족했다.

전하는 말에 따르면, 초반에 그는 이제 처음 만난 리트비노프와 함께 스테프니의 필드게이트 가에 있는 타워하우스 호스텔에서 지냈다고 한다. 소설가 잭 런던은 이곳을 "괴물 같은 싸구려 여인숙"이라 불렀다. 그곳의 숙박비는 보름에 6펜스였다. 방 상태가 너무 열악했기 때문에 스탈린은 들고 일어나서 항의하여 모두들 숙소를 옮길 수 있게 했다. 그는 스테프니의 주빌레 가 77번지에 있는 비좁은 1층 뒷방에 짐을 풀었다. 유대계 러시아 제화공에게서 빌린 그 방에서 츠하카야와 샤우미안과 함께 묵었다.

안개가 많고 습한 런던은 그루지야에서 온 방문객들에게는 무시무시한 인상을 주었다. "처음에는 런던이 날 집어삼키고 질식시키는 것 같았다"고 런던을 찾은 또 다른 러시아 공산주의자인 이반 마이스키가 썼다. 그는 나중에 스탈린의 대사로 런던에 파견된다. "나는 그 거대한 돌의 바다에서… 검은 안개에 파묻힌 작은 집들의 음울한 대열 속에서… 외롭고 길을 잃은 기분이었다."

런던은 외국이었지만 화이트채플은 러시아어가 많이 사용되는 곳으로 좀 더 친숙했다. 이스트엔드에는 러시아에서 포그롬을 피해 나온 유대인 난민과 도둑, 사회주의자 등 12만 명이 살고 있었다. 레닌은 스탈린이 묵었던 스테프니의 숙소 근처에 있는 루돌프 로커의 아나키스트

클럽을 방문하여, 유대식의 게필테gefilte 생선요리를 먹었다. 스탈린도 아마 그랬을 것이다. 소소가 슬라브인과 히브리인 갱들 사이에서 벌어지는 야만적인 전쟁의 정글을 보지 못했을 리는 없다. 모두 러시아제국 출신인 이스트엔드의 갱들은 '슈트플라이어shootflyer(금시계 전문 절도범)', '위저즈whizzers(소매치기)'라는 빈민굴을 운영하고 있었다. 세 군데 갱들이 패권을 놓고 싸웠다. 베사라비아 호랑이는 오데사인들과 싸웠고, 오데사인들은 '다키 더 쿤Darkie the Coon(검둥이 쿤, 보가드라는 이름의 까무잡잡한 유대인 갱)'이 이끄는 올드게이트 몹Aldgate Mob과 싸웠다.

도착했을 때 스탈린과 다른 사람들은 런던 병원 건너편 화이트채플 로드에서 좀 떨어진 곳에 있는 풀번 가의 폴란드 사회주의자 클럽에 등록했다.* 특수수사대 형사와 흥분한 기자들의 주시를 받던 그들은 하루 2실링이라는 얼마 안 되는 일당, 주회의장을 찾아가는 방법, 그리고 오흐라나의 침투를 막기 위해 설정한 비밀 암호를 받았다.

볼셰비키들은 "사회주의자 클럽 소유의 테이블과 의자들, 벽에 붙은 외국인들의 서명들 외에 다른 가구가 없는 검소한 장소"의 위층에서 만나 자체적인 분파 회의를 개최하여 정치적 업무를 시작했다. 그 회의에서 그들은 비밀 위원을 선출했으며, 다른 모든 선량한 당대회 참석자들처럼 "도시 지도를 연구했다." 하지만 〈데일리 미러〉지는 그런 세속적인 세부 사항에 대해 신경 쓸 시간이 없었다. 기자들은 감탄하는 어조로 "여성들의 불굴의 용기와 강인함이 특히 눈에 띈다"고 밝혔다.

---

*지금은 가구 창고, 카메라 가게, 신사의류점이 들어 있다.

"그들의 일상 훈련 중에는 권총 연습도 포함되어 있다. 그들은 거울을 보면서 끊임없이 훈련하여 조준하고 방아쇠를 당기는 데 능숙해지도록 한다. 이들 대부분은 젊은 여자들인데, 그중 하나는 긴 금발 머리를 길게 돌돌 말아 목덜미에 드리운 열여덟 살짜리 소녀다."

그런데 눈매가 날카로운 〈데일리 익스프레스Daily Express〉지는 "탄탄한 몸집에 단호한 표정을 한… 풀번 가 길모퉁이에 서 있는 한 남자도 눈여겨보았다. 그는 한눈에도 외국인임을 알아볼 수 있었고, 또 중요한 인물이라는 것도 똑같이 쉽게 드러났다. 그는 겉으로는 무관심한 척했지만 실제로는 상황을 생생하게 지켜보고 있었다. 그는 러시아의 비밀경찰인 세베프인데, 그의 임무는 러시아 사회주의자들을 감시하는 것이다." 그 신문은 "사회주의자들은 짐이 거의 없었다"고 의미심장하게 덧붙였다.

그다음에 대의원들은 사회민주노동당 제5차 당대회에 갔다. 이슬링턴까지는 버스를 타거나 걸어갔는데, 그곳에서 자신들이 모이는 장소가 교회임을 알고 놀랐다. 바로 사우스게이트 로드에 있는 형제애 교회였다. "노동계급이 사는 구역의 어둡고 더러운 거리에 있는 그곳은 다른 수십 개 건물들과 비슷하게 검게 그을린 벽과 높고 좁은 창문, 칙칙한 색깔의 물매와 가파른 지붕이 있는 곳이었다." 건물 안에서 대의원들은 "장식도 없이 단순하고, 300~400명 정도는 수용할 만한 방으로 들어갔다." 고리키는 "터무니없을 정도로 꾸밈이 없는" 교회의 모양새에 별 인상을 받지 못했다. 주교대리인 F.R. 스완 신부는 윌리엄 모리스(영국의 시인, 건축가, 공예예술가, 사회개혁가-옮긴이)의 추종자인 평화주의자였고, 그의 신도들 중에는 나중에 노동당 수상이 될 램지 맥도널드Ramsay McDonald도 있었다.

1907년 4월 30일에서 5월 13일 사이에 러시아 마르크스주의의 아버지인 플레하노프는 대의원들이 목숨을 잃은 동지들을 위한 장례 송가를 부른 뒤 당대회를 개최했다. 스탈린은 레닌이 여위고 키가 크며 안경을 쓰고 불안한 표정을 한 고리키와 함께 앉아 있는 것을 자주 보았다.* 그는 고리에서 시행된 교수형을 본 적이 있는 국제적인 명사였으며, 볼셰비키를 위한 기금 조성자였다. 볼셰비키들은 한쪽 편에 앉았고 멘셰비키는 다른 편에 앉았다. "초긴장 상태에서" 한 표 한 표가 던져졌다.

15만 명의 노동자를 대표하는 302명의 대의원이 있었지만, 1905년의 영광스러운 시절이 지난 뒤 당은 니콜라이 2세의 탄압으로 와해되어 심각한 곤경에 처해 있었다. 볼셰비키는 92명이었는데, 그들 대부분은 1905년의 무장 투쟁을 계속하고 두마에는 참여하지 않기로 결심한 사람들이었다. 그들은 멘셰비키 85명, 분드주의자 54명, 폴란드-리투아니아인 45명, 두마 선거에 참여를 지지하는 라트비아인 26명에 비해 수적으로 열세였다. 레닌은 현대의 아일랜드공화국군Irish Republican Army: IRA과 하마스, 헤즈볼라 같은 테러리스트들이 선호하는 총과 투표함이라는 전략을 채택하기를 원했다. 그래서 그는 멘셰비키에게 맞서 싸우기 전에 그들을 활용하여 그 전투에서 이기도록 도왔다.

---

*생애 후반에 고리키는 독재자의 친구, 수치스러운 옹호자, 승리의 비참한 상징물이었고, 아마 희생자이기도 했을 것이다.

당 전체가 세력이 줄어들고 있었지만 그루지야에서는 볼셰비키가 워낙 뿌리까지 다 뽑힌 상태였기 때문에 스탈린, 츠하카야, 샤우미안은 투표권이 없는 자문위원에 지나지 않았다.

"저자가 누군가?" 스탈린은 새 연설가가 연단에 올라서자 샤우미안에게 이렇게 물었다고 한다.

"저 사람을 몰라?" 샤우미안이 대답했다. "트로츠키 동지야." 그의 본명은 레프 브론스타인이고 런던에서는 의심할 것 없는 스타였다. 그는 순록이 끄는 썰매를 타고 툰드라 지대에서 400마일(640킬로미터)을 달려 시베리아에서 막 탈출해 온 참이었다. 스탈린은 여기서 트로츠키를 처음 보았지만 트로츠키는 1913년 이전에 자신의 숙적을 만났음을 기억하지 못했다.

스탈린이 치아투라에서 자신의 민병대를 지휘하는 동안 트로츠키는 페테르부르크 소비에트의 의장으로 활동했다. 그는 별로 힘들이지 않고도 훌륭한 문장을 썼고, 현란하게 유창한 연설을 했다. 또 유대식 억양이 매우 분명한 데다, 허영심이 강했지만, 이를 부끄러워하지도 않았다. 또한 멋쟁이 스타일의 양복과 공들여 부풀린 말갈기같이 부스스한 헤어스타일을 자랑하는 급진파의 국제적 명사이자 찬란하게 빛나는 사람으로, 스탈린보다 몇 광년은 더 앞서 있었다. 먼 오지인 헤르슨 주에 사는 유대인 부농의 아들이었지만 교만하고 잘난 체가 심했던 그는 그루지야인들을 호박 같은 시골뜨기로 취급했다.

레닌은 기자로서의 탁월한 재능 때문에 트로츠키에게 '펜'이라는 별명을 주었지만, 이제는 그가 잘난 척한다고 불평했다. 트로츠키의 재능은 스포트라이트 속에서 빛을 발하는 반면 그늘 속에서 발휘되는 종류의 재능을 지닌 스탈린은 처음 본 순간부터 트로츠키를 싫어했다. 스탈린은 돌아와서, 트로츠키는 "보기는 좋지만 쓸모는 없다"고 썼다. 트로츠키는 그냥 스탈린이 "한마디도 하지 않았다"고 코웃음 쳤다.

스탈린이 당대회 내내 발언하지 않은 것은 사실이었다. 그는 자신의 잔인함과 강도 행위를 증오하는 멘셰비키들이 은행 강도를 금지하고 레닌의 명망을 깎아내리려는 작전의 일환으로 자신을 겨누고 있음을 알고 있었다. 레닌이 자격에 관한 투표를 제안하자 조르다니아의 부추김을 받은 러시아 멘셰비키 지도자 마르토프는 투표를 하지 않은 세명, 즉 스탈린, 츠하카야, 샤우미안에게 도전했다.

"누가 참여하는지 모르면서 투표를 할 수는 없지. 이 사람들은 누구요?" 마르토프는 물었다.

"난 정말 모르는 사람이오." 방금 베를린에서 스탈린을 만난 레닌은 아무 관심도 없다는 듯이 말했다. 마르토프의 도전은 소용이 없어졌다.

"항의합니다!" 조르다니아가 소리쳤지만 소용이 없었다. 스탈린은 그 뒤로 마르토프를 혐오했다. 마르토프의 본명은 체데르바움이며 트로츠키처럼 유대인이었다.

유대인들이 참석한 것이 스탈린의 기분에 거슬렸다. 그는 볼셰비키는 "진짜 러시아인 파벌"인 데 반해 멘셰비키는 "유대인 파벌"이라고 판단했다. 회의가 끝난 뒤 술집에서 이 점에 대해 틀림없이 불평이 있었던 것 같다. "우리 볼셰비키가 당 내에서 포그롬을 해버리는 게 그리 나쁜 생각은 아닐 거야." 볼셰비키인 알렉신스키가 "농담으로" 스탈린에게 말했다. 유대인 수천 명이 집단 학살로 죽은 시점에서 그런 말은 한심한 농담이었다.* 유대인 지식인에 대한 원망은 스탈린의 불타는 열등감을 노출시켰다. 하지만 여기서도 러시아인 스탈린이 등장한다(그루지야에는 반유대주의가 없었기 때문이다. 바빌로니아의 유대인들이 그루지야에서 2,000년 동안 무사하게 살아오는 동안에는 단 한 번의 포그롬도 없었다). 그루지야의 자잘한 승강이와 멘셰비키의 주도권을 경계했던 그는 바쿠와 러시아 자체에 집중할 준비가 되어 있었다. 그 이후로 그는 그루지야어가 아니라 러시아어로 글을 썼다.

---

*스탈린은 '한 대의원의 메모Notes of a Delegate'에서 교활하게도 이 문제를 그리고리 알렉신스키 탓으로 돌렸다. 런던 당대회에 대한 그의 서술인 이 글은 〈바킨스키 프롤레타리〉지에 '코바 이바노비치'라는 필명으로 실렸다. 그는 "멘셰비키 대다수는 유대인이었고, 그다음이 그루지야인이며 그다음이 러시아인이었다. 반면 볼셰비키 집단의 압도적 다수는 러시아인이었고, 그다음이 유대인(폴란드인과 라트비아인은 물론 셈에 넣지 않고), 그다음이 그루지야인이었다." 사회민주노동당의 유대적인 성격에 대해서는 많은 이야기가 나와 있지만 스탈린이 제시한 수치는 그 당이 얼마나 그루지야적이었는지도 보여준다. 아르세니제는 스탈린이 유대인에 대해서는 '중립적'이었고, 정치적으로 쓸모 있는 것에 대해서만 관심이 있었다고 단언한다. 스탈린은 기사에서 유대인이 겪는 곤경에 동정적이었다. "영구적으로 박해받고 굴욕을 당하는 유대인들이 족쇄 밑에서 신음한다. 그들은 러시아의 다른 속민들이 누리는 몇 안 되는 비참한 권리조차 누리지 못하고 있다." 이와 관련된 주제로, 그는 멘셰비키들이 노동자가 아니라 지식인이라는 점을 공격했고, 멘셰비키가 오히려 볼셰비키에는 지식인이 너무 많다고 공격한 데 대해 경악을 금치 못했다. "우리는 멘셰비키의 고성에 대해 '혀는 항상 아픈 이빨에 닿게 마련이다'라는 속담으로 대답했다." 앞에서 보았듯이, 이 속담은 그가 자주 쓰는 표현이다. 그의 신뢰성에 대한 공격의 맥락에서, 거의 모든 역사 서술은 이 말을 그의 중요성과 입지를 축소하기 위해 거론한다. 하지만 존경받던 츠하카야와 샤우미안 역시 동시에 같은 공격을 받았다는 말은 절대로 언급되지 않는다. 레닌의 무관심한 대답에는 또 다른 이유가 있었다. 그는 그루지야 멘셰비키에게 합병하자는 제안을 내놓았기 때문이다. 러시아 문제에 간섭하지 않겠다면 조르다니아를 그루지야의 통합 정당 지도자가 되게 해주겠다는 제안이었다. 조르다니아는 이 제안을 받아들이지 않았다.

레닌은 당대회에서 자신의 의사를 관철시켰다. 중앙위원회에는 볼셰비키보다 멘셰비키가 더 많이 선출되었지만 그는 자신의 비밀스런 볼셰비키 당중앙을 계속 지속시켰다. "이제 나는 레닌이 승리하는 것을 봐야 했다"고 나중에 스탈린은 회상했다.

그러나 멘셰비키는 스탈린에게 영향을 미친 한 가지 결의안에 대해서는 뜻을 이루었다. 그들은 은행 강도 행각을 엄격하게 비난하는 제안을 통과시켜, 이 규칙을 위반하는 사람은 누구든 당에서 축출한다고 선언했다. 그들은 멘셰비키 귀족인 동성애자 게오르기 치체린(나중에 제2대 소비에트 외무인민위원이 되는 인물)을 임명하여 스톡홀름 당대회 이후 일어난 모든 은행 강도를 조사하는 임무를 맡겼다. "스탈린은 회의 내내 매우 소극적이었다. 거의 한마디도 하지 않고, 그늘 속에 자신을 숨기고 있었다"고 멘셰비키 친구인 데브다리아니가 지적했다. 트로츠키는 나중에 스탈린이 1907년 5월의 은행 강도 행각에 마음이 사로잡혀 있었음을 알았다. "그는 왜 굳이 런던에 왔을까? 다른 임무가 분명히 있었을 텐데."

회의장 밖에서 "호기심이 생긴 영국인들이 모여들어 마치 우리가 먼 이국에서 온 동물인 것처럼 바라보았다!" 원조 파파라치들이 낯가림이 심해 그만 좀 하라고 애걸하는 혁명가들을 이리저리 밀치면서 사진을 찍어대는 동안, 언론은 건물을 에워쌌다. '카메라를 두려워하는 러시아 혁명가들!'이라는 제목이 〈데일리 익스프레스〉지의 머리기사를 장식했다. "그런 사진을 게재하는 것이 곧 죽음을 의미한다는 사실을 아는가?" 모든 주의사항이 무의미하다는 사실을 깨닫지 못한 한 러시아인이 신문에 대고 말했다.

스파이들은 이미 교회 안에 들어가 있었다. 러시아 비밀경찰은 (그때나 지금이나) 러시아의 반정부운동가들에게 피난처를 제공하는 영국의 성향을 불쾌하게 여겼다. "런던의 자유주의 때문에 지역 경찰과의 협력은 기대할 수 없을 것이다." 파리에 본부를 둔 오흐라나 해외 에이전시 국장인 A.M. 가팅은 불평했다. 두 첩자가 혁명가들을 따라 영국에 갔다. 특수수사대와 러시아 비밀경찰은 언론이 환호하는 동안 거리에 잠복했지만, 오흐라나에게는 내부 조력자가 필요 없었다. 그들의 이중 첩자인 야코프 지토미르스키는 당대회 내부에 심어놓은 두 명의 배신자 중 하나였다. 그는 매달 2,000루블을 받았다. 오흐라나 기록보관소에 남아 있는 보고서에서 공식의전처럼 지루하게 기록되어 있는 연설 내용을 볼 수 있다.

레닌은 런던에서 최고의 기량을 발휘했다. 교회 내에서 대의원들은 회의가 진행되는 동안 식사를 했지만, 자금은 고갈되어 가고 있었다. 레닌은 볼셰비키들이 충분한 식사를 하지 못하는 것을 걱정하여 고리키의 애인에게 맥주와 샌드위치를 나눠주라고 했다.

회의가 끝난 뒤 레닌은 하이드파크의 잔디 위에서 햇볕을 받으면서 대의원들과 이야기를 나누었고, 영어 발음에 대해 강의를 했으며, 무사태평하게 그들과 함께 웃고, 값싼 숙소를 가르쳐주었으며, 자신이 좋아하는 술집인 핀즈버리의 크라운과 울팩에 데려갔다. 그곳에서 특수수사대 형사가 러시아어를 전혀 하지 못하면서도 찬장 속에 숨어 말을 엿들었다고 한다. 스탈린이 첼시의 저녁 행사에 참석한 것은 딱 한 번, 5월 13일이었던 것 같다. 멋쟁이 급진파의 초기 버전인 화가 펠릭스 모셀레스가 올드처치 가 123번지의 자기 집에서 리셉션을 열었다. 그는 이브닝드레스 차림의 손님들로 가득 찬 이곳에 마르크스주의자들을 초대했다. 램지 맥도널드가 러시아인들에게 건배했다. 플레하노프와 레닌이 응답했다. 주인은 그들이 흰색 타이를 매지 않은 것에 놀라움을 표했다.

스탈린은 거의 매일 저녁 첼시에 있지 않았다. 그는 자유 시간에는 도시의 보다 거친 구역에서 더 많이 지냈다. 그의 경험은 분명 마이스키의 경험과 같은 식이었다. "나는 낡은 가스등의 흐릿한 불빛이 비치는 우중충한 길거리를 따라 걸으면서 황량한 다리를 건넜고, 그 아래의 어둡고 그늘진 운하의 모습을 흘끗 보았다. 또 런던의 뱃속을 보았고, 창녀들의 외침과 술에 취한 그들 손님들의 뻔뻔스런 웃음소리를 들었다. 나는 문 닫은 상점 계단에서 잠이 든 노숙자에게 걸려 넘어질 뻔했다." 언젠가 한 술집에서 스탈린은 이스트엔드의 부두 노동자들에게 거의 맞을 뻔한 적도 있었다. 리트비노프가 그를 구해주었다고 한다. 그의 딸의 말에 의하면, 리트비노프는 농담으로 스탈린이 자신을 나중에 살려둔 유일한 이유가 이 일 때문이라고 말했다고 한다. "나는 런던에서의 그때 일을 잊지 않았어"라고 하더라는 것이다.

스테프니에서 튜닉 상의와 헐렁한 바지를 입고, 커다란 부츠를 신은 이바노비치는 주로 방에서 책을 읽으며 시간을 보냈지만, 아서 베이컨이라는 젊은이에게 심부름을 시키기도 했다. 베이컨은 제2차 세계대전이 끝난 뒤에 가진 인터뷰에서 "스탈린은 한두 거리 떨어진 곳의 누군가에게 편지를 썼다"고 회상했다. "그리고 그 편지를 보여준 뒤 그대로 갖고 돌아오라고 말했다. 그는 영어를 쓸 수 없었으므로 제화공의 아내가 주소를 편지봉투에 써주었다." 베이컨은 대개 심부름 한 건당 반 페니를 받았지만 스탈린은 그에게 2실링(그때의 1실링은 지금의 5페니)을 주었다. "그때는 말이오, 그게 큰돈이었어요." 베이컨은 말했다. 스탈린은 후했기 때문이든 무지했기 때문이든, 그에게 평소 임금의 48배에 해당하는 보수를 준 것이다. "그가 가장 좋아하는 간식은 토피사탕이었어요. 매일 사다 줬지요." 베이컨은 덧붙였다.

스탈린은 이스트엔드의 숙소에서 머물 때 런던 구경을 거의 하지 않았던 것 같다. 정치적 강박이 워낙 심하고 문화적으로는 편협하던 볼셰비키들에게는 자연적인 것이건 문화적인 것이건 주위의 풍경이 거의 눈에 들어오지 않았다. 트로츠키는 이렇게 썼다. "한 도시에 대해 감탄하려면 자신의 너무 많은 부분을 소모해야 한다. 나는 어떤 경쟁자도 허용하지 않는 나 자신만의 활동 영역을 갖고 있다. 바로 혁명이다." 소소도 마찬가지였다. 그는 돈도 거의 없었지만, "교회에 가서 설교를 들으면 영어를 가장 잘 배울 수 있기 때문에 거기서 시간을 보냈다"고 제2차 세계대전 동안 그의 외교관을 지낸 안드레이 그로미코에게 털어놓았다. 그로미코는 나중에 소련의 외무상이 되고 대통령 자리에도 오른다. 그로미코를 워싱턴 대사로 보낼 때 그는 자기처럼 해보라고 제안했다.

한편 당대회는 돈이 다 떨어져서 대의원들에게 귀향 여비인 65루블을 줄 수 없었다. 어떻게든 무슨 수를 써야 했다. 당대회를 주최하는 데 도움을 준 러시아계 유대인 사회주의자인 표도르 로트스타인은 좌파 언론인인 〈데일리 뉴스〉지의 H.N. 브레일스퍼드와 노동당 하원의원 조지 랜즈버리에게 도움을 청했다. 그들은 펠스-나프타 비누회사의 미국인 소유주인 재벌 조지프 펠스에게 접근했다.

"결정하기 전에 그 사람들을 보고 싶소." 비누 재벌이 대답했다. 브레일스퍼드와 랜즈버리는 펠스를 형제애 교회에 데려가서 당대회 현장을 지켜보게 했다. "모두들 어찌나 젊고 열성이던지!" 그 필라델피아인은 감탄하고, 1,700파운드를 당에 내놓았다. 펠스의 대부 조건은 다음과 같았다. "우리, 서명한 대의원들"은 1908년 1월까지 반드시 돈을 갚는다. 펠스는 모든 대의원들이 서명하도록 요구했다. 레닌은 동의했지만 혁명가들에게 가명만 적도록 지시했다. 그들은 이 특이한 서류에 영어, 러시아어, 그루지아어로 제각기 서명했다. 레닌은 아마 그저 블라디미르라고만 서명했을 것이다. 스탈린은 자기가 좋아하는 가명인 '바쿠 출신의 바실리'라고 썼을 것이다. 펠스는 레닌이 권좌에 오르기 전에 죽었지만, 그의 상속자는 1917년에 돈을 반환받았다.

처칠*이 1942년 스탈린을 최초로 만났을 때, 두 사람은 처음에는 냉랭했지만 곧 야밤의 크렘린에서 벌어진 마라톤 술파티에서는 잘 어울렸다. 이 파티에서 수상은 이때의 런던 방문에 대해 물었다.

---

*서른세 살의 처칠은 마운트 가 W1의 독신자 숙소에 살고 있었고, 스물아홉의 스탈린은 스테프니에서 코바 이바노비치라는 이름으로 묵고 있었다. 헨리 캠벨배너먼 경Sir Henry Campbell Bannerman의 자유주의 정부에서 이미 식민성 차관을 지내던 처칠은 자기 아버지인 랜돌프 경의 전기를 막 출간한 참이었다. 그는 자신의 전기가 먼저 출판될 정도로 유명한 인물이었다. 스탈린이 영국에 있을 동안 처칠은 연설을 하기 위해 스코틀랜드에 갔는데, 이 일은 신문에 보도되었다.

"레닌, 플레하노프, 고리키와 그 밖의 사람들이 그곳에 있었소." 스탈린은 대답했다.

"트로츠키는?" 처칠은 스탈린이 두 해 전인 1940년에 암살한 적敵에 대해 물었다.

"그도 거기 있었소." 스탈린은 대답했다. "하지만 트로츠키는 자기가 원했던 전투분대 같은 조직을 대표할 권리를 얻지 못해 실망한 채 돌아갔소." 30년이 더 지난 뒤에도 그리고 최대 숙적을 살해한 뒤에도, 스탈린은 여전히 유명한 전쟁 위원인 트로츠키도 맡지 못했던 전투분대를 자신이 지휘했다는 사실을 자랑스러워했다.

"런던 당대회는 볼셰비키의 승리로 끝났다." 스탈린의 최신 가명인 코바 이바노비치는 〈바킨스키 프롤레타리〉지에서 이렇게 보고했다.

그러나 스탈린과 샤우미안은 병이 든 츠하카야를 간호하기 위해 런던에 남았다. 츠하카야는 말했다. "난 열이 39도 이상 올랐다." 스탈린과 샤우미안은 "방 하나에 함께 묵었기 때문에" 떠나지 않고 남아서 츠하카야를 보살폈다.

웨일스 공산주의자들 사이에 전해지는 이야기가 있다. 당대회가 끝난 뒤 스탈린은 간호 임무를 저버리고 밸리즈Valleys의 광부들을 만나러 갔다는 것이다. 어쨌든 그의 1905년 거점이던 치아투라도 광산촌이었다. 하지만 제2차 세계대전 동안 론다Rhondda의 공산주의자들 사이에서 "웨일스에 간 스탈린"을 보았다는 이야기가 기적처럼 피어올랐음에도, 그가 웨일스를 방문했다는 증거는 조금도 없다.* 그뿐 아니라 그때까지는 그가 스탈린이라는 이름을 만들어내지도 않았다. 하지만 그는 또 리버풀의 부두에서 목격된 적이 있다고 하는데, 이는 그가 런던의 부두 노동자들을 만났다는 이야기의 리버풀식 버전이다. 슬프게도 "런던의 스탈린"은 "웨일스에 간 스탈린"과 같은 범주, 도시의 신화, 지역마다 있는 환상의 열망, 좌파 인물들에 대한 숭배 현상에 속한다.[1]

런던에서 3주를 지낸 다음 소소는 파리에서도 1주일을 머물렀다. 그런 다음, 방금 사망한 그루지야인인 시몽 지벨라야의 여권을 빌려 은행 강도가 예정된 전날 밤에 트빌리시에 있는 집에 당도했다.[2]

---

*"웨일스에 간 스탈린"은 끈질기게 언급된다. 웨일스의 작가 존 서머스는 1970년대에 한 웨일스인이 소련의 휴소프스카(지금의 도네츠크)에 세운 광산촌을 찾아갔을 때 그 이야기를 "확인했다." 한 웨일스 웹사이트에는 지금도 스탈린을 "웨일스에서 좋은 시간을 보낸 무시무시한 인물들" 중에 포함한다. 그런 사람으로는 연쇄살인자 프레드 웨스트, 마술사 알레이스터 크롤리, 나치인 루돌프 헤스, 우간다 독재자 이디 아민이 있다. "스탈린은 러시아 혁명을 위한 지원과 자금 모금을 위해 남부 웨일스의 골짜기들을 잠깐 방문했다." 스탈린을 도와준 사람들 중 런던의 볼셰비키 해결사인 표도르 로트스타인은 주페르시아 소련대사가 되었는데, 대숙청이 일어나기 전에 죽었다. 그의 아들 앤드루 로트스타인은 영국 당국과 스탈린주의의 노멘클라투라nomenklatura(구소련의 특권 계층으로, 스탈린 집권 전 직업적 혁명가로서 특권을 누리다가 집권 후에도 체제를 유지하면서 권리와 특혜만을 보유한 지배계급으로 자리 잡았다-옮긴이) 사이에서 기묘한 경력을 누렸다. 그는 옥스퍼드대학교에서 공부했고, 대숙청 기간에는 마르크스주의-레닌주의 연구소에 근무했으며, 운 좋게 살아 남았다. 나중에는 런던으로 돌아가 영국 마르크스주의의 현자가 되었다. 기묘한 그의 회상에서, 제2차 세계대전 때 스탈린은 한 무리의 영국 하원의원들에게 자신이 런던에 있을 때 한 마르크스주의자 모임에서 베니토 무솔리니를 본 적이 있다고 말했다. 무솔리니는 그때 사회주의자였다. 그가 독일에서 열린 어떤 사회주의자 당대회에서 무솔리니를 만났을 수는 있다. 하지만 장래의 두체Duce(총통. 무솔리니를 칭함-옮긴이)는 그때 런던에는 가지 않았다. 스탈린의 영국인 심부름꾼 소년인 베이컨은 베케넘 병원의 병원 잡역부로 일하고 있었다. 그는 쉰여섯 살이던 1950년에 〈데일리 익스프레스〉지와 인터뷰를 했다. "모든 러시아인들의 아버지인 대총통 스탈린이 그에게 토피를 사다주던 키 큰 소년을 기억하는지 궁금하다." 그는 이렇게 끝을 맺었었다. 주빌레 가의 집은 더는 존재하지 않는다.

20장

★★

강도들과 카자크의 게임

1907년 5월 10일, 카모는 크라신이 만든 폭탄 하나에 퓨즈를 달고 있었는데, 그것이 그만 그의 눈앞에서 폭발했다. 그는 눈 하나를 잃을 뻔했지만 간신히 비밀리에 치료를 받았고, 다가오는 중요한 일정에 일당들을 이끌 만큼 충분히 회복할 수 있었다. 다른 갱들은 체포된 자기들의 두목 친차제를 아쉬워했다. 카모는 관심을 끌기 위해 자기선전만 하는 사람으로 여겼기 때문이다. "카모는 그 자신에게 매우 만족한다. 중요한 동지들에게 자신의 가치를 과시하고 허세를 떤다"고 쿠프리아시빌리가 말했다.

스탈린은 6월 4일 집에 도착했다. 그때는 니콜라이 2세의 활동적인 수상인 표트르 스톨리핀이 반동적 조처를 감행하고 두마의 선거 규칙을 개정하여 보수파가 다수당이 될 수 있게 하고, 혁명가들에 대한 가혹한 탄압을 강화하던 때였다. 많은 사람이 체포되고 또 많은 사람이 '스톨리핀 화물차'라는 별명이 붙은 감옥 열차에 태워져 시베리아로 유배되었다. 또 처형된 사람이 얼마나 많았는지, 교수대의 올가미는 '스톨리핀의 넥타이'라는 별명으로 불렸다. 1905년에는 8만 6,000명의 정치범이 있었는데, 1909년에 그 수는 17만 명이 되었다.

카모는 그루지야 최고의 강도와 은행 강도들을 모아 대규모의 팀을 짰다. 그중에는 '일당들'의 핵심 멤버와 여성 저격수 다섯 명도 들어 있었다. 그들은 작은 공동 아파트에서 살면서 대기했지만 카모 자신은 "공작으로 위장했기 때문에" 큰 저택을 빌려 살았다. 오흐라나는 이 행각에 대략 60명가량의 강도들이 개입되었다고 믿었으니, 볼셰비키들이 사회주의자혁명가당 및 다른 최상급 무장강도들에게 조력을 요청했을 가능성이 크다. 테러리스트들은 서로 협력할 때가 많은데, 가장 최근에는 크라신이 사회주의자혁명가당원에게 스톨리핀 수상의 자택을 폭파할 폭탄을 만들어준 적이 있었다. 사회주의자혁명가당원들은 전리품을 배당받기를 원했겠지만, 그들은 실망하게 된다.

스탈린은 볼셰비키 트빌리시 위원회에 레닌이 베를린에서 자신에게 내린 지시를 전달했다. 그들은 작전을 승인했다. 그는 분명 지역적으로는 분노에 찬 반응을, 국제적으로는 추문을 예상했던 것 같다. 카모와 총잡이들은 레닌의 제안에 따라 잠시 당원 신분을 내놓아, 기술적으로 런던 결의안의 구속을 받지 않게 했다. 스탈린과 샤우미안은 일을 거행한 뒤 곧장 바쿠로 직행하기로 계획했다. 그루지야에서는 지지자의 수가 고작 500명 정도밖에 안 되었으므로 볼셰비키들이 더는 활동을 할 수 없었다. 소소는 의식적으로 자신과 그루지야 사이에 놓인 다리를 불태우고, 더 야심 찬 환경에서 새롭게 시작하려 하고 있었다.*

6월 13일 이른 시간에 카모는 스탈린과 샤우미안에게 그날 강도 행각이 있을 것이라고 확인해주었다. 강도단은 틸리푸추리 술집에서 대기했는데, 스탈린은 오전 일찍 그곳에 모습을 보였다고 한다.** 오전 10시 조금 전에 장교 제복을 차려입고 말을 탄 카모가 체르케스 검을 뽐내면서 예레반 광장으로 말을 타고 들어왔다. 남녀 강도들은 각자 위치에 자리 잡았다. 따뜻한 여름날이었다.

폭탄이 도시를 뒤흔들었을 때 카토 스바니제 주가시빌리는 언니인 사시코와 함께 발코니에서 스탈린의 석 달 된 아들을 안고 돌보고 있었다. "우리는 완전히 겁에 질려 안으로 달려 들어갔다"고 사시코 스바니제가 말한다. 그날 그 시점 이후 부상자들은 응급 수술실에서 치료되었다. 카자크 병사와 헌병들은 도시를 휩쓸고 다니면서 돈이 트빌리시를

---

*그루지야에서 볼셰비키가 차지한 위치는 엄청나게 인기가 높던 일리야 차프차바제 공작이 1907년 8월에 암살당한 탓으로 훼손되었다. 공작은 소소의 시를 신문에 실어준 사람이기도 했다. 볼셰비키가 그루지야 문화에 대한 공작의 가부장적 해석을 공격했으며, 그를 죽이기로 결정했다고 믿는 사람이 많았다. 스탈린의 친구인 세르고 오르조니키제가 그 암살을 조직했거나, 그 작전에 참여했다는 증거가 몇 가지 있다. 사회민주노동당원이 암살에 전혀 관여하지 않았을 수도 있다. 스탈린은 나이가 든 뒤에는 항상 차프차바제의 시를 칭송했으며, 그가 공격을 지시했다는 증거는 없다. 하지만 그는 항상 세르고와 매우 가까웠으며, 문학적 장점과 필요에 따른 잔혹성을 당연히 구별할 줄 아는 사람이었다. 정치가 항상 우선이었다.
**스탈린은 자신이 타맘셰프 대상단 숙소에 있었으며, 친차제가 강도단 각각을 격려하는 것을 보았다고 시사했다. 하지만 친차제는 그 직전에 체포되었다. 아마 늙은 독재자가 이 은행 강도 행각을 1912년의 다른 행각(이 책 29장을 보라)과 혼동했던 것 같다. 격려한 사람은 아마 카모였을 것이다.

떠나기 전에 되찾기를 바라며 집들을 수색하고 각 구역의 출입을 금지하고 폐쇄했다.

"그날 밤, 소소가 집에 와서 카모와 자기 강도들이 한 일을 말해주었다. 당을 위해 25만 루블을 훔친 것이다." 그는 카모의 연기에 대해 틀림없이 말해주었을 것이다. 자매들이 카모가 왜 자기 아버지의 칼을 빌려갔는지 깨달았으니 말이다. 스바니제의 회고록을 보면 카토는 스탈린의 이중생활에 대해 모르는 순진한 여자가 결코 아니었고, 자신이 캅카스 지방 은행 강도의 대부와 결혼했음을 매우 잘 알고 있었음을 알 수 있다. 하지만 스탈린은 갑자기 가족들에게 아내와 아기를 즉시 바쿠로 데려가야 한다고 통보했다. 스바니제 가족은 이 결정에 찬성하지 않았다. 1930년대에 이들 가족이 "그런 더운 여름"에 아기와 아내를 열세 시간 걸리는 기차 여행에 데려간 데 대해 감히 스탈린을 비난한 걸 보면, 그들은 이 통보에 강하게 반대했음이 분명하다. 하지만 아무 소용이 없었다. 장래의 계획을 위해 1만 5,000루블을 손에 넣은 "소소는 바쿠로 떠났고 카토를 데려갔다."

카모는 꼼짝 않고 숨었다. 떠나기 전에 그는 스탈린의 '내부자'에게 도움에 대한 대가로 후하게도 1만 루블을 주었다. 보즈네센스키는 품위 있게도 그중 5,000루블만을 받았다.

이제 또다시 상황이 꼬이기 시작했다. 경찰은 돈 중에서 10만 루블은 표시가 된 500루블짜리 지폐라고 발표했다. 강도들 중 몇몇은 그 지폐를 태우고 싶어 했다. 카모는 이를 거부했다. 그 외의 현금은 소액권이었다.

도둑들은 다들 레닌을 만나고 싶어 했지만, 카모의 눈을 외국에서 치료해야 했으므로, 그가 돈을 거의 모두 갖고 바쿠를 경유하여 핀란드에 있는 레닌을 만나러 가기로 정해졌다. 한때 밍그렐리아를 다스리던 가문 출신인 코키 다디아니 공작이 다시 한 번 카모에게 자신의 여권을 빌려주었다. 카모는 이제 막 결혼식을 치르고 젊은 새 신부(갱단의 여성 동지 중 하나였지만 아이러니하고도 유용하게도 경찰의 딸이었다)를 데려가는 공작 행세를 하여, 자신이 가장 좋아하는 공작이라는 위장에다 새 신랑이라는 새로운 위장 하나를 보탰다. 일당들의 여성들은 돈과 다이너마이트를 몸에 직접 숨기는 데 이미 숙련되어 있었다. 다이너마이트는 특히 땀이 난 몸에 묶여 있을 때 시큼한 냄새를 강하게 풍기기 때문에, 숙녀들은 향수를 잔뜩 뿌려야 했다. 돈은 더 숨기기가 쉬웠다. 약탈물은 신부의 속옷과 옷 속에 숨겨져 여행했다. 부패한 경찰들은 아마 매수되어 눈을 감아주었을 것이다.

　카모는 지금 가치로 약 170만 파운드(340만 달러)에 해당하는 돈을 레닌에게 전했다. 이 돈은 한동안 이 파벌의 자금으로 쓰기에 충분했다. 카모는 자신의 영웅과 그해 여름을 보내면서 거대한 '구경거리'를 계획했다. 하지만 그 반작용이 곧 제네바로 달아난 레닌의 발목을 잡았다. 크루프스카야에 의하면, 제네바에서 "스위스 주민들은 죽을 정도로 겁에 질려… 오직 러시아의 약탈 사건에 대해서만 이야기할 수 있었다." '그루지야'는 강도질을 가리키는 은어가 되었다. 츠하카야가 초하외투를 입고 그들을 방문하자, 집주인 여자는 놀라서 거의 기절할 뻔했고, "놀라 비명을 지르면서 그의 눈앞에서 문을 쾅 닫아버렸다."

이야기는 아직 끝나지 않았다. 트빌리시 은행 강도 행각으로 카모는 전설이 되었다.* 하지만 그로 인한 반향은 당을 뒤흔들었고, 1918년까지도 스탈린에게 위험요소로 작용했다.[1]

성공한 범죄 사건이 언제나 그렇듯이, 강도들은 얼마 안 가서 전리품을 놓고 다투었다. 경찰은 지폐 10만 루블의 일련번호를 발표했다. 그 돈을 현금화하기는 무척 힘들 것이다. 하지만 뚱보 패니라 알려진 인물은 지폐의 번호를 일부 변조했다. 그는 크라신의 기술 집단의 위조자였다. 훔친 돈의 나머지는 문제가 없었으므로 레닌과 크라신은 일을 진행하기로 결정했다. 그 돈은 곧 외국으로 빼돌려졌다. 일부는 리옹 은행을 통해 세탁되었다. 리트비노프는 그 돈을 행동대원들에게 분배하여 각기 다른 도시에서 돈을 바꾸라고 지시했다.

한편 비밀경찰은 용의자를 잡기 위해 거점들을 미친 듯이 수색했지만, 구체적인 흔적은 전혀 발견하지 못했다. 그들이 트빌리시에 심은 정보원들, 특히 '뚱보 여자'라는 암호로 불리는 인물은 사회주의자혁명가당의 총잡이들이 가담은 했지만 자기 몫을 받지 못했음을 밝혀냈다.

그들이 가장 먼저 의심한 것은 또 다른 고리 출신 은행 강도인 다브리셰비였다. 그는 (오흐라나의 보고에 따르면) "카모라는 이름으로 로잔

---

*실제로 강도짓을 더 많이 벌였던 다른 강도들은 카모의 명성을 질투했다. "우리 일당은 카모 그룹이라 불렸다. 하지만 그건 사실이 아니다. 그가 들어온 것은 우리가 결성된 지 한 해도 더 지난 뒤였다. 그는 모든 일이 그에게 맡겨진 이후 이 큰 행사에서 자신의 역할을 해냈다. 하지만 코테, 친차제, 인츠키르벨리, 엘리소 로미나제…는 카모에 비해 뒤처지지 않았고, 아마 더 뛰어났을 것이다."

에 숨어 있었다."

오흐라나는 "카모가 돈을 전부 크라신과 레닌에게 보냈"지만, 이제 혁명가들은 분열되기 시작했음을 알고 있었다. 레닌은 카모의 강도가 거둔 수확물 가운데 적어도 14만 루블을 현금화했다. 하지만 1908년에 그는 당을 또다시 양분시키게 되는 악랄한 싸움을 비밀리에 시작했다. 레닌은 보그다노프 및 크라신과 결별했다.* 그들이 트빌리시에서 온 돈 가운데 약 4만 루블을 훔쳤기 때문이다. 리트비노프는 "두 명의 그루지야 테러리스트들"을 그들에게 보내어, 돈을 신속하게 반환하지 않는다면 그루지야인들이 중앙위원회 위원 중 하나를 "걷어찰" 것이라고 말했다.

레닌은 곧 다시 돈에 쪼들렸다. 은행 강도는 그의 자금을 대는 수상한 출처들 중의 하나일 뿐이었다. 그는 불한당 같은 볼셰비키 행동대원 두 명에게, 작고한 기업가 슈미트의 엄청난 유산을 상속받은 붙임성 없는 조카딸 두 자매를 유혹하라는 지시를 내렸다. 레닌 자신은 그런 일을 직접 할 수 없었으리라고 인정했지만, 이 이중의 유혹은 성공했다. 유혹자 중 한 명인 빅토르 타라투타는 상속 재산의 상당 부분을 훔쳐 고급 생활을 하는 데 썼고, 나머지를 레닌에게 전달했다.

이제 베를린에 있는 카모는 어느 때보다도 큰 은행 강도를 감행하도록 지원하기로 결심했다. 1,500만 루블이 걸린 도둑질로, 그것이 성공

---

*레닌은 '유물론과 경험론Materialism and Empiricism'이라는 제목의 인식론 논쟁을 발표했는데, 거기서 그는 알렉산드르 보그다노프의 신비적 철학적 상대주의를 공격했다. 그는 이런 논의가 마르크스주의적 유물론을 위협한다고 믿었다.

하면 "당을 6년간 지원할 수 있겠지만 적어도 200명은 희생될 것"이었다. 다이너마이트를 모으고 보험대행업자인 미르스키의 이름으로 된 여권을 써서, 그는 폭발물을 확보하기 위해 8월에 베를린에 갔다. 하지만 베를린에서 레닌을 상대한 것은 런던 당대회를 오흐라나에게 밀고한 이중첩자인 지토미르스키 박사였다. 지토미르스키는 이제 카모를 배신했다.

1907년 10월 27일에서 11월 9일 사이에 독일 경찰은 카모의 호텔방을 급습하여 번호가 신고된 지폐와 다이너마이트 퓨즈 200개, 뇌산수은 12개, 전기배터리 20개를 찾아냈다. 오흐라나는 흥분했지만, 그래도 미르스키의 정체는 알지 못했다. 10월 31일에서 11월 13일 사이에 차르의 외교정보국 국장인 가팅은 미르스키가 거대한 강도 행각을 계획하고 있으며, 그가 트빌리시 은행권을 일부 갖고 있었다고 의기양양하게 발표했다. 그러나 그가 실제 폭력 행위에 가담했다는 증거는 없었다. 오흐라나는 여전히 다브리셰비가 카모라고 믿고 있었다. 그렇다면 미르스키는 누구인가?

마침내 오흐라나에게 행운이 찾아왔다. 1908년 3월 1일, 쿠타이시 감옥에 있던 예전의 볼셰비키 강도 중 한 명인 아르센 카르시제가 은행 강도의 중심은 카모라 알려진 세미온 테르-페트로시안, 지금은 베를린의 알트-모아빗 감옥에 있는 미르스키라고 자백했다. 또 다른 보고는 다브리셰비가 스위스에 망명해 있으며 결코 카모가 아님을 확인해주었다.

차르 정부는 카모의 신병인수를 요청했는데, 그러면 그는 사형선고를 받게 된다. 크라신은 베를린으로 달려가서, 독일의 좌파 변호사인 오스카 콘을 고용하여 변호에 착수했다. 크라신은 카모에게 미친 척하라고 조언했다. 이런 역할이라면 그는 누구보다도 잘할 수 있었다.

카모는 정말 미친 사람이 아니면 할 수 없을 정도의 미친 행동을 하기 시작했다. 그는 그런 행동을 2년간이나 계속했다. 처음에 그는 울부짖고 으르렁거리고 옷을 찢고 간수를 때리는 것으로 시작했다. 그들은 그를 얼어붙은 지하감옥으로 이송하여 알몸으로 9일 동안 가두었다. 그는 넉 달 동안 잠을 자지 않았고, 밤새 서 있었다. 그러다가 먹기를 중단했다. 그들은 그에게 튜브를 통해 강제로 음식을 집어넣었다. 그는 머리카락을 쥐어뜯었다. 목을 매려고 했지만 끈이 끊어졌다. 팔목을 그었지만 소생했다. 1908년 5월에 그는 베를린의 부크 정신병원으로 이송되어 진찰을 받았다. 그는 다른 환자들의 굉장히 광기 어린 동작을 그대로 따라했다. 나폴레옹 행세도 했다. 그래도 의심을 지우지 못한 의사들은 그에게 고문을 가해보기로 결정했다. 그가 아닌 다른 사람이었더라면 그런 고문으로 무너졌을 것이다. 그들은 벌겋게 달아오른 쇠로 그를 지졌고 손톱 밑을 바늘로 찔렀지만, 그는 그 모든 일을 견뎌냈다.

마침내 독일인들은 그가 정신이상이라고 인정하고, 이 골치 아픈 미치광이를 러시아인들에게 넘겨주고는 손을 씻었다. 러시아인들은 광인이든 아니든 상관없이 트빌리시 '사건'과 그로 인한 50명의 사상자에 대해 그를 재판했다. 법정에서 어기적거리며 광란하던 카모는 갑자기 새 한 마리, 방울새 페트카를 소매 속에서 꺼내 변호사가 아니라 이 새 친구를 상대로 미친 대화를 이어갔다.

수상 스톨리핀과 총독 보론초프-다시코프는 그를 교수형에 처하기로 굳게 결심하고 있었다. 하지만 그의 변호사인 콘이 유럽 전역에 걸쳐 미친 사람을 처형하는 것을 반대하는 변호 작전을 어찌나 성공적으로 펼쳤던지, 어쩔 수 없이 스톨리핀도 그를 교수형에 처한다면 러시아의 국익에 이롭지 않겠다고 판단했다.

테스트를 했을 때 러시아 의사들은 카모의 피부가 통증을 느끼지 않음을 발견했다. 그들은 손톱 밑을 바늘로 더 찔렀고, 전기자극도 해보았다. "화상 입은 살은 끔찍하게 아팠다"고 카모는 중얼거렸다. 의사들도 그의 말을 믿었다.

1910년 9월에 카모는 정신이상으로 선언되어 정신이상 범죄자들을 수용하는 메테히 요새의 구역에 영구 수감되었다. 볼셰비키는 카모의 영웅적 행위를 찬양했지만 한 의사는 "이런 식의 행동은 지독하게 심한 정신이상자의 행동이 아닐 수 없다"고 설명했다. 역사가 안나 게이프만은 카모에 대해 "해소되지 않은 열정과 불안감이 뭉쳐진 인물이었고, 정상적인 인간으로 기능할 수 없었다. 정신이상자 시늉을 하다가 그는 실제로 정신이상이 되었다"고 쓴다.

한편 경찰은 유럽 전역에서 나돌기 시작한 번호가 표시된 지폐를 추적했다. 파리에서 리트비노프는 침대 밑에 숨어 있던 형사를 발견했다. 그는 표시된 지폐 열두 장을 갖고 있다가 체포된 후 런던으로 추방되었다. 크라신은 핀란드에서 잡혔다. 다른 환전상들은 뮌헨, 취리히, 파리, 베를린, 스톡홀름에서 체포되었다.

"멘셰비키는 (트빌리시 강도로 얻은 돈을) 한 푼도 받지 않았다. 그래서 그들은 런던 당대회의 결의안에 준하여 이 모든 약탈자들을 당에서 축출하라고 요구했다." 기뻐 날뛰는 오흐라나는 이렇게 보고했다.

스탈린은 곤경에 처했다.[2]

분노한 멘셰비키는 각각 다른 위원회 셋을 소집하여, 앞으로 2년간 활동하면서 트빌리시 은행 강도 사건을 누가 꾸몄는지 조사하기로 했다. 하나는 트빌리시에서 조르다니아가 주도하고, 두 번째는 바쿠에서 지블라제가, 세 번째는 외국에서 치체린이 지휘하는 위원회였다. 그 잔인한 행각이 그들의 평판을 망가뜨린 점도 있지만, 그들은 스탈린과 카모를 이용하여 레닌을 파멸시키기를 원했다.

멘셰비키들은 거의 모든 핵심 용의자를 전부 심문했다. 그중에는 바쿠에서 '코바 동지'로 심문받은 스탈린도 있었다. 놀랍게도 그가 가담했다는 최초의 직접 증거인 이 기록이 기록보관소에 남아 있다. '내부자' 카스라제와 보즈네센스키는 모든 혐의를 인정했고, 스탈린에게 책임을 미루었다. 레닌은 치체린에게 자신은 무고하다고 단언했다. 모든 행각은 "비당원들이 수행했기" 때문이다. 아르세니제와 우라타제에 따르면, 트빌리시와 바쿠의 위원회는 투표 결과 스탈린을 축출하기로 했다. 하지만 당이 이미 분열된 상태에서, 멘셰비키들이 볼셰비키를 축출할 권력을 갖고 있었는지가 의문이었다.

그렇기는 해도 그들은 레닌과 맞서기 위해 스탈린에게 불리한 증거를 수집했다. 1908년 8월, 그들은 제네바에서 만났고, 거기서 마르토프는 레닌을 집중 공격했다. 노에 라미시빌리는 여러 사람들(용의자인 카모와 친차제를 포함한)을 거명한 다음 "이들 모두는 코바 동지의 지령에 따라 활동했다"고 단언했다.

레닌은 펄쩍 뛰며 말렸다. "이 마지막 사람의 성을 말하지 마시오." 그는 매섭게 말했다.

"말하지 않을 거요." 라미시빌리는 웃었다. "그가 캅카스의 레닌으로 유명하다는 사실을 우리 모두 알고 있으니 말이오." 스탈린이 이 말을 들었으면 자랑스러워했을 것이다.

"이 이름들이 경찰에 내통되지 않도록 책임질 수 있겠소?" 레닌은 고집했다. 스탈린과 레닌의 은밀한 만남이 효과가 있었다. 멘셰비키들은 스탈린을 지목할 수는 있었지만 레닌을 끌어 들일 수는 없었다. 하지만 1907년에서 1908년에 그들 사이의 관계를 증명하는 것이 필요하다면, 그것은 레닌이 스탈린을 보호했다는 사실 자체일 것이다.

스탈린은 축출당한 것 같다. 비록 중앙위원회가 아니라 트빌리시와 바쿠의 지역 당이기는 하지만 말이다. 이 사실이 입증되었다면 그의 혁명적 적법성에 진정 흠이 났을 것이다.

볼셰비키들이 레닌의 가장 가까운 하수인 노릇을 했던 스탈린과 함께 권력을 쥐었을 때 멘셰비키들은 이 온갖 사건을 다시 들춰내어 그들을 깎아내리려고 시도했다. 마르토프는 1918년에 기사 한 편을 써서 스탈린의 강도 행각 사례 세 가지를 열거했다. 트빌리시 사건, 바쿠 노동자 살해사건, '니콜라이 1세'라는 배를 바쿠 연안에서 점령한 해적 사건이 그것이었다. 더욱이 마르토프는 스탈린이 1907년 당에서 축출되었다고 썼다. 1918년에 스탈린은 장기간 볼셰비키였다는 자격이 필요했고, 축출에 관한 이야기가 위험요인이라고 느꼈다. 그래서 다소 병적으로 흥분한 태도로 그는 이 "비정상적인 낙오자의 경멸스러운 행위"를 공격하고, 마르토프를 소련 역사상 가장 이상한 기관인 혁명재판소에 더러운 배신자로 고발했다.

스탈린은 강도 사건에서 자신이 맡은 역할을 부정도 인정도 하지 않았지만, "내 평생 어떤 당 조직 앞에서도 절대로 재판을 받지 않았고, 축출되지 않았다"고 주장했다. 이는 문자 그대로 사실일 것이다. 왜냐하면 트빌리시와 바쿠의 위원회는 멘셰비키였지 볼셰비키가 아니었으며, 모든 축출은 비공식적이었기 때문이다. 증인들이 모스크바로 소환될 예정이었지만, 내전이 벌어지는 와중에 그렇게 하기는 힘들었다. 재판은 취소되었고, 마르토프는 비난했지만, 스탈린은 자신의 주장을 관철시켰다.

"넌 비열한 자식이야"라고 스탈린은 유배를 떠나는 마르토프에게 으르렁거렸다.* 스탈린이 1921년에 정복자 볼셰비키로서 트빌리시에 돌아왔을 때 그는 한 회의에서 야유를 받았고, 면전에서 공개적으로 '강도'라 불렸다. 그는 분기탱천하여 밖으로 나가버렸다. 스탈린의 치세 동안 그의 강도 행각과 축출에 대한 언급은 그 이후 다시는 없었다.

가장 중요한 일은 스탈린이 지역 당에서 축출당한 일을 레닌이 심각하게 여기지 않았다는 점이다. "그런 축출은 항상 착오와 확증되지 않

---

*레닌이 1924년에 죽은 뒤 스탈린이 그 계승자가 될 자격이 있음을 입증하려 애씀에 따라 볼셰비키로서 그의 합법성이 엄청나게 중요해졌다. 마르토프가 스탈린의 축출 사실을 증명했다면 러시아가 스탈린주의에서 구출되었을지도 모른다.

은 보고나 오해에 기초한다." 물론 그는 겉으로 말한 것 이상으로 사실을 알고 있었지만, 테러리스트, 강도, 은폐된 조직가인 스탈린이 "올바른 자질"을 가졌음을 점점 더 인정하게 되었다.[3]

그루지야 일거리로 인한 소동은 대단했지만 그 행각은 아직 끝나지 않았다. 강도단과 카자크 간의 게임은 바쿠에서는 더욱 거칠어졌다. 그곳에서는 트빌리시보다 위험이 더 컸다. 그런 상황은 카토에게도 너무 위험했다.

21장

★★

스탈린의 돌 같은 심장

스탈린은 카토와 아들을 한 원유 노동자의 아파트에 데려다놓고, 자신은 강도, 첩자, 약탈자, 선동가의 생활로 뛰어들었다. 그때는 그의 전체 경력 중에서도 가장 혼탁한 시절이었다. 아마 다시 로스차일드에게 고용된 상태였을 텐데, 그는 자신의 작은 가족을 바쿠 시외의 "한 터키인 소유주한테 임대한 바일로프 반도에 있는 천장이 낮은 타타르식 주택으로" 이사시켰다. 그곳은 해변에 가까운 동굴 바로 위에 있었다.

가정적인 성품인 카토는 나무 침대를 놓고 커튼을 달고, 구석에는 재봉틀을 놓아 그 오두막을 아늑하게 꾸몄다. 손님들은 거친 외관과 단정한 내부의 대조를 알아차렸다. 하지만 소소는 그곳에 없을 때가 많았다. 카토는 아는 사람이 별로 없었지만, 세르게이 알릴루예프가 그들을 찾아왔다. 그는 이제 그 지역 발전소 소장이 되어, 올가 및 아이들과 해변의 빌라에서 살고 있었다. 예쁜 흰 드레스를 입은 그들의 막내 나데즈다가 햇볕 바른 정원 끝에서 카스피 해로 떨어진 것이 이곳 바쿠에서였다. 스탈린이 뛰어들어 그녀를 구해주었다는 낭만적인 이야기가 그녀가 성장하는 동안 여러 번 되풀이되었다.

트레이드마크 같은 검정 페도라를 항상 쓰고 다녔던 스탈린은 이곳에 막 도착한 날인 1907년 6월 17일에 연설을 하고, 볼셰비키 신문 두 곳, 〈바킨스키 프롤레타리〉와 〈구도크Gudok〉(휘파람)의 편집에 몰두했다. 그는 그 특유의 공격적 정치, 테러리스트적인 위협, 강도 스타일의 자금 모금 등의 방법을 써서 그곳의 당을 즉각 지배하기 시작했다.

러시아의 모든 곳에서 "반동이 승리했고, 모든 자유는 파괴되었고, 혁명정당은 짓밟혔다"고 타티야나 불리크가 회상한다. 하지만 차르의 총독 못지 않게 원유 회사와 부패한 경찰들의 지배도 받고 있던 바쿠는 그 자신의 법칙을 따랐다. 스탈린은 트빌리시에서는 도망자 신세였지만, 스톨리핀의 다음번 체포령이 내려지기 전 두어 달 동안은 바쿠의 거리를 걸어 다닐 수 있었다. 스탈린은 경멸스러운 어조로 말했다. 트빌리시는 촌스러운 '습지'였지만, 차르와 서구에게 결정적으로 중요한 원유와, 진정한 프롤레타리아인 그곳 노동자들, 폭력과 무법적인 길거리가 있는 바쿠는 "러시아의 혁명 중심지의 하나"라고 말했다. 스탈린은 바쿠가 "내게 두 번째로 불의 세례를 주었다"고 썼다.[1]

바쿠는 방탕과 독재와 사치의 도시였고, 연기와 어둠이 공존하는 어스름한 영역이었다. 그곳의 총독은 스스로 그곳을 "러시아에서 가장 위험한 장소"라 불렀다. 스탈린에게 그곳은 '원유 왕국'이었다.

바쿠는 하나의 왕조에 의해 창건되었다. 차르 니콜라이 1세에게 지뢰를 팔아 처음 돈을 번 노벨 가문은 원래 태생으로는 스웨덴인, 기회를 잡은 것으로 말하자면 러시아인, 본능면으로는 국제인이었다. 원유의 '분수'가 처음 바쿠에서 발견된 1879년에, 루트비히와 로베르트 노벨 형제는, 유명한 것이라고는 주로 사제들이 기름을 연료로 한 신성한 불꽃*을 보살피던 조로아스터교의 고대 사원밖에는 없던 소도시에 노벨형제 원유 회사를 창립했다. 굴착은 이미 시작되었고, 기업가들이 거대한 유정에서 원유를 파냈다.

노벨 일가는 땅을 사들이기 시작했고, 특히 나중에 흑색 도시가 되는 지역의 땅을 집중적으로 매입했다. 또 다른 형제인 알프레드는 다이너마이트를 발명했지만, 루트비히의 유조선 발명도 그에 못지않게 중요했다. 로스차일드 가의 프랑스 쪽 사람들이 노벨의 뒤를 따라 바쿠에 들어왔다. 1880년대 무렵 알퐁스 드 로쉴드 남작의 카스피 흑해 원유 회사는 두 번째로 큰 생산자였고, 그곳의 노동자들은 백색 도시라 불린 산업도시에 살았다.** 1901년쯤이면 바쿠는 세계 원유의 절반을 생산하게 되는데, 그해에 만들어진 노벨상은 그 수익을 기금으로 한 것

---

*불을 의미하는 페르시아어 단어는 'azer'이다. 아제르바이잔이라는 국명은 여기서 온 것이다.
**그 뒤를 이어 곧 영국인 마커스 새뮤얼 경, 셸Shell 회사의 건립자이자 나중에 베어스테드 자작이 되는 사람들이 들어왔다. 1912년에 알퐁스의 아들인 에두아르 드 로쉴드는 로스차일드 가가 바쿠에서 가진 지분 거의 전부를 당시 헨리 디터딩이 우두머리로 있던 로열 더치 셸에 팔고 받은 돈의 거의 전부를 로열 더치 셸 주식에 투자했다. 결과적으로 이 로스차일드 거래는 탁월한 투자의 고전적인 사례가 되었다. 로스차일드 가문은 러시아 원유에 대한 투자를 거의 한 세기 동안이나 미루었고, 21세기에 있었던 러시아 원유 붐에서 또 다른 막대한 수익을 챙겼다. 과거 로스차일드 궁전은 현재 아제르바이잔 사법부 건물이 되었다.

이었다.

원유 붐은 킴벌리의 다이아몬드 열병이나 캘리포니아의 골드러시처럼, 농민들을 하룻밤 사이에 백만장자로 만들어놓았다. 먼지투성이에 바람 많은 과거 페르시아의 소도시, 중세 요새의 구불구불한 길과 성벽을 에워싸고 카스피 해 연안에 건설된 도시가 세계에서 가장 유명한 도시 가운데 하나로 변신했다.

그곳의 '야만적인 사치'는 벼락부자들과 경이적인 박애주의와 허세 섞인 조야함을 번뜩이면서 유럽의 신문 지면을 채웠다. 원유 재벌이라면 제각기 도시의 한 블록 정도는 될 만큼 큰 궁전을 가져야 했다. 로스차일드 일가도 궁전을 지었다. 노벨의 궁전은 빌라 페트롤레아Villa Petrolea라 불렸는데, 사치스러운 정원으로 둘러싸여 있었다. 어느 원유 재벌은 자신의 궁전을 금으로 짓겠다고 고집을 부렸지만, 금박으로 뒤덮는 것으로 그쳐야 했다. 금은 잘 녹기 때문이다. 또 다른 재벌은 자신의 저택을 거대한 용 모양으로 짓고 그 아가리에 해당하는 곳에 출입구를 냈다. 세 번째 재벌은 광대한 궁전을 금빛 글자가 아로새겨진 카드 상자 모양으로 지었다. "여기 내가 산다, 간지의 이자-베이가." 한 유명한 가수는 공연의 대가로 땅을 받았는데, 거기서 유정이 터지는 바람에 돈더미에 올랐다. 그가 신고전주의 스타일로 지은 궁전에는 현재 아제르바이잔 국영 원유 회사의 본부가 들어서 있다.

바쿠는 믿을 수 없는 부와 처참한 가난이 한데 뒤섞인 용광로였다. 안나 알릴루예바는 "그 거리에는 붉은 턱수염을 기른 무슬림, 과중한 짐의 무게에 허리가 굽은 길거리 짐꾼인 암발ambal…, 사탕을 파는 타타르 행상들, 불타는 듯한 검은 눈과 쭉 찢어진 눈매로 사방을 지켜보는 사각거리는 비단옷을 입은 낯선 인물들, 길거리의 이발사들이 있었다. 모든 일이 거리에서 이루어지는 것 같았다"고 했다. 주름 잡힌 겉옷을 입고, 보석 박힌 단검을 찬 부족민들, 조끼를 입고 펠트 모자를 쓴 페르시아인, 모피 모자를 쓴 산악 유대인(캅카스 산맥 동북쪽 사면에 살던 유대인. 고대 페르시아의 후손이며 그루지야 유대인과는 다른 부족이다-옮긴이), 프록코트를 입은 서구 백만장자들, 최신 유행의 프랑스제 옷을 입은 그 아내들이 거리에 들끓었다. 스탈린은 터키계 아제르바이잔인, 페르시아인, 러시아인, 체첸인, 아르메니아인 노동자들을 '민족적 만화경'이라 불렀다. 부자들은 뒤따르는 마차에서 총을 찬 경호원들의 호위를 받으며 해변의 산책로를 따라 거닐었다.

하지만 이 모든 돈의 원천인 정유탑과 정유소는 도시를 중독시키고 사람들을 부패시켰다. "기름이 어디에든 스며들었다." 안나 알릴루예바가 말한다. "이 해로운 대기 속에서는 나무도 자라지 못한다." 때로는 바다로 흘러 나간 부글거리는 기름에 불이 붙어, 기이한 불의 파도가 만들어지기도 했다.

흑색 도시와 백색 도시, 그 외 원유 도시들은 오염된 빈민가였다. 4만 8,000명의 노동자는 끔찍한 여건에서 힘들게 일했고, "썩어가는 쓰레기, 내장이 없어진 개, 썩은 고기, 배설물이 널린 음울한 거리에서" 서로 싸웠다. 그들의 집은 "선사시대의 주거지"와 비슷했다. 평균 수명은 고작 서른 살에 불과했다. 유정은 "무법행위, 조직범죄, 외국인혐오증으로 들끓었다. 물리적 폭력, 강간, 유혈 분쟁이 노동자들의 일상생활을 지배했다."

바쿠는 억압될 수 없는 곳이었다고 스탈린은 단언한다. 그곳의 뿌리 없는 프롤레타리아는 볼셰비키들의 이상理想이었다. 그곳은 특히 부패했다. 도덕적 애매 모호함, 이중적인 기회는 스탈린의 음모가적 냉소주의와 잘 맞았다. 도시 전체에 정직한 사람은 스웨덴인 한 명(물론 노벨), 아르메니아인 한 명, 타타르인 여덟 명 이렇게 고작 열 명뿐이라는 말이 돌았다.

"도지 시티Dodge City(19세기 후반 미국 중부 아칸소 강 유역에 세워진 축산업의 중심지이자 화물 교통의 요지. 무법자들의 활동 무대로 악명이 높았다—옮긴이), 바그다드, 산업도시인 피츠버그, 19세기의 파리가 각각 같은 비율로 합쳐진" 바쿠는 "유럽이 되기에는 너무 페르시아적이고, 페르시아가 되기에는 너무 유럽적이었다." 그곳의 경찰국장은 부패한 사람으로 악명이 높았다. 그곳의 아르메니아인과 아제리인은 무장을 했고 경계심이 높았다. 많은 수의 코키스kochis, 즉 총잡이들은 희생자 1인당 3루블만 받고도 암살을 해주거나 백만장자를 경호하거나, 어디서나 모제르 권총을 휘두르고 다니는 갱, 즉 '모제르 일당Mauserists'이 되었다. 에사드 베이는 "우리 도시는 거친 서부와 다르지 않고, 강도와 도둑들로 들끓고 있다"고 썼다.

바쿠에서 스탈린은 원유 재벌들과 멘셰비키들과 볼셰비키 우파들을 대담하게 과녁으로 삼고, 혁명가이자 원유 왕국의 범죄 두목으로 성장했다. 그가 "혁명의 도제 시절을 졸업하고 장인이 되어" 뒤늦게 러시아인으로서 전국적 역할을 발견한 것은 바쿠*를 통해서였다. 이곳에서

그는 '제2의 레닌'이 되었다.[2]

1907년 8월, 불쌍한 카토가 찌는 듯 덥고 오염된 바쿠의 열기로 심각하게 고통을 겪는 동안 스탈린은 독일로 돌아가서 슈투트가르트에서 열린 제2인터내셔널 당대회에 참석했다. 그는 그때까지도 라이프치히에서 공부하던 알료샤 스바니제를 만났다. 소소와 그의 처남은 "관광을 다니고 카페와 레스토랑에서 열리는 독일 노동자들의 집회를 방문했다"고 모노셀리제가 쓴다.

독일인들은 "양 떼처럼 기묘한 민족"이라고 나중에 스탈린은 유고슬라비아의 지도자인 밀로반 질라스Milovan Djilas에게 말했다(그는 처칠에게도 같은 이야기를 해주었다). "어디든 숫양이 가는 곳을 그들은 그냥 따라간다." 당대회에 가는 길에 몇몇 독일 공산주의자가 검표원이 없어 역을 떠날 수 없다고 생각했다. 그들은 규칙에 너무나 잘 복종했기 때문에, "오로지 회의 때문에 그곳까지 왔는데 정작 회의에 결석했다"고 스탈린은 말했다. 그는 러시아 동지가 그들에게 "간단한 해결책"을 알려주었다고 농담을 했다. 차표를 내지 말고 역을 나가라는 것이다.[3]

소소는 또 다른 민족 소요가 터지는 시간에 맞추어 바쿠로 돌아왔다.

---

*스탈린은 "원유 산업에 대해 매우 잘 알고 있었다"고 그의 그루지야 문하생인 므겔라제가 썼다. 바쿠는 1942년, 히틀러가 석유의 절박한 필요성 때문에 군대를 유전 쪽으로 투입하라고 지시했을 때 엄청나게 중요해졌다. 그 결과가 스탈린그라드 전투였는데, 그것은 실질적으로 바쿠를 놓고 벌어진 전투였다. 스탈린은 그의 석유 부위원인 니콜라이 바이바코프를 불러 이렇게 말했다. "히틀러는 캅카스의 석유를 원한다. 당신 머리를 잃더라도 석유 한 방울도 뒤에 남겨두면 안 된다. 히틀러가 석유가 없으면 전쟁에 질 거라고 선언했다는 걸 아는가?"

9월 19일, 칸라르라는 이름의 아제리인 노동자가 러시아 민족주의자에게 살해되었다. 이에 항의하여 노동자들은 파업에 들어갔다. 스탈린은 장례식 시위에서 발언했다.

그 직후에 소집된 회의에서 그와 볼셰비키들은 멘셰비키를 몰아내고 그 지역 조직을 장악했다. 바쿠는 볼셰비키 도시가 되었다. 소소는 자신의 작업에 집중했지만, 모노셀리제는 "그가 무슨 일에 몰두하면 다른 모든 것을 잊어버렸다"고 지적한다. 카토도 예외가 아니었다.

"소소는 그녀를 무척 사랑했다. 하지만 아내, 아이, 친구는 그들이 그의 작업에 방해가 되지 않고, 그의 방식에 따라 상황을 이해해주는 한에서만 괜찮았다. 소소의 사랑이 어떤 것인지 이해하려면 그를 알아야 했다." 바쿠에서 그와 함께 작업한 엘리사베다시빌리가 말한다.

카토에게는 "바쿠가 너무 더웠다. 소소는 아침 일찍 나가서 저녁 늦게 들어왔고, 카토는 갓난아기와 집에 앉아서, 그가 체포되지 않는지 두려워하며 지냈다"고 모노셀리제가 기억한다. "형편없는 식사, 부족한 잠, 열기와 스트레스로 허약해진 그녀는 병이 났다. 주변에는 낯선 사람들만 있을 뿐 친구가 없었다. 소소는 너무 바빠서 가족을 잊었다!"

스탈린은 자신이 소홀한 남편이자 아버지가 되었음을 알고 있었지만, 결손가정에서 자란 많은 사람들처럼 자기 행동양식을 바꿀 수는 없었다. 그가 이 문제를 엘리사베다시빌리와 의논했던 것은 분명하다. "소소는 그런 상황에서 결혼했다는 사실을 후회했고 스스로에게 화를 냈다."

카토는 "코바가 자기 사상에 등을 돌리고 평화로운 가정생활로 돌아와달라고 기도했다." 하지만 그가 선택한 임무는 여러 면에서 가정적인 남자의 정상적인 책임을 저버리게 만들었다. 볼셰비키의 아내들은 이 점을 알고 있었다. "내가 순교자일까?" 심한 바람둥이 스판다리안의 아내인 올가는 자신의 결혼에 대해 스탈린의 친구에게 물었다. 하지만 그녀 남편의 문제는 스탈린에게도 해당될 것이다. "나는 내 삶을 최대한으로 즐긴다. 장미꽃이 뿌려진 길은 아니지만 내가 그 길을 선택했으니까. 그는 가정적인 삶을 위한 남자는 아니지만, 그렇다고 해서 그것이 그의 개성을 깎아먹는 건 아니다. 그는 그의 임무를 수행한다. 한 남자를 사랑하면서 그의 내면에 있는 선함을 위해 다른 모든 것을 용서할 수 있다." 카토는 스탈린이 스판다리안처럼 "영원히 마르크스주의의 진정한 성배의 기사가 되겠다고 맹세했음"을 알고 있었다.*

트빌리시에 있는 스바니제 일가가 처음에 카토가 "매우 여위었다"는 소식을 듣고 요양을 하러 고향 마을로 돌아오라고 한 사실을, 그녀의 언니 사시코는 기억한다.

"소소를 남겨두고 내가 어찌 가겠어?" 카토는 대답했다.

곧 스바니제 일가는 엘리사베다시빌리로부터 "그녀가 병이 들었다"는 소식을 듣고 소소에게 편지를 보내 그녀를 데려와달라고 부탁했다. 카토는 그에게 애걸했다. 이제 그녀는 정말로 몸이 아팠지만 "그는 그

---

*트로츠키 역시 소홀한 남편이었다. 그는 운명을 핑계로 아내와 두 딸을 시베리아에 내버려두었다. 그리고 나중에 자기 아이들을 지독하게 대했다. 볼셰비즘과 가족은 양립불가능하다.

녀가 정말로 허약해질 때까지 여행을 계속 미루었다. 그러다 갑자기 그는 즉시 움직여야 함을 깨달았다." 10월에 스탈린은 너무 놀라서 그녀를 데리고 트빌리시로 돌아왔다. 하지만 열세 시간 이상 걸리는 그 여행 자체가 그녀의 상태를 더 악화시켰다. "오는 길이 너무 더워, 어느 역에서 그녀는 깨끗하지 않은 물을 마셨다." 그 뒤 소소는 그녀를 친정 가족에게 맡겨두고 서둘러 바쿠로 돌아갔다.

집에 온 그녀는 상태가 더 악화되었다. 이미 허약하고 탈진하고 영양실조에 걸린 그녀는 장티푸스를 앓았는데, 그 병은 대개 고열과 설사를 동반한다. 점 같은 발진이 처음에는 붉은색이다가 점점 불길하게 검은색으로 변해갔다. 역사가들은 대개 그녀의 병을 결핵이라고 진단하지만 그 진단이 맞다 하더라도 아마 내장감염이 되었을 것이다. 과거 역사가들에게는 개방되지 않았던 가족과 친구들의 회고록을 보면 장티푸스와 출혈성 대장염이라는 진단이 맞다. 카토는 지독한 이질 증상을 보이면서 피와 체액을 쏟아냈다.

스탈린은 바쿠에서 서둘러 돌아왔지만 자기 아들의 엄마가 죽어가는 것을 보았다. 그는 그녀를 필사적으로 따뜻하게 간호하면서 스스로 괴로워했지만, 너무 늦었다. 그녀는 사제를 불러 종부성사를 해달라고 부탁했고, 스탈린은 정교식의 장례를 약속했다고 한다. 집에 돌아온 지 두 주일 뒤인 1907년 11월 22일에 스물두 살 난 카토는 그의 팔에 안겨 숨을 거두었다.* 스탈린은 쓰러졌다.⁴

---

*그때 그곳에 있었고 사실을 가장 잘 아는 그녀의 가족은 그녀가 복통을 호소했고 출혈성 대장염과 티푸스를 앓았다고 쓴다. 카토가 내장이나 복막결핵(반드시 폐결핵과 연결되는

않는다)을 앓았던 것은 거의 틀림없다. 그런 병은 체중 손실, 복통, 설사, 내장출혈로 이어진다. 1920년대에 스탈린의 집에서 자랐던 레반 샤우미안은 그녀가 결핵과 폐렴으로 죽었다고 말한다. 장티푸스는 오염된 물과 식품으로 전염되며, (발진) 티푸스는 빈대와 면역력 저하로 발생한다. 하지만 둘 다 가난하고 영양이 부족한 계층에서 잘 발생하며, 둘 다 내장출혈과 검은색의 발진을 보인다. 1950년대까지는 이 질병을 치료할 수단이 없었다. 스바니제 일가의 가까운 친척이던 카테반 겔로바니는 필자와 트빌리시에서 만나 대담했는데, 그녀의 증세를 위암이라 불렀다. 이는 그녀가 내장출혈이 있었던 것을 설명해줄지도 모른다. 지금도 트빌리시에 살아 있으며(109살) 필자와 2005년 10월 31일에 면담한 또 다른 사촌인 마리암 스바니제는 그녀의 죽음을 똑똑히 기억한다. "그때 나는 아홉 살이었어. 카토와 우리 아버지는 같은 시기에 티푸스에 걸렸지. 책에 의하면 카토는 결핵으로 죽었다고 하는데, 장담하지만 난 그게 티푸스였다고 봐." 꽃무늬 실내복을 입은 이 강인하고 명철한 백 살 넘은 노파는 트빌리시의 양로원에서 이렇게 말한다. "둘 다 붉은색 발진이 났어. 발진이 검은색으로 변하면 그런 경우는 죽는다는 걸 알고 있었어. 우리 아버지의 발진은 계속 붉은색이었지. 그는 살아남았어. 하지만 카토의 것은 검은색으로 변한 것을 기억해. 그러자 온 가족이 그녀가 죽으리라는 걸 알았어. 그리고 실제로 죽었어."

22장
★★
흑색 도시의 두목

소소는 카토의 눈을 직접 감겨주었다. 놀라서 멍해진 그는 가족들과 함께 사진을 찍는 동안 아내의 시신 옆에 간신히 서 있다가 쓰러졌다. "소소는 믿을 수 없을 정도로 상처를 받았다"고 엘리사베다시빌리가 썼다. 그는 "그녀를 행복하게 해주지 못했다"고 흐느껴 울었다.

소소의 절망이 너무 심하여, 친구들은 그가 모제르 권총을 그냥 차고 있게 내버려두어도 될지 걱정했다. "내가 너무나 슬퍼했기 때문에 동지들이 내게서 총을 가져갔다"고 그는 나중에 여자친구에게 말했다. "삶에서 얼마나 많은 것들을 내가 맛보지 못했는지 깨달았다. 아내가 살아 있었을 때 밤에도 내가 집에 돌아가지 않은 적이 있었다. 집에서 나설 때 난 그녀에게 걱정 말라고 말했지만, 돌아가면 그녀는 거기 그대로 앉아 있었다. 밤새도록 나를 기다린 것이다."*

---

*죽음에 대한 스탈린의 반응은 두 번째 아내인 나디야 알릴루예바가 1932년에 자살한 뒤에 보인 행동과 매우 비슷하다. 그는 자기연민과 아내를 내버려둔 데 대한 자책으로 죽어

그녀의 죽음은 〈츠카로Tskaro〉지에 발표되었고,* 장례식은 1907년 11월 25일 오전 9시에, 스바니제의 집 바로 곁에 있는 쿨루반스카야 교회에서 치러졌다. 그곳은 그들이 결혼한 곳이기도 했다. 시신은 시내를 지나 쿠키아에 있는 성 니나 교회에 묻혔다. 러시아정교 방식으로 치러진 장례식은 깊은 상처를 남겼지만 희극적이기도 했다. 창백하고 눈물로 얼룩진 스탈린은 "매우 우울했지만 그래도 나를 옛날과 같은 친근한 태도로 맞아주었다"고 이레마시빌리가 기억한다. 소소는 그를 한쪽으로 데려가서 열린 관을 가리키며 말했다. "이 사람이 돌 같은 내 심장을 녹여주었는데. 그녀가 죽었으니 인간에 대한 내 마지막 따뜻한 감정도 죽었어." 그는 자기 가슴에 손을 얹었다. "이곳이 너무나 황량해. 말로 표현할 수가 없이 황량해."

매장이 시작되자 소소가 습관처럼 보이던 절제가 무너졌다. 그는 관과 함께 구덩이 속으로 뛰어들었다. 남자들이 그를 끌어내야 했다. 카

버리겠다고 위협할 정도였다.

*사망 발표문은 다음과 같다. "우리는 예카테리나 세미오노프나 스바니제 주가시빌리의 죽음을 남편인 이오시프, 부모인 세미온과 세포라, 자매인 알렉산드라, 알렉산드르, 마리코를 대신하여 지극한 슬픔으로 동지와 친구들과 가족들에게 알린다." 미하일 모노셀리제는 덧붙인다. "1936년에 나는 아내 사시코를 카토 곁에 묻었다." 사시코는 암으로 죽었지만, 그게 차라리 나았을지도 모른다. 1930년대 초반, 스바니제 일가는 스탈린에게 가장 가까운 친지들에 속했다. 하지만 그들의 운은 갑자기, 그리고 참혹하게 뒤집혔다. 그들의 이야기는 이 책 에필로그에 실려 있다. 카토와 사시코의 사진이 있는 트빌리시의 묘지는 지금도 남아 있다. 묘지 뒤편의 오래된 울타리도 그대로 있는데, 그것이 아마 스탈린이 경찰을 피하기 위해 뛰어넘었던 울타리일 것이다. 묘지 굴착 인부들 사이에는, 카토가 티푸스로 죽었기 때문에 당국은 그녀를 집단 역병 묘지에 먼저 묻으려고 했지만, 가족들이 시신을 찾아내어 직접 매장했다는 말이 떠돈다.

토는 묻혔다. 하지만 바로 그때 혁명가적인 콘스피라치아가 가족의 슬픔을 방해했다. 소소는 오흐라나의 첩자 한 명이 장례식에 슬쩍 끼어드는 것을 알아차렸다. 그는 묘지 뒤편으로 몰래 달아나서 울타리를 뛰어넘고, 자기 아내의 장례식에서 사라졌다. 이는 결혼에 대한 그의 무신경한 태도의 아이러니한 표현이라 할 만했다.

두 달 동안 스탈린은 기록에서 사라진다. "소소는 깊은 슬픔에 빠졌다"고 모노셀리제는 말한다. "거의 한마디도 하지 않았고, 아무도 감히 그에게 말을 건네지 못했다. 그동안 내내 그는 우리의 조언을 듣지 않고 그 뜨거운 바쿠로 그녀를 데려간 데 대해 자책했다." 아마 자신에 대한 스바니제 일가의 억눌린 분노를 느꼈기 때문이겠지만, 소소는 애도하기 위해 어머니가 있는 고리로 갔다. 학교 친구 하나와 마주치자 "그토록 강인하던 그가 어린아이처럼 울었다."

"내 개인 생활은 산산이 부서졌어." 스탈린은 흐느꼈다. "사회주의 이외에 날 삶에 붙들어주는 건 없어. 난 내 존재를 그것에 바치려고 해!" 이것이 그가 나중에 가족과 친구들에게 가하게 되는 더욱 형언할 길 없는 비극들을 설명하는 데 사용하는 합리화의 유형이었다. 늘그막에 그는 아쉬운 듯 부드러운 태도로 자신의 카토에 대해 이야기했다. 그는 그다운 찬사를 그녀에게 보냈다. 그는 자신의 첫 번째 신문기사를 아버지에 대한 헌정의 의미(베소시빌리)로 서명했지만, 이제 그는 새 가명을 골랐다. K. 카토(코바 카토)가 그것이다.

아들이 트빌리시에 있었지만 스탈린은 자신을 이미 정치적으로 추방해버린 이 시골구석의 습지로 돌아올 의향이 전혀 없었다. 그래서 그는 10년이 넘도록 자기 아들을 돌보지 않았다.

"카토가 죽고 생후 8개월인 아들은 우리에게 남겨졌다." 모노셀리제가 말한다. 카토의 어머니인 세포라와 모노셀리제 일가가 아기를 키웠는데, 스탈린은 거의 보러 오지도 않았다. 아마 아들이 그에게 카토를 잃은 비극을 있는 그대로 상기시키기 때문인지도 모른다.

이것은 그루지야 방식이 아니었다. 카토의 친정 가족은 그의 음모가적 유능함은 존경했지만 이런 태도에는 경악했다. 대숙청이 일어나기 전이기는 해도, 30년 뒤 스탈린이 독재하던 시기에 쓴 그들의 회고록에서 스바니제 일가와 엘리사베다시빌리는 용감하게도 그의 행동에 불만을 표시하면서, 카토가 죽은 것은 그의 소홀한 처우 때문이라고 계속 비난했음을 분명히 했다.

"그 이후 소소는 바쿠로 갔고, 나는 1912년까지는 그를 다시 보지 못했다. 비록 유배지 어딘가에서 포도주와 잼을 좀 보내달라는 편지를 받긴 했지만."[1]

1907년 말경 애도에서 벗어나기 시작했을 때 스탈린은 퇴폐적인 스판다리안을 만나 바쿠의 한 레스토랑에서 열린 신년전야의 만찬에 갔다. 그는 제국의 혁명 수도에서 옛 친구들과 함께 있었다. 그곳에 온 볼셰비키들은 그때까지 스탈린이 거쳐 온 경력에 등장했던 사람들의 복사판이었다. 볼셰비키가 러시아 전체에서 쇠퇴하는 동안 러시아와 캅카스 혁명가들은 바쿠로 잔뜩 흘러 들어왔고, 흔히 스탈린의 작업에 간섭했다.* 그날은 대단한 파티였던 것 같다. "도덕성이라는 면에서 스탈린과 매우 가까운" 스판다리안 또한 "믿을 수 없을 정도로 게으르고 호색한에 바람둥이인 데다 돈을 좋아하는 사람"이었기 때문이다. 스판다리안의 아내인 올가는 남편의 바람기를 걱정하지는 않았다. 그녀는 "수렌은 한 번도 내게 충실하겠다고 맹세하지 않았고, 영원히 볼셰비즘이라는 이념의 기사가 되겠다는 서약만 했다"고 말했다. 하지만 볼셰비키로서 플레이보이라는 것은 그의 동지들에게 확실히 충격을 주었다. "바쿠에서 세 살 이하의 아이들은 모조리 스판다리안을 닮았다!"고 타티야나 불리크는 회상한다.

소소는 다시 일에 몰두하여 일당들을 불러모았다. 그와 스판다리안은 즉시 더 급진적인 파업과 선동을 밀어붙이기 시작했고, 대개 문맹인 아제리인과 페르시아인 노동자들에게 지지를 호소했다. 지식인들은 거의 대부분 너무 속물적이어서 이런 문맹자들에게 신경을 쓰지 않았지만, 소소는 무슬림과 자주 만나 그들이 집단적으로 자신에게 표를 던지도록 만들었다. 그는 무슬림 볼셰비키 그룹인 힘마트Himmat(에너지라는 뜻)의 급진파들을 선전하고 함께 일하게 된 데 중요한 기여를 했다. 그 무슬림들은 스탈린이 도피 중일 때 모스크에 숨겨준 일이 많았다. 멘셰비키와 투쟁할 때 스탈린의 무슬림 동지 하나는 데브다리아니

---

*그는 세르고, 술통 부두 므디바니, 알릴루예프, 카프타라제, 강도 친차제 같은 트빌리시 시절의 동지들과 다시 만났는데, 그들은 대부분 일당들에 속한 사람들이었다. 그리고 키가 크고 눈이 푸른색인 샤우미안도 있었다. 새 친구인 보로실로프와 옛 친구인 예누키제는 곧 레닌의 특별 에이전트이자 연줄이 좋지만 엄격한 귀족 여성인 엘레나 스타소바('젤마 동지'), 로잘리아 젬리아치카, 알렉신스키, 루드밀라 스탈이라는 소녀와 합류했다. 하지만 그의 과거 시절에 만났던 데브다리아니 같은 멘셰비키들도 많이 있었다. 세상은 좁았다.

에게 단검을 들이대기도 했다.

이런 무슬림 연줄을 통해 스탈린은 페르시아 혁명을 무장시키는 일을 도왔다. 그는 페르시아의 샤인 모하메드 알리를 끌어내리기 위해 전투인원과 무기를 갖추어 세르고를 파견했고, 그의 볼셰비키들은 알리를 암살할 시도를 하기도 했다. 스탈린은 국경을 넘어 직접 페르시아로 가서 라슈트Rasht(이란 북부의 도시―옮긴이)를 방문하여 유격대원들을 조직하기도 했다. 따라서 1943년의 테헤란 회담은 그의 첫 번째 이란 방문이 아니었다.

샤우미안은 차르의 반격이 압도적으로 성공한 일에 충격을 받았다. 막 유형에서 돌아온 예누키제와 그는 스탈린에 비해 더 '우파적'이고 온건한 접근을 취했지만 그의 지배권을 무너뜨릴 수 없었다. 샤우미안은 절제를 요구했지만 스탈린은 그의 특권적 삶을 조롱했고, 가장 가까운 친구이자 오른팔 같은 스판다리안과 함께 그에 대한 반대공작을 폈다. 스탈린이 죽은 뒤 그가 샤우미안과 결투를 벌였다는 말이 나왔지만 이 갈등은 과장된 것이다. 그들은 서로 의심하기는 했지만 협력하는 사이였다.[2]

돌아오고 얼마 지나지 않아 스탈린은 당시 제네바에 정착한 레닌을 비밀리에 만나러 갔다. 그들이 1908년 어느 땐가 만났다는 것을 우리는 알고 있고, 스탈린이 스위스에 갔다는 것도 알고 있다. 스탈린은 과거를 회상하며 본인이 직접 그런 만남을 언급했다. 그는 플레하노프도 만났는데, 플레하노프가 그를 '화나게' 했다. 그는 "플레하노프가 타고난 귀족이라고 확신했다." 그가 그 현인을 정말로 반대하게 된 것은

"플레하노프의 딸이 귀족적 매너를 가졌고, 최신 유행의 옷차림을 했으며, 하이힐 부츠를 신었다는 사실" 때문이었다. 스탈린은 이미 적어도 부분적으로는 독실한 척하는 금욕주의자였다.[3]

스탈린과 레닌은 돈 이야기를 했을 것이다. 레닌은 분열해서 나간 보그다노프와 크라신을 상대로 싸우는 한편 멘셰비키들과도 결투를 벌이고 있었다. 그 두 사람은 트빌리시 강도 행각의 전리품에서 거액을 훔쳐갔으며, 그 돈은 유럽 경찰들의 거센 추적을 받고 있었다. 그리하여 레닌의 분파주의로 인해 내부에서, 그리고 스톨리핀의 탄압이 성공하여 외부에서 양면으로 협공당하고 있던 조직은 "돈이 절박하게 필요했다"고 불리크는 설명한다.

바쿠에 있는 스탈린의 부하 카프타라제는 당연히 "다시 한 번 당을 위해 돈을 마련해야 한다는 결정이 내려졌다"고 말한다. 볼셰비키 중앙당의 주요 자금담당자는 '돈'이라는 말을 들으면 모제르 권총에 손을 뻗었다.

역시 그곳에 있던 사기라시빌리는 말한다. "바쿠에서 코바는 범죄자 유형, 그의 표현에 따르면, '뜨거운 머리'를 찾아다니고 있었다. 그것은 바로 목 따는 백정을 가리킨다. 미국에서라면 그런 남자는 갱이 된다." 그러나 스탈린은 그들에게 혁명 투사의 아우라를 둘러 씌웠다. 친차제, 쿠프리아시빌리, 또 새로운 인물 몇 명이 소위 모제르 일당이라는 스탈린의 일당들 집단에 가담했다.

카프타라제는 자체 방어 본부라는 당당한 이름을 붙인 곳을 방패 삼아 소소의 계획을 거들었다. 스탈린의 또 다른 부관은 붉은 머리를 한 법률가인 비신스키였다. 그는 오데사 태생으로 폴란드 귀족의 후예인 부유한 바쿠 가정의 아들이었다. 안드레이 비신스키는 이제 스물세 살로 멘셰비키였지만 법률을 포기하고 테러리스트 갱단을 조직하여 1905년에는 암살자가 되었다. 하지만 무자비하다는 쓸모를 가진 젊은 불한당을 알아본 스탈린은 자신의 엄격한 반멘셰비키적 기준을 완화하여, 비신스키에게 무기와 폭탄을 확보하는 일을 맡겼다.

"정치는 더러운 일이다." 스탈린은 나중에 말했다. "우리는 모두 혁명을 위해 더러운 일을 했다." 스탈린은 작지만 유용한 기금 모금 작전의 효율적인 대부가 되었다. 이런 작전은 정치적 선동과 저널리즘 이외에 갈취, 화폐 위조, 약탈, 은행 강도, 해적질, 보호 명목의 금품 요구 등을 수행하는 점에서, 적당히 성공한 마피아 가문과 정말 비슷했다.

그의 모제르 일당 중 하나인 이반 보코프*는 스탈린의 목표가 원유 재벌들과 검은 100인단을 위협하는 데 있었다고 말한다. 보코프에 따르면 스탈린은 모제르 일당들에게 검은 100인단 여러 명을 죽이라고 지시했다고 한다. 그런 다음 일당들은 바쿠 국립은행을 털 계획을 세웠다. 카프타라제는 "우리는 투르케스탄 지역에서 쓸 400만 루블이 배편으로 바쿠를 경유하여 카스피 해로 운반되고 있다는 소식을 들었다. 따라서 1908년이 되자 우리는 바쿠에 모이기 시작했다." 그들은 차례비

---

*바쿠에서의 스탈린의 경력은 불분명하지만, 모제르 일당의 회고록에는 유용한 힌트가 좀 있다. 그런 회고록은 소련 시절, 특히 스탈린의 독재 치하에서는 활용될 수 없었고, 거의 모두 출판되지 않았지만, 기록보관소에는 남아 있다.

치 기오르기 호의 사례를 모방하여 선장을 인질로 잡을 예정이었다.

바쿠 부두에 있던 니콜라이 1세라는 이름의 배에서 해적 사건이 터졌다. 멘셰비키들은 당의 규율을 또 한 번 위반한 이 사건과 관련하여 스탈린을 조사했다. 1918년의 지벨 재판에서 마르토프는 스탈린이 니콜라이 1세 호의 강도 사건에 참여했다는 증거를 충분히 갖고 있었으므로 증인을 불렀다. 트로츠키파인 빅토르 세르게는 나중에, 볼셰비키가 권좌에 오르기 전에 비신스키가 성급하게 사실을 인정하여, "바쿠 부두에 있던 증기선 니콜라이 1세에 대한 약탈 사건에 코바가 깊이 간여했다"고 말했다고 썼다.

그다음에 "스탈린은 바쿠 해군 무기창을 습격하자는 아이디어를 생각해냈다." 항상 그렇듯이 "그는 주도적으로 일을 시작하여 우리를 해군의 내부 연줄로 만들었다"고 그의 총잡이인 보코프가 회상했다. "우리는 동지들로 갱단을 꾸렸고… 무기창을 습격하여" 보초 몇 명을 죽였다. 하지만 소소는 "산업가들과의 면담"을 통해 일상적으로도 기부금을 걷었다.

재벌과 중산계급 전문직들 중에는 볼셰비키에게 동조하는 기부자가 많았다. 한 원유 재벌의 아내이자 작가 에사드 베이의 어머니인 베르타 누심바움은 볼셰비키 동조자였다. "어머니는 자신의 보석을 팔아 스탈린의 공산주의자 불법 신문의 발행 자금을 대주었다"고 에사드 베이는 말한다. 유럽에서도 가장 부유한 재벌들인 로스차일드 일가와 다른 원유 재벌들이 결국은 자신들의 이익을 파괴하게 될 볼셰비키에게 자금을 대준 일은 여전히 놀랍다. 알릴루예프는 이런 로스차일드의 지원을 기억했다.

로스차일드 기업의 경영자인 데이비드 란다우는 정기적으로 볼셰비키에게 자금을 지원했다. 이 일은 오흐라나의 기록에 실려 있는데, 그들의 첩자는 스탈린이 바쿠의 당을 운영할 때 원유 회사의 직원인 한 볼셰비키 회계원이 "적극적인 작전이 아니라 기부금을 모으는 데 집중했고 로스차일드 일가 측의 란다우에게서 돈을 얻어낸 일"을 주목했다. 란다우가 스탈린을 직접 만났을 가능성은 크다. 로스차일드 일가의 또 다른 경영자인 펠릭스 소마리 박사는 이 일가의 오스트리아 쪽 지점에서 일하는 은행가이며 후일 저명한 학자가 된 인물로, 자신이 파업을 진정시키기 위해 바쿠로 파견되었다고 주장한다. 그는 스탈린에게 돈을 주었다. 파업은 끝났다.

스탈린은 또 한 명의 고위급 사업가인 시바예프와 비비-에이바트 Bibi-Eibat 원유 회사의 경영자 알렉산드르 만초를 정기적으로 만났다. "우리는 조직에 쓸 돈을 만초에게서 자주 받았다"고 스탈린의 한 부하인 이반 바체크는 기억한다. "그런 경우에는 스탈린 동지가 내게 온다. 스탈린 동지는 그도 잘 알았다." 만초가 헌신적인 동조자였거나 스탈린이 그의 약점을 쥐고 있었거나, 둘 중의 하나다. 시간 여유가 없이 요청했을 때도 돈을 준 것을 보면 그렇다.

스탈린은 보호를 해준다는 명목으로 돈을 받아내기도 했고, 납치도 했다. 많은 재벌들은 자신들의 유정에 불이 나기를 원치 않거나 자기들 가족에게 사고가 닥치기를 원치 않았기 때문에 돈을 주었다. 기부와 보호 명목의 강탈을 구별하기는 힘들다. 이제 스탈린이 그들에게 자행한 중범죄에는 "강도, 습격, 부자 가족들의 고문, 바쿠 길거리에서 대낮에 어린이 납치하기, 그런 다음 혁명위원회의 이름으로 몸값을 요구하기 등이 망라되었다"고 바쿠에서 그를 알던 사기라시빌리가 단언한다. "어린이 유괴는 당시에 거의 일상적인 일이었다"고 에사드 베이는 회고한다. 그는 소년 시절에 코키스 경호원 세 명과 "말에 타고 자기 뒤를 따라오는 무장 하인 한 명과 함께"가 아니면 절대로 밖에 나가지 않았다.

바쿠에서 떠도는 이야기에 따르면 스탈린이 한 유괴 중에서 가장 이익이 컸던 것은 무사 나게예프의 납치였다. 그는 원유 재벌 가운데 순위가 열 번째인 사람으로, 농민 출신이었는데 인색하기로 악명이 높았다. 그리고 베네치아의 팔라초 칸타리니에 감탄한 나머지 스스로 그보다 더 큰 복제품인 베네치아-고딕식의 장엄한 이스마일리예 궁전(현재 과학 아카데미 건물)을 지은 사람이었다. 나게예프는 실제로 두 번 납치되었지만 이런 트라우마에 대한 그 자신의 설명은 혼란스럽고 불분명하다. 두 번 다 협상이 타결되지는 않았지만 볼셰비키가 가담했으리라고 짐작되었다. 오랜 세월이 지난 뒤 나게예프의 손녀 질라르-하눔은 스탈린이 장난처럼 그 원유 재벌에게 볼셰비키에게 후한 기부를 해준 데 대해 감사 인사를 보냈다고 주장했다.*

---

*처음 납치되었을 때 나게예프의 몸값은 1만 황금루블이었다. 그 돈을 내지 않으면 납치범들은 그를 토막내버리겠다고 위협했다. "난 950루블만 낼 수 있소." 나게예프가 대답했다. "물론 당신들은 날 토막내버릴 수 있지만, 그러면 한 푼도 얻지 못할 거요." 그는 950루블만 냈다. 그런 다음 1908년 12월에 나게예프는 검은 머리칼과 특이한 얽은 자국이 있는 그루지야인이 이끄는 갱단에 다시 납치되었다. 이때 나게예프는 10만 루블을 냈

나게예프 같은 백만장자들은 스탈린과 "10분간 대화"를 하고 나면 기꺼이 돈을 냈다고 전해진다. 이는 아마 다음과 같은 특별한 인쇄 양식 덕분이었을 것이다.

볼셰비키 위원회는

귀하의 회사에게

_____ 루블을 낼 것을 제안한다.

이러한 양식의 문서가 원유 회사들에게 배달되었고, 소소의 기술적 보좌관이 현금을 걷어갔다. 그 보좌관은 "스탈린의 경호원이라 알려진 매우 키가 큰 남자인데, 권총을 차고 있는 것이 훤히 보였다. 돈을 내지 않겠다고 할 사람은 아무도 없었다."

볼셰비키의 두목은 바쿠의 조직 범죄단과 친해졌다. 그들의 작전과 모제르 일당의 작전은 중첩될 때가 많았다. 한쪽 갱단이 흑색 도시 안에 있는 어느 폐허로 들어가는 입구를 통제한다. 스탈린은 "갱단과 협의하여 볼셰비키들만 들여보내고 멘셰비키는 저지하도록 했다. 볼셰

다고 한다. 스탈린은 첫 번째 납치 때 바쿠에서 자유로운 상태였지만, 두 번째 납치 때는 바쿠의 감옥에 있었다. 스탈린이 뒤의 사건 때 자유로운 상태였다 하더라도 직접 개입하지는 않았을 것이다. 어쨌든 그는 자신의 범죄-테러리스트 조직을 감옥에서 운영했다. 그는 얼마든지 납치 사건 한 건이나 두 건 모두를 지시했을 수 있다. 반면 그 이야기는 다른 어떤 볼셰비키 회고록에도 등장하지 않으며, 1909년 신문은 두 번째 납치 갱단이 도시의 부총독인 슈빈스키 중령과 연결된 불량한 경찰들이었다고 주장했다. 그럼에도 나게예프는 아마 다른 원유 재벌들처럼 볼셰비키에게 자금을 제공했을 것이다. 다른 원유 재벌들처럼 그도 혁명으로 재산을 잃었다. 그는 1919년에 죽었다.

비키는 특별 암호를 받았다." 러시아의 가장 거친 도시에서 양편 모두 폭력을 사용했다. 원유 재벌들은 체첸인 깡패를 유정의 보초로 고용했다. 가장 부유한 원유 재벌 중 하나인 무차 무흐타로프는 프랑스 스타일의 고딕식 성을 기초로 지은, 바쿠에서 가장 큰 궁전에 살았다. 그는 자신의 경호원들에게 젊은 스탈린을 죽이라고 명령했다. 아마 무흐타로프의 명령에 따른 것이었겠지만 체첸인들은 소소를 죽도록 두드려 팼다.*

스탈린의 보안은 너무나 완벽했다. 모제르 일당인 보코프의 말에 따르면, "가끔은 비밀주의가 너무 심해 우리도 그가 어디 있는지 여섯 달씩이나 모를 때도 있었다! 그는 장기적으로 거주하는 주소도 없었고 우리에게도 오직 코바로만 알려졌다. 그와 약속이 있을 때 그는 절대로 제 시간에 오지 않았고, 하루 일찍 오거나 늦게 온다. 그는 절대로 옷을 갈아입지 않았기 때문에 실직자처럼 보였다." 소소의 동지들은 그가 흔히 보는 열정적인 캅카스인과 다름을 알아차렸다. "감성이란 그에게는 낯선 영역이었다." 한 동지가 말한다. "그가 동지를 아무리 사랑했

---

*이때의 구타 사건은 무척 굴욕적이었다. 그가 제2차 세계대전 기간에 체첸인 전체를 잔혹하게 유배시켜 수십만 명의 목숨이 사라지게 만든 것은 이 사건 때문이었는지도 모른다. 하지만 그는 전쟁 동안 다른 민족들도 똑같이 유배를 보냈고, 그런 일과 관련이 없는 폴란드인과 한국인까지 제물로 삼았다. 무흐타로프에 대해 말하자면 그는 1920년에 붉은 군대가 바쿠를 점령했을 때 자신의 궁전을 볼셰비키에게 내주기를 거부했다. "내가 살아 있는 한 군인장화를 신은 그 어떤 야만인도 내 집에 들어오지 못해!" 그는 소리치면서 볼셰비키에게 총격을 가했고, 끝내 정복당하자 스스로 총을 쏘아 자살했다. 그는 자신의 아름다운 아내 리자-하눔에게 그 성을 바쳤는데, 그녀는 지하실에서 목숨을 부지하고 있다가 터키로 달아났고, 그곳에서 1950년대까지 살았다. 무흐타로프의 성은 현재 바쿠 결혼식장으로 쓰인다.

어도 당의 문제를 조금이라도 망친 이는 절대로 용서하지 않았다. 산 채로 껍질을 벗기기라도 할 것 같았다."

그리하여 그는 또다시 돈과 총을 모으는 데 성공했지만, 거기에는 항상 인명의 희생이 있었다. 알렉신스키나 젬리아치카 같은 전통적인 볼셰비키들은 "이런 약탈과 살인에 대해 심하게 분노했다." "스탈린은 한 멤버에게 화풀이를 했다. 확실한 증거는 없지만 그 사람은 도시 밖으로 쫓겨났고, '재판을 받아' 사형 선고를 받고 총살되었다."

스탈린은 자신이 말만 많은 지식인이 아니라 프라크티크praktik, 즉 실천가적인 강인한 남자, 그가 '검은 일'라 부른 것의 전문가임을 자랑삼았다. 하지만 그의 재능은 두 가지 모두 가능하다는 데 있었다. 레닌은 곧 스탈린의 강도 사건에 대해 홍수 같은 불만을 들었다. 그러나 그때쯤 스탈린은 "캅카스의 진짜 두목"으로서, "그를 존경하며 그에게 헌신하는 수많은 지지자를 거느린 레닌 이하 당의 제2인자였다. 지식인들 가운데 그를 좋아하는 사람은 적었지만 그가 가장 원기왕성하고 없으면 안 되는 사람임을 다들 인정했다"고 불리크는 쓴다.

소소는 추종자들을 잘 돌봐주었으며, 그들에게 "전기 자극 같은 효과"를 주었다. 그는 정치적 친교의 재능이 있었으며, 그가 권좌에 오르는 데에도 그 재능이 큰 역할을 했다. 스톡홀름에서 그와 한방을 썼던, 금발의 열성분자, 멋쟁이 선반공인 보로실로프*는 바쿠에서 그에게 합

---

*보로실로프 원수가 말년에 스탈린의 총애를 잃었을 때 그는 애걸하곤 했다. "하지만 코바, 우리는 1907년에 바쿠에서 친해졌잖아." "난 기억이 나지 않아." 스탈린은 대답했다. 그의 장래 삶에 대해 알려면 에필로그를 보라.

류했지만 병이 들었다. "그는 매일 저녁 날 보러 왔다." 보로실로프는
말했다. "우리는 농담을 많이 했다. 그는 내게 시를 좋아하는지 물어보
고는 네크라소프의 시를 전부 암송해주었다. 그런 다음 함께 노래했다.
그는 정말 목소리가 좋았고 귀도 예리했다." "시와 음악은 정신을 고양
시켜주지!" 스탈린은 보로실로프에게 말했다. 알릴루예프가 다시 체
포되었을 때 그는 가족이 걱정되어, 석방되자마자 소소에게 의논을 하
러 왔다. 소소는 그가 떠나야 한다고 주장하면서 모스크바로 이사할 돈
을 주었다. "돈을 가져가. 자네는 애들이 있으니까. 그들을 돌봐야 해."

카토의 죽음은 심각한 타격이었지만, 1908년 초반에도 '코바 카토'
라고 기사에 서명하던 홀아비는 파티를 즐길 시간이 있었고, 여자친구
가 부족한 적이 한 번도 없었다.

23장

★★

살인, 광기, 감옥 게임

일당들이 어떤 사건을 처리할 때마다 스탈린과 스판다리안은 전리품의 일부로 광적인 파티를 벌였다. 당의 끝없는 정치적 분파주의에 관한 지극히 볼셰비키적인 농담으로 소소는 이런 파티를 우클로네니아 uklonenia, 즉 일탈이라 일컬었다.

"스탈린이 여분의 돈을 좀 모아 오면 우리는 멀리 떨어진 식당이나 근사한 레스토랑의 별실에서 '일탈적인' 모임을 가지곤 했다. 주로 트레이딩 가의 스베트 레스토랑에서 잔치를 벌였다. 특히 어떤 행동의 성공을 축하한 뒤에는 그랬다. 스판다리안은 특히 '일탈'을 좋아했다. 그런 자리에서는 솔직하게 이야기하고 맛있게 먹고, 특히 스탈린이 크게 노래할 수 있었기 때문이다." 스판다리안이 가는 곳에는 대개 여자들이 따라왔다.

바투미에서 온 한 동지는 그의 예쁜 누이인 알바시 탈라크바제를 스탈린에게 소개했다. 그녀는 열여덟 살밖에 안 되었고, 스스로 응석받이라고 털어놓았는데, 혁명적 열정으로 불타올랐다. "코바(바쿠 프롤레타리아의 우두머리)는 비비-에이바트 유정에 있는 우리 오빠의 꽃가게 뒷방을 자기 본부로 썼다." 그녀는 이렇게 설명한다. 그래서 스탈린은 탈라크바제를 휘하에 거두었고 그녀에게 '플러스 동지'라는 별명을 붙여주었다. 그녀가 워낙 열성적이었기 때문이다. 터무니없을 정도로 허세가 넘치는 스탈린주의적 용어로 쓰인 그 소녀의 회고록에는 두 사람이 가까운 관계였음이 기록되어 있다. "코바는 사회정치적 주제에 대한 토론을 지도하고 내 계급의식을 계발시키고 승리에 대한 믿음을 알려주면서 나를 이데올로기적으로 계몽시킨다." 계급의식을 계발하고 승리에 대한 믿음을 알려준다는 말은 완곡한 표현으로 읽고 싶어진다. 알바시 탈라크바제는 나중에 자신이 1908년에 스탈린의 여자친구였음을 밝혔기 때문이다.

음모를 꾸미는 데 있어 그의 재능은 독창적이고 때로는 소름이 끼치기도 했다. 이 여자친구가 "첩자를 따돌리는 데 능숙해지긴 했지만 가장 독창적인 재주를 고안해내는 것은 코바였다." 어느 날 그는 그녀에게 어떤 비밀 자료를 관 속에 담아 발라하나 유전으로 가져가라고 지시했다. 스탈린은 그녀를 묘지로 보내고 희곡작가처럼 그녀가 해야 할 연기를 지시하면서 "너는 죽은 아기 남동생을 맨손으로 파묻으면서 애도하는 누이의 역을 해야 해"라고 말했다. "머리도 풀고 관을 부여잡고 흐느끼면서, 이제 너는 혼자 남았다고 말하고 동생의 죽음을 네 탓이라고 자책해야 해. 너무 깊이 묻지는 말고." 그는 그녀에게 삽을 하나 주었다. '감독'은 은밀하게 그녀를 관찰하면서 그녀의 연기를 칭찬했다.

그녀는 나중에 곰곰 생각했다. "그가 나를 어떻게 그토록 예리하게 지켜보았는지 지금도 모르겠다."

그가 사귄 여성동지가 알바시 탈라크바제뿐만은 아니었던 것으로 보인다. 그는 "유명한 여성 활동가"인 루드밀라 스탈도 알게 되었는데, 나중에 그녀는 "풍만하지만 예뻤다"는 평을 들었다. 우크라이나 남부의 제철소 소유자의 딸인 그녀는 소소보다 여섯 살 위였고, 감옥에도 이미 여러 번 다녀왔다. 얼마 지나지 않아 그녀는 파리로 망명을 떠났다. 두 사람의 관계는 간헐적으로 이루어졌다고 하는데, 좀 더 젊었던 스탈린에게는 그 영향이 좀 있었다. 뒤에 스탈린이 레닌을 만나러 외국에 나갔을 때, 레닌과 가까이에서 일하던 루드밀라와 만났을 수도 있다. 하지만 그들의 친분을 보여주는 증거로 남은 것은 전혀 없다. 오직 평생에 걸친 놀라운 유물 하나, 스탈린이라는 그의 유명한 이름만 남았다.

비밀경찰은 스탈린이 트빌리시 사건 이후 여러 도시로 옮겨 다니는 동안 그의 종적을 놓쳤지만, 이제 그들은 그의 사건을 다시 손에 들었다. 스탈린의 부하 암살자인 보코프가 체포된 것이다. "헌병대는 내게 물었다. 스탈린은 대체 누구이며, 특히 그가 (바쿠 부두의) 강도 행각에서 맡은 역할이 무엇이었는가?"

1908년 3월 15일, 헌병대는 인민회의장에서 열린 당대회를 급습했다. 스탈린, 샤우미안, 스판다리안은 달아났지만 헌병대는 모제르 일당들을 추적하고 있었다. 친차제와 일당들이 국립은행과 금을 실은 배를 털 날짜를 결정하고 있을 때 헌병대와 카자크들은 "우리의 은신처에 쳐들어왔다." 총격전이 벌어져 카자크 여러 명이 죽었지만, 일당들은 모제르 일당 가운데 가장 뛰어난 저격수이며, 트빌리시 강도 사건에도 참가한 베테랑 인치키르벨리를 잃었다. 계획은 포기되었다. 카프타라제는 비밀업무를 중단하고 페테르부르크대학교로 갔다. 하지만 그는 스탈린의 인생에 끝까지 남는다.

3월 25일 밤, 바쿠 경찰국장은 "범죄자들의 소굴 여러 군데를 급습하여 몇몇 용의자들을 체포했다. 그중에는 범죄 서류를 소지한 가이오즈 베소에비치 니체라제가 있었는데, 나는 그를 헌병대의 처분에 맡겼다." 이 사람은 니체라제라는 귀족의 여권을 갖고 있었지만, 아마 그 아버지의 이름을 딴 '베소의 아들'이 캅카스에서 가장 유명한 볼셰비키인 '제2의 레닌'이라는 실제 정체를 더 잘 말해줄 것이다. 4년 만에 오흐라나는 스탈린을 잡았다.[1]

푸른색 비단으로 된 겉옷과 근사한 캅카스 후드를 입은 새 죄수가 바쿠의 바일로프 감옥에 들어갔을 때 다른 정치범들 사이에는 조심하라는 말이 돌았다. "이건 비밀인데, 저게 코바야!" 그들은 경찰보다도 스탈린을 더 두려워했다.

보기맨bogeyman(두려움을 안겨주는 형체 모를 괴물, 도깨비 같은 존재-옮긴이)은 실망시키지 않았다. 그는 "자신은 옆에 비켜나 있으면서도 조용하게 사람들을 선동하는 능력"을 갖고 있었다. 그 교활한 음모가는 그 어떤 필요한 수단도 거부하지 않으면서 공적인 책임은 지지 않을 수 있었다. 유전 한가운데 자리 잡은 저 유명한 바일로프 감옥에서 7개월을 지내면서 스탈린은 그곳의 권력 구조를 지배했다. 그는 책을 읽고, 미래의 언어라고 여긴 에스페란토어*를 공부했고, 일련의 배신자 사냥을 일으켰는데, 많은 경우 그들을 죽이는 것으로 끝을 냈다. 바일로프 감옥에서 스탈린의 치세는 러시아에서 그가 시행하게 될 독재체제의 축소판이었다.

소소는 주로 볼셰비키 정치범들이 있던 3호 감방에 배치되었다(멘셰비키 정치범들은 거의 모두 7호 감방이었다). 바일로프 감옥의 정치범들은 워낙 조직이 잘 되어 있어서, 이들은 그곳을 자격심사위원회라 부를 정도였다. 감방에서 스탈린은 동료 볼셰비키 프라크티크인 세르고와 멘셰비키 하수인인 비신스키를 만났다. 비신스키는 음식을 담당하는 장로로 선출되었는데, 부유한 아내와 부모로부터 정기적으로 맛있는 사식私食을 받았으므로, 이는 현명한 처사였다. 그는 이런 사식을 스탈린과 나눠 먹었다. 그가 대숙청에서 살아남은 데는 이런 관대함이 기여했는지도 모른다.

장로들은 하루 시간을 여가, 청소, 토론으로 나누었다. 그들은 침대를 함께 쓰는 짝의 배치와, 설거지, 변기통 비우기 같은 일도 할당했지만, 스탈린은 스탈린답게 그런 임무에도 매이지 않을 때가 많았다고 사크바렐리제가 기억한다.

감방 동료인 멘셰비키 세미온 베레시차크는 바일로프 감옥에서의

---

*권력을 잡은 후 그는 에스페란토어 사용자들을 박해하고 체포했다.

스탈린에 대한 예리한 묘사를 남겼다. 그는 스탈린의 조야한 잔꾀를 혐오했지만 그러면서도 자신도 모르게 스탈린의 뛰어난 확신, 예민한 지성, 기계 같은 기억력, 냉철함에 매혹되었다. "그를 당황시키기는 불가능했다. 아무것도 그를 혼란스럽게 만들 수 없었다!" 스탈린은 감옥 마당에서 사람들이 교수형당하는 소리가 들릴 때도 깊이 잠들 수 있었던 유일한 죄수였다.

배신자에 대한 사형 선고를 소소가 내리지는 않았다. "바일로프 감옥에서 비밀요원은 대개 살해되었다." 하지만 심문과 재판을 거쳐야 했다고 베레시차크는 설명한다. 스탈린은 대리인을 시켜 몰래 죽였다. 먼저 "그리스인 미트카는 한 젊은 노동자를 경찰 첩자라는 이유로 칼로 찔렀다. 그 살해를 지시한 것은 코바였다." 그런 다음 "한 젊은 그루지야인이 정치 건물의 복도에서 구타당했다. 소문이 퍼졌다. '선동분자!' 모두들 무엇이든 잡히는 대로 들고 그를 때려, 벽에 피가 튀었다. 피에 젖은 그의 몸은 들것에 실려갔다. 나중에 우리는 그 소문이 코바에게서 시작되었음을 알게 되었다."

정치범들은 토론을 하다가 분위기가 험악해질 때가 많았다. 스탈린이 가장 싫어한 것은 레프 톨스토이를 추종하는 기독교 사회주의자들이었다. 항상 행동이 앞서고 생각은 뒤에 하는 세르고 오르조니키제는 사회주의자혁명가당원 몇 명과 싸움을 했다. "세르고는 그들을 때렸지만 사회주의자혁명가당원들 가운데 세르고를 때릴 만큼 힘이 센 사람은 없었다." 스탈린은 나중에 오르조니키제와 보로실로프와 함께 소련을 다스릴 때, 보로실로프에게 보낸 편지에서 오르조니키제의 자존심을 지켜주기 위해 이렇게 말했다. 하지만 실제로는 사회주의자혁명가 당원들이 세르고를 때려눕혔다.

스탈린은 자신을 "마르크스에 관한 최고 권위자로 만드는 방법으로 정치적 딜레마를 처리했다. 마르크스주의는 남에게 정복당하지 않을 그 자신의 본질이었다. 그는 어떤 것을 어떻게 적절한 공식에 따라 마르크스로부터 차용해올지 알고 있었지만" 그의 스타일은 불쾌하고 조야하고 재치도 없고 무미건조하고 형식적이었다.*

스탈린은 여전히 혁명가들보다 무뢰배들을 선호했다. 그는 "항상 백정, 중상모략자, 강도, 총잡이들의 무리, 즉 모제르 일당들과 함께 있었다." 일반범들이 정치범들을 습격하는 때도 있었지만, 아마 스탈린에 의해 조직되었을 그루지야 범죄자들은 정치범의 경호원 노릇을 했다. 권좌에 올랐을 때 그는 범죄자들을 엔카베데로 승진시켜 동지들에게 충격을 주었지만, 그는 평생 범죄자들을 이용해왔다.

이들 두 부류는 합심하여 레슬링 시합이나 머릿니 달리기 시합 같은 감옥 내 게임에서 내기를 걸었다. 스탈린은 체스를 좋아하지 않았지만 "그와 세르고 오르조니키제는 종종 밤새도록 주사위 놀이를 했다." 가장 잔혹한 게임은 '광기'였다. 젊은 죄수 한 명을 범죄자들의 감방에 넣어두고 미치도록 괴롭힌다. 그 젊은이가 정신이상이 될 때까지 얼마나

---

*스탈린은 그의 모제르 일당들 가운데 많은 수를 바일로프 감옥에서 만났다(감방 동료인 사크바렐리제 형제들도 마찬가지다). 멘셰비키 중에서 그의 적대자이며, 신학교에서 만난 데브다리아니, 바투미에서 만난 이시도르 라미시빌리 역시 비좁은 감방에 있었지만, 이제 두 파벌은 다시 함께 일하지 않을 수 없었고, 그의 강도짓에 대해서는 눈을 감아주었다.

오래 걸리는지를 놓고 내기가 걸렸다. 가끔 그 희생제물은 정말로 미쳐 버리곤 했다.

감옥은 스톨리핀이 벌인 탄압의 제물로 넘쳐났다. 400명을 수용하도록 지어진 감옥에 1,500명이 갇혀 있었다. 스탈린은 폐가 검게 변해 고통스러워했는데, 더울 때는 숨 쉬기가 힘들었다. 같은 감방에 한동안 있었던 건장한 '술통' 므디바니는 소소를 어깨에 태워 높은 창문에서 공기를 들이마시게 해주곤 했는데, 그러면 감방의 다른 사람들은 웃으며 소리쳤다. "들어 올려, 술통, 들어 올리라고!" 그가 나중에 크렘린으로 스탈린을 찾아가면 스탈린은 항상 "들어 올려, 소소!"라고 하며 그를 맞아주었다.

스탈린은 감방의 여건에 대해 항의하고 당국을 도발했다. 당국은 중대 병력을 보내 정치범들을 구타했다. 호되게 당할 상황에서 "코바는 라이플총의 개머리판으로 맞으면서도 손에 책 한 권을 들고 머리를 꼿꼿이 세우고 걸었다"고 베레시차크가 주장했다. 이에 응하여 "그는 총검으로 찌르겠다는 위협을 무시하고 감방 문을 배설물 양동이로 후려쳤다."

"누군가의 발가락을 밟지 않고는" 움직일 수도 없을 정도로 방은 비좁았지만, 감방에 인원이 너무 많다 보니 오히려 협잡이 개입될 기회가 생겼다. 스탈린과 한 침대를 쓰는 고리 출신의 나디라제Ilia. P. Nadiradze는 자기 아내에게 케케를 모시고 바쿠에 오도록 시켰다. 두 여성은 각기 아들과 남편을 찾아왔다. 스탈린은 "그녀를 매우 따뜻하게 맞았다. 어머니는 외아들을 보자 울음을 터뜨렸다." 하지만 그는 "혁명가는 감옥에 가지 않을 수 없다고 말하면서 어머니를 안심시켰다. 우리는 두 시간 동안이나 즐겁게 수다를 떨었다"고 나디라제가 말한다. 스탈린은 어머니를 통해 바쿠의 혁명가들에게 비밀 메모를 전달하려 했다. 그 바람에 케케는 거의 체포될 뻔했다.

일당들은 소소를 탈출시킬 계획을 짜고 있었다. 밤에 그는 간수가 몰래 들여보낸 쇠톱을 써서 감방 철봉을 잘랐다. 감옥 벽 밖에서는 약속된 날 모제르 일당들이 그를 자유로 데리러 가기 위한 쌍두마차 한 대를 대기시켜두었다. 하지만 매수하기가 불가능한 카자크병이 보초 당직을 선 걸 보면 그 계획은 새어나간 게 틀림없었다. 스탈린의 탈출 시도는 취소되어야 했다.

언제나처럼 혼란과 관용 속에서 우왕좌왕하며 삐걱대던 차르 체제는 그의 정체를 밝혀내고 기소하는 데 평소보다도 더 오래 걸렸다. 마침내 그는 아시아 쪽 시베리아가 아니라 유럽에 속하는 볼로그다 주에서 고작 2년간의 유형이라는 무겁지 않은 선고를 받았다.

떠나기 직전, 과밀한 바일로프 감옥이 온통 무질서한 상태인 덕분에 스탈린은 다른 죄수 한 명과 자신을 맞바꿀 기회를 얻었다. 일은 계획대로 진행되는 것처럼 보였다.* 대리자가 그의 자리에 들어앉았다. 소소는

---

*고리에서 온 남자 나디라제는 이 맞바꾸기를 조정한 사람이다. 그리고 그와 같은 감방을 썼던 또 다른 죄수 안드레이 비신스키가 있는데, 광적인 데다 공포의 대상이었던 그는 스탈린의 검찰총장이 된다. 나디라제는 1937년 7월에 대숙청이 맹위를 떨칠 때 안드레이 비신스키에게 다음의 편지를 써 보냈다. 자신이 정치적 살해에 대한 형기를 치렀고 스탈린의 맞바꾸기와 탈출을 도왔다는 것이다. 비신스키는 앞의 사실은 인정했지만 이 음산한 생존자는 맞바꾸기에 대해서는 애매모호한 태도를 취했다. "스탈린 동지와 맞바꿀 사람을 준비했다는 사실에 대해서 말하자면… 나는 기억이 나지 않으니 확증해줄 수가 없

동료 죄수들에게 작별의 키스를 하고, 감방에서 호송되어 나갔다.[2]

다." 나디라제는 대숙청 때 조사 대상이었음이 분명하다. 그렇지 않았다면 그런 위험한 순간에 이 위험한 비신스키에게 그 민감한 주제를 들고 탄원하지 않았을 것이다. 하지만 그 일이 완전히 사실이 아니었다면 그런 편지를 쓴다는 건 생각도 못할 일이었을 것이다.

24장

★★

'강의 수탉'과 귀족 여성

하지만 어디에선가 그 맞바꾸기는 실행되지 않았다. 스탈린을 대체하기로 한 죄수가 자신의 유배장소로 때맞춰 이송된 것을 보면 그가 바일로프 감옥을 떠나기도 전에 정체가 드러났음이 분명하다(그의 탈출 계획을 밀고한 바로 그 경찰 첩자에게 배신을 당했거나, 매수되지 않은 간수에 의해 좌절되었거나). 볼로그다는 시베리아보다 훨씬 가깝지만 그곳까지 가는 데는 모스크바의 부티르키 감옥에 수감된 기간을 포함하여 석 달 이상이 걸렸다. 스탈린의 대숙청 때 그 감옥에서는 수많은 사람들이 죽어나간다.

소소는 이번에도 겨울옷이 없었으므로 바쿠에 있는 샤우미안에게 도움을 청하는 편지를 썼다. "헌옷조차 구할 수 없었지만 그에게 5루블을 보냈다"고 샤우미안은 썼다. 스톨리핀은 바쿠의 느슨하던 체제를 바짝 조였다. 경찰은 그곳의 볼셰비키를 와해시키는 데 성공했고, 그 당원들은 사라지는 중이었으며, 지도자들은 체포되거나 살해되었다.

"돈이 없으면 혁명가들은 배가 고프거나 허약해진다." 샤우미안은 이렇게 기록했다.

볼로그다 감옥에서* 스탈린은 당국에 도전하여 저항을 주도했다. "사실 그는 누구에게도 제대로 복종하지 않았다. 무력이 가해질 때 뒤로 물러났을 뿐이다." 함께 수감되었던 동료 죄수가 말한다. 볼로그다 읍내에서 유배장소로 가는 길에 그는 티푸스에 걸렸다는 이유로 안락한 비아트카 병원에서 잠시 쉬었다. 아니면 의사를 꾀어냈는지도 모른다. 마침내 얼어붙은 풍경 속으로 썰매를 타고 달려간 스탈린은 1909년 2월 하순에 솔비체고드스크 마을에 도착했다.

솔비체고드스크 마을의 450명가량의 유형자들 중 그를 가장 먼저 맞아들인 여자 유형수가 있었다. 그녀는 타티야나 수호바라는 교사였는데, 나중에 스탈린과 연애하는 사이가 된 것 같다.

솔비체고드스크 마을에서 지낸 길지 않은 시간에도 그는 몇 안 되는 정치범 집단에서 애인을 두 명 얻었다. 돈도 한 푼 없고 유명하지도 않았던 그 시절에도 그는 항상 애인을 달고 다녔다. 한 명 이상일 때가 많았다. 유배 기간 동안 그는 자유분방한 남자로 살았다.

몰로토프의 기억에 의하면, 여자들은 얼굴이 얽었고 주근깨가 있는데도 스탈린을 미남으로 생각했다. "그가 여자들을 잘 사귄 걸 보면 여

---

*그곳의 간수장은 세로프라는 사람으로, 아이러니하게도 미래에 장군이 되는 이반 세로프의 아버지였다. 스탈린의 최고 비밀경찰 중의 한 명인 세로프 장군은 체첸인과 다른 민족들을 이송시킨 사람이며 KGB 초대 국장이 된다.

자들이 반하는 면이 있는 모양이다. 그는 눈이 꿀 빛깔이었고 예뻤다."
소소는 "매우 매력적이었다"고 장래의 처남댁이자 아마 애인이기도
했을 제냐 알릴루예바가 딸에게 말했다. "그는 여위고, 강인하고 원기
왕성했다. 머리숱이 무척 많고 눈이 번쩍거렸어." 다들 그 '불타는 눈'
에 대해 언급했다.

아름답지 못한 특징도 매력적으로 보였다. 그의 수수께끼 같은 처신,
거만함, 무자비함, 고양이 같은 경계심, 강박적인 학습태도, 예리한 지
성이 아마 여성들에게 더 매력으로 작용했을 것이다. 엉뚱함이 괴팍함
으로 보일 수도 있었다. 무관심한 태도 자체가 오히려 유리하게 작용했
는지도 모른다. 자신을 돌보는 능력의 결여(외롭고 여위고 무뚝뚝함)가
평생 여성들에게 그를 보살펴주고 싶게 만든 것은 틀림없다. 그리고 그
의 민족성도 한몫했다.

그루지야인들은 열정적이고 낭만적인 것으로 유명했다. 무뚝뚝하고
퉁명스럽지 않을 때 스탈린은 그루지야 기사 스타일의 구애자처럼 굴
었다. 노래를 해주고 여자들의 예쁜 옷을 칭찬하고, 비단 손수건과 꽃
을 선물했다. 더욱이 그는 성적인 측면에서도 우월했다. 마음이 내킬
때는 동지들의 아내와도 사통했고, 특히 유배당했을 때는 더욱 그랬다.
연애대장 스탈린은 남자친구, 심지어 남편일 때도 가끔은 부드럽고 유
머러스했다. 하지만 전통적인 그루지야식 카사노바를 기대했던 여자
들은 그를 더 잘 알게 되면 반드시 크게 실망했다.

기묘하고 괴팍하고 공감능력이 없었던 그는 성격과 가족과 신체에
대한 콤플렉스를 잔뜩 지니고 있었다. 그는 달라붙은 발가락에 대해 너

무나 민감하게 반응하여, 나중에 크렘린 의사들이 발을 진찰할 때 발 외의 다른 신체 부위와 얼굴까지도 담요로 덮어버렸다. 나중에 공식 사진을 찍을 때는 경호원더러 얽은 자국에 분을 바르게 했다. 그는 벌거 벗는 것을 수치스럽게 생각했고, 러시아식 목욕탕인 바냐^{banya}에 가서도 마찬가지였다. 또 부자유스러운 팔에 대해서도 언짢게 느꼈다. 팔이 뻣뻣했기 때문에 여자들과 블루스를 출 수가 없었다. 그는 "여자의 허리를 끌어안을 수 없다"고 인정했다. 카토가 결혼생활에서 알게 되었듯이, 그는 도저히 손댈 수 없이 소원하고 알기 힘든 사람이었다. 그의 작열하는 자기중심적 에너지는 주위의 모든 공간에서 공기를 빨아들이며, 약한 쪽에게 감정적인 영양분을 공급해주지 않고 그들을 마모시켰다. 부드러운 순간들이 있기는 했지만, 그런 것이 얼음장 같은 소원함과 까다로운 성미의 과민함을 보상해주지 않았다. 나타샤 키르타바가 알게 된 것처럼 그는 화가 나면 악질적으로 변했다.

그의 관심사에서 여자는 순서가 뒤로 밀렸다. 혁명, 자기중심성, 지적 추구, 남자친구들과의 술자리보다도 훨씬 낮았다. 조야한 남성성과 빅토리아식의 고답적인 허세가 뒤섞인 그는 전혀 감각주의자가 아니었고 쾌락주의자도 아니었다. 그가 자신의 성생활에 대해 이야기한 적은 거의 없었지만, 여러 여자를 상대했다.

동지들의 뻔뻔스러운 바람기에 대해 너그러웠던 것도 이 때문이라고 볼 수 있을 것이다. 바쿠의 스판다리안은 그 점에서 악명이 높았다. 나중에 소련의 지도자들이 된 예누키제와 베리야는 모두 성기가 못쓰게 될 정도로 방탕하게 살았다. 능력이 있고, 열심히 일하고, 충성스럽기만 하다면 그들은 안전했다. 스탈린은 그 자신의 삶에서는 섹스를 도덕적 문제라기보다는 보안에 관한 문제로 여겼다.

한편으로 그는 자기 어머니 같은 강하고 영리한 여자를 불신했고, "사상이 있고" 자만심 있는 여자를 경멸했으며, 향수를 지나치게 뿌리고 얼굴이 예쁜 여자, 플레하노프의 딸처럼 하이힐을 신은 여자를 싫어했다. 그는 더 어리고 사고뭉치인 10대 여자들이나 자기에게 헌신할 뚱뚱한 농민 여성을 선호했다. 그러면서도 1930년대까지도 그는 자신보다 사회적으로 더 우월한 계층인 교육받은 여자들, 자유사상을 가진 여성 혁명가들, 자신과 지적으로 동등한 여자, 때로는 귀족 여성들 중에서도 애인을 얻었다. 하지만 마르크스사상이 요구하는 임무와 자신을 따로 격리시킨다는 느낌을 항상 가장 우선시했다.

방랑하는 마르크스주의의 십자군이 허공 속으로 사라지고 싶어 할 때 여성들이 (그리고 편리한 일은 아니지만 아이들이 함께 있다면 그들 역시) 그것을 이해해줄 거라는 기대를 품는 것이다.

타티야나 수호바는 다른 유형수 몇 명과 함께 자기 집에 앉아 있었는데, 어떤 사람이 와서 전했다. "새로 유형수들이 왔는데, 그중에는 바쿠에서 온 동지인 오시프 코바가 있어요. 그가 핵심이고 전문가입니다." 조금 뒤, 동료 유형수가 준 제대로 된 옷으로 차려입은 오시프(이 오시프의 러시아식 약칭)가 "높은 장화, 검정 외투, 검은 비단 셔츠, 높은 아스트라한Astrakhan (새끼양털가죽, 또는 털이 곱슬곱슬한 모직물-옮긴이) 모자를 쓰고, 어깨에는 캅카스식 후드를 두른" 차림으로 그들 집에 들어왔다.

솔비체고드스크에 당도했을 때는 봄이었다. 그곳은 중세 이후 700년 간 모피 거래의 거점으로서 먼지투성이의 광장과 한 상인의 목조 저택, 우체국, 아름다운 16세기식 교회가 있었다. 브체그다 강물이 읍내를 관통하여 흘렀다. 유형수 열 명은 공동 주택에서 살았는데, "우리에게 는 정말 구원이었다. 그렇게 하면 계속 활동적으로 살아갈 수 있기 때 문이었다. 마치 대학 같았다. 심지어 강의도 있었다. 그곳에서 혼자 살 다 보면 술을 마실 때가 많아진다"고 타티야나 수호바가 말한다.

'강의 수탉River Cock'이라는 별명을 가진 그곳 경찰국장 지빌레프는 몸집이 작고 성마른 사람으로, 음성이 가늘고 높았으며 말이 많고 희극 적인 인물이었다. "솔비체고드스크의 신이자 차르"로 통하는 그는 유 형수 다섯 명 이상이 모이는 것, 연극 놀이, 심지어 스케이팅이나 보트 타기, 버섯 따기도 금지했다. 이런 규제가 조금이라도 위반되면 그는 성질 사나운 수탉처럼 강둑에서 유형수들을 쫓아가곤 했다. 그 별명은 그 때문에 붙은 것이다.

지역 경찰들에 의하면 스탈린은 "잔인하고 외향적이고 상급자들을 존경하지 않았다." '강의 수탉'은 그가 혁명 서적을 소리 내어 읽었다 는 이유로 가두었고, 극장에 갔다는 이유로 25코펙의 벌금을 물렸다.*

---

*소소는 부쳐온 돈을 찾으러 갔을 때 만난 우체국 직원과 친구가 되었는데, 그는 간수 노 릇도 겸하고 있었다. 소소는 여름 동안 숲 속에서 혼자 사냥하기를 좋아했는데, 거기서 그 우체국 직원-간수를 만나 그곳 감옥의 죄수들에게 전달할 메모를 주곤 했다. 그 지역 의 사제는 스탈린에게 자기 서재를 쓸 수 있게 해주었다.

하지만 유형수들 사이에서는 은밀하게라도 광적인 파티가 열렸고, 연애 사건도 없을 수 없었다. "우리는 노래하고 춤추기 시작했다"고 소녀 슈라 도브론라보바가 기억한다. "코바는 손뼉을 치고 있었는데 갑자기 그의 말소리가 들렸다. '슈라는 삶의 기쁨이야!' 나는 수수께끼 같은 미소를 머금고 나를 바라보는 코바를 보았다." 그 뒤에 일어난 일은 기록되어 있지 않다.

한번은 유형수들이 함께 배를 타면서 붉은 깃발을 흔들고 노래를 부른 적이 있었다. '강의 수탉'은 소리를 지르며 강둑을 따라 뛰었다. "노래 멈춰!" 하지만 그들 모두에게 벌을 줄 수는 없었으므로, 그들은 무사했다.

스탈린은 유형수들을 모아 이런 비밀 집회를 자주 열었지만, "다른 모든 멤버들을 매우 주의 깊게 관찰했다"고 알렉산드르 두브로빈이 기억한다. "그리고 모든 행동을 보고하라고 요구했다." 두브로빈의 회고록에 담긴 의미는 스탈린이 배신자를 추적하고 그들을 죽이라고 명령했다는 뜻이다. "무스타파라는 유형수가 있었다. 그는 나중에 배신자임이 밝혀졌다. 한 동지에 따르면 그는 비체그다 강의 높은 강둑 아래에서 물에 빠져 살해되었다고 한다."

"나는 스탈린의 방에 자주 찾아갔다"고 스물두 살의 나이에 엷은 갈색의 머리칼과 회색빛 눈을 가진 타티야나 수호바는 회상한다. "그는 가난하게 살았고, 판자를 덮은 나무 상자에 짚을 넣은 자루를 올려놓고 그 위에서 플란넬 담요를 덮고 잤으며, 베갯잇은 분홍색이었다." 그는 우울했다. 카토가 죽은 지 아직 몇 달도 지나지 않았다. "그는 낮에도 자기 방에 누워 있을 때가 많았다." 하지만 언제나 그렇듯이 책은 그의 위안이자 성채였다. "매우 추웠으므로 그는 외투를 입고 책으로 주위를 둘러쌌다." 하지만 그녀는 자신이 그를 즐겁게 해주었다고 한다. 그들은 점점 더 많은 시간을 함께 보냈으며, 다른 사람들을 비웃고, 보트를 타며 데이트를 하기도 했다. 우정이 일종의 연애로 변했고, 스탈린은 1930년대까지도 수호바를 좋아했던 것으로 보인다.* 그는 나중에 그녀에게 편지를 써서, 연락을 계속 취하지 않은 것을 용서해달라고 간청했다. "약속과는 다르게 당신에게 카드 한 장도 보내지 않았군요! 내가 여러 약속을 했던 걸로 기억해요. 난 짐승 같은 놈이지만 이건 사실이오. 원한다면 내 사과를 받아주시오. 계속 연락합시다!" 그들은 1912년까지 다시 만나지 않았다.

6월에 그 지역 경찰은 소소가 다른 유형수 전원이 모인 회의에 참석했다고 기록했다. 그중에는 스테파냐 페트로프스카야라는 여자가 있었는데, 그녀는 스탈린과 결혼까지도 고려할 정도로 진지하게 연애하는 사이가 되었다.

스테파냐는 스물세 살 난 교사로서, 사회적 계층으로 보면 스탈린보다 우위에 있는 오데사의 귀족 여성이었다. 가톨릭교도인 그녀의 아버지는 도심에 집이 있었다. 그녀는 그곳에서 엘리트 김나지움을 졸업했고, 고등교육을 받았다. 경찰 보고서에 의하면 "귀족 여성 페트로

---

*에필로그를 보라.

프스카야"는 모스크바에서 체포되어 볼로그다에서 2년간의 유형을 선고받았지만, 그녀가 오시프 코바를 만난 것은 그 유형 기간이 막 끝났을 때였다. 스탈린은 그곳에 그리 오래 있지 않았지만, 그들의 관계는 열렬했던 것으로 보인다. 왜냐하면 그녀가 별다른 이유 없이 황량한 솔비체고드스크에 계속 머물렀고, 그 뒤에는 그를 따라 캅카스로 갔기 때문이다.

유형수들은 해외의 당리당략으로부터 고립되어 있었지만, 가족과 친구들이 보내주는 낡아빠진 지난 호 잡지들을 통해 최근의 분파주의에 대한 정보를 얻었다. 스탈린은 레닌이 보그다노프와 싸운 것에 짜증이 났다. "당신은 보그다노프의 새 책을 어떻게 생각하시오?" 소소는 제네바에 있는 친구 말라키아 토로셸리제에게 물었다. "내가 보기에 그것은 일리치의 개인적 오류를 지적하고 있는데, 그 지적은 중요하고도 타당하다고 생각합니다. 그는 또 일리치의 유물론은… 플레하노프의 것과 다른데… 일리치가 그 점을 숨기려 한다고도 지적합니다."

스탈린은 레닌을 존경했지만 아예 비판도 하지 않을 정도는 아니었다. 레닌은 그의 사후에, 명확한 정치적 목적에서 신격화되었다. 지금은 레닌의 분파주의가 응석받이 망명자의 자기만족으로 보였다. 볼셰비즘이 쇠퇴하고 있는 러시아에서 프라크티크는 그런 터무니없는 소리를 허용할 여유가 없었다. "당은 전체로서 존재하지 않게 되었다"고 지노비예프는 인정했다. 상황이 너무나 심해서 '청산론자들Liquidators'은 당을 해산하자고까지 제안했다. 반면 스탈린은 볼셰비키가 멘셰비키와 협력해야 한다는 소위 '조정론자들'에게 동의했다. 그렇게 하지 않으면 모두 함께 사라져버릴 것이었다.

그는 당이 자신을 원할 거라고 확신했으며, 솔비체고드스크에서 어슬렁거릴 마음이 전혀 없었다. 스톨리핀이 더 많은 혁명가들을 유형에 처할수록 차르의 체제는 더욱 힘에 부쳐 휘청거렸다. 탈출자는 더 많아졌다. 1906년에서 1909년 사이에 어느 시점을 택하든 유형수 3만 2,000명 가운데 당국이 파악할 수 있었던 수는 1만 8,000명을 넘지 못했다. 소소는 상트페테르부르크에 있던 알릴루예프에게 편지를 보내, 그의 집과 일터 주소를 알려달라고 부탁했다. 수도로 여행할 계획을 세운 것이 분명했다. 그는 자금을 모으기 시작했다. 송금수표들이 우체국에 당도했다. 죄수들은 가짜 도박판을 벌여 스탈린이 "70루블에 달하는 판돈을 모조리 따게" 만들었다.

6월 하순, '강의 수탉'이 오전 점호를 끝낸 뒤, 수호바는 스탈린이 소매 없는 긴 러시아 의상을 차려입는 것을 도와주었다. 우리는 그가 턱수염을 깎았는지는 알 수 없지만, 완전히 여장을 하고 수호바와 함께 그 지역 중심지인 코틀라스까지 증기선을 타고 갔다는 것은 알고 있다. 헤어지면서 그는 여장을 했다는 사실도 아랑곳하지 않고 수호바에게 "언젠가는 당신에게 비단 손수건을 주고 이 은혜를 갚겠소"라고 하면서 낭만적인 장면을 연출했다.

그런 다음 그는 북쪽의 베네치아로 가는 기차에 올랐다.[1]

"어느 날 저녁 나는 (상트페테르부르크의) 리테이니 대로를 걷고 있었는데, 갑자기 스탈린 동지가 반대편에서 오는 것을 보았다." 올가의 남편이자 여전히 바람기가 많았던 세르게이 알릴루예프는 이렇게 설명한다. 두 친구는 얼싸안았다.

스탈린은 이미 알릴루예프 일가의 아파트와 일터를 찾아갔지만 아무도 없었다. 그러나 페테르부르크 중앙부는 좁은 세계였다. 알릴루예프는 경비를 불러내 소소를 숨겨주었다. 이런 경비들은 오흐라나의 밀고자인 경우가 많았으므로, 볼셰비키 동조자인 경비들의 집은 절대로 수색을 당하지 않을 가장 이상적인 은신처였다.

경비는 스탈린을 타브리다 궁전 바로 곁인 포템킨 거리에 있는 기마 근위대 병영의 짐꾼 숙소에 숨겨주었다. 이 궁전은 예전에 예카테리나 여제의 정치적 동반자이던 포템킨 공작의 집이었고 이제 두마 회의장으로 쓰였다. 병영에서 "마차들이 궁정 관리들을 내려주곤 했다. 그동안 스탈린은 친구들을 만나러 시내에 들어갔다"고 안나 알릴루예바는 말한다. "그는 팔에 연대의 점호표를 끼고 병영의 문에 있는 보초를 침착하게 지나쳐서 걸어갔다."

'신문 발행'에 관련된 임무를 띠고 온 스탈린은 필요한 사람들과 접촉한 다음 신속하게 캅카스로 떠났다.

1909년 7월 초순, 그는 바쿠에 다시 나타났지만 이번에는 또 다른 이름으로였다. 그는 오가네즈 토토미안츠라는 아르메니아 상인으로 위장하고 있었다. 그렇기는 해도 오흐라나는 그가 돌아온 것을 알아차렸다. "시베리아에서 탈출한 사회민주주의자가 당도했다. 그는 코바, 혹은 소소라 불린다." 볼셰비키 당 내에 들어와 있던 오흐라나의 첩자 피쿠스와 미하일 두 사람은 이제 스탈린에 관해 정기적으로 보고했다. 그는 바쿠의 어떤 밀크바를 본부로 삼고 활동했으므로 '우유장수'라는 암호명*으로 감시당했다. 그는 간헐적으로 감시되었지만 비밀경찰이 소소의 정체를 확인하고 그를 사냥하기까지는 여러 달이 걸렸다. 왜 그랬을까?

여기에 젊은 스탈린에 관해 사라지지 않는 수수께끼 하나가 있다. 장래의 소련 독재자는 차르 비밀경찰의 첩자였는가?[2]

---

*비밀경찰은 감시 대상들에게 그들 고유의 재치 있는 암호명을 붙였다. 빵장수는 '빵', 은행가는 '돈 자루', 시인인 세르게이 예세닌은 '식자공', 예쁜 여자라면 '멋쟁이', '예쁜이' 등등이다.

25장
★★
스탈린은 차르 체제의 첩자였는가?

바쿠의 원유 왕국에서 '우유장수'는 스판다리안, 세르고, 부두 므디바니와 힘을 합쳐 와해된 볼셰비키를 다시 활성화하려고 노력했다. 그는 일당들 중 남은 사람들을 소집했고, 그들의 신문 〈바킨스키 프롤레타리〉의 발행 자금을 모으기 위해 "우편선에 대한 공격 계획을 짰다"고 모제르 일당인 쿠프리아시빌리가 말한다.

　하지만 당시는 암울한 시절이었다. "당은 병이 들었다." 스탈린은 썼다. "쓸 만한 좋은 일은 하나도 없다. 우리에게는 노동자도 없다." 그는 츠하카야에게 불평하면서, 멘셰비키와 재통합해야 한다는 생각을 덧붙였다. 레닌에게는 조정conciliation이라는 것이 혐오의 대상이었지만 상황이 워낙 어려우니 스탈린은 조정론자가 되지 않을 수 없었다. 러시아 국내의 억센 코미테치키Komitetchiki, 즉 위원회 위원들은 레닌 및 까다로운 망명자들에게 갈수록 좌절감을 느끼고 있었다. "왜 이런 빌어먹을 추세 때문에 우리가 분열되어야 하나. 이 무슨 쓸데없는 소동이란 말인

가. 양편 모두 좀 맞아야겠군!" 스탈린은 러시아국Russian Bureau을 임명하여 제국 내부의 당을 운영해야 하며, 망명지가 아니라 러시아 국내에 거점을 둔 전국적 신문을 만들어야 한다고 요구했다. 그는 "중앙위원회는 허구적인 중앙당이다"라고 신문에서 불평했다.

당의 장래를 위한 소소의 아이디어는 파리에 있는 중앙위원회에 전달되었다. 중앙위원회는 그의 활기와 집요함, 뛰어난 조직력을 인정하여, 1910년 1월에 그를 새로운 러시아국원으로 임명했다. 캅카스 활동가 단계를 졸업하고 러시아 볼셰비키 지도자로 올라선 것이다. 하지만 바쿠에서 그는 여전히 샤우미안에 맞서 그 자신만의 게임을 벌이고 있었다.

"스탈린과 스판다리안은 모든 권력을 자기들 손에 틀어쥐고 있었다"고 샤우미안의 아내이자 원유 회사 사장 딸인 예카테리나는 투덜거렸다. 스탈린의 지배력과 차르 체제의 탄압이라는 상황 앞에서 샤우미안은 다른 많은 사람들처럼 정규직장을 얻어, 동조적인 원유 재벌 시바예프를 위해 일하기도 했다. 그는 지하 활동에서 물러나려고 했다. "모두들 분별력이 있어서 각자 직업을 얻었군"이라고 소소는 츠하카야에게 말했다. "나만 빼고 그렇다는 거지. 즉 난 '분별력'이 없어. 경찰이 날 쫓고 있다고!" 스탈린은 절대 분별력이 없었고, 샤우미안처럼 "분별력이 있어 석 달 전에 우리 일을 그만둔 사람"을 증오했다. 그는 샤우미안을 다시 그쪽 세계로 끌어들이려고 애썼다.

카토가 죽은 뒤 홀아비로 지낸 스탈린은 샤우미안의 행복한 가정을 경멸했고,* 그것을 샤우미안의 아내인 예카테리나 탓으로 돌렸다. "그녀는 암사슴처럼 오로지 살림만 생각하고 날 적대시할 때가 많다. 내가

Young Stalin 2부

자기의 스테판을 감옥 냄새가 술술 나는 비밀 업무에 끌어 들였기 때문이지." 예카테리나 샤우미안은 스탈린이 "샤우미안에게 반대하여 음모를 꾸미고, 사납게 군다"고 불평했다.

스탈린은 재정적인 문제와 관련하여 트빌리시를 자주, 잠깐씩 방문했는데, '재정 문제'란 약탈 또는 보호를 명목으로 돈을 받아내는 소동의 완곡한 어법이다. 그는 몰랐지만 이 무렵 아버지가 죽었다. 아마 그가 트빌리시에 있는 동안이었을 것이다. 이제 회복될 길 없는 알코올중독자이던 베소는 미하일로프스키 병원에 입원하게 되었다. 의학 기록에 보면 그가 결핵, 대장염과 만성 폐렴 때문에 쇠약해졌다고 되어 있다. 그는 8월 12일에 쉰다섯 살의 나이로 죽었다. 그가 소소를 찾아보려고 한 적은 없었다.[1] 친척도, 돈도 없었으니 그는 빈민들의 묘지에 묻혔다. '베소의 아들'이라고 서명하는 볼셰비키에게, 아버지는 오래전에 죽은 사람이었다.**

---

*1932년에 두 번째 아내가 자살한 뒤, 권력을 쥔 부하 거물들의 행복한 결혼생활을 경멸하게 된 것과 똑같다.

**최근까지도 역사가들은 베소가 1890년경에, 아마 술집에서 싸우다가 죽었다는 말을 되풀이해왔다. 하지만 새로 발견된 기록들은 이 주장을 반증한다. 권력을 쥐고 나자 스탈린의 하수인들과 역사가들은 베소의 사진을 찾아내 그것을 독재자에게 보여주고 확인을 받으려 했다. 그루지야 공산당 기록보관소에는 그 지역의 제화공과 베소일 수 있는 후보자들의 사진 파일이 있다. 숭배 박물관에 전시되어 있는 사진 한 장이 아마 베소일 것이다. 하지만 스탈린은 그것을 확인해주기를 거부했다. 지역 당 우두머리들 역시 베소의 무덤을 찾아내려 했지만 실패했다. 1940년대에 대숙청에서 살아남은 엘리사베다시빌리는 스탈린에게 시계 하나를 가져다주면서 그것이 베소의 것이었다고 주장했다. 스탈린은 그것을 받지 않고, 다른 누군가, 아마 에그나타시빌리가 자신의 진짜 아버지라고 암시했다. 그는 그 사람 자체를 좋아했다기보다는 자신의 삶에 있는 이런 빈틈을 더 선호한 것이었다.

카스피 해로 돌아온 스탈린은 이제 유형지에서 만난 여자친구인 스테파냐 페트로프스카야와 다시 만났다. 오흐라나는 그녀를 "지역 공산당 볼셰비키RSDWP의 유명한 지도자의 애인"이라 설명했다. 그녀가 유형에서 풀려난 뒤에 모스크바로도, 오데사로도 돌아가지 않고 스탈린을 따라 바쿠로 온 것을 보면, 그에게 흠뻑 빠져 있었던 게 분명하다.

그는 이제 그녀에게 최고의 찬사를 보냈다. 그는 K. 카토라고 쓰던 필명을 스테파냐에서 따온 K. 스테핀으로 바꾼 것이다. 이 이름은 '스탈린'이라는 이름과 한 발짝 더 가까워진다. 애인들의 이름을 필명으로 쓴다는 건 그런 남성우월주의자로서는 특이한 현상이다. 그들 사이에 오간 편지는 남아 있지 않다. 하지만 K. 스테핀이라는 필명을 보면 스테파냐는 그에게 중요한 사람이었다. 그들은 한집에서 살았다. 혹은 비밀경찰의 지적처럼 '우유장수'는 "첩과 동거했다."

이제 스탈린의 당에 차르 체제의 스파이들이 득실거린다는 사실을 보여주는 온갖 잡다한 놀랄 만한 스캔들이 터져 나왔다. 스탈린은 이에 대한 대응으로 배신자를 수색하는 히스테릭하고 잔혹한 마녀사냥을 개시했다. 그런 사냥은 무고한 자들을 죽여 없애는 데만, 그리고 그 자신에 대한 의심을 끌어들이는 데만 성공했을 뿐이다. 1909년 9월, 스탈린 자신이 비밀경찰에 심어둔 끄나풀의 경고로 일이 시작되었다. 오흐라나의 이중첩자가 귀중한 인쇄기계가 있는 장소를 밀고했고, 그곳이 곧 습격당하게 되었다는 것이다. 인쇄기계는 신속하게 옮겨졌다가 새로운 장소에서 은밀하게 재조립되어야 했다.

스탈린은 "내게 달려들어 현금을 구해 오라고 부탁했다. 나는 원유 재벌인 만초에게서 600루블을 빌려 그에게 주었다"고 그의 하수인인 바체크가 기억한다. 하지만 그걸로는 부족했다. 잠시 뒤에 "이오시프 비사리오노비치 주가시빌리가 부두 므디바니와 함께 달려왔다." 그러자 재벌은 스탈린에게 300루블을 더 주었다.

스탈린은 바쿠의 구시가지에서 인쇄기계를 둘 새로운 비밀 장소를 찾아내어, 페르시아 요새의 컴컴한 다락방과 복도에 설치했다. 하지만 그는 인쇄기계를 실제로 다루는 부부가 돈을 착복했음을 알아냈다. 그는 그들에게 모제르 일당들을 보냈다. 남편은 달아났고 아내는 스탈린의 총잡이들에게 심문을 당했지만, 처형되기 전에 용케도 달아날 수 있었다.

1909년 10월에 경찰이 바쿠 볼셰비키에 속하는 스탈린의 동료 프로코피 '알료샤' 자파리제를 잡아들이기 위해 은신처를 급습했다. 경찰들은 자파리제와 함께 스탈린과 세르고가 있는 것을 보고 놀랐다. 언제든 독자적으로 생각하여 행동할 권한이 없는 형사는 경찰들에게 그들을 지키라고 지시하고 상관들에게 의논하러 갔다. 스탈린과 세르고는 경찰들에게 10루블을 주고 매수하여 달아났다. 자파리제는 남아서 체포되어야 했지만, 스탈린과 세르고는 달아나도 좋다고 허락받은 것이다.

바쿠의 오흐라나 내에 심어둔 또 다른 끄나풀에게서 급한 연락을 받은 스탈린은 이런 배신을 볼셰비키 원유 노조 조합장인 레온티예프의 탓으로 돌렸다. 스탈린은 당 내에 오흐라나 이중첩자가 다섯 명 있다고 판단했다. 그는 레온티예프를 죽이기로 결정했지만, 레온티예프는 허세를 부리며 이에 도전하여, 당 재판을 열어달라고 요구했다. 스탈린은 그렇게 하면 오흐라나 내부에 심어둔 *끄나풀*이 노출될 것이므로 이 요구를 거부했다. 레온티예프는 석방되었고, 이 때문에 스탈린과 비밀경찰과의 관계에 대한 의혹이 불거졌다.

"모든 것을 함께 나눈 사람의 배신은 너무나 끔찍하다. 그 어떤 배우나 작가도 그것을 표현할 수 없다. 죽음이 우리를 깨무는 것보다 더 나쁘다!" 스탈린은 실제든 상상한 것이든 배신자를 찾아내기 위해 살인적인 수사를 진행했다. 이는 그가 1930년대에 소련 전역에서 실시하게 되는 것과 똑같다. 차이라고는 바쿠의 당에는 정말로 경찰 첩자가 득실거렸다는 점이다.

스탈린은 배신자 다섯 명의 이름을 인쇄했지만, 비밀경찰에 보관된 기록에 따르면 실제 스파이는 그들 중 하나뿐이었음이 드러난다. 다른 사람들은 모두 죄가 없었다. 마녀사냥은 속도가 빨라졌다. 바쿠에 모스크바 볼셰비키의 최고 인물인 체르노마조프가 방문했을 때 "코바 동지는 역겹다는 표정으로 그를 쏘아보더니, '넌 배신자야!'라고 고함질렀다." 이 사람에 대해서는 스탈린이 옳았다.

이런 혼란상은 '피쿠스'와 '미하일'이라는 진짜 스파이를 통해 바쿠 오흐라나에 보고되었고 그들은 기뻐 날뛰었다. 이들은 실제로 볼셰비키 내부에 침투해 있었지만 마녀사냥의 대장인 스탈린에게 한 번도 들키지 않았다. 물론 바쿠에서는 그의 지시에 의해 무고한 사람들이 배신자로 죽임을 당했다. 대숙청 때도 그는 그렇게 했다.

온통 뒤죽박죽이었다. 소소는 사람들을 조용히 죽여 그런 혼란을 처리하기를 좋아했다. 하지만 이번에는 그런 방식이 먹혀들지 않았다. 그와 또 다른 동지는 서로를 스파이라고 비난했다. 멘셰비키들, 그리고 일부 볼셰비키들은 비밀경찰의 연줄을 갖고 있던 스탈린 본인이 그들 중에서 최대의 배신자라고 의심했다. 그 때문에 그는 당을 경찰에게 밀고하고 있었는가? 이때 상황은 스탈린에게 불리했다.

스탈린은 확실히 차르 체제와의 어두운 연락망을 길러냈고, 비밀경찰 내부에 심어둔 끄나풀로부터 수수께끼 같은 정보를 제공받고 있었다. 한번은 스탈린이 한 동지와 함께 바쿠의 길거리를 걷고 있을 때 오흐라나의 장교가 그에게 다가왔다. "난 당신이 혁명가라는 걸 알지. 얼마 안 가서 체포될 당신 동지들 전원의 명단이 여기 있어." 또 한번은 어떤 동지가 스탈린을 만나기 위해 당의 은신처에 왔다가 고위급 헌병대 장교가 나가는 것을 보고 기겁한 일이 있었다. 그는 이 일로 스탈린에게 대들었지만, 스탈린은 그 헌병이 볼셰비키를 돕고 있다고 말했다.

트빌리시에서 혁명가들의 체포가 시행될 때 스탈린은 멘셰비키인 아르티욤 지오가 비밀 은신처에 있는 것을 보고 놀랐다. "난 이건 예상 못했소!" 스탈린은 불쑥 내뱉었다. "자네는 체포되지 않았던가?" 바로 그때 낯선 사람이 들어왔다. "마음대로 말해도 돼요. 저 사람은 내 동지니까." 스탈린이 지오를 안심시켰다. 그런데 그 '동지'는 동지들의 명단을 모두 외우고 있는 경찰 통역관으로 밝혀졌다. 그 명단에는 그날 체포된 세르게이 알릴루예프의 이름도 포함되어 있었다. 그 통역관은 스탈린에게 경찰이 오늘 밤 당신을 체포하러 올 거라고 경고했다.*

오흐라나의 첩자인 피쿠스는 정체미상의 헌병대 장교가 스탈린과 므디바니를 찾아가서 헌병대의 인쇄기계 습격을 미리 알려주었다고 보고했다. 앞에서 보았듯이 그들은 인쇄기계를 구해냈다.

그러니 비밀경찰과 스탈린은 무슨 관계였을까?

"스탈린은 자기 마음에 들지 않는 동지들의 주소를 헌병대에게 넘겨 그들을 제거했다"고 아르세니제는 주장한다. "동지들은 그를 당 재판에 회부하기로 결정했다. 하지만 재판이 열렸을 때 헌병대가 나타나서 심판관과 코바를 잡아갔다." 우라타제는 1909년에 덧붙인다. "바쿠의 볼셰비키들은 샤우미안을 경찰에 고발했다고 그를 비난했다." 조르다니아는 샤우미안이 자신에게 말해주었다고까지 했다. "스탈린이 날 고발했다. 내 은신처 주소를 아는 사람은 아무도 없어." 이런 비난을 한 세 사람은 모두 멘셰비키의 유형수들이었고, 그들의 주장이 대부분 인정되어왔다.

---

*지오의 회고록은 레닌이 죽은 직후면서 스탈린이 독재자 지위를 확립하기 전인 1925년에 소련에서 출판되었기 때문에 놀라운 경우다. 이는 소련 역사에서 유례없는 일이었다. 그 책은 레닌그라드에서 출판되었다. 레닌그라드는 당시 지노비예프의 관할 구역이었는데, 그는 아마 레닌의 후계자 자리를 놓고 자신과 경쟁하던 스탈린에 대한 경고로서 이 책을 허락했는지도 모른다. 지오는 그루지야 경찰의 통역자가 마르크스주의자였기 때문이 아니라 그루지야 민족주의자였기 때문에 차르 국가를 배신했다고 폭로한다. 지오는 또 스탈린이 코르네프라는 또 다른 동지와 접촉할 암호를 준 일을 설명한다. 그런데 코르네프는 너무나 수상한 인물로, 경찰 첩자였던 것 같다. 지오는 이 코르네프라는 자가 스탈린을 속였다고 믿지만, 스탈린이 지오를 시험했거나 제물로 삼았을 가능성도 똑같이 있다. 아니면 그가 코르네프를 징발하는 절차였을 수도 있다.

그런 데다 비밀경찰은 스탈린에 대해서는 항상 이상하게 혼란을 겪었던 것 같다. 바쿠의 헌병대장인 마르티노프 중령은 '우유장수'가 소소 주가시빌리라는 사실을 1909년 12월에야 "알아냈다." 그가 탈출한 지 거의 여섯 달이 지났을 때였다. 이런 일이 그가 차르 체제의 관리자들의 비호를 받고 있었기 때문인가?

이런 독한 의심이 끓어오르는 솥에다, 일찍이 1902년부터 있어온 그가 배신자라는 비난과, 그의 비밀경찰 연줄과 유형지와 감옥에서 감행한 그의 탈출 등의 일을 던져 넣으면 그가 차르 체제의 첩자라는 설이 그럴듯해 보일 수 있다.[2] 장래의 국제 마르크스주의의 대제사장이 원칙도 없는 과대망상적인 배신자였는가? 스탈린이 만약 스파이였다면 소련의 실험 전체도 사기가 되어버리지 않았겠는가? 그리고 그가 행한 모든 일이, 특히 대숙청이 자신의 죄의식을 은폐하려는 시도였는가? 귀가 솔깃해지는 이야기다. 특히 냉전 때는 그랬다.

하지만 스탈린에게 불리한 사례들은 근거가 빈약하다. 멘셰비키가 말하는 샤우미안의 배신 이야기는 성립하지 않는다. 샤우미안과 긴장은 있었지만 싸움은 없었다. 캅카스 출신으로 우뚝 선 두 볼셰비키 거물은 "친했지만 그들 사이에는 그늘이 있었다." 1907년에서 1910년 사이에 샤우미안이 체포된 것은 단 한 번, 1909년 4월 30일이었다. 그때 스탈린은 여전히 솔비체고드스크에 있었다. 샤우미안이 그다음에 체포된 것은 1911년 9월 30일이었다. 스탈린은 그때 페테르부르크에 수감되어 있었다. 스탈린이 두 번의 체포를 모두 조종했을 가능성은 없다.

스탈린은 융통성이 있었고 비도덕적이었다. 그는 메시아 콤플렉스 덕분에 자신에게 반대하는 사람은 모두 자기가 지지하는 대의의 적이라고 믿게 되었다. 그리하여 그 어떤 계약도, 제아무리 악마적인 계약이라 할지라도 정당화될 수 있었다. 하지만 그가 동지를 배신했다거나 그가 당의 재판에 회부되었다는 증거는 없다.

스탈린과 비밀경찰 간의 접촉은 겉으로 보이는 것만큼 수상하지는 않았다. 그가 1909년 11월에 짧은 회의를 위해 트빌리시에 왔을 때, "코바(소소), 즉 바쿠에서 온 이오시프 주가시빌리의 노력 덕분에 회의에서 당원들이 서로 다른 국가 기관에 침투하여 당을 위해 정보를 수집해오도록 조처한다는 결정을 내렸다"는 것을, 우리는 아이러니하게도 볼셰비키 내부에 들어가 있던 오흐라나의 첩자인 피쿠스 덕분에 알게 되었다. 그래서 스탈린은 당의 정보/역정보 업무를 담당하게 되었다. 그것은 비밀경찰에 대한 침투 작업이었다.

헌병대나 오흐라나 장교들을 조사하고, 배신자와 경찰 습격에 대한 속보를 얻어내고, 체포된 동지들을 신속하게 석방시키는 것이 그의 업무였다. 스탈린이 비밀경찰과 만난 모든 이야기를 자세히 읽어본다면, 그가 실제로 정보를 주는 게 아니라 얻어내고 있었음을 알게 된다. 그에게 가장 적대적인 이야기에서도 그런 사실은 드러난다. 경찰 통역관 같은 몇몇 접선자는 동조자였다. 그냥 돈을 원하는 사람이 거의 대부분이었다.

비밀 세계는 항상 시장판이었다. 캅카스 경찰은 특히 속물적인 족속들이었고, 동지를 석방시키기 위해 얼마가 필요한지 잘 알려져 있었다.

바일로프 감옥장은 죄수 한 명을 대리자와 바꿔치기 하는 데 150루블을 요구했다.* 바쿠에서 헌병대 부대장인 표도르 자이체프 대위는 악명이 높았다. "얼마 안 가서 우리 동지는 모두 석방되었다. 자이체프 대위에게 일정액을 주면 되었다. 그는 기꺼이 뇌물을 받았다." 세르고가 기억한다. 바쿠의 원유 재벌인 시바예프는 자이체프에게 700루블을 주고 샤우미안을 석방시켰다. 스탈린이 비밀리에 만났던 그 고위급 헌병은 아마 틀림없이 자이체프였을 것이다. 1910년 4월, 자이체프의 부패상이 그의 발목을 붙잡았고, 그는 해임되었다.

돈은 양방향으로 흘렀다. 오흐라나의 거의 모든 첩자가 돈을 받았지만 스탈린은 그런 수수께끼 같은 수입이 없었다. 은행에서 훔친 현금이 흘러넘칠 때도 그는 자신에게는 거의 돈을 쓰지 않았고, 대개의 경우 돈은 한 푼도 없었다. 이는 사치품에 흥청망청 돈을 써대는 진짜 오흐라나 첩자들과는 뚜렷하게 대비되는 모습이었다.

비밀경찰은 그들의 첩자가 사실상 항상 자유로이 활동하도록 보장했다. 그들은 돈에 걸맞는 중요한 정보를 원했기 때문이다. 하지만 스탈린이 자유를 누린 것은 1908년과 1917년 체포 사이의 고작 1년 반에 불과했다. 1910년 이후 그가 자유로웠던 것은 고작 열 달 동안이었다.

차르 치하 비밀경찰의 혼란상은 스탈린을 반대하는 주장의 지지 근거지만 근거치고는 아주 엉성하다. 그런 착각은 스탈린의 경우만이 아

---

*가끔 경찰은 가격을 너무 높이 불렀다. "이보게, 안됐지만 난 자네를 도울 수가 없네. 관리가 야코프 미하일로비치(스베르들로프)의 취소용 외국행(이는 시베리아 유형 대신에 외국에 보내는 것을 뜻함)에 800루블을 요구하는군. 이 돈을 어디서 얻는단 말인가?"

니라 누구의 경우에도 있다. 비밀첩보요원들은 볼셰비키 내부에 완전히 침투해 있었지만 컴퓨터가 나오기 전에는 어떤 조직도 그들이 보내는 수백만 건의 보고서와 카드 색인들을 제대로 소화해내지 못했다. 오히려 오흐라나는 오늘날 컴퓨터와 전자 감시 장치의 시대에 후한 자금을 지원받는 미국의 보안기관과 비교해보더라도 놀랄 만큼 성공적으로 일을 해낸 편이다.

스탈린이 유형지에서 여러 번 탈출한(앞으로도 탈출 사례는 더 나온다) 일에 대해서는 "탈출하지 않는 자들은 개인적인 이유 때문에 원치 않아서 탈출하지 않은 것"이라는 어느 비밀경찰의 말이 설명해준다. 스탈린은 은밀한 기술, 고양이처럼 잘 빠져나가는 재주, 중개자를 활용하는 수법 덕분에 특히 붙잡기 힘든 인물이었다. 그는 또 워낙 무자비했기 때문에 그를 본 사람들은 증언할 용기를 내지 못했다.

마지막으로 비밀경찰의 기록보관소에 숱하게 남아 있는 증거들은 스탈린이 차르 체제의 첩자가 아니었다는 쪽으로 압도적으로 기울어진다. 혹시 스탈린 본인이나, 그의 비밀경찰이나, 그의 수많은 적들이나, 거의 한 세기가 다 되도록 소문의 근거를 찾으려고 헛되이 수고해온 무수히 많은 역사가들의 조사에도 불구하고, 각 지역의 오흐라나 기록보관소에서 아직 발견되지 않은 채 웅크리고 있을 어떤 결정적인 자료*가 이를 뒤집는다면 또 모르지만 말이다.

---

*스탈린이 오흐라나의 첩자였다는 중요한 증거는 아마 위조일 것이다. 1920년대에 출현하여 1950년대에 〈라이프〉 잡지에 실렸으며, 레바인I.D.Levine과 스미스E.E.Smith가 쓴 음모이론 서적들의 뼈대를 이루는 소위 예레민 편지도 그렇다. 예레민 중령은 실제로 1908

스탈린은 이 도덕적인 무인지대를 차지할 자격이 충분히 있다. 아홉 번 이상 체포될 때마다 비밀경찰은 정기적으로 그를 자신들의 이중첩자로 만들려고 애썼다. 그와 동시에 인간의 약점에 관한 대가인 스탈린은 허약하거나 세속적인 경찰을 부지런히 조사하여 자기 쪽 첩자로 만들려고 노력했을 것이다.

그는 비밀경찰의 정보원을 언제 모집했으며, 누가 어떤 역할을 해주었는가? 비밀경찰 몇 사람은 콘스피라치아 정신에 따라 스탈린에게 이중첩자 노릇을 해주었을 가능성이 크다. 즉 당 내에 파괴적인 편집증을 심어주기 위해 무고한 볼셰비키의 이름을 배신자로 넘겨준 것이다. 또 자기들의 진짜 첩자를 보호하기 위해서이기도 했다. 이는 왜 스탈린이 거명한 바쿠의 배신자들이 무고했는지, 왜 진짜 차르 체제의 첩자인 피쿠스와 미하일은 여전히 의심을 받지 않고 남아 있었는지를 설명해준다.

하지만 궁극적으로 스탈린은 "반쯤은 이슬람적인 열정을 가진" 독실한 마르크스주의자였고, 자신과 임무 사이에 그 어떤 친구나 가족도

년 2월 이후 트빌리시 오흐라나의 우두머리였다. 그 편지는 스탈린과 오흐라나에 대해 많이 아는 누군가가 구술한 게 명백하지만, 거기에는 세부적인 오류가 많다. 스탈린을 부도덕한 사람이라고 평가하면서도 대의에 헌신했다고 하며, 결국은 그가 광신적인 마르크스주의자였기 때문에 첩자로서는 만족스럽지 못했다고 주장한다. 스탈린이 죽은 뒤 예레민 편지가 〈라이프〉지에 실렸을 때 그의 계승자인 제1서기장 니키타 흐루시초프와 정치국은 KGB 의장인 세로프 장군에게 그것이 사실일 수 있는지 분석하라고 지시했다. 기록보관소에서 최근 발견된 그의 조사 또한 그것이 위조라고 결론짓는다. 로만 브라크먼Roman Brackman의 《이오시프 스탈린의 비밀 파일The Secret File of Joseph Stalin》(2001)은 대숙청이 그와 오흐라나의 관련성을 없애기 위한 스탈린의 노력이었다는 이론을 확실하게 바로잡아준다.

끼어들기를 허용하지 않았다. 그는 자신을 아직은 인정받지 못했지만 놀랄 만한 노동계급의 지도자, 스판다리안의 표현에 의하면 '성배의 기사'로 간주했다. 우리가 아는 한 그는 최악의 상황에서도 이 임무에서 한 번도 흔들린 적이 없었다. 이런 사람으로 그는 거의 유일한 인물이었다.

하지만 이런 이중성과 첩보의 오물구덩이는 소련 역사에서 보는 광기를 부분적으로는 설명해준다. 편집증적인 소련식 사고방식, 1941년에 히틀러가 침공할 계획이라는 경고를 불신한 원인, 피비린내 나는 대숙청의 광기의 기원이 여기에 있다.

오흐라나는 러시아 혁명을 막아내는 데는 실패했을지 모르지만 혁명가들의 정신을 중독시키는 데는 성공했다. 차르가 몰락한 지 30년 뒤에도 볼셰비키는 여전히 존재하지도 않는 배신자를 쫓는 마녀사냥을 벌여 서로를 죽이고 있었다.[3]

1910년 봄, 비밀경찰은 빠져나가기의 달인인 '우유장수'를 더는 상대할 수가 없었다. "그를 계속 감시하는 것이 불가능하기 때문에 그를 억류할 필요가 있다. 모든 첩자들은 그에게 노출되었고, 새로 지명된 첩자들도 임무에 실패했다. '우유장수'는 감시를 속이는 일이나 그것을 동지들에게 폭로하는 모든 일을 해내고 있다. 그가 작전 전체를 와해시킨다. '우유장수'는 주로 애인 스테파냐 페트로프스카야와 함께 살고 있다."

1910년 3월 23일, 마르티노프 중령은 '우유장수'를 체포했다. 당시 그는 자카르 멜리키안츠라는 가명을 쓰고 있었다. 그와 함께 헤르손 주 출신의 귀족 여성인 스테파냐 페트로프스카야도 체포되었다. 두 사람은 바일로프 감옥에서 각각 따로 심문받았다. '우유장수'는 처음에는 스테파냐와의 관계를 부정했다. 하지만 그러다가 그녀와 결혼하기 위한 허가를 요청했다. 얼마 지나지 않아 스탈린은 그녀를 '내 아내'라 부르고 있었다.

3부

Young Stalin

찬란한 보름달이
하늘의 창공에 떠다닐 때,
환히 비치는 그 빛이
짙푸른 지평선 위에서 노닐기 시작하네

나이팅게일이 지저귀는 노래가
대기를 부드럽게 휘젓기 시작할 때,
팬파이프의 간절한 음색이
산봉우리를 넘어 미끄러질 때,

산속의 샘물이 촉촉이 차올라
다시 한 번 오솔길을 적시고 굴러 내릴 때.
산들바람에 잠이 깬 숲은
뒤척이고 바스락거리기 시작하네

적에게 쫓겨난 남자가
다시 한 번 억압당한 조국에 어울리는 영웅이 되어,
병자도, 앞을 보지 못하는 사람도,
다시 한 번 해와 달을 보고자 하네

그러다 억압당한 나 또한 슬픔의 안개를 찾아
부수고 옮기고, 즉시 물러나네
그리고 좋은 삶에 대한 희망이
내 불행한 심장 속에서 펼쳐지네!

이 희망으로 실려가는
나는 영혼이 환호하고 심장이 평화롭게 박동하는 것을 느끼네
하지만 이런 시간에 내게 보내진
이 희망이 진짜인가?

– 소셀로(이오시프 스탈린)

26장
★★
잃어버린 두 약혼녀와 임신한 농민 여성

처음에 스탈린은 토토미안츠라는 이름을 한 번도 쓰지 않은 척했고, 1905년 혁명에서 자신이 범죄를 저지르는 것은 불가능했다고 주장했다. 그때 자기는 1년 동안 런던에 있었기 때문이라는 것이다. 하지만 유형지에서 탈출한 일은 인정했다. 포돌스키 중위가 스테파냐에 대해 물어보자 이제 서른 살인 소소는 그녀를 솔비체고드스크에서 만난 사실을 인정했지만 "나는 절대로 그녀와 동거하지 않았다"고 말했다. 이 것이 비밀을 지키려는 수법인지, 그녀를 저버리는 비열한 행동인지, 아니면 그녀의 평판을 지켜주려는 기사도적인 배려인지는 모르겠지만, 그에게는 이 세 가지 모두가 가능했다. 하지만 그녀는 그를 부인하지 않았다. 스물네 살인 스테파냐는 나흘 전 포돌스키에게 "그래요, 난 주가시빌리를 알아요. 난 그와 함께 살아요"라고 대답했다.

석 달 뒤 헌병대는 그녀를 석방하기로 결정했다. 그러나 스탈린에 대해서는 "그는 혁명당에 끈질기게 참여했으며, 지위가 높다. 또 행정적으로 과거의 벌을 모두 받았지만 유형지에서 두 번 탈출했다. 이러한 점을 감안하여 5년간 시베리아 유형이라는 최고형을 제안한다"고 선고했다. 이것은 최대의 형량이었다. 불행하게도 부패한 자이체프 대위는 막 해임되었고 새 주임 장교는 그에 비해 융통성이 없었다.

소소가 감옥에 붙들려 있자 동지들은 그를 감옥 병실로 이송하기 위해 결핵이 걸린 죄수의 침을 구하고 의사에게 뇌물을 주었다. 그런 다음 소소는 바쿠 총독에게 낭만적인 요청을 담은 탄원서를 냈다.

> 폐결핵이라는 진단이 내려졌으니… 저는… 각하께… 제 건강을 살피시어 덜 힘든 여건에서 지내게 해주시고 제 사건을 신속하게 처리해주시기를 공손히 요청하는 바입니다.
> 또 바쿠의 주민인 스테파냐 린드로프나 페트로프스카야와 결혼하도록 허락해주시기를 요청합니다.
> −1910년 6월 29일, 청원자 주가시빌리

이제 석방된 스테파냐는 감옥으로 그를 찾아갔다가 청혼을 받은 것이 분명하다. 그다음 날 소소는 다시 편지를 썼는데 이번에는 그녀를 아내라고 칭했다. "저는 헌병대를 방문한 제 아내로부터 각하께서 저를 야쿠츠크로 이송해야 한다고 생각하신다는 것을 알았습니다. 저는 그런 엄격한 조치를 납득할 수 없습니다. 제 사건에 대해 충분히 알지 못하여 뭔가 오해가 생긴 것이 아닌지 의심이 됩니다."

이런 청원은 혁명가의 규칙에도 반하는 것이었지만, 어쨌든 스탈린의 새빨간 거짓말은 마르티노프 중령을 움직이지 못했다. 그는 여전히 5년형을 주장했다. 하지만 트빌리시에 있는 자유주의적인 총독 사무실은 형량을 완화해주었다. 9월 13일에 스탈린은 솔비체고드스크에서 남은 형기를 채울 것과, 5년 동안 캅카스로 돌아오지 못한다는 선고를 받았다. 그가 나중에 바쿠에 돌아오기는 하지만, 아이러니하게도 차르의 관리들은 스탈린이 주변부를 벗어나서 러시아 자체라는 더 큰 무대에 집중할 수 있게 그를 떠민 셈이다.

8월 31일에 부검사는 바쿠 총독에게 이런 편지를 보냈다. "수감된 죄수 J.V. 주가시빌리는 바쿠 주민 스테파냐 페트로프스카야와 결혼하도록 허락을 구합니다. 각하께서는 제가 주가시빌리의 요청을 들어주는 데 반대하십니까?" 허술한 서류 처리 때문이었는지, 관료기구의 오류 때문이었는지, 고의적인 악의 때문이었는지, 바일로프 감옥장이 다음의 편지를 받은 것은 9월 23일이었다. "죄수 주가시빌리는 스테파냐 페트로프스카야와 결혼하도록 허락받았다. 죄수에게 이 사실을 통고한다. 결혼식은 감옥 교회에서 감옥장 입회하에 치러진다."

간수들이 이 기쁜 소식을 스탈린의 감방에 가져왔을 때 그는 이미 가고 없었다. 바로 그날, "1910년 9월 23일, 이오시프 주가시빌리는 볼로그다 주로 이송되었다." 10월 말경 그는 솔비체고드스크로 돌아갔다. 그는 약혼자이자 비공식적으로는 아내인 여자와 결혼하지 못했을 뿐아니라 다시는 그녀를 보지 못했다.[1]

솔비체고드스크*는 그가 없던 사이에 나아진 점이 없었다. 유형수는 줄어들었고, 어리석은 '강의 수탉' 치하에서 경찰 체제는 어느 때보다도 더 빡빡해졌다. 할 일도 더 적었다. 스탈린이 바쿠에 있는 약혼자에 대해 한 번이라도 생각을 했는지 모르지만, 황량한 유형 생활에서 그는 또 다른 여자들을 쫓아다니면서 스스로를 위로한다. 그런 처신 역시 반은 공식적이지만 잊어버린 결혼과 사생아의 출생이라는 결과를 낳는다.

"솔비체고드스크에서는 살기가 힘들었다." 세라피마 코로셰니나라는 이름의 동료 유형수가 회상한다. 그녀는 당시 스물두 살 정도로, 교양 있는 페름 주 출신 교사의 딸이었다. "경찰의 감시는 참을 만했지만 유형수들은 생기가 없었다. 그들은 사실상 죽은 사람이었다. 다들 자기들 내면에서만 살았다. 할 말이 아무것도 없었다. 심지어 공동의 오락도 없었으므로 유형수들은 각자의 슬픔을 술잔 속에 가라앉혔다." 여기에다 다른 유형수들과 싸우거나 술독에 빠지는 것을 제외한 다른 시간 때우기 수단은 주로 연애질이었다고 덧붙였을 수도 있다. 제2차 세계대전이 끝난 뒤 스탈린이 섹스스캔들에 대해 영국 대사와 이야기할 때 그는 다 알고 있다는듯 "그런 문제는 지루해서 생기는 거요"라고 말하며 웃었다.

처음에 그는 그리고로프 일가의 집에 묵었다. 그곳에 있는 동안 그는

---

*유형수로서 스탈린의 존재는 이 지역을 계속 맴돌게 된다. 1940년에 그는 체레포베츠에 거대한 제철소를 짓도록 명령했다. 그가 솔비체고드스크에 유형을 왔을 때 그곳을 알았기 때문이었다. 하지만 그곳은 전혀 적절한 입지가 아니었다. 가장 가까운 철광석과 석탄 저장소가 1,000마일 이상 떨어져 있었다. 하지만 자문관들은 그를 너무 무서워했기 때문에 이 사실을 말해주지 못했다. 제2차 세계대전 때문에 건설공사는 미루어졌지만, 1949년에 건설이 다시 시작되었다. 입지가 좋지 않았으나 그곳은 지금도 스탈린의 분화구라 알려져 있다.

젊은 여선생 세라피마 코로셰니나와 연애했다. 그들은 젊은 과부 마리야 쿠자코바의 집에 있는 방 하나에서 함께 살았다.

섹스가 위안이 된다고 여긴 것은 스탈린뿐이 아니었다. 스탈린은 흰 양복을 입은 레즈네프라는 멋쟁이 멘셰비키와 자주 함께 지냈는데, "그는 볼로그다 읍에서 읍내 검사의 아내를 유혹했다가 이 먼 오지까지 이송되었다"고 동료 유형수인 이반 골루베프가 말한다. "그는 볼로그다에서 벌인 행각에 대해 이야기해주었는데, 그 말을 듣다 보면 포복절도하지 않을 수 없었다. 스탈린은 웃다가 죽을 뻔했다!"

아무리 쿠자코바의 집에서 웃고 떠들며 지냈더라도 소소의 마음은 딴 곳에 있었다. 항상 육체노동에 익숙하던 그는 소나무를 심기 시작했다. 또 역사책과 소설을 미친 듯이 읽었다. 소설 중에는 그가 정치관은 혐오했지만 문학적으로는 찬양했던 톨스토이의 소설도 있었다. 하지만 울고 싶을 정도로 지루해하고 레닌으로부터 사태 변화에 대한 소식을 절박하게 듣고 싶었던 그는 곧 탈출할 준비를 갖추었다.

12월 10일, 볼셰비키 중앙당에서 편지가 한 통 도착했다. 스탈린은 "레닌에게 따뜻한 인사를"보내며 답장을 보냈다. 그는 레닌이 "쓰레기 같은 청산론자들과" "트로츠키의 원칙 결여"에 맞서는 "유일하게 옳은 인물"이라며 지지했다. "레닌은 세상 물정에 밝은 기민한 동지다." 하지만 "결코 미뤄서는 안 되는 지금 당장의 과업은 모든 불법 행위, 반합법적, 합법적 행위를 모두 지휘할 중앙 그룹을 조직하는 일이다. 이름은 뭐라 붙이든 상관없다. 하지만 그 일 자체는 인생의 빵만큼 시급하다. 그것이 당의 재생을 시작할 것이다." 그 자신에 대해서는 "난 형기가 아직 6개월 남았다. 그 뒤에는 무슨 일이든 시키는 대로 할 것이다. 하지만 긴급한 상황이라면 나는 즉시 내 닻을 끌어올릴 수 있다."
그는 탈출할 준비가 되어 있었지만… 자금이 필요했다.

러시아 국내에서 사회민주노동당이 와해된 상황에서 레닌은 마지막으로 한 번 더 멘셰비키와 재통합을 시도했다. 반쯤은 조정주의자이고 반쯤은 레닌주의자이던 스탈린은 이를 인정했다. 그 구애가 결실을 맺지 못하게 되자 레닌은 시끌벅적한 싸움이라는 그의 본래 상태로 되돌아갔다.

"담비가죽 모자를 쓴" 소소는 다락방에서 유형수 일곱 명이 참석한 가운데 회의를 주재했다. "그는 매우 쾌활했고, 마법의 산 같은 음성으로 웃고 노래했다"고 이반 골루베프가 회상했다. "하지만 그는 아첨꾼을 경멸했다." 한번은 그 자신에 관한 진실을 이야기했다. "우리는 혁명이 성공할 때까지는 비합법적 존재로 남아 있어야 한다. 합법적이 된다는 것은 정상적인 사람으로 변한다는 뜻이니까." 스탈린은 "정상적인 사람"이 되고 싶은 마음이 전혀 없었다. 정상적인 생활에서는 그의 특이한 점들이 감당하기 힘들겠지만, 혁명적 지하세계에서는 (그리고 나중에는 괴팍하고 편집광적이고 음모가 난무하는 소련의 지도부에서는) 그런 것들이 성배를 든 기사의 자질이 되는 것이다.

"여기는 나서서 할 일이 없으니 질식할 것 같군. 말 그대로 나는 질식하는 중이오." 그는 1911년 1월 24일에 그가 찬양하던 한 모스크바 동지에게 보낸 또 다른 편지에서 이렇게 썼다. "나는 캅카스의 소소라는 사람이오. 1904년에 바쿠와 트빌리시에서 활동하던 나를 기억해두시오." 지루함이 그를 괴롭히고 있었다. 그는 끊임없이 탈출에 대해 이야기했다. 파벌로 나뉜 망명자들의 시간만 낭비하는 다툼에 대해 부글부글 끓어오르면서 양편 모두를 경멸했다. 레닌도 예외가 되지 못했다. "다들 외국에서 불고 있는 찻잔 속의 태풍이라는 말은 들어보았겠지. 레닌-플레하노프 진영이 한편이고, 트로츠키-마르토프-보그다노프의 진영이 또 한편이네. 내가 알기로 노동자들은 전자를 더 좋아하지만 대개는 외국에 있는 자들을 경멸한다네…."

스탈린의 분노는 곧 망명 중인 레닌에게도 당도했다. 그는 기분이 나빠졌다. 이때 레닌은 파리 근처의 롱쥐모Longjumeau에서 당 학교를 열고, 세르고를 불러 거기서 공부하라고 했다. 세르고는 자신의 동지인 스탈린에 대해 실제보다 더 좋게 이야기했다. 어느 날 레닌과 세르고는 대로를 거닐고 있었다.

"세르고, '찻잔 속의 태풍'이라는 말을 알고 있소?"

레닌이 어떤 식으로든 스탈린의 편지에 대해 알고 있음을 깨달은 세르고가 대답했다. "블라디미르 일리치, 코바는 우리 친구입니다. 많은 일이 우리를 묶어주고 있어요."

"나도 알고 있소." 레닌이 말했다. "나 역시 그를 잘 기억하오. 하지만 혁명은 아직 승리하지 않았소. 혁명에 이로운지 여부가 개인적인 선호보다 우선해야 하오. 당신은 코바가 우리 동지라고 말하는데, 이는 마치 그가 볼셰비키이고 우리를 실망시키지 않을 거라는 뜻인듯 하오. 하지만 일관성의 결여에 대해서는 눈을 감는 거요? 그런 비관적인 농담은 코바가 마르크스주의자로서 미성숙했음을 말해주는 거요."

레닌은 스탈린에게 경고를 한 방 날렸지만, 곧 "캅카스의 소소"를 용서했다. 그 직후 멘셰비키인 우라타제가 레닌에게 스탈린이 바쿠에서 축출된 일을 이야기해주었다. "그런 일은 그리 중요시할 가치가 없소." 레닌은 웃으면서 대답했다. 그 바람에 우라타제는 스탈린의 잔혹한 폭력행위에 대해서도 귀뜸해주었다. "바로 그런 사람이 내게 필요하지요." 레닌은 말했다.

탈출 자금(70루블)이 솔비체고드스크에 도착했지만 도착한 즉시 스탈린의 손을 벗어났다. 그 돈은 볼로그다에 유형을 와 있던 이바니안이라는 학생에게 전송되었다. 그런 돈을 제3자에게 보내는 것은 흔히 쓰는 방법이었다. 그렇게 하지 않으면 유형수들은 정부가 주는 용돈을 잃게 되기 때문이다. 하지만 이런 방법은 도둑맞을 위험이 항상 있었다.

1월 하순에서 2월 중순 사이에 스탈린은 의사를 만날 일을 만들어내 그 주의 수도로 가려고 했다. 이바니안이 있는 곳에 들러 돈을 받아 페테르부르크로 가는 기차를 탈 계획이었다. 하지만 그 학생은 생각이 달랐다. 스탈린이 볼로그다에 오자 이바니안은 그를 다른 유형수인 알렉세이 도러의 집으로 데려갔다. 그러나 스탈린에 따르면, "먼저 이바니안은 내게 돈을 전해주지 않고 그것을 보낸다는 전보만(여러 단어가 지워진…) 보여주었지만, 돈이 없어진 것도, 전보에서 누락된 단어에 대해서도 설명하지 못했다."

몇몇 설명에 따르면 소소는 돈을 잃어버린 일 때문에 좌절하지 않고 기어코 페테르부르크로 가는 기차를 탔다고 한다. 하루 종일 걸어 다니느라 탈진한 그는 그루지야식 이름인 로르드키파니제라는 이름이 쓰인 약국을 발견하고, 비틀거리며 안으로 들어가서 자신이 탈출한 죄수라고 털어놓았다. 그 그루지야인은 동족을 불쌍히 여겨 그를 숨겨주고 먹을 것을 주었다. 스탈린은 전혀 모르는 사람들이 그를 도와주는 데 대해 항상 놀라곤 했다.

하지만 극도로 분개한 스탈린은 솔비체고드스크로 돌아가야 했다. 또 절대 이바니안을 잊지도 않았다. 그는 "'그 돈을 훔친 주제에, 혁명이 일어난 뒤 만났을 때 뻔뻔스럽게도 자기를 도와달라고 하던 도둑놈'에 대해 씩씩거리며 분개했다." 이바니안이 정말 스탈린의 돈을 훔쳤다면 그것은 대단히 용감한 행동이고 어리석은 짓이었다. 끝까지 결백을 주장하던 그는 1937년에 총살되었다.*

"나도 술독에 빠지곤 했다." 세라피마 코로셰니나가 비꼬는 어조로

---

*1920년대 초반, 이바니안은 운 나쁘게도 모스크바에서 스탈린과 마주쳤는데, 그에게 도움을 청한 것이 사실인 모양이다. 1926년 6월 7일에 이미 소련을 지배하는 지도자가 되어 있던 스탈린은 국내통상위원회 관리에게 이바니안에 대한 자문을 구했다. 관리는 답했다. "당신의 심의에 대한 대답으로 나는 당신이 알아야 할 다음과 같은 사실을 알려드립니다." 스탈린은 단락을 나누어 번호를 매기는 그의 특징이라 할 방식으로 글을 썼다. 문항 6은 이렇게 결론짓는다. "나중에 내가 외국으로 나간 뒤 나는 70루블이 내게 보내졌다는 것… (그리고) 그 돈이 분실된 것이 아니라 볼로그다의 그 주소지에서 수신되었음을 입증하는 중앙위원회 자료를 모두 받았다." 이바니안은 당에서 축출되었지만 구 볼셰비키들의 중재와 탄원 덕분에 다시 입당했다. 스탈린이 대숙청을 실시하자 트랜스캅카스Transcaucasia의 두목이자 비밀경찰인 베리야가 그를 추적했다. 이바니안은 독재자에게 필사적인 편지를 보냈다. "저는 역시나 그 70루블에 손을 대지 않았다고 말씀드립니다. 제발 제 이름을 살생부에서 없애도록 도와주십시오." 그는 아이러니하게도 볼로그다로 다시 유형을 갔고, 그런 다음 트빌리시로 이송되었다가 처형되었다.

쓴다. 아마 이런 좌절감이 드는 시간을 극복하기 위해 벌린 고주망태의 술잔치를 계기로 스탈린과 그녀의 관계가 맺어졌을 것이다. 2월 23일 이전의 언젠가 그와 세라피마 코로셰니나는 일종의 시민결혼 형태(러시아정교인 제국에서는 종교적 결혼만 존재하기 때문에)인 동거하는 배우자로 등록했다. 하지만 이 동맹 관계는 스탈린의 전기에서 완전히 사라졌거나 누락되었다.

이들 커플은 축복받는 신혼을 오랫동안 누리지 못한다. "2월 23일에 볼로그다 주 총독의 명령으로 세라피마 코로셰니나는 니콜스크에서 남은 형기를 채우도록 이송되었다." 차르 독재체제는 이처럼 변덕스러웠다. 그녀는 배우자에게 작별인사를 할 시간도 얻지 못했다. 하지만 작별 메모는 남겼다. 오스카 와일드의 글(희곡 〈진지함의 중요성〉에 나오는 구절이다. "한쪽 부모를 잃는 것은 불운이라 할 수 있겠으나, 양쪽 부모를 다 잃는 것은 부주의함으로 보이는군"—옮긴이)을 좀 고쳐 말하자면, 결혼 당일에 약혼자를 잃는 것은 불운이라 하겠지만 결혼한 지 일주일 만에 새 아내를 잃는 것은 부주의함으로 보인다. 이 갑작스러운 동맹관계를 준準 결혼으로 간주하는 소문이 떠돌았다. 스미르노프라는 한 볼셰비키가 편지에서 그에게 캐물었기 때문이다. "자네가 다시 결혼했다는 소식을 들었네."

세라피마가 그의 침대에서 나가자마자 그의 집주인인 마리야 쿠자코바가 그 자리에 들어왔다. "그는 매우 예의 바른 세입자였다"고 그는 회상한다. "조용하고 점잖았다. 항상 검은 페도라를 썼고, 가을 외투를 입고 있었다. 그는 집에 있는 시간에는 대부분 책을 읽고 글을 썼는데,

밤중에는 마루가 삐걱거리는 소리를 들을 수 있었다. 그는 일하는 동안 걸어 다니기를 좋아했기 때문이다." 어느 날 그녀는 그에게 나이를 물어보았다.

"짐작해보세요." 그는 말했다.

"마흔 살?"

"아니오. 난 스물아홉이오." 그는 웃었다. 남편을 러일전쟁에서 잃은 쿠자코바에게는 설치고 돌아다니는 세 아이가 있었다. "가끔 그들이 참을 수 없이 시끄럽게 굴면 그는 문을 열고 웃으면서 함께 노래를 불렀다." 소소가 그렇게 온화했다는 말은 믿기 힘들지만, 쿠자코바는 그에게 헌신적으로 대했고, 그의 신학교 때 이야기를 듣곤 했다.

'강의 수탉'은 아마 스탈린이 탈출할 뻔했다는 사실을 알아서인지 스탈린에 대한 감시를 강화했다. 쿠자코바는 이 때문에 분개했다. 경찰은 한밤중에 창문을 두드리곤 했다. 이 때문에 아이들이 잠을 깨 울었는데, 그동안 스탈린은 조금도 당황하지 않고 침착한 태도로 지켜보곤 했다. 세라피마가 보낸 편지와 작별인사 메모도 압수당했지만, 그는 다른 유형수들과 여전히 만나서 소풍을 가거나 파티를 열고 정치 이야기를 하곤 했다. 이런 행동이 지빌레프의 성질을 돋우는 한편, 스탈린은 복수를 했다. "한번은 산책하는 사람들 속에서 스탈린이 그를 어찌나 호되게 야단쳤던지, 다음부터 그는 스탈린과 마주칠까 봐 겁을 내게 되었다. 그 뒤 스탈린은 그를 거의 보지도 못했다고 농담하곤 했다." 골루베프가 기억한다. 실제로 쿠자코바는 "경찰이 어떤 사람을 그처럼 무서워하는 건 본 적이 없었다"고 말한다.

스탈린은 이제 2년 형기를 거의 마쳐가고 있었으므로, 아무리 질식할 것 같은 기분이라 한들 탈출하는 것은 무의미했다. 그는 어찌나 지루했던지 극장에 가기도 했는데, 그 때문에 25코펙의 벌금을 물어야 했다. 아마 마리야 쿠자코바가 또 다른 위안이 되어주었을 것이다. 그가 떠날 무렵 그녀는 그의 아이를 임신하고 있었다. 그녀 가족의 말에 따르면 그녀는 아이를 가졌다고 말했다고 한다. 그는 결혼은 할 수 없지만 돈은 보내주겠다고 약속했다. 물론 그는 한 번도 돈을 보낸 적이 없다.

5월 25일에 '강의 수탉'은 다른 혁명가들의 모임에 참석했다는 이유로 스탈린을 체포하여, 그 지역 감옥에 사흘간 구류했다. 하지만 소소는 형기를 모두 마쳤다. 그가 6월 26일에 석방되었을 때 그는 임신한 집주인에게 작별을 고하러 돌아가지 않았다. "그녀가 집에 와 보니 세입자와 그의 짐은 모두 없어졌고, 테이블 위 냅킨 아래에 집세만 놓여 있었다." 지역 주민들이 유형수들과 관계를 갖지 말라고 말리는 것은 이 때문이었다. 그들은 갑자기 떠나버리는 경향이 있었다.*

---

*그 아들인 콘스탄틴은 스탈린이 떠난 뒤에 태어났다. 쿠자코바는 스탈린 독재 시절에 회고록을 남겼는데, 그 책에는 당연히 그들 관계에 대한 고백이 들어 있지 않았지만, 앞뒤를 맞추어본다면 그 아이는 스탈린의 아들인 것 같다. 출생증명서에 기록된 날짜는 맞지 않지만, 야코프 주가시빌리나 스탈린 자신의 생일이 실제와 다른 경우처럼, 그런 자료에 실린 생년월일은 날짜가 당겨지거나 미뤄지는 경우가 많다. 어쨌든 당시에는 그런 일이 대수롭지 않게 기록되었다. 특히 페테르부르크에서 멀리 떨어진 작은 마을에서는 더욱 그러했다. 소소는 그 아이를 만나볼 시도를 전혀 하지 않았지만, 특이하게도 그 소년은 나중에 모스크바로 옮겨 왔고, 중앙위원회 관료로서 좋은 직장에 다닐 수 있었으며, 보호를 받았다. 그의 경력은 흥미롭다. 어머니의 주장과 그 아이의 경력에 대한 스탈린의 인지, 그리고 스탈린의 아내 나디야 알릴루예바가 이 사건에 대해 알고 있었던 것을 고려한다면, 독재자는 콘스탄틴이 자기 아들임을 알고 있었을 것 같다. 에필로그를 보라.

1911년 6월 6일, 소소는 증기선을 타고 강을 따라 내려가서 코틀라스로, 그다음에는 볼로그다로 갔다. 그곳에서 그는 두 달간 머물라는 지시를 받았다. 그는 볼로그다에 자리를 잡는 순간부터 오흐라나의 감시를 받았는데, 그곳에서 여러 장소를 옮겨 다녔다. 이제 경찰 스파이는 그에게 '캅카스인'이라는 새 암호명을 붙여주었다.

그의 화려한 여성편력은 아직 끝나지 않았다. 오흐라나 첩자들의 코앞에서, '캅카스인'은 동지들 중 하나의 애인인 매력적인 여학생을 유혹하면서 시간을 보냈다. 자신에게 편리하다면 그는 다른 남자의 여권뿐 아니라 여자친구도 빌렸다.[2]

27장

★★

중앙위원회와 여학생 '예쁜이'

"저는 준비되었습니다. 나머지는 당신에게 달렸습니다." 스탈린은 볼로그다에 자리를 잡은 뒤 레닌에게 편지를 보냈다. 하지만 그는 그 이후 자신이 중앙당 소속임을 분명히 하고 싶었다. "저는 일하고 싶지만, 페테르부르크나 모스크바에서만 일하고 싶습니다. 저는 다시 자유의 몸이 되었습니다!"

스탈린은 그 자신의 분쟁은 생사를 걸고 진지하게 처리했지만, 망명자들 사이에서 레닌이 벌이는 분쟁에는 코웃음을 쳤다. "코바는 청산론자나 브페로드Vperod(각각 크라신과 고리키의 파벌로서, 둘 다 레닌에게 반대한다)에 대해 뭐라고 할 마음도 없다고 썼다. 그는 짖는 자들을 조롱할 뿐이기 때문이다." 어느 볼셰비키가 파리에 있는 동지에게 이렇게 써서 보냈다. 파리에서 레닌은 아마 스탈린이 가장 최근에 보인 미성숙한 언동에 대해 들었을 것이다. 그럼에도 파리에서 5월 말경 중앙위원회CC는 러시아 조직위원 한 명을 임명했다. 세르고는 그 멤버이고 스탈린은 순회특사였는데, 이는 오호라나도 곧 알게 될 승진 인사였다.

세르고는 누더기가 된 볼셰비키 조직에 새 임명 사실을 설명하기 위해 러시아로 출발했다. 오호라나는 '캅카스인'을 더 면밀히 주시하게 되었지만, 그는 경찰 스파이를 따돌리는 데 전문가였다. 8월 초에 그는 볼로그다를 몰래 빠져나와서 페테르부르크에 잠시 들러 세르고를 만났다. "세르고는 레닌의 지시와… 당의 활동에 대해 논의하도록 외국에 와달라는 요청을 스탈린에게 전했다." 이것은 또 한 번의 사소한 탈출이었지만 스탈린은 별 탈 없이 볼로그다로 돌아올 수 있었고, 스파이들은 그가 자리를 비웠다는 것도 알지 못했다.

볼로그다는 솔비체고드스크에 비하면 대도시였다. 인구는 3만 8,000명, 도서관, 극장, 1580년대에 지어진 대성당, 표트르 대제의 것이던 집과 대★ 지사 저택도 있었다. 스탈린은 더 장기간의 여행을 위해 한 달 동안 자금을 모았고, 도서관에 열일곱 번 다니면서 게걸스럽게 책을 읽었다. "자네가 다른 도시에서 길거리를 어슬렁거리고 있다고 생각했지." 솔비체고드스크에서 만난 그의 동료 유형수 이반 골루베프가 놀리는 투로 편지를 썼다. "하지만… 소식을 듣자 하니 자네는 움직이지 않았더군. 반은 유형이나 마찬가지인 여건에서 뒹굴고 있다고 말이야. 그게 사실이라면 안됐군. 그러니 자네는 이제 무얼 할 건가? 기다리기? 무위도식으로 머리가 돌아버릴지도 모르지!"

하지만 스탈린은 그의 강철 같은 금욕주의 속에 숨겨져 있던 쾌락주의에 탐닉하는 모습을 보였는데, 이런 적은 그의 평생에 두 번 다시 없었다. 그에 대한 오호라나의 감시는 곧 그 이유를 밝혀냈다. 스탈린의 동료 유형수인 표트르 치지코프의 활기찬 애인이자 학교를 뛰쳐나온 여학생이 그 이유였다. 펠라게야 오누프리예바라는 갓 열여섯 살이 된 그 여학생은, 토트마 김나지움의 학생이자 솔비체고드스크의 한 부유한 잡화상의 딸이었다. 그녀는 치지코프가 토트마로 유형 왔을 때 만나서 연애에 뛰어들었고, 그와 함께 달아나서 볼로그다로 왔다. 그곳에서 그녀는 스탈린을 만났다. 두어 해 전에 감옥에서 소소를 만났던 치지코프는 곧 그의 마력에 사로잡혔고, 그의 심부름을 해주고 다음번 탈출자금을 마련해주게 되었다. 그는 이 친교가 소소와 애인과 자신의 삼자 동거로 발전했어도 별로 꺼리지 않는 것 같았다.

펠라게야는 그저 변덕스럽고 반항적인 여학생이었지만, 옷을 예쁘게 입어 오흐라나의 첩자들에게 강한 인상을 주었다. 그들은 그녀에게 '나리아드나야Nariadnaya', 즉 옷 잘 입는 사람, 혹은 '예쁜이'라는 의미의 암호명을 붙여주었다. 강박적일 정도로 야심이 많고 대의에 헌신하는 스탈린이 그녀와 함께 기꺼이 한 달을 낭비한 것도 의외가 아니다. "나는 그를 항상 이오시프라고 알고 있었다." 그녀는 회상한다. 뱀은 이브에게 문자 그대로 금단의 과일을 주었다. "그 시절 우리는 길거리에서 음식을 먹지 못하게 되어 있었지만, 나무가 늘어선 그늘진 거리가 있었다. 스탈린이 나를 자주 불러내 나는 그와 함께 거기에 갔다. 벤치에 앉으면 그는 내게 과일을 주었다. '좀 먹어, 여기서는 아무도 널 보지 않을 거야.'"

그의 친구인 치지코프는 낮에는 콜로니얼 잡화점에서 일했다. 그가 오전 9시에 일하러 가기 위해 집을 나서기만 하면 스탈린이 나타나서 안으로 들어가는 것을 스파이들이 지켜보았다. "우리는 집에 있을 때 아주 행복했다." 펠라게야가 설명한다. "우리는 조용히 책을 읽었다. 그는 내가 문학을 좋아한다는 걸 알고 있었다. 우리는 책 이야기를 많이 했고, 함께 점심을 먹었으며, 시내에서 여러 시간씩 걸어 다니고, 도서관에도 갔으며, 농담도 많이 했다. 바보 같았지만 난 워낙 젊었으니까." 언제나 선생 행세를 하는 소소는 그녀에게 셰익스피어에 대해(《템페스트》에 대한 문학적 비판을 포함하여), 또 루브르박물관(파리에 가 있을 때 방문한 것이 분명한)의 그림에 대해 가르쳤다.

가장 감동적인 어조로 그는 카토에 대한 진심을 털어놓았다. 그녀를 얼마나 사랑했는지, 그녀가 죽은 뒤 스스로 총을 쏘아 죽고 싶었던 마음에 대해, 친구들이 자기 총을 치워버린 일에 대해, 그녀가 만든 예쁜 옷에 대해, 또 아들 야코프에 대해서도 이야기했다. 스탈린은 "친구들이 많았다. 남자인데도 그는 취미가 훌륭했다." 펠라게야가 한 농담이다. "그는 남부의 경치에 대해 이야기했다. 정원이 얼마나 아름다운지, 그곳의 건물들이 얼마나 우아한지. '난 알아, 당신도 남쪽을 좋아할 거야. 거기 가서 직접 보라고. 다들 당신을 가족처럼 대해줄 거야!'"

펠라게야는 건방지고 지적이었다. 스탈린은 강한 여자에게 매력을 느꼈지만, 궁극적으로는 순종적인 가정주부나 10대 소녀를 선호했다. 말할 것도 없이 그는 사춘기와 10대 소녀들과의 연애를 좋아했는데, 이런 취향 때문에 나중에는 경찰에 걸려 곤란한 처지가 되기도 한다. 차르 체제의 러시아에서, 특히 수도에서 멀리 떨어진 곳에서는 오늘날보다 윤리가 훨씬 더 느슨한 탓도 있었지만, 이는 어쨌든 지배하고 통제

해야 직성이 풀리는 스탈린의 취향을 확실하게 드러내준다. 하지만 그가 반드시 어린 여자만 만나는 것은 아니었다. 그보다 연상인 여자친구도 몇 명 있었다.

펠라게야는 다른 사람들보다 이 '캅카스인'을 더 잘 이해했던 것 같다. 평생 그의 괴상한 면모를 놀린 사람은 아마 그녀뿐일 것이다. 그가 그녀에게는 마음을 연 것이다. 이 지독하게 예민하고 다치기 쉬운 남자는 펠라게야의 짓궂음을 즐겼다. 그는 그녀를 '폴랴'라는 별명으로 불렀다. 그녀는 그를 '괴짜 오시프'라 불렀다.

"길고 더운 여름이었다." 그녀는 회상한다. 하지만 관계가 끝났을 때 그녀는 자신이 다시는 그를 보지 않을 것이라고 생각했다. 그는 펠라게야에게 자신이 상트페테르부르크의 다른 여자와 약혼했다는 말을 해주었고, 나중에는 아래와 같이 편지를 썼다. "내가 결혼하려고 상트페테르부르크로 갔던 일을 알지. 하지만 결국 나는 감옥에 갔어." 괴짜 오시프에게 다른 여자가 있었다 하더라도, 삼자동거 관계의 중심이던 '예쁜이' 폴랴가 불평할 입장은 아니었다. 하지만 페테르부르크에 있다는 이 여자는 누구인가?

펠라게야는 "그가 떠날 것임을 항상 알고 있었다. 난 그가 가는 걸 보고 싶었지만 그가 허락하지 않았다. 자기 뒤에는 미행이 따른다고 말했다." 하지만 "떠나기 직전, 그날 오전에 그가 와서" 다정하게 작별인사를 했다.

"이걸 선물로 주고 싶어." 그녀에게 이렇게 말하면서 그는 책을 한 권 주었다. "이걸 보고 날 기억해. 재미있을 거야."

"분명히 그렇겠지요." '예쁜이'가 말했다.

"당신을 기억할 만한 걸 줘." 괴짜 오시프가 말했다. 그녀는 목에 걸고 다니던 십자가를 부적으로 주었지만 그는 받지 않으려 했다. 대신에 목걸이 줄을 받고 "거기에 시계를 걸었다." 그녀는 사진을 한 장 달라고 했지만 또다시 비밀 생활로 뛰어들 예정이던 스탈린은 거절했다. "아무도 내 사진을 찍지 않아. 감옥에서만 억지로 찍지. 언젠가는 내 사진을 보내주겠지만, 지금은 그런 게 있으면 당신에게 말썽만 생길 거야."

그가 그녀에게 준 책은 코간이 쓴 《서구 문학의 연구A Study of Western Literature》였다. 독학자인 독서광이 준 특별 선물이었다. 책에는 다음과 같은 헌사가 적혀 있었다.

영리하고 불꽃같은 폴랴에게,
괴짜 오시프로부터.*

그 뒤 그들은 다시 만나지 않았지만 그는 계속 편지를 썼다. 그의 편지는 "항상 매우 재치 있었다. 그는 삶이 힘든 순간에도 재미있게 사는 법을 알았다"고 그녀는 전한다. 하지만 그가 1913년에 유형을 당하자 "그와의 연락이 영영 끊어졌다."

---

*1944년에 비밀경찰은 이 책과 스탈린이 준 다른 엽서를 그녀에게서 압수했다. 에필로그를 보라.

펠라게야가 아무리 즐거운 상대라고 하더라도 괴짜 오시프는 더는 그곳에서 얼쩡거릴 수 없었다. 오호라나의 스파이는 다음과 같이 보고했다. 1911년 9월 6일, 오후 3시 45분에 "그 캅카스인이 치지코프와 함께 짐 두 개를 가지고 역에 도착했다. 작은 트렁크 하나와 침대보로 보이는 꾸러미 하나였다. 그들은 페테르부르크로 가는 기차에 올랐다." 스파이는 스탈린이 미행자를 따돌리려고 모든 열차 칸을 두 번 살펴본다는 것을 알았다.

"주가시빌리는 일치코프 요원의 감시하에 3호 기차로 갔다"고 볼로그다의 오호라나는 페테르부르크에 전보를 쳤다. "그를 마중하기 바란다. 포펠 대위." 그러나 소소는 역에서 그를 기다리던 팀을 속여 넘겼다. 오후 8시 40분에 도착했을 때 그는 요원들을 따돌린 뒤였다.

"시골뜨기가 수도에 도착했다"고 속물적인 트로츠키가 비웃었다. 스탈린은 먼저 세르게이 알릴루예프를 찾아보았지만 그는 집에 없었다. 그래서 그는 그저 네프스키 대로를 오락가락 거닐다가 그와 함께 일했던 그루지야 출신 인쇄 전문가인 실바 토드리아와 마주쳤다.

스탈린이 도착하기 직전에 러시아의 수상인 스톨리핀이 키예프의 황제 좌석 바로 정면에서 암살되었다. 암살자는 비밀경찰의 정보원인 깡패였는데, 그 또한 콘스피라치아의 위험을 그대로 보여주는 화신이었다. 그는 러시아 제국의 마지막 거물 정치인을 제물로 삼았다.

"위험한 시기네." 토드리아는 소소에게 경고했다. "스톨리핀의 죽음 때문에 경찰이 온 사방에 깔렸어. 경비는 서류를 죄다 검사한다네."

"근처 하숙집을 찾아보세." 소소는 제안했다. '러시아'라는 하숙집이 치지코프의 이름으로 된 그의 여권을 받아주었다.

알릴루예프의 집에 초인종이 울렸다. 안나가 말했다. "난 친구인 실바 토드리아를 보고 매우 기뻤다. 그런데 그는 혼자가 아니었다. 그의 뒤에는 소소라는 여윈 남자가 검정 외투와 페도라를 쓰고 서 있었다." 그들은 세르게이 알릴루예프가 있는지 물었지만 그는 집에 없었다. 그래서 그들은 기다렸다. 소소는 신문을 읽었다. 알릴루예프가 집에 오자 그들은 창문 밖을 엿보았다. 그가 짐을 가지러 갔을 때 경찰 스파이가 그를 미행했다. 이제 그들은 거리를 감시했다.

알릴루예프는 딸들, 안나와 나디야를 불렀다. "마당으로 나가서 중산모를 쓴 스파이 두 명이 있는지 살펴보아라." 흥분한 소녀들은 마당에 요원 한 명이 있고, 거리에도 한 명, 모퉁이에 두 명이 더 있는 것을 보았다.

스탈린은 그날 밤으로 러시아 하숙집에 돌아갔다. 9월 9일 오전 7시 50분에, 누군가가 그의 문을 두들겼다.

"잠 좀 자자!" 항상 야행성이던 소소가 소리쳤다. 경찰이 뛰어 들어와 그를 체포하면서 지도와 사진과 편지와 독일어 문법책(그가 곧 열릴 예정이던 레닌의 프라하 당대회에 가고 싶어 했음을 말해준다)과 치지코프의 여권을 압수했다. 치지코프는 여자친구만이 아니라 자신의 이름도 빌려준 것이다.[1]

페테르부르크 유치장에 갇혀 선고를 기다리는 동안 이 '캅카스인'은 오흐라나가 담당했다. 그들은 지역 경찰서에 알리지도 않았고, 헌병대에 그를 넘기지도 않았다. 아마 그들은 평소에 하는 것처럼 그를 이중

첩자로 바꾸어보려고 시도했던 것 같다. 하지만 10월 2일에 그들은 결국 페테르부르크 헌병대에 그에 대해 알려주었다. 헌병대의 소벨레프 중령은 "동부 시베리아로… 5년간 유형"을 권고했다.

내무상인 마카로프A.A. Makarov는 형량을 3년으로 줄였다. 스탈린은 볼로그다를 거주지로 정하고, 유형수들 무리와 함께 가지 않고 따로 갈 수도 있었다. 그의 파일에 나와 있는 신체 묘사는 워낙 맞는 내용이 없어서, 다른 사람에 대한 설명이라고 해도 과언이 아닐 정도였다. 이는 차르 체제에서 익히 볼 수 있는 혼란상의 또 다른 사례일 뿐인가? 폰탄카 거리 16번지나 내무부에도 이미 뇌물이 들어간 것인가? 스탈린이 뭔가 수상한 거래를 했나? 혹은 오흐라나가 스탈린이 무의식적으로 동지들에게 자신들을 인도해줄 것이라고 기대하고 있었는가? 우리는 알지 못한다. 하지만 그가 볼로그다의 유배지로 가는 통행증과 함께 석방되었을 때, 그는 오흐라나가 자신에게 붙인 미행자를 또다시 떼어버리고 페테르부르크의 길거리 속으로 사라져 열흘 동안 종적을 감추었다. 또 한번 기술적으로 탈출한 것이다.

그는 친구인 세르고와 스판다리안을 만났다. "1911년 12월에 스탈린은 경찰을 피해 페테르부르크스카야 스트로나에 숨어 있었다. 그곳은 치마코프 일가의 아파트가 있는 곳이었다"고 스판다리안의 정부 베라 슈베이처가 말한다. "우리는 그를 만나러 갔다. 그는 마당에 있는 지붕이 유리로 된 나무집의 추운 방에서 살았다." 그들은 열렬한 환영을 받았다. 스탈린은 "우리에게 달려오더니 손을 잡아 방으로 끌어들이면서 웃음을 터뜨렸다. 우리도 웃었다."

"당신들은 즐겁게 사는 방법을 알고 있어." 그가 말했다.

"그래, 우리는 자네의 석방을 축하하면서 춤을 추겠네." 스판다리안이 대답했다.

세르고와 스판다리안은 레닌의 프라하 당대회에 참석하러 곧 떠날 예정이었다. 그 당대회는 볼셰비키 당의 공식적 출범 및 멘셰비키와의 분리를 알려주는 행사였다. 스탈린도 초청되었지만 선고가 새로 내려졌기 때문에 갈 수 없었다. 세르고와 스판다리안은 레닌에게 보내는 그의 전갈을 받았다. "내 아파트에서 작은 모임이 있었다"고 슈베이처가 회상한다. 모임에는 캅카스인 세 명이 있었다. 세르고는 스탈린에게 50루블을 주었다. 도피 중이던 "스탈린은 매일 밤 숙소를 바꾸었다."

크리스마스에 그는 볼로그다에 돌아가 있었다. 그는 검은색 외투와 페도라를 쓰고 거리를 걸으면서 숙소를 찾아다녔다. 그가 새로 얻은 집의 주인은 은퇴한 헌병으로서, "이오시프 비사리오노비치를 좋아하지 않았다." 그런 데는 정치적 이유 외에 아버지로서의 이유도 있었다. 늙은 헌병과 아내에게는 세 아이를 데리고 이혼한 마리야 보고슬로프스카야라는 딸이 있었고, 소피야 크류코바라는 열여섯 살짜리 하녀도 있었다. 소소는 부엌에 놓인 화덕 옆에 커튼을 치고 그 뒤의 작은 침대에서 살면서, 이혼녀인 마리야와 또 다른 연애를 시작한 것 같다. 하녀인 소피야는 지도자의 사적인 면모에 대해서는 어떤 내용도 명시적으로 기록될 수 없었던 1936년에 회고록을 썼는데, 그 글에는 유형수와 이혼녀가 연애하는 사이였다는 암시가 있다. "그와 마리야는 자주 다투었고 그녀는 울었다. 그들은 서로 얼굴을 바싹 붙이고 소리를 질러댔다. 그들이 싸울 때면 다른 여자들의 이름이 들리곤 했다." 스탈린은 질투심 많은 헌병의 딸을 경계하면서 하녀에게도 추근댔다. "한번은 공휴일이 지난 뒤 이오시프 비사리오노비치가 커튼 뒤에서 나를 바라보는 걸 느꼈다. 나는 길고 검은 머리칼에다 일본식 꽃무늬 옷감으로 만든 예쁜 드레스를 입고 있었다."

"드레스가 네게 정말 잘 어울리는군." 스탈린이 말했다. "내 고향인 그루지야에서 네 나이의 여자들은 그런 드레스를 입지." 1936년의 소피야는 자신이 스탈린을 얼마나 잘 알고 있었는지 드러내지 않을 만큼 분별력이 있었지만, 그녀가 고주망태인 자기 아버지에게 그를 소개한 것을 보면 그들이 함께 시간을 보낸 것은 분명하다. 그녀는 아버지를 창피스러워했다.

"걱정 마." 스탈린은 그녀를 위로했다. "내 아버지도 주정뱅이였어. 어머니가 날 키우셨지." 그가 자신의 교육수준과 외국어 실력을 즐겨 과시한 것은 분명하다. 그는 〈즈베즈다Zvezda〉(볼셰비키의 〈스타〉)와 외국 신문을 읽으면서 기사 내용을 러시아어로 번역하여 그녀에게 깊은 인상을 주었다. "그걸 들으면 정말 웃음이 났어요." 그녀는 회상한다.

스탈린은 대개 밤늦게 집에 왔고, 그를 찾아오는 사람은 키가 크고 얼굴색이 어두운 남자 한 명 뿐이었다. 그것은 아마 샤우미안이었거나, 촉망받는 젊은 볼셰비키인 야코프 스베르들로프였을 것이다. 그는 자신이 여자친구를 빼앗았던 친구 치지코프를 다시 만났다. 그들의 삼각관계는 되살아나지 않았다. 펠라게야가 학교로 돌아갔기 때문이다. 하지만 그는 여전히 그녀를 기억했다. 볼로그다에 도착했을 때 그는 아프로디테가 그려진 에로틱한 엽서를 토트마에 있는 자신의 어린 사랑의 여신에게 보냈다. "자, 불꽃같은 폴랴, 난 볼로그다에 붙잡혀 당신이 사랑하는 근사한 페텐카(치지코프)를 끌어안고 있어. 그러니 당신의 유명한 괴짜 오시프의 건강을 위해 건배해줘."*

스탈린은 프라하에서 변화가 일어나기를 기다리는 동안 집주인의 딸, 그리고 그녀의 하녀와도 연애하고 다니면서 시간을 죽였다. 그곳에서 당대회는 최초의 진정한 볼셰비키 중앙위원회를 선출했다. 당대회에 참석한 대의원은 고작 18명뿐이었는데, 이는 당이 얼마나 위축되었는지 알려주는 표시다. 세르고와 스판다리안이 선출되었지만, 여기서 주목받은 신진 스타는 로만 말리노프스키라는 노동계급 출신의 연설가였다. 레닌은 이 진정한 프롤레타리아 천재에게 전율을 느꼈다. "그는 굉장히 강한 인상을 주는군. 토양이 비옥한 사람이야!" 레닌은 환호했다. 말리노프스키는 꼭 알맞은 적임자의 모습이었다. "키가 크고 억센 체격에, 유행에 맞는 옷차림을 했고, 숱이 많은 붉은 머리칼과 노란

---

*그의 다른 편지의 대상이자 상당히 덜 예쁜 수신자는 둔감하고 안경을 쓴 갓 스물두 살의 볼셰비키였다. 스탈린이 오기 직전에 솔비체고드스크에 있던 유형수인 그의 이름은 비아체슬라브 스크리아빈이다. 그는 나중에는 몰로토프로 불리며, 장기간 스탈린의 정치적 하수인이 된다. 몰로토프는 스탈린이 '캅카스의 레닌'으로 불린다는 소식을 들었다. 그는 음악적인 감각이 있었고, 바이올린과 만돌린을 켤 줄 알았다. 그는 레스토랑과 새로 지은 영화관에서 부유한 상인들과 그들의 정부들 앞에서 만돌린을 연주하여 일당 1루블을 벌었다. 스탈린은 이런 일을 볼셰비키가 할 만한 일은 아니라고 보았다. 나중에 그는 몰로토프를 꾸짖었다. "자네는 술 취한 상인들을 위해 연주했다고. 그들은 자네 얼굴에 겨자를 처 발랐어!" 스크리아빈이 그의 '산업적 이름'인 몰로토프를 택한 것은 1914년 이후의 일이다. 이 무렵 그는 랴빈, 즈바노프, 미하일로프, V.M이라 불렸다. 비록 오흐라나는 그가 걷는 속도가 워낙 빨랐기 때문에 '달리는 사람'이라고 불렸지만 말이다.

눈"을 가졌으며, 그의 얽은 자국은 "마치 불속을 걸어 나온 것 같은 치열한 인상"을 주었다. 하지만 그에게는 한 가지 중대한 결함이 있었다. 과거 언젠가 체포되어 강간과 절도의 죄목으로 유배되었을 때 그는 오흐라나에 매수되어 '포트노이(재봉사)'라는 암호명을 갖게 되었다. 그는 가장 고액의 보수를 받는 비밀경찰요원이었다.

제1차 중앙위원회에서 레닌과 지노비예프는 스탈린도 영입하자고 제안했다.* 레닌이 볼 때 스탈린은 민족주의자 전문가로서 새로운 중요성을 가진 인물이었다. 이제 레닌은, 제국의 비러시아인들 사이에서 추종자를 얻으면서도 그들에게 독립은 약속하지 않는 정책을 결정하려는 자신의 열성을 공유하는 몇 안 되는 볼셰비키 중 하나로서 스탈린을 인정했다. 재봉사는 돈을 주는 주인인 오흐라나에게 스탈린, 스판다리안, 세르고가 "매달 50루블의 보수를 받는 러시아국 위원으로 선출되었다"고 충실하게 보고했다. 오흐라나와는 달리 스탈린은 프라하의 소식을 알아내기까지 시간이 걸렸고, 더 자세히 알기 위해 크루프스카야에게 편지를 썼다. "나는 이바노비치(당내에서 통하는 스탈린의 암호명)로부터 편지를 받았다." 크루프스카야는 세르고에게 말했다. 하지만 "그가 모든 상황에서 철저하게 격리되어 있다는 사실이 금방 드러났다. 머리를 구름 속에 두고 있는 건지···. 그가 당대회에 참석할 수 없어서 정말 애석하다." 암호 편지로 스탈린은 슈베이처에게 프라하의 소식을

---

*트빌리시와 바쿠에서 스탈린의 협력자이던 칼리닌과 샤우미안은 중앙위원회 후보 위원으로 선출되었다. 이는 정회원들이 체포되면 대신 참석하는 지위였다. 엘레나 스타소바는 러시아국 서기가 되었다.

1910~1917년

칵카스의 두 불한당. 스탈린(오른쪽)과 가장 가까운 친구인 수렌 스판다리안(왼쪽).① 스판다리안은 교육을 잘 받은 아르메니아인 바람둥이로서. 무자비한 볼셰비키이고 바쿠에서 함께 활동한 동지였다. 스판다리안이 바쿠 아이들 절반의 생부일 것이라는 말도 있었다. 이 사진은 그들이 1915년에 시베리아에서 만났을 때 찍은 것이다.

유형지에서 스탈린은 놀랄 만큼 여러 여자와 사귀고 유혹하면서 탈출을 꾀했다. 왼쪽 위 엽서는 재치 있는 여학생 펠라게야(오흐라나가 '예쁜이'라는 별명을 붙인 여자)와의 행복했던 연애 시절의 것이다.⑫ 그는 사랑을 나누는 커플의 사진이 실린 열정적인 엽서를 그녀에게 보냈다(위 오른쪽).① 왼쪽 아래 엽서는 또 다른 정부인 교사 타티야나 수호바에게 보낸 것.⑫

스탈린의 하숙집 주인 겸 정부였던 마리야 쿠자코바의 노년 시절. 1950년대. 스탈린과의 사이에서 낳은 아들인 콘스탄틴 및 손자와 함께 찍은 사진.③

이제 볼세비키당의 최고위층으로 오른 스탈린. 1911년에 다시 체포되었을 때.①

빈에 있는 스탈린의 아파트 구역. 1913년.⑬ 스탈린, 히틀러, 트로츠키, 티토는 같은 도시에서 살았다. 스탈린의 사치스러운 아파트 구역은 현재 하숙집으로 변했으며 그에 관련된 동판이 붙어 있다.

크라쿠프에 있는 레닌의 아파트, 1912~1913년.① 스탈린은 레닌의 아파트에서 묵었다.

로만 말리노프스키.③ 1913년의 배신. 그는 좀도둑에 강간범이었고, 볼셰비키의 스타였지만, 사실은 고액 보수를 받는 오흐라나의 이중첩자였다. 스탈린도 레닌도 그가 배신자라고는 생각지 못했다. 그는 스탈린을 기금모금 파티로 끌어들여 체포되도록 일을 꾸몄다.

스탈린, 1913년.① 중앙위원회 위원인 스탈린은 칵테일파티에 가지 않겠다고 했으나, 말리노프스키가 비단넥타이를 빌려주면서 가도록 설득했다. 그는 그곳에서 체포되었다.

타티야나 슬라바틴스카야.⑥ 스탈린의 애인이었고, 그가 체포된 파티에 함께 갔다. 스탈린은 여장을 하고 도망치려고 했다.

북극권의 섹스코미디. 북극권에 속하는 쿠레이카(위, 1930년대)[①]에서는 탈출이 불가능했다. 스탈린은 사냥하고 오스티야크 부족민 및 순록과 함께 생활하는 것을 좋아했다(중간).[⑭]

1914년에 스탈린은 열세 살짜리 소녀인 리디야 페레프리기나를 유혹하는 것으로 스스로를 위안했다. 하지만 그는 검을 들고 자신을 쫓아다니는 그곳 헌병 때문에 기겁했다. 아래 오른쪽, 중년이 된 리디야. 제2차 세계대전 이후.[⑰] 아래 왼쪽, 스탈린과 리디야 사이의 사생아인 알렉산드르.[⑰]

모나스티르스코에에서 찍은 볼셰비키 유형수들. 1915년 여름.① 볼셰비키 유형수들은 술을 마시거나 소풍을 가거나 동지들을 재판하기 위해 모였다. 위 사진에서, 페도라를 쓴 스탈린(왼쪽에서 세 번째)이 뒷줄의 헝겊 모자를 쓴 스판다리안(왼쪽에서 두 번째)과 콧수염을 기른 카메네프(왼쪽에서 네 번째) 사이에 서 있다. 흰 셔츠를 입고 안경을 쓴 스베르들로프는 뒷줄 오른쪽에서 세 번째. 스판다리안의 여자 친구인 베라 슈베이처는 앞줄에 앉아 있다. 아이는 스베르들로프의 아들인 안드레이인데, 나중에 스탈린의 비밀경찰 고문요원이 된다.

스탈린은 소련 거물들의 대부분을 유년 시절에 만났으며, 그들과 했던 어떤 욕설이나 싸움도 절대 잊지 않았다. 1930년대에 그는 대숙청을 벌여 그들 중 많은 수를 죽인다. 동료들을 너무 많이 죽였기 때문에 위의 사진도 수정되어야 했다. 가장 먼저 1936년에 카메네프가 총살되자 스탈린 오른쪽에 있던 그가 지워져야 했다(중간). 1937~1938년에 스탈린이 총살을 지시한 사람 수는 거의 150만 명이었다. 이 사진 속 인물들도 잔혹하게 잘려 나갔다. 맨 아래 사진처럼 또 다른 다섯 명이 사라졌다.

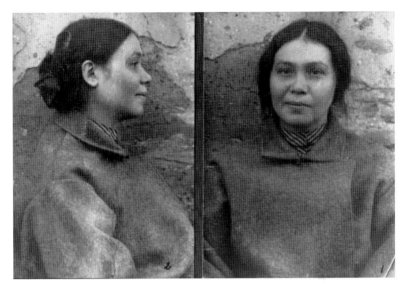

베라 슈베이처(위)⑨는 스판다리안
의 여자친구였다. 그가 죽은 뒤 그
녀는 스탈린의 집에 들어와 함께
살았다. 차르가 하야한 뒤 그들은
페트로그라드로 가는 열차를 함께
타고 갔다. 아래는 KGB 대장인 세
로프가 1956년에 흐루시초프에게
보낸 메모로.⑩ 스탈린과 열세 살
난 리디야 페레프리기나의 연애사
건 조사에 관한 내용을 담고 있다.
스탈린이 열세 살짜리 소녀를 꾀어
임신시킨 것은 거의 전설이라 할
정도로 무도한 일이었다. 1956년
에 흐루시초프는 세로프에게 이 사
건의 조사를 지시했다. 이 메모는
최고 기밀문서로 모든 것을 증명한
다. 흐루시초프. 보로실로프. 정치
국의 서명이 있다(보고서는 스탈린
이 첩자라고 주장하는 〈라이프〉지
에 실린 자료가 위조임을 폭로하는
것으로 시작된다. 하지만 그런 다음
시베리아의 유혹 사건을 덮어버리
려고 한다).

Дни революцiи. 1917г.
Предъявленiе пропуска при въѣздѣ
3928 впъ Таврическiй дворецъ.

1917년 2월에서 3월의 혁명. 스탈린이 시베리아에서 페트로그라드에 도착했을 때 그는 즉시 포템킨의 타브리다 궁전(위)③으로 신이 나서 걸어갔다. 그곳은 끓어오르는 듯 혼란스러운 정치본부, 소비에트 두마, 행정부의 거점이며, 약탈하고 돌아다니는 병사들의 집(아래. 상트페테르부르트, 1917년 2∼3월)③이기도 했다.

알려달라고 간청했다.

그런 고립은 곧 끝나게 된다. 세르고는 이미 볼로그다로 가는 길에 올랐다.

1912년 2월 18일, 볼로그다 경찰 스파이들은 '캅카스인'이 어떤 미지의 남자(틀림없이 세르고일 것)를 만나, 자신이 중앙위원으로 승진했다는 소식을 들었다고 보고했다. 중앙위원회는 당의 최고 기구였고, 중앙위원은 이후 그가 평생 유지하게 될 지위였다. 또 그는 스탈린에게 봉급과 비밀주소와 암호도 전해주었다. 이제 스탈린은 레닌의 아내인 동시에 주임 암호제조자인 크루프스카야에게 고리키의 시 〈올테니아의 전설Oltenian Legend〉(올테니아는 현재 루마니아의 서부 지역을 가리키는 이름이다―옮긴이)을 그들의 암호로 쓰는 데 동의했다. 그가 그 시를 손으로 베껴 쓴 것이 지금도 남아 있다.

한편 파리에 돌아간 레닌은 소식을 듣지 못해 패닉에 빠졌다. "이바노비치의 소식이 하나도 없어. 그에게 무슨 일이 일어난 건가? 지금 그는 어디 있나? 상태는 어떤가?" 세르고는 마침내 레닌에게 소소를 만났다고 보고한다. "그와 최종 합의를 보았습니다. 그는 만족했어요."

이제 다시 사라질 시간이었다. 볼로그다에서 사라지고 싶어질 때마다 소소는 그 지역의 경찰에게 금화 5루블을 뇌물로 주었고, 베라 슈베이처에 따르면, 다섯 번 탈출했다고 한다.

소소가 머물던 집의 안주인인 가브릴로바는 그가 짐 싸는 것을 보았다. "어디 가나요?"

그는 주저하며 답했다. "네, 그렇습니다."

이에 그녀는 경찰에 알리겠다고 말했다.

"내일 알리면 안 될까요?" 그는 부탁했고, 그녀는 수용했다.

2월 29일 오전 2시에, 그의 미행자는 그가 허락 없이 모스크바행 기차에 오른다고 보고했다. 하지만 먼저 그는 자신의 여학생에게서 최후의 편지를 받았다. 그는 격렬하게 키스하는 남녀의 조각상이 그려진 에로틱한 엽서 한 장을 사서 펠라게야에게 아래와 같이 써 보냈다.

> PG에게,
>
> 당신 편지를 오늘 받았소. 옛날 주소로 편지하지 마시오. 이제는 우리 가운데 아무도 거기 살지 않으니까. 당신이 피터를 통해 내게 보낸 키스를 돌려주어야 하는데. 지금 키스하게 해줘요. 난 그냥 키스만 보내는 게 아니라 열정적으로 당신에게 키-스를 하고 있다오(다른 방식으로 키스하는 건 그럴 만한 가치가 없어요).
>
> ―이오시프

그리하여 1912년 2월의 마지막 날 밤, 스탈린은 몰래 기차에 올라 모스크바를 경유하여 수도로 갔다. 레닌의 새 중앙위원이 길을 나섰다.[2]

28장

★★

그 이름을 잊지 말고 각별히 조심하라!

"페테르부르크의 어느 춥고 우울한 겨울날, 공부를 하던 중에 노크 소리를 들었다." 페테르부르크대학교에 다니면서 알릴루예프 자매들에게 수학을 가르치던 카프타라제가 말한다. "갑자기 스탈린이 들어왔다. 나는 그가 유형 중이라는 걸 알고 있었다. 그는 언제나처럼 친근하고 유쾌했으며, 그 얼어붙는 듯한 추위에도 얇은 외투를 입고 있었지만⋯ 외투를 벗으려 들지 않았다. '나는 여기 잠시만 있을 거야. 잠깐만 쉬면 돼. 난 모스크바에서 곧장 오는 길인데, 그곳에서 미행이 붙은 걸 알아차렸어. 기차에서 내리니까 똑같은 스파이가 있더군. 그는 자네 집 바로 바깥에 숨어 있다네!'"

"이건 심각한데." 카프타라제가 지적한다. 두 그루지야인은 어두워질 때까지 기다렸다. 카프타라제는 달아날 길은 오직 하나뿐이라고 판단했다. 스탈린은 여장을 해야 할 것이다. 카프타라제는 여자 옷을 가져왔고, 스탈린이 옷을 입어보았다. 하지만 아무래도 여자처럼 보이지 않았다. "여자 옷은 구할 수 있었지만 스탈린을 여자처럼 보이게 만드는 건 불가능했다." 카프타라제가 말했다.

"(그 스파이는) 날 체포하려는 건 아니야. 그저 감시하고 싶은 거지. 그러니 난 잠을 좀 자겠어." 스탈린이 말했다.

"그래, 잠을 자야지. 그가 추위를 견디지 못할지도 몰라. 나폴레옹의 군대처럼 말이야." 카프타라제가 농담했다.

"그는 견딜 거야." 대답을 하고 난 뒤 소소는 하루 종일 잤다. 하지만 그들이 밖으로 나갔을 때 그 요원은 여전히 거기 있었다. "좀 걷지." 소소가 말했다.

그는 배가 고팠으므로 페도로프의 레스토랑에서 식사를 했는데, 요원이 그곳에 다시 나타났다. "빌어먹을! 어딜 가든 나타나는군." 스탈린이 욕을 했다.

마차 한 대가 털털거리며 내려왔다. 스탈린이 마차를 세워 뛰어오르자, 요원도 다른 마차를 불러 탔다. 질주하는 쌍두마차는 리테이니 가를 따라 서로를 추격했지만, 은신처 가까이 가고 있음을 깨달은 스탈린은 달리는 마차에서 눈보라 속으로 뛰어내렸다. 눈보라는 그를 완전히 덮어주었다. 스파이의 마차는 그곳을 지나쳐 계속 달려갔고, 이제는 빈 마차를 따라갔다.*

---

*카프타라제는 다음 날 헌병대에 붙잡혀 갔다. 그들이 그에게 스탈린의 사진을 보여주었는데, 스탈린이 워낙 단정치 못하고 초췌해 보였기 때문에 그는 웃었다. "그를 아는가?" 장교가 물었다. "아니오, 미친 사람 같군요." "주가시빌리를 아는가?" "예, 나는 소소 주가시빌리를 압니다. 난 방금 그를 보았어요." "그가 국가에 대한 범죄자이며 매우 위험한 인물이고 탈주 중이라는 걸 아는가?" "글쎄요, 우리 그루지야인들은 항상 서로를 안다는

스탈린은 '군사의과대학의 제복'을 갈아입고 나갔다. 이것은 그해에 그가 페테르부르크에서 가장 즐겨 했던 위장이었다. 그는 일주일가량 머물렀다. 그의 새 임무는 볼셰비키 주간신문인 〈즈베즈다〉를 일간지인 〈프라우다〉(진리)로 바꾸는 일이었다.

스탈린은 타티아나 슬라바틴스카야의 아파트로 안내되었다. 그녀는 서른세 살의 교양 있고 아름다운 볼셰비키였다. 고아였지만 혼자 공부하여 음악원에 다녔으며, 샬리아핀의 노래를 좋아하는 팬이었다. 레닌의 비밀공작원 중 하나인 엘레나 스타소바는 그녀에게 암호제작 기술을 훈련시켰다. 루리예라는 유대인 혁명가와 결혼하여 두 아이를 둔 타티아나는 탈주한 볼셰비키 여럿을 재워주었는데, 그중에 한 명이 "바실리라는 암호명을 가진 캅카스인을 데려와서, 우리와 함께 한동안 살았다."

그녀는 바실리라는 최신 가명을 쓰는 스탈린을 별로 좋아하지 않았다. "처음에 그는 몹시 심각하고 너무 폐쇄적이었고, 낯을 무척 가리는 것 같았다. 그의 유일한 관심은 오로지 우리를 성가시게 만들지 않는 것뿐이었다. 그를 더 크고 더 편안한 방에서 재우는 것도 너무 힘들었지만, 일하러 나가면서 나는 하녀*에게 그에게 아이들과 함께 식사를 차려주라고 항상 지시해두었다. 그는 일주일 머물렀고, 내가 그의 메시

걸 당신도 알지 않소." 카프타라제는 석방되었다.

*이 하녀는 나중에 칼리닌과 결혼하여 최초의 소련 영부인이 된 에스토니아 출신의 여자였다. 그녀는 나중에 스탈린의 대숙청 때 체포되었지만 그녀의 남편은 계속해서 국가의 수장으로 남았다.

지를 전달하고 심부름을 해주었다." 스탈린은 그녀를 두마 선거를 위한 자신의 비서로 고용했다. 타티야나는 초기 여권주의자 스타일의 여성으로 상당히 자유분방했던 것으로 보인다. 스탈린은 사랑스러운 타티야나와 연애를 시작했는데, 이는 스탈린 치세 내내 소련 거물들 사이에서는 유명한 일이었다.

가끔 스탈린은 알릴루예프 일가와 함께 지냈다. 안나 알릴루예바는 북방의 베네치아(상트페테르부르크—옮긴이)는 "서리, 눈보라, 얼음썰매 길의 그림" 같았다. "거리는 리본과 쟁그렁거리는 종으로 장식된 나지막한 핀란드식 썰매로 메워졌다." "웃어대는 손님들"을 실은 썰매는 "땅딸막한 작은 말들"이 끌었다. 안나와 동생인 나디야는 썰매를 타고 싶어서 창문에 딱 붙어 서서 보고 있었는데, 그때 소소가 나타났다. "썰매 타고 싶은 사람? 자, 옷 입고 서둘러. 금방 나갈 테니까!" 소녀들은 환호했다. "우리는 모두 신이 나서 펄쩍펄쩍 뛰면서 소리를 질렀다." 안나가 설명한다. "이제 우린 초대받았어." 그것도 다름 아닌 그들이 충실하게 읽던 기사의 필자인 '소소 본인'의 초대였으니 얼마나 좋았겠는가. 소녀들은 이제 그를 더 잘 알게 되었다. "대개 말이 별로 없는 편이지만 웃기도 했고 소년 같은 농담도 할 수 있었다. 또 재미있는 이야기도 했다. 그는 사람들의 재미있는 측면을 보았고, 그들을 어찌나 완벽하게 흉내 내는지, 다들 포복절도하곤 했다." 하지만 이제 그는 서두르고 있었다.

"이리 와! 페드(그들의 오빠인 표도르), 나디야! 옷 입어." 그리고 그들의 하녀인 페냐에게도 지시했다. "모피 코트를 갖고 와!"

길거리에서 소소는 썰매꾼에게 소리쳤다. "우릴 좀 태워주게나!"

스탈린은 기분이 좋았다. "한마디 한마디가 모두… 웃겼다. 썰매에 타고 작은 증기 기차가 서 있는 역을 지나쳐서 샘프소니프스키 대로를 미끄러져 내려가는 동안 소소는 내내 우리와 함께 웃었다." 갑자기 소소가 말했다. "멈춰, 난 여기서 내릴 테니까 너희들은 그대로 집까지 타고 가." 그리고 썰매에서 뛰어내리더니 비밀 생활로 돌아갔다. 바로 그런 식으로 볼셰비키의 마카비티 고양이는 역 안으로 사라진 것이다. 그가 정말로 소녀들과 즐겁게 놀려고 했는가, 아니면 그런 외출도 애당초 스파이를 떨쳐내기 위한 위장이었는가?

소소는 다시 사라졌다. 경찰 스파이들은 그를 잃어버렸지만, 그가 캅카스에 다시 출현할 것이라고 추측했고, 그 추측은 옳았다.[1]

1912년 3월 16일 오흐라나의 이중 첩자인 피쿠스는 스탈린이 트빌리시에 돌아왔다고 보고했다. 그곳에서 그는 엄격한 엘레나 스타소바*가 교장으로 있는 교사협회 학교Teachers' Society School에서 일하는 성악 선생의

---

*이제는 젤마 동지로 알려진 스타소바는 황제 알렉산드르 1세와 니콜라이 1세의 건축가로 일한 사람의 손녀이자 상원에서 일하고 알렉산드르 2세의 대관식 전령이던 귀족 법률가의 딸이었다. 그녀는 교양 있는 귀족인 레닌과 크루프스카야와 공통점이 많았다. 그녀는 바쿠에서 스탈린을 알게 되었고, 비밀 작업의 전문가였으며, 당의 자금을 보관하는 데 관여한 적이 많았다. 스탈린은 유머감각이 없고 워낙 까다로웠던 스타소바를 비웃었다. 그녀는 나중에 레닌의 비서 중 하나가 되었다. 레닌이 죽은 뒤, 크루프스카야가 자신에게 반대하자 스탈린은 크루프스카야 대신 스타소바를 레닌의 미망인으로 임명하겠다고 반쯤은 농담처럼 위협했다. 레닌이 죽자 그녀는 고위직에 오르려 하지 않고 거의 모습을 감추어, 대숙청을 견디고 살아남은 극소수의 구볼셰비키 중 하나가 되었다. 그녀는 흐루시초프 치세 때 존경받는 원로로 등장했으며, 브레즈네프 치세까지 살다가 1966년에 죽었다.

집에 묵었다. 그의 안주인은 "손님의 이름을 물어보지 말라"는 지시를 받았다. 하지만 스탈린은, 아마 고향이 그리워서 그랬겠지만 그녀와 함께 그루지야 노래를 부르곤 했다.

소소는 중앙위원인 플레이보이 친구 스판다리안과 스타소바를 만났다. 그는 스바니제 일가가 "자기 아이들과 함께 친아들처럼" 키우던 자기 아들 야코프를 찾아갔다. 모노셀리제 일가는 그의 무정하고 소홀한 태도에 내내 충격을 받고 있었다. "내 조카는 어머니가 죽어 고아가 되었지만 그의 아버지 쪽에서 보아도 거의 고아나 마찬가지였다"고 사시코는 불평했다. 소소는 오래 머물지 않았고, 바쿠미로 달려갔다가 다시 바쿠로 돌아왔다.[2]

거기서 그는 또 다른 배신자 사냥을 치렀다. 멘셰비키들은 스판다리안을 조사하고 있었다. 그가 당의 직인을 위조했거나 오흐라나의 스파이임을 입증하고 싶었던 것이다. 스탈린은 친구를 옹호했다. 멘셰비키들은 스탈린이 자기들 조사에 참석하는 걸 거부했지만, 스탈린 편의 이야기를 듣기 위해 특사를 보내는 데는 동의했다. 그 특사로는 나중에 화창한 캘리포니아에서 유배생활을 하면서 지하세계의 연대기를 쓰게 되는 멘셰비키 보리스 니콜라예프스키가 파견되었다. 니콜라예프스키는 볼셰비키인 아벨 예누키제에게 자문을 구했는데, 그는 나디야 알릴루예바의 온화한 대부이며 스바니제의 친구이고 스탈린의 지인이지만 회의적인 입장을 취했다. 스탈린은 결국 나중에 그를 파멸시킨다.

"코바라는 이름을 들어본 적이 있는가?" 예누키제는 바쿠의 한 카페에서 니콜라예프스키에게 물었다.

"아니." 니콜라예프스키는 대답했다.

"코바는 무슨 일이든 저지를 수 있는 위험한 작자야!" 그루지야인들은 러시아인과 달랐다. "우리는 복수심이 강한 민족이다."

니콜라예프스키는 웃고, 짐짓 캅카스식 억양을 흉내 내면서 물었다. "그가 단검으로 날 찌르기라도 한다는 건가?"

"웃지 말게." 예누키제는 진지하게 대답했다. "그는 필요하다고 생각하면 자네의 목을 딸 거야. 여기는 대 러시아가 아니야. 여긴 낡은 아시아일세. 그 이름을 잊지 말고, 각별히 조심하게." 나중에 예누키제는 그의 '위험한' 동지에 대해 그처럼 솔직하게 말한 대가를 비싸게 치르게 된다.

스탈린은 "내가 도착했을 때 나를 쉽게 관찰할 수 있도록 그늘에 앉아서 기다리고 있었다." 신중한 니콜라예프스키가 설명한다. 그들은 스판다리안의 문제를 깨끗이 처리했는지는 모르지만, 바쿠에 있는 동안 스탈린은 모제르 일당들에게 예전의 포템킨 전함 수부였던 자를 죽이라고 지시했다. 오흐라나의 스파이라고 고발한 것이다. "그는 총에 맞아 죽은 것으로 여겨져 방치되었지만, 의식을 되찾고는 복권을 요구했다."

멘셰비키는 이제 "코바의 과거 행동에 매우 흥미를 느낀" 니콜라예프스키에게 조사를 지시했다. 하지만 니콜라예프스키는 체포되었고 스탈린은 다시 사라졌다.[3]

"이바노비치를 즉시 페테르부르크로 보낼 필요가 있어요." 크루프스카야는 키예프에 있던 세르고에게 말했다. 스탈린과 세르고, 나중에 소련을 함께 지배하게 되는 이 독단적인 두 그루지야인은 자신들이 중앙위원으로서 누리는 명성에 놀랐다. 스타소바는 "세르고와 이바노비치가 지시만 계속 내릴 뿐 무슨 일이 일어나는지 아무 말도 하지 않는다고 불만스러워 했다." 여러 날 뒤 스판다리안은 체포되었다.

스탈린은 모스크바에서 세르고를 만나러 북쪽으로 달려갔다. 도중에 돈 강가의 로스토프에 있는 역 식당에서 스판다리안의 여자친구인 베라 슈베이처를 만나 서둘러 이야기를 나누었다.* 모스크바에서 그들은 말리노프스키를 찾아갔다. 그는 그들을 배신했다. 그루지야인들은 모스크바를 떠나면서 오흐라나의 미행자가 따르는 것을 눈치챘다. 요원들은 그들이 기차에 오르는 것을 보았지만 스탈린은 역을 벗어나자 기차에서 뛰어내렸다. 페테르부르크의 오흐라나는 소소가 그곳에 오지 않은 것을 깨닫기까지 여러 날 걸렸다.

비밀경찰은 말리노프스키와 다른 이중첩자들의 도움을 받아 중앙위원회를 일망타진하기로 결정했다. 4월 14일에는 세르고 역시 체포되었지만 최고의 음모가인 소소는 스파이를 잠시 더 따돌리고 수도에 몰래

---

*어느 모스크바 볼셰비키의 아홉 살 난 아들은 한 캅카스인이 자기 아버지를 만나러 온 일을 기억했다. 아버지는 집에 없었으므로, 캅카스인은 아이와 부드럽게 이야기를 나누었다. 캅카스인은 떠날 때 아이의 얼굴을 찰싹 때리면서 말했다. "울지 마, 애야. 기억해. 오늘 스탈린(당시 그가 무슨 이름을 쓰고 있었든 간에)이 네게 이야기했다고." 소년이 맞은 이야기를 부모에게 했더니 그들은 화를 내며 당혹스러워 하다가, 이것이 그루지야 산악지대에서의 관습임을 알고는 화가 풀렸다. 한 공작이 마을의 가족을 방문하면 농부는 자기 아들의 얼굴을 때리면서 이렇게 말한다는 것이다. "기억해. 오늘 이 공작이 우리 집을 방문했다는걸."

도착할 수 있었다.

갑자기 피라는 자극제가 혁명에 주입되었다. 4월 4일에 레나 강의 시베리아 금광에 주둔해 있던 군부대가 노동자들에게 포화를 퍼부어 150명을 죽였다. "레나 총격 사건은 침묵의 얼음을 깨뜨렸다." 스탈린은 〈즈베즈다〉지에서 의기양양하게 선언했다. "대중의 원한의 강물은 다시 흐르기 시작했다. 얼음은 깨졌다. 상황은 시작되었다!" 제국 전역에서 파업이 터졌다. 두마에서 도전을 받은 내무상 마클라코프는 거만하게 대답했다. "그랬지. 앞으로도 그렇게 될 것이다."

스탈린은 흥분해서 정신을 잃을 지경이었다. "우리는 살았다!" 그는 기사에서 포효했다. "우리의 선홍색 피가 불처럼 타오르고 누적되었던 힘이 터져 나와 작열한다!" 레닌은 "혁명이 되살아난다"고 선언했다.

페테르부르크에서 스탈린은 폴레타예프의 집에 묵었다. 프롤레타리아 시인이자 볼셰비키 두마 부의장이었기 때문에, 그의 집은 의원 면책권을 누리고 있었다. 스탈린은 그의 조수인 타티야나 슬라바틴스카야를 만났다. "감히 건드릴 수 없는 폴레타예프의 집"에서 스탈린은 주간 〈즈베즈다〉를 운영하기 시작하여, 열정적인 기사를 홍수처럼 쏟아냈다. 트로츠키는 그런 기사를 "트빌리시 신학생의 목회상담학"이라고 무시하지만 그것들은 장래에 그가 쓰게 될 둔해 빠진 이데올로기적 허세와는 달리 마음을 격동시키는 글들이었다. 알릴루예프 일가의 여자들은 그 기사를 서로에게 소리 내어 읽어주었다. 그들이 가장 좋아하는 글은 이렇게 시작했다. "이 나라는 사슬에 묶여 그 노예주들의 발밑에 쓰러져 있다." 선홍색 피가 끓어오르는 소소는 노동절 호소문을 썼다. 그 글은 사랑하는 자연에 바치는 놀라운 송가이며 낭만주의 시인 이던 시절로 마지막으로 한 번 되돌아간 작품으로, 많은 찬사를 받았다. "자연은 그 겨울의 꿈에서 깨어난다. 숲과 산은 초록으로 변한다. 꽃이 목장과 초지를 장식한다. 해는 더 따뜻하게 빛난다. 공기 속에서 우리는 새 생명의 기쁨을 느끼며, 세계는 기쁨으로 춤추기 시작한다."*

"1912년 4월, 우리는 〈프라우다〉지의 강령에 대한 합의를 이루고 1호 작업을 했다"고 스탈린은 회상했다. 작은 방 셋을 차지하여 만들어진 볼셰비키 최초의 일간지는 합법적 신문이었다. 하지만 불법적인 편집 장인 스탈린은 그림자 속에서 신문을 운영해야 했다. 〈프라우다〉지는 빅토르 티호미르노프의 자금 지원을 받았다. 그는 30만 루블의 상속재 산을 가진 카잔의 어느 재벌의 아들로서, 비야체슬라프 스크리아빈, 즉 몰로토프의 어린 시절 친구였다. 티호미르노프는 〈프라우다〉지의 창립 자인 몰로토프를 통해 수천 루블을 쏟아부었다.

---

*스탈린은 마지막 황제 니콜라이의 치세를 맹비난했다. 황제와 황후는 이미 그리고리 라 스푸틴이라는 시베리아 출신의 치유사이자 타락한 사제를 전적으로 신뢰했다. 라스푸틴 과 왕실과의 밀접한 관계가 알려지자, 이것은 소외된 군주론자와 마르크스주의자 모두에 게서 더욱 큰 추문을 만들어냈다. 어린 후계자인 황태자 알렉세이가 혈우병으로 고통받 는다는 사실을 아는 사람은 거의 없었다. 라스푸틴만이 아이의 출혈을 멈추고 고통을 완 화시킬 수 있다는 니콜라이와 알렉산드라의 믿음은 갈수록 더 커졌다. 수시로 바뀌는 내 무상과 오흐라나 국장들은 이제 자신들의 요원을 시켜 라스푸틴을 미행하고, 그의 종교 행사 기록을 작성하여 그가 황제에게 신뢰를 잃게 만들려고 했다. 황후는 갈수록 더 라스 푸틴에 대한 태도를 기준으로 장관들을 평가했다. 스탈린은 차르와 궁정신하들을 두고 "자유의 파괴자, 교수대와 발포부대의 숭배자, 도둑질하는 병참장교, 강도인 경찰, 잔혹 한 비밀경찰, 타락한 라스푸틴…! 이런 그림을 완성시키는 것은 레나 금광에서 고생하는 노동자들에 대한 잔혹한 사격이다"라고 썼다.

스탈린은 이 젊은이를 만날 때가 되었다고 판단했다. 몰로토프는 인쇄기계가 있는 곳 근처, 한 치과의사의 아파트 뒷마당에서 기다리라는 말을 들었다. 스탈린이 갑자기, 마치 허공에서 떨어진 듯 장작더미 뒤쪽에서 나타났다. 소소는 이런 신비스러운 인상을 즐겨 조장했다. 고양이처럼 기민한 그의 카리스마는, 덩치는 크지만 더 젊었으며 그때까지 진짜 중앙위원을 만난 적이 없었던 몰로토프를 어김없이 홀렸다.

"나는 그가 어떻게 나타났는지 보지 못했지만, 그는 정신신경학과 학생복을 입고 있었다. 우리는 자기소개를 했다." 몰로토프는 얽은 자국과 그루지야 억양을 알아차렸다. "그는 불필요한 주제에 대해서는 1초도 낭비하지 않았고 가장 중요한 이슈들만 논의했다. 그는 〈프라우다〉지의 자료를 조금 전달했다. 불필요한 과잉 동작은 없었다. 그러다 나타날 때처럼 홀연히 사라졌다. 그는 울타리를 넘어갔는데, 모든 동작이 고전적인 단순성과 우아함을 띠고 있었다."

그다음 날, 거의 상사병에 걸릴 지경으로 매혹된 몰로토프는 친구에게 이야기를 퍼부었다. "그는 놀라워. 내면의 혁명적 아름다움을 갖고 있어. 골수까지 볼셰비키이고, 음모가들처럼 영리하고 교활하지." 다시 만나게 되자 그들은 밤새도록 이야기했다. 그것은 그 이후 41년 동안 이어질 동반자 관계의 시작이었다.

소소의 경계심에는 이유가 있었다. 그는 자유롭게 활동하는 중앙위원으로는 사실상 마지막이었다. 세르고와 스판다리안은 투옥되어 있었다. 1912년 4월 22일에 〈프라우다〉 창간호가 출간되었다. 스탈린이 의원 면책권을 갖는 성소인 폴레타예프의 아파트에서 걸어 나오자 오흐라나가 그를 체포했다. 6월쯤에는 말리노프스키의 배신 탓으로 별로 중요하지도 않은 중앙위원 한 명을 제외하고는 모두 자유를 잃었다. 조직은 다시 와해되었다. 스타소바가 트빌리시에서 달려와 피해를 일부 복구하려 했지만 그녀 역시 체포되었다.

7월 2일에 스탈린은 3년 유형을 선고받고 시베리아로 이송되었다. 부하들은 나중에 그에게 '탈출학 박사'라는 별명을 붙여 아첨했다. 이번 유형은 그의 유형 가운데 가장 짧았다.

29장

★★

카모의 도약과 최후의 은행 강도

톰스크로 가는 길에 볼로그다 근처 어딘가에서, 스탈린은 바쿠에서 자신을 조사한 멘셰비키인 보리스 니콜라예프스키를 만났다. 소소는 아무 말도 없이, 니콜라예프스키가 아끼는 푸른색 찻잔을 빌렸다가 그냥 가져가버렸다.

1912년 7월 18일에 그는 톰스크에 도착하여 오브 강을 거슬러 올라 콜파세보로 가는 증기선에 태워졌다. 콜파세보에서 그는 배에서 내려 일주일을 머물렀는데, 강을 거슬러 올라 목적지인 나림까지 가는 증기선을 타려고 그곳에서 기다렸다. 그동안 바일로프 감옥에서 한방에 갇혔던 멘셰비키이자 오흐라나의 첩자인 세미온 베레시차크를 만났다. 나림에서 그를 맞아준 것은 또 다른 젊은 중앙위원인 야코프 스베르들로프였다.

나림 정도면 그래도 나쁘지 않은 편이었다. 1,000명의 주민과 150채의 집이 있는 그곳은 농업 벨트 내에 위치해 있었다. 그곳의 숲은 생명으로 약동하고 있었지만 습지가 많다 보니 마침 한여름이었던 당시에는 모기가 들끓었다. 또 유형수가 무척 많았다. 그들은 자체의 카페와 정육점과 잡화점을 운영했으며, 심지어는 탈출사무소도 두 곳 두었는데, 이것이 스탈린에게는 더 중요했다.

"그는 러시아식 수가 놓인 깃이 없는 흰 셔츠를 입고 왼쪽 가슴을 드러낸 차림으로 내 집에 왔다"고 그의 하숙집 안주인인 예프로시냐 알렉세예바가 기억한다. 그녀는 자기 집의 남는 방에 이미 유형수 두 명이 있었기 때문에, 그를 거절하려고 했다. 하지만 "그는 유형수들의 방에 들어가더니 사방을 둘러보고 동지들과 이야기를 나누고는 스베르들로프와 함께 들어앉았다."

니즈니 노브고로드 출신의 부유한 유대인 인쇄공의 아들인 스물일곱 살 난 야코프 스베르들로프는 둥근 안경을 쓰고 "검고 윤이 나는 머리칼"을 자랑했다. 하지만 그의 가장 놀라운 특징은, 외관상 놀랄 만큼 온화하고 눈에 띄지 않는 그가 목소리는 마치 천둥처럼 크다는 사실이었다. 그 괴물 같은 목소리가 어떻게 그 작은 남자에게서 나올 수 있는지, 아무도 모를 일이다. 몰로토프가 웃었다. "여리고의 나팔(나팔을 불며 성을 돌자 여리고 성벽이 무너졌다는 성경 이야기-옮긴이)이야!" 그는 스탈린이 혐오하는 유대인 지식인 부류 같은 모습이었지만, 실제로는 허세를 부리지 않고 가차 없이 몰아붙이는 조직가였다. 러시아에서 가장 인상적인 볼셰비키인 이 두 사람이 이제 한방을 쓰면서 서로의 짜증을 돋구었다.

항상 게으른 데다 이기적인 스탈린은 자기가 해야 할 잡일을 하지 않았다. 결국 빈틈없는 스베르들로프가 그 일을 하게 되었다. "스베르들로프가 우편물을 가지러 가야 했던 날에 일부러 내가 먼저 가지러 가곤 했지. 그러면 스베르들로프는 좋건 싫건 간에 집안일을 자기가 하게 되는 거야. 난로불도 꺼뜨리지 말아야 하고 청소도 해야 하고…. 자네를 속여 집안일을 떠넘긴 게 몇 번이었나. 내 차례가 되었을 때도 나는 그냥 누워 자는 척했지." 스베르들로프와 알릴루예프 일가의 여자들에게 옛날 기억을 들려주면서 스탈린은 킥킥거리고 웃었다.

"내가 그걸 눈치채지 못했을 것 같나? 너무 뻔한 걸." 스베르들로프가 대답했다.

'공작'이라 알려진 유형수의 지휘를 받던 그 지역 그루지야인들은 '거물' 소소에 대해 알게 되었고, 그를 위해 그루지야식 잔치를 열어주었다. 손님들은 러시아어와 그루지야어로 노래하고 레즈깅카lesginka(그루지야의 민속춤-옮긴이)를 추었다. 춤을 출 때 루케리아 티호미로바라는 스물다섯 살 난 그 지역의 한 가정주부가 "더블 코트를 입은" 그루지야인과 마주쳤다. 그는 자신을 주가시빌리라고 소개했다. 하지만 이번에 그는 추근거리려는 기색 없이 그저 루케리아의 두 살 난 조카딸을 무릎에 안고 앉아 있었을 뿐, 술도 마시지 않았다.

"그렇게 젊은데 벌써 파이프를 피우시나요." 그녀는 아양을 떨면서 말했다. 하지만 소소는 미끼를 물지 않았다. 그 중앙위원의 의중에는 너무 많은 생각이 오가고 있었다. 〈프라우다〉, 두마 선거, 그리고 대규모 은행 강도 계획도 있었다. 그는 오래 머물 마음이 없었다.

파리에서 크라쿠프로 이사한 레닌과 크루프스카야는 소소와 스베르들로프에게 탈출하라고 권했다. 스베르들로프는 먼저 달아났지만 다시 잡혀 왔다. 이제 소소 차례였다.

"내 아들들이 배로 그를 강의 부두까지 데려다주었지." 그의 집주인인 알렉세예바가 말한다.

"내 책들은 동지에게 남겨줄 거요." 자신이 받은 짐에서 사과와 설탕과 좋은 보드카 두 병을 꺼내 나눠주면서 소소가 말했다. 그런 다음 그는 야코프와 아가폰 알렉세예프와 함께 그들의 카누에 타고 출발했다. "아직 어두운 밤의 그림자 위로 새벽빛이 올라왔고, 달은 없었다"고 야코프 알렉세예프가 기억한다. 그들은 노를 저어 그를 강의 부두에 데려다주고, 언제 돌아올 것인지 물어보았다.

"오면 오나 보다 하시오." 그는 대답했다. 9월 1일, 그는 톰스크로 가는 증기선을 탔다. 스베르들로프가 따라왔고, 그들은 함께 여행했다. 언제나처럼 이기적이고 자기가 지휘해야 하는 스탈린은 기차에서 장삿길에 나선 여행자 행세를 했다. 그래서 그는 1등석 차표를 샀고, 심술궂게도 몸집이 작은 스베르들로프를 자신의 더러운 세탁물 바구니에 숨게 했다. 그러나 헌병 한 명이 그 세탁물을 의심스럽게 보았다. 그가 세탁물을 막 총검으로 찌르려는 찰나에 스베르들로프가 소리쳤다. "여기 사람이 있소!" 스탈린은 히죽 웃으며 아슬아슬한 시간에 경찰에게 뇌물을 주었다. 그들은 페테르부르크에 닿았다.* 그 탈출박사가 나

---

*스탈린은 1943년에 테헤란 회담에 가는 길에 몰로토프와 사위인 유리 즈다노프에게 이 이야기를 해주었다. 나림에서는 지역 경찰이 그다음 날에 스탈린이 사라진 것을 발견했지만 톰스크에서 돌아올지도 몰라 기다려보기로 했다. 경찰이 그의 탈출을 톰스크 총독에게 보고하여 경보를 발령한 것은 11월 3일이었고, 스탈린은 이미 그 몇 주 전부터 페테르부르크에 있었다.

림에서 지낸 것은 고작 38일 동안이었다.[1]

9월 12일경, 스탈린은 "긴 턱수염에 구겨진 모자, 낡아 빠진 신발, 검은 셔츠 위에 낡은 재킷"을 걸친 단정치 못한 차림으로 또다시 네프스키 대로를 오락가락하고 있었다. 그는 멋쟁이 산책자와 유행하는 차림의 숙녀들 사이에서, 금방 탈출한 죄수 티가 나는 수상한 모습을 하고 있었다. 그때 그는 카프타라제를 보았다.

"난 나림에서 탈출했어." 스탈린이 말했다. "안전하게 도착했지만 은신처에는 아무도 없군. 자네라도 만나서 다행이야." 카프타라제는 시베리아식의 이같이 허술한 모습에 경악했다. "그의 모습은 네프스키 대로에는 어울리지 않았다." 하지만 그를 즉시 새 은신처로 데려갔다. 그곳은 "어떤 해군소장 미망인" 소유의 집이었는데, 아마 마리야 슈타켈베르그 남작부인이었던 것 같다. 그녀는 예카테리나 여제의 시종을 지낸 사람의 후손이며 그루지야 학생들에게 방을 빌려주고 있었다. 스탈린과 스베르들로프는 곧 알릴루예프 일가의 집으로 이동했다.

스탈린은 스타소바의 아파트에 찾아갔다가 그녀가 체포될 때 남동생에게 맡겨두었던 중앙위원회 자금을 받아왔다. 그런 뒤 그는 옛날 여자친구와 마주쳤다.

"나는 가르치던 학생의 집에 가기 위해 네프스키 대로를 걷고 있었다. 그러다 갑자기 어깨에 어떤 남자의 손이 닿는 걸 느꼈다. 펄쩍 뛸 정도로 놀랐지만 귀에 익은 음성이 내게 말했다. '겁내지 말아요. 타티야나 동지, 나예요!' 그러더니 오시프 코바 동지가 내 곁에 서 있었다."

타티아나 수호바가 말한다. 그들은 "어떤 노동자 모임"에서 만나기로 약속했다. 나중에 그들은 함께 걸었고, "카페를 지나치면서 코바 동지는 붉은 카네이션을 뽑더니 내게 주었다."

며칠 뒤에 그는 트빌리시에 도착했다. 그의 볼셰비키 강도단이 그곳에 모여 있었다. 카모가 나온 것이다.[2]

스탈린은 정신이상이 된 부하 강도 카모를 멀리서 지켜보고 있었다. 트빌리시에서 부두 므디바니와 친차제는 메테히 요새의 정신이상 범죄자들을 위한 감방에서 죄수를 꺼내 올 준비를 하고 있었다. 그곳에서 한 의사가 카모의 기괴한 행동을 기록하고 있었다. "그 건물에는 쥐가 없는데도 그는 쥐 때문에 성가시다고 불평한다. 환자는 환각증세로 시달린다. 그는 환청을 듣고 누군가와 이야기를 하고 대답도 듣는다." 그를 감시하는 보초는 "테르-페트로시안이 밤중에 일어나서 허공에서 뭔가를 붙잡으며, 테이블 밑으로 기어들어 뭔가를 찾으려고 애쓰며… 누군가가 방에다 돌을 던진다고 불평하고, 누구냐고 물으면 '악마의 형제야'라고 대답한다"고 했다. 그러나 실상 카모는 탈출을 계획하고 있었다.

카모의 간수는 브라긴이라는 단순한 남자였다. 카모는 그를 차츰 매료시켜 부하로 삼았다. 므디바니와 카모의 누이들은 브라긴을 만나 탈출 도구인 톱과 로프를 주었고, 그는 자기 환자에게 이를 몰래 넘겨주었다. 카모는 창살을 톱으로 썰어 그 자리에 빵을 이겨 만든 반죽을 끼웠다. 닷새 걸려 족쇄를 끊어내고, 그것을 철사로 묶어두었다.

1912년 8월 15일에 므디바니와 친차제의 모제르 일당들이 길에서 손수건을 세 번 흔들었다. 카모는 족쇄와 창살을 푼 뒤 로프를 타고 벽을 내려왔다. 로프가 끊어졌지만 카모는 고통을 거의 느끼지 못한 채 쿠라 강으로 굴러 떨어졌다. 강둑을 기어오른 그는 족쇄를 강물에 내던지고, 가장 가까운 거리로 걸어가서, 전차를 타고(추적견을 혼란시키기 위해) 모제르 일당들을 만날 곳으로 갔다.

경찰들이 도시를 샅샅이 훑고 신문은 그 탈출사건을 대서특필하던 어느 날 밤, 사시코는 "부두 므디바니 동지가 와서 미샤(남편인 모노셀리제)에게 자신들이 정신병원에서 그 전날 밤에 카모를 탈출시켰다고 말했다. 그들은 카모를 데려와서 우리 집에서 한 달간 머물게 했다." 사시코와 스탈린의 아들, 그녀 자신의 아이들은 그때 시골에 머물고 있었지만, 카모는 모노셀리제에게 맛있는 요리를 해주며 그를 돌봐주었다. 그런 다음 카모는 위장을 하고 바투미와 이스탄불을 거쳐 외국으로 달아났다.

"카모는 파리에 있는 우리에게 왔다." 크루프스카야가 회상한다. "그는 일리치(레닌)과 보그다노프와 크라신* 간의 분열 때문에 매우 고통스러워했다." 자신이 그 세 영웅들을 위해 그 대단한 은행 강도 행각을 벌였는데, 그들이 이렇게 분열한 사실을 받아들이기 힘들었던 것

---

*크라신은 결국 본격적인 정치활동을 떠났지만, 레닌은 혁명 이후 그가 볼셰비키로 돌아온 것을 환영하여, 그를 무역과 산업과 운송을 담당하는 인민위원에 임명했고, 나중에는 런던 대사로 삼았다. 엔지니어 크라신은 냉동 기술과 시체 보존법을 고안하고, 1924년에 레닌이 죽었을 때 그 시체를 전시하게 한 배후 두뇌였다. 크라신은 1926년에 사망했다.

이다. 카모는 이리저리 흔들렸고, 레닌은 이 "지독하게 용감하지만 열
정적인 영혼을 가진 순진한 남자의 말을 대단한 연민을 품고 들어주었
다." 스탈린도 그랬지만, 레닌은 건강을 돌봐주고 염려해주는 것이 정
치적 문하생을 통제하는 한 가지 방법임을 알고 있었다. 그래서 그는
카모의 다친 눈을 수술하도록 돈을 대주겠다고 했다. 브뤼셀에서 수술
을 받은 뒤 카모는 러시아로 무기를 밀반입하기 위해 출발했다. 그는
불가리아와 이스탄불에서 체포되었지만, 매번 상대방을 홀려 풀려나
는 길을 찾아냈다. 트빌리시로 돌아간 카모는 일당들을 재소집했다. 거
액의 현금을 실은 우편마차가 큰 길을 따라 달려와서 도시로 들어올 예
정이라는 것이다. 9월 22일경 러시아 국내에서 당의 자금을 조달할 책
임자인 스탈린도 트빌리시에 도착했다.

제2차 세계대전이 끝난 뒤 스탈린이 기억한 대로, 그들이 카조르스
코에 고속도로를 질주하기 전, 친차제가 예레반 광장에 있는 타맘셰프
대상단 숙소 내의 개인 방에서 강도단에게 격려사를 한 것이 아마 이때
였을 것이다.

9월 24일, 카모와 친차제는 쿠프리아시빌리와 18명가량의 총잡이들
과 함께 트빌리시에서 3마일 떨어진 곳에 매복해 있다가 우편마차를
덮쳤다. 노상강도들은 경찰과 카자크 병사들에게 폭탄을 던졌다. 경찰
셋과 마차의 왼편 말 기수가 죽었다. 네 번째 경찰관은 부상당했지만
은행 강도들에게 총격을 가했다. 총격전이 고조되어 처참한 화력전이
벌어졌다. 총잡이들은 돈을 차지하지 못했다. 카자크들이 반격했다.

일당들이 마침내 퇴각하자 카자크들이 추격했지만 정확한 저격수들인 친차제와 쿠프리아시빌리가 뒤를 엄호하여, 카조르스코에 고속도로를 따라 질주하며 벌어진 전투에서 일곱 명의 카자크를 쏘아 맞혔다.

그것이 일당들의 마지막 행사였다. 카모는 그 18명의 갱단과 함께 은신처에서 붙잡혔다. 그들은 체포되었다. 카모는 4중의 사형선고를 받았다.

"난 그냥 죽으련다. 아주 침착해지는군. 내 무덤에는 언제나 풀이 6피트 높이로 자랄 거야. 누구든 영영 죽음을 피할 수는 없어. 언젠가는 죽어야겠지. 하지만 난 한 번은 더 운을 시험해볼 거야. 언젠가는 우리도 적들을 다시 비웃고 있겠지."[3] 하지만 그럴 가능성은 매우 희박했다.*

소소는 트빌리시에서 얼쩡거리지 않았다.

---

*또다시 카모는 교수형 올가미를 모면했다. 1913년에 니콜라이 2세가 로마노프 왕가 창시 300주년을 기념하여 대규모 사면을 시행한 혜택을 입은 것이다. 카모는 5년 동안 투옥되어 있었지만, 살아서 스탈린을 다시 만나게 되며, 혁명이 성공한 뒤에는 비정상적인 폭력을 최고도로 발휘한다. 에필로그를 보라. 여성 갱단 중에서 아네타와 파치아 및 다른 많은 멤버들은 결핵으로 죽었다. 1930년대 말엽까지 살아남은 것은 알렉산드라 다라크벨리제와 바추아 쿠프리아시빌리뿐이었고, 그들은 회고록을 남겼다.

30장

★★

수수께끼 같은 발렌티나와의 여행

강도 행각이 실패한 지 며칠 만에 스탈린은 페테르부르크로 돌아가서 〈프라우다〉지를 편집하고, 몰로토프 및 타티야나 슬라바틴스카야와 같은 집에서 살았다. 그는 기사를 쏟아냈고,* 선언문의 초안을 작성했으며, 두마 선거에 출마할 후보자 지명업무를 총괄했다. 10월 중순에 페테르부르크에서 볼셰비키 후보자 선발을 감독한 뒤 그는 말리노프스키가 모스크바에서 후보로 지명되도록 처리했다.

  도피 중인 소소의 생활은 사람을 탈진시키는 "불면의 밤들의 연속이었다. 그는 오흐라나를 교란시키기 위해 이 집에서 저 집으로 옮겨 다

---

*그의 기사는 외교에 대한 그의 냉소적인 견해(탈레랑의 말을 변조하여 인용함)와 이중어법 doublespeak(오웰이 이중사고double think라는 용어를 만들어내기 오래전에)에 대한 믿음을 드러낸다. "부르주아 외교관들이 전쟁에 대비할 때, 그들은 소리 높여 평화를 부르짖는다. 외교관의 용어는 그의 행위와 반드시 상충한다. 그렇지 않다면 그는 도대체 어떤 외교관인가? 근사한 단어는 시커먼 행위를 은폐하는 가면이다. 진지한 외교관이란 건조한 물, 또는 나무 강철이라는 말처럼 형용모순이다.

넀고, 이 길 저 길을 계속 건너다녔으며, 뒷골목으로 빠져나갔다." 안나 알릴루예바가 설명한다. "노동자 카페를 지나가게 되면 그는 차 한 잔을 시켜놓고 오전 두 시까지 앉아 있곤 했다." 혹은 헌병의 주목을 받게 되면 "그는 수다스럽게 굴면서 카페 안으로 들어가서 마차꾼들과 섞여 값싼 담배 냄새 속에서 새벽까지 앉아 있다가 친구 집에 와서 잠이 들곤 했다." 특히 관능적인 올가와 활기찬 딸들이 있는 알릴루예프 일가의 아파트에 자주 갔다. 스탈린은 자주 "들러 매우 피곤한 표정으로" 식당에 있는 소파에 앉아 있었다.

딸들은 그를 보면 언제나 기뻐했다. 그들의 어머니인 올가는 그를 보살폈다. 올가는 그에게 말했다. "쉬고 싶으면 가서 침대에 누워요. 이런 시끄러운 곳에서는 잠시 동안도 눈을 붙일 수가 없어요." 안나가 쓴 글의 행간을 읽는다면, 소소는 그때까지도 올가와 특별한 관계에 있었던 것 같다. 아니면 적어도 그들은 같은 대의에 헌신하고 있었다. 집을 떠날 때는 올가에게 "나랑 함께 나가요"라고 말하곤 했다. 올가는 "아무것도 물어보지 않았다. 그녀는 외투를 입고 스탈린과 함께 나갔다. 행동 경로를 계획해둔 그들은 마차를 타고 달려갔다. 스탈린은 신호를 보냈고 어머니는 나갔다. 그는 미행하는 경찰을 떨쳐버리려는 게 분명했다. 스탈린은 혼자서 길을 계속 갔다."

스탈린은 마린스키 극장에 가자고 올가를 초대했다. "부탁이에요, 올가. 지금 당장 극장에 갑시다. 오프닝 공연에 딱 맞춰 갈 수 있을 겁니다." 하지만 연극이 시작되기 직전에 그는 말했다. "연극을 꼭 한 번 보고 싶었지만 그럴 수가 없네요." 올가는 혼자서 마린스키 극장의 어떤 박스 좌석에 메시지를 전달해야 했다.

1912년 10월 25일, 여섯 명의 볼셰비키와 여섯 명의 멘셰비키가 제국 두마에 선출되었다. 이런 성과는 나쁜 편은 아니었다. 스탈린이 1901년에 바투미에서 격분시켰던 멘셰비키인 카를로 치헤이제가 사회민주노동당 파벌의 의장으로 선출되었고, 말리노프스키가 부의장이 되었다. 오흐라나는 볼셰비키 6인조 가운데 첩자 둘을 두마 의원으로 선출시키는 데 성공했으니, 이는 콘스피라치아의 상당한 업적이었다. 그들은 오흐라나를 레닌 내부 서클의 정중앙부로 끌고 들어갔다.

〈프라우다〉지에서 스탈린은 멘셰비키와의 화해를 추진했다. 볼셰비키들이 두마 바깥에서 시위를 계획하자 멘셰비키들은 그들을 설득하여 포기하게 만들었다. 이는 레닌을 경악시켰고, 기사를 홍수처럼 퍼부어 스탈린의 화해 정책을 공격했다. 놀랍게도 스탈린은 레닌의 기사 47편을 싣지 않았다. 당시 크라쿠프에 있던 레닌은 스탈린과 6인조를 호출했다. 6인조 중의 한 사람은 기억했다. "스탈린 동지는 즉시 볼셰비키 위원단이 외국에 있는 레닌을 방문해야 한다고 선언했다."

10월 28일에 스파이는 스탈린이 친구인 카프타라제를 찾아가는 것을 보았다. 그들은 두 사람이 평소에 좋아하는 장소인 페도로프의 레스토랑에 식사하러 가자 이들을 미행했다. 하지만 식사 후에 경찰 첩자들은 그가 사라졌음을 알아챘다. 그들이 아무리 뒤져도 소소는 그곳에 없었다.[1]

레닌은 발렌티나 로보바에게 스탈린과 함께 오라고 명령했다. 그녀는 볼셰비키 세대의 자유분방하고 유능한 소녀들 중 하나였다. 그녀는 레닌의 외무장관이자 비밀 해결사인 알렉산드르 쇼트만에게 부탁했다. 스탈린을 "최대한 빨리, 철저한 안전 속에서 크라쿠프까지 데려갈 방법을 알려주십시오. 이것은 레닌의 지시입니다." 쇼트만은 스탈린이 "발렌티나 로보바를 동반하여 페테르부르크에 도착했고, 훌륭한 페르시아인의 여권을 가지고 페르시아 시민으로서 그녀와 함께 호텔에 묵었다"고 재치 있게 말했다.

쇼트만은 크라쿠프로 가는 비밀 경로에 대해 설명했다. 아보를 거쳐가는 남쪽 경로는 위험도가 높았고, 하파란다에서 스웨덴 국경을 도보로 넘어가는 길은 안전했지만 긴 경로였다. 스탈린은 아보 루트를 택했다. 그런 다음 스탈린은 발렌티나 로보바와 함께 포장마차를 타고 페테르부르크를 몰래 빠져나갔다. 그들은 러시아 여권을 가지고 레바쇼보 역에서 핀란드로 가는 기차를 탔다. 핀란드에서는 나중에 레닌의 경호원이 되는 에이노 라히아가 핀란드 여권을 건네주었고, 이 커플과 함께 아보 증기페리까지 가주었다. "경찰관 두 명이 서류를 확인했다. 스탈린 동지는 전혀 핀란드인 같이 생기지 않았지만, 모든 일은 조금도 차질 없이 진행되었다." 스탈린과 발렌티나는 페리에 타고 발트 해를 건너 독일로 향했다.

이것은 소소가 관련된 또 하나의 수수께끼 같은 관계다. '베라 동지'라는 암호명으로 불리는 발렌티나는 또 다른 오흐라나 첩자인 볼셰비키와 결혼한 미인이었다. 여기서만큼 당이 배신자에 대해 혼란을 일으킨 경우는 없다. 그녀가 자기 남편이 이중첩자임을 알았는지 우리는 알지 못하지만, 그녀는 레닌의 전폭적인 신임을 받고 있었다. 쇼트만의 회고록에 보면 소소가(페르시아 여권에 쓰인 이름은 알려져 있지 않다) 한 동안 발렌티나와 여행했음이 나온다. 그들은 처음에 헬싱키로 가서 게스트하우스에서 한방을 썼는데, 이는 늦여름, 아마 그가 나림에서 탈출한 직후인 9월이었을 것이다. 쇼트만은 그들이 함께 지냈다고 암시한다. 1912년 9월 이후 수백 마일을 여행하는 동안 그 두 사람은 확실히 애인 사이였다. 위험한 임무에 함께 투입된 동지들 사이에서 일어나는 사소한 연애의 사례였다. 발렌티나의 남편은 나중에 배신자로 처형되었는데, 이 일은 불성실한 아내들에 대한 스탈린의 불신이 점점 커지는 데 분명히 기여했을 것이다.*

이 커플은 황제 프란츠 요제프의 합스부르크 이중제국의 한 주州인 갈리치아에서 크라쿠프로 가는 기차를 탔다.[2]

레닌은 크라쿠프를 매우 좋아했다. 그 갈리치아 주의 수도는 폴란드의 고대 도시였다. 폴란드 국왕들의 석관이 왕궁 성Royal Castle에 놓여 있었다. 또 1364년에 야겔로니언대학교Jagellonian University가 세워진 것도 이 도시였다.

레닌과 크루프스카야, 그녀의 어머니는 루보미르스키 가 49번지에 있는 아파트에서 중앙위원인 지노비예프와 그의 아내, 아들인 스테판과 함께 살았다. 레닌과 지노비예프는 당의 외국사무국Foreign Bureau을 결

---

*그녀의 남편인 저널리스트 알렉산드르 로보프는 1918년에 오흐라나의 첩자로서 총살되었다. 그녀는 무죄로 판명되었지만 1924년에 결핵으로 죽었다. 한편 1920년대까지 레닌과 친했던 쇼트만은 1939년 스탈린에 의해 처형되었다.

성했고, 크루프스카야는 서기 역할을 했다. 정치적 음모로 삐걱대고 있던 크라쿠프는 레닌에게 집과 같은 곳이었다. "파리나 스위스에서의 유형과는 달리 그곳에서는 러시아와 밀접한 연결이 있었다"고 크루프스카야는 말했다. 그곳 주민 15만 명 가운데 4,000명이 러시아 제국에서 온 망명객이었는데, 주로 폴란드인들이었다. "일리치는 크라쿠프를 매우 좋아했다. 그곳은 거의 러시아였으니까."

레닌은 아이스스케이팅을 즐겼고, 크루프스카야는 오래된 유대인 구역에서 물건을 샀다. 그곳의 물건값이 더 쌌기 때문이다. "일리치는 폴란드식 사우어밀크와 콘 위스키를 칭찬했다." 그는 지노비예프의 아들과 함께 가구 사이로 숨바꼭질을 했다. "끼어들지 말게, 우리는 놀고 있어." 그는 간섭을 거부하면서 이렇게 말하곤 했다. 하지만 그는 애타게 스탈린과 6인조를 기다리고 있었다.

11월 첫째 주에 도착한 스탈린은 레닌 부부와 만나 그들의 부엌에 있는 소파에서 잠을 잤다. 스탈린, 말리노프스키, 또 한 명의 두마 부의장인 무라노프는 레닌에게 매료되기도 하고 호된 꾸중도 들었다. 레닌이 멘셰비키와의 그 어떤 재통합이나 화해에도 반대했기 때문이다. 그의 볼셰비키들은 별도의 당으로 남아 있어야 했다.

레닌은 수준 높은 교육을 받은 귀족이었는데도 단순한 쾌활함과 강철 같은 의지를 지녔고 억센 행동파 남자들을 다루는 데 능했다. 그는 스탈린을 환영하고 편안하게 해주었다. 그들은 음식을 함께 먹으며 더 가까워졌다. 크루프스카야는 소시지를 메인으로 하는 '독일식' 음식을 대접했는데, 스탈린은 이틀 동안은 참고 먹었으나 더는 견디지 못하여 레닌에게 말했다. "배가 고파요. 샤실리크를 먹고 싶어 죽겠다고요!" 레닌도 동의했다. "나도 그래. 난 뭐든 그대로 집어삼킬 것 같아. 하지만 나데즈다를 화나게 만들까 봐 겁이 나는군. 돈 좀 있나? 이리 와, 어디로 먹으러 가지." 하지만 그들은 전술에 대해서는 의견이 달랐다. 그것은 레닌이 스탈린보다 더 강경파였던 많은 사례 중의 하나였다. 스탈린은 "일리치는 6인조에게 강경파 정책노선을 권했다. 다수파(멘셰비키)를 위협하는 정책 말이다. 하지만 일리치는 양보할 거다."

열흘 뒤 스탈린은 페테르부르크로 돌아갔는데, 아마 폴루파스카 polupaska 통행증을 가지고 갔을 것이다. 그것은 국경 너머에 친척이 있는 가족들에게 국경을 넘나들 수 있게 해주는 허가증이었다. 그는 레닌이 국내 상황을 접하지 못하여 엉성한 판단을 한다고 생각했고, 여전히 조정론자의 입장을 완강하게 고수했다. 레닌은 스탈린을 〈프라우다〉지에서 밀어낼까도 고려했다.[3] 새 두마가 개회했을 때 말리노프스키는 소원해졌던 멘셰비키 형제들에게 친밀감을 표하는 선언문을 낭독했는데, 필자는 아마 스탈린이었을 것이다. 레닌에 맞서 스탈린은 장기간 적으로 지내던 멘셰비키인 조르다니아나 지블라제와 더욱 은밀하게 만나기도 했다.*

레닌은 스탈린에게 지령을 홍수처럼 퍼부어 민족성 문제, 그리고 〈프라우다〉지 문제를 논의하기 위해 한 번 더 크라쿠프로 오라고 명령했다. 처음에 크루프스카야는 스탈린에게 체포를 면하도록 크라쿠프로 오라

---

*최대의 이단자들로 구성된 이 3인조에 관한 사실은 소련 체제 내내 은폐되었다.

고 꾀었다. "바실리예프(스탈린)를 최대한 빨리 떠나게 하시오. 그렇지 않으면 그가 구조되지 못할 겁니다. 우리에게는 그가 필요해요. 또 그는 주요 임무를 이미 수행했지 않소." 스탈린은 건강을 이유로 그 여행을 피했다.

"K.St(코바 스탈린)에게. 친구여," 크루프스카야는 12월 (9월 22일) 스탈린에게 처음으로 새 이름인 코바 스탈린의 약칭을 쓰면서 편지를 썼다. "당신은 여기 올 계획이 없나 보군요. 그렇다면 우리는 당신 판단에 반대합니다. 당신은 건강이 어떤 상태이든 상관없이… 반드시 와야 한다는 게 우리 생각이니까요. 당신은 무조건 여기 와야 합니다. 달리 행동할 권리는 없습니다." 스탈린은 또다시 발렌티나 로보바와 함께 여행을 준비했다. 레닌과 크루프스카야는 기뻐했다. "바시아(스탈린)와 베라(발렌티나)가 아이들(두마 6인조)과 함께 곧 오기를 바랍니다."

12월 15일, 두마는 크리스마스를 앞두고 폐회했다.⁴ 스탈린과 발렌티나는 크라쿠프를 향해 출발했다.* 아마 위험하지만 최단거리인 경로

_____

*스탈린의 이 두 차례의 크라쿠프 여행에 대해서는 논란이 많이 있었다. 그는 국경을 넘은 일에 대해 이야기한 적이 많았다(늙은 독재자는 가장 총애한 젊은 세대인 유리 즈다노프에게 국경을 넘은 일과 레닌과 음식에 대한 이야기를 해주었다). 그가 그냥 거짓말을 했는가? 개인적인 일화를 말할 때 그는 사건들을 완전히 새로 만들어내기보다는 과장하는 경향이 있었다. 특히 그와 같이 유명한 여행에 대해서 그랬다. 전적으로 거짓말일 때는 새로 거짓말을 꾸며내기보다는 선전가들의 정보 속에 그냥 끼워 넣곤 했다. 그러므로 아마도 한 번은 그가 그 경로를 택했을 것이다. 쇼트만은 자신이 첫 번째 여행을 주관했다고 말한다. 다른 자료들은 두 차례의 여행을 혼동한다. 그러므로 필자는 쇼트만과 만난 것이 계획을 짤 시간이 충분했던 첫 번째 여행 때였을 거라고 믿는다. 두 번째 여행 때는 그럴 시간이 없었으므로 스탈린과 발렌티나가 아마 밀입국자의 길을 따라 국경을 넘는 위험을 택했을 것이다.

를 택했을 것이다. 서쪽으로 가는 기차에서 두 승객이 민족주의 진영의 신문을 소리 내어 읽고 있었다. "당신들은 왜 그런 쓰레기를 읽는 거요!" 스탈린이 그들에게 고함질렀다. 그와 발렌티나는 러시아-오스트리아 국경에 있는 폴란드의 한 국경 도시에 내려, 마치 밀입국자처럼 도보로 국경을 건널 준비를 했다.

이번 여행은 스탈린의 외국 여행 중 가장 기간이 길었다. 그리고 그 여행에서 그는 제1차 세계대전 전야에 문명의 교차로인 빈에 가게 된다.

31장

★★

1913년 빈: 놀라운 그루지야인, 오스트리아인 화가, 늙은 황제

작은 국경 도시에서 스탈린이 아는 사람은 아무도 없었지만, 그는 우연한 기회를 활용하는 기술의 전문가였다. 그가 거리를 그냥 걸어 다니던 중에 한 폴란드인 제화공이 물었다. "당신은 처음 보는 사람이군?"

"내 아버지도 그루지야에서 제화공이었소." 스탈린이 대답했다. 그루지야인과 폴란드인은 러시아라는 국가가 채운 감옥의 사슬에 함께 묶여 있다는 점을 알기 때문이었다. "난 국경을 넘어가야 해요." 폴란드인은 돈을 받지 않고 그를 데려다주겠다고 했다. 혁명이 일어난 뒤 이 이야기를 하면서 스탈린은 "마치 과거를 엿보려고 하는 듯이" 잠시 멈추었다가 덧붙였다. "난 그 남자가 지금 어디 있는지, 어떻게 되었는지 알고 싶다. 그의 이름을 잊어버려 찾아낼 수 없다니, 얼마나 애석한지 모른다." 젊은 시절에 스탈린을 도운 수많은 사람들처럼 나중에 그 제화공은 그때 자신이 두 제국 사이의 숲 속에 그 그루지야인을 파묻어버렸어야 했다고 생각했을지도 모른다. 스탈린은 그때 동반자인 발렌티나 로보바와 함께 있었다는 말은 한 번도 하지 않았다.

폴란드령 갈리치아의 국경을 넘은 스탈린은 레닌에게 가려고 필사적으로 노력했지만, "지독하게 배가 고팠다." 그는 체비니아Trzebinia 역의 레스토랑에 들어갔는데, 거기서 곧 바보짓을 하게 되었다. 그는 러시아말로 폴란드인 웨이터를 불렀다. "웨이터는 음식을 잔뜩 들고 돌아다녔다." 하지만 스탈린은 계속 무시당했고, 끝내 성질이 폭발했다. "이건 말도 안 돼! 나 말고 다른 사람에게는 모두 식사를 갖다 줬잖아!" 폴란드인은 그에게 수프도 주지 않았고, 스탈린은 직접 가져와야했다. "분통이 터져 나는 수프 대접을 바닥에 내던졌다. 그런 후 웨이터에게 1루블을 내던지고 밖으로 뛰쳐나갔다!" 레닌의 집에 닿을 무렵그는 배가 고파 무엇이든 집어삼킬 것 같았다.

우리가 만나서 인사도 제대로 하기 전에 나는 불쑥 말했다.

"레닌, 먹을 걸 좀 줘요. 난 죽을 지경이오. 어제저녁 이후로 아무것도 먹지 못했어요."

"체비니아에서 식사를 왜 안 했는가? 거기 좋은 식당이 있는데?"

"폴란드 사람들이 내게는 아무것도 주지 않더군요." 스탈린이 말했다.

"스탈린, 자네 정말 바보 같군!" 레닌은 웃었다. "폴란드인들이 러시아어를 억압의 언어로 본다는 걸 몰랐나?"[1]

레닌은 민족성에 관한 전문가라는 사람이 보인 이 맹목성, 혹은 대러시아 쇼비니즘Chauvinism(광신적 이기주의)이 분명 이상해 보였을 것이다.

하지만 스탈린은 폴란드의 모든 독립 주장에 대해 러시아인의 입장에서 깊은 적대감을 품게 된다.*

두 남자는 그 어느 때보다도 깊이 연대했다. 노년의 스탈린은 이렇게 전했다. "그들은 내게 아주 친절하게 대했다. 날더러 다른 곳에 가지 말고, 자기 가족과 함께 지내자고 했다. 나는 그곳에서 아침, 점심, 저녁 식사를 먹었다. 그 규칙을 깬 것은 두 번뿐이었다. 나는 크루프스카야에게 저녁 때는 나가서 크라쿠프의 구시가지로 갈 것이라고 미리 말해두었다. 거기에는 카페가 많았다." 스탈린이 가장 좋아하는 레스토랑은 하웰카였는데, 지금도 중앙의 시장광장Market Square에 그대로 있다. 스탈린이 밖에서 식사하자 레닌은 걱정이 되었다.

"여보게, 자네 두 번이나 외식을 했군. 우리가 자네를 제대로 대접해주지 않는 건가?"

"아니오, 동지. 다 괜찮습니다. 하지만 당신들이 모든 일을 해주니 불편합니다."

"하지만 자네는 우리 손님이지 않은가." 레닌이 고집했다. "그 레스토랑의 식사는 어땠는가?" "식사도 괜찮았고, 그중에 맥주는 꽤 괜찮았습니다."

"아, 이제 알겠군." 레닌이 대답했다. "자네는 맥주가 마시고 싶었던 거야. 이제는 집에서도 맥주를 마실 수 있을 거야." 그리고 그는 "장모에게 부탁하여 손님 몫으로 매일 맥주 두어 병을 준비하게 했다." 스탈

---

*스탈린은 이 이야기를 1941년 12월에 크렘린에서 열린 연회에서 폴란드 대사인 스타니슬라프 코트에게 해주었다.

린은 레닌의 보살핌에 다시 한 번 감동받았다.

"일리치는 〈프라우다〉에 대해 매우 불안해했다." 크루프스카야는 회고한다. 레닌은 스탈린의 화해조 논설에 실제로 매우 좌절감을 느꼈다. "스탈린 역시 불안해했다. 그들은 상황을 어떻게 조율할 것인지 계획을 짜는 중이었다." 레닌은 〈프라우다〉에 대한 통제권을 주장하여 민족 정책을 만들어내는 일과, 자신의 귀중한 부하를 선전하는 일이라는 두 가지 문제를 놓고 고심했다. 그는 민족성에 관해, 러시아인이 아니고 확실히 유대인도 아닌 볼셰비키 전문가가 필요했다. 3년 전에 그는 조르다니아보다 스탈린이 민족성에 관한 전문가라고 칭찬했다. 여기 일석이조의 해결책이 나왔다.

레닌은 페테르부르크로 돌아가지 말고 계속 머무르면서 볼셰비키의 민족 정책을 새로이 제시하는 논문을 쓰는 게 어떻겠느냐고 제안했다. 스탈린은 이 제안을 받아들였다.

1912년 12월 28일경 레닌, 스탈린, 지노비예프는 말리노프스키 및 다른 두 두마 대의원, 스탈린의 친구인 발렌티나 로보바, 빈에 사는 부유한 볼셰비키인 알렉산드르와 엘레나 트로야노프스키 부부, 그리고 그들 아이의 라트비아인 보모와 만났다. "코바는 큰 소리를 내지 않고 신중하게 고려하는 태도로 말했다. 그의 논리는 반박할 수가 없었다." 열아홉 살 난 보모 올가 베일란드가 기억한다. "가끔 그는 다른 방을 왔다갔다 하면서 발언을 들었다."

스탈린은 여전히 레닌에게 저항하고 있었고, 말리노프스키는 야단스럽게 레닌을 지원하고 있었다. 그가 그렇게 한 이유는 매우 의심스러웠다. 레닌과 오흐라나는 사회민주노동당 내 파벌들 간에 어떤 식의 통합이든 반대한다는 점에서 공통점이 있었기 때문이다. 따라서 비밀 경찰은 말리노프스키에게 강경파 논조를 밀고 나가도록 지시했다. 한 편 스탈린은 여전히 멘셰비키를 몇 명이라도 개종시킬 수 있다고 주장 했다. 그는 "한동안 강경파 정치는 좀 미뤄놓고 협동하는 편이 낫다는 것"을 레닌이 이해하기를 바랐다. 그뿐 아니라 두마 6인조에게는 진정 한 지도자가 필요했다. 그것은 말할 것도 없이 자신이 되어야 했다.

"여기 분위기는 참을 수가 없어." 스탈린은 페테르부르크로 보내는 편지에서 투덜거렸다. "다들 말할 수 없이 바빠. 빌어먹게 바쁘다고. 하지만 내 상황은 실제로는 그리 나쁘지 않아." 그런 다음 그는 옛 친구 인 카메네프에게 거의 연애편지 같은 글을 써 보냈다. "자네의 코끝에 에스키모 키스를 보내겠네. 죽을 지경이야! 난 자네가 보고 싶어. 개처 럼 맹세를 하지! 여기에는 가슴에서 나오는 진심 어린 대화를 할 사람 이 아무도 없어. 자네가 어떻게 해서든 여기 크라쿠프로 올 수는 없겠 나?"

하지만 스탈린은 크라쿠프에서 새 친구를 얻었다. 바로 말리노프스 키였다. 이 배신자는 강간죄로 유형당했다가 오흐라나의 요원이 되었 다. 그는 스탈린보다 두 살 많았고, 오흐라나가 주는 8,000루블이라는 넉넉한 연봉을 즐기고 있었다. 제국 경찰총수의 연봉도 고작 7,000루블 에 불과했는데 말이다.

"그는 활기가 넘쳤고, 아는 것도 많았고, 미남이었다. 그리고 티토와 좀 닮기도 했다." 몰로토프가 회상했다. 그 이후 스탈린은 "스테파냐와 아이들에게 보내는 사랑을 담은" 따뜻한 편지를 그에게 썼다. 말리노프스키는 교활하게도 자신에게서 관심을 돌리기 위해 다른 볼셰비키를 배신자로 비난했다. 하지만 이중생활이 주는 압박감 때문에 신경쇠약 기미가 나타나기 시작했다.

1912년의 마지막 날에 만났을 때 스탈린은 마침내 레닌에게 항복했다. "모든 결정이 만장일치로 받아들여졌다"고 레닌은 카메네프에게 열광적으로 말했다. "엄청난 성공이오." 하지만 스탈린의 후퇴는 결코 쓰라린 것이 아니었다. 말리노프스키가 돈주머니인 오흐라나에게 보고한 바에 따르면, 그 회의에서 볼셰비키의 기구가 재정립되었다. 외국사무국(레닌과 지노비에프, 서기인 크루프스카야)이 러시아국과 함께 확립되었다. 러시아국은 스탈린과 이제 〈프라우다〉지의 편집장이 된 스베르들로프가 장악했고 발렌티나 로보바가 서기로 임명되었다.* 스탈린은 〈프라우다〉지에서 물러났지만 러시아의 고위급 볼셰비키(월급은 60루블)로 등장하여, '이론가'라는 특권적인 역할을 맡게 되었다. 스탈린은 레닌의 제안을 받으면서 민족성 문제에 대해 열심히 글을 쓰고 있었다. 스탈린은 1차 초안을 페테르부르크로 보냈다.

그 뒤 레닌과 볼셰비키들은 새해를 축하하러 극장에 갔지만, "연극은 무척 지루했다"고 올가 베일란드가 기억한다. "블라디미르 일리치는 아내와 나갔다." 레닌, 스탈린, 다른 사람들은 1913년 새해를 한 레

---

*스탈린의 트빌리시 친구인 칼리닌은 중앙위원으로 승진되지 않았다. 일시적으로 오흐라나의 이중첩자가 아닌지 의심을 받고 있었기 때문이었다. 볼셰비키들은 당의 심장부에서 말리노프스키가 배신하던 그 순간에도 무고한 동지를 의심했다.

스토랑의 별실에서 맞았다. 나중에 늙은 베일란드는 그때 스탈린이 자신에게 추근대기 시작했다고 털어놓았다. "레닌은 무척 쾌활했고, 농담을 하며 웃고 있었다. 그는 노래하기 시작했고, 우리가 하고 있던 게임에도 끼어들었다."[2]

그 뒤 얼마 지나지 않아, 눈을 잔뜩 뒤집어쓴 스탈린은 얼어붙은 빈에 있는 트로야노프스키 가족의 아파트에 도착했다. 레닌에 의하면 "그들은 좋은 사람이었다. 그들은 돈이 있다!" 알렉산드르 트로야노프스키는 잘생긴 젊은 귀족이며 군대 장교였다. 러일전쟁에서 복무한 뒤 그는 마르크스주의로 개종했고, 이제 그는 〈프로스베셰니에 Prosveshchenie〉(계몽)지를 편집하고 자금을 댔다. 소소의 논문을 펴낼 곳이 이 신문사였다. 독일어와 영어를 유창하게 하는 그는 귀족 태생인 아름다운 아내 엘레나 로즈미로비치와 함께 쇤브루너슐로스 슈트라세 30번지에 있는 넓고 안락한 아파트에서 살았다.* 그곳은 늙은 황제 프란츠-요제프가 쇤브룬 궁전에 있는 사택에서 호프부르크에 있는 집무실로 가기 위해 매일 건너다니는 길이었다.

1848년부터 통치해온, 콧수염을 기른 합스부르크의 늙은 황제는 백마 여덟 필이 끄는 금박마차를 타고 돌아다녔다. 마차는 흑백으로 단을

---

*지금은 하숙집 펜션 쇤브룬이 된 이 집에는 특이하게도 1949년에 부착된 푸른 동판이 여전히 붙어 있다. 거기에 쓰인 글귀는 다음과 같다. "J.V. 스탈린이 1913년 1월에 이 집에서 거주했다. 그는 그의 중요한 저술인 〈마르크스주의와 민족성 문제Marxism and the National Question〉를 여기서 썼다."

댄 제복과 흰색 긴 머리 가발을 쓴 좌마기수가 선도했고, 노랑과 검정의 표범 털가죽을 어깨 위에 걸친 헝가리 기마병들이 호위했다. 스탈린이 이런 퇴영적이고 장엄한 광경을 보지 못했을 리는 없다. 또 그런 광경을 본 미래의 독재자가 스탈린만은 아니었다. 톰 스토퍼드Tom Stoppard 희극(영국의 극작가. 1937년생.《햄릿》의 조연 두 명을 주인공으로 한 희곡《로젠크란츠와 길덴스텐은 죽었다》를 썼다. 이 희곡에서 그는 알지 못할 힘에 휘둘리는 섭리 속에서 인간은 한낱 조연에 불과하다는 주제를 표현했다–옮긴이)에는 그해 1913년 정월에 빈에 있던 20세기 거물들의 캐릭터가 등장한다.* 스탈린의 좀 더 거창한 주소와는 전혀 다른 세상인 브리게테나우 구역의 멜데만슈트라세에 있는 남자용 값싼 하숙에는 실패한 화가인 젊은 오스트리아인이 살았다. 스물세 살의 아돌프 히틀러였다.

소소와 아돌프가 공통적으로 본 빈의 광경 하나가 있다. 히틀러의 가까운 친구인 쿠비제크는 이렇게 기억한다. "우리는 늙은 황제가 쇤브룬에서 나와 호프부르크로 가기 위해 마차에 오르는 모습을 자주 보았다." 하지만 미래의 두 독재자 모두 그에게 감동받지 않았고, 경멸감까지 느꼈다. 스탈린은 이 기억을 언급한 적이 한 번도 없으며, "아돌프는 황제에게 흥미가 없었으므로 그 광경을 대단찮게 여겼다. 그저 황제가 대표하는 국가에만 관심이 있었다."

빈에서 히틀러와 스탈린은 각기 다른 방식으로 인종에 집착하고 있었다. 케케묵은 궁정 신하들의 도시, 유대인 지식인, 분란을 일으키는

---

*이오시프 브로즈. 장래의 티토 원수 역시 그곳에서 기계공으로 일하고 있었다.

인종주의자, 카페, 맥주홀, 궁궐의 도시인 이곳의 주민 가운데 실제 유대인은 8.6퍼센트뿐이었지만, 프로이트, 말러, 비트겐슈타인, 마르틴 부버, 아르투르 슈니츨러에 의해 구현되는 그들의 문화적 영향력은 훨씬 컸다. 히틀러는 반유대주의적인 인종적 우월성의 민족 이론을 구성하고 있었다. 나중에 총통이 되었을 때 그는 그 이론을 유럽 제국에 강요하게 된다. 한편 스탈린은 민족성 논문을 위한 조사에서 자율성의 앞면 뒤에 숨어 있는 중앙집중적 권력을 가진 국제적 제국, 즉 소비에트 연방의 원형이 될 제국을 위한 새로운 아이디어를 만들어내고 있었다. 거의 30년 뒤에 일어난 인간 역사 속 가장 야만적인 분쟁에서 그들의 이데올로기적, 국가적 구조가 충돌하게 된다.

유대인들은 그들의 비전 어디에도 들어맞지 않았다. 히틀러는 그들에 대해 혐오감과 흥분을 느꼈지만, 스탈린은 짜증스러워했고 당혹감을 느꼈다. 스탈린은 유대인들의 신비적인 본성을 공격했다. 히틀러의 기준으로 인종이라 하기에는 너무 넘쳤고, 스탈린의 기준으로 민족이 되기에는 부족한 존재였다.

아직 완성되지 않은 이 두 독재자는 빈에서 여가를 보냈다는 공통점이 있다. 둘 다 스탈린이 살던 곳에서 가까운 프란츠-요제프의 쇤브룬 궁전을 둘러싼 공원에서 산책하기를 좋아했다. 1939년에 몰로토프-리벤트로프 조약에서 동맹이 되었을 때도 그들은 서로 만난 적이 없었다. 그들이 가장 가까이 있었던 것은 아마 그런 공원에서 산책할 때였을 것이다.

"스탈린 동지는 우리와 함께 지낸 몇 주 동안 오로지 민족성 문제에 몰두했다"고 트로야노프스키의 보모인 올가 베일란드가 말한다. "그는 주위의 모든 사람을 그 문제에 끌어넣었다. 어떤 사람은 오토 바우어를 분석했고, 다른 사람은 칼 카우츠키를 분석했다." 띄엄띄엄 공부하기는 했지만 스탈린은 독일어를 읽지 못했으므로, 보모가 도와주었다. 이때 처음 만난 또 다른 젊은 볼셰비키, 니콜라이 부하린도 그에게 도움을 주었다. 부하린은 반짝이는 눈과 염소수염을 가진 장난꾸러기 같은 지식인이었다. "부하린은 우리 아파트에 매일 왔다. 스탈린이 그곳에 살았으니까." 올가 베일란드가 말한다. 스탈린이 보모에게 기대를 품고 연애를 걸었지만 그녀는 재치 있고 장난기 많은 부하린을 더 좋아했다. 그녀는 스탈린의 셔츠와 속옷을 빨아주어야 했는데, 스탈린의 사후에 털어놓은 불평에 따르면 쉬운 일은 아니었다.

스탈린과 부하린은 잘 어울렸다. 스탈린은 유배지에서 부하린에게 편지를 보내게 되는데, 둘 사이의 연대는 이로부터 시작되어 1920년대 후반에 절정에 달한 정치적 동반자 관계로 이어진다. 하지만 소소는 부하린을 숨이 막힐 듯이 아끼다가 치명적으로 시기하게 된다. 빈에서 시작된 우정은 1930년대에 부하린의 머리에 총알이 박히는 것으로 끝이 난다.

"나는… 합스부르크 왕가의 오래된 수도에 있는 스코벨레프의 아파트에서 사모바르 옆의 테이블에 앉아 있었다." 역시 빈에 살고 있던 트로츠키는 말한다. "그때 갑자기 노크 소리가 나고 문이 열리더니 모르는 남자가 들어왔다. 그는 키가 작고… 여위었고… 회색빛이 감도는 갈색 피부에는 온통 얽은 자국이 나 있었다. 그의 눈에서 우정 비슷한 것은 조금도 보이지 않았다." 그는 스탈린이었다. 그는 "사모바르 옆에 멈춰 서더니 직접 차 한잔을 만들었다. 그런 다음 왔을 때처럼 한마디도 없이, 매우 불쾌하지만 특이한 인상을 내게 남기고 떠났다. 아니면 그 뒤에 일어난 사건들이 그 첫 만남을 더 어둡게 만들었는지도 모른다."

스탈린은 이미 트로츠키를 "거짓으로 억센 척하는 시끄러운 사기꾼 챔피언"이라 부르며 경멸하고 있었다. 그는 트로츠키에 대한 이런 견해를 한 번도 바꾸지 않았다. 한편 트로츠키는 스탈린의 노란 눈에서 섬뜩한 느낌을 받았다. 그 눈은 "악의로 번뜩였다."

트로야노프스키와 함께 지낸 시간은 스탈린에게는 새로운 경험이었다. 그것은 그 자신도 인정했듯이, 그가 처음이자 마지막으로 유럽의 문명 생활을 맛본 시기였다. 그는 시가지가 내려다보이는 방에서 살았고, 그곳에서 하루 종일 작업했다. 저녁이 되면 그는 트로야노프스키 가족과 함께 쇤브룬 공원을 이리저리 산책했다. 저녁 식사 때 그는 가끔 자신의 과거에 대해 이야기하면서 라도 케츠호벨리에 대해 회상하고 그가 감옥에서 총살당한 이야기를 했다. 그는 대체로 시무룩했다. 그는 이제 페테르부르크로 돌아간 말리노프스키에게 편지를 보냈다. "안녕, 친구여, 지금까지 난 빈에 있으면서 쓰레기 같은 글을 쓰고 있어. 곧 만나기로 하자." 하지만 그는 나아졌다. "처음에는 낯을 가리고 외톨이였지만, 이내 긴장을 풀고 재미있는 사람이 되었다." 올가 베일란드가 말한다. 그는 트로야노프스키 가족의 교양 있는 스타일을 그리 편안하게 받아들이지는 못했다. 그런데도 그는 트로야노프스키를 평생 좋아했다.

어린 갈리나 트로야노프스카야는 활기 있는 아이로서 스탈린과 사이가 좋았다. "그녀는 어른들과 함께 있기를 좋아했다." 그리고 스탈린은 그녀와 놀아주고, "캅카스에서 초록색 초콜릿 산山"을 가져다주기로 약속했다. 그는 갈리나가 자기 말을 믿지 않으니까 "매우 큰 소리로 웃곤 했다." 하지만 그녀도 자주 그를 놀렸다. "아저씨는 항상 민족 이야기만 해요!" 그녀는 투덜댔다. 스탈린은 쇤브룬 공원에서 아이에게 과자를 사주었다. 한번은 스탈린이 갈리나의 어머니에게, 두 사람이 동시에 갈리나를 부르면 아마 과자 때문에 자기에게 달려올 것이라고 장담했다. 두 사람은 그의 주장을 실험해보았는데, 갈리나는 소소에게 달려갔다. 인간성에 관한 그의 냉소적 견해가 이로써 확인되었다.＊

＊근친상간적인 볼셰비키들의 세계에서 엘레나는 나중에 트로야노프스키와 이혼하고 배신자 말리노프스키와 애인 사이가 되었다(말리노프스키의 말에 의하면 그렇다). 그리고 결혼한 상대는 볼셰비키 거물인 니콜라이 크릴렌코였는데, 그는 레닌의 제1차 정부의 멤버이자 나중에 붉은 군대의 총지휘관이 된 인물이었다. 크릴렌코는 결혼 당시에는 검찰총장이었고 마지막에는 잔혹한 사법부 인민위원이었다가 대숙청 때 총으로 자결했다. 다행히 크릴렌코는 1920년대 후반에 엘레나를 떠났는데, 그녀가 살아난 것은 아마 그 덕분일 것이다. 그녀는 대숙청 시기에 살아남아 기록보관소에서 조용히 일하다가 수명을 다하고 1953년에 죽었다. 트로야노프스키 일가의 딸인 갈리나는 또 다른 볼셰비키 거물인 발레리안 쿠이비셰프와 결혼했다. 그는 스탈린 치하의 정치국원으로서 바람둥이에다 폭음가였고 그녀를 학대했다. 스탈린은 쿠이비셰프의 술에 취한 방탕한 행각을 알았더라면 자신이 개입했을 것이라고 말했다. 쿠이비셰프가 1935년에 알코올중독으로 의문사한 것은 스탈린에게는 좋은 일이었다. 보모인 올가 베일란드는 당과 코민테른 관리가 되었고, 젊어서 은퇴하여 나이가 들도록 살아남았다. 트로야노프스키의 운명은 그가 볼셰비키에 반대했음에도 이들과 매우 달랐다. 에필로그를 보라.

이제 스탈린은 말리노프스키에게 돌아와서 자신의 논문 초안을 읽어보라고 청했다. 그래야 수정을 할 수 있기 때문이다. "말해주게. 첫째, 〈프라우다〉는 어떤가? 둘째, 자네 파벌은 어떤가? 셋째, 그룹은 어떤 상태인가? 자네의 바실리로부터." 그는 빈을 아주 떠나기 전에 논문을 다시 썼다.*

레닌은 크라쿠프에서 그를 기다렸다. 페테르부르크에서는 배신이 움트고 있었다.[3]

---

*〈마르크스주의와 민족성 문제〉는 스탈린의 가장 유명한 저술이다. 그는 긴 평생 동안 이 논문을 계속 고쳐 썼다. 그것은 레닌이 당 내에서의 오스트리아 연방이라 부른 것을 제안한 오스트리아 사회주의자들에게 보내는 답변이었다. 항상 그렇듯이 레닌은 실제적이고 멀리 보는 사람인 동시에 이데올로기적이기도 했다. 그는 문화적 자치나 민족적 분열주의에 관한 변형을 옹호하던 유대인 연방주의자나 그루지야 멘셰비키들이 당을, 그리고 궁극적으로 러시아 제국을 볼셰비즘으로는 통치 불가능한 곳으로 만들어버릴까 봐 우려했다. 그에게는 자치의 이상과 분할의 권리를 모두 제공하면서도 어느 쪽이든 당연시하지는 않는 이론이 필요했다. 레닌과 스탈린은 그 어떤 것도 중앙집권화된 국가를 방해하면 안 된다는 데 동의했다. 스탈린은 국가를 "역사적으로 형성된 인민의 안정적인 공동체, 언어와 영토와 경제생활과 정신적 화장의 공동체로 통합된 공동체"로 정의했다. 유대인들에 관해 스탈린은 물었다. "그루지야 유대인, 다게스탄Dagestan 유대인, 러시아 유대인, 아르메니아 유대인들로 구성되었지만 서로의 말을 알아듣지 못하고, 지구의 다른 지역에 거주하고, 평화시에든 전쟁시에든 절대로 함께 행동하지 않는 유대인 국가라는 것이 도대체 어떤 국가인가? 그들은 동화되었다." 왜냐하면 그들은 "토지와 결부된 안정적이고 커다란 기층을 갖고 있지 않기 때문이다." 그는 '오스트리아식 마르크시즘'과 민족 자치를 공격했지만, 캅카스에서는 지역적 자치를 수용했다. 할양의 권리는 (이론적으로는) 제공되었지만 받아들여져서는 안 되었다. 이 논문은 문장이 미려하지는 않아도 치밀한 내용을 담고 있는데, 그것은 스탈린이 소비에트연방을 이루게 되는 공화국들의 그물망을 창조했을 때 현실화되었다. 그것은 여전히 유의미하다. 1991년 구소련 해체로 우크라이나, 에스토니아, 그루지야 같은 완전 공화국들은 독립국이 되었지만 체첸 같은 자치 공화국은 그렇지 못했기 때문이다.

32장

★★

비밀경찰의 무도회:
배신당한 여장 전문가

"나는 레닌에게 글을 보여주기 위해 크라쿠프로 돌아갔다." 스탈린은 설명했다. "이틀 뒤 레닌이 날 오라고 했는데, 원고가 책상 위에 펼쳐져 있는 것을 보았다. 그는 나더러 곁에 앉으라고 했다."

레닌은 감명을 받았다. "이걸 정말 자네가 썼는가?" 그는 좀 어른 행세를 하면서 스탈린에게 물었다.

"예, 레닌 동지. 내가 썼지요. 뭘 잘못 썼습니까?"

"아니, 그 반댈세. 정말 훌륭해!"

레닌은 이 논문을 정책으로 발표하기로 결심했다. "그 논문은 아주 훌륭해요!" 그는 카메네프에게 말했다. "그건 투쟁할 이슈이니, 우리는 쓰레기 같은 연방주의자들에 대한 원칙적인 반대에서 티끌 하나도 항복하지 않을 거요!" 고리키에게 보낸 편지에서 그는 스탈린을 자신의 "근사한 그루지야인"이라고 단언했다.

소소는 이 논문을 1913년 3월에 K. 스탈린이라는 새 가명으로 발표했다. 이것은 그가 이 이름을 쓴 두 번째 기회였다. 1910년 이후 그는 기사에 쓰는 이름을 K. St.로 다음에는 K. 사핀Safin으로, 그리고 K. 솔린 Solin으로 계속 바꾸어왔다.

음모가로 살아가려면 가명이 많이 필요한데, 대개 아무렇게나 정해진다. 울리야노프가 레닌이라는 이름을 만든 것은 시베리아의 강 이름인 레나에서 연상한 것일 수도 있지만, 그 이름 말고도 그가 쓴 가명은 160개는 된다. 레닌이라는 가명은 그를 유명하게 만든 논문 〈무엇을 할 것인가?〉에 그 이름을 썼기 때문에 계속 사용되었다. 소소도 이와 비슷하게 자기의 명성을 높인 민족성에 관한 논문을 발표했을 때 스탈린이라는 가명을 썼다. 그것이 그 이름을 계속 쓰게 된 하나의 이유일 것이다. 만약 그가 그토록 자기집착적이고 멜로드라마적인 인물이 아니었더라면 그는 바실리예프나 이바노비치로 역사에 알려졌을지도 모른다.

그 이름이 가진 다른 매력은 어딘가 레닌과 닮은 점이 있다는 것이다. 하지만 스탈린은 그가 만난 여자들의 이름으로 가명을 만들기도 했다. 그의 여자친구인 루드밀라 스탈의 이름이 스탈린을 만드는 데 기여했을 가능성도 있다. 그 자신은 절대로 인정하지 않았겠지만 말이다. "내 동지들이 그 이름을 내게 주었다." 그는 한 인터뷰어에게 잘난 척하며 말했다. "그게 내게 어울린다고들 생각했지." 몰로토프는 이것이 사실이 아님을 알고 있었기 때문에 이렇게 말했다. "그건 그 스스로 붙인 이름이다." 하지만 강철의 남자를 뜻하는 이 냉혹한 산업적인 이름은 그의 성격에 어울렸고, 볼셰비키라면 마땅히 그래야 하는 모든 것의 상징이었다.*

이름은 러시아식이었지만 그는 한 번도 캅카스인이 아니었던 적이 없었고, 그루지야 이름인 코바를 슬라브식 이름인 스탈린과 함께 썼다 (그의 친구들은 계속하여 그를 소소라 불렀다). 그 이후 그는 역사가 로버트 서비스가 이중국적의 페르소나라 부른 존재를 수용했다. 1917년 이후 그는 4중국적 소유자가 되었다. 민족성으로는 그루지야, 충성도 면에서는 러시아, 이데올로기적으로는 국제주의자, 시민권으로는 소비에트에 속했다.

그것은 필명으로 시작했다가 제국이자 종교로 끝났다. 그가 독재자였을 때 스탈린은 책임감이라고는 조금도 없는 아들 바실리가 자신의 성을 이용하자 소리를 질렀다. "넌 스탈린이 아니고 나도 스탈린이 아니야! 스탈린은 소련 권력이야!"

1913년 2월 중순경, 새로 만들어진 코바 스탈린은 페테르부르크로

---

*그의 새 이름의 초기 버전인 솔린과 사핀은 오타인지도 모른다. sol은 러시아어로 소금을 뜻하는 것이니, 소금의 남자라는 이름에는 최종 버전과 같은 금속성 광택이 전혀 들어있지 않다. 베라 슈베이처는 이렇게 말한다. "1912년 4월에 〈즈베즈다〉를 식자하는 과정에서 편집위원회가 서명을 마음대로 바꾼 적이 있었다. 다음 날 J.V. 스탈린이 〈즈베즈다〉지를 펴고 솔린이라는 서명을 보자 그는 슬쩍 웃었다. '난 무의미하게 차용된 필자 이름은 좋아하지 않아.'" 그는 1913년 1월까지는 K.St.로 돌아갔다. 스탈린 외에도 산업적인 이름을 쓴 예가 있었다. 로젠펠트는 카메네프가 되었다. 그것은 돌의 남자라는 뜻이다(비록 그는 그 이름에 비해 몹시 부드러웠지만). 또 스크리아빈은 몰로토프, 즉 망치의 남자가 되었다. 간수들로부터 가명을 따오는 것도 한때 유행했다. 브론스타인은 트로츠키라는 필명을 자신이 감혔던 감옥의 간수에게서 가져왔다. 서구의 전기들에 나오는 여러 주장들과는 반대로, 스탈린은 주가시빌리의 러시아어식 표기가 아니다. 주가는 그루지아어로든 오세티아어로든 강철, 또는 철을 뜻하지 않는다.

돌아와 있었다. 그곳에서 매번 말리노프스키에게 배신을 당한 볼셰비키는 싸움에서 져 달아나는 중이었다.[1]

"이건 체포와 수색과 급습으로 가득한 광란의 잔치입니다." 스탈린은 오흐라나가 열어본 트라야노프스키 가족에게 보낸 편지에서 이렇게 전했다. 그는 여섯 살 난 갈리나에게 한 약속을 잊어버리지 않았다고 덧붙였다. "초콜릿을 갈로치카(갈리나의 애칭)에게 보낼게요."

이제 레닌에 의해 권력을 갖게 되었지만 오흐라나의 정력적인 활동에 포위된 스탈린은 숨으려는 시도조차 하지 않았다. 그는 시내 중심가의 스팔레르나야 가에 있는 두마 대의원들인 바다예프와 사모일로프의 아파트에 그대로 머무르면서 그들의 동료 대의원인 페트로프스키의 집에서 열리는 회의에 참석했다. 또 다른 편지에서 스탈린은 한숨을 쉰다. "유능한 사람이 한 명도 없군. 상황이 어찌 돌아가는지 파악할 수가 없어."

그에게 닥친 첫 번째 도전은 의회에 들어간 자신의 스타인 말리노프스키를 충격적인 고발로부터 보호하는 일이었다. 한 기사가 말리노프스키를 오흐라나의 첩자라고 밝혔다. 이 기사에 'Ts'라는 서명이 있었기 때문에, 볼셰비키들은 고발자가 멘셰비키인 마르토프(본명은 체데르바움)나 그의 처남인 표도르 단일 것이라고 믿었다. "볼셰비키인 바실리예프(스탈린)가 내 아파트로 와서(그는 이오스카 코리아비[곰보 조]라고 알려져 있었다) 말리노프스키에 관한 소문을 막으려 했다"고 표도르 단이 말했다. 곰보 조는 단의 아내인 리디야에게, 멘셰비키들이 말리노프스키를 음해하려 했다가는 후회할 거라고 경고했다.

그렇기는 해도 말리노프스키 덕분에 이제 제국 경찰총수는 스탈린의 모든 움직임을 몸소 감시할 수 있었다. 2월 10일에 스베르들로프는 말리노프스키의 배신으로 체포되었다. 이제 스탈린은 바쿠 시절의 동지인 샤우미안을 〈프라우다〉지의 편집장으로 임명하기로 결정했지만 말리노프스키는 그 아르메니아인이 스탈린 본인처럼 너무 유화적일 것이라고 레닌을 설득했다. 레닌은 말리노프스키가 추천한 후보인 체르노마조프를 지지했는데, 이 사람은 스탈린이 바쿠에 있을 때 알아낸 것처럼 또 다른 오흐라나의 이중첩자였다.

1913년 2월에 말리노프스키는 스탈린과 별로 존재 가치가 없는 페트로프스키를 제외한 러시아 내 중앙위원 전체를 밀고했다. 오흐라나는 사회민주노동당 재통합을 전면 중단시키기로 결심한 것이다. 조정론자 스탈린이 그다음 과녁이었다.

2월 23일 토요일 밤, 볼셰비키 동조자들은 칼라시니코프 거래소에서 기금 모금 음악회와 가면무도회를 열었다. 평소 같으면 스탈린이 그런 곳에 가지는 않았겠지만, 알릴루예프 자매들이 흥분하여 그 행사에 가고 싶어 했으므로 스탈린과 그들의 수학 가정교사 카프타라제는 가볼까 하고 의논했다.

그날 오후에 스탈린은 말리노프스키를 방문했다. 그 이중첩자는 무도회에 오라고 요구했다. 나중에 타티아나 슬라바틴스카야에게 한 말에 따르면, 스탈린은 이를 거절했다. "그는 그럴 기분도 아니었고 입고 갈 옷도 없었다. 그런데도 말리노프스키는 계속 가라고 우겼다"고 말했다는 것이다. 심지어 보안 문제에 대해 안심시키기까지 했다. 그 멋쟁이 배신자는 스탈린 앞에서 자신의 근사한 옷장을 열고, 빳빳한 목칼라, 드레스셔츠, 실크 넥타이를 꺼내 스탈린의 목에 매주었다.

말리노프스키는 오흐라나에 있는 자신의 직속상관인 제국 경찰총수 벨레츠키와 막 만나고 온 참이었다. 아마 스탈린을 잡아주겠다고 약속했을 것이다.

"바실리(스탈린)와 나는 파티에 갔다. 파티는 근사했다"고 그의 정부 타티야나 슬라바틴스카야가 썼다. 스탈린은 멋쟁이 넥타이를 매고 볼셰비키 두마 대의원들과 같은 테이블에 앉았다. 프롤레타리아 음유시인이자 1920년대에는 스탈린의 가장 가까운 부하 가운데 한 명이 될 데미안 베드니는 나중에 레닌에게 말했다. "나는 그처럼 사람 많은 파티에서… 우리의 친애하는 그루지야 청년을 보고… 정말 놀랐다." "거기에 가다니, 정말 신중하지 못한 행동이었다. 그를 그곳에 데려간 것이 악마인가, 아니면 바보인가? 나는 그에게 말했다. '당신은 달아나지 못할 거요.'" 베드니는 그들 중에 배신자가 있다는 힌트를 준 것이다.

자정 무렵, 사복을 입은 오흐라나 장교들이 헌병들의 지원을 받아 손님들이 테이블에 앉아 있는 연주회장 뒤에 자리 잡았다. 타티야나는 "스탈린은 바로 말리노프스키 본인과 이야기하던 중에 미행당하는 기색을 알아차렸다"고 말했다.

탐정들이 스탈린의 테이블에 가까이 와서 그의 이름을 물었다. 그는 자신이 주가시빌리가 아니라고 부정했다. 동지들이 일어나 그를 둘러싸고 무대 뒤 안전한 곳으로 빼내려고 했다. "그는 공연자들의 의상실

로 가서 나를 데려오라고 부탁했다." 타티야나 슬라바틴스카야가 말한
다. 다시 한 번 스탈린은 여장을 하고 빠져나가려고 했지만, 그전에 타
티야나에게 자신이 파티에 오기 전에 말리노프스키의 집에 갔었고, 그
곳에서부터 미행당했다고 말해주었다. 스탈린은 옷을 다 입고 긴 드레
스 차림으로 나섰다. 그가 의상실을 통해 인도되던 중에 한 비밀경찰이
그의 큰 신발(그리고 분명히 그의 콧수염도)을 보았다. 그 경찰은 "큰 소
리를 지르며 그를 붙들었다."

"주가시빌리, 드디어 널 붙잡았군!"

"난 주가시빌리가 아니오. 내 이름은 이바노프요." 스탈린이 대답했다.

"그런 이야기는 네 할머니에게나 가서 하지."

상황은 끝났다.

"사복차림의 요원 두 명이 그에게 함께 가자고 했다. 모든 일은 조용
히 진행되었다. 무도회는 계속되었다." 말리노프스키는 "동지 스탈린
의 뒤를 따라오면서 그의 체포에 항의했고, 그를 석방할 방도를 강구하
겠다고 약속했다."

레닌은 순진하게도 배신자에게 편지를 써서 "더 이상의 체포를 멈출
방도를 의논하자"고 했다. 레닌과 크루프스카야는 바실리가 잘 보호되
어야 한다고 안달했다. 그러나 너무 늦었다. "바실리의 소식이 왜 없는
가? 그에게 무슨 일이 일어났는가? 걱정이 된다."

경찰총수 벨레츠키에게는 스탈린의 체포가 내무장관 마클라코프에
게 보고할 만큼 큰 성공이었다. 마클라코프는 1913년 6월 7일에 특별
위원회 권고를 확인했다. J.V. 주가시빌리는 투루한스크에서 4년 유형

에 처한다. 그곳은 해도 잘 뜨지 않고 얼어붙은 이름 없는 시베리아 마을로서, 문명으로부터 잊힌 곳이었다.[2]

4부

Young
Stalin

이 땅 위에서, 유령처럼
그는 이 집 저 집을 떠돌아다녔네
손에 쥐고 있는 류트로
달콤한 소리를 뜯네
꿈결 같은.
햇살 같은 선율로
진실 그 자체를
천상의 사랑을 느낄 수 있지
그 음성은 돌이 되었던 여러 남자의 심장을
뛰게 만들었지
그것은 지극한 어둠 속에 던져졌던
여러 남자들의 마음에 빛을 던졌네
그러나 영광 대신에,
하프를 뜯는 곳마다,
군중은 외톨이 앞에
독이 든 그릇을 내려놓았네.
그들은 그에게 말하네.
"저주받은 자여, 이걸 마셔라.
이것이 너의 운명이다!
우리는 너의 진실을 원치 않는다.
또 너의 그 천상의 선율도 원치 않는다."

— 소셀로(이오시프 스탈린)

33장

★★

스탈린, 절박한 처지에 놓이다

1913년 6월 중순, 스탈린을 태우고 크라스노야르스크에서 예니세이 강을 거슬러 올라가는 증기선 앞에는 시베리아의 상상할 수 없는 광막함과 광대한 황무지가 펼쳐졌다. 그의 목적지인 투루한스크는 영국, 프랑스, 독일을 합친 것보다 더 넓었지만 그곳에 사는 사람은 고작 1만 2,000명뿐이었다.

예니세이 강은 고원지대에서 좁은 골짜기를 만들며 흐르다가 반짝이는 수평선 너머 뭍이 전혀 보이지 않을 정도까지 넓어진다. 시베리아의 타이가taiga 지역은 언덕이 많고, 조밀한 낙엽송 숲이 평평한 툰드라 구릉의 능선을 따라 기어오른다. 여름에는 풍성한 초록빛이었지만 1년에 아홉 달간 계속되는 겨울에는 혹독하게 새하얀 얼음장이었다. 겨울의 기온은 최저 섭씨 영하 60도까지 내려갔다. 농민과 유형수들이 사는 마을 사이사이의 어마어마한 공간에는 샤머니즘적인 유목민인 퉁구스 부족과 오스티야크 부족의 텐트가 드문드문 보일 뿐이었다.

탈출하고 붙잡히고 다시 탈출하는 게임은 이제 끝났다. 로버트 서비스가 말한 대로, 이것은 "땅에 묶인 악마의 섬(프랑스령 기아나의 대서양 쪽 해안에 있는 바위섬으로, 유형지 또는 격리수용소로 사용되었다-옮긴이)"이었다. 스탈린 자신은 미처 깨닫지 못했지만, 이번에는 차르의 전제정권이 단단히 작심하고 있었다. 그는 페테르부르크에서 그 주의 수도인 크라스노야르스크에 가기까지 일주일이 좀 넘게 걸렸고, 그 뒤 투루한스크를 향해 북쪽으로 이송되었다. 그곳은 4년 동안 스탈린의 집이 되고, 그의 가슴속에 들어가서 끝까지 떠나지 않게 된다.

26일간 여행한 뒤 그는 8월 10일에 모나스티르스코에 마을에 짐을 풀었다.* 그곳은 투루한스크 주의 '수도'였다. "당신도 알다시피 난 투루한스크에 있소." 그는 크라쿠프에 있는 지노비예프(와 레닌)에게 편지를 썼다. "오는 길에 보낸 편지를 받았소? 난 몸이 아팠소. 회복해야 겠으니 돈 좀 보내주시오." 그는 이미 탈출을 계획하고 있었다. "내 도움이 필요하면 알려주시오. 즉시 갈 테니까."

사실 레닌에게는 그의 도움이 필요했다. 7월 27일에 그는 중앙위원회 회의를 열고, 스탈린과 스베르들로프에게 유형지에서 빠져나오라고 지시했다. 두 사람은 각각 60루블을 받았지만, 이번에도 말리노프스키가 이 계획을 오흐라나에게 밀고했고 오흐라나는 투루한스크 경

---

*이 교역 중심지의 자랑거리는 커다란 선교사 수도원이었다. 그 수도원은 지역 부족민들에게 세례를 베풀었으며, 미하일 수슬로프의 지휘하에 운영되었다. 이 미하일 수슬로프는 제2차 세계대전 이후 스탈린의 총애를 받았고, 브레즈네프 시대에 막후 인물로 활동하는 동명의 소련 거물의 증조부다.

찰서장에게 연락하여, 스탈린이 탈출의 달인이라고 경고했다. 그런 장소에 있는 관리들은 그들 자신도 사실상 유형수나 마찬가지였다. 오세티아인인 경찰서장 키비로프는 알려지지 않은 작은 범죄 때문에 바쿠 경찰서에서 쫓겨나 투루한스크에 배치되었다. 아마 오세티아 출신이라는 공통점 때문이겠지만, 그는 스탈린을 좋아했다.

소소의 숙소는 미로에디하에 할당되었다. 그곳은 남쪽에 있는 작은 마을로, 그는 곧 그곳에서 두각을 드러냈다. 인노켄티 두브로빈스키라는 유형수가 그해 여름에 강에서 익사했는데, 좋은 책들을 남겼다. 죽은 사람의 책은 공동 소유로 하는 것이 유형수들 간의 예절이지만, 스탈린은 그답게 그 책들을 독차지하고는 다른 사람들에게는 보여주지 않고 혼자서 게걸스럽게 읽기 시작했다. 유형수들의 삶은 이런 식의 자잘한 다툼을 둘러싸고 이루어졌는데, 스탈린은 바로 그런 다툼을 도발하는 데 선수였다. 다른 유형수들은 분개했다. 그들은 그의 험담을 하고 불평을 늘어놓았다. 볼셰비키인 필리프 자하로프는 이 책도둑과 정면으로 부딪쳤다. 스탈린은 그를 찾아온 주제 넘는 방문자를, 마치 요구사항을 가지고 감히 장군 앞에 나설 만큼 오만무례한 일병을 면담하는 차르 체제의 장군처럼 대했다. 스탈린은 러시아의 독재자가 되기 훨씬 전부터 호지아인Khoziain, 즉 주인처럼 행동했다. 사실 그는 어린 시절부터 그런 식으로 굴었다.

고작 두 주일을 보낸 뒤, 그는 다른 마을인 코스티노로 옮겨져야 했다. 그곳에는 다른 유형수 넷이 있었는데, 선생 노릇하기 좋아하는 스탈린은 그루지야 죄수 두 명에게 글을 가르치면서 시간을 보냈다. 곧

그는 예전에 한방을 쓰던 동료 스베르들로프가 그 근처의 셀리바니하에 있다는 것을 알았다.[1]

9월 20일경, 스탈린은 한 농민의 목욕탕에 살던 스베르들로프를 찾아갔다. 두 사람은 개조한 바냐(러시아식 목욕탕)에 함께 살면서 탈출을 꿈꾸었다. "난 방금 바스카(스탈린)를 배웅했다. 그는 여기 일주일 동안 머물렀다." 스베르들로프는 러시아 국내에 있는 볼셰비키 지도자 가운데 최후까지 자유인으로 남은 말리노프스키에게 전했다. "나와 바스카에게 줄 돈이 있으면 보내주게. 지난 주에 우리는 신문과 잡지를 보내달라고 부탁했네. 자네가 할 수 있는 일을 해주게." 말리노프스키는 확실히 기대에 찬 두 탈출자를 배신하기 위해 자신이 할 수 있는 일을 하고 있었다.

10월 1일에 레닌과 중앙위원회는 스탈린의 제안을 지노비예프에게 시달하면서, 그와 스베르들로프를 탈출시키자고 제안하고, 그 계획을 위해 100루블을 책정했다. 19일 이내에 스탈린은 "페테르부르크에 있는 어떤 동지에게서 수도로 탈출하라는 제안을 받았다." 스탈린과 스베르들로프는 이 쉽지 않은 탈출을 위해 준비하면서, 돈과 신용을 있는 대로 모두 썼다. 캐나다 모피회사인 레벨리언의 사장인 볼셰비키가 밀가루, 설탕, 차와 담배를 마련해주었다. 지역 의사는 약품을 지원했다. 다른 사람들은 여권을 위조해주었다.

'탈출 박사'는 준비를 거의 마쳤다. 하지만 이제 겨울이 타이가 지역을 뒤덮고 있었다. 그곳의 기후는 그루지야인이 이제껏 겪은 어떤 기후보다 더 가혹하고 황량했다. 얼마 안 가서 그의 기분은 평생 겪어본 적이 없었던 밑바닥까지 내려갔다. 투루한스크에서 일상생활은 모든 것이 투쟁이었다. 다른 곳에서 했던 차르 체제의 유형생활이 모두 휴가 같았다면 투루한스크의 생활은 느리게 진행되는 죽음이었다. 수많은 유형수들이 그곳의 극단적인 기후 때문에 죽어갔다. 11월 초에 그곳은 영하 33도였고, 영하 50도까지 계속 내려간다. 입술에서 침이 그대로 얼어붙었고, 숨을 내쉬면 그대로 얼음 결정이 되었다. 추위 때문에 생활비도 훨씬 많이 들었다. 스탈린은 여자친구인 타티야나 슬라바틴스카야에게 간청했다. 그는 분명히 패닉상태에 빠져 있었다.

타티야나 알렉산드로프나, 내가 이런 편지를 쓰다니 좀 창피하지만, 달리 방도가 없소. 도움이 절실하게 필요해요! 돈이 한 푼도 없어요. 지금은 모두 떨어졌어요. 돈이 좀 있었지만 그 모두를 따뜻한 옷과 신발과 식량에 다 써버렸소. 여기서는 그런 게 모두 무척 비싸다오. 세상에, 내가 어떻게 될지 나도 모르겠소. 친구들에게 소식을 알려 30루블을 모아줄 수 있겠소? 나중에 또 더 필요할지도 모른다오. 그것은 날 구원해줄 것이오. 빠를수록 더 좋소. 지금은 겨울이 한창이니까 말이오(어제는 영하 33도였어요). 그렇게 해줄 수 있기를 바라오. 그러니 친애하는 타티야나, 일을 시작해주시오. 부탁해요. 그렇지 않으면 칼라시니코프 거래소의 캅카스인은 사라질 것이오.

타티야나는 그의 예전 옷들뿐 아니라 새로 산 겨울 내의도 그에게 보냈다. 그 옷들이 도착하자 그는 기쁨에 넘쳤다. "사랑스러운 타티야나,

당신이 보낸 소포를 받았소. 그런데 난 새 옷이 아니라 그저 옛날 옷을 보내달라고 부탁했는데, 당신은 새 옷을 사느라 돈을 썼군요. 사랑하는 타티야나, 당신도 돈이 부족할 판에 정말 민망스럽소. 하지만 얼마나 고마운지 모르겠소!" 새 옷이 있는데도 스탈린은 타티야나에게 돈을 부탁했다. "이봐요, 시간이 지나갈수록 필요한 것들이 더 급해집니다. 지금 나는 몹시 절박한 상황이라오. 무엇보다 병이 들었고, 폐에서 기침이 납니다. 우유와 돈이 필요한데, 나한테는 아무것도 없어요. 내 사랑, 돈을 구할 수 있다면 즉시 보내주시오. 더는 기다리기가 힘들다오."

그는 친구 모두에게 편지를 보냈던 게 분명하다. 특히 그를 시베리아에 보낸 장본인인 말리노프스키에게도 보냈다.

안녕, 친구.
이 글을 쓰려니 기분이 불편하지만 쓰지 않을 수가 없군. 이렇게 끔찍한 상황을 겪어본 적이 없네. 돈은 전부 사라졌고, 기온은 내려가는데(영하 37도라네) 불길한 기침이 나와. 건강이 전반적으로 악화되고 있어. 보급품도 없고, 빵도, 설탕도, 고기도, 석유도 없어. 생활비와 옷과 신발에 쓰느라 돈은 전부 떨어졌네. 우유도, 장작도 필요하지만… 돈이, 내게는 돈이 없어. 친구여, 겨울을 어찌 견딜지 모르겠네. 부자인 가족도 친구도 없으니, 이제 자네에게 간청하지 않을 수 없군.
　─이오시프

스탈린은 말리노프스키에게 멘셰비키인 카를로 치헤이제에게 호소해보라고 제안했다. 치헤이제는 그가 바투미에서 괴롭힌 사람이었다. "동족일 뿐 아니라 그 파벌의 의장으로서 그렇게 했지. 난 자네에게 편지도 쓰지 않은 채 여기서 죽고 싶지는 않아. 이미 허약해지고 병이 든 마당에, 기다린다는 건 굶어 죽는다는 뜻이기 때문에, 상황이 절박하네." 그는 "외국에서, 즉 스위스 베른에서 44루블'을 받았고, 더는 없었다. 그는 다른 방법으로 돈을 구하려고 애썼다. 지노비예프는 그의 민족성 논문을 팸플릿으로 출판하고 있다고 주장했다.

그렇다면 나는 원고료(이 불운한 장소에서는 돈이 생명의 숨길이야. 여기서는 생선 외에 아무것도 없어)를 기대해도 되겠군(기대할 자격이 있지). 원고료가 나오면 자네가 날 대신하여 받아주게. 자네가 그렇게 하는 데 찬성하네. 빌어먹을… 내가 여기서 4년이나 더 채소만 먹고 살아야 하는가?
　　－이오시프

말리노프스키가 투명한 암호로 답장했다. "형제여. 말을 팔겠네. 말 값으로 100루블을 달라고 했어."

하지만 그 100루블의 탈출 자금이 왔을 때 그것은 스베르들로프에게 보내졌다. 스탈린은 불쾌해했다. 그들이 자기가 아니라 스베르들로프만 탈출하기를 원하는가? 하지만 상황이 조금 밝아졌다. 지노비예프는 답장에서 자기들이 스탈린의 팸플릿을 출판한다고 말했다. 두마 대의원인 바다예프가 25루블을 보냈는데, 그는 돈이 더 필요했다. 트빌리시에서 그에게 소포가 온 걸 보아 그가 그루지야의 어머니와 스바니제 일가에게도 편지한 것으로 생각된다. 또 알릴루예프 일가에게도 호소했다.

지노비예프에게 요구한 책과 돈은 오지 않았다. 스탈린은 또다시 절망에 빠졌다. "자네는 '빚'을 작게 쪼개어 보낼 거라고 썼지. 아무리 작은 조각이라도 최대한 빨리 보내주게. 난 그 돈이 절실하게 필요해. 돈을 잡아먹는 병이 아니라면 좋을 텐데…. 난 기다리고 있네."

스탈린은 〈문화적-민족적 자치Cultural-National Autonomy〉라는 제목의 또 다른 논문 한 편을 쓰고 있었다. 그는 이것을 세르게이 알릴루예프를 통해 트로야노프스키에게 보내 그가 발행하는 잡지 〈프로스베셰니에〉에 싣도록 했다. 하지만 그는 자신을 3인칭으로 칭하면서 쓴 1914년 1월 11일의 편지에서 지노비예프에게 그 어느 때보다 성질을 부린다. "왜 자네는 침묵하는가, 친구여? 난 자네에게서 석 달 동안이나 편지 한 장받지 못했네. 스탈린은… 적절한 원고료를 받기를 기대하지만, 그래서 누구에게도 돈을 부탁할 필요가 없게 되기를 바라네. 난 그에게 그렇게 생각할 권리가 있다고 본다네." 스탈린은 지노비예프에게 이런 대접을 받은 일을 절대 잊지 않았다. 지노비예프는 과시적인 연설가이자 거만한 유대인 망명객이라는, 그가 경멸하는 요건을 갖춘 사람이기도 했다.

1914년 1월, 여섯 달 동안 불안해하고 투쟁하면서 지낸 뒤에야 돈이 오기 시작했다. 키비로프는 상관들에게 스탈린이 페테르부르크에서 50루블, 트빌리시의 사시코(스바니제) 모노셀리제로부터 10루블, 바다예프로부터 25루블, 페테르부르크에서 또 다른 55루블을 받았다고 보고했다. 이 액수는 탈출자의 장화를 갖추기에 거의 충분했다.

제국 경찰총수인 벨레츠키는 곧 탈출이 시도될 것이라는 소식을 들었다(아마 말리노프스키가 정보원이었을 것이다). 그는 투루한스크에 전보를 쳐서, 스탈린과 스베르들로프가 탈출을 꾀하기 위해 각각 50루블씩을 받았다고 알려주었다. 그 지역의 오흐라나 정보원은 "주가시빌리와 스베르들로프가… 이번 여름에 예니세이 강을 따라 내려가는 첫 번째 증기선을 타고 탈출할 생각을 하고 있다"고 확인했다. 벨레츠키는 지시했다. "무슨 수를 써서라도 탈출을 막아라!" 오흐라나는 "주가시빌리와 스베르들로프를 다른 유형수가 없는 북쪽 마을에 이송하고 그들을 특별히 감시하도록 감독관 두 명을 붙이기"로 결정했다.

이는 심각한 소식이었다. "주가시빌리와 나는 북쪽으로 180베르스트(192킬로미터) 떨어진, 북극권 이북 80베르스트(85킬로미터) 지점으로 이송된다." 낙심한 스베르들로프는 누이인 사라에게 말했다. "심지어 우리는 우체국과도 멀어졌다. 우편은 한 달에 한 번씩 도보로 전달되고, 한 해에 여덟아홉 번밖에 받지 못해. 그곳은 쿠레이카라는 곳이야."

스탈린은 북극권 가장자리로 이송되었다.*[2]

---

*스베르들로프가 잘못 알았다. 쿠레이카가 두 곳 있었다. 그들이 향한 곳은 북극권 바로 아래쪽에 있었다.

34장

★★

1914년: 북극권의 섹스 코미디

코스티노가 '불운한 곳'이었다면 쿠레이카는 얼어붙은 지옥 구덩이였다. 그곳은 자신이 완전히 잊혔다고 믿을 수 있고, 정신이상이 될 수도 있는 그런 종류의 장소였다. 그곳의 황량한 고독과 반드시 갖추어야 하는 자제력은 그 이후 평생 스탈린을 떠나지 않는다. 1914년 3월, 그와 스베르들로프는 말이 끄는 수레에 실려 무장한 담당 헌병들인 랄레틴Laletin과 포포프Popov의 호송하에 북쪽으로 이송되었다.

쿠레이카에 도착해 보니 그곳은 마을이라고 할 곳도 아니었다. 또 그곳의 주민들은 거의 모두가 친척들인 것 같았다. 남자 38명과 여자 29명으로 마을 주민은 모두 67명이었고, 그들은 나무로 지은 농민들의 오두막인 이즈바izba 여덟 채에 비좁게 끼어 살았다. 금방이라도 무너질 듯 보이는, 주택이라기보다 헛간에 더 가까운 시설이었다. 주로 근친혼을 했던 이 마을의 주민들은 거의 모두 세 가족의 일원이었다. 타라세예프 일가, 살티코프 일가, 그리고 페레프리긴 일가의 고아 일곱 명이 전부였다.[1]

"어느 월요일, 나는 씻으려고 물을 데우고 있었는데, 한 남자를 보았다. 숱이 많은 검은 턱수염과 머리칼을 기른 그 남자는 작은 상자와 뭔가를 묶은 침대보를 들고 들어왔다. '안녕하시오, 아주머니khoziaika. 저는 당신 집에 머물게 되었습니다.' 그는 말했다. 그는 마치 항상 우리와 함께 살아온 것처럼 굴며 트렁크를 내려놓았다. 그는 아이들과 함께 놀았고… 남자들이 돌아오자 이렇게 말했다. '저는 페테르부르크에서 왔고, 이름은 이오시프 주가시빌리입니다.'" 안피사 타라세예바*가 말했다.

스탈린과 스베르들로프는 알렉세이와 안피사 타라세예프의 이즈바로 옮겼다. 처음에는 모든 일이 잘 진행되었다. 유형수들은 타라세예프

---

*1942년에 크라스노야르스크의 제1비서인 콘스탄틴 체르넨코는 유명한 역사가 M.A. 모스칼레프에게 스탈린이 투루한스크에 있을 때 알던 사람들을 면담하라고 시켰다. 그것은 아첨하는 책인 《시베리아로 유형 간 스탈린Stalin in Siberian Exile》을 쓰기 위한 준비였다. 체르넨코는 이 책을 인쇄하여 모스크바에 보냈고 승인해달라고 요청했다. 어차피 정치국원이자 비밀경찰총수였던 베리야는 스탈린이 캅카스에서 활약한 역사를 엄청나게 부풀리는 일을 감독하는 것으로 경력을 쌓았다. 하지만 이번에는 그런 계획이 성공하지 않았다. 스탈린은 체르넨코의 조사에 불같이 화를 냈다. 이런 일은 사실 우리 역사가들에게는 축복이다. 독재자는 전쟁에서 이기기 위해 하루 종일 일하고 있었는데, 쿠레이카에서 있었던 일 가운데 새로 밝혀질 영광스러운 일은 없음을 알고 있었다. 오히려 그와 정반대였다. 그는 자신에 대한 우상숭배를 갈구하기도 하고 경멸하기도 했다. 또 모스칼레프는 유대인이었는데, 스탈린은 갈수록 유대인을 불신하게 되었다. 그는 체르넨코에게 전화를 걸어 큰 소리로 야단쳤다. 그 책은 철회되었다. 모스칼레프는 대숙청 이후의 반유대주의 캠페인 때 체포되었지만 살아남았고, 1960년대까지 최고의 소련 역사가 대접을 받았다. 체르넨코의 경력은 거기서 멈추었다. 그러나 아첨꾼 기질을 발휘하여 다른 후원자를 얻을 수 있었다. 그는 레오니드 브레즈네프의 비서실장이자 정치국원으로 장기간 자리를 유지했고, 1984년에는 구소련의 마지막에서 두 번째 국가 수장 자리를 계승했다. 이 평범하고 노망한 인물의 짧은 치세는 소련의 노쇠한 진부함을 상징한다. 체르넨코는 1985년에 죽었다. 그의 계승자는 활력적인 개혁가 미하일 고르바초프였다.

일가와 쉽게 어울렸다. 그들은 유형수들의 송금수표를 받아주기로 했다. 그곳은 아직 추웠지만 해빙이 시작되었다. 쿠레이카에서의 생활은 기후에 지배된다. 예니세이 강이 얼어붙으면 지역민들은 얼어붙은 강 위에서 순록과 개가 끄는 썰매를 타고 다녔다. 그런 다음 "나쁜 길의 계절"이 온다. 길이 너무나 질퍽하여 다닐 수가 없는 계절을 말한다. 5월이면 증기선들이 예니세이 강을 정기적으로 왕래하기 시작하며, 지역 주민들은 강둑에서 개들이 끄는 보트를 타고 강 아래로 내려간다. 얼음이 얼기 전까지는 이런 식으로 진행된다.

한겨울에 제대로 기능을 발휘할 수 있는 것은 순록과 북극여우와 퉁구스계의 토착부족민뿐이다. 모두들 순록털가죽옷을 입어야 했다. 고아 일가의 한 명인 열세 살짜리 리디야 페레프리기나는 스탈린이 얇은 외투밖에 입지 않은 것을 알아차렸다. 곧 그는 부츠에서 모자에 이르는 완전한 순록모피 옷차림을 하게 되었다.

"새 장소에 자리 잡기는 훨씬 힘들어요." 3월 22일에 스베르들로프는 이렇게 써 보냈다. "나 혼자서 방을 쓰지 못한다는 것만으로도 상황은 충분히 나쁩니다." 두 볼셰비키 룸메이트는 처음에는 사이가 좋았다. "우리 두 사람은 함께 살아요. 오랜 친구인 그루지야인 주가시빌리가 여기 나와 함께 있습니다. 예전에 유형지에서 만난 사람인데, 좋은 친구지요. 하지만(열흘밖에 안 지난 시점인데도 확실히 '하지만'이라고 썼다) 일상생활에서 개인주의*가 너무 심합니다."

---

*'개인주의자'라는 것은 마르크스주의에서 모욕이었다. 볼셰비키라면 개인을 집단에게 복속시키도록 되어 있기 때문이었다.

설상가상으로 타라세예프 일가에는 시끄럽게 설치는 아이들이 잔뜩 있었다. "우리 방은 주인방 곁에 붙어 있어요." 스베르들로프는 편지에서 이렇게 불평했다. "출입구가 따로 없습니다. 아이들은 하루 종일 들락거리면서 우리를 방해합니다." 스베르들로프는 유형수들을 찾아오는 말없는 퉁구스 부족민들 때문에 분통이 터지기도 했다. 머리에서 발끝까지 순록모피로 차려입은 퉁구스족들은 스탈린 삶의 일부가 된다. 그들은 순록과 조화를 이루며 살아가며 동양적 외모에 유목생활을 하는 억센 어부들과 목축민이었다. 그들은 주술사가 해석한 원시적인 러시아정교와 고대적인 심령주의의 혼합 형태를 믿고 있었다. 사실 주술사를 뜻하는 '샤먼shaman'은 원래 퉁구스어에서 온 단어다.

퉁구스인들은 "자리에 앉아 반 시간가량 아무 말도 없이 그냥 앉아 있다가, '안녕히 계시오, 가야 합니다'라고 말하면서 일어섭니다. 그들은 공부하기에 가장 좋은 저녁 시간에 와요." 스베르들로프는 한숨을 쉬었다. 하지만 스탈린은 말이 없기로는 그 자신도 마찬가지였으니, 이들과 친구가 되었다.

불편한 상황은 아이들과 가사노동 때문만이 아니었다. 까다롭고 앙심 깊은 성격인 스탈린은 자신이 아니라 스베르들로프에게 송금된 탈출 자금 용도의 돈에 대해 계속 생각했다. 도착한 지 며칠이 지났는데도 그는 말리노프스키가 약속한 100루블도, 지노비예프가 말했던 책도 보수도 받지 못했다. 지노비예프가 자신을 존경하지 않는 것인가? 스베르들로프가 자신을 이중으로 배반하는 것인가?

이들 러시아 제국 내 볼셰비키당의 잃어버린 버팀목인 그루지야인과 유대인, 유럽에서 여러 시간대의 차이가 날 정도로 멀리 떨어진 오지의 오두막 여덟 개짜리 마을에 붙잡혀 있는 두 사람은 곧 서로에게 상처를 주기 시작했다. 그들이 쓰는 작고 어두운 방의 한쪽 편에서 스베르들로프는 룸메이트의 이기주의에 대해 끄적거렸고, 다른 편에서는 속이 부글거리고 짜증이 극한으로 치솟던 스탈린이 말리노프스키에게 그 100루블이 어떻게 되었는지 알아보라고 요구하는 편지를 써 보냈다.

다섯 달 전에 나는 페테르부르크에 있는 한 동지로부터 그곳에 가서 여행 자금을 구해보라는 권유를 받았네. 내 답장은 넉 달 전에 갔지만, 아무 답변도 오지 않았소. 뭐가 잘못되었는지 해명해줄 수 있겠나? 그런 다음, 석 달 전에는 코스티야로부터 엽서를 받았소(말리노프스키 본인이 "말을… 100루블에 팔라"고 제안했지). 나는 무슨 말인지 알지 못했고, 100루블도 받지 못했소. 자, 그런 다음 안드레이(스베르들로프의 가명) 동지는 자기 몫의 돈을 받았지. 하지만 그건 그에게만 주어진 돈인 모양이야. 나는 그 뒤로 코스티야로부터 아무 편지도 받지 못했네. 나는 누이인 나데즈다(크루프스카야)에게서도 넉 달 동안이나 아무것도 받지 못했네.

스탈린은 그들이 "다른 남자, 즉 스베르들로프를 탈출시키기로 선택했다"고 결론지었다. "내 말이 맞는가, 형제여? 친구여, 나는 직접적이고 정확한 대답을 요구하네. 자네가 명료한 것을 좋아하리라고 내가 기대하는 것만큼이나 나도 명료성을 좋아하기 때문이지."[2]

음모와 위장에 관한 전문가인 스탈린과 말리노프스키만큼 명료성을 싫어하는 사람은 없었다. 하지만 음모가가 소원한 좌절감을 되씹고 있자니, 위장하는 자의 전 세계가 와해되고 있었다. 말리노프스키가 말을 팔지도 않았고 스탈린의 편지에 답장도 하지 않은 데는 그럴 만한 이유가 있었다. 스탈린의 "친애하는 친구 로만(말리노프스키)"은 이제 찻주전자에 보드카를 담아 마실 정도로 히스테리컬한 알코올중독에 빠진 이중첩자였고, 신경쇠약에 굴러 떨어지기 직전의 상태였기 때문이다. 마침내, 새로 부임한 내무장관이자 경찰총수는 1914년 5월 8일에 두마에서 사퇴한 말리노프스키를 쫓아냈다. 말리노프스키 사건은 정부와 경찰 앞에서 바로 정면으로, 매우 공개적으로 터졌다.

당내에서 말리노프스키의 가장 강력한 옹호자는 레닌이었고, 스탈린이었다. "레닌은 분명히 알았을 것이다." 말리노프스키는 나중에 이렇게 말했지만, 그는 틀렸다. 레닌은 진실을 믿으려 하지 않았다. 하지만 그는 말리노프스키가 두마 내에서 획득한 명성과, 조정론자들(스탈린을 포함한)을 물리치는(혹은 체포에 의해 제거하는) 데에서의 기여도를 저울질하여, 그가 비밀요원이라면 비밀경찰이 그로부터 얻은 것이 우리 당이 얻은 것보다 적다는 결론을 끌어냈다.*

---

*아제프 사례와 같이 두마 내에서 떠돌아다니던 말리노프스키에 관한 진실의 폭로는 정치적 주류를 뒤흔들었고, 오흐라나뿐 아니라 두마, 황제, 국가 자체의 신용과 능력을 훼손하는 데 기여했다. 말리노프스키를 처음 고발한 사람들 중 하나는 엘레나 (로즈미로비치) 트로야노프스카야였다. 그녀는 빈에서 스탈린이 머문 집의 안주인이었고, 나중에 볼셰비키 두마 대의원들의 비서가 된다. 하지만 배신자는 이를 예전에 자신의 정부이던 여자의 푸념으로 돌렸다. 말리노프스키가 전쟁 동안 독일인들에게 붙잡혔을 때 레닌은 그에게 옷을 보내주었지만, 혁명이 끝난 뒤 증거가 제시되자 입장을 바꾸었다. "돼지 같은

편집증의 화신이면서도 스탈린은 그의 정치적 경력상의 최대 배신자인 말리노프스키를 전혀 의심하지 않았다. 말리노프스키 사건은 그와 그의 동지들을 강박적인 편집증 환자로 만드는 데 상당한 기여를 했다. 말리노프스키는 볼셰비키들의 의식 속에 들어가 박혔다. 뱅코(셰익스피어의 《맥베스》에 등장하는 인물로, 유령이 되어 맥베스를 괴롭힌다-옮긴이)의 유령처럼 그는 소련 역사 위를 항상 배회했다. 그 이후로 볼셰비키의 콘스피라치아 세계에서 지나치게 이상하다고 할 것은 더 이상 없어졌다. 말리노프스키가 배신자일 수 있다면 소비에트의 원수들도, 혹은 참모본부 전원도, 지노비예프, 카메네프, 부하린 등 1930년대에 스탈린의 명령에 따라 스파이로 총살된 거의 모든 중앙위원들도 그렇지 않으리라는 법이 있겠는가?[3]

북극권에서 스탈린은 사라진 100루블을 놓고 자신과 룸메이트를 들들 볶았다. "(쿠레이카에) 동지가 한 명 있었다. 우리는 서로 매우 잘 아는 사이지만 가장 슬픈 일은 유형생활이 한 사람을 적나라하게 노출시킨다는 사실이다. 그의 온갖 자잘한 특성들이 모두 드러난다. 이런 자잘한 일들이 인간관계를 지배한다는 것은 최악이다. 자신의 더 나은 면모를 보여줄 기회는 거의 없다."

겨울의 얼음이 풀리자 오흐라나는 1914년 4월 27일에 다시 한 번 볼

자식. 총살도 그에게는 과분해." 말리노프스키는 1918년 11월에 재판을 받았고, 아이러니하게도 엘레나 로즈미로비치가 의장으로 주재한 배심재판정에서 그녀의 재혼 남편인 니콜라이 크릴렌코에 의해 기소되었다. 말리노프스키는 총살되었다.

셰비키들이 "당의 유명한 인물인 스베르들로프와 주가시빌리의 탈출을 꾀한다"고 경고했다. 스탈린과 스베르들로프는 표도르 타라세예프의 보트를 빌려 탔지만, 이제 헌병대는 강으로 소풍가는 일을 금지했다. 5월에 증기선이 다시 예니세이 강을 정기적으로 왕래하게 되자, 쿠레이카의 지루함은 추위의 고통이 아니라 이제 모기의 습격으로 채워졌다.

얼마 가지 않아 스탈린은 "내게 말을 걸지 않았다." 스베르들로프는 썼다. "그리고 내가 그를 혼자 내버려두고 각기 따로 살아야 한다는 것을 알게 만들었다." 두 사람은 모두 이사했다. 스탈린은 필리프 살티코프의 이즈바에 임시 거처를 얻었다. 하지만 집을 옮겼는데도 스탈린의 북극권처럼 우중충한 기분은 끝나지 않았다. "쿠레이카에서 내가 얼마나 나쁜 여건에서 지내고 있는지 당신은 알 거야. 함께 있는 사람은 자기가 어찌나 특별하다고 생각하는지, 우리는 서로 말도 하지 않고 만나지도 않아." 스베르들로프는 아내인 클라비디아에게 이렇게 썼다. 스베르들로프의 편지들은 이 목적 없는 생존에 담겨 있는 스트레스, 우울함(그리고 온갖 혼합물들)을 잘 포착하고 있다.

난 생선을 먹어. 집주인 여자는 파이를 만들어주지. 난 철갑상어, 흰 연어, 으깬 감자, 캐비어, 염장 철갑상어를 먹고, 가끔은 날것으로도 먹지. 너무 무기력한 것 같아서 식초를 쳐서 먹기도 해. 규칙적인 생활은 모두 끝장났어. 식사도 불규칙적이고 공부도 하지 않아. 잠도 제멋대로 자고. 가끔은 밤새도록 걸어 다니고, 어떤 때는 오전 10시에 잠이 들기도 해.

스탈린도 분명히 같은 식으로 살았을 것이다. 그는 시베리아의 밤 시간을 절대로 잊지 못했다.

여덟 개의 오두막으로 이루어진 이 우주에서, 모든 주민들이 이들 간의 불화를 알지 못했을 리가 없다. "우리는 그저 우리 성격을 조화시킬 수가 없을 뿐이었다." 스베르들로프는 후회했다. 하지만 그들의 균열을 유발시킨 더 큰, 하지만 말할 수는 없었던 다른 이유가 있었을 것이다. 여자 문제였다.[4]

스탈린과 스베르들로프가 타라셰예프 일가의 집에 자리 잡자마자 그루지야인은 페레프리긴 가족의 막내딸을 눈여겨보았음이 틀림없다. 남자형제 다섯과 여자형제 둘, 나탈리야와 리디야가 있었다. 이들 관계가 어떻게 진행되었는지 자세한 내용은 모른다. 하지만 1914년 초반의 어느 시점에서, 이제 서른네 살이 된 스탈린은 만 열세 살 난 리디야와 연애를 시작했다.

리디야의 회고록에는 고주망태가 되도록 이어진 술판에 대한 이야기가 있다. 따라서 우리는 스탈린과 리디야가 함께 그런 술판에 갔다가 비틀거리며 돌아오는 모습을 흘낏 엿볼 수 있다. "시간이 나면 스탈린은 저녁에 춤추러 갔다. 그는 아주 재미있는 사람이 될 수도 있었다. 그는 노래하고 춤추기를 매우 좋아했다. 특히 '난 황금을, 황금을 지키고 있지. 나는 황금을, 황금을 파묻고 있지. 어디일까 맞춰봐. 금발머리의 순결한 아가씨여'라는 노래를 좋아했다. 그는 생일잔치에도 자주 끼어들었다." 스탈린의 열세 살 난 애인의 회고록은 20년 뒤, 그의 독재가 절정에 달했을 때 기록되었다. 그때 그녀는 시베리아에 사는 주부였다. 그녀의 옛 기억을 기록했던 관리는 감히 그 유혹 사건을 기록하지 못했겠지만, 그래도 회고록에서 그 흔적을 완전히 지우지는 못했다. "그는 누군가의 집에 불쑥 들르기를 좋아했다." '누군가'는 자신을 가리키는 말이었다. "그리고 술도 마셨다." 이런 식으로 그녀를 꾀어냈을까? 아니면 그녀가 그를 꾀었는가? 쿠레이카 같은 곳에 사는 여자들은 일찍 어른이 된다. 그리고 하는 말로 보건대, 리디야는 수줍어 움츠러드는 유형은 아니었던 것 같다.

스베르들로프는 서른 살이 넘은 그루지야인의 사춘기 소녀 유혹 사건 중에서도 최신판인 열세 살 난 소녀에 대한 유혹을 좋게 보지 않았다. 그리고 스탈린은 어린 애인과 더 많은 사생활을 즐기기 위해 그를 쫓아냈을 수도 있다. 하지만 그렇게 하여 그 스캔들이 끝난 것은 절대로 아니었다.

이제 서로를 무시하는 이 두 볼셰비키는 각자의 담당 헌병인 랄레틴과 포포프의 빈틈없는 감시를 받았다. 그들의 유일한 업무는 볼셰비키들이 탈출하지 못하게 막는 일이었다. 그럴 가능성이 조금이라도 있다면 헌병은 개인 하인까지는 아니더라도 그들의 동반자가 되어 함께 탈출하거나, 아니면 생사를 건 적이 되었다. 붉은 턱수염을 기르고 성질이 불같은 이반 랄레틴은 곧 스탈린의 적敵이 되었다.

한번은 스탈린이 라이플을 가지고 사냥을 나갔다가 헌병과 싸우게 되었다. 그는 허가를 받고 사냥총을 가졌지만 헌병에게 총을 내주기를 거부했다. 그 뒤에 벌어진 소동에서 "헌병 랄레틴은 이오시프 비사리오노비치에게 덤벼들어 그를 무장해제시키려고 했다." 싸움이 시작되었다. 헌병은 검을 빼 들어 스탈린의 손을 베었다. 스탈린은 랄레틴을 경찰서장 키비로프에게 고발했다.

아무리 몰래 돌아다닌다 해도, 초여름이 되자 여덟 채의 오두막 근처에서 스탈린의 어린 애인에 대해 모르는 사람은 거의 없게 되었다. 검을 절그럭거리는 헌병은 오만무례한 그루지야인을 굴복시킬 기회를 확실하게 잡았다.

"어느 날, 스탈린은 집에 있었다. 집을 떠나지 않고 일하고 있었다. 헌병은 이것이 수상하다고 보고 그를 살펴보기로 작정했다. 그는 노크도 하지 않고 문을 벌컥 열고 방으로 들어갔다." 이 이야기를 감히 기록할 용기가 있었던 유일한 마을 주민인 표도르 타라세예프가 회상한다.

타라세예프는 신중하게 스탈린이 일하고 있었다고 주장하지만, 감독관은 이것이 어색하고 수상하다고 여겼다. 그리고 스탈린은 방해받아 분개했다. 회고록은 수색당하는 동안 그가 침착하게 있었다고 다들 만장일치로 강조한다. 그러니 이 수색에 어떤 특이한 점이 있는가? 어쨌든 헌병은 일부러 "노크도 하지 않고" 그를 급습했다. 이는 헌병이 스탈린과 리디야가 연애하는 현장을 습격한 것처럼 들린다.

스탈린은 그를 공격했다. 헌병은 또다시 검을 빼 들었다. 그 뒤에 벌어진 싸움에서 스탈린은 검으로 목에 상처를 입은 나머지 너무나 분통이 터져서는 그 불한당을 걷어차버렸다.

"우리는 이 광경을 목격했다." 타라세예프가 말한다. "헌병은 미친 듯이 검을 휘두르며 예니세이 강 쪽으로 달아났고, 스탈린 동지는 머리 끝까지 화가 뻗쳐 주먹을 움켜쥐고 그를 뒤쫓았다."

그들의 관계가 그때까지는 비밀이었더라도 이제는 공개되었다. 지역 여론은 유형수들과의 연애를 말리는 편이었지만 시골 여자들이 바깥 세상의 이런 교육받은 혁명가들, 중년의 남자들에게 매력을 느끼는 것은 필연적이었다. 이 법적인 강간 사례는 무력에 의한 강간이 아니라 옛날식의 유혹이었다. 왜냐하면 KGB 의장인 이반 세로프가 나중에 행한 조사에 따르면, "J.V. 스탈린은 그녀와 동거하기 시작했으니까." 짐작컨대 그녀가 그와 같은 방에 살았을 것이고, 그래서 헌병은 그들이 함께 있는 현장을 잡았을 것이다. 1956년에 니키타 흐루시초프와 정치국에 제출되었지만 21세기로 넘어가기 전까지 비밀에 부쳐진 보고서에서, 세로프 장군은 동거 사실이 유혹만큼 충격적이었음을 암시했다.*

스탈린은 페레프리긴 가족의 이즈바로 이사했다. 그곳에는 방 두 개와 겨울에 가축을 들여놓는 헛간이 있었다. 일곱 남매는 소똥이 널린

---

*수십 년 동안 스탈린이 투루한스크에서 어떤 소녀를 강간했거나 유혹했으며, 그녀에게서 아이를 낳게 했다는 소문이 있었다. 이것이 처음 나온 것은 에사드 베이가 1931년에 쓴 전기에서였다. 스베틀라나 알릴루예바는 스탈린이 유형 때 아들을 낳았다는 말을 자기 이모에게 들었다고 전한다. 그 이야기는 여러 전기와 선정적 신문기사에서 되풀이되었지만 과장으로 보였고, 그저 반스탈린 선전으로 여겨졌다. 하지만 그것은 KGB에 의해, 1956년 7월 18일에 세로프 장군이 제1비서인 흐루시초프와 정치국에 올린 비망록으로 확인되었다. 잔인한 스탈린주의 비밀경찰이던 세로프는 베리야로부터 거리를 두고 흐루시초프와 결탁할 만한 분별력을 갖고 있었다. 스탈린이 죽은 뒤 그는 흐루시초프를 도와 베리야를 체포하고 처형하는 데 기여했고, 새로운 버전의 비밀경찰인 KGB의 제1의장이 되었다. 그의 메모는 정치국 회의에서 비밀리에 읽혔고, 스탈린의 과거 하수인 전원의 서명을 받은 다음 최고 기밀 등급의 비밀 파일로 분류되었다.

답답한 방 하나에 비좁게 끼어 살았다. 스탈린은 더러운 두 번째 방을 빌렸다. 그 방에 가려면 외양간과 가족들의 방을 지나가야 했다. 거기에는 신문지로 덮인 테이블, 나무로 틀을 짠 침대, 고기잡이 그물과 사냥용 그물, 낚시와 갈고리가 있었는데, 그런 것들은 모두 스탈린이 직접 만든 것들이었다. 방 한복판에 있는 굴뚝에서 날아온 검댕이 방 안의 이곳저곳에 내려앉아 있었다.

창문 유리는 부서졌으므로 스탈린은 깨어진 틈을 오래된 신문지나 판자로 막았다. 밤이 하루 종일 계속되곤 하는 북극권의 이 어스름한 지역에서 유일한 빛은 등잔이었지만 등유가 떨어질 때가 많았다. 화장실은 바깥에 있었다. 페레프리긴 가족은 지독하게 가난했다. 하루는 양배춧국을 먹고 다음 날은 성령을 먹었지만(즉 아무것도 먹지 않았지만), 그들에게는 암소 한 마리가 있었다.

밤이면 리디야는 그의 방으로 들어왔다고 스탈린의 첫 번째 전기작가인 에사드 베이가 설명한다. 그는 아마 그의 동료 유형수들과 분명히 이야기를 해보았을 것이다. 그녀는 그가 가장 좋아하던 속옷이 무엇이었는지 말해줄 정도였으니 수줍은 성격이 아니었다. "그는 흰색 속옷을 입었고 수부 같은 줄무늬가 있는 조끼를 입었어요." 그녀는 스탈린이 거의 신처럼 숭배되던 1952년에 가진 인터뷰에서 이렇게 털어놓았다.

남자형제들은 스탈린의 유혹을 별로 좋아하지 않았다. 그들이 이를 인정하지 않았다는 암시는 있었다. 스탈린은 페레프리긴 가족이 아니라 예전 하숙집 주인에게서 음식과 빵을 받아 왔다. 비록 리디야는 자기 자매들이 너무 어려 요리를 하지 못했기 때문이라고 주장했지만 말이다. 하지만 그들이 고아였기 때문에 그 자매들은 일찍부터 오빠들을 위해 요리를 해왔다. 소소와 그의 애인이 가족들의 식사 자리에 받아들여지지 않았기 때문이라는 설명이 더 그럴싸하다.

그들의 연애는 참아줄 만한 수준으로 유지되었을 수도 있었다. 하지만 상황이 더 심각해졌다. 리디야가 스탈린의 아이를 임신한 것이다. 페레프리긴 일가의 남자형제들은 분개했다. 비록 동의라는 엄격한 법칙(가족의 동의를 얻어야 남녀가 결혼하는 관습-옮긴이)은 여자들이 10대 전반기에 결혼하고 아이를 갖곤 하는 북극권의 먼 마을에서는 거의 강요되지 않았지만 말이다. 세로프 장군의 말에 따르면, 랄레틴 헌병은 분노한 스탈린에게서 달아난 일이 있긴 했지만 그래도 "미성년 여자와 동거하는 데 대해 형사범죄 수사를 벌이겠다고 위협했다고 한다. J.V. 스탈린은 헌병에게 리디야 페레프리기나가 성년이 되면 그녀와 결혼하겠다고 약속했다." 그래서 스탈린은 다시 한 번 약혼하게 되었다. 그리고 고맙게 생각했기 때문이든 마지못해서였든 그 가족은 그들의 관계를 받아들였다.* 그 보답으로 스탈린은 "한 가족의 일원으로서 그들과 함께 생선을 나눠 먹었다." 실제로 그는 리디야를 어린 아내처럼 대했다. 친구이며 나이가 더 많은 엘리자베타 타라세예바가 찾아오자 스탈린은 명령했다. "리디야, 리디야, 바부시카(러시아 할머니)가 차를 마시

---

*열네 살이면 법적으로는 차르 시절의 러시아와 유럽에서는 동의에 의한 결혼이 가능한 나이였다. 하지만 이곳은 시베리아였다. 그뿐 아니라 차르 법률에서는 법적인 강간이라는 엄밀한 법률적 개념이 없었다. 경찰의 입장에서는 여성 명예를 위반하는 범죄이거나 그녀 아버지의 소유물에 대한 침해이기도 했다. 유혹자가 결혼하겠다고 동의하고, 결혼 서약을 교환하는 것은 온당치 못한 상황을 시정하는 행위로 간주되었다.

러 오셨어! 잘 대접해!"

헌병의 개입이 마지막 지푸라기마저 끊어지게 했다. 스탈린은 캅카스 동족을 좋아하던 경찰서장 키비로프에게 불평했다. 스탈린은 불운한 그 헌병이 유형수에게 검을 휘두른 일과, 강둑을 따라 추적당하는 창피한 광경을 본 마을 주민 전체를 증인으로 내세울 수 있었다. 그런데도 미성년 소녀를 임신시킨 상황에서 스탈린이 헌병에 대해 불평한다는 것은 상당히 뻔뻔스럽지 않으면 안 되는 일이었다. 스탈린이 스스로 정당하다고 여기면서 분노하는 경우에는, 자주 그렇듯이, 그 불평은 효과가 있었다.

1914년의 그해 여름 6월경, 키비로프는 랄레틴을 교체하는 데 동의하여 부관에게 말했다. "좋아, 메르즐리아코프를 쿠레이카로 보내지. 주가시빌리가 감독관을 교체해달라고 저렇게 야단이니, 말썽이 생기지 않도록 하지." 랄레틴 헌병은 역할이 뒤바뀌어버려 자기 죄수를 두려워했고, 그럴 이유도 충분히 있었다. 그의 후임인 미하일 메르즐리아코프가 도착했다. 스탈린은 즉시 귀족 비슷한 주인 행세를 하기 시작했고, 그 헌병은 그가 형기를 마칠 때까지 하인인지 당번병인지 경호원인지 모를 존재로 살았다.

스탈린은 민족성 문제와 영어 및 독일어를 계속 공부했다. "친구여, 다정한 인사를 보내네. 난 책을 기다리고 있어. 또 영어 잡지를 좀 보내주면 좋겠네(구간이든 신간이든 상관없어). 여기는 영어로 된 읽을거리가 하나도 없어. 연습할 것들이 없으면 내가 익힌 영어 실력을 다 잃을 것 같아 걱정이네." 쾌활한 기분의 스탈린이 5월 20일에 지노비예프에게 보낸 편지의 내용이다.

소소와 리디야의 약혼이나 관계 자체는 그의 혁명 임무가 수행되는 과정에서 내버려질 일시적인 오락이었다. 짐작건대 임신은 짜증스러운 일이었을 것이다. 지역민들은 리디야가 스탈린을 사랑했다고 주장한다. 그가 그녀를 임신시킨 것은 이번이 마지막이 아니었다.[5]

늦은 여름, 스베르들로프는 쿠레이카를 떠나 셀리바니하로 옮겼고, 스탈린의 가장 가까운 친구인 수렌 스판다리안이 근처의 모나스티르스코에에 도착했다.

1914년 8월 하순, 스탈린은 스판다리안과 다시 만나기 위해 강을 따라 보트로 내려갔다. 그때 합스부르크 제국의 제위 계승자 프란츠 페르디난트 대공이 사라예보에서 암살당했다. 그 총격은 러시아와 웅크리고 있던 강대국들을 제1차 세계대전으로 끌고 들어갔다. "호전적인 나라들의 뱀파이어 같은 부르주아들이 세계를 피투성이의 난장판으로 빠뜨렸다"고 스탈린은 썼다. "집단적 학살, 폐허, 굶주림…, 야만적 행위. 그리하여 왕관을 썼건 쓰지 않았건 한줌에 지나지 않는 강도들이 외국땅을 약탈하고 막대한 수백만 재산을 긁어모은다."

유럽 전역에서 빛이 꺼지면서 스탈린은 자신을 의미 없고 잊혀버린 좌절한 존재로, 원하지 않는데도 농촌의 사춘기 소녀와 약혼하게 된 사람, 북극권에서의 섹스 스캔들 이외에 그 무엇의 중심도 아닌 곳에 붙잡혀버린 존재로 느꼈다. 1914년은 그의 평생에서 호시절은 아니었다. 강대국들이 싸울 때 눈은 태양을 가려버리고, 외부 세계에서 들려오는 소식도 가렸다. 스탈린은 시베리아의 겨울 속으로 사라졌다.[6]

35장

★★

사냥꾼

이제 얼음에 갇히고 어둑어둑한 쿠레이카에 있는 유일한 유형수가 된 스탈린은 원주민인 퉁구스족과 오스티야크족과 가까이 살기 시작했다. 할 일은 거의 없었지만 생존 자체가 투쟁이었다. 마을 언저리에서는 툰드라 늑대가 울부짖었다. 집 밖에 있는 변소를 가려면 라이플총을 한 방 쏘아 늑대를 쫓아낸 다음에 밖을 나서야 했다. 길을 나설 때 썰매는 끝도 없는 늑대의 울음소리를 들으며 내달았다. 쿠레이카의 늑대 떼는 시베리아의 오두막 주위를 항상 맴도는 적처럼 스탈린의 의식에 박혀버렸다. 그는 회의 도중에, 특히 생애 말년에 최후의 대숙청 작전인 의사들의 음모(1952년, 유대계 의사들이 소련 지도부를 암살할 음모를 꾸민다는 고발로 시작된, 의사들의 대숙청 사건으로, 반유대주의의 맥락에서 벌어진 유대인 박해 사건으로 봐야 한다. 이듬해 스탈린은 의식을 잃고 쓰러졌지만, 그의 주치의를 포함한 유능한 의사들이 이미 숙청당했기 때문에 치료를 받지 못하고 결국 목숨을 잃게 된다. 스탈린의 사후에 이 사건은 증거불충분으로 고발이

기각되었고, 나중에는 조작으로 선언되었다-옮긴이)를 진행할 때에 서류 위에다 늑대 그림을 그리곤 했다. 마지막 유형에서 그는 방문객들에게 말했다. "농민들은 미친 늑대에게 총을 쏘곤 했어요."

하지만 어떤 면에서 그 생활은 스탈린에게 잘 맞았다. 그는 쿠레이카를 즐기기 시작했다. 이상한 일이지만, 그 시절은 그의 우울한 삶에서 가장 행복했던 시간 중 하나가 되었다. 그가 가장 좋아한 동반자는 마을 사람들이 그에게 선물로 준 스테판 티모페예비치, 혹은 줄여서 티시카라 불린 작은 개와, 퉁구스족 어부인 마틴 페테린, 그리고 그를 감독하는 경찰인 메르즐리아코프였다. 리디야의 배는 눈에 띄게 불러왔다. 시베리아는 더 견딜 만한 곳이 되었다. 이제 스탈린에게 송금수표가 정기적으로 오기 시작했기 때문이었다. 1915년에서 1916년 사이에 그는 열 번 송금을 받았는데, 총액은 100루블이 넘었으므로, 식량과 의복을 살 수 있었고, 필요할 때는 뇌물도 쓸 수 있었다.*

---

*이 송금은 의혹을 불러일으켰지만, 오흐라나의 요원 것이라고 하기에는 너무 적은 액수였다. 그 돈에는 중앙위원으로서 그가 받는 봉급의 일부도 포함되었으며, 앞에서도 보았듯이 스베르들로프는 훨씬 더 많은 돈을 받았다. 그런데 1938년의 대숙청 때 스탈린의 비밀경찰총수이던 '나쁜 난쟁이' 니콜라이 예조프라는 자가 있었다. 스탈린의 가장 가까운 하수인이며 무고한 사람 100만 명의 도살을 주관했던 예조프는 자신이 없어도 되는 존재임을 깨닫기 시작했다. 살해와 고문의 끔찍한 부담에 짓눌려 알코올중독과 성적 난행의 구렁텅이로 빠져들던 예조프는 자신의 보호막으로 쓰거나, 자신과 경쟁하는 거물인 베리야, 게오르기 말렌코프, 흐루시초프와 주군에 대한 중상의 자료로 쓰기 위해 자료를 수집했다. 그는 스탈린이 받은 송금수표 열 장을 확보하여 자신의 안전금고에 보관해두었다. 하지만 여기에 의혹의 근거는 없다. 송금수표 가운데 석 장은 고리에서 왔는데, 아마 어머니나 에그나타시빌리가 보냈을 것이다. 다른 일곱 장은 모스크바와 페테르부르크에서 온 것으로 총액 100루블가량인데, 10루블짜리가 몇 장씩 있고, 더 많은 액수인 25루블짜리가 두 장 있다. 이런 자료는 예조프를 구해주지 못했다. 그는 1938년 후반에 해고되어

그는 혼자서 사냥을 다녔는데, 이는 신성한 임무를 띤 남자라는 자기 이미지에도 잘 맞는 역할이었다. 그것은 오직 라이플 한 정만 지니고 눈밭으로 말을 달려 나가는 남자, 자신의 신념 외에 달리 애착을 가진 것도 없고, 부르주아적인 감상도 전혀 없이, 비극이 닥쳐올 때도 항상 극한의 절제를 발휘하는 사람이라는 이미지다. 남은 평생 동안 그는 알릴루예프 일가나 정치국의 거물들에게 자신의 시베리아 모험담을 되풀이하여 이야기해주었다. 러시아를 지배할 때도 그는 여전히 고독한 사냥꾼이었다.

머리에서 발끝까지 순록모피로 차려입고 혼자서 사냥을 나서는 오시프, 혹은 그들이 부르는 이름으로는 곰보 오스카는 숙련된 사냥꾼이자 부족민들의 가까운 동반자가 되었다. 랄레틴은 그에게 라이플을 허락하지 않았다. 그래서 한 지역민의 기억에 따르면, "우리는 라이플을 숲으로 갖고 가서 미리 약속된 나무 위에 놓아두었다. 그러면 그가 그것을 찾아낸다." 그는 장기간 원정을 나가서 북극여우와 자고새, 오리를 사냥했다.

마을 주민들은 파이프를 피우며 책을 읽는 곰보 오스카를 존경하기 시작했다. 메르즐리아코프는 말한다. "원주민들은 그를 좋아했다. 그들은 그의 집에 가서 밤새도록 함께 앉아 있었다. 그도 그들의 집에 찾

1940년에 총살되었다. 흥미로운 일은, 스탈린이 그 송금수표를 없앨 생각을 하지 않았고 그저 예조프의 서류에 끼워두었다는 것이다. 그런 상태로 그 서류가 아치 게티 교수에게 발견되었는데, 게티 교수는 너그럽게도 그 자료를 내게 보여주었다.

아갔고, 홍겨운 잔치에도 갔다." 그들은 생선과 사슴고기를 갖다주었고, 그는 그런 것을 사 먹었다. 그들의 과묵한 평정심을 높이 평가했으며, 명목상의 정교도 신앙과는 별도인 주술사에 대한 존경, 그리고 시베리아 공간에 거주하는 혼령과 신들에 대한 한결같은 믿음을 재미있어 했다. 무엇보다도 그들의 어로와 수렵 기술은 연구와 모방의 대상이었다.

그들의 주식은 생선과 순록고기였다. 광범위하게 자라는 이끼를 먹고 살 수 있는 순록은 부족민들에게서 신성한 존재로 존경받았고, 운송 수단이 되어주었고(썰매 끌기), 의류(모피), 투자수단(가장 부유한 족장은 1만 마리를 소유했다), 식량(삶은 순록고기) 등 모든 것을 한꺼번에 제공했다. 아마 오스티야크족의 혼혈이라 짐작되는 페테린은 스탈린과 친구가 되어, 예니세이 강에서 고기 잡는 기술을 가르쳐주었다. 스탈린이 직접 낚싯대를 만들고 개인용 얼음구멍을 팠다고 메르즐리아코프는 기억한다. 1936년에 기록된 그의 회고록은 쿠레이카에서 보낸 스탈린의 생활을 가장 잘 설명해준다. 어쩐지 좀 괴상한 스탈린 본인의 설명에 따르면 그가 얼음구멍에서 고기를 잡아 올리는 솜씨가 어찌나 훌륭했는지, 오스티야크인들이 놀라움에 차서 수군댔다고 한다. "그대에게 말씀이 깃드셨도다." 스탈린은 생선 음식을 좋아했다. "생선은 많았지만 소금은 황금처럼 귀했으므로, 그들은 생선을 섭씨 영하 20도인 별채에 그냥 던져두고, 꽁꽁 언 생선을 그곳에 장작처럼 쌓아두었다. 그런 다음 우리는 생선을 얇게 저며서 입에 넣어 녹여먹는다."

그는 커다란 철갑상어를 잡기 시작했다. "한번은 강에 있다가 폭풍우에 갇혀버렸다. 난 끝장나는 줄 알았는데 간신히 둑에 올라갔다." 또 한번은 그가 오스티야크족 친구들과 철갑상어와 바다 연어를 많이 잡아 돌아오던 길에 일행에서 뒤처진 적이 있었다. 툰드라 지대에 부는 눈보라인 푸르가^{purga}가 갑자기 휘몰아쳤다. 쿠레이카는 멀었지만 몇 주일간의 양식이 되어줄 물고기를 내버려두고 올 수는 없었으므로, 그는 자기 앞에 어떤 형체가 보일 때까지 터덜터덜 걸었다. 그는 그들을 불렀지만 그들은 사라졌다. 함께 갔던 사람들은 턱수염에서 발끝까지 희게 얼어붙은 그를 보고는 악령이라고 생각하여 달아난 것이다. 마침내 오두막에 도착한 그가 안으로 들어가자 오스티야크 사람들은 소리 질렀다. "그게 당신이었소, 오시프?"

"물론 나지, 나무의 혼령이 아니오." 그는 되받아 말하고는 그대로 쓰러져 열여덟 시간 동안 깊이 잠들었다.

그가 위험에 처했던 것이 상상 속의 일은 아니었다. 부족민들은 고기 잡으러 나간 사람들을 잃는 경험에 익숙했다. "어느 해 봄에 만조였을 때 남자 서른 명이 고기를 잡으러 나갔는데, 돌아와 보니 한 사람이 없었던 일이 있다." 스탈린이 말했다. 그들은 대수롭지 않은 듯이, 함께 갔던 사람은 "저기에 남아 있다"고 설명했다. 스탈린은 의아해했지만 한 사람이 말했다. "그는 물에 빠져 죽었어." 평정한 태도에 당황한 스탈린에게 그들이 설명했다. "인간에 대해 왜 걱정을 해야 하는가? 우리는 언제든 인간을 더 만들 수 있다. 하지만 말馬이라면 힘들지, 말을 만들어보라!" 스탈린은 이 말을 1935년에 연설할 때, 인간의 가치를 보여주는 예로 들었다. 하지만 실제로 그것은 인간의 생명이 얼마나 값싼 것인지를 알려준 또 다른 경험이었음이 틀림없다.

"난 어느 해 겨울에 사냥을 나갔다." 제2차 세계대전이 끝난 뒤 어느 만찬 자리에서 스탈린은 거물들인 흐루시초프와 베리야에게 말했다. "총을 들고 스키를 타고 예니세이 강을 건너 12베르스트(12.8킬로미터) 정도 갔는데, 나무 위에 자고새가 앉아 있는 걸 보았지. 탄약은 열두 발이 있었는데, 자고새는 스물네 마리였어. 열두 마리를 죽였는데, 나머지는 그냥 그대로 앉아 있더군. 그래서 나중에 다시 와야겠다고 생각했지. 탄약 열두 발을 더 가지고 돌아와 보니 새들은 여전히 거기 앉아 있었어."

"그냥 앉아 있었다고요?" 흐루시초프가 재촉했다. 베리야는 스탈린에게 계속하라고 졸랐다. "그랬어." 스탈린은 뽐냈다. "그래서 나머지 열두 마리를 죽였지. 그것들을 벨트에 채운 다음 끌고 집으로 갔어." 그가 이 이야기를 사위인 유리 즈다노프에게 말할 때 그는 자기가 쏘아 맞힌 새가 서른 마리였고, 기온은 영하 40도였으며, 거센 눈보라가 몰아쳐서 자고새와 총을 포기하고 돌아가지 않을 수 없었다고 뽐냈다. 그때는 희망도 버려야 할 정도였다는 것이다. 하지만 다행히 여자들(아마 리디야였을 것)이 눈보라 속에서 졸도한 그를 발견하여 구해주었다. 그는 서른여섯 시간 동안 잠을 잤다.*

---

*부하들에게 이 이야기를 하기 직전에 노년의 스탈린은 미국 부통령 딕 체니가 2006년에 겪은 것과 비슷한 사고를 겪었다. 사격 솜씨를 자랑하다가 오발을 하여 정치국의 거물인 아나스타스 미코얀을 맞힐 뻔했고, 경호원 두 명에게 총알을 퍼부은 것이다. 전쟁 이후 병든 독재자를 증오하고 조롱하기 시작하던 베리야와 흐루시초프는 스탈린의 이런 업적 이야기를 여러 번 들은 적이 있었다. 그들은 그 이야기를 믿지 않았다. "식사 후에 우리는 화장실에서 침을 튀기며 그를 비웃고 있었다. 그래. 스탈린이 겨울에 12베르스트를 스키를 타고 가서 자고새 열두 마리를 쏘아 맞혔다는 거지. 그리고 다시 스키로 12베르스트를

스탈린은 약품 상자를 만들어, 쿠레이카에서 할 수 있는 한도 내에서 의사 노릇을 했다. "J.V.는 약을 써서 사람들을 도와주었고, 상처 부위를 요오드로 소독했으며, 약을 주었다." 그는 "부족민들에게 몸을 씻도록 가르쳤다." 메르즐리아코프가 말한다. "그리고 그들 중 한 명을 비누로 씻어주던 일을 기억한다." 그는 류머티즘으로 고생해서 목욕탕에 가서 풀어주곤 했는데도, 그 고통은 늘그막에도 여전히 남아 있었다. 회의가 길어질 때는 크렘린의 난로 위에 웅크리고 앉곤 했다. 그는 퉁구스족의 아이들과 잘 놀아주었고, 그들과 함께 노래하고 뛰어다니며, 행복하지 못했던 자신의 어린 시절에 대해서 말해주었다. 어린 다샤 타라세예바는 "그의 등에 업히곤 했다. 그의 굵고 검은 머리칼을 잡아당기며, '말처럼 히힝 울어봐, 아찌!'라고 소리쳤다." 표도르 타라세예프의 암소가 배앓이로 병이 들자 스탈린은 어렸을 때 그루지야에서 배운 기술을 써서 그를 놀라게 했다. "진짜 도축자처럼 암소를 도살하고 해체한 것이다."

스탈린은 여전히 파티를 벌이기를 좋아했다. "타라세예프의 집에서 젊은이들이 모여 파티를 열었다. 스탈린은 박자를 맞추면서 중간에서 춤을 추었고, 노래하기 시작했다." 쿠레이카에 찾아갔던 다리아 포나마레바가 회상한다. 그가 가장 좋아하는 노래인 '난 황금을 파묻네, 황

타고 집에 왔다고. 스키로 48베르스트(약 51킬로미터)를 갔다는 거지!" "들어보게, 스키는 타볼 기회도 없던 캅카스 출신의 남자가 어떻게 그 정도의 거리를 스키로 갈 수 있었다는 건가? 그는 거짓말하고 있어." 흐루시초프도 동의했다. "물론, 그는 거짓말을 하고 있어! 스탈린이 총을 쏘지 못하는 건 내 눈으로 직접 보았다고!" 사실 1920년대와 1930년대 초반에 스탈린은 휴가 때 사냥을 즐겼다. 시간낭비라고 생각하기는 했지만 말이다.

금을 파묻네'를 불렀다. "그는 춤을 아주 잘 추었고 젊은이들에게 춤을 가르쳐주었다"고 안피사 타라세예바가 말한다.

울창한 산악지대인 캅카스에서 온 그루지야인은 종종 타이가를 바라보았다. "이 저주받은 땅에서 자연은 가증스럽게도 결실을 맺지 못한다. 여기서 자연이 주는 것은 여름에는 강물, 겨울에는 눈뿐이다." 그는 1915년 11월 25일에 올가 알릴루예바에게 비통한 어조로 써 보냈다. "그리고 난 자연의 풍경이 보고 싶어 미칠 지경이오."

그는 또 밤에 글을 쓰면서 혼자 지낼 때가 많았다. "내 개 티시카가 내 벗이었다." 스탈린은 회상했다. "겨울밤에 등유가 있고 책을 읽고 쓸 수 있을 때, 그는 들어와서 다리에 자기 몸을 바싹 붙이고는 마치 내게 말을 거는 것처럼 끙끙댔다. 나는 몸을 굽혀 그의 머리를 쓰다듬으며 말한다. '몸이 얼었니, 티시카? 몸을 데워봐!'" 그는 국제정치에 대해 스테판 티모페예비치, 그러니까 개와 토론하기를 좋아했다고 농담했다. 그는 분명히 세계 최초의 국제문제 전문 개였다. 스탈린에게는 애완동물이 인간보다 좋은 점이 있었다. 그들은 사심 없는 애정과 열렬한 찬양을 보여주지만 절대로 주인을 배신하지 않았다(또 임신할 위험도 없었다). 또 죄책감을 느끼지 않고 저버려도 되는 존재였다.

활동의 결여, 정치적 무대에서의 고립, 읽을거리의 부족 때문에 종종 그는 심하게 우울해졌다. 특히 레닌과 지노비예프에 대해 생각하면 더 그랬다. 그들이 자신을 잊어버렸는가? 그의 최근 논문은 어디에 있는가? 왜 원고료를 보내주지 않는가? 1915년의 겨울에 그는 냉소적인 어조로 그들에게 물었다. "난 어떻습니까? 난 무얼 하고 있지요? 저는 괜찮지 않아요. 난 거의 아무 일도 하는 게 없어요. 진지한 책이 전혀 없는데 내가 무얼 할 수 있겠어요? 이제껏 다닌 유형지 중에서 여기서처럼 비참한 생활은 해본 적이 없습니다."

역사의 진보가 혁명과 프롤레타리아 독재를 가져오리라고 확신하는 이 광신적 마르크스주의자조차도 자신이 돌아갈 수나 있을지 종종 의심했음이 분명하다. 레닌도 크루프스카야에게 "우리가 생전에 혁명을 볼 수 있을까?"라고 물으면서 혁명을 의심했다. 하지만 스탈린은 한 번도 신념을 잃은 것 같지 않았다. "러시아 혁명은 해가 떠오르는 것만큼 불가피한 일이다. 해가 떠오르지 않게 막을 수 있는가?" 그는 1905년에 이렇게 썼고, 그 뒤로 이 생각은 바뀌지 않았다.

신문을 구할 수 있을 때 이 장래의 총사령관은 담당경찰인 메르즐리아코프와 '전쟁이라는 종기'에 대해 열정적으로 토론했다. 제2차 세계대전 동안 그는 쿠레이카에서 지켜보았던 제1차 세계대전의 전투 사례들을 종종 인용했다.* 차르가 이런저런 전투의 실패를 겪으면서 허둥지둥하는 동안 스탈린은 이 전쟁이 1904년의 경우처럼 마침내 혁명을 가져다줄 것이라고 기대했음이 틀림없다. 그는 페테르부르크에 있는 페트로프스키에게 "내가 형기를 온전하게 마치지 않을 것이라는 소문을 누군가가 퍼뜨렸다는군. 터무니없는 소리! 그런 일은 맹세코 일어나지

---

*1942년의 하리코프 전투에서 패한 뒤, 스탈린은 흐루시초프를 호되게 꾸짖었다. 그는 말했다. "제1차 세계대전 때 우리 부대 가운데 하나가 동프로이센군에게 포위되었는데, 그 옆 부대의 지휘관이 후방으로 달아난 일이 있었지. 그 지휘관은 재판에 회부되어 결국 교수형에 처해졌다."

않을 걸세. 만약 내 말이 틀린다면 내 손에 장을 지지겠네. 난 형기가 (1917년에) 끝날 때까지 유형지에 남게 될 거야. 가끔 탈출할 생각도 해 보았지만, 이제는 그런 생각을 완전히 거두었어"라고 써 보냈는데, 이 것이 그저 오흐라나가 오도하게 하려는 의도만은 아니었다. 이 말에서 는 그가 지쳐 있음이 감지된다. 레닌과 지노비예프가 그를 도와주지 않 는다면 그도 그들을 도와주지 않을 것이다.

1914년 12월의 어느 날 리디야는 아기를 낳았다.[1]

36장

★★

시베리아의 로빈슨 크루소

아기는 곧 죽었다. 스탈린은 이 일에 대해 아무 말도 하지 않았지만, 그 때 그는 분명히 쿠레이카에 있었고, 마을 전체도 그 일을 알게 되었을 것이다. 리디야의 오빠들이 그들의 호색적인 하숙생을 용서했든 아니 든, 리디야와의 관계는 계속되었다.

스탈린의 새 헌병인 메르즐리아코프 덕분에 그의 생활은 훨씬 더 즐 거워졌다. 그는 감시 대상을 엿보거나 따라다니거나 조사하지 않았고, 친구들과 만나게 해주었으며, 장거리 사냥을 가게 허락했고, 심지어는 몇 주일씩 사라져도 내버려두었다. "여름에 우리는… 개가 끄는 배를 타고 갔다가 노를 저어 돌아왔다. 겨울에는 말을 타고 갔다." 모피를 두르고 파이프를 뻐끔거리는 스탈린은 반은 헌병이지만 반은 하인이 기도 한 메르즐리아코프에게 자기 우편물을 가져오라고 보내곤 했다. 거의 20년이 지난 뒤에도 스탈린은 메르즐리아코프에게 고마운 마음 을 갖고 있었다. 아마 그의 목숨도 구해주었을 것이다.*

1915년 2월에 "밤과 낮이 구별되지 않고 항상 어두운 계절에" 그에게 스판다리안과 그의 애인인 베라 슈베이처가 찾아왔다. 그들은 얼어붙은 예니세이 강을 거슬러 125마일(200킬로미터)을 개가 끄는 썰매에 타고 늑대에 시달리며 달려왔다. 마침내 그들은 멀리서 작은 마을과 눈에 뒤덮인 소소의 이즈바를 보았고, 그는 미소를 지으며 그들을 환영했다. 거의 모든 마을 주민과 헌병도 그들을 환영했다.

"우리는 이오시프 비사리오노비치의 집에서 이틀 동안 있었다." 베라 슈베이처는 관절염으로 고생하는 소소가 "상의를 입고 있었지만 소매에는 한쪽 팔만 끼고 있음을 알아차렸다. 나중에 나는 그가 오른팔을 마음대로 움직이기 위해 그런 식으로 있기를 좋아한다는 것을 깨달았다." 그들을 보아 너무나 기쁜 스탈린은 강으로 나갔다가 엄청나게 큰 3푸드pud(49.1킬로그램)짜리 철갑상어를 어깨에 둘러매고 자랑스럽게 돌아왔다. "내 얼음구멍에 작은 물고기는 없어."

---

*1930년에 메르즐리아코프는 쿨라크kulak라는 죄목으로 기소되었다. 쿨라크란 스탈린이 농민층에 대한 잔혹한 전쟁에서 청산하기로 결심한 대상인 부농이다. 그는 스탈린에게 호소했다. "저는 당신이 제가 어떤 사람인지 잊지 않았을 거라고 생각합니다." 스탈린은 답장을 보냈다. "난 쿠레이카 마을에 유형가 있을 때 1914년에서 1916년 사이에 내의 감시자이던 미하일 메르즐리아코프를 알았다. 그에게 내려진 명령은 오직 하나, 나를 돌보는 것이었다(당시에 쿠레이카에 있던 유형수는 나 혼자였다). 내가 메르즐리아코프와 친구가 될 수 없었던 것은 명백하다. 하지만 나는 우리 관계가 설사 친밀하지는 않았더라도 감시자와 유형수의 통상적인 관계처럼 적대적이지는 않았다고 증언한다. 메르즐리아코프가 통상적인 헌병의 열정이 없이 건성으로만 자기 임무를 수행함으로써 그것이 가능했다고 설명될 수 있을 것 같다. 그는 나를 엿보지 않았고 박해하지도 않았으며, 내가 오랫동안 자리를 비울 때도 나와 공모했고, 상관들이 지겨운 지시를 내린다고 그들을 비판하기도 했다. 그러니 1914년에서 1916년 사이에 메르즐리아코프는 다른 헌병들과 다른 존재였다. 이 사실을 당신 앞에서 증언하는 것이 내 임무다."

스판다리안과 슈베이처는 페테르부르크에서 열리는 볼셰비키 두마 대의원 다섯 명과 〈프라우다〉지의 편집장인 카메네프에 대한 재판에 관해 의논하려고 왔다. 레닌은 독일이 러시아를 이기기를 바란다고 선언했다. 그렇게 하여 혁명과 유럽 내전을 가속시키고자 한 것이다. 멘셰비키들은 방어적 용도라는 조건 위에서 러시아의 애국전쟁을 지원했다. 1914년 11월에 카메네프와 대의원들은 반역 혐의로 체포되었다. 재판 과정에서 카메네프는 레닌의 비애국적 패배주의를 따르기를 거부했지만, 그래도 유죄로 판정되어 시베리아로 유배되었다.

스탈린과 스판다리안은 카메네프의 행동을 혐오스럽게 여겼다. "그 인간은 믿을 수 없어. 그는 혁명을 배신할 수 있지." 스탈린은 분명히 말했다. 그런 다음 스판다리안과 슈베이처는 방수포를 둘둘 감고 머리에서 발끝까지 순록모피로 차려입고 퉁구스 부족민의 안내를 받아 북극성이 툰드라를 환하게 밝혀주는 속에서 스탈린을 데리고 모나스티르스코에로 갔다. "갑자기 스탈린이 노래하기 시작했다. 스판다리안도 가세했다." 슈베이처는 썰매가 끝없는 황혼 속에서 얼음을 가로질러 이틀 동안 달려가는 와중에 "귀에 익은 선율이 나를 실어가는 걸 듣고 있으니 정말 아름다웠다"고 썼다.

스판다리안과 스탈린은 레닌에게 편지를 썼다. 볼셰비키 사냥꾼인 스탈린은 오지 않는 돈과 책에 대해 더는 투덜대지 않았고, 볼셰비키 권력자의 스타일이 될 군사적인 남성성 그 자체인 바로 그런 자세를 취했다.

친애하는 블라디미르 일리치에게 가슴 깊이 안부를 전합니다. 지노비
예프도 안녕하시고 나데즈다도 잘 계신지요! 주위 상황은 어떤가요, 건강
들은 어떻습니까? 나는 예전처럼 살고 있고 빵을 삼키고 있고, 형기는 반
쯤 지나갔습니다. 지루하지만, 무슨 수가 있겠습니까? 당신 상황은 어떤
가요? 당신은 좀 더 즐거운 시간을 보내고 있겠지요. 플레하노프가 〈레크
Rech〉에 실은 작은 논문을 읽었습니다. 노파처럼 구제 불능으로 주절대는
글이라니! 윽! 그리고 그 (두마의) 대의원 첩자와 청산론자들요? 때려줄
만한 가치가 있는 사람도 없군요, 제기랄! 분명히 그들이 처벌받지 않고
넘어가지는 않겠지요? 힘내시고 그들의 아가리에 한 방 제대로 먹일 기관
이 곧 생길 거라고 알려주세요!

레닌은 유형지에 있는 그의 "불꽃같은 콜키스인"을 기억했다. "코바
는 잘 있소." 그는 동지들에게 알렸다. 그러다 두어 달 뒤에 그는 물었
다. "중요한 질문인데, 코바의 성이 무엇인지 알아내주시오(이오시프 주
가…? 잊어버렸소). 이건 중요한 일이오."

일시 휴가가 끝나자 스탈린은 쿠레이카로 돌아와서 남은 긴 겨울을
보냈다. 예니세이 강의 얼음이 녹았다. 1915년 5월에 증기선은 크라스
노야르스크에서 흥미로운 동반자들을 실어왔다. 카메네프가 두마의
대의원들과 함께 모나스티르스코에에 도착한 것이다. 스베르들로프
와 스판다리안이 가까이 있었다. 1915년 7월에 스탈린은 카메네프와
페트로프스키가 함께 지내던 모나스티르스코에의 집에서 열린 회의에
호출되었다.

볼셰비키들은 목가적인 여름의 만남을 즐겼다. 심지어 단체사진까지 찍었다.* 하지만 볼셰비키들에게는 피크닉도 정치적인 행사였고, 비난과 재판이 포함되었다. 스탈린과 스판다리안은 레닌을 지지했고, 모나스티르스코에서 카메네프를 재판에 회부하기로 결정했다.

카메네프는 스탈린에게 마키아벨리의 《군주론》을 주었다. 이는 이미 충분히 마키아벨리적인 사람에게는 현명치 못한 선물이었을 것이다. 술에 취한 저녁 식사에서 카메네프는 식탁에 앉은 모든 사람에게 삶에서 가장 큰 즐거움이 무엇인지 말해보라고 했다. 누군가는 여자, 누군가는 진지하게 노동자의 낙원을 향한 변증법적 유물론의 진보라고 대답했다. 그러다가 스탈린은 "나의 가장 큰 즐거움은 제물을 고르고 계획을 세세한 부분까지 치밀하게 준비하여 무자비한 보복을 실행한 다음 잠자리에 드는 것이오. 세상에서 그보다 더 즐거운 건 없지"라고 대답했다.**

카메네프의 재판에서 스탈린은 캐스팅보트^{casting vote}를 쥐었다. 언제나처럼 곤경을 잘 빠져나가며 언제나 새 동맹을 구축하는 그는 카메네프를 공격한 다음 마지막 표를 던지지 않고 쿠레이카를 향해 떠났다. 희생자를 구해준 것이다. 더 조야한 그루지야인 앞에서 카메네프는 어

---

*스탈린은 트레이드 마크 같은 검은 페도라를 바람둥이처럼 비스듬히 쓰고, 그가 통상 차지하는 자리인 뒷줄 중앙에 서 있으며, 스판다리안과 카메네프가 양쪽에 있다. 스베르들로프도 뒷줄에 있는데, 앞줄의 바닥에 앉은 사람 중에는 스베르들로프의 어린 아들 안드레이가 있다. 그는 스탈린의 최고 엔카베데 조사관이자 고문관 중의 하나가 된다.
**스탈린은 1920년대 초반에 이 철학을 되풀이한다. 카메네프는 1920년대 중반에 독재자에게 패한 뒤 그것을 "스탈린의 달콤한 보복 이론"이라 불렀다. 하지만 그는 그 이론이나 스탈린을 진지하게 여기지 않았다. 사태를 깨달았을 때는 이미 때가 너무 늦었다.

른 행세를 했다. 반면 스탈린은 그가 자신과 같은 부류의 인물임을 알았지만, 남자로서, 또 정치가로서 그를 경멸했다. "나는 이번 여름에 그라도프(카메네프)와 그의 동료들을 만났다." 그는 지노비예프에게 보낸 편지에서 말했다. "그들은 어딘가 비에 젖은 암탉과 닮았다. 이런 자들이 우리의 '강경파'라니!"

스탈린은 쿠레이카로 돌아와 또 한 번의 긴 겨울을 보냈다. 11월 초에 눈이 내린 뒤 그는 모나스티르스코에 있는 의사를 보러 가도록 허가를 받았다. 네 마리 개가 끄는 썰매에 타고 완전히 모피로 몸을 감싼 채 당도한 그는 스판다리안의 집에 불쑥 들어가서 친구의 뺨에 한 번, 슈페이처의 입술에 두 번 키스했다.

"오, 코바!" 그녀는 그를 만나 기쁜 나머지 소리쳤다. "오, 코바!"

결핵과 신경쇠약으로 시달리던 스판다리안은 가끔 너무나 신경질적이 되어 "각다귀가 한번 물기만 해도 미칠 지경이 되어 옷을 온통 찢어발기곤 했다. 스판다리안은 우울해했다." 하지만 "스탈린은 매우 쾌활했다. 그가 오면 항상 활기가 넘쳤다"고 동료 유형수인 보리스 이바노프가 회상한다.

지노비예프에게서 온 편지를 받은 스탈린은 심하게 비꼬는 어조로 답장했다.

친애하는 벗이여!

마침내 자네 편지를 받았네. 자네가 완전히 신의 종인 나를 잊었다고 생각했네. 그런데 자넨 잊지 않았군…. 그리고 진지한 책이 하나도 없는데 내가 무얼 할 수 있겠는가? 마음속에는 물어볼 질문과 주제가 많지만 자료로 삼을 것이 없네. 글을 쓰고 싶어 죽겠지만 공부할 것도 없네. 내 자금 사정이 어떤지 물어보았는가? 그걸 왜 묻는가? 자네는 돈이 좀 있겠지. 그걸 나랑 나눠 쓸 생각인가? 그러면 그렇게 해보게! 시간 맞춰 받으러 가겠다고 맹세하겠네!

　－자네의 주가시빌리

　스탈린의 도착은 그곳의 갈등을 악화시키는 데 일조했다. 그는 잔인한 성질의 스포츠로서든 정치적 자극제로서든 이런 종류의 일을 항상 즐기는 편이었다. 모나스티르스코에의 볼셰비키 유형수들은 그해 겨울에 설탕과 모피가 부족하자 스판다리안의 지휘하에 그곳의 레벨리언 교역소에 들어가 귀중품을 훔쳤다. 경찰이 수사하자 페투코프라는 유형수 한 명이 도둑들을 밀고했다. 시베리아의 시간 왜곡 속에서 고립되고 편집증이 생긴 유형수들은 편을 나눠 각각 도둑들 또는 밀고자 편을 들었다. 스판다리안은 페투코프를 처벌하고, 당의 재판을 열어 그를 심판하기를 원했다. 스베르들로프는 페투코프를 지원했고, 강도죄로 스판다리안을 심판하고자 했다. 하지만 스베르들로프는 경찰 장교들에게 독일어를 가르쳐주면서 그들과 매우 가까워져 있었다. 스판다리안과 동맹들은 스베르들로프가 오흐라나의 스파이처럼 도덕적으로 오염되었다고 비난했다.

　스베르들로프는 당의 재판을 거부했고, 스판다리안과 슈베이처, 그 외 다섯 명은 페투코프를 비난하는 쪽에 표를 던졌다. 자신도 이와 비숫한 상황에서 축출될 위험을 겪었던 스탈린은 페투코프의 축출에 대한 투표에 상관하지 않고 울타리에 올라앉아, 페투코프와 스베르들로프 모두를 축출해야 한다고 말했다. 다툼의 열기가 고조되어 스베르들로프 패거리 가운데 몇은 구타까지 당했다.

"유형은 최악이다." 스베르들로프는 썼다. "공동체나 동지애는 흔적도 없다. 고립과 거리감은 지옥 같고 사람을 죽일 것 같았다." 이제 스판다리안은 "병이 심해져… 기침할 때 피를 뱉기 시작했다."[1]

"우리는 마을에서 오래 지체했다." 스탈린을 감독하는 헌병 메르즐리아코프가 말한다. "그가 누구를 만났는지 난 전혀 몰랐다. 마침내 J.V.(스탈린)가 경찰서에 직접 가서, 돌아가겠다고 말했다."

다시 쿠레이카로 돌아온 스탈린은 검댕이 날리는 페레프리긴 가족의 방에서 1915년에서 1916년 겨울을 보냈고, 리디야와의 관계도 지속했다. 그는 페테르부르크의 올가 알릴루예바로부터 드물게 감수성을 자극하는 소포를 받고 기뻐했다.

당신이 내게 보여주는 순수하고 선한 마음씨에 정말 감사드립니다! 깊이 존경하는 올가. 당신의 보살핌을 절대로 잊지 못할 겁니다. 유형에서 풀려나 페테르부르크로 돌아가서, 이 모든 일에 대해 당신과 세르게이에게 직접 감사할 수 있을 날을 고대하고 있어요. 이제 2년이 남았습니다. 소포를 받았어요. 감사해요. 한 가지만 부탁할게요. 제게 돈을 더 쓰지 마세요. 당신들도 돈이 필요하잖아요. 하지만 자연 풍경을 담은 엽서는 꼭 보내주세요.

안나와 이제 열네 살이 된 나디야 알릴루예바도 유형당한 영웅에게 새 양복을 보내면서 호주머니에 작은 쪽지를 몰래 넣어두었다.

1916년 3월에, 예니세이 강에서 아직 썰매를 탈 수 있을 때 스탈린은 모나스티르스코에에 있는 스판다리안에게 "편지를 보내러" 갔다고 베라 슈베이처가 회상한다. "그런데, K.스탈린이 쓴 〈문화적-민족적 자치에 관하여〉라는 논문은 어찌 되었는지 좀 알려주시오. 그 논문이 출판되었는지, 아니면 없어져버렸는지 말이오. 1년이 넘도록 알아보려 했지만 아무 소식도 듣지 못했어요. 난 무얼 하고 있습니까? 분명한 건 내가 허송세월을 보내고 있는 건 아니라는 사실이오. 당신의 이오시프." 그 논문은 알릴루예프를 거쳐 레닌에게 보내졌지만, 그 중간의 어딘가에서 영영 사라졌다.

스탈린은 스판다리안이 결핵과 심장병으로 위중한 상태임을 알았다. 그 아르메니아인은 투루한스크에서 이송되게 해달라고 청원했다. 스판다리안 때문에 걱정이 된 스탈린도 당국에 청원서를 냈다. 며칠 뒤 그는 썰매를 타고 쿠레이카로 돌아갔다. "그것이 그가 수렌 스판다리안을 본 마지막이었다"고 베라 슈베이처가 말한다.*

여름 동안 그루지야에서 온 이 하숙인은 리디야를 두 번째로 임신시켰다. 또 그 이후로 어디론가 사라져서 거의 볼 수 없었는데, 이런 것이

---

*스판다리안은 8월에 크라스노야르스크로 이송되었지만 너무 늦었다. 스탈린은 친구에 대해 문의했지만 그 편지들은 제대로 닿지 못했다.

그의 전형적인 행동방식이었다. 그 지역에 있던 또 다른 유배자인 이바노프에 의하면, 유배자들은 "스탈린이 몇 달 동안 쿠레이카에서 사라졌음을 알게 되었다. 그는 달아났다." 어디로 갔을까? 메르즐리아코프조차 잘 알지 못했다. 그는 "J.V.(스탈린)"에게 여름 동안 "예니세이 강의 폴로빈카 섬에서 낚시질을 해도 된다고 허락했다. 나는 그저 그가 아직은 달아나지 않았다는 소문을 믿었다." 그 헌병은 스탈린이 그 먼 섬에서 무엇을 하고 지내는지 궁금해하기는 했다. "거기는, 폴로빈카는 아무도 없는 무인도인데. 그저 모래뿐인데. 어디서 낚시질을 할까? 다른 사람은 아무도 없는데."

하지만 알고 보니 스탈린은 실제로 그 텅 빈 폴로빈카 섬에서 지낸 것으로 밝혀졌다. 이 먼 섬에는 현지의 사냥꾼 두어 명밖에 없었다. 사냥감은 풍부했다. 스테파니다 두비코바는 "오시프"가 여름 동안 그곳에서 오래 지냈다고 밝힌다. "우리는 자작나무 가지로 한 사람이 간신히 살 만한 작은 오두막을 짓는 일을 도와주었다." 그를 제외하면, 역시 자작나무로 오두막을 지었던 스테파니다와 그녀의 가족이 그곳에 있던 유일한 사람이었다. "오시프는 우리 오두막에 자주 왔고, 난 그가 가장 좋아하던 음식인 철갑상어를 구워주곤 했다." 스탈린은 낚시질을 하고 극도의 고독에 만족하면서 이 1인용 오두막에서 몇 주일을 완전히 혼자 지냈다. 하지만 그는 섬에 있지 않을 때도 있었다.

"스탈린이 우리를 보러 와서, 만났다. 그의 방문은 비밀이었지만 유배자들은 모두 스탈린 동지가 여기 있고 우리를 보러 왔다는 걸 알게 되었다." 예니세이스크 두마의 부의장인 바다예프가 전한다. 그는 코스티노에도 간 것이 분명하다. 그곳에서 돌아오는 길에 미로에디하에 들러 그루지야인 유배자인 네스토르 루카제와 잔치를 벌였으니 말이다. 루카제는 아코디언과 발라라이카를 연주했다. 스탈린은 긴 코트를 입고 귀덮개가 달린 모자와 빨간 장갑을 끼고, 그 지역의 청년들과 함께 며칠 저녁 내내 이야기하고 노래하고 춤추었다.

메르즐리아코프는 경찰서장 키비로프에게 스탈린이 여름 동안 사라진 일을 보고하지 않았다. 그 소식이 퍼졌지만, 매수되었건 아니면 매료되었건 간에(스탈린에게 매수된 헌병들 가운데 가장 나중 사례다), 키비로프는 그루지야 유배자가 사라졌다는 소식이 상관들에게 들어가기 전까지 아무런 보고도 올리지 않았다. 상관들이 알고 난 뒤에야 그는 표도르 타라세예프를 체포했다. 타라세예프는 스탈린에게 보트를 빌려주어 달아나게 도왔다는 죄목으로 1년 반 수감되었다. 스탈린은 처벌받지 않았다.*

스탈린은 1916년 여름에 무슨 일을 하고 있었던가? 십중팔구 아마 리디야의 두 번째 임신과 관련된 사정으로 인해 쿠레이카에서 벗어날 필요가 있었을 것이다. 그러니 수상쩍기는 하지만 메르즐리아코프가 교묘하게 말을 흐린 것도 그 때문이었다. (리디야의 오빠들인) 페레프리긴 형제들은 아마 다시 화가 났을 것이다. 스탈린이 초가을에 돌아오자

---

*스탈린의 부재 때문에 처벌받은 사람이 아마 표도르만은 아니었던 것 같다. 필자는 노퍽의 다운햄 마켓에 사는 에바 푸린스 부인의 편지를 받았는데, 그녀는 자신의 증조모인 제피니아 노고르노바라는 유형수가 스탈린을 숨겨주는 일을 도왔다는 죄목으로 크라스노야르스크에 투옥되었다고 전한다. 만약 그 말이 사실이라면 아마 이 사건 당시였을 것이다.

그는 페레프리긴의 집에서 알렉세이 타라셰예프의 집으로 옮겼다가, 이제 열다섯 살이 된 리디야가 만삭이 되자 다시 페레프리긴의 집으로 들어갔다. 그는 멀리 예니세이스크와 크라스노야르스크에 이르기까지 그 지역을 두루 돌아다니면서 친구들을 만나 술을 마시고 흥청댄 것으로 보이지만, 지역 주민들은 그가 자신이 임신시킨 10대의 애인과 결혼하지 않을 방도를 찾으려고 애썼다고 주장한다.

제국 수뇌부의 부패는 1916년경 바깥쪽 팔다리로까지 확산되었다. 시베리아 경찰의 손아귀는 느슨해졌다. "우리는 헌병과 보초들을 모두 피할 수 있었다"고 바다예프가 말했다.

전쟁 상황은 좋지 않았다. 황제는 페테르부르크(독일어 느낌이 덜 나도록 페트로그라드라고 개명된)를 떠나 군 지휘권을 잡았다. 페트로그라드에서는 어리석고 신경증적이고 서투른 황후 알렉산드라가 정부를 지배했다. 라스푸틴은 물론 어리석은 협잡꾼들과 전쟁으로 이익을 보는 사업가들 무리의 부추김을 받아 그녀는 더욱 부패하고 무능한 장관들을 임명했다가 해고했다. 아무도 몰랐지만 3세기에 걸친 로마노프 왕가의 수명은 앞으로 몇 달밖에 남지 않았다.

37장

★★

스탈린의 순록썰매와
시베리아에서 낳은 아들

1916년 10월, 팔에 장애가 있는 광신적 마르크스주의자인 스탈린은 동료 유형수들과 함께 징집되었다. 그는 10년이 넘도록 징집통지를 성공적으로 회피해왔다. 유형수들까지 징집했다는 것은 로마노프 전쟁기계의 인력이 부족해졌음을 말해준다. 하지만 스탈린과 그 지역 관리들은 팔 때문에 의학적 신체검사를 통과하지 못한다는 걸 분명히 알았을 것이다. 투루한스크 지역민들은 스탈린이 경찰서장 키비로프를 설득하여, '가짜 자격증'을 써서 자기 이름을 징집 명단에 올리도록 했다고 주장한다. 그런 자격증은 긴 여름휴가 동안 만들어올 수 있는 속임수였다. 그는 결혼해야 하는 상황과 쿠레이카 유형의 마지막 몇 달을 피하기 위해 자원한 것일까?

"경찰서장 키비로프는 크라스노야르스크로 이송할 선발대로 유형수 아홉 명을 뽑았다." 베라 슈베이처가 회상한다. 스탈린은 쿠레이카에서 얼쩡거리지 않았다. 그는 신속하게 작별을 고하고, 자신을 돌봐준

한 부인에게 서명한 사진과 외투 두 벌을 선물로 주었다. 진짜 영웅처럼 작별한 그는 그런 다음 메르즐리아코프와 함께 모나스티르스코에로 떠났다.

그가 간 뒤 대략 1918년 4월경 리디야는 아들을 낳아 알렉산드르라고 이름 지었다. 그녀는 아이의 아버지에게 오랫동안 알리지 않았고 스탈린은 끝까지 그녀에게 연락하지 않았다. 하지만 어떻게 해서인지 그는 소식을 들었다. 그는 알릴루예프 자매들에게 마지막 유형 기간 동안 시베리아에서 낳은 아들이 있다고 말했다. 그러나 아버지라는 감정은 그를 전혀 구속하지 않았고, 감성적인 궁금증도 없었다.

스탈린은 아들을 포기했지만, 투루한스크는 어떤 면에서든 그를 더 러시아인으로 만들었다. 아마 시베리아가 그에게 있던 그루지야식 이국적 특성을 얼려서 없애버렸는지도 모른다. 그는 시베리아 사냥꾼들의 특성인 자립성, 경계심, 냉담함, 고독을 크렘린으로 가져갔다. 스탈린 원수가 1947년에 쿠레이카에서 함께 낚시하던 친구에게 보낸 편지에서 쓴 말은 진실이었다. "난 당신과 투루한스크에서 만난 내 친구들을 잊지 않았소. 아마 난 당신들을 절대 잊지 않을 거요." 몰로토프의 말이 그 점을 가장 잘 표현했다. "시베리아의 작은 조각이 스탈린의 여생 동안 그 속에 박혀 있었다."*

---

*스탈린과 쿠레이카에서 함께 낚시질하던 친구 몇 명은 서로 계속 연락을 취했다. V.G. 솔로민은 그에게 도움을 청하는 편지를 보내, 그가 스탈린과 스베르들로프에게 잡아준 거대한 철갑상어에 대해 회상했다. 스탈린은 1947년 3월 5일에 답장을 보냈다. "솔로민 동지, 당신에게 나의 (최고 소비에트) 대의원 봉급 가운데 6,000루블을 보냅니다. 이 돈은 그리 많은 액수는 아니지만 도움이 될 거요. J. 스탈린." 몰로토프는 스탈린이 노년에 이

1916년 12월 12일경, 키비로프는 크라스노야르스크로 가기 위해 유형수 두 그룹을 합쳐 전부 20명가량의 인원을 소집했다. 스베르들로프는 "스탈린이 동지들 중에 있었다"고 쓴다. 스베르들로프는 유대인이었으므로 동부 전선의 어딘지도 모를 전장에서 거의 틀림없이 죽게 될 영광에서 차단되었다. 이는 로마노프 왕가의 반유대주의가 베푼 극소수 혜택의 하나였다. 다른 사람들은 스탈린에게 스베르들로프와 화해하고 악수하라고 간청했지만, 스탈린은 거부했다.

징집자들은 멧새 장식이 달린 순록썰매가 줄지어 달려가는 그림 같은 행렬을 이루어 출발했다. 만돌린과 발라라이카를 연주하는 유형수들에게는 "모피외투인 시베리아 사쿤sakun, 순록모피로 만든 장화, 순록털 장갑과 모자가 배급되었다"고 보리스 이바노프라는 다른 승객이 기억한다. "각 썰매에서 한 사람만 일종의 리넨 요람에 들어가 여행"했고, 헌병이 그들 옆에서 얼어붙은 예니세이 강을 따라 말을 달려 동

르기까지 얼린 생선 토막을 먹던 것을 기억했는데, 이는 투루한스크에서 먹던 방식대로였다. 1934년에 스탈린의 연애 둥지이던 페레프리긴 이즈바에 스탈린 박물관이 세워졌고, 그의 공식적인 일흔 살 생일인 1949년에 확장되어 원기둥이 늘어선 파빌리온으로 변했다. 초가 오두막은 유리종 속에 보존되었다. 스탈린의 거대한 조각상이 세워졌다. 강 상류에 스탈린은 노릴스크 니켈광산과 제련소를 개발하여, 광대한 굴락 감옥도시를 만들었다. 1949년에 그는 북극권 철로와 항구를 만들도록 지시했으며, 그 공사를 직접 감독했다. 20만 명의 죄수가 그곳의 끔찍한 여건 속에서 작업하면서, 그중의 많은 수가 죽었으나 철로는 끝내 완공되지 못했다. 1961년에 스탈린 격하운동 과정에서 박물관은 파괴되었고, 조각상은 얼음구멍 속으로 밀어 넣어졌으며, 이즈바는 불태워졌다. 예전에 황폐했던 지역은 이제 노릴스크 니켈회사에 전기를 대는 수력발전 댐이 지배적인 지형지물이 되었다. 그 니켈회사는 러시아의 어느 신흥부자가 지배하는 수십억 달러의 생산량을 내는 재벌 기업이 되었다. 스탈린의 시베리아 정부와 아들의 운명에 대해 알고 싶으면 에필로그를 보라.

행했다. 지나는 길에 있는 스물다섯 군데 작은 촌락에는 모두 "잠자리, 푹신한 깃털 베개, 우유, 고기, 생선"을 제공하라는 지시가 내려졌다. 그들은 어떤 곳에서는 며칠씩 묵었다.

명령에 따르던 스탈린은 이내 "우리가 서둘러 갈 이유가 없다"고 판단했다. "우리는 더없이 지쳐 있는데 무엇하러 징집되려고 서두르겠나?" 함께 간 동행이 기록한다. "독일인들이 우리를 피떡으로 만들 시간은 충분히 있는데 말이다."

유형수들은 때로 "이틀, 사흘 밤을 연달아 파티도 벌였다." 스탈린이 앞서서 노래했다. 헌병들은 불평을 하면서 키비로프에게 전보를 쳤다. "카자크병을 보내겠다는 키비로프의 위협에 우리는 이렇게 답장했다. '우린 당신네 카자크를 맞을 준비가 되어 있소'라고. 스탈린은 전보 문안을 짜는 데 참여했다." 그는 그 여행을 순록썰매를 타고 가는 두 달간의 단기 휴가 같은 것으로 바꾸어놓았다. 떠들썩하게 놀며 가는 죄수들은 여정 중 어딘가에서 새해를 축하했다. 1917년이었다.

마침내 2월 9일경 썰매는 크라스노야르스크에 도착했다. 헌병들은 약속을 지켜 유형수들이 군사 본부에 출두하기 전에 이삼일 동안 안정을 취하도록 허락했다. 스탈린은 볼셰비키인 이반 사모일로프의 아파트에 묵었고, 그런 다음 그는 아친스크에 있는 베라 슈베이처를 불러들였다. 그녀는 스판다리안이 죽었다고 알려주었다.

스탈린은 신체 검사관에게 출두했고, 그는 스탈린이 팔 때문에 군복무에 부적합하다고 판단했다. 이는 좋기는 했지만 스스로를 정치가일 뿐 아니라 군인이라고 여기는 장래의 최고지휘관에게는 수치스러운 사실이었다. 안나 알릴루예바는 제2차 세계대전 직후에 출판한 회고록에서 그가 군복무에 부적격이었음을 밝혔다. 이 일 때문에 그는 그녀를 절대로 용서하지 않았다.

2월 16일에 그는 예니세이스크 총독에게 유형의 마지막 넉 달을 근처의 아친스크에서 지내도록 허락해달라고 청원했다. 그곳은 트랜스시베리아 철로 연변에 있는 주민 6,000명의 큰 촌락으로, 교회 두 곳, 1층짜리 작은 집들이 있는 곳이었다. 베라 슈베이처와 카메네프도 그곳에 살았다.

2월 21일에 그는 아친스크에 있는 베라 슈베이처의 아파트로 이사했다. 바로 그 무렵 서쪽으로 수천 마일 떨어진 곳에서는 알렉산드라 황후가 페트로그라드의 통제력을 잃기 시작했다. 23일에 스탈린이 아친스크의 어느 작은 집에 정착할 무렵, 수도에서는 군중들이 시위를 벌였다. "그는 짐도 갖고 오지 않았다. 그저 검정 외투, 회색 아스트라한 모자뿐이었다. 그는 점심을 먹은 뒤 집을 나가서 밤늦게 돌아왔다." 집주인의 딸은 이렇게 기억한다. 하지만 매부리코에다 노란색 상의를 입은 가무잡잡한 여자가 그를 자주 찾아왔고, 그들은 많은 시간을 함께 보냈다. 그는 그녀를 문간까지 배웅하고 직접 문을 닫았다. 그 여자는 베라 슈베이처였는데, 두 사람은 이 열흘 동안 거의 붙어 있다시피 했다. "그녀는 그와 함께 지냈다." 회고록은 그들이 동거하고 있었음을 암시한다. 하지만 그들이 그저 룸메이트 이상의 관계였는지 우리는 알지 못한다. 그러나 슈베이처는 항상 입술에 키스하며 그를 맞아들였다. "오,

코바! 오, 코바!"

2월 26일 일요일, 페트로그라드에서는 군중과 카자크 부대가 충돌하여 50명이 죽었다. 피를 본 군중들은 더욱 대담해졌고, 병사들은 차르를 버리기 시작했다. 다음 날, 군중은 무기고를 습격하여 15만 정의 총을 노획했고, 경찰 본부를 불태우고, 헌병들을 두들겨 팼다. 헌병 한 명이 4층 창문에서 내던져지자, 군중은 막대와 총대로 그를 때려 형체도 알아볼 수 없는 피투성이로 만들었다.

아친스크에서는 아무것도 모르고 있었다. 카메네프와 그의 아내이자 트로츠키의 누이인 올가는 살롱을 열었다. 금광을 소유한 재벌의 아들인 유형수 아나톨리 바이칼로프는 이렇게 회상했다. "나는 카메네프의 집에서 저녁 시간을 보내곤 했다. 주가시빌리, 혹은 우리가 부르는 이름으로는 오시프가 그들의 집에 자주 오곤 했다." 뛰어난 달변가였고 대화의 달인이던 카메네프는 "둔하고 무미건조하며, 색깔도 재치도 없는 스탈린을 압도했다." 그가 무슨 말이라도 하면 "카메네프는 한두 마디 툭툭 던지며 무시하곤 했는데, 거의 경멸이라 할 만한 어투였다." 과묵하고 침울한 스탈린은 그저 파이프만 피워댔다. 예쁘지만 허영기 있고 변덕스러운 카메네프의 아내는 그 해로운 연기 때문에 기침을 하면서 짜증을 내고는 스탈린에게 그만 좀 피우라고 했다. 하지만 그녀가 뭐라고 하든 그는 전혀 상관하지 않았다.

이제 페트로그라드를 통치하는 것은 차르가 아니었다. 3월 1일, 타브리다 궁전에서는 새 수상인 게오르기 르보프 공작이 이끄는 임시정부가 세워졌다. 같은 건물에서 노동자와 병사 소비에트가 집행위원회를 선출했고, 그루지야 출신의 멘셰비키인 카를로 치혜이제가 의장이 되었다. 이 두 기관은 나란히 권력을 쥐었다. 황제는 고립된 채 소식도 듣지 못하여 우울해졌고, 뒤늦게야 수도로 돌아가려고 애쓰고 있었다. 하지만 황제용 열차가 프스코프에 정지했을 때는 그를 지지하던 휘하 장군들도 사라졌다.

3월 2일, 니콜라이 2세는 "자신은 불행하게 태어난 존재이며 러시아에 불행을 가져왔음을 확신한다"고 선언하면서 황제 지위를 혈우병 환자인 아들 알렉세이가 아니라 동생인 미하일 대공에게 양위했다. 대공은 대를 이어 미하일 2세가 되었다. 하지만 이는 그저 법적인 단계에 불과했다.

새 법무장관인 알렉산드르 케렌스키는 아친스크에게 전보를 쳐서 유배된 두마 의원들을 석방하도록 지시했다. "모든 것은 민중의 손에 넘어왔다. 감옥은 비워졌고, 장관들은 체포되었다. 황후는 우리 민중이 감시하고 있다." 밤이 되자 아친스크는 혁명이 마침내 당도했음을 알게 되었다. "하지만 모두들 수군대기만 했다."

"전보를 받은 날은 장날이었으므로, 나는 그곳 농민들이 이 소식을 모르는 채 장터를 떠나면 안 된다고 생각했다. 그래서 난 달려가서 그들에게 말했다. 이제 차르는 없다고." 스탈린과 한집을 쓰던 알렉산드라 포메란체바라는 볼셰비키 도서관 사서는 이렇게 회상했다. "가는 길에 나는 스탈린 동지와 마주쳤다. 그는 흥분한 내 얼굴을 바라보았다."

"어디로 달려가는 거요?" 그가 물었다. "장터로 가서 농부들에게 혁명이 일어났다고 말해주려고요." 스탈린에게서 이 소식이 사실임을 확인받은 그녀는 장터로 향했다.

3월 3일, 미하일 2세는 정부가 자신의 안전을 보장해주지 못하자 황제 지위를 내놓았다. 14일, 아친스크 시장은 시의회를 열었고, 카메네프는 그곳에서 대공 미하일의 시민적 덕성을 찬양하는 전보를 보내자고 제안했다. 나중에 카메네프는 로마노프 왕조에게 감사했던 자신의 비볼셰비키적 본능을 두고두고 후회하게 된다. 그날 크라스노야르스크에 갔던 스탈린은 1920년대에 이렇게 회고했다. "다음 날 아침 나는 카메네프 동지로부터 그 이야기를 들었다. 자신이 바보짓을 했다고 내게 직접 말하러 온 것이다." 카메네프는 그런 사실을 부인했고, 스탈린이 거짓말한다고 비난했다.

스탈린은 페트로그라드의 알릴루예프 일가에게 전보를 쳤다. 자기가 가고 있다고. 그는 아친스크에서의 마지막 밤을 슈베이처와 보냈다. 3월 7일, 마차가 와서 카메네프, 슈베이처, 스탈린을 태워 정거장으로 갔고, 그들은 기쁨에 넘쳐 그곳을 떠났다. 귀환 여행은 나흘이 걸렸다. 정차하는 역마다 귀환하는 볼셰비키들이 그 지역의 연사들과 경쟁하듯이 군중들에게 발언했다. 카메네프가 연설했고 스탈린은 지켜보았다. 스탈린은 이런 연사들을 보고 웃었고, 나중에는 그들의 과도하게 열성적인 순진함을 흉내 냈다. "신성한 혁명이여, 고대하던 우리의 혁명이 마침내 당도했도다!"

1917년 3월 12일 아침, 1913년 7월에 열린 파티에서 입었던 옷을 그대로 입고 발렌키(솜을 누빈 긴 러시아식 장화)를 신고, 작은 버들고리 트렁크 하나와 타이프라이터만 든 스탈린이 페트로그라드에 도착했다.[1]

라파엘 에리스타비에게

고생하는 농민들의 비탄이
그대를 감동시켜 눈물을 흘리게 만들 때,
그대는 하늘에다 신음했소
오, 민중의 머리 위에 올라앉은 음유시인이여
민중의 행복이
그대를 즐겁게 고양시킬 때
그대는 악기의 현을 울려 사랑스러운 곡조를 뜯었지
하늘이 보낸 사람처럼
모국에게 그대가 송가를 불렀을 때,
그것이 그대의 사랑
모국을 위해 그대의 하프는
심장을 사로잡는 자극을 가져다주었으니…
그러니 오 음유시인이여, 그루지야인이라면
하늘의 기념물을 보듯이 그대의 노래에 귀를 기울일 텐데
그대가 겪은 과거의 고통과 원한이
그대에게 현재에는 왕관이 되어 씌워졌네
그대의 말은 그의 심장 속에서
이제는 뿌리를 내렸네
희끗한 머리의 성자여,
그대가 젊은 시절에 뿌린 것을 거두라
대기 중에 날아오른 민중의 가슴 저미는 외침을
낫으로 사용하라
'라파엘 만세!
부디 이 조국에 그대와 같은 아들들이 많아지기를!'

―소셀로(이오시프 스탈린)

38장

★★

1917년 봄: 비틀거리는 지도자

"보슬보슬하게 부드러운 눈이 내리고 있었다. 기차에서 내리자마자 우리는 수도에서 불어닥치는 정치적, 혁명적 돌풍을 느꼈다." 베라 슈베이처가 말한다. 중앙위원인 스탈린이 돌아왔고, 그의 평생의 꿈이 실현되었다. 하지만 니콜라이 역에는 환영인사가 나와 있지 않았다. 소소와 베라 슈베이처는 흥분한 채 거리로 나갔다. "도시의 군중과 함께 흘러다니면서 우리는 네프스키 대로를 따라 걸었다."

스탈린은 더는 대로를 거닐면서 체포를 겁낼 필요도, 자신을 구해줄 만한 지인을 찾으려고 애쓸 필요도 없어졌다. 2월 혁명의 총격과 소요와 활기는 수도를 완전히 바꾸어놓았다. 그곳은 이제 유럽 전체에서 가장 자유로운 도시가 되었다. 주문 제작된 대공들의 롤스로이스 등의 리무진과 장갑차 들이 깃발을 흔들고 총을 휘두르는 노동자들, 거의 벗다시피 한 여자들, 군인들을 가득 태우고 경적을 울리면서 도시를 질주했다. 언론사들은 자신들의 정치적 견해를 표현하는 신문을 쏟아냈고, 노골적인 포르노 그림을 실은 팸플릿들은 하야한 황후의 레즈비언적인 색정증과 라스푸틴과의 난교 관계를 묘사했다. 가증스러운 경찰, 즉 파라오는 사라졌다. 로마노프 왕가의 상징인 쌍두 독수리 문장은 부서졌지만 계급투쟁은 아직 제대로 시작도 되지 않았다. 무장한 채 뽐내며 걸어 다니는 큰 공장의 노동자들은 불안한 부르주아를 위협했지만 극장에서 공연은 계속되었다. 레르몬토프의 〈가장무도회Masquerade〉가 알렉산드린스키 극장에서 상연되었고, 시가전이 끝나자 세련된 레스토랑들도 다시 문을 열기 시작했다.

"어디를 보아도 회의*가 열렸고 연설이 있었다." 몰로토프가 회상했다. "제대로 된 자유의 첫 경험이었다." 창녀와 도둑들도 회의를 열고 소비에트를 선출했다. 모든 것은 뒤집혔다. 병사들은 모자를 거꾸로 썼고, 울긋불긋하고 야단스러운 제복을 입었다. 여자들은 군인의 철모와 라이플총의 개머리판을 얻어 왔다. 이런 열기 띤 카니발에서 사람들은 갑자기 구속이 없어졌다고 느꼈다. 올랜도 피지즈Orlando Figes는 이렇게 쓴다. "키스하고 애무하는 정도를 넘어 성교에 이르는 온갖 성적인 행동이 남들의 눈앞에서도, 길거리에서도, 황홀경 속에서 이루어졌다."[1]

스탈린과 슈베이처는 권력의 심장부로 곧장 향했다. "잡담을 나누면

---

*밤낮 할 것 없이 어디서나 회의가 너무 많아서, 어떤 상황에든 적응 가능한 러시아 언어는 회의를 만든다는 뜻의 '미닌고바트miningovat'라는 단어를 고안해냈다. 러시아인들은 1991년의 또 다른 혁명에서도 '해프닝khappening(영어의 'happening'과 발음 및 의미가 모두 같다)'이라는 단어를 만들어 새로운 자유라는 괴상한 사건들을 묘사하려고 했다.

서 스탈린은 채 깨닫지도 못하는 사이에 타브리다 궁전에 닿았다." 그곳에서 그들은 엘레나 스타소바와 몰로토프와 마주쳤다. 그날 밤 스탈린, 몰로토프, 베라 슈베이처, 스타소바와 러시아국은 상황에 대해 의논했다. 그다음에는 어떤 일이 벌어질지 아무도 확신하지 못했다.

"러시아는 제국이었다. 그런데 이제는 어떤 나라인가?" 그들이 알아낸 바로는 궁전에서 작동하던 정치 체제는 "공화국도 군주제도 아니었다. 그것은 이름 없는 국가 형성의 과정이었다"고 두마 대의원 바실리 슐긴이 썼다. 건실한 수상인 르보프 공작이 보수파와 자유파의 카데트 Kadet(입헌민주당, 인민자유당이라 불리는 러시아의 정당. 러시아 정부를 입헌군주제로 신속히 변화시켜야 한다고 주장했다-옮긴이), 즉 입헌민주주의자들로 이루어진 내각을 주관했다. 치헤이제가 인도하고 멘셰비키, 볼셰비키, 사회혁명당들도 포함하는 소비에트는 정부만큼 강력했다. 케렌스키 혼자만이 소비에트와 정부 모두에 양다리를 걸치고 있었다. "혁명의 수렁 위에서 어떻게 춤을 출지 아는 것은 케렌스키뿐이었다." 하지만 실제로는 그도 방도를 알지 못했다. 그때까지는 아무도 몰랐다.

차르가 양위했을 때 사회민주노동당 계열 정글의 맹수들은 외국에 있었다. 트로츠키와 부하린은 뉴욕에, 레닌과 마르토프는 스위스에 있었다. 당황한 페트로그라드의 볼셰비키들은 젊은 층, 즉 서른세 살 난 노동자 알렉산드르 슐리야프니코프와 스물일곱 살 난 몰로토프의 지휘하에 있었다.* 러시아 전체의 볼셰비키는 2만 5,000명이 못 되었고

---

*2월 26일에 슐리야프니코프는 말했다. "혁명은 없고 앞으로도 없을 것이다." 하지만 일단 개시되고 나자 그와 몰로토프는 〈프라우다〉지를 다시 시작할 수 있었다. 몰로토프는

베테랑 활동가는 1,000명밖에 없었다.

얼마 전에 레닌은 혁명이 "우리 생전에 일어나지 않을지도 모른다"고 고백했다. 그러다가 이런 사태 전개에 대해 들은 크루프스카야는 의아해했다. "아마 또 다른 속임수인지도 모른다." "엄청난 일이다. 너무나 놀라워!" 레닌은 외쳤다. 그는 몰로토프와 슐리야프니코프에게 지시를 보내기 시작했다. 전쟁은 중단되어야 한다. 임시정부에 반대하라. 하지만 이제 사무국 회의에서 서른여덟 살인 스탈린과 막 서른네 살이 된 카메네프는 지휘권을 장악하고 레닌의 지시를 따르지 않으려 했다. 그들은 대독방어전을 수행하고 본질적으로 시민자유권을 확보해준다면 일시적으로 임시정부를 지지하려고 했다.

다툼이 있었다. 사무국은 카메네프를 전적으로 거부했고, 그의 배신에 대해 해명하라고 요구하면서, 스탈린을 "기본적인 몇 가지 개인적 특성을 고려하여… 보좌 역할로만" 임명하는 데 동의했다. 그의 이기주의, 무례함은(그리고 아마 성적 행태도) 악명이 높았다.[2]

안나 알릴루예바가 당시 교외에 있었던 집에(그래서 작은 교외선 열차로만 갈 수 있었던) 와 보니 동지 몇 명이 이야기를 나누고 있었다(예누키제가 먼저 도착해 있었다). "나는 모자걸이를 보았지만 테이블에 걸쳐 있던 검은 코트와 긴 줄무늬 목도리는 알아보지 못했다."

"누가 왔어?" 그녀는 물었다.

소비에트 집행위원회에 가담했을 때 이렇게 썼다. "나는 케렌스키에게 반론을 펴야 했다. 레닌은 멀리 있었다. 우리는 모든 것을 우리 스스로 결정해야 했다."

"스탈린이 돌아왔어." 한 사람이 대답했다. "유형지에서, 방금 도착했어!" 그녀는 스탈린을 환영하러 달려갔다. "우린 그가 올 줄 알았어!" 그는 방에서 이리저리 서성거리고 있었다. 안나는 그가 변한 모습을 보고 놀랐다. "옷은 똑같았다. 검은 양복과 푸른색 셔츠. 하지만 얼굴은 변했다. 지치고 여위어 뺨이 홀쭉했을 뿐 아니라 더 나이 들어 보였다. 눈만, 놀리는 듯한 웃음만 똑같았다."

"이것 봐! 당신을 찾아냈군!" 스탈린이 말했다. "기차에 탔는데, 당신을 도저히 못 찾을 것 같다고 생각했지! 어떻게 지냈어? 올가, 세르게이, 파벨, 표도르는? 나디야는 어디 있나?" 세르게이는 발전소를 경영했고, 올가는 간호사로 일했다. 파벨은 전선에 나가 있었고, 표도르는 공부하는 중이었고, 나디야는 음악 수업을 받고 있었다.

"배고파요?" 사모바르에 불을 켜면서 안나가 물었다. 마치 아버지가 집에 돌아온 것 같았다. 남자들은 흥분한 음성으로 소식을 주고받았다. 그러다가 검은 눈에 강렬하고 활기찬 표정의 나디야가 코트와 모자를 쓰고 나타났다. "오시프가 여기 있어." 부모와 아이들이 스탈린을 환영하고 주위를 둘러쌌다. 그는 안락한 중산계층 같은, 아늑한 체호프식 가정에 에워싸였다. 이제껏 한 번도 경험한 적이 없는 환경이었다.

스탈린이 귀환 길의 역에서 본 시골 연사들 흉내를 내자 다들 웃었다. 안나와 나디야는 식탁을 차렸고, 그는 유형지에서 겪은 모험 이야기를 신나게 풀어댔다. 그는 그날 밤 세르게이 집 옆의 식당에서 자기로 했다.

"아침에 몇 시에 일어나는가? 내일 아침 난 〈프라우다〉 사무실에 가야 해."

"우리는 일찍 일어나요." 올가가 말했다. "우리가 당신을 깨워줄게요." 올가와 딸들은 옆방으로 물러갔지만, 잠을 잘 수는 없었다. 특히 나디야가 연사들에 대한 소소의 이야기를 다시 하기 시작하자 더욱 그랬다. "어찌나 우스운지 우리는 폭소를 터뜨렸다." 안나가 말했다. "우리는 웃음을 멈추려고 애썼지만 어쩔 수가 없어, 더 크게 웃어댔다."

"입 닫아, 얘들아." 아버지가 말했다.

"내버려둬요. 세르게이." 스탈린이 끼어들었다. "어리니까, 웃게 내버려둬요!"

아침이 되자 그들은 시내로 들어가는 기차를 타고, 소소에게 자기들이 로즈데스트벤스키 가 10번지에 있는 새 아파트를 알아보고 있다고 말해주었다. 전차에서 뛰어내리면서 스탈린이 외쳤다. "그거 좋군. 하지만 내 방도 꼭 마련해두시오."³

스탈린은 타브리다 궁전이 아니라 볼셰비키 본부에서 자신의 지휘권을 요구했다. 그 본부는 차르의 애첩이던 발레리나 마틸드 크셰신스카야*의 죄악에 물든 저택을 점유하고 있었다. 트로츠키의 표현에 의하

---

*그녀는 폴란드 출신의 나긋나긋한 발레리나로서 니콜라이 2세가 왕위 계승자 신분이었을 때 그의 첫 번째이자 유일하게 진정한 애첩이 되었다. 황제는 그녀를 사랑했다. 그는 나중에 알렉산드라 황후가 된 헤세 가문의 알릭스에게 반한 뒤에도 계속해서 크셰신스카야를 후원하여 그녀를 마린스키 극장의 수석 발레리나로 만들어주었다. 그 이후 그녀는 로마노프 왕가의 세르게이 대공과 안드레이 대공도 연인으로 삼아, 황실의 삼각관계를 형성했다. 황제와 대공들의 침대와 황제의 총애를 바탕으로 한 무대 위에서의 찬란한 경력에 의해 크셰신스카야는 수많은 다이아몬드와 저택을 수집했고 그중에 최고봉은 그녀가 지은 저택이었다. 모더니스트 스타일인 그 저택은 조각 나무로 세공한 마루와 크리스

면 겨울궁전 맞은편에 위치한 이 사치와 자극, 다이아몬드의 소굴은 페트로프 파블로스크 요새와 비보르크 공장과도 가까워 전략적으로 매우 중요했다.

이 발레리나의 내실과 무도회장에서 스탈린은 애송이인 몰로토프와 러시아국을 뒤엎고 자신의 위치를 다시 주장했다. 3월 15일에 스탈린과 카메네프는 〈프라우다〉지의 통제권을 장악했고, 사무국 지도부에 합류했다. 몰로토프는 "난 축출되었다. 스탈린과 카메네프가 세심하지만 교묘하게 날 쫓아냈다. 그들은 나보다 열 살이나 더 많고 권위가 있었으니, 나도 항의하지 않았다." 소비에트의 집행부 위원회에서 볼셰비키 대표단으로 임명된 스탈린은 타브리다 궁전에서 동료 그루지야인인 치헤이제와 스타 연설가인 이라클리 체레텔리의 환영을 받았다. 스탈린은 새 정치에 환호하면서도, 그런 현기증 나는 나날을 보내면서도 삶을 빛과 어둠 간의 이원적 투쟁으로 보았다. "러시아 혁명의 전차는 빛의 속도로 전진하지만, 주위를 돌아보면 끊임없이 나아가는 불길한 어둠의 힘을 볼 것이다." 그는 조용하고 경계심이 많았다. "소비에트의 작업에서 내가 받은 인상은… 회색의 흐릿한 얼룩 같은 것이었다"고 멘셰비키인 니콜라이 수하노프는 일기에 썼다.

털 샹들리에, 거대한 거울을 자랑했다. 흰색 홀에는 대리석 콘솔과 오르몰루ormolu(구리와 주석의 합금 — 옮긴이)가 아로새겨진 소파가 놓였다. 벽에는 다마스크 비단이 드리워졌고 커튼은 벨벳이었다. 루이 16세풍 작은 거실에는 황색 비단으로 벽을 발랐고, 발레리나의 목욕실 흰색 대리석 벽에는 푸른색과 은색의 모자이크가 새겨져 있었다. 움푹한 욕조는 그리스식 욕탕처럼 생겼다. 어떤 대중가요의 가사에 따르면 그녀는 "다리를 아끼지 않고 춤을 추어 입궁했다." 그 저택은 오늘날 현대러시아역사박물관이 되었다.

멀리 스위스에서 레닌은 임시정부를 공격하면서 독일과의 전쟁을 즉시 중단하라고 요구했지만 반응이 없었고, 페트로그라드에서 스탈린과 카메네프는 급진파와 국제주의 멘셰비키를 당으로 끌어들이려는 계획에서 온건한 화해 쪽으로 기울었다. 이는 결코 어리석은 생각이 아니었다. 특히 외교정책 면에서는 급진적인 입장을 주장한 뒤이니, 더욱 그랬다.* 하지만 그들은 당원들 사이에서 혼란과 분노를 불러 일으켰다고 슐리야프니코프는 투덜댔다. 몰로토프는 자신이 '스탈린의 큰 오류'라 부른 방어주의 노선을 반대하여 옳은 입장에 서는 기분을 맛볼 수 있었다. 트로츠키는 카메네프와 스탈린이 볼셰비키를 "부르주아에게 압박을 가하기 위한 무대 배후의 의회주의자 그룹"으로 변모시켰다고 비웃었다.

하지만 스탈린의 비판자들은 그의 바보짓을 과장했다. 그가 당시의 열흘 동안 신중하게 굴었고 색깔을 드러내지 않았던 것은 분명하지만, 그의 온건한 정책은 상식에 입각한 것이었고 현실적이고 전략적이었다. 트로츠키도 스탈린이 대다수의 구볼셰비키들과 거의 모든 멘셰비키들의 숨은 신념을 대변해주었음을 인정한다. 크루프스카야조차도

---

*3월 17일에 '전쟁'이라는 기사에서 스탈린은 그저 전쟁을 끝내는 문제에 관해 임시정부에 대한 압박만 요구한 반면, 레닌은 이미 임시정부의 전복을 요구하고 있었다. 스탈린은 멘셰비키들을 공격하지 않았고, 그저 방어주의 전쟁에 대한 자신의 신념을 지지한 사람들과의 동맹만을 원했다. 그는 소비에트가 임시정부를 통제하기를 원했고, 제헌의회를 시급히 소집하라고 요구했다. 한편으로 스탈린은 정부에 대한 압박만 요구했다. 또 한편으로 멘셰비키와 볼셰비키가 임시정부에 대한 합동토론회를 열었을 때, 그것은 단지 이 차르를 다른 차르로 교체했을 뿐인 엘리트주의자들의 기구라고 비난했다. 3월 말에 그 저택과 타브리다 궁전에서 열린 당대회에서 설명한 바에 따르면, 그는 여전히 조정론자였다.

레닌의 극단적 주장을 듣고는 "일리치가 정신이 나간 것 같군"이라고 중얼거린 터였다. 당시 볼셰비키들은 임시정부를 뒤엎으리라는 기대는 전혀 하지 않았다. 레닌은 대담했지만 연락이 되지 않았다. 게다가 레닌 본인도 자신의 급진적 계획을 계속 고수한 것은 아니었다. 그는 금방 입장을 철회했다가 타협했고, 그해 말이 되어서야 원래 입장으로 돌아갔다.

스위스의 망명지에서 레닌은 치헤이제가 볼셰비키들과의 화해에 대해 행한 연설문을 읽고는 폭발했다. "빌어먹을!" 그는 고함쳤다.

"블라디미르, 말조심하세요!" 크루프스카야가 대꾸했다.

"다시 말한다, 빌어먹을!"

레닌은 카메네프와 스탈린의 바보짓을 교정하기 위해 〈먼 곳에서 보내는 편지Letters from Afar〉를 쓰기 시작했다. 거의 매일같이 스탈린의 기사가 신문에 실렸다.

그러다가 3월 18일, 스탈린은 한 주 동안 쓰기를 중단했다. 아마 자신의 정책을 재평가하기 위해서였을 것이다. 레닌이 오고 있었다.[4]

39장

★★

1917년 여름: 거리로 나선 수병들

1917년 3월 27일, 레닌, 크루프스카야, 지노비예프, 그루지야 출신으로 스탈린의 후원자인 츠하카야가 그 유명한 봉인열차에 올랐다. 2월 혁명이 일어난 지 거의 한 달 만에 레닌은 마침내 러시아로 돌아갈 길을 찾은 것이다. 그사이에 그는 귀머거리에다 벙어리인 스웨덴 사람 행세를 하고 기차를 탈까, 아니면 기우뚱거리는 복엽기를 타고 중부 유럽을 지나갈까, 온갖 궁리를 짜내고 있었다. "우린 집에 가야 해. 그런데 어떻게 가지?" 다행히 독일 지휘부는 레닌과 그의 혁명균을 러시아에 주입하면 평화주의의 균이 전염될지도 모른다고 믿었다. 그러면 러시아를 전쟁에서 몰아낼 수도 있을 것이었다.[1]

레닌은 나중에 러시아 전체를 지배하게 되듯이 봉인열차를 지배했다. 그는 오늘날로 치면 금연을 지지하고, 기차 내 흡연 규칙과 화장실 사용권을 규제하자고 주장했던 것 같다. 볼셰비키 카를 라디크의 농담처럼, "혁명정부의 대표직을 맡을 때"를 대비해서 말이다. 흡연자들은 화장실에서만 담뱃불을 붙일 수 있었고, 금연자들은 특별한 '1등석' 화장실을 우선적으로 사용할 수 있었다.

크루프스카야가 거창하게도 "저 불쌍하고 비참한 3등석 열차칸"이라 부른 것을 타고 가던 그들은 4월 3일에 핀란드-러시아 국경에 있는 벨루스트로프 정거장에 멈추었다. 스탈린의 친구인 루드밀라 스탈은 여성위원단을 이끌고 나와서 크루프스카야를 환영했다. 카메네프는 레닌을 환영하기 위해 열차에 올랐다가 충격을 받았다.

"자네는 도대체 뭘 쓰고 있는 건가?" 레닌은 고함질렀다. "〈프라우다〉 몇 호를 읽고 나서 내내 자네를 욕하는 중이라네."

기차는 증기를 내뿜으며 페트로그라드의 핀란드 역으로 들어갔다. 스탈린은 열차에 올라 '대장'을 마중했다. 그 대장의 나이는 고작 마흔여섯이었다. 홈부르크 해트Homburg hat를 쓰고 트위드 양복을 입고, 부르주아처럼 우산을 든 이 작은 대머리 남자는 옛 러시아든 새 러시아든, 러시아에게는 낯선 사람이었다. 그가 바로, 10년 전 망명을 떠날 때보다 더 폭력적이고 더 무자비하고 더 참을성이 없는 남자가 된 성난 레닌이었다.

레닌은 소소와 같은 맹렬한 개인적 악의는 적었지만, 나중에 소련의 선전이 퍼뜨린 온화한 아버지 같은 그 자신의 이미지보다는 스탈린과 닮은 점이 더 많았다. 그는 베토벤의 '열정' 소나타를 들은 뒤 말했다. "난 음악을 별로 들을 수가 없소. 음악을 들으면 바보 같은 친절한 말을 하고 사람들의 머리를 쓰다듬어주고 싶은 기분이 들거든. 하지만 지금은 그들의 머리를 쓰다듬을 게 아니라 때려야 하오. 무자비하게 때려야 한단 말이오." 레닌은 다음에 닥쳐올 이 전투 때문에 열이 올라 있었다. 한동안 그의 연인이었던 이네사 아르만드에게 말했듯이, "한 차례, 또 한 차례 전투를 치르는 것. 그게 내 인생이오." 스탈린도 그와 비슷한 말을 했을 성싶다. 한쪽은 행동거지가 귀족적이고 다른 쪽은 농민 스타일인, 너무나 판이한 세계에서 온 것 같은 두 사람은 그런데도 같은 감수성을 가졌고 동일한 방식을 선호했다.

우리는 레닌이 열차에서 스탈린에게 무슨 말을 했는지는 모른다.* 하지만 만나자마자 거의 곧바로 스탈린은 엉성한 카메네프를 버리고 대장을 지지했다.

"자정 조금 전에 레닌은 스탈린과 함께 열차에서 내렸다"고 그 자리에 있었던 몰로토프가 전했다. 유명하지만 아직은 수수께끼 같은 레닌은 핀란드 역이 혁명적 축제 분위기에 물든 것을 보았다. 군악대가 '라마르세예즈'를 연주했고, 환호하는 군중을 조명등이 비추었다. 레닌은 크론시타트 기지에서 온 혁명적 수병들과 2,000명의 푸틸로프 발전소 노동자들, 붉은 깃발을 흔드는 군중과 장갑차의 명예로운 호위를 받았다.

한 군단은 될 붉은 수비대(무장한 볼셰비키 노동자들)가 레닌을 호위하

---

*매혹적인 볼셰비키 알렉산드라 콜론타이는 레닌의 〈먼 곳에서 보내는 편지〉를 도전적인 스탈린과 카메네프에게 막 전달한 참이었다. 대장이 돌아오고 있는 중에도 스탈린은 레닌의 기사를 인쇄하기를 거부했거나 축약했다. 그 기사는 "만족스럽지 않고… 사실 관계가 허술한 스케치에 불과"하기 때문이라는 것이다. 레닌은 즉각 권력을 장악하라고 요구했지만, 어떻게 하여 마르크스주의적 발전의 첫 번째 공식적 단계를 건너 뛰어 두 번째 단계로 곧바로 넘어가기로, 즉 "사회주의로 이행"하기로 결정했는지를 아직은 감히 설명하지 못했다.

여 역의 황실 라운지로 갔고, 그곳에서 그는 소비에트 의장인 치헤이제의 환영을 받았다. 하지만 레닌은 장갑차에 뛰어 올라가서, "임시정부와 그들의 달콤한 발언과 거창한 약속은 당신들에게나 러시아 국민 전체에게나 똑같이 거짓말"이라고 군중들에게 말했다(몰로토프, 보로실로프, 알릴루예프도 그들 속에 있었다). 그 연설은 그를 믿는 자들에게… 번갯불 같은 충격을 주고 경악하게 만들었다. 볼셰비키들은 정부를 전복시켜야 하고, 약탈자 같은 제국주의 전쟁을 끝내야 하며, 권력을 소비에트로 곧 이양시켜야 한다는 것이다.

많은 사람들은 대장이 미쳤고, 현실을 모른다고 생각했다. "레닌은 과거의 인물입니다." 멘셰비키인 스코벨레프가 르보프 공작에게 말했다. 하지만 반대자들도 그의 불같은 확신에 대해서는 감탄할 따름이었다. 수하노프는 말한다. "레닌은 정말 놀라운 힘을, 초인적인 공격력을 보여주었다."

레닌은 악대와 노동자와 병사들에게 둘러싸여 장갑차를 타고 시내로 들어와서, 크셰신스카야 저택을 향했다. 흰 기둥이 늘어선 그 발레리나의 저택 거실에서 그는 반신반의하는 볼셰비키들을 꾸짖었다. 다음 날 아침 그는 타브리다 궁전 13호 방에서 그들에게 발언했다. "다들 어안이 벙벙했다"고 몰로토프가 말했다. 처음부터 망설임 없이 그를 지지한 것은 알렉산드라 콜론타이뿐이었다. "볼셰비키들은 준비 없이 2월 혁명을 맞은 것처럼 레닌에 대해서도 준비가 안 되어 있었다"고 트로츠키가 말했다.

스탈린은 레닌의 전력투구에 설득을 당했다. 그는 "많은 것들이 명료해졌다"고 털어놓았다. 사람들은 평화와 땅을 갈구했지만, 순진한 임시정부는 독일에 맞서 싸우기로 한 차르의 약속을 지키자고 고집했고, 바보같이 토지 문제 해결을 제헌의회가 선출될 때까지로 늦추었다. 그러려면 아직도 몇 달이나 더 있어야 했는데 말이다. 이런 막간이 러시아를 자신이 휘어잡을 유일한 기회임을 파악한 것은 레닌뿐이었다. 4월 6일 이후, 레닌과 스탈린은 〈프라우다〉에서 긴밀하게 협력하며 일하기 시작했다.[2]

4월 18일에는 외무상 밀류코프가 저지른 오류가 레닌에게 도움을 주었다. 밀류코프는 러시아가 오스만제국의 영토를 병합할 생각이라는 사실을 영국과 프랑스에 알리는 외교 메모를 보냈는데, 이는 곧 황제 없이 제국주의 전쟁을 치르겠다는 말이나 마찬가지였다. 원래 소비에트는 전쟁은 방어 목적으로만 한정한다는 조건으로 임시정부를 지지했다. 전쟁에 대한 거부감이 물밀 듯이 일어나 취약한 정부가 산산히 부서졌다. 르보프 공작은 새 연정을 구성하고 케렌스키에게 전쟁장관 자리를 맡겼다.

볼셰비키 급진파는 무장 봉기를 요구했다. 레닌은 온갖 이데올로기적 공격을 퍼부으며 러시아에 도착했지만, 그 뒤 겪은 수많은 후퇴 가운데 첫 번째가 자기 휘하의 열혈 분자들의 고삐를 당겨야 하는 일이었다. "지금으로서는… 봉기는 옳지 않다." 볼셰비키 회의가 4월 24일, 크셰신스카야의 무도회장에서 열렸을 때 레닌은 교실에 들어온 장학관처럼 입장했다. 레닌이 오기 전에는 모든 동지들이 어둠 속에서 헤매고 있었다고 루드밀라 스탈은 생각했다. 스탈린은 확연히 어둠을 벗어났다. 카메네프가 레닌을 공격하자 스탈린은 그의 오랜 협력자를 조롱했다. 그는 다시 레닌주의자가 되었지만, 그렇다고 해서 그들이 모든 점에서 동의했다는 뜻은 아니다.*

스탈린은 민족 문제에 대해 보고했다. 그는 토론에서 승기를 잡았지만 여전히 그는 주로 캅카스의 강도로 알려져 있었고, 자기 입장을 관철시키려면 레닌의 지원이 필요했다. "우리가 코바(스탈린) 동지를 안 지는 오래되었다." 레닌이 단언했다. "우리는 우리 사무국이 있던 크라쿠프에서 그를 만나곤 했다. 캅카스에서 그가 했던 활동은 중요했다. 그는 책임감이 필요한 온갖 업무를 훌륭하게 수행한다." 몰로토프는 스탈린이 가진 매력의 정수를 설명해주던 레닌의 말을 기억했다. 스탈린은 "지도자급 인물이고, 무슨 일을 맡겨도 그는 해낸다"는 것이다.

4월 29일, 스탈린은 중앙위원회 선거에서 97표를 얻어 3위에 올랐다. 이는 레닌과 지노비예프 바로 다음이었는데, 그가 당에서 어떤 위치에 있는지를 보여주는 결과였다. 이제 스탈린은 대부분의 시간을 소비에트에서, 〈프라우다〉지를 편집하거나 레닌과 함께 중앙위원회에서 일하면서 보냈다. 중앙위원회는 처음으로 레닌, 스탈린, 카메네프, 지노비예프를 모든 결정을 내리는 사무국원으로 선출했다. 이것은 모든

---

*극단주의적 입장에서 물러난 덕분에 레닌은 흔히 비난받던 스탈린의 정책에 훨씬 더 가까워졌다. 스탈린은 유럽 내전에 관한 레닌의 고집은 지나치다고 느꼈고, 독재정치에 관한 이야기는 비정치적이며 토지국유화 요구는 농민들의 희망에 둔감한 소치라고 생각했다. 레닌은 러시아 정치의 실제 요구에 자신을 적응시키면서 공적으로는 이런 정책들을 점차 변경했다.

권력을 가진 정치국Politburo의 전신이었다.³

5월 4일, 트로츠키가 마침내 미국에서 도착했고, 치르크 모데른Cirque Moderne(원형극장. 당시 페트로그라드의 대중연설 장소 중 하나—옮긴이)에 꽉 찬 군중들에게 거의 매일 밤 연설하여 순식간에 페트로그라드를 황홀케 했다. 그곳에서 군중들은 걸핏하면 그를 등 떠밀어 무대 위로 올려주었다. "그는 자신의 인기에 중독되었다"고 수하노프는 언급했다.

트로츠키의 가치를 알아차린 레닌은 한 주 뒤, 그에게 볼셰비키에 가담하라고 요청했다. 그들 사이의 유일한 차이는 야심이라고 레닌은 말했다. 스탈린이 이 혁명적 스타의 귀환을 좋아하지 않은 것은 분명하다. 그는 1917년에 60편 이상의 기사를 썼지만, 트로츠키는 그가 "찬란한 사건에 대해 지루하게 말할 뿐"이라고 비웃었다. 레닌이 트로츠키와 협상할 대표단을 임명했을 때, 짐작 가능하게도, 스탈린은 거기에 끼지 못했다.

트로츠키와 달리 스탈린은 1917년에는 존재가 부각되지 않았다. 그 자신이 이를 가장 잘 표현했다. "혁명이 일어나기 전에 우리 당은 지하조직으로, 비밀의 당으로 존재했다. 이제 상황이 바뀌었다." 그리고 그렇게 바뀐 상황은 그에게 그다지 잘 맞지 않았다. 그는 그늘에서 잘 살아나는 부류였다.

1917년은 사실 스탈린이 공개적인 민주정치를 경험한 유일한 해였는데, 그것은 칼부림이 벌어지는 캅카스의 부족주의적 음모에 단련된 사람에게는 이상적인 여건이 결코 아니었다. 그는 우스꽝스러운 그루지야 억양을 썼고 말소리도 조용했다. "나는 그가 하는 말 가운데 알아듣지 못하는 게 많았다. 하지만 한 가지 특징이 있었다." 어느 목격자가 전한다. "스탈린이 말하는 문장은 모두 날카롭고 간명한 단언이고, 문법구조가 명료하다는 것이다." 스탈린이 발언하는 것을 본 한 노동자는 "그가 하는 말은 타당하게 들리고 이해하기 쉽고 단순한데, 어찌된 일인지 나중에는 그가 뭐라고 말했는지 기억이 나지 않는다." 그는 대중 집회에서 연설하는 일을 피했지만, 웅변하는 어조와 달리 평범하고 소박한 언어는 과시적인 지식인들을 불신하는 많은 사람들에게 놀랄 만큼 인상적이고 설득력이 있었다.

레닌이 권력을 잡고 모든 진영에 포위된 상황에서 자신의 정부를 무슨 음모단처럼 운영하게 되자, 스탈린은 다시 자기 무대를 되찾게 되었다.

6월 3일, 소소의 어린 팬인 안나와 나디야 알릴루예바는 그들의 영웅을 찬양하러 바실레프스키 섬의 군사학교에서 열린 소비에트 제1차 당대회에 왔다. "스탈린과 스베르들로프가 개회식에 참석했다. 그들은 레닌과 함께 가장 먼저 당도한 사람들이었다. 나는 그 세 사람이 텅 빈 회의장에 들어오는 것을 보았다." 당에서 일하던 안나 알릴루예바가 전한다. "우리는 여러 날 동안 스탈린을 보지 못했고, 아파트에 있는 그의 방은 계속 비어 있었다."

"그를 만나러 가야 해." 여학생인 나디야가 소곤거렸다. "혹시 그가 우리 아파트에 와서 살겠다던 마음이 바뀌었는지도 몰라." 그다음 날 그들은 당대회의 가장 극적인 순간을 목격했다.

"'권력을 우리 손 안에 두라'고 감히 말할 정당은 러시아에 없다"고 멘셰비키인 체레텔리가 큰 소리로 말했다.

이에 대해 레닌은 의자에서 벌떡 일어나 고함쳤다. "그런 정당이 있소!"

스탈린과 바일로프 감옥에서 한 감방에 있었던 베레시차크는 "레닌과 지노비예프, 카메네프가 주요 발언자였지만 아무 말 없이 볼셰비키 파벌을 지휘하는 것은 스베르들로프와 스탈린임을 알아차렸다. 그 남자의 중요성을 완전히 깨달은 것은 그때가 처음이었다."

스탈린은 트로츠키에게 감명을 주었다. 그의 묘사를 보면 왜 그가 권력투쟁에서 졌는지 그 이유를 알 수 있다. 트로츠키는 "스탈린은 무대 뒤에서 매우 귀중한 존재였다"고 썼다. "그에게는 평균적 성향을 가진 지도자들, 특히 지방 출신 지도자들provincials을 설득하는 재주가 있었다." 또 다른 그루지야 멘셰비키로서 1917년 내내 페트로그라드에 있었던 사기라시빌리는, 스탈린이 "당의 공식적 지도자로 간주되지는 않았다. 하지만 다들 그가 하는 말에 귀를 기울였다. 레닌도 그랬다. 그는 일반 평민들의 대표자였고, 그들의 실제 견해와 분위기를 표현하는 사람이었다"고 말한다. 그런 분위기는 트로츠키 같은 망명자들은 알지 못하던 영역이었다. 소소는 의문의 여지 없는 캅카스 지역의 지도자였다. 사기라시빌리는 레닌이 자기 등 뒤에 지방 출신의 수많은 지도자들이 서 있음을 느꼈다고 말한다.* 트로츠키가 서커스 무대 위에서 눈부

---

*이런 지방 출신 지도자들은 트로츠키를 혐오하는 거친 위원들이었고, 장래에 스탈린주의자가 된다. 그들 가운데는 캅카스 출신의 친구들이 많았다. 그런 볼셰비키 프라크티크들은 스탈린의 결점을 분명히 알고 있었지만, 지노비예프나 트로츠키보다는 스탈린과 공통점이 훨씬 많았다. 흥분 잘 하는 세르고, 잘생긴 샤우미안, 금발의 바람둥이 예누키제, 소탈한 전직 집사 칼리닌과 보로실로프가 그런 사람들이었다. 하지만 많은 캅카스인들,

시게 활약하는 동안, 스탈린은 자신이 대수롭지 않게 사무국에서 내쫓은 젊은이인 몰로토프 같은 사람들을 새로운 동맹자로 만들고 있었다.[4]

스탈린은 다른 세 동지와 함께 몰로토프의 집으로 이사했다. 몰로토프는 네바 강 건너편 페트로그라드 쪽 지역인 시로카야 거리에 있는 널찍한 아파트에서 살고 있었다. "그곳은 일종의 코뮌 같은 곳이었다." 몰로토프가 말했다. 스탈린은 평소와 달리 몰로토프가 "스탈린의 큰 오류"라 부른 그 일에 대해 몰로토프에게 사과했다. "당신은 4월의 첫 단계(레닌이 귀국한 뒤 멘셰비키와의 연대 여부를 놓고 처음 투쟁하던 단계-옮긴이)에서 그 누구보다도 더 레닌에게 가까웠소." 스탈린이 이렇게 털어놓았다. 두 사람은 친구가 되었다. 그뿐 아니라 4월에 중앙위원으로 선출되지 않았던 몰로토프는 후원자가 필요했다. 그들은 서로 정반대의 인물이었다. 체구가 단단하고 말을 더듬으며 안경을 쓴 몰로토프는 사색적이고 정확하고 약간은 부르주아적이었다. 하지만 그들은 둘 다 마르크스주의 광신자인 데다 술을 좋아한다는 공통점이 있었다. 또 테

특히 멘셰비키들은 스탈린을 혐오했다. 또 캅카스의 볼셰비키들 중에서도 그를 비난하는 사람들이 있었다. 트빌리시와 바쿠에서 함께 일한 옛 동지들인 마하라제와 자파리제는 스탈린이 4월 당대회에서 캅카스인들을 다룬 방식을 공격했고, 폴란드인 펠릭스 제르진스키도 마찬가지였다. 하지만 스탈린은 비밀경찰의 창립자인 제르진스키와는 친해졌다. 이는 아마 그루지야인과 폴란드인들은 러시아 식민지가 된 적이 있는 자부심 높은 민족이라는 점에서 서로 간의 공통점을 보았기 때문일 것이다. 두 사람은 성직자가 되기 위해 공부했고, 시를 썼으며, 충성과 배신에 대한 편집증이 있다는 점도 같다. 두 사람은 모두 비밀경찰제도를 능숙하게 실행하게 된다. 두 사람 모두 부모로서는 형편없었다. 둘 다 광신적이고 고독한 존재였다. 그토록 닮은 두 사람은, 놀라운 일이지만 동맹자가 되었다.

러에 대한 로베스피에르(프랑스 혁명기의 정치가로, 공포정치의 주역-옮긴이)적인 신념과, 앙심 깊은 열등감도, 스탈린의 지도력에 대한 믿음도 마찬가지였다.

스탈린은 항상 집을 옮겨 다니면서 밤에는 일을 하고 친구들의 집에서 잠깐 눈을 붙이곤 했다. 크셰신스카야 저택에서 작업하다가 그 자리에서 잠이 든 적도 많았다. 타티야나 슬라바틴스카야는 그곳에서 스베르들로프와 스타소바 휘하의 중앙위원회에서 보좌관으로 일했다. 루드밀라 스탈은 〈라보트니차Rabotnitsa〉(노동여성)의 편집을 도왔으며 크론시타트 수병들과의 관계를 관리했다. 그들은 분명히 만났을 것이다. 스탈린이 스탈과의 로맨스에 다시 불을 붙였다는 말이 있었다. 실제로 그랬다 하더라도 그런 여자가 그녀만은 아니었다.

스탈린은 몰로토프의 정치적 충성심과 숙소만 이용한 것이 아니었다. "그는 내 여자 마루시야도 훔쳤다." 몰로토프는 이렇게 웃었다. 또 몰로토프가 스탈린의 뜻에 따라 내놓아야 했던 여자는 마루시야가 마지막이 아니었다.

어느 날 저녁 안나와 나디야 알릴루예바가 그를 만나러 〈프라우다〉지 사무실에 왔다. "사무실엔 사람들이 많았고 담배연기로 가득 차 있었다." 한 보좌관이 그들에게 "스탈린은 바쁘다"고 말했으므로, "우리는 그를 만나고 싶다고 메시지를 전했다. 그러자 그가 우리를 만나러 나왔다"고 안나는 말한다.

"어이, 안녕." 다정하게 웃으면서 소소가 말했다. "너희들이 오니 반갑구나. 집에서는 다들 어때?"

"당신 방이 기다리고 있어요." 소녀들이 말했다.

"친절하기도 하지. 하지만 너무 바빠. 그래도 그 방은 날 위해 남겨두렴." 그가 말했다.

그러다가 "누군가가 그를 부르러 왔고, 스탈린은 서둘러 우리와 악수를 한 뒤" 다시 일을 하러 달려갔다.[5]

1917년에는, 레닌의 말을 바꾸어 쓰자면, 2보 전진했다가 1보 후퇴하는 방식의 게임이 진행되었다. 6월 중에 볼셰비키 정당의 무장파벌, 즉 이제는 6만 명의 충성스러운 부대원을 자랑하는 군사조직Military Organization의 급진파들은 무장 시위를 요구했다. 이 우발적 혁명의 날짜가 정해졌다. 6월 10일이었다. 당 회의에서 레닌은 그들을 지지했다. 스탈린은 "문제를 강요하는 것은 잘못이지만, 기회를 놓치는 것도 똑같이 잘못"이라고 공개적으로 발언했고, 시위 계획을 도와주고 그 선언문을 썼다. "무장한 노동자가 보이면 부르주아들은 숨을 것이다." 지노비예프와 카메네프는 이에 반대했다.

6월 9일에 소비에트, 멘셰비키는 스탈린의 청원서를 낭독했고, 체레텔리는 권력을 장악하려는 볼셰비키들의 음모에 반격했다. 레닌은 소비에트의 지지가 필요했다. 그는 소비에트의 합법성을 자신의 볼셰비키 쿠데타의 위장막으로 이용하고 싶어 했다. 그러나 소비에트는 시위를 금지했다. 한동안 혼란에 빠진 뒤 레닌은 시위를 중지하는 데 동의했다. "우리 편에서 한 걸음 잘못 내딛으면 모든 일을 망칠 수 있다." 그는 이제 지난 3월에 카메네프와 스탈린이 그랬던 것만큼 신중해졌다. 11일에 스탈린은 이런 "참을 수 없는 우유부단함"을 비판하면서 사임하겠다고 위협했다.

소비에트는 6월 18일에 도전적으로 자체 시위를 벌였지만 볼셰비키가 그것을 가로채버렸다. 스탈린은 〈프라우다〉지에 자신의 선언문을 발표했다. 그것은 선전전의 승리였다. "환하게 화창한 날, 시위 대열은 끝이 없었다. 아침에서 저녁까지 행렬이 연병장을 향해 나아갔다. 깃발이 숲을 이루었다. 군중은 끊임없이 함성을 질렀다. '라마르세예즈'와 '인터내셔널가'가 끝나면 '쓰러진 희생자들'이 나왔다." "'모든 권력을 소비에트로!'라고 외치는 함성도 있었지만… 임시정부에 대한 신뢰를 표명한 연대나 공장은 하나도 없었다!" 한편 독일제국에 항거하여 계속 진행되던 전쟁에서 전쟁장관인 케렌스키는 정부의 버팀목이 되어줄 것으로 기대한 방어전을 지시했다. 하지만 그 전쟁에서 러시아가 벌인 마지막 공세인 그 방어전은 재앙이었다.[6]

레닌은 기력이 소진되었다. 두통에 시달리는 그는 일광욕을 하러 핀란드에 있는 한 호숫가의 빌라로 물러났다. 그러자 정부는 또다시 비틀거렸다. 핀란드와 우크라이나가 독립을 향해 움직이자 케렌스키의 방어전은 정체상태에 들어갔다. 카데트의 장관들은 이에 항의하여 사임했다.

레닌의 부재 상황에서 그의 군사조직*은 권력을 잡기로 작정했다. 사

---

*볼셰비키 군사조직은 레닌의 경고를 무시했는데, 이는 볼셰비키가 단일한 지도자 휘하에서 규율 있는 세력이 되기에는 아직 한참 멀었음을 보여준다. 그와 반대로 그들은 여전히 불복종적이고 파벌적인 존재였다. 스탈린의 정당이 한 덩어리로 뭉친 비굴한 단일함

기라시빌리는 "밤하늘은 북극광Aurora Borealis으로 너무나 환하게 밝혀져 있어서, 바깥에서 신문을 읽을 수도 있었다. 사람들은 잠을 자지 않았고 어떤 미지의 힘이 그들을 밖으로 끌어내 길거리를 배회하게 만들었다. 그들은 눈을 들어 천상의 장관을 볼 수 있었다. 어둠과 빛의 장대한 투쟁이었다"고 쓴다.

7월 3일, 수많은 병사, 수병, 노동자들이 탄띠를 두르고 기관총을 든 채 타브리다 궁전까지 행진했다. 볼셰비키 제1기관총연대가 후위에 따랐다. 자동차는 총구 앞에서 정지당하고 징발되었다. 총잡이들을 가득 실은 장갑차와 트럭들이 거리를 질주했고, 부대원들은 네프스키 대로에서 쇼핑을 하는 부르주아들에게 제멋대로 총을 발사하기도 했다. 총격전이 벌어졌다. 도시 외곽의 크론시타트 해군기지에서 볼셰비키 계열에 속한 수병들이 들고 일어나서 장교 120명을 살해했는데, 그중에는 제독도 있었다. 그들은 레닌, 지노비예프, 카메네프에게 수도를 점령하라는 지시를 내리라고 요구했다. 아무 대답이 없자 그들은 볼셰비키 음유시인인 데미안 베드니와 함께 〈프라우다〉지의 사무실 책상에 앉아 있던 스탈린에게 전화했다. "총을 들고 행진할까요?"

"라이플이라고?" 스탈린은 대답했다. "자네 동지들이 잘 알거야. 우리 같은 글쟁이로 말하자면, 우리는 항상 우리의 총, 즉 우리의 연필을 어디든 갖고 다니지. (하지만) 자네들과 무기에 대해서는 자네들이 가장

을 보여주려면 아직 오랜 세월이 지나야 했다.

잘 알겠지!" 스탈린은 이 반쯤 우연적인 쿠데타를 반쯤은 고무했다. "당이 손을 씻고 물러나 앉을 권리가 있는가?" 스탈린이 7월 시위를 조직한 사람 가운데 하나였다고 본 트로츠키가 아마 옳았을 것이다. "싸움이 시작되는 곳마다, 트빌리시의 광장에서든, 바쿠의 감옥에서든, 페트로그라드의 거리에서든, 그는 항상 싸움을 최대한 치열하게 만들려고 노력했다."

총을 휘두르는 군중은 타브리다 궁전을 둘러싸고, 소비에트가 레닌의 구호에서처럼 권력을 잡기를 기대하면서, 부글거리며 끓어올랐다. "모든 권력을 소비에트에게." 하지만 그 안에서 새 부서들을 구성하는 문제를 토론하던 치헤이제와 소비에트는 권력을 원하지 않았다. 그들은 권력을 겁냈다. 군중은 소비에트가 내켜하지 않자 오히려 불이 붙었다. 한편 스탈린의 애매모호한 대답이 효과를 보았다. 크론시타트 수병들이 이쪽으로 오고 있었다.

크셰신스카야 저택에서 스탈린과 중앙위원들은 갑자기 불안해져서 휴가지에 있던 레닌을 호출했다. "우리는 권력을 잡을 수 있었어요. 하지만 그랬더라면 전선들과 지역들과 소비에트가 우리에게 반대하여 들고 일어났을 겁니다." 스탈린은 말했다. 그는 타브리다로 달려가서 치헤이제와 소비에트를 다시 안심시키려 했지만, 램프의 요정 지니는 이제 요술램프 밖으로 나왔다.

레닌이 페트로그라드행 기차에 타고 있을 때, 스탈린은 법무장관인 파벨 페레베르제프가 볼셰비키 지도자를 반역 혐의로 고발하려 한다는 소식을 들었다. 레닌이 독일제국의 자금을 받아왔다고 폭로한다는 것이다. 이는 부분적으로는 사실이었지만 스탈린은 타브리다 궁전으로 돌아가서 그루지야 동족인 치헤이제에게 간청하여 그 발표를 저지하려고 애썼다. 치헤이제는 동의했지만, 이미 늦었다.

7월 4일 새벽, 레닌은 저택으로 달려왔다. "사태가 이 지경이니 자네들은 호되게 야단을 들어야겠군!" 그는 볼셰비키 수뇌부에게 고함쳤다.

우중충한 오전, 40만 노동자와 군인들이 아무도 없는 거리를 지배했고, 곧 고무보트를 타고 온 중무장 수병 2만 명이 합세했다. 그들은 아무 계획도 없었다. 금관악대를 거느린 거드럭대는 수병들은 대로변에서 여자친구를 과시하고 부르주아들을 겁주는 데 더 관심이 많았다. "거의 벗다시피 하고 하이힐을 신은 여자들을 거느린 수병들이 어디에나 있었다." 거리는 "환희의 무대였다"고 스탈린은 회상한다. 수병들은 크셰신스카야 저택 밖에 모여 소비에트에게 지도력을 보이라고 요구했다. 레닌은 어디 있는가? 그는 당당하지 못한 모습으로 나타나서 짧은 연설을 한 뒤 저택에 숨으려 했지만 그 연설은 아무 일도 해결하지 못했다.

푸틸로프 발전소 노동자 2만 명과 합세한 수병들은 타브리다 궁전을 향해 가서 자기들을 실망시킨 자신감 없는 소비에트 멤버들을 가려내려고 했다. 추악한 장면들이 벌어졌다.* 하지만 오후 5시에 하늘이 열

---

*권력을 거부한 소비에트가 억류되어 있던 궁전에 일부 사람들이 쳐들어갔다. 군중은 허약한 사회민주노동당 지도자인 체르노프를 붙잡아 그에게 린치를 가하기 시작했다. 그때 트로츠키가 개입해 대가적인 재능을 발휘했다. 그는 리무진 위에 올라서서 수병들에게 연설을 하여, 겁에 질린 그 정치가를 구해냈다.

렸다. 비가 내려 우발적인 혁명을 꺼뜨렸다. 군중은 흩어졌다. 충성스러운 이즈마일로프스키 근위병은 포위된 소비에트를 풀어주었다. 이제 그들은 이빨 없이 말만 하는 입씨름꾼임이 폭로되었다. 낙담한 볼셰비키 중앙위원회와 레닌은 비참하게 퇴각했다. 7월 봉기July Days는 끝났다.

높아지는 케렌스키의 인기로 힘을 얻은 정부는 볼셰비키를 무너뜨리기로 결정했다. 스탈린의 애걸에도 법무장관 페레베르제프는 레닌이 독일의 자금을 받았다는 사실에 대한 증거를 발표했다. 수병들 중 많은 수가 이 배신 이야기로 마음이 흔들렸다.

7월 5일 새벽, 정부군이 〈프라우다〉지를 습격했지만, 간발의 차로 레닌을 놓쳤다. 바로 몇 분 전에 스탈린이 그를 빼돌린 것이다. 밤사이 크셰신스카야 저택을 급습하기 위해 곡사포와 장갑차 여덟 대가 포격 위치를 잡았는데도 볼셰비키들은 자신들의 거점을 방어할 의지가 없었다. 스탈린은 볼셰비키의 거점인 페트로프 파블로스크 요새로 서둘러 갔다. "그곳에서 나는 도발에 응하여 전투에 나서지 말라고 수병들을 간신히 설득해냈다." 그는 학살을 피하기 위해 수병들과 크셰신스카야 저택 사이를 왕래했고, 그런 다음 타브리다 궁전에 있는 치헤이제와 체레텔리에게 부탁하여 볼셰비키가 저택과 요새를 포기하고 내놓더라도 유혈 사태가 없도록 보장해달라고 부탁했다. 체레텔리는 동의했다. "스탈린은 수수께끼 같은 눈길로 나를 보더니 떠났다." 7월 6일에 크셰신스카야 저택에 있던 볼셰비키 500명은 항복했다. 그런 다음 스탈린은 페트로프 파블로스크 요새로 돌아가 그곳 사람들의 항복을 감독하러 갔다.

레닌은 스탈린의 지칠 줄 모르는 상황처리 능력을 높이 평가했다. 하지만 "이 같은 참혹한 실패의 결과로 대중 여론이 그들에게 등을 돌렸다"고 오리건 주 포틀랜드 출신 기자인 사회주의자 존 리드가 썼다. "지도자 없는 그들의 군중은 비보르크 지역으로 후퇴했고, 볼셰비키에 대한 야만적 사냥이 뒤따랐다."

좌파와 우파를 통합할 수 있는 유일한 인물인 서른다섯 살 난 케렌스키는 수상직을 수락했다. 아이러니하게도 레닌이 다녔던 심비르스크 학교 교장의 아들인 그는 "불타는 듯 강렬한" 연설가였다. "갑작스럽게 발작하고 경련하는 듯 비틀리는 입술과 몽유병자처럼 생각에 잠긴 듯한 동작 때문에 그는 마치 귀신에 들린 사람 같았다." 케렌스키의 법무장관은 레닌을 체포하라는 명령을 내렸다.*

볼셰비키들은 파멸의 위기에 처했다. 레닌은 달아났다. 스탈린이 그의 안전을 책임졌다.[7]

---

*바쿠 출신으로 멘셰비키이면서도 스탈린의 하수인이던 비신스키는 케렌스키 휘하에서 모스크바의 아르바트 구역 민병대장으로 있었는데, 레닌을 포함하는 최고위급 볼셰비키들에게 발부될 체포영장에 서명한 적이 있었다. 10월 이후 그는 볼셰비키에 가담했다. 케렌스키에게 수치스러울 정도로 복종한 전력 때문에 그는 자신의 목숨 줄을 쥐고 있는 스탈린에게 개처럼 복종했다.

40장

★★

1917년 가을: 소소와 나디야

스탈린은 케렌스키가 대장(레닌)을 추적하던 사흘 동안 그의 거처를 다섯 번 옮겼다. 트로츠키와 카메네프는 체포되었지만 레닌은 스탈린의 호위하에 지하로 돌아갔다. 경찰은 레닌의 누이 집을 습격했다. 크루프스카야는 레닌의 행방을 알기 위해 시로카야 거리에 있는 스탈린과 몰로토프의 집으로 서둘러 갔다.

7월 6일 밤, 스탈린은 레닌을 다섯 번째 은신처로 옮겼다. 그곳은 로즈데스트벤스카야 거리 10번지에 있는 알릴루예프 가족의 말끔한 새 아파트였다. 그 집에는 제복을 입은 경비와 하녀가 있었다.

"출입구를 전부 알려주게." 레닌은 도착하자마자 다락방까지 점검하면서 말했다. "우리는 그에게 스탈린의 방을 내주었다." 올가가 말했다. 레닌은 긴장감 속에서 나흘을 묵는 동안 놀랄 만큼 쾌활했다. 안나 알릴루예바가 집에 돌아와서 보니 자기 아파트에 불안한 기색의 낯선 사람들이 잔뜩 있었다. "나는 처음 소개받은 사람이 누군지 금방 알아보았다." 레닌은 "셔츠 차림으로, 조끼와 밝은색 셔츠를 입고 타이를 매고 소파에 앉아 있었다." '참을 수 없이 후끈거리는' 방에서 레닌은 그녀에게 상세히 물었다. 거리에서 무얼 보았는가?

"사람들은 당신이 크론시타트로 달아나서, 소해정(바다에 부설한 기뢰 따위의 위험물을 처리하는 배-옮긴이)에 숨어 있다고 말하고 있어요."

"하하하!" 레닌이 웃었다. 그의 쾌활한 웃음은 전염성이 있었다. 그런 다음 그는 스탈린과 다른 사람들에게 말했다. "어떻게 생각하나, 동지들?"

레닌은 글을 쓰면서 시간을 보냈다. 스탈린은 매일 찾아왔다. 그는 타브리다 궁전에서의 정치적 맥을 조용히 짚어보고 있었다. 그곳에서 그는 세르고 오르조니키제와 우연히 마주쳤다. 두 사람 모두 "여러 저명한 볼셰비키들이 레닌은 숨지 말고 모습을 보여 재판에 임해야 한다고 생각한다는 사실"을 우려했다. "우리는 함께 레닌을 만나러 갔다"고 세르고가 썼다. 정부는 레닌의 항복을 요구했다. 알릴루예프 일가의 집에서 레닌, 스탈린, 세르고, 크루프스카야, 레닌의 누이 마리야는 어떻게 할지 논의했다.

처음에 레닌은 항복 쪽을 선호했다. 스탈린은 반대했다. 그는 처음에 레닌과 지노비예프가 안전이 보장될 때까지 기다렸다가 출두해야 한다고 믿었다. 하지만 타브리다 궁전에 가본 결과 그것이 불가능하다고 확신했다. "융커(멘셰비키)들은 당신을 감옥에 넣고 싶어 해요. 하지만 도중에 당신을 죽일 겁니다." 스타소바가 와서 레닌의 배신 증거가 더 많이 발표되고 있다는 소식을 전했다. 레닌의 "얼굴에는 심한 경련이

지나갔고, 지극히 강한 어조로, 자기는 감옥에 가서 재판을 받고 결백을 증명해야 한다"고 외쳤다.

"작별하도록 하지. 다시는 못 볼지도 모르니까." 레닌은 크루프스카야에게 말했다.

스탈린과 세르고는 타브리다 궁전으로 가서 "일리치가 융커들에게 린치를 당하지 않을 보장"을 받으려고 했다. 멘셰비키들은 사태가 어떻게 될지 알 수 없다고 대답했다고 스탈린은 전했다.

스탈린과 세르고는 이제 레닌이 항복한다면 살해될 것이라 확신했다. "스탈린과 다른 사람들은 일리치에게 출두하지 말라고 설득했다." 크루프스카야가 말한다. "스탈린은 그를 설득했고… 그의 목숨을 구했다." 스탈린이 옳았다. 전직 두마 의원인 V. N. 폴로프티에프는 레닌을 체포할 임무를 맡은 장교를 만났다. "레닌 이 양반을 어떻게 데려올까요? 온전하게? 아니면 조각내서?"

논쟁은 계속 오락가락했다. 갑자기 세르고가 가상의 단검을 꺼내 그루지야 강도처럼 소리쳤다. "누구든 일리치가 체포되기를 원하는 자는 베어버리겠어!"

그 말이 논쟁을 종결지었다. 레닌을 페트로그라드 밖으로 빼내야 했다. 스탈린은 "레닌을 탈출시키는 작전의 책임자였다." 에멜리아노프*라는 한 노동자가 레닌을 페트로그라드 북쪽의 라즐리프에 있는 자신

---

*에멜리아노프는 대숙청 때 체포되었다. 짐작컨대 크루프스카야가 그를 위해 개입한 것 같다. 그와 가족 전체는 스탈린이 죽을 때까지 억류상태에 놓여 있었다.

1917~1918년

스탈린과 레닌은 1917년 봄에 볼셰비키 본부에서 일했다. 그곳은 악명 높은 발레리나이자 로마노프 왕족들의 정부이던 크셰신스카야 소유의 모더니스트적 궁전이었는데, 레닌은 4월에 이곳에서 대중에게 연설했다(상트페테르부르크의 크셰신스카야 궁전에서 군중에게 발언하는 레닌. 1917년 4월).③

7월 혁명.③ 레닌은 즉각적인 혁명을 요구한 뒤 볼셰비키 열성분자들의 행동을 억누르려고 했다. 하지만 스탈린이 부추겼으나 불발로 끝난 7월 봉기로 인해 그들은 혁명에서 거의 실패할 뻔했다.

혁명 속의 사랑. 스탈린은 나디야 알릴루예바가 어렸을 때부터(위 왼쪽)① 그녀를 알았다. 1917년 여름에 두 사람이 다시 만났을 때 나디야는 열여섯 살의 여학생이었다(위 오른쪽과 아래).① 그녀는, 농담과 책 읽기, 흉내 내기 놀이로 그녀를 즐겁게 해주는 영웅적인 그루지야인을 숭배했다.

알릴루예프 일가의 아파트에 있는 스탈린의 방.③ 스탈린은 1917년 여름 이곳에서 숨어 지내면서
나디야의 보살핌을 받았다. 위, 거울이 있는 침실. 그 거울 앞에서 스탈린이 레닌을 면도해주었다.
자기 침대에서 그는, 두 방 사이의 문을 통해 나디야의 침실을 볼 수 있었다(아래). 그해 여름 두 사
람은 사랑에 빠졌다.

레닌.① 진정한 위험에 처하자 레닌은 자신의 안전을 지하세계 전문가인 스탈린에게 일임했다. 스탈린은 그를 알릴루예프 일가의 아파트로 옮겨, 수염을 깎고 가발을 씌우고 핀란드까지 다시 몰래 빼냈다.

봉기. 볼셰비키 세력이 겨울궁전을 장악하자 탈진하고 초조해진 레닌, 트로츠키, 스탈린은 자기들 본부인 스몰니학원에 새 정부를 구성했다.③ 그곳은 황후 알렉산드라의 지원을 받아 운영되는 여학 교였다. 나중에 레닌과 트로츠키는 바닥에 신문지를 깔고 잤다. 스탈린은 의자에서 굴러떨어졌다. 문화 담당 인민위원인 루나차르스키는 그의 이마에 키스했다. 스탈린은 잠이 깨어 크게 웃었다.

레닌은 자신의 정부를 인민위원들의 위원회라 불렀다. 이 사진에서 레닌(중앙)은 의장이고, 스탈린(맨 위 왼쪽), 트로츠키(세 번째 줄 오른쪽), 루나차르스키(둘째 줄 오른쪽), 디벤코(맨 아랫줄 오른쪽), 겨울궁전 습격을 지휘한 안토노프-오브세엔코(맨 아랫줄 중앙)이 있다. 마지막 두 사람은 대숙청 때 스탈린의 지시에 따라 총살되었다.

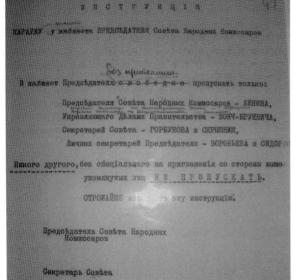

스탈린은 즉시 트로츠키와 함께 레닌과 떨어질 수 없는 해결사가 되었다. 새 정부 구성을 위한 첫 번째 모임(위)⑤을 보면 흐릿하게 찍힌 스탈린이 레닌 바로 뒤에 서 있다. 아래는 레닌이 자기 사무실 출입에 대해 보초들에게 내린 지시.⑤ 세 번째 줄 아래쪽에 쓰인 레닌의 글씨는 스탈린과 트로츠키만 사전약속 없이도 들어올 수 있다고 명시하고 있다.

스탈린.⑤ 마침내 권좌에 오르다. 지하세계에서 18년을 보낸 뒤 서른여덟 살 난 이오시프 주가시빌리-스탈린은 민족 문제 담당 인민위원이 되었다.

성적으로 자유분방한 여성주의자 볼셰비키인 알렉산드라 콜론타이와 연하의 애인인 수병 파벨 디벤코, 1917년경.⑤ 첫 번째 정부 회의에서 스탈린은 두 사람이 칸막이 뒤에서 나누는 열정적인 속삭임을 듣고 킬킬대며 트로츠키에게 농담을 했지만 트로츠키는 차갑게 되받았다. 이 두 사람은 다시는 시시한 잡담을 나누지 않았다.

스탈린, 1917년경.⑤ 스탈린이 전쟁을 시작하다. 레닌 정부가 야만적인 내전과 잔혹한 테러전에서
살아남기 위해 싸웠을 때 스탈린의 능력은 만개했다. 편집광처럼 피를 탐하는 갈증이 소비에트 제
국을 지배하는 두뇌가 된 것이다.

의 오두막에 숨겨주는 데 동의했다.

올가와 안나 알릴루예바는 손님들 주위를 분주하게 돌아다니면서 레닌과 스탈린이 제대로 식사를 하도록 챙겼다.

"스탈린에게 무얼 먹입니까?" 레닌이 물었다. "올가, 제발 부탁인데 그를 돌봐줘야 해요. 체중이 줄었잖아요."

한편 스탈린은 레닌이 제대로 음식을 먹도록 점검했다. "그래, 보급 사정은 어떤가? 일리치는 식사를 하는가? 최대한 살펴줘요." 스탈린은 종종 여분의 식품을 갖고 왔다.

레닌과 스탈린은 탈출 계획을 신중하게 연구했다. 7월 11일에 "출발하기 전에 스탈린이 당도했고, 모두가 레닌의 방에 모여 그를 위장시킬 방법을 강구했다." 올가는 레닌의 머리에 붕대를 감아보려고 했지만 잘 되지 않았다. 여장을 하자는 제안은 아무도 하지 않았다.

"수염을 깎으면 낫지 않을까?" 레닌이 제안했다. "잠시 뒤, 레닌은 비누거품으로 얼굴을 뒤덮고" 스탈린의 침실에 있는 톨스토이 초상화 곁 둥근 면도 거울 앞에 앉았다. 소소가 직접 "이발사 노릇"을 하여, 레닌의 턱수염과 콧수염을 밀었다.

"이제 정말 좋은데." 레닌은 거울에서 자신의 모습을 감상했다. "핀란드 농민처럼 보이는군. 날 알아볼 사람은 거의 없어."

12일에 스탈린과 알릴루예프는 레닌을 숨기려고 그를 호위하여 프리모르스키 역으로 데려갔다. 그는 라즐리프에 숨었다가 핀란드의 한 헛간으로 옮겼다. 스탈린은 레닌이 숨어 있는 곳과 페트로그라드를 왕복하면서 주요 연락책이 되었다. "내 아들 하나가 보트를 타고 스탈린을 (레닌이 숨어 있던) 오두막으로 데려가곤 했다." 에멜리아노프가 기억했다.

스탈린은 기사를 포화처럼 쏟아내면서 케렌스키의 "새로운 드레퓌스 사건"을, "당의 지도자에 대한 비열한 중상모략"을, 그리고 "매수된 언론의 펜에 의한 해적질"을 공격했다. 그는 특히 어수룩한 봉 노릇을 하는 멘셰비키의 "눈먼 바보짓"을 공격했다. 스탈린은 케렌스키가 그들을 "우유에 빠진 파리처럼" 익사시킬 것이라고 썼다.

볼셰비키를 넘겨주라고? 그는 보기 드문 스탈린 스타일의 풍자를 발휘하여, 멘셰비키들이 케렌스키에게 요청하게 만들었다. "정보부 나리, 명령만 내리시오." 혁명을 무장해제하라고? "기꺼이 그렇게 하지요. 지주 나리, 자본가 나리."

스탈린은 볼셰비키 지도자로 행동했다. 그리고 거처를 옮겼다. 그것은 그의 삶을 바꾸게 된다.[1]

"이 집은 아무도 감시하지 않아요." 어느 날 스탈린이 자기 집에 들렀을 때 올가 알릴루예바가 말했다. "우리와 함께 사는 게 낫겠어요. 제대로 잠도 자고 쉴 수 있도록."

스탈린은 몰로토프의 아파트를 나와 알릴루예프의 집으로 들어갔다. 방은 환기가 잘 되고 환하고 편안했다. 부엌과 목욕탕, 샤워실도 현대적이고 예술적이었다. 아주 작은 방에 사는 하녀가 요리를 했다. 스탈린은 표도르의 침실(예전에 레닌이 있던 방)을 차지했는데, 그곳에는 진짜 침대, 목제 면도 테이블 위에 놓인 둥근 거울, 정교한 책상, 바이런 경의 초상화가 있었다. 다음 날 아침 식사 때 그는 오랜만에 정말 푹 잤다고 말했다.

소소는 올가와 단둘이 있을 때가 많았다. 세르게이는 발전소 관리자였다. 나디야는 모스크바에서 여름방학을 보내고 있었다. 안나는 당에서 근무했다. 올가가 그를 돌보아주었다. 새 양복도 사주었는데, 그는 바느질로 보온 패드를 만들어달라고 부탁했다. 그가 하던 칼라와 타이는 목을 불편하게 했기 때문에, 목이 높고 맨 위까지 단추를 채우는 벨벳 칼라를 두 개 만든 것이다.*

소소의 생활은 여전히 혼돈 같았다. 그는 귀갓길에 식품을 사 오곤 했다. 빵 한 덩이와 길거리 노점에서 파는 생선이나 소시지 같은 것들이었다. 그는 지치는 일도 없이 〈프라우다〉지를 편집했고, 책상에 앉아서는 황금곰이 달려 있는 펜으로 글을 어찌나 많이 썼던지, 손가락에 물집이 잡힐 정도였다. 가끔 집에 가기도 했고 가지 않을 때도 있었다. 한번은 너무 지쳐서, 꺼지지 않은 담배 파이프를 그대로 문 채 침대에 누워 곯아떨어졌다가, 집에 불을 낼 뻔하기도 했다.

7월 하순에 샘프소네프스키 대로에 있는 수도원 건물에서 은밀하게 열린 제6차 당대회 기간에는 경찰 단속에 대비하여 다시 집을 옮겼다.²

---

*이것이 스탈린이 입는 반쯤 군대식 상의의 첫 디자인이다. 이는 아마 그 무렵 자신을 러시아의 나폴레옹으로 여기던 케렌스키의 차림에서 모방했을 것이다. 이 허영심 많은 수상은 군대 경험이 전혀 없었지만 이미 그 나름의 군복과 장화와 상의를 입고 살았다. 스탈린은 이 상의를 그 이후 평생 입게 된다. 그리고 노동자 모자도 자주 썼다. 레닌은 그의 홈부르크 모자를 더는 쓰지 않았고 노동자의 챙 달린 캡을 더 좋아했다. 내전 때 소위 당의 상의라는 것, 가죽 캡, 외투, 장화, 모제르 권총이 거의 볼셰비키의 제복이 되었고, 볼셰비키의 군대적 성격을 상징했다.

스탈린은 사실상의 지도자 역할을 하여, 대의원 300명에게 장래에 집중하라고 강력히 권고하면서 주요 보고를 했다. "우리는 어떤 일에든 대비를 하고 있어야 한다." "정치 상황에 관한" 또 다른 보고를 한 뒤 그는 러시아가 자체의 혁명을 창조해야 하며, "유럽만이 우리가 갈 길을 제시할 수 있다"고 믿는 것을 그만두어야 한다고 주장했다. 이는 그의 유명한 구호인 '일국사회주의Socialism in One Country'의 전前 단계다. 스탈린의 두 번째 보고서는 아마 레닌이 쓴 것이거나 적어도 레닌과 함께 초안을 작성했을 것이다. 하지만 당을 재건하는 과정에서 그의 진짜 동반자는 스베르들로프였다. 두 사람은 마침내 화해했다.

"스탈린 동지의 보고서는 중앙위원회의 활동을 완전히 밝혀주었다"고 스베르들로프는 선언했다. "내가 할 일은 중앙위원회의 조직적 활동의 좁은 영역뿐이다."

스탈린은 당 신문의 편집장과 제헌의회 의원으로 선출되었지만, 중앙위원회가 선출되었을 때 그는 카메네프와 트로츠키에 비해 서열이 낮았다. 볼셰비키는 아직도 분위기가 저조했지만 스탈린은 "임시정부의 평온한 시대는 끝났다. 격동적인 시기가 올 것이고, 위기가 계속 이어질 것"이라고 예언했다.[3]

그는 알릴루예프의 집으로 돌아갔다. 나디야의 여름방학이 끝났다. 그녀는 집에 돌아와 학교에 나갈 준비를 했다.

그해 여름, 스탈린은 알릴루예프의 아파트에서 두 자매와 함께 잠잠히 지내면서, 당의 생명이자 영혼이 되었다. 가끔 소소는 여러 날 동안 집에 오지 않았다. 그러다 갑자기 한밤중에 돌아와서 자매들이 잠들어 있는 방에 뛰어 들어왔다. 그들의 방은 가까이 붙어 있었다. 스탈린의 침실과 나디야의 방은 문 하나로 연결되어 있었다. 그의 침대나 책상에서는 그녀의 옷장이 보였다.

"아니, 벌써 잠자리에 들었어?" 그는 소녀들을 깨웠다. "이 잠꾸러기들, 일어나! 잉어랑 빵을 사왔어!" 소녀들은 뛰어 일어나서 소소의 침실로 뛰어갔고, 그곳은 즉시 자유분방하게 시끄러워졌다. 스탈린은 농담을 던지고 그날 만난 사람들에 대해 가끔은 친절하게, 또 가끔은 악랄하게 묘사했다.

독학으로 공부한 신학생과 교육을 잘 받은 10대 소녀들은 문학에 대해 이야기했다. 그는 친구들과 있을 때는 재미있고 장난스러웠다. 그는 자신이 유형생활에서 겪은 이야기와 시베리아 개 티시카 이야기를 하며 그들을 즐겁게 해주었다. 가장 좋아하는 책을 읽어주기도 했다. 푸시킨, 고리키, 체호프, 특히 체호프의 단편인 〈카멜레온〉과 〈프리지베에프 아래에서〉를 읽었는데 그중에서도 〈두셴카〉를 좋아했다. 그 이야기는 외울 수도 있었다.

그는 여자 이야기도 자주 했다. 독자적인 존재감이 없이 애인들만 바라보고 살아가는 머리 빈 여자들에 대해 그는 "그 여자는 정말 두셴카야"라고 말했다. 그는 그들의 하녀인 시골소녀 파냐를 놀렸고, 그들 모두에게 별명을 지어주었다. "그가 유달리 기분이 좋을 때는 우리를 예피파니-미트로파나라 불렀다." 이는 그가 유형 때의 하숙집 주인 이름으로 만든 별명이었다. "그래, 예피파니, 새로운 일 있어?" 그는 소녀들에게 인사했다. "아, 넌 미트로파니지. 네가 그렇지." 가끔은 그들을 개 이름을 따서 티시카라 부르기도 했다.

그는 세르게이와 소녀들과 함께 정치 이야기도 했다. 그들은 볼셰비키 가족의 일원이었다. 나디야는 볼셰비키라는 사실을 너무나 자랑스러워했기 때문에 학교에서 그 일로 놀림을 당하기도 했다. 그녀의 대부인 예누키제, 칼리닌, 세르고, 스베르들로프는 이미 삼촌이나 마찬가지였다. 레닌이 자기들 집에 숨어 있기도 했으니까.

9월에 "스탈린은 어떤 캅카스인 동지를 집에 데려왔다. 그는 몸집이 떡 벌어지고 부드러운 검은 머리칼에 피부는 창백하고 윤기가 없었다. 그는 수줍은 표정으로 우리와 악수를 하고, 친절하고 큰 눈으로 미소지었다." 안나가 이야기한다. 스탈린이 "이 사람이 카모야. 그의 이야기를 들어봐. 재미있는 이야기가 많이 있어"라고 하자 소녀들은 열광했다. "이 사람이 카모라고?" 그는 그들에게 자신의 반쯤은 환상적인 생애 이야기를 해주었다. 사이코패스 같은 이 무모한 남자는 5년 동안 하리코프 감옥에 있었고, 혁명으로 풀려났다. 그는 몬테크리스토 백작처럼 죽은 사람인 척 관에 들어가 탈출할 계획을 세운 적이 있었는데, 간수들이 만일을 대비하여 감옥에서 나가는 모든 시체의 두개골을 망치로 깨뜨린다는 말을 듣고 계획을 포기했다. "카모는 스탈린 이야기를 많이 했는데, 그럴 때는 차분하고 조용하던 음성이 고조되었다." 카모는 새로운 임무를 찾아 페트로그라드에 왔지만, 알릴루예프 일가와 그의 관계는 비극으로 이어진다.

돌아온 다음 날, 나디야는 아파트를 청소하기 시작했는데 어찌나 시끄럽게 의자를 밀고 당겼는지, 기사를 쓰던 스탈린이 자기 방에서 달려나왔다. "뭐하는 거야?" 소소가 물었다. "이게 다 무슨 난리야? 아, 너로구나! 진짜 가정주부가 일을 시작하셨군."

"뭐예요? 이게 나쁜 일인가요?" 아주 민감한 10대 소녀가 되받았다.

"절대 그렇지 않아." 즐거워진 소소가 대답했다. "좋은 일이야! 질서를 좀 세워야지. 계속해. 나머지도 해봐!"

언니인 안나는 여학생 나디야가 "매우 쾌활하고 개방적이고 자율적이며 활기가 넘쳤다"고 묘사했다. 하지만 끊임없이 방문자들이 드나들고 남자관계가 복잡한 어머니로 인한 이 유목민 같은 보헤미안 가족에서 성장하면서, 그녀는 진지하고 청교도적인 기질을 갖게 되었고, 질서와 안정감에 대한 갈망이 컸다.

"아빠와 엄마는 그럭저럭 꾸려 나가고 있어." 나디야는 친구에게 이렇게 썼다. 그녀는 덧없는 섹스에 의존하는 어머니를 경멸하게 되었다. "우리들은 성장했고, 우리가 좋아하는 것을 행하고 생각하고 싶어졌다. 그녀(올가)는 자기 인생이란 게 없지만 여전히 건강하고 젊은 여자였다. 그러다 보니 내가 집안일을 도맡아 하게 되었다." 아마 그녀는 어머니를 체호프 단편의 여주인공인 '두셴카' 같은 여자로 여겼을 것이다.

온갖 사건이 많았던 긴 여름이 지나는 동안 스탈린과 나디야는 점차 더 가까워진 것 같다. 그녀는 벌써부터 그를 가족의 그루지야 친구이자 볼셰비키 영웅으로 숭배하고 있었다. "그들은 1917년의 여름 내내 한 아파트에 틀어박혀 지냈다. 때로는 둘만 있기도 했다." 나디야의 조카 딸인 키라 알릴루예바가 말한다. "나디야는 이오시프에게서 낭만적인 혁명가의 모습을 보았다. 어머니는 그가 매우 매력적이었다고 말했다. 물론 나디야는 그를 사랑하게 되었다." 그는 그녀를 '타트카'라는 별명으로 불렀고, 그녀는 그를 소소, 혹은 이오시프라 불렀다.

집착이 강한 홀어머니의 외동아들인 스탈린은 가정생활의 웃음과 장난과 연애놀이를 그리워하지 않을 수 없었다. 유형지에서 이런 생활을 즐긴 적이 있었고, 카토 스바니제와 결혼생활을 한 지도 이제 10년이 지났다. 그는 항상 요리할 줄 알고 단정하고 자신을 돌봐주는 부류의 여자를 좋아했다. 카토, 또 물론 어머니 같은 여자 말이다. 사실 스바니제 가족은 스탈린이 나디야에게서 카토를 떠올렸기 때문에 그녀를 좋아했다고 말했다.

"스탈린은 서서히 그녀를 사랑하게 되었다. 둘은 진짜 사랑하는 관계였다." 키라 알릴루예바가 말한다. 소소는 그녀의 아버지라 해도 될 나이였다. 그의 적들은 실제로 그가 나디야의 생부였다고 주장했다. 그렇게 되기에는 날짜가 맞지 않지만, 과거에 소소가 성욕과잉인 자기 어머니와도 관계를 가졌으리라는 것을 나디야도 분명히 알고 있었을 것이다. 어머니와 딸이 그루지야인 하숙인을 놓고 경쟁했을까?

"올가는 항상 스탈린에게 다정하게 대했다." 나디야와 스탈린의 딸인 스베틀라나가 썼다. 하지만 올가는 그와 나디야의 관계를 "인정하지 않았다." 그녀는 그들의 관계를 끝내게 하려고 최대한 애썼으며, 나디야를 바보라 불렀다. 그녀는 그 관계를 도저히 받아들일 수 없었다.

소소의 성격을 올가가 알았기 때문일까, 아니면 그녀 자신도 소소와 관계한 적이 있었기 때문일까. 아니면 둘 다였을까? 그러나 바보 나디야는 이미 소소를 사랑하고 있었다. 두어 달 뒤에 그녀는 믿을 만한 지인에게 자랑스럽게 말했다. "체중이 너무 많이 빠져서 사람들이 나더러 연애하는 모양이라고 하더라니까."

스탈린은 나중에 그가 언니인 안나가 아니라 나디야를 선택한 이유를 말했다. "안나는 어딘가 현학적이고 피곤할 정도로 말이 많아." 하지만 나디야는 "나이에 비해 성숙하고 현실에 두 발을 딛고 있었다. 그녀가 그를 더 잘 이해했다." 그는 안나를 제대로 파악했다. 앞으로 평생 안나는 그를 짜증스럽게 만들게 된다. 하지만 나디야에 대해서도 그가 보지 못한 것이 있었다.

이 10대 소녀는 그녀 나름대로 스탈린만큼이나 신경증적이고 망가졌으며 어두운 면이 있었다. 아니면 그보다 더 심했는지도 모른다. 나디야의 엄격한 면이 처음에는 매력적이었지만 나중에 그것은 유목민처럼 형식을 벗어나고 제멋대로 하는 스탈린 자신의 이기주의와 지독하게 충돌한다. 게다가 그녀의 강렬한 진지함은 정신적으로 불안정한 가족 내력을 은폐하고 있었다. 나중에 그녀는 양극성 성격장애가 발현되어 평온한 가정주부와는 전혀 딴판인 존재가 된다. "하지만 그는 그녀의 다른 성격을 맛보았다. 그녀는 반박을 했고, 그의 잘못을 지적하기도 했다." 이 예쁘고 헌신적인, 집시 같은 반짝이는 눈을 가진 여학생의 도전적인 태도는 스탈린에게 매력적으로 보였을 것이다. 하지만 궁극적으로 그들의 관계는 치명적이고 불운한 결합이었다.

그들이 언제쯤 연인 사이가 되었는지 정확하게는 알려져 있지 않다. 공공연한 커플이 된 것은 열 달 뒤였다. 하지만 관계가 시작된 것은 아마 이 무렵부터였을 것이다.[4]

볼셰비키는 이제 막 경이적으로 회복하기 시작하는 단계에 있었다. 회복의 틀을 만들어준 것은 레닌도, 스탈린도 아니었고, 군사독재자 지망생인 우파 인물이었다. 케렌스키는 라브르 코르닐로프 장군을 새로운 총지휘관으로 임명했다. 타타르인의 아몬드형 눈을 한 시베리아 카자크병 출신의 코르닐로프는 머리를 짧게 밀고 날개처럼 생긴 콧수염을 길렀으며, 페트로그라드에서 볼셰비키를 소탕하고 질서를 복구할 장래 러시아의 백마의 기사로 등장한 사람이었다. 하지만 코르닐로프는 케렌스키만큼(케렌스키는 선홍색 제복에 검을 절그럭거리며 차고 다니는 특별 경호대를 거느렸다) 허영심이 많았지만 그만큼 영리하지는 않았다. 그가 사자의 심장과 양의 두뇌를 가졌다는 말이 있었다. 그럼에도 다들 코르닐로프가 위기에 필요한 인물이라고 생각했다. 그는 나폴레옹에 관한 책을 읽기 시작했는데, 위기의 인물이 나폴레옹을 읽는 것은 항상 나쁜 신호였다.

케렌스키는 격동에 빠진 수도에서 멀리 떨어진 모스크바에서 전당대회를 개최하여, 추진력을 회복하려고 애썼다. 스탈린은 그의 종교적 은유를 사용하여 이렇게 썼다. "페트로그라드는 위험했으므로, 그들은… 마치 악마가 성수聖水에서 달아나듯… 그곳에서 달아났다." 그가 옳았다. 모스크바에서 케렌스키에게 가야 할 관심이 장군에게 쏟아졌다. 하지만 두 남자는 코르닐로프가 전선에 나간 부대를 페트로그라드로 빼

돌려 질서를 복구해야 한다는 데 동의했다. 그러다 그 역시 자신을 러시아의 보나파르트로 착각하던 케렌스키는 장군이 쿠데타를 꾸미고 있다고 의심했다. 위험할 정도로 나폴레옹 과잉상태가 되었다. 케렌스키는 장군을 해고했다. 하지만 아랑곳하지 않고 장군은 페트로그라드로 행진하기로 작정했다.

수도는 초조하게 기다렸다. 스스로를 총지휘관으로 임명한 케렌스키는 자신이 군대의 지지를 받지 못한다는 것을 알았고, 소비에트에 의존하지 않을 수 없게 되었다. 소비에트는 볼셰비키 붉은 근위대를 동원했다. 장군은 체포되었지만 내각은 분열되었다. 그런 다음 케렌스키는 스스로 5인 지도부의 독재자 자리에 앉았다. 그는 살아남았지만 그의 치세는 1991년 8월 쿠데타 이후의 미하일 고르바초프처럼 가능성만 컸던 실패작이 되었다. 코카인과 모르핀의 힘으로 버티던 그는 겨울궁전 내 알렉산드르 3세의 휘황찬란한 방에서 통치는 했지만 더 이상 지배는 하지 못했다.

"우리는 마침내 새로운(완전히 새것이야!) 5인 정부를 갖게 되었다." 9월 3일에 "케렌스키에 의해 선택되고 케렌스키에게 인준받았으며, 케렌스키를 책임지는" 스탈린은 이런 농담을 했다. 공장과 군인들과 크론시타트 수병들 사이에서는 볼셰비키 세력이 커졌다. "코르닐로프에 반대하여 일어난 군대는 장래의 10월 혁명의 군대였다"고 트로츠키는 썼다.[5]

볼셰비키 지도자로서 스탈린의 짧은 통치는 항상 그의 트레이드 마크인 고압적인 오만함을 드러냈다. 중앙위원회는 군사조직을 확실하게 장악했다. 스탈린은 무례하게도 그들의 자금을 착취했고, "정당 민주주의의 가장 기초적인 원칙도 위반하는 원칙 없는 스타일로" 그들의 신문인 〈솔다트Soldat〉를 차지했다. 그들은 중앙위원회에 호소했다. 초기에 스탈린주의를 묘사한 글에서 그들은 지극히 기묘한 성격의 처형과 억압의 직설적인 체계를 비판했다. 스탈린은 군사조직을 당의 재판정에 불러냈다.* 그의 동지인 스베르들로프와 제르진스키는 그가 어질러놓은 혼란을 정리했다.[6] 하지만 이제 트로츠키, 지노비예프, 카메네프가 은둔과 감옥을 벗어나 다시 등장했다. 9월 4일에는 트로츠키가 스탈린이 있는 소비에트 당대회의 중앙집행위원회와 〈프라우다〉지에 가담했다. 스탈린은 또다시 그의 빛에 압도당했다. 스포트라이트는 트로츠키의 몫이었다.

스탈린은 스몰니학원 복도에서 예전에 알던 멘셰비키인 다비드 사기라시빌리와 종종 마주쳤다.** 사기라시빌리가 스탈린이 〈프라우다〉

---

*그해 여름에 있던 또 다른 곤혹스러운 당 스캔들은 카메네프가 오흐라나의 첩자였다는 죄목으로 고발된 일이었다. 중앙위원회는 스탈린에게 소비에트 집행위원회에 이 사실을 알려줄 것을 요청했다. 조사가 한 번 있었다. 카메네프는 8월 30일 무죄임이 밝혀졌다.
**7월 봉기에서 굴욕당한 뒤 소비에트는 타브리다 궁전에서 쫓겨나 이웃에 있는 또 다른 신고전주의식 건물인 스몰니학원으로 옮겨갔다. 그곳은 예카테리나 여제가 세운 귀족 소녀들이 다니던 기숙학교로서, 볼셰비키를 포함한 모든 정당이 이제 그곳에 사무실을 차렸다. 지노비예프와, 당시에는 스탈린의 젊은 문하생이던 세르게이 키로프가 1926년에 지노비예프가 몰락한 뒤 레닌그라드를 다스린 것도 그곳에서였다. 1934년에는 이곳에서 키로프가 암살되었다. 이는 스탈린이 조직했든 아니든 대숙청의 구실을 제공한 범죄였다. 레닌그라드 포위 기간 동안 이 도시의 통치본부는 스몰니였다. 오늘날 그곳에는 상트페테르부르크 시장 집무실이 있다.

지에서 반멘셰비키 거짓말을 퍼뜨렸다고 비난하자, "그는 얼핏 호인 같은 표정으로 싱긋 웃으면서" 오웰을 예감케 하는 속담을 들어 "거짓 말은 항상 진실보다 효과가 더 크다. 중요한 것은 자신의 목표를 달성하는 데 있다"고 설명했다. 스탈린이 나중에 몰로토프에게 말했듯이, "진실은 거짓말의 연대에 의해 보호된다."

마침내 페트로그라드와 모스크바 소비에트가 모두 레닌의 손에 들어 왔다. 하지만 볼셰비키들은 여전히 다음에 무엇을 해야 할지를 놓고 양 분되어 있었다. 순전한 의지의 힘으로 그들을 몰고 나가 10월 혁명을 이루게 한 것은 레닌이었다. 가끔은 한 개인이 역사의 경로를 바꾸기도 한다. 하지만 이제 카메네프는 스스로 역사를 되돌려놓겠다고 위협했다. 온건파 볼셰비키가 완전히 다른 경로를 제안한 것이다. 9월 14일, 그는 알렉산드린스키 극장에서 열린 민주국정회의에서 멘셰비키 및 사회주의자혁명가당과 연정을 협상하기 시작했다.

헬싱키에 숨어 있던 '대장(레닌)'은 경악하고 좌절했다. 9월 15일, 그는 볼셰비키의 힘만으로 권력을 잡도록 지시하는 편지를 중앙위원회에게 보냈다.

"지금 정권을 쥐지 않는다면 역사가 우리를 용서하지 않을 것이다!" 레닌은 썼다. 하지만 카메네프와 지노비예프는 모든 것을 다 잃을까 봐 겁냈다. 또다시 4월 같은 상황이 재연되고 있었다. 레닌이 길을 크게 잘못 들었다고 생각한 것은 그들만이 아니었다. 부하린도 인정했다. "우리는 경악했다!" 트로츠키, 카메네프, 스베르들로프, 캅카스에서 올라온 샤우미안이 참석한 중앙위원회 회의에서, 스탈린은 레닌을 지지했고, 그 편지를 핵심 당 조직자들에게 은밀하게 회람시키자고 제안했다. 중앙위원회는 이 제안을 6대 4로 거부했는데, 이때가 10월 혁명이 일어나기 고작 한 달 전이었다는 것을 생각하면 정말 놀라운 결과다. 즉 여전히 카메네프 노선이 인기를 얻고 있었음을 알 수 있다. 하지만 초급진파 두 명인 스탈린과 트로츠키는 멘셰비키와 연대할 어떤 필요성도 인정하지 않은 채 레닌을 지지했다. 9월 21일에 열린 중앙위원회에서 스탈린과 트로츠키는 곧 열릴 예비 의회를 거부하자고 요구했다. 그 의회에서 카메네프는 연정 구축 작업을 계속하고 싶어 했고, 스탈린과 트로츠키는 또다시 완패했다. 레닌은 카메네프와 지노비예프에게 "비참한 배신자들!"이라고 폭언을 퍼부었다.

9월 25일, 볼셰비키는 소비에트 집행위원회의 통제권을 쥐었다. 13년간 체포와 망명과 이민의 세월을 보낸 트로츠키는 소비에트 의장으로 복귀하여, 군대에 대한 소비에트의 지휘권을 주장하기 시작했다. 그와 그의 구간위원회區間委員會, Inter-Borough Party는 이제 막 볼셰비키에 가담했다. 그러나 레닌이 은둔해 있는 동안 트로츠키는 사람들이 가득 모인 치르크 모데른에서 매일 밤 연설을 계속했다.

레닌은 카메네프와 볼셰비키들을 비난하는 기사와 비밀 편지를 퍼부었다. 케렌스키가 또 한 번 단속을 실시했고, 제2차 소비에트회의가 페트로그라드에 소집되었으니 시간이 얼마 없다는 것이다. 따라서 볼셰비키가 먼저 패권을 쥐어야 한다. 그렇지 못하면 연정을 실시하여 권력을 나눠 가져야 하는데, 그렇게 되면 "하나의 당으로서 영원한 수치를 뒤집어쓰고 스스로 파괴될 것이다!"

레닌은 몰래 핀란드에서 돌아와서 비보르크에 있는 마르가리타 포파노바의 안락한 아파트에 숨었다. 그때부터 그는 울화통을 계속 격렬하게 터뜨렸다. "러시아와 세계 혁명의 성공은 이 이삼일 동안의 싸움에 달려 있다." 그는 카메네프의 입장이 우세해질까 봐 걱정하면서 이렇게 단언했다. "적을 통과시키느니 차라리 남자로 죽는 편이 낫다!" 중앙위원회가 움츠러들자 그는 사직서를 제출했다. 부하린은 이런 편지들이 "지극히 강경하게 집필"되었고, "온갖 처벌을 하겠다고 우리를 위협했다"고 썼다. 눈이 어지럽도록 분노를 터뜨리는 레닌의 말이 거의 미친 소리처럼 들리기 시작했다. 실제로 당 신문 〈라보치이 푸트 Rabochii Put〉(노동자들의 길)의 편집자인 스탈린은, 길길이 날뛰며 더 끝장으로 치달으려는 레닌의 글을 검열하여 예전에 썼던 더 온건한 기사를 실었다.

발작하는 예언자는 가끔 은둔상태를 뚫고 뛰쳐나갔다. "10월 혁명 직전의 어느 날 아침에 초인종이 울렸다." 안나 알릴루예바가 회상한다. "검정 외투를 입고 핀란드식 캡을 쓴 자그마한 남자가 문턱에 있었다."

"스탈린, 집에 있소?" 그는 공손하게 물었다.

"아니 세상에, 당신은 정말 핀란드 사람처럼 보여요. 블라디미르 일리치." 안나가 레닌에게 소리쳤다. "잠깐 이야기를 나눈 뒤 스탈린과 그는 함께 떠났다."

이처럼 무뚝뚝하고 체구가 작으며, 위장하여 알아보는 사람도 없이 페트로그라드의 거리를 걸어 다니는 인물들이 바로 며칠 뒤에 러시아

제국을 손에 넣었다. 그들은 세계 최초의 마르크스주의 정부를 구성했고, 여생 동안 국가의 최고 위치에 있었으며, 그들의 유토피아적 이데올로기의 무자비한 제단에 수백만의 인명을 제물로 바쳤고, 그들이 합친 힘은 그 뒤 36년 동안 제국을 다스렸다.[7]

41장

★★

1917년 겨울: 카운트다운

1917년 10월의 페트로그라드는 차분하게 보였지만, 매끄러운 표면 아래 그 도시는 마지막 쾌락의 도취경에서 춤추고 있었다. "도박클럽은 황혼에서 새벽까지 정신없이 분주했다." 존 리드가 전했다. "샴페인이 흘러넘치고 판돈이 2만 루블씩 걸렸다. 밤중의 도심에서는 보석과 값비싼 모피를 걸친 창녀들이 오락가락 거닐었고 카페를 메웠다. 강도가 너무 많아져서 거리를 걷기가 위험할 정도였다." 나중에 스탈린이 총애한 작가인 일리야 에렌부르크는 썼다. 러시아가 "마치 기차역에서 차장의 호루라기를 기다리는 것처럼" 살아갔다. 귀족들은 값을 따질 수 없는 귀중품을 길거리에서 팔았고, 식량 부족 사태는 심해졌으며, 먹을 것을 사려고 기다리는 줄은 길어졌다. 그런데도 부자들은 여전히 가장 근사한 레스토랑인 도농이나 콩스탕에서 식사했고, 부르주아들은 샬리아핀의 노래를 들으려고 줄을 서서 표를 샀다.

"빵과 우유를 사려고 벌벌 떨면서 기다리는 여자들 주위를 정체 모를 인물들이 빙빙 돌면서 유대인들이 식량 공급을 줄였다고 수군댔다. 군주정의 음모, 독일 첩자, 음모를 꾸미는 밀수업자가 어디에나 넘쳤다." 존 리드는 이렇게 묘사했다. "비가 내리고 살을 에는 추위 속에서, 회색 하늘 아래에서 거대하게 요동하는 도시가 점점 더 빠른 속도로 앞으로 몰려가고 있다. 무엇을 향해?" 치르크 모데른에 몰린 군중들에게 트로츠키가 내놓은 답변에는 리드의 질문에 대한 답변도 들어 있었다. "말의 시대는 지나갔다. 혁명과 반혁명 사이에서 생사를 건 결투를 벌일 시간이 왔다!" 겨울궁전의 외로운 장엄함 속에서 케렌스키는 모르핀과 코카인으로 자신이 쥔 권력의 불씨를 낭비하면서 기다리고 있었다.

1917년 10월 10일의 어둡고 비가 흩뿌리는 밤 10시, 레닌은 중앙위원들을 설득할 기회를 잡았다. 열한 명의 고위직 볼셰비키들은 한 명씩 스몰니를 빠져나와 페트로그라드 구역의 카르포브카 강둑 지역 32번지의 한 아파트 1층에서 만났다. 그곳은 멘셰비키의 기록자인 수하노프의 볼셰비키 아내 갈리나 플락세르만의 집이었다. "아, 역사의 즐거운 뮤즈에 대한 참신한 농담이지." 수하노프는 회상했다. "이 결정적인 최고 회의가 내 집에서 열렸다니. 하지만 난 모르는 일이었다."

열한 명 가운데 몇 명은 변장한 모습이었다. 크루프스카야가 보기에 "어느 모로 보든 완전히 루터파 목사" 같았던 수염 없는 레닌은 크기가 맞지 않아 대머리에서 계속 미끄러져 내리는 곱슬머리 가발을 쓰고 있었다. 창문을 담요로 가린 더운 방에서 레닌이 스탈린, 트로츠키, 스베르들로프, 지노비예프, 카메네프, 제르진스키에게 이야기하기 시작하자 갈리나 플락세르만은 살라미, 치즈, 흑빵을 내왔고, 복도에서 사모바르를 끓이기 시작했다. 하지만 음식에 손대는 사람은 아직 아무도 없었다.

"권력 이양을 위한 정치 상황은 완전히 성숙했다"고 레닌은 선언했지만, 이때는 볼셰비키들도 그의 주장을 반박했다. 회의록은 기록되어 있지 않지만 스탈린과 트로츠키는 처음부터 레닌의 주장을 지지했다. 위장하기 위해 턱수염을 기르고 곱슬머리를 잘라버린 카메네프와 지노비예프는 여전히 설득에 넘어가지 않았다. 논쟁은 치열하고 열정적이었지만 트로츠키는 아무도 레닌의 생각, 의지, 확신, 그리고 용기에 맞먹을 만한 사람은 없었다고 썼다. 레닌은 점차 "망설이고 의심 많은 사람들"을 설득해냈고, 이제는 그들도 "힘과 결단의 밀물"을 느꼈다.

이른 새벽에 문을 쾅쾅 두드리는 소리가 났다. 케렌스키의 경찰이 왔는가? 그것은 갈리나 플락세르만의 남동생인 유리였다. 소시지를 대접하고 사모바르를 끓이는 일을 도와주러 온 것이다. 중앙위원들은 봉기를 하자는 막연한 결의안을 놓고 투표를 했다. "그날 밤에는 어떤 실제적인 봉기 계획도, 잠정적인 것도 구상되지 않았다"고 트로츠키가 회상한다. 아홉 명은 지노비예프와 카메네프에 반대하여 레닌을 지지했다. 이 두 사람은 무장 봉기 선언은 이제 우리 당만이 아니라 러시아와 국제 혁명 전체의 운명을 건 도박을 의미한다고 깊이 확신했다.

아귀처럼 허기지고 탈진한 승리자들은 이제야 소시지에 덤벼들면서 지노비예프와 카메네프를 놀렸다.[1]

닷새 뒤인 10월 16일에 북쪽 외곽 지역인 레스노이 구역 두마의 또 다른 비밀회의에서 스탈린과 스베르들로프의 지원을 받은(트로츠키는 소비에트에 가느라 여기 오지 않았다) 레닌은 다시 한 번 의심하는 자들을 공격했다. "우리가 지금 권력을 쟁취하지 않는다면 역사는 우리를 절대 용서치 않을 것이오!" 그는 위태롭게 덮여 있는 가발을 고쳐 쓰면서 외쳤다.

"우리는 모든 것을 단 한 번에 내걸고 위험을 무릅쓸 권리가 없소." 지노비예프가 반박했다.

스탈린은 레닌과 입장을 같이했다. "날짜는 반드시 편의에 따라 선택되어야 합니다." 마르크스사상을 종교처럼 여기는 신학교 자퇴생이 말했다. "중앙위원들은 신념을 더 가져야 합니다. 여기 두 노선이 있습니다. 하나는 혁명의 승리로 나아가는 노선이오. 다른 하나는 혁명을 믿지 않고 그저 반대파로 존재하는 것만 중요시하는 노선이오. 카메네프와 지노비예프의 제안은 반혁명파가 조직될 기회를 줄 겁니다." 그는 경고했다. "끝없이 후퇴하다가는 혁명 전체를 잃을 것이오."

레닌은 10대 2로 이겼다. 중앙위원회는 스탈린, 스베르들로프, 제르진스키, 그리고 다른 두 명을 군사혁명중앙부로 선출하여 트로츠키가 주도하는 소비에트 군사혁명위원회Military-Revolutionary Commitee에 '소속되도록' 했다. 나중에 권력을 쥐게 될 조직은 아직 결정되어 있지 않았다. 케렌스키가 위험을 감지하고 경비를 강화하자 레닌은 가발을 쓰고 서둘러 은신처로 돌아갔다. 케렌스키는 페트로그라드가 전진하는 독일군의 위험 앞에 놓여 있으니, 전선에서 충성스러운 연대를 소환한다고 발표했다. 더는 지체할 시간이 없었다.

그러다가 10월 18일에 카메네프는 막심 고리키의 잡지인 〈노바야 지즌〉에다 시위의 '파멸적인 단계'를 공격하는 기사를 실었다. 레닌의 강철 같은 의지가 있었음에도 불구하고, 트로츠키의 표현을 빌자면, 언제나 "감상에 흠뻑 젖어 있는" 카메네프가 유일하게 진정으로 일관성을 지킨 볼셰비키였다는 사실은 1917년의 아이러니다. "카메네프와 지노비예프가 중앙위원회를 배신했다!" 레닌은 폭발했다. "파업 파괴자 두 명 모두를 축출할 것을 요구한다." 하지만 지노비예프는 편지를 보내 그 논의를 비밀리에 계속하자고 고집했다. 스탈린은 편집장으로서 〈라보치이 푸트〉에 그 편지를 실었다.*

10월 20일에 대립이 격화된 중앙위원회 회의가 열렸을 때, 트로츠키는 이에 대해 스탈린을 공격했다. 스탈린은 무뚝뚝한 표정으로 사임하겠다고 말했다. 이는 기각되었지만, 이것은 볼셰비키의 두 거인 사이에서 일어난 첫 번째 충돌이었다. 트로츠키는 파업 파괴자들의 축출을 요구했고, 스탈린은 그들이 항복은 해야겠지만 중앙위원회에는 남아 있어야 한다는 제안으로 이를 맞받았다. 카메네프는 중앙위원회에서 사임하려고 했지만 그저 지도부에서만 배제되었다. 스탈린은 "볼셰비키가 부른다. 대비하라!"**고 선언하는 기사에서 대중을 봉기에 대비시켰다.

---

*카메네프에게 보내는 또 한 번의 유화적 제스처로서, 한편으로는 레닌과 트로츠키, 또 한편으로는 반대편에 있는 온건파 사이에서 당내 균형을 잡고자 하는 스탈린의 본능적 감각을 보여주는 행동이었다. 이것은 나중에 레닌을 계승하는 투쟁에서 풍성한 보상을 그에게 가져다주었다.
**거의 인용되지 않는 이 10월 20일자 기사의 제목은 성서에서 따온 '바샨의 힘센 황소들

볼셰비키들도 준비를 하고 있었다. 스몰니학원 3층에 있는 사무실에서 트로츠키와 스베르들로프는 군사혁명위원회의 첫 번째 조직 회의를 열었다. 그 회의는 은밀하게는 볼셰비키였지만 소비에트를 축으로 하여 작동한다는 이점을 갖고 있었다. 스탈린의 본부가 아니라 이 회의가 봉기 본부가 될 것이었다. 스탈린은 소비에트의 멤버가 아니었기 때문이다.*

21일에 군사혁명위원회는 자신들이 페트로그라드의 군부대에 관한 합법적인 권위라고 선언했다. 정당 중심에 있는 스탈린은 소비에트 제2차 당대회를 위한 안건 초안을 작성하면서 자신이 민족성 문제를 다루고, 레닌에게는 '토지 전쟁과 권력'에 관해, 트로츠키는 '현 상황'에

이 나를 둘러싸고 있다!'이다. 스탈린은 여기서 자신과 당이 새로운 러시아에서 지식인과 예술계 유명인사들을 어떻게 다룰지 경고했다. 막심 고리키는 오랜 기간 볼셰비키의 후원자였고 설립자였음에도 이제 "난 그런 일에 대해 침묵할 수 없다"고 말하면서 엄격한 유보 입장을 취했다. 스탈린은 그런 "…진실로 '바산의 힘센 황소들이 나를 둘러싸고' 위협하고 괴롭힌다고 주장하면서 그런 겁에 질린 신경증 환자들을 조롱했다. 여기 우리 대답이 있다!" 스탈린은 "당황한 지식인들이 사는 습지에서는 온 사방에서 개굴대는 울음소리가 들린다. 혁명은 우리가 유명인사들 앞에서 굽실거리는 게 아니라 그들을 끌어내어 우리를 섬기게 했고, 그들이 이해하기를 거부할 경우엔 아예 망각하게 해버렸다"고 경고했다.

*트로츠키는 안토노프-오브세엔코 같은, 자신이 새로 뽑은 인원을 볼셰비키당에서 10월 9일 이후 존재해온 자신의 군사혁명위원회 고위층 요원으로 활용하는 편을 선호했다. 스베르들로프, 몰로토프, 제르진스키는 소비에트 멤버였다. 그런데 스탈린은 왜 아니었는가? 스탈린이 8월에 군사조직과 다투었던 일 때문이거나, 일반적으로 그가 흉포하기 때문에 다들 그를 멤버로 받아들이지 않으려 했기 때문일 수도 있다. 하지만 스탈린이 그저 신문 편집과 레닌과의 소통 업무에 바빴기 때문일 가능성이 더 크다. 그 두 가지 일 모두가 절대적으로 중요했다. 스탈린이 일하던 본부는 한 번도 모인 적이 없었다. 비록 그의 선전가들은 그것이 혁명의 진정한 중심이라고 주장했지만 말이다.

대해 발언할 임무를 맡겼다.[2] 23일에 군사혁명위원회는 페트로프 파블로스크 요새의 통제권을 장악했다. 모든 것이 준비되어 있었다. 근시인 몰로토프까지도 스몰니학원 사무실에서 권총사격을 연습했다. 스탈린은 그날 이렇게 보고했다. "지주와 자본가들의 기존 정부는 노동자와 농민들의 새 정부로 대체되어야 한다. 여러분 모두가 굳건하고 강인하게 행동한다면, 아무도 인민의 의지에 감히 저항할 엄두를 내지 못할 것이다."

10월 24일 화요일 새벽, 케렌스키는 트루드 인쇄소에 있는 스탈린의 신문사를 공격했다. 스탈린이 지켜보는 가운데 군인들이 인쇄기계를 때려 부쉈고 기관총을 움켜쥐고 사무실을 감시했다. 이제 그는 볼셰비키의 인쇄기계를 수습하여 다시 작동시켜야 했다. 현대의 쿠데타가 항상 TV 방송국을 가장 먼저 장악하는 것처럼, 1917년에는 신문사 없는 혁명이란 생각도 못할 일이었다. 스탈린은 이미 인쇄된 신문을 배포하는 동안 붉은 부대Red units를 불러와 신문사를 보강했다. 볼키니아 연대는 중대 하나를 파견했다. 그날 늦게 그는 신문사 시설이 다시 설치되었다고 말했다. 하지만 쿠데타의 과업이 할당될 중앙위원회 회의에 참석하지 못했다. 트로츠키는 그가 과업의 명단에 포함되지 않았기 때문에 "게임에서 빠져나간다"고 그를 비난했다.

부브노프: 철도

제르진스키: 우편과 전신

밀류틴: 식량 공급

포드보이스키(스베르들로프로 바뀜): 임시정부 감시

카메네프와 빈터: 좌파 사회주의자혁명가당(사회주의자혁명가당의 급진파 진영)과의 협상

로모프와 노긴: 모스크바로의 정보 전달

이런 이류급 인물들의 명단은 아무 사실도 말해주지 않는다. 은신처에 있는 레닌과, 역시 회의에 참석하지 못한 트로츠키는 언급도 되지 않은 반면, 파업 파괴자인 카메네프는 포함되어 있다. 역사가들은, 스탈린이 "혁명을 놓쳤다"고 단언한 트로츠키식 사건 해석(완전히 편견으로 가득 찼지만 뛰어난 문장으로 쓰였다)을 습관적으로 따라간다. 하지만 이런 해석은 비판 앞에 무너진다. 그는 그날의 스타는 아니었지만 마침 그날 습격당한 신문사에서 할 일이 워낙 많았기 때문에 군사적 임무를 맡지 못한 것이다. 정치적으로 하찮은 존재였기 때문이 아니다. 오히려 그 반대였다. 트로츠키조차도 레닌과의 접촉은 주로 스탈린을 통해 이루어졌음을 인정했다. 그 일은 사소한 임무가 결코 아니었다(그러면서도 "경찰이 관심을 가장 적게 가질 만한 인물이었기 때문"이라고 덧붙이지 않고는 못 배겼다).

스탈린이 "혁명을 놓친" 시간은 24일 낮 동안의 단 두어 시간에 불과했지만 쿠데타 자체는 이틀 동안 이어졌다. 그는 오전 내내 신문사에 있었다. 그다음 레닌이 그를 호출했다. 마르가리타 포파노바는 스탈린이 그날 공과대학에서 연설을 할 예정이었지만 갑자기 "그에게 블라디미르 일리치가 보낸 메모를 전해주어야 했다"고 밝힌다. 레닌은 포파

노바의 아파트에서 분노로 얼굴이 뒤틀리고 있었다. 스탈린이 그에게 달려갔더라면 아마 펄펄 뛰는 레닌을 보았을 터였다. "정부는 흔들리고 있어! 무슨 수를 쓰더라도 죽음의 타격을 가해야 한다. 기다리면 안 돼! 모든 걸 잃어버릴지도 몰라!"

스탈린은 스몰니학원에 가서, 트로츠키와 함께 소비에트 당대회에 참석하기 위해 막 도착한 볼셰비키 대의원들에게 발언하면서, 쿠데타를 봉기가 아니라 볼셰비키를 탄압하는 정부에 대한 반발이라 표현했다.* "전선에서 사람들이 우리 쪽으로 넘어오고 있다." 스탈린은 설명했다. "임시정부는 흔들리고 있다. 순양함 아브로라^Avrora 호가 다리에 포격을 가하라는 요청을 받았지만, 어찌 되었든 다리는 우리 것이 될 것이다. 융커 진영과 부대 내에서는 반란이 일어났다. 〈라보치이 푸트〉(당 신문)는 다시 세워질 것이다. 전화국은 아직 우리 손에 들어오지 않았다. 우편국은 우리 것이다." 붉은 근위대와 볼셰비키 부대는 전진하고 있었다.

"혁명 전날 밤 자정에 나는 스몰니학원에서 스탈린을 만났다"고 사기라시빌리가 전한다. 스탈린은 어찌나 흥분했던지, "평소와 같은 엄숙함과 비밀주의와는 정반대로 주사위가 던져졌다고 털어놓았다." 그날 밤, 영광스러운 10월의 전날 밤 스탈린은 알릴루예프 일가의 집에 잠깐 들렀다. "그래, 모든 게 준비되었다." 그는 여자들에게 말했다. "우리는 내일 행동을 개시한다. 도시의 모든 구역이 우리 손에 들어와

---

*"군사혁명위원회 내에는 두 가지 견해가 있었다"고 스탈린이 말했다. "첫 번째는 당장 봉기를 조직하자는 것이고, 두 번째는 우리의 무력을 공고히 하자는 것이었다. 중앙위원회는 두 번째 견해를 지지했다."

있어. 우린 권력을 쥘 거야."**3**

스탈린은 레닌에게 계속 소식을 전했다. 대장은 군사혁명위원회로 거의 매 시간 메모를 보내, 당대회가 개회되기 전에 일을 시작하라고 지시했다. 일은 다음 날로 예정되어 있지만 레닌은 시간을 앞당기라고 주장했다. "그들은 무얼 겁내는가?" 레닌이 쓴 쪽지 하나에는 이렇게 쓰여 있다. "라이플을 가진 믿을 만한 병사나 붉은 근위대 100명이 있는지 물어보라. 내게 필요한 건 그게 전부인데!"

레닌이 좌절감을 느낀 것도 무리가 아니다. 10월 혁명은 20세기의 아이콘이라 할 사건 중의 하나가 되었고, 소비에트 선전에 의해 신화화되었으며, 존 리드의 《세계를 뒤흔든 열흘Ten Days That Shook the World》에서 낭만적으로 다루어졌고, 아이젠슈타인의 걸작 영화 〈10월October〉로 불멸성을 얻었으며, 스탈린의 허세 섞인 과장에 의해 우스꽝스러워졌다. 하지만 10월의 실상은 영광이라기보다는 소극에 더 가까웠다. 비극적으로 무자비하고 피비린내 나는 실제의 혁명은 이 희극이 끝난 순간 시작되었다.

포파노바의 아파트에 여전히 틀어박혀 있던 레닌은 그런 지체를 이해할 수가 없었다. "모든 일이 이제 한 가닥의 실오라기에 달려 있다." 그날 밤 레닌은 이렇게 썼다. "오늘 밤에 문제가 착오 없이 결정되어야 한다!" 그는 마루에서 오락가락했다. 포파노바는 그에게 모습을 드러내 체포의 위험을 무릅쓰지 말라고 애걸했다. 마침내 오후 10시 50분이 되자 레닌은 더는 견딜 수가 없었다.

42장

★★

영광스러운 1917년 10월 :
엉망이 된 봉기

"나는 자네가 원치 않는 곳으로 갔네." 레닌은 포파노바에게 쪽지를 끄적였다. "일리치는 스탈린을 데려오라고 부탁했다." 레닌의 경호원인 라히아가 기록했다. "그러다가 그는 그것이 시간낭비임을 깨달았다." 그는 곱슬머리 가발을 풀로 붙여 쓰고 노동자 캡을 머리에 쓰고, 얼굴에 붕대를 감고, 커다란 안경을 걸쳤다. 그런 다음 라히아와 함께 밤에 외출을 했다.

레닌은 전차에 올랐다. 그는 어찌나 긴장해 있었는지, 먼저 멍한 표정의 검표원에게 숨도 쉬지 않고 상세히 물은 다음, 혁명 전략에 대해 일장설교를 했다. 검표원이 이 가발과 붕대와 안경을 걸친 괴짜의 정체를 알아차렸는지는 불분명하지만, 그날 밤 시내에는 미친 사람이 많이 있었을 것이다. 스몰니에 있는 볼셰비키 본부 근처에서 말을 탄 정부 순찰원이 실제로 그를 검문했지만 해로울 것 없는 주정뱅이라고 여기고는 곧장 놓아주었다. 그는 술에 취하지도 않은 데다, 결코 해로울 것

없는 인물도 아니었다.

자정 무렵 레닌은 "위대한 스몰니, 불이 환히 밝혀진 곳에 닿았다"
고, 리드가 말한다. 그곳은 거대한 벌집처럼 붕붕대고 있었다. 노동자
차림을 한 소년들의 무리인 붉은 근위대는 착검한 총을 메고 불안스럽
게 이야기를 나누면서, 크게 지펴놓은 모닥불에 손을 쬐고 있었다. 장
갑차의 엔진이 부르릉거리고, 오토바이가 붕붕댔지만 레닌을 알아본
사람은 아무도 없었다. 그에게는 신분증이 없었으므로 정문을 지키던
붉은 근위대는 그를 들여보내지 않았다.

"엉망진창이네!" 라히아가 소리 질렀다. "의회의원인 나를 들여보내
지 않는다니." 군중이 그를 지원하여, 두 사람을 안으로 밀어 보냈다.
"레닌은 마지막으로 들어왔고, 웃고 있었다!" 하지만 그가 캡을 벗자
풀로 딱딱해진 가발도 함께 벗겨졌다.*

스몰니는 군대의 숙영지 같았다. 소비에트는 휘황찬란한 무도회장
에 모여 있었고, 마루에는 신문과 담배꽁초와 침대 시트가 널려 있었
다. 병사들은 복도에서 코를 골았다. 연기와 땀과 소변 냄새가 아래층
식당에서 올라오는 삶은 양배추 냄새와 뒤섞였다. 레닌은 가발을 붙들
어 정체를 숨기려고 애쓰면서 복도를 서둘러 지나갔다. 하지만 멘셰비

---

*앞서서 존 리드는 트로츠키 또한 입장을 거부당하는 장면을 목격했다. "자넨 날 알지. 내
이름은 트로츠키야." "당신은 들어갈 수 없습니다. 이름을 말해봤자 소용없어요."
"내가 소비에트 의장이라니까!"
"당신이 그처럼 중요한 인물이라면 적어도 작은 서류 정도는 가지고 있어야 할 것 아닙니
까?" 근위병은 반박하면서, 똑같이 어리벙벙한 장교를 소환해 왔다.
"트로츠키! 어디선가 들은 적이 있는 이름이야. 들여보내줘도 괜찮을 것 같은데."

키인 표도르 단이 그를 알아보았다.

"강도단원들이 날 알아보았다"고 레닌이 투덜거렸다.

10월 25일 수요일 이른 시간에 가죽 상의를 입고 캡을 쓴 스탈린은 비상 중앙위원회가 열린 스몰니의 36호 방에서 레닌과 만났다. 지노비예프와 카메네프도 초청되었다. 레닌은 혁명을 가속화시키라고 주장했다. 당대회 대의원들이 바로 같은 건물에 모여들고 있었다.

레닌은 여전히 변장한 차림으로 토지와 평화에 관한 핵심적 포고령의 초안을 구술하기 시작했다. "좀 이상한 광경이군" 하고 트로츠키는 생각했다. 쿠데타가 움직이고 있었다. 중앙위원회는 "바닥에는 외투가 내던져져 있고 어두운 불빛 아래 탁자가 중앙에 놓인 아주 작은 방" 하나에서 이틀 동안 계속 열리고 있었다고, 볼셰비키인 조수 사라 라비치가 기억한다. "사람들은 계속 문을 두들겨 성공에 다다르고 있는 봉기의 최신 소식을 가져다주었다. 그 방에 있었던 사람들은 레닌, 트로츠키, 지노비예프, 카메네프, 스탈린이었다." 전령들이 도착했다. 10호 방에 있던 군사혁명위원회와 36호 방에 있던 레닌과 중앙위원회에게서 지시가 내려졌다. 양쪽 모두 "미친 것 같은 속도로 작업했고, 좌불안석인 전령들을 삼켰다가 내뱉었고, 전보가 윙윙대며 들어오는 속에서 생사가 걸린 힘으로 인민위원들을 파견하고 있었다."

스탈린은 "이 방에서 저 방으로 서둘러 돌아다녔다." 그날 스몰니에 있던 사기라시빌리가 주장했다. "예전에는 그런 그의 모습을 본 적이 없었다. 그토록 서두르고 열에 들떠 일하는 것은 그에게는 매우 흔치 않은 일이었다." 수도의 시내에서 총소리가 들렸지만, 전투는 없었다.

발전소, 중앙체신국, 니콜라예프스키 역은 볼셰비키의 손에 들어왔다. 겨울궁전 곁에 있는 니콜라예프스키 다리를 제외한 다른 모든 다리는 모두 장악되었다. 오전 6시에 국립은행이 점령되었고, 7시에는 중앙전화교환소가, 오전 8시에는 바르샤바 역이 점령되었다.* 하지만 결정적인 발트 해 함대 수병들의 행동이 지체되고 있었다. 정부는 그날 하루 내내 계속 기능을 발휘하고 있었거나, 아니면 최소한 생명은 부지하고 있었다.

케렌스키는 전체 참모본부General Staff HQ에 있으면서 계속 나쁜 소식을 받고 있었다. 오전 9시에 그는 마침내 전선에 나가 있는 부대가 투입되지 않으면 페트로그라드를 구할 수 없으며, 그들을 불러 모을 수 있는 것은 자신뿐임을 깨달았다. 하지만 자동차를 구할 수가 없어서, 결국은 부하들이 미국 대사관에서 르노 한 대와 거대한 피어스 애로우 투어링 리무진을 징발해 와야 했다. 정부는 겨울궁전에서 긴급회의를 열도록 하고 케렌스키는 도시 밖으로 달려 나갔다.

스몰니에서는 당대회를 개최할 준비가 되었지만, 겨울궁전은 아직 함락되지 않았고 포위되지도 않았다. 겨울궁전은 여전히 임시정부의 거점으로서, 10대의 사관생도 400명, 여성타격대대 1개 대대, 그리고 카자크병 몇 개 중대가 지키고 있었다. 한 사진작가는 이런 여성들 몇 명을 설득하여, 바리케이드에 있는 모습을 촬영했다. "모두 장엄한 오

---

*몰로토프와 제르진스키 같은 젊은 지도부는 임무를 띠고 파견되었다. 몰로토프는 붉은 근위대 1개 분대를 거느리고 나가서 사회주의혁명가당 신문 편집자들을 체포하고, 신성 종무회의를 열던 멘셰비키의 반혁명적 분자들을 체포하라는 명령을 받았다.

페라 같은 분위기이기도 했고 희극적이기도 했다." 그날의 상황을 지켜본 여러 기자들 중 하나인 미국인 루이스 브라이언트가 말했다. 바깥에서는 놀랄 만큼 느린 속도로 볼셰비키들이 세력을 결집하고 있었다. 안에서는 장관들이 "모두로부터 버림받고 저주받은 남자들처럼 거대한 쥐덫 안을 맴돌았고" 법무장관 말리안토비치는 불길한 기운을 감지했다.

레닌, 트로츠키, 스탈린, 예누키제, 젊은 몰로토프는 다른 사람들과 함께 공식적인 중앙위원회 회의를 끝낸 뒤 새 정부에 대해 의논하기 시작했다. 먼저 그들은 정부의 이름을 결정해야 했다. 레닌은 자본주의적인 장관ministries의 잔재를 없애고 싶어 했다. 그것은 "부패하고 낡아빠진 용어"였다. 그는 위원commissars이 어떻겠느냐고 제안했다.

"위원은 이미 너무 많습니다." 트로츠키가 말했다. "인민위원People's Commissars은 어떻겠습니까? 수상 대신 '인민위원회' 의장이 주재하는 것입니다."*

"그거 아주 좋은데!" 레닌이 외쳤다. "혁명의 경외로운 냄새가 풍기는군!"

이 순간에도 전술적인 겸손의 게임이, 볼셰비키 문화의 일부가 된 금욕적 부정의 게임이 벌어지고 있었다. 레닌은 트로츠키에게 수상을 맡

---

*소비에트 연방Soviet Union은 약칭의 제국이었다. 인민위원들은 나르콤스Narkoms, 인민위원회는 소브나르콤Sovnarkom, 그것의 의장(사실상의 수상으로 레닌, 리코프, 몰로토프, 스탈린이 차례로 이어받은 직책)은 프레드소브나르콤Predsovnarkom이었다. 이 직책명은 스탈린이 제2차 세계대전이 끝날 무렵 장관부를 재도입할 때까지 존속했다.

으라고 제안했다. 하지만 유대인이 러시아의 수상이 될 수는 없었다. 트로츠키는 거절했고, 레닌이 수상이 되어야 한다고 주장했다. 스탈린에게 민족성 담당 인민위원을 맡으라고 제안한 것은 아마 레닌이었을 것이다. 예누키제가 나중에 사기라시빌리에게 말해준 바에 따르면, 스탈린 역시 겸손하게 거절했고, 자신은 경험이 없으며 중앙위원회만으로도 너무 바쁘고 그저 당의 일을 하는 것만으로도 행복하다고 말했다. 레닌이 웃음을 터뜨리면서 이렇게 말한 상대도 아마 스탈린이었을 것이다. "자네는 우리 중의 누가 이런 일에 경험이 있을 것 같나?" 레닌이 계속 우겼기 때문에, 스탈린은 생애 최초로, 17년 전에 기상관측소에서 직원으로 지낸 이후 최초의 진짜 직업을 받아들였다. 사실, 진짜처럼 보이지는 않았다. 중앙위원회 멤버들 일부는 이런 내각 구성작업을 장난으로 여기기도 했다.

볼셰비키 본부의 문이 열리자, "퀴퀴한 공기와 담배 연기가 왈칵 몰려나왔고… 단정치 못한 차림새의 남자들이 머리를 수그리고 그늘진 전등불 아래에서 지도를 보는 모습을 흘낏 보았다"고 존 리드는 기억한다. 하지만 여전히 겨울궁전은 함락되지 않았다.[1]

레닌은 미칠 지경이었다. 트로츠키와 군사혁명위원회는 네바 강 바로 건너편인 겨울궁전을 포격할 준비를 하라고 페트로프 파블로스크 요새에 지시했지만, 비치된 대포가 고작 여섯 대밖에 없음을 알았다. 그중에서도 다섯 대는 여러 달째 청소도 한 적이 없었고 작동하는 것은 하나뿐이었다. 장교들은 볼셰비키들에게 대포가 망가졌다고 말했다. 청소만 해주면 쓸 수 있는 대포임을 몰랐던 볼셰비키들은 수병들에게 3인치 훈련용 대포를 설치하라고 명령했지만, 3인치 포탄이 없으며, 사정거리도 짧다는 것을 알게 되었다. 원래의 대포를 청소만 해주면 쓸 수 있음을 알게 된 것은 오후가 이미 한참 기운 뒤의 일이었다.

스몰니에서 레닌은 항상 그렇듯이 분통을 터뜨리고 있었다. 그 건물의 거대한 정면은 빛으로 불타오르고 있었다. 붉은 깃발 두 개를 총신에 내건 코끼리 빛깔의 거대한 장갑차가 사이렌을 소리소리 지르며 내달았다. 거의 불이 밝혀지지 않은 긴 복도는 거친 흙빛의 외투를 입은 군인들, 검은 바지를 입은 무장한 노동자들의 발걸음 소리, 고함소리, 부르는 소리들로 쾅쾅 울려댔다. 이따금씩 카메네프 같은 지도자가 계단을 달려 내려가는 모습이 목격되었다.

케렌스키 내각은 여전히 겨울궁전에서 통치하고 있었지만, 레닌은 소비에트에 처음 출두하는 시간을 늦출 수 없었다. 오후 3시에 트로츠키는 레닌을 소개했다. 레닌은 권력을 쥐었다. 그러나 그가 36호 방에 돌아갔을 때도 겨울궁전은 여전히 함락되지 않았다.

레닌은 작은 사무실 안에서 "우리에 갇힌 사자처럼 빙빙 돌았다. V.I.(레닌)는 야단치고 소리를 질렀다. 어떤 대가를 치르든 겨울궁전을 손에 넣어야 했다"고 군사혁명위원회의 니콜라이 포드보이스키가 회상한다. "그는 우리에게 총을 쏘아댈 태세였다!" 군대 장교 몇 명이 사로잡히자, "스몰니의 어떤 동지들"은 상대편의 사기를 떨어뜨리기 위해 그들을 총살하기를 원했다. 레닌은 당연히 그랬다. 그는 항상 유혈사태를 시작하고 싶어 안달이 났다.

그날 저녁, 오후 6시가 되자 겨울궁전 안에서는 하루 종일 아무것도 먹지 못한 사관생도들이 먹을 것을 구하기 위해 거점을 포기하기로 결정했다. 겨울궁전 내부의 "유대인과 여자들(매춘부들)"에 진절머리 난 카자크병도 떠났다. 여성타격대대 일부도 이리저리 흩어졌다.

볼셰비키들이 저지른 코미디 같은 오류는 아직 끝나지 않았다. 겨울궁전을 습격하자는 신호는 페트로프 파블로스크 요새의 깃대 끝에 붉은 등을 매다는 것이었다. 하지만 이제 그 거대한 순간이 왔지만 아무도 등불을 매달지 못했다. 등불을 구할 수가 없었기 때문이었다. 한 볼셰비키 위원이 이 희귀한 물건을 수색하러 나가야 했다. 마침내 등불을 찾아내기는 했지만 색깔이 달랐다. 더 심한 일은, 등불을 찾아낸 다음에도 그가 어둠 속에서 길을 잃어 구덩이에 빠졌다는 것이다. 구덩이에서 나온 뒤에도 붉은색이든 아니든 등불을 올릴 수가 없었다. 신호는 끝내 내걸리지 않았다.

마침내 25일 오후 6시 반에, 볼셰비키는 순양함 아브로라 호와 아무르 호에 강을 거슬러 올라가라고 명령했다. 그들은 최후통첩을 보냈다. "정부와 부대는 항복하라. 이 최후통첩은 7시 10분까지 유효하며, 그 이후에는 포격을 개시한다." 당연한 일이지만, 최후통첩은 시한을 넘겼다.

아무 일도 일어나지 않았다. 레닌과 트로츠키가 미친 듯이 지시를 내렸는데도 볼셰비키 혁명을 중지시키려는 돈키호테 같은 시도에 의해 기습공격이 늦추어진 것이다.

시의회가 겨울궁전에 대한 포격을 어떻게 막을지 토론하던 중에, 페트로그라드 시장인 흰 턱수염을 기른 그리고리 슈레이더가 갑자기 정부를 몸소 방어하겠다고 맹세했다. 시의회 의원들도 그를 지지했다. 그리하여 그 존경스러운 시장과 시의회의원들과 식품부 장관인 프로코포비치가 잘 차려입은 네 마리 펭귄처럼, 벨벳 칼라를 단 외투, 프록코트, 회중시계를 늘어뜨린 부르주아 스타일로 4열 횡대를 지어 행진해 나간 것이다. 네 명 모두 우산과 등불과, 겨울궁전 방어자들의 저녁 식사이던 살라미 소시지 외에는 가진 것이 없었다. 먼저 그들은 스몰니로 가서 카메네프를 만났다. 그는 몰로토프와 그들과 함께 겨울궁전으로 가기로 했다. 사색적인 몰로토프가 수행하는 이 살라미와 우산의 행진은 '라마르세예즈'를 부르며 네프스키 대로를 따라가다가 카잔 역 밖의 붉은 근위대 검문소에서 정지당했다.

그들 간의 대화를 기록한 존 리드에 따르면, 시장은 붉은 근위대에게 길을 비키거나, 무장하지 않은 시민에게 총을 쏘라고 명령했다.

"아니오, 우리는 비무장한 러시아 국민을 쏘지 않을 것이오." 검문소 지휘관이 말했다.

"우리는 앞으로 나갈 것이다! 네가 무얼 할 수 있겠나!" 프로코포비치와 슈레이더가 우겼다. "네가 무얼 할 수 있는가?"

"우리는 당신들을 통과시킬 수 없소." 그 병사는 곰곰 생각했다. "뭔가를 할 것이오."

그러다가 그 수병은 웃음을 터뜨리면서 뭔가를 생각했다. "우리는 당신의 궁둥이를 때릴 것이오." 그는 폭소를 터뜨리면서, 행진하던 자들의 존엄한 분위기를 깨뜨렸다. "우린 당신들 궁둥이를 때릴 거야."

구출 시도는 폭소로 끝났다. 하지만 방어자들이 차르의 최고급 와인 저장고에 있던 와인으로 점점 더 취해가고 있는데도 겨울궁전은 여전히 버티고 있었다. 그동안에도 자동차는 다리를 건너다녔고, 전차는 털털거리며 거리를 다녔으며, 그날 밤 샬리아핀은 나로드니 돔에서 '돈 카를로스'를 불렀다. "전 세계가 네프스키 대로를 거닐고 있는 것 같았다." 배에 사는 쥐나 탄광에 들여보낸 카나리아처럼 임박한 위험을 예민하게 감지해내는 매춘부들도 여전히 느긋하게 대로를 돌아다녔다. "길거리에는 온갖 잡동사니들이 흘러넘치고 있었다"고 사기라시빌리가 말한다.

마침내 오후 9시 40분에 아브로라 호가 공포탄을 발사했다. 이는 공격의 신호였다. 겨울궁전 안에서 여성 기동타격대대는 공포 소리에 너무나 놀라 패닉에 빠졌고, 뒷방에서 마음을 가다듬어야 했다. 겨울궁전 밖에서 볼셰비키 지휘관들인 포드보이스키와 블라디미르 안토노프-오브세엔코는 압도적인 무력을 소집했다. 그들은 조금 전만 해도 부적격자라는 이유로 레닌에게 총살을 당할 뻔한 이들이었다.

페트로프 파블로스크 요새에 있던 포수들은 6인치 포탄 서른여섯 발을 발사했다. 그중에서 궁전을 맞춘 것은 두 발뿐이었지만, 방어자들을 겁에 질리게 하는 데는 성공했다. 장갑차는 기관총을 갈겨 벽을 벌집으로 만들었다. 수병과 붉은 근위대는 작은 조로 나뉘어 쳐들어갔다가 겨울궁전이 방어가 되어 있지 않을 뿐 아니라 문이 잠겨 있지도 않음을 알았다. 공격은 완전히 무질서하게 진행되었다. 오전 2시경, 그들은 궁전에 진입하여 방들을 조사하기 시작했다.

푸른 구름처럼 깔린 매캐한 연기와 씻지 않은 인체에서 나는 숨 막히는 열기로 가득 찬, 샹들리에가 달린 스몰니의 회의장에서, (수하노프의 말에 따르면) "원시적이고… 거무스레하며 촌스러운" 볼셰비키들로 구성된 당대회는 더는 개최를 연기할 수 없었다. 하지만 케렌스키 내각이 여전히 궁전을 지배하고 있었으므로 레닌은 등장할 수 없었다. 대신에 트로츠키가 볼셰비키를 대표하여 무대를 장악했다. 마르토프와 멘셰비키들이 레닌의 "비정상적이고 범죄적인 행위"를 공격하자 트로츠키의 "여위고 뾰족한 얼굴이 완연히 메피스토펠레스처럼 사악한 아이러니를 머금고" 역사상 가장 통렬한 해고의 대답을 내뱉었다. "당신들은 비참한 파산자들이야! 당신들이 있어야 할 곳으로 가시오. 역사의 쓰레기통 속으로!"

"그렇다면 우리는 떠나겠소!" 마르토프는 되받았다. 멘셰비키들은 바보같이 회의장을 걸어 나갔다. 그리고 역사 속으로 퇴장한 것이다. 그들은 다시는 권력의 현관으로 돌아오지 못했다. '보이콧'에 동의하지 않았던 멘셰비키 사기라시빌리는 절망감에 빠져 스몰니학원의 복도를 배회하고 있었는데, 마침내 "스탈린이 너무나 친근한 태도로 내 어깨를 잡더니 그루지야어로 이야기하기 시작했다." 스탈린은 그를 다시 볼셰비키로 징발해 오려고 한 것이다. 사기라시빌리는 거절했지만, 비신스키 같은 다양한 전직 멘셰비키들은 스탈린의 가장 충실한 하인들이 된다.*

---

*스탈린이 포섭하려 했던 멘셰비키가 사기라시빌리만은 아니었다. 스탈린이 빈에서 묵었던 집의 주인이자 귀족 장교인 알렉산드르 트로야노프스키는 볼셰비키로 변신한 멘셰비

겨울궁전 근처의 대로와 다리 위에서 대포의 격동이 스릴 있는 구경
거리를 찾아다니던 관중을 마침내 흩어놓았다. "한동안 새 떼처럼 모
여 있던 매춘부들까지도 네프스키 대로에서 사라졌다"고 사기라시빌
리가 지적했다.

케렌스키의 장관들은 니콜라이 2세와 가족들이 1905년 이전에 식사
하던, 진홍색 휘장이 걸려 있는 금박과 공작석으로 장식된 방 안의 당
구대에 앉아서, 여전히 누구를 독재자로 지명할 것인지를 놓고 논쟁하
고 있었다. 갑자기 그들은 그런 위장을 포기하고 항복하기로 결정했다.

바로 그때 문이 열렸다.

키인데, 거리를 걷고 있던 중에 누군가의 손이 그의 눈을 가리며 말했다. "당신은 우리 편
이오, 아니면 적의 편이오?" 스탈린이 물었다.

43장
★★
권력: 그늘을 벗어난 스탈린

"한 작은 남자가 방으로 튀어 들어왔다. 마치 그의 뒤에서 쏟아져 들어오는 군중의 압력으로 휘몰아치는 파도에 떠밀린 나무 조각처럼. 안경을 쓴 그는 적갈색 긴 머리에, 불그스레한 짧은 콧수염과 턱수염을 약간 길렀다." 법무장관 말리안토비치가 전했다. "그의 칼라, 셔츠, 소매깃, 손은 모두 매우 더러웠다."

"임시정부가 여기 있소." 부수상 코노발로프가 말했다. "당신 용무는 뭐요?"

"군사혁명위원회의 이름으로 나는 당신들을… 체포합니다." 안토노프-오브세엔코가 대답했다.

그때는 10월 26일 오전 1시 50분경이었다. 겨울궁전의 새 주인들은 약탈을 시작했다. "카펫과 커튼과 리넨과 도자기, 접시들을 끌어냈다." 한 군인은 모자에 타조 깃털을 꽂았고, 여전히 파랑, 빨강 금빛의 제복을 입고 있던 과거의 궁전 하인들은 약탈자들을 저지하려고 애썼다. 겨울궁전의 기습공격은 없었다. 다친 사람은 오히려 아이젠슈타인이 겨울궁전 습격 장면을 영화로 찍을 당시에 더 많이 나왔다. "네바 강이 케렌스키 정부를 쓸어갔다"고 사기라시빌리가 주장했다.

장관들이 수레에 실려 페트로프 파블로스크 요새로 호송되는 동안 안토노프-오브세엔코는 겨울궁전 내의 통제권을 모두 잃어버렸고, 여성타격대대의 여자들 중 일부는 강간당했다. "포도주 창고의 문제가 특히 심각해졌다"고 그는 설명한다. 니콜라이 2세의 저장고는 예카테리나 여제 때의 토카이Tokay, 그리고 황제가 가장 좋아하는 포도주인 샤토 디켐Château d'Yquem 1847년산을 뽑냈다. 그러나…

프레오브라켄스키 연대는… 완전히 고주망태가 되었다. 우리의 혁명 요새인 파블로프스키도 저항할 수 없었다. 우리는 다른 선별된 분대에서 근위대를 보냈지만, 모두 완전히 술에 취했다. 연대 위원회에서 온 보초병들을 배치했지만, 그들 역시 항복했다. 우리는 군중을 몰아내기 위해 장갑차를 보냈지만, 잠시 후에는 그들 역시 수상쩍게 비틀거리기 시작했다. 저녁이 되자 난장판의 음주파티가 벌어졌다.

좌절한 안토노프-오브세엔코는 페트로그라드 소방대에 연락했다. "우리는 술창고에 물을 집어넣으려 했지만 거꾸로 소방대원들도 취해버렸다." 위원들은 겨울궁전 광장에서 술병을 깨뜨리기 시작했지만, "군중은 하수구에서 술을 핥아먹었다. 술에 취한 황홀경이 온 도시에 전염되었다."

마침내 레닌의 인민위원회가 겨울궁전의 특별위원을 임명하여 최고 권위를 부여했지만, 안토노프-오브세엔코가 건조하게 지적했듯이, 그 역시 그리 믿을 만하지 못했다.

소비에트 의회에서 겨울궁전이 마침내 함락되었음을 마지못해 선포한 것은 카메네프였다. 그제서야 레닌은 가발을 벗고, 분장을 지우고, 러시아의 지도자로 등장했다.[1]

그동안 의회가 열리는 것을 보고 싶어 안달이 난 안나와 나디야 알릴루예바는 스몰니로 걸어가서 대회의장으로 몰래 들어갔다. "흥분과 갈채로 판단하건대, 뭔가 중대한 일이 일어난 것 같았다. 그러다 갑자기 군중이 우리 쪽으로 몰려왔는데, 거기서 스탈린을 보았다." 그는 그들에게 손짓하여 오라고 했다.

"아, 너희들이구나! 여기 와서 기쁘다. 소식 들었니? 겨울궁전이 함락되었고 우리 편 사람들이 안에 들어가 있어!"

볼셰비키들은 거의 탈진하여 쓰러질 지경이었다. 안나와 나디야의 맏오빠이자 소소의 새 보좌관인 표도르 알릴루예프는 설명한다. "10월 봉기 때 동지 스탈린은 닷새 동안 잠을 자지 못했다." 이따금씩 뭔가를 먹었고, 마룻바닥에서 잠깐씩 쪽잠을 잤다.

"도시는 조용했다. 역사에서 그곳이 이처럼 조용한 적은 없었을 것이다." 존 리드가 썼다. 도시가 마침내 볼셰비키의 손에 들어갔다는 소식이 스몰니에 도착하자 레닌은 긴장을 풀고 농담을 던지고(카메네프를 제물로 삼아), 바닥에 깔린 신문지에 비스듬히 누웠다. "복도는 여전히 눈이 퀭한 채 서둘러 돌아다니는 더러운 남자들로 가득 찼다." 하지만 위원회 사무실에서 "사람들은 총을 곁에 둔 채 바닥에 누워 잠을 잤다."

볼셰비키 고위지도부는 앉은 자리에서 잠이 들거나, 스몰니 사무실에서 아무 데나 자리를 깔고 누웠다. "피로에 찌든" 스탈린은 밤새도록 자지 않고 인민에 대한 호소문 초안을 작성하다가, "마침내 탁자 곁의 의자에 앉은 채 잠이 들었다"고 표도르 알릴루예프가 말한다. "기쁨으로 광분한 A.V. 루나차르스키(인민문화위원)는 잠든 그에게 살금살금 걸어가서 이마에 입을 맞추었다. 동지 스탈린은 잠이 깨어 루나차르스키를 보고는 유쾌하게 한참 웃었다."

레닌과 트로츠키는 다른 신문지 더미 위에 나란히 누웠다. "이보게, 처형당할 신세로 숨어 다니던 게 엊그제 같은데, 이토록 빨리 권력을 얻다니 머리가 돌 지경이네." 레닌이 한숨을 쉬며 트로츠키에게 말했다.[2]

10월 26일 오전 6시, "살짝 비현실적인 창백함이 고요한 거리 위로 슬그머니 스며들어 감시초소의 불빛을 흐리게 만들고 있었다. 끔찍한 새벽의 회색 그림자가 러시아 위로 피어오르고 있었다." 미친 듯한 흥분과 혼란 속에서 도시의 날이 밝았다. 길거리는 재빨리 정상으로 돌아왔다. "근위대 장교에서 매춘부에 이르기까지 부르주아들"은 다시 거리에 나왔다. 소비에트 대회가 오후 1시에 열릴 예정이었으므로 대의원들은 모든 일을 제쳐두고 모이기 시작했지만, 레닌은 오후 7시가 되도록 아직 모습을 보이지 않았다.

마침내 오후 8시 40분에 떠나갈 듯한 갈채를 받으며 그가 도착했다. "이 작고 땅딸막한 인물, 어깨 위에 얹힌 큰 머리, 대머리에다 툭 튀어 나온 작은 눈, 넓적한 코에 넓고 푸근한 입매를 가진 기묘한 대중 지도 자는 순수하게 지성의 힘으로 지도자가 된 인물, 색채 없고 유머 없고, 타협도 없는 초연한 인물이었다"고 존 리드가 전했다.

"우리는 이제 사회주의 질서를 구축하기 위해 전진할 것이다!" 레닌 은 단순하게 선언했다. 그는 그의 특징인 한 발을 뗀 자세로 연설했다. "그의 신발에 구멍이 하나 나 있더군." 몰로토프가 전한다.

오전 2시 30분에 카메네프*가 소비에트 대회의 무대 위에서 새 정부 의 명단을 읽었다. 소소는 그 명단에서 J.V. 주가시빌리-스탈린으로 기 재되어 있었다. 그는 아직도 대중에게 잘 알려져 있지 않았고, 해외로 망명해 있던 볼셰비키들에게도 찬양의 대상이 아니었다. 1917년에 무 명이었다는 사실은 그처럼 명성에 민감한 사람에게는 항상 민망스러 운 일이었으므로, 그는 개인숭배를 추진하여 그런 사실을 수정하려고 애썼다. 하지만 사실 레닌과 다른 볼셰비키 고위층은 오래전부터 그의 무자비한 수완을 인정해왔다.

"그 시절에 스탈린 동지를 제대로 아는 것은 그를 만나본 소수의 사 람들… 정치적 지하세계의 사람들뿐이었다. 또 시끄럽고 무의미한 허 풍과 말뿐인 영역과, 진정한 작업과 헌신을 구별하는 데… 성공한 사람

---

*놀랍게도 레닌은 카메네프를 사실상 첫 볼셰비키 국가수장인 소비에트 집행위원회 의 장으로 선택했다. 하지만 그는 고작 며칠만 그 자리에 있었고, 스베르들로프가 그 자리를 이어받았다.

들은 그를 제대로 알고 있었다."

전체 소비에트 정부는 이제 하루 종일, 방 하나의 탁자 하나에서 작동하고 있었다. "승리를 거둔 후 스탈린은 스몰니로 옮겨갔다." 표도르 알릴루예프가 회상한다. "첫 사흘 동안 우리는 그곳을 떠나지 않았다." 몰로토프가 말한다. "나와 지노비예프와 트로츠키가 거기 있었고, 반대편에는 스탈린과 카메네프가 있었다. 우리는 주먹을 불끈 쥐고 새 삶을 그리기 시작했다." 나중에 스탈린의 회상에 따르면, 카메네프와 트로츠키가 군대에서 사형을 폐지하기를 원한다고 결정하자 그들의 결정을 전해들은 레닌이 부르짖었다. "이게 무슨 쓸데없는 소리인가! 사람들을 쏘지 않고 어떻게 혁명을 이룰 수 있다는 말인가?" 레닌의 말은 진심이었다.

쿠데타는 놀랄 만큼 쉬웠지만 권력을 유지하기 위한 생사의 투쟁이 곧바로 시작되었다. 레닌은 정부를 멘셰비키나 사회주의자혁명가당과 나눠 갖고 싶어 하지 않았지만, 카메네프는 바로 그 일을 하기 위한 협상을 개시하자고 주장했다. 자신의 주장을 관철시키지 못하자 그는 사임했다. 한편 케렌스키는 도시 외곽의 풀코보 고지에 카자크 병력을 소집했고, 멘셰비키가 이끄는 철도 노동자들은 연정을 요구하면서 파업에 들어갔다. 스탈린은 스베르들로프, 세르고, 제르진스키와 함께 페트로그라드 방어 작전을 진행했다.

레닌, 트로츠키, 스탈린은 권력을 쥔 초반 몇 달 동안 불가분의 삼인조를 형성했다. 안팎으로 포위되고 타협자들과 당내의 무능한 자와 말만 많은 자들의 방해를 받은 레닌은 자기 휘하의 거물들을 '행동파'와

'차 마시는 자'로 나누었다. '차 마시는 자'가 너무 많았다. 소비에트의 공화국이 평화롭게 안정되었더라면, 카메네프와 부하린 같은 사람으로 대표되는 차 마시는 자들의 성향은 공화국을 매우 다른 방향으로 이끌어갔을 것이다. 하지만 그렇게 되지는 않았다. 레닌은 거의 모든 시간을 자신의 가장 거친 부하들과 함께 보냈다. 이런 초반 시절에 레닌은 날짜가 기록되지 않은 어떤 법령을 구술했는데, 거기에는 스탈린과 트로츠키의 특별한 지위가 다음과 같이 드러나 있다.

소브나르콤(인민위원회)의 리셉션에 있는 보초병들에게 내려질 지시
다음의 사람들을 제외한 누구도 특별 초대장 없이 입장할 수 없다.
소브나르콤 의장 레닌…

그다음에, 타자로 친 레닌의 개인 보좌관들 이름 바로 앞에, 아마 레닌의 것으로 보이는 손글씨로 다음의 이름이 쓰여 있다.

나르콤 외교관계 트로츠키
나르콤 민족 문제 스탈린

"레닌은 단 하루도 스탈린 없이는 일을 처리할 수 없었다." 이제 민족성 위원회에서 스탈린의 주임 보좌관이 된 폴란드 볼셰비키 스타니슬라프 페스트코프스키가 이렇게 썼다. 레닌은 종종 스탈린에게 자신의 소브나르콤 포고령에 이중으로 서명하라고 요청했다. "우리의 스몰

니 사무실은 레닌 휘하에 있었다. 하루 동안 그는 스탈린을 수없이 불러대거나, 우리 사무실에 나타나서 그를 끌고 가곤 했다." 페스트코프스키는 두 남자가 사다리 위에 올라서서 함께 지도를 검토하는 걸 본 적도 있었다.

스탈린의 두 캅카스 강도인 카모와 친차제가 페트로그라드에 왔다. "난 혼자 방에 있는 스탈린을 만났다." 친차제가 말한다. "우리는 서로 만나서 너무나 좋았다." 하지만 바로 그때 레닌이 어슬렁거리며 방으로 들어왔다.

"코테 친차제를 만나시지요." 스탈린이 레닌에게 말했다(카모는 이미 알고 있었으므로). "캅카스의 옛 은행 강도 테러리스트입니다."

하지만 보좌관인 페스트코프스키와 이야기할 때 스탈린은 그저 "투덜거리는 말투"였고, 수다스러운 다른 볼셰비키 거물들과는 달리 너무 음울하고 과묵해서 잡담을 나눌 수는 없었다.*

1917년 11월 29일에 중앙위원회는 핵심적인 지도부 사무국인 4인조, 체트베르카Chetverka를 창설했다. 레닌, 스탈린, 트로츠키, 스베르들로프는 러시아에서 가장 강한 권력을 가진 사람들로서 "모든 긴급 문제를 결정할" 권한을 갖게 되었다. 하지만 국가의 명목적 수장(소비에트 중앙집행위원회 의장)이 된 스베르들로프는 당 비서국을 운영하는 데 시간을 써야 했다. 그 결과, 트로츠키가 회상하듯이 "4인조는 3인조가 되었다."

---

*1922년에 출판된 페스트코프스키의 첫 번째 회고록에는 스탈린의 투덜거림과 우울함이 담겨 있다. 이런 회고록이 1930년에 재출판되었을 때는 당연히 그런 투덜거림은 없어졌다.

레닌은 급진적이고 억압적인 자신의 방식대로 일을 밀고 나갔다. "평화, 토지, 빵!" 그는 카이저 휘하의 독일과 평화 대담을 개진했다. 인민 외교위원인 트로츠키가 대담의 진척에 대해 보고하자 레닌은 대답했다. "스탈린과 상의하고 답을 알려주겠네." 10월 27일에 반대 언론은 금지되었다. 11월 2일의 중앙위원회 회의에서 레닌은 사실상 볼셰비키 과두정치의 독재체제를 창설했다. 4일에는 소비에트 인민위원회가 소비에트와 무관한 단독 통치 권력을 스스로에게 부여했다. 군사혁명위원회는 원래 레닌의 집행부 역할을 하도록 만들어진 것이지만, 12월 7일에 그는 반혁명과 사보타주(태업)에 반대하는 투쟁을 위한 전러시아 비상위원회를 창설했다. 그 위원회는 약칭인 체카로 알려졌고 제르진스키가 의장을 맡았다. 오게페우OGPU(연방국가정치보안부의 약칭. 구소련의 국가 비밀경찰-옮긴이), 엔카베데, KGB, 그리고 오늘날의 FSBFederal Security Service(러시아연방 보안국의 약칭-옮긴이)의 전신인 체카는 생사의 문제에 관한 절대적인 초법적 권력을 가졌다.

"그 상황에서 우리가 왜 정의를 위한 인민위원을 신경 써야 합니까?" 좌파 사회주의자혁명가당원 이자크 슈타인베르크가 레닌에게 도전했다. "솔직하게 사회적 섬멸을 위한 위원Commissariat of Social Annihilation이라 부르지요!"

"말 잘했소!" 레닌이 대답했다. "그 조직의 장래가 바로 그런 거요!"

그는 또 다른 지인에게 말했다. "우리는 섬멸에 몰두한다. 피사레프가 말한 것을 기억하지 않는가. 모든 걸 깨뜨리고 때려 부숴라. 두드리고 파괴하라! 부서지는 모든 것은 쓰레기 같고 살아 있을 권리가 없다!

살아남는 게 좋은 것이다." 레닌이 손으로 쓴 쪽지는 "흡혈귀… 거미… 거머리"들의 총살, 살해, 교수형을 명령했다. 그는 물었다. "총살부대가 없이 어떻게 혁명을 할 수 있는가? 백군White Guard 파괴자들을 쏘아 죽이지 않는 혁명이 무슨 혁명인가? 그것은 그저 빈말과 옥수수죽 사발에 지나지 않는다!"

그는 그들에게 "더 억센 사람을 찾아오라"고 요구했다. 하지만 스탈린과 트로츠키는 충분히 억센 사람이었다. "우리는 인간 목숨의 신성함 따위를 거들먹거리는 가톨릭교도나 퀘이커식의 헛소리를 단번에 끝장내야 한다"고 트로츠키는 말했다. 스탈린도 테러에 대해 이와 비슷한 태도를 보였다. 혁명 초기에 에스토니아 볼셰비키들이 '배신자'를 청산해버리자고 제안하자 그는 신속하게 대답했다. "강제수용소라는 아이디어가 아주 좋군."

트로츠키는 "그가 더 큰 자신감을 느끼기 시작했다"고 말했다. "난 얼마 안 가서 레닌이 스탈린을 '칭찬하고' 그의 확고함, 기개, 완강함, 교활함을 투쟁에 필요한 자질로 높이 평가한다는 것을 알아차렸다."*
트로츠키를 혐오하던 몰로토프는 "레닌이 스탈린과 트로츠키를 다른

---

*지금도 스탈린주의는 레닌주의의 왜곡된 형태라고 널리 믿어진다. 하지만 이 믿음은 10월 이후의 몇 달간 두 사람이 항상 붙어 있었다는 사실로 반증된다. 실제로 그 뒤의 5년간 레닌은 기회가 있을 때마다 스탈린을 승진시켰다. 레닌은 혼자 힘으로 볼셰비키를 밀어붙여 광적인 유혈사태로 이끌었다. 그가 내린 명령들은 기록보관소에 보관되어 있다가 최근에 밝혀져서 리처드 파이프스의 《알려지지 않은 레닌Unknown Lenin》에 발표되었다. 그는 자신이 스탈린과 함께 어떤 일을 하고 있었는지 알고 있었다. 설사 "그 요리사가 짜릿한 요리를 해낼 것"임을 그가 알고 있었다 해도 말이다. 스탈린주의는 레닌주의의 왜곡이 아니라 그것의 발전 형태였다.

사람들과 구별되는 가장 재능 있는 지도자로 인정한 데는 이유가 있다"고 판단했다. 얼마 안 가서 수하노프조차 스탈린이 "혁명과 국가의 운명을 손에 쥐고 있음"을 알게 되었다. 트로츠키는 그 그루지야인이 "권력에 익숙해졌다"고 말한다.

하지만 스탈린은 그렇게 될 수밖에 없었던 존재는 절대 아니었다. 두뇌, 확신, 지적 집중, 정치적 재능, 폭력에 대한 믿음과 경험, 까다로움, 보복심, 매력, 감수성, 무자비함, 감정이입 능력의 결여 등, 그라는 인간의 전적으로 괴상한 특이성이 이미 갖추어져 있었지만 활약할 무대가 없었다. 1917년에 그는 무대를 발견했다.

역사상 다른 어떤 시대에도 그는 권좌에 오를 수 없었을 것이다. 그러기에는 그 인간성과 그 순간이 동시에 존재해야 했다. 그루지야인으로서 러시아를 지배할 수 있는 지위에 올라선다는 일어나기 힘든 일은 마르크스주의의 국제주의적 성격에 의해서만 가능할 수 있었다. 그의 독재는 소비에트 러시아의 포위된 상황에 의해, 유사종교적인 그 이데올로기의 유토피아적 광신주의에 의해, 무자비한 볼셰비키적 남성성에 의해, 제1차 세계대전의 살육 정신에 의해, 그리고 '프롤레타리아 독재'라는 레닌의 살인적인 비전에 의해 가능해졌다.

레닌이 그 체제의 초반부에 그토록 무제한적이고 절대적인 권력을 위한 기계를 만들어내기 위해 카메네프의 보다 온건한 노선을 전복시키지 않았더라면 스탈린은 존재할 수 없었을 것이다. 스탈린은 바로 그런 무대를 위해 훌륭하게 준비되어 있었다. 이제 스탈린은 스탈린이 될 수 있었다.

10월 이후 몇 달 이내에 레닌과 그의 휘하 거물들은 그런 힘을 써서 내전에 돌입했다. 스탈린이 그의 동료들과 함께 닥치는 대로 죽임으로써 전쟁을 벌이고 사회를 변화시킬 고삐 풀린 권력을 경험한 것이 그때였다. 첫 여우사냥을 떠난 남자아이들처럼 그들은 흥분하고 으스대며 피 맛을 보았다. 결함 있는 성격이었지만 재능은 있었던 스탈린은 그 같은 무자비한 야수성에 적임이었고 그것에 치명적인 매력을 느꼈다. 그 이후 억압의 기계, 불이 잘 붙고 영구적인 음모를 상상하는 편집증적인 심리와, 모든 도전을 극단적인 유혈사태로 해결하려는 성향은 단지 우세해지는 정도를 넘어 찬양되고 제도화되었으며, 메시아주의적인 열광에 의해 도덕을 벗어난 볼셰비키 신앙의 지위로 올라섰다. 족벌주의적인 마을처럼 운영되는 거대한 관료주의 체제에서 스탈린은 자신이 개인정치의 대가임을 보여주었다.* 그는 이런 잔혹한 성향을 지원하는 후견인이면서 또 그것들의 화신이기도 했다. "당이 자신의 모습대로 나를 만들었다"고 신성모독적으로 선언한 1929년의 그의 발언은 사실이었다. 그와 당은 함께 발전했다. 하지만 이처럼 은폐되었지만 제약 없는 극단주의와 사색과 사악한 어둠의 창조물은 항상 우리의 예상

---

*나중에 트로츠키는 스탈린이 관료적 평범성을 이용하여 권력을 축적했다고 주장했지만, 실제로 당의 기구를 운영한 것은 엘레나 스타소바의 보좌를 받은 야코프 스베르들로프였다. 스탈린은 천성적으로 결코 관료가 아니었다. 그는 정치에 철저하게 헌신하여 힘들게 일하는 스타일이었다. 스탈린에 관한 모든 일은 정치적이었다. 하지만 그는 괴상하고 구조 없고 비관료주의적인, 거의 보헤미안적인 스타일로 일했는데, 그런 스타일은 그때나 지금이나 다른 어떤 형태의 정부에서도 성공하지 못했을 것이다. 레닌의 신뢰를 얻은 것은 은행 강도 행각과 초반의 음모 덕분이었고, 나중에는 내전 때의 전투를 통해서였다. 스탈린은 1920년 이전에는 사무실에서 일한 적도 거의 없었다.

보다 더 멀리 나아갈 수 있었다.

그는 부족주의적인 캅카스에서 자랐고, 성장기 내내 음모가 판치는 지하세계에서 살았다. 그곳은 폭력, 광신주의, 충성심이 주된 화폐인 특이한 환경이었다. 그는 끊임없는 투쟁과 드라마와 스트레스의 정글에서 번창하는 유형이었다. 그는 권좌에 오른 사람들 중에서도 희귀한 존재였다. 폭력과 관념 두 가지를 모두 가진 인간으로서, 강도 행각의 전문가로서, (그러면서도 열성적인 마르크스주의자였지만) 그는 무엇보다도 그 자신을 믿었고, 무자비한 지도력이 위기에 처한 나라를 통치하고 진짜 유토피아의 이상을 선전할 유일한 길이라고 믿었다.

유혈사태와 족벌적 후원제도의 거대한 음모로 운영되는 무한한 정부에서, 왕성한 생명력을 자랑하기에 가장 적합한 것이 과연 누구였을까?

트로츠키와 스탈린 간의 권력쟁탈전은 처음부터, 새 정부의 첫 회의 때부터 시작되었다. 그것은 개인적인 사소한 과오와 정치적인 재주부리기가 변증법적 유물론의 신성성과 충돌한 역사적 사건이었다.

첫 번째 내각(볼셰비키의 약칭으로는 소브나르콤)은 스몰니에 있던 레닌의 사무실에서 열렸다. 그 내각은 여전히 너무나 임기응변적이고 아마추어적이어서, 그의 새 제국과 연결되는 유일한 장치는 칠도 되지 않은 나무로 된 칸막이 뒤편의 "전화교환수이자 타이피스트가 일할 작은 자리"뿐이었다. 트로츠키는 레닌의 비범한 두 거물인 "스탈린과 내"가 가장 먼저 도착한 것도 당연히 우연은 아니었다고 쓴다.

그런데 두 사람은 나무 칸막이 뒤에서 나는 유혹적이고 애정이 담긴 한숨소리를 엿들었다. "덩치가 크고 검은 턱수염을 기른 스물아홉 살 난 유쾌하고 자신감 있는 수병인 해군인민위원 디벤코와 마흔여섯 살이 다 된 과거의 귀족 여성 알렉산드라 콜론타이가 굵고 낮은 음성으로 아주 다정하게 대화하는 소리"가 들린 것이다. 스탈린과 트로츠키는 콜론타이의 최신 스캔들, 당내에서 소문이 두루 떠돌던 연애를 엿듣는 처지에 놓였다.

트로츠키와 스탈린, 마르크스주의의 메시아로 자임하는 거만한 두 사람, 뛰어난 행정가이고 심오한 사상가이며 잔인한 집행자이고 평범한 외부인이고 또 유대인과 그루지야인인 이 두 사람은 서로를 바라보았다. 스탈린은 재미있어했지만 트로츠키는 충격을 받았다. "스탈린은 일종의 예상치 못한 활기찬 태도로 내게 와서 어깨너머로 칸막이 쪽을 손짓하면서 음흉하게 웃었다. '저기에 콜론타이와 그 남자가 있어. 콜론타이와 함께 있다고!'"* 트로츠키에게는 그 일이 재미있지 않았다. "내게는 그의 동작과 웃음이 어색했고, 특히 그런 장소와 그런 상황에서는 참을 수 없이 조야한 것으로 보였다."

"그건 저들의 일이야." 트로츠키는 내뱉었다. 이 말에 "스탈린은 자신이 실수했음을 감지했다."

놀랍고도 생각도 할 수 없는 일이 일어났다. 스탈린, 그루지야 제화공의 아들이 러시아 과두제 정부의 정점 가까이에까지 와 있는 것이다.

---

*알렉산드라 콜론타이는 항상 스탈린을 구식의 예절을 차리면서 대했다. 그녀는 그의 치하에서 스웨덴 대사로 근무했고 자연사했다. 디벤코는 대숙청 때 총살되었다.

트로츠키는 거의 첫 만남부터 그의 천생 라이벌이었다.

트로츠키는 말한다. 스탈린은 "다시는 나와 개인적인 대화를 나누려 하지 않았다. 스탈린의 얼굴은 변했다. 그의 노란 눈은 악의로 번뜩였다."[3]

흑해 연안에 면한 가그라Gagra의 푸르게 우거진 언덕 위, 파노라마를 조
망할 수 있는 위치에 있는 언덕 위 요새처럼 강고하게 지어진 저택의
베란다. 그곳에 키가 작고 배가 나오고, 성글어져가는 반백의 머리에
콧수염을 기른 한 그루지야 노인이, 회색 튜닉과 헐렁한 바지를 입고
앉아서, 나이 든 손님들에게 자신들이 어떤 식으로 함께 자랐는지 이야
기했다.

그루지야식 잔치에 준비되는 므츠바니 케밥과 간이 센 채소 요리가
그 고장에서 나는 붉은 포도주와 함께 테이블 위에 차려져 있었다. 남
자들은 고리와 트빌리시에서 지냈던 소년 시절에 대해, 신학교에서 했
던 공부와 젊은 시절의 급진주의에 대해 그루지야어로 이야기를 나
눴다. 그들이 각기 다른 길을 갔다는 것은 중요하지 않았다. 집주인이
"학교 친구들과 신학교 동급생들을 한 번도 잊지 않았기" 때문이다.

죽기 전의 몇 해 동안 소비에트 정부 수상이자 공산당 총서기장, 베

를린 정복자이자 세계 마르크스주의의 최고 제사장인 스탈린 원수, 늙은 소소는 50년 이상 음모를 꾸미느라, 또 30년 동안 정부를 운영하느라, 4년간 총력전을 끌어오느라 탈진하여, 여러 달 동안 그가 가장 좋아하는 고향인 흑해 연안 아열대지역에 있는 해변의 빌라로 가서 휴식을 가졌다. 그는 정원을 손질하고, 음모를 꾸미고, 책을 읽으며 시간을 보냈고, 따뜻한 저녁 시간에는 지나간 일들을 추억하며 이야기를 나누었다.

가끔은 부하 거물인 몰로토프나 보로실로프와 이야기를 했고, 때로는 더 젊은 그루지야 총독이나 문하생들과도 이야기했지만, "시간이 나면 스탈린은 흔히 어렸을 때 알았던 그루지야 손님들을 초대했다"고 그루지야 당 제1비서인 캉디드 차르크비아니가 회상한다. 그의 이름을 들으면 스탈린은 자신의 후원자이던 고리의 코테 차르크비아니 신부를 생각하곤 했다. "그는 학교 친구들과 계속 연락을 하고 지냈다. 스탈린은 어린 시절의 이야기를 가끔 했는데, 그러다 친구들 생각이 나서 그들을 만나고 싶어졌다. 그래서 그들을 가그라에 있는 집으로 초대한 것이다." 스탈린은 이런 만찬의 기획을 즐겼다. 표트르 카파나제와 바소 에그나타시빌리를 초대하도록 하지…. 체라제는 어떻게 지내는지 궁금하군? 그는 유명한 레슬러였는데… 그도 함께 오면 좋겠다….

그리하여 카파나제, 에그나타시빌리, 또 다른 노인들이 소집되어 트빌리시에서 흑해의 이 언덕 위로, 철문과 검문소를 통과하여 위태로운 길을 따라, 막중한 경호를 받는 스탈린의 은밀한 저택인 콜드스트림으로 실려 온 것이다.

그곳에서 보초병들이 그들을 스탈린에게 데려갔다. 스탈린은 장미를 자르거나 레몬나무 둘레의 잡초를 뽑거나, 베란다에서 책을 읽고, 절벽 가장자리에 세워져 있는 목조 여름집에서 글을 쓰거나 당구 게임을 했다. 여자들이 거의 눈에 띄지 않게 행동하며 저녁 식사를 차려놓고 곧 사라졌다. 스탈린은 그루지야 와인 병을 열었다. 모두들 뷔페식으로 차려진 식탁에서 직접 음식을 담아 먹었다.

"손님들은 모두 즐거운 시간을 보냈다"고 차르크비아니가 말한다. 스탈린은 친근했고, 과거를 그리워했다. 하지만 독재자로서의 분노가 번뜩이는 때도 있었다. "식사하는 도중에 불쾌한 순간이 있었다. 스탈린이 그루지야 담뱃갑에 선정적인 자세를 취한 여자 사진이 있는 걸 본 것이다." 그는 느닷없이 화를 냈다. "자넨 숙녀가 저런 자세를 취하는 걸 본 적이 있나? 이건 허용할 수 없어!"

차르크비아니와 당 관료들은 담뱃갑 디자인을 새로 하겠다고 약속했다. 스탈린은 화를 누그러뜨렸다. 거의 모든 경우, 소소와 옛 친구들은 "극장, 미술, 문학 이야기를 했고, 정치에 대해서도 약간은 대화를 나눴다." 그는 자신의 두 아내인 카토와 나디아에 대해 가슴 아프게 회상했다. 아이들 문제에 대해서도 말했고, 표트르 카파나제는 엄숙하게 식탁을 돌아 걸어가서 스탈린의 아들 야코프의 죽음에 대한 애도의 말을 속삭였다. 스탈린은 슬프게 머리를 끄덕였다. "많은 집안이 아들을 잃었어." 그런 뒤 그는 자기 아버지의 술버릇에 대해, 고리의 레슬링 시합에 대해, 1905년에 자신이 벌인 사건들에 대해, 카모와 친차제의 행각에 대해, 은행 강도 사건에 대해 이야기했다. 유형을 가 있는 동안 겪었던 일들은 점점 더 부풀려져 헤라클레스 수준으로 증폭되었다. 하지만 대숙청의 무시무시한 그림자, 혁명을 위해 치른 수치스러운 인적 희생, 권력을 얻기 위해 치렀던 스탈린의 사악한 대가가 그들 모두 위에 드리워져 있었다.

"스탈린은 다른 옛 볼셰비키들의 삶에 대해 회상하면서 그들의 일화를 말해주었다." 그는 몇 명의 이름을 거론했는데, 손님들은 그 이름을 듣고 소름이 슬쩍 돋았다. 당연히 스탈린 본인이 살해지시를 내린 사람들이었기 때문이다. 가끔은 실수로 처형한 사람들에 대해서도 회상했다. 물론 그 자신의 지시였다. "부당하게 처형된 사람들 이야기가 나왔을 때 난 놀랐다. 그는 역사가처럼 초연하게, 슬픔이나 분노도 보이지 않고 이야기했다. 화도 내지 않고, 그저 가벼운 유머처럼 언급했다." 그는 훨씬 이전에 어머니에게 보낸 편지에서 이런 감정을 이렇게 설명했다. "그 속담 아시지요? '살아 있는 동안 난 제비꽃을 즐길 것이고, 무덤 속의 벌레는 죽은 후에 좋아해도 된다.'"

늙은 독재자는 자신의 비밀스러운 과거를 돌아보면서 곰곰이 생각했다. "역사가란 지하에 파묻힌 사실만이 아니라 대양의 맨 밑바닥에 가라앉은 사실들까지도 찾아내 세상에 드러내는 그런 사람들이다." 그는 그 자신에게 묻는 것처럼 물었다. "너는 비밀을 지킬 수 있는가?"

스탈린은 그의 치세 동안 벌어진 어마어마한 비극을 각자의 뒤섞인 운명 속에서 저마다 소우주처럼 체현하는 자기 가족과 친구와 지인들의 삶을 기억해내면서 무심한 듯 거울 속을 음울하게 들여다보았다.[1]

스탈린은 "아버지와 남편으로서 무심하고 좋지 못했던 것처럼 아들로서도 무심하고 나빴다." 그의 딸 스베틀라나 알릴루예바 스탈린은 쓴다. "그는 전 생애를 뭔가 다른 것에, 정치와 투쟁에 바쳤다. 그래서 개인적으로 그와 가깝지 않은 사람들이 가까운 사람들보다도 그에게는 항상 더 중요했다." 더 심한 것은 그가 자신의 정치가 사랑하는 사람들을 파괴하고 집어삼키는 것을 허용했고, 실제로는 권장하기까지 했다는 것이다.

1918년경 알릴루예프 가족의 아이들은 모두 소소를 위해 일하고 있었다. 내전이 진행되던 1918년에 스탈린이 차리친(스탈린그라드)으로 파견되었을 때 그는 애인인 나디야 알릴루예바와 그녀의 오빠 표도르를 장갑열차에 태워 함께 데리고 가서 조수로 삼았다. 돌아왔을 때 나디야는 사실상 그의 아내였고, 크렘린에 있는 아파트에서 함께 살았으며, 아들인 바실리*와 딸인 스베틀라나 두 자녀를 낳아주었다. 내전이 끝난 뒤 나디야는 한동안 레닌의 비서로 일했다.

안나 알릴루예바 역시 내전 기간 동안 결혼했다. 그녀는 스탈린과 제르진스키를 수행하여 페름 함락에 대한 조사단에 함께 갔다가 제르진스키의 폴란드인 보좌관인 스타니슬라스 레덴스와 사랑하는 사이가 되었다. 레덴스는 나중에 고위급 경찰이 되었고 스탈린의 궁정 신하의 일원이 되었다. 오빠인 파벨은 외교관이자 국방위원회 군사위원이 되었다. 그들 모두는 스탈린의 주변 인물로서 성공했다. 하지만 그들 가

---

*바실리가 그가 당내에서 쓰던 가명이었다는 것을 생각하면, 어떤 면에서 그는 자기 이름을 따서 아들 이름을 지은 것이다.

Young Stalin

족에게 미친 스탈린의 영향은 대재앙 바로 그 자체였다.

첫 번째 비극은 똑똑했지만 허약했던 표도르의 몫이었다. 내전이 벌어진 동안 그는 카모가 훈련시키는 특별부대에 징집되었다. 사이코패스 같은 이 전직 은행 강도는 시련이 닥쳤을 때 충성도 테스트에 강박적으로 집착했다. 이를 위해 그는 자기 부대가 적인 백군에게 사로잡힌 상황을 가상적으로 설정한 훈련을 고안했다. "밤중에 그는 동지들을 불러모아 총살대에 세운다. 누구든 자비를 애걸하기 시작하거나 배신하면 그는 그들을 총살한다. 이런 식으로 하면 그들은 실망스러운 행동을 하지 않게 된다고 카모는 말했다." 한 명이 자기 생각을 드러냈다가 그 자리에서 총살되었다. 그러다가 최종 시험이 있었다. 그는 죽은 자의 가슴을 열고 심장을 뜯어냈다. "이것이 네 상관의 심장이다." 카모는 표도르에게 말했다.

표도르는 정신이상이 되었다. "그는 병원에서 아무 말도 하지 않고 몇 년 동안 그냥 앉아 있었다"고 그의 조카딸인 스베틀라나가 말했다. 언어 기능이 서서히 돌아왔고, 그는 다시 정상적인 인간이 되었다. 그리고 다시는 일을 하지 못했지만 스탈린보다 오래 살았다.

나디야와의 결혼은 처음에는 아주 행복했다. 알릴루예프 일가는 스탈린의 아파트와 시골집인 주발로보에서 함께 살았다. 아이러니하게도 그곳은 과거 바쿠 원유 재벌의 집이었다. 나디야는 가정주부와 어머니 노릇에 만족한 것 같았지만, 얼마 안 가서 제대로 된 직업을 몹시 갖고 싶어 했다. 스탈린의 성격이 주는 압박감, 전쟁이 농민층에게 가하는 정치적 스트레스, 두 아이를 키우고 학위를 받기 위한 공부에 대한 부담감, 또 버릇이다시피 한 스탈린의 바람기가 나디야를 무너뜨렸다. 우울증으로 고생하던 그녀는 1932년 11월에 자살했다.

스탈린의 장인과 장모인 세르게이와 올가는 스탈린이 자기 가족을 파멸시키는 동안에도 크렘린과 시골집인 다차dacha에서 살았다. 나디야가 죽은 뒤 가슴이 무너진 스탈린은 파벨의 아내인 제냐 알릴루예바와 가까워졌는데 이것이 연애로 발전했을 수도 있다. 하지만 그랬다 하더라도 스탈린이 대숙청을 시작할 무렵에는 이미 끝나 있었다.

스타니슬라스 레덴스는 그 아내인 안나의 애걸도 소용없이 체포되어 총살되었다. 파벨 알릴루예프가 죽은 상황에도 수상한 점이 있었다. 제2차 세계대전이 끝난 뒤 스탈린의 처형과 올케인 안나와 제냐는 가족 문제와 정치 문제에 끼어들었고, 수사 대상인 유대인 여러 명과 너무 가까워져서 그를 짜증스럽게 했다. 안나는 스탈린의 허락을 받고 자신의 회고록을 썼지만, 그 글은 그녀답게도 눈치가 없었다. 특히 그의 불편한 팔에 대해 언급한 것이 그랬다. 그는 두 여자를 체포하라고 명했다. 그가 죽은 뒤에야 석방된 두 사람은 모두 스탈린이 자신들을 풀어주었다고 확신했다. 자신들이 겪은 참상이 바로 스탈린 본인의 지시에 의한 것임을 믿지 않으려 한 것이다. 안나는 감옥에서 정신이상이 되었지만 1964년까지 살았다.[2]

스탈린의 다른 가족인 스바니제 일가도 이들에게 못지않게 불운했다. 스탈린의 아들인 야코프는 1921년이 되어서야 아버지를 보았다. 외삼촌인 알료샤 스바니제와 카모의 누이가 야코프를 모스크바로 데

Young Stalin

려간 것이다. 그는 스탈린과 나디야의 집으로 이사했지만 느릿느릿한 그루지야식 행동거지는 아버지를 분통 터지게 만들었다. 야코프가 자살을 기도했다가 미수에 그쳤을 때, 그것을 도와달라는 호소로 알아들었어야 할 일이었지만 스탈린은 "그 아이는 총도 똑바로 쏠 줄 모르는군"이라고 하면서 웃었다.

아름다운 유대인 성악가와 결혼한 알료샤 스바니제는 계속 가까운 친구로 남아 있었다. 그와 소소는 형제 같았다. 그는 외국에서 근무했다가 1930년대 초반에 귀국하여 소비에트 국립은행 부총재로 봉직했다. 나디야가 자살한 뒤 카토의 자매들을 포함한 스바니제 일가는 스탈린과 더 가까워졌다. 마리코는 아벨 예누키제의 비서가 되어 모스크바에서 일했고, 사시코 스바니제 모노셀리제는 스탈린의 집에서 자주 묵었다.

알료샤의 아내인 마리야와 그의 누이인 사시코는 스탈린을 돌보는 문제를 놓고 알릴루예프 일가의 안나 및 제냐와 경쟁했다. 1930년대 초반, 그들은 사실상 스탈린과 함께 살다시피 했지만 서로 경쟁하느라 그를 짜증스럽게 만들었다.

1935년에 사시코의 남편인 모노셀리제가 스탈린에게 재정 지원을 요청하자 그는 대답했다.

난 사샤(사시코)에게 5,000루블을 주었네. 지금 당장은 그걸로 자네 두 사람에게 충분할 걸세. 내게는 돈이 더 없어. 있었다면 보냈겠지. 그 돈은 내 강연료와 기사 원고료라네. 하지만 이 일은 우리만, 즉 자네, 나, 사샤만 알고 있어야 하네. 다른 사람은 아무도 알면 안 되네. 안 그러면 다른 친척과 지인들이 날 쫓아다니면서 가만 놔두지 않을 거야. 그러니 어떻게 해야 하는지 알겠지?

미샤! 천년만년 행복하게 살게! 친구들에게 안부를 전해주게!

그럼 이만.

—소소

1935년 2월 19일

추신. 어머니를 만나면 안부를 전해주게.

사시코는 1936년에 암으로 죽었지만, 그녀의 여동생인 마리코는 상관인 예누키제에 대항한 일로 체포되었다. 그다음 해에 스탈린은 알료샤 스바니제와 그 아내를 체포하라고 명령했다. 그는 엔카베데에게 알료샤가 독일군 첩자였음을 자백한다면 목숨을 구해준다고 하라고 명령했다. 알료샤는 꿋꿋하게 이를 거부했다. "귀족적 자부심이군." 스탈린은 말했다. 알료샤와 그의 아내인 마리야, 누이인 마리코는 1941년에 독일군이 진군해오자 처형되었다. 대숙청 기간 동안 스탈린은 다른 지도적 인물들의 일가를 즐겨 체포했다. "내가 무엇을 할 수 있겠나? 내 가족도 감옥에 있는데 말이세!"

스탈린과 카토 스바니제의 아들인 야코프는 1930년대에 결혼하여 딸인 갈리나를 낳았고, 그녀는 2007년에 죽었다. 독일군이 침공해왔을 때 야코프는 나치의 포로가 되었다. 그의 아버지는 아들이 자신을 배신했다고 믿고는 그의 아내를 체포하도록 했다. 하지만 야코프는 자백하지 않고 자살했다. 그 이후에 스탈린은 후회하면서 아들이 진짜 남자였음을 인정했다.[3]

　그의 인생에 들어온 여자들의 경우 대개 파악하기 힘든 운명을 살았지만, 그들의 연인이 소비에트의 지도자가 되었을 때 총애를 거의 받지 못했다.

　'예쁜이'라는 별명의 여학생 펠라게야 오누프리예바는 교사가 되었지만 1917년에 사직하고 포민이라는 기계공과 결혼했다. 그녀의 아버지와 오빠들은 1930년대 초반에 스탈린이 농민층에게 벌인 투쟁 기간에 쿨락으로 간주되어 시베리아로 유배되었다. 1937년에 그녀의 남편이 체포되어 태업 혐의자로 재판받았다. 그로 인해 아들이 레닌그라드대학교에서 공부할 장학금을 잃게 되자 그녀는 스탈린에게 편지를 보냈다. 장학금은 회복되었다. 그러나 그녀의 남편은 1947년에 다시 체포되었고, 인민의 적이라는 죄목으로 10년간 수감되었다.

　1944년에 그녀가 지도자에 관련된 일로 조사를 받았을 때, 비밀경찰은 스탈린이 보낸 엽서와 책을 내놓으라고 명령했다. "내 삶은 힘들고 이리저리 떠돌아다니는 신세였습니다. 대가족을 봉양해야 했고 물건을 갖고 있을 수는 없었어요. 그래도 책은 있습니다. 그게 내 유일한 추억이기 때문에, 당신들에게 그걸 내주는 건 애석한 일이에요. 스탈린의 유일한 추억이라기보다는 이오시프라는 남자에 대한 추억이기 때문이지요. 난 그를 그렇게 불렀어요. 나는 우리가 친구였다고 생각합니다.

그 책은 내게 아주 소중하니, 내가 죽은 뒤에나 가져가세요." 그 당 관료는 책을 압수했다.

루드밀라 스탈은 중앙위원회에서 오랫동안 근무했고, 스탈린 저작의 편집을 기획하고 도왔으며, 제2차 세계대전이 일어나기 전에 죽었다. 타티야나 슬라바틴스카야는 중앙위원회 비밀분과에서 활발하게 활동했으며, 중앙통제위원회 일원이 되었다. 하지만 1937년에 그녀의 사위인 한 장군이 총살되었고, 딸과 아들은 체포되어 8년간 유배되었다. 그녀와 손자들은 엘리트층이 많이 살던 '제방 위의 집House of Embankment'에서 추방되었다. 손자인 유리 트리포노프는 작가가 되어 중편소설《제방 위의 집》에 그 경험을 기록했다.

우리가 아는 한 스탈린이 다시 만난 옛 여자친구는 한 명뿐이다.* 1925년에 솔비체고드스크에서 그의 동반자이던 타티야나 수호바는 이렇게 회상한다. "1925년에 나는 모스크바로 이사했는데, 스탈린 동지가 매우 보고 싶었다. 난 그에게 편지를 썼다. 그랬는데 바로 그날 저녁 전화로 그의 음성이 들려와서 정말 놀랐다." 그다음 날 그들은 구 광장에 있는 그의 사무실에서 만났다. "우리는 내가 하는 일에 대해, 두 사람 모두 아는 친구들과 솔비체고드스크에 대해 이야기했다."

---

*수호바가 나중에 쓴 회상록은 출판되지 않았다. 나타샤 키르타바와 알바시 탈라크바제는 바투미에서 당의 직원이 되어 늙을 때까지 살았고, 초년에 스탈린과 맺었던 관계 덕분에 존경받았다. 바쿠에서 약혼한 사이이던 스테파냐 페트로프스카야는 당의 직원이 되었고, 1932~1933년의 슬레프코프 사건으로 기소되었다. 슬레프코프 본인은 1932년에는 살아남았다가 1937년에 총살되었지만, 스테파냐 페트로프스카야의 운명은 알려져 있지 않다. 볼로그다에서 스탈린의 동반자이던 세라피마 호로세니나는 1932년에는 살아 있었고 회고록을 기록했지만, 그녀의 운명도 알려져 있지 않다.

1929년에 스탈린이 남쪽에 있는 마체스타에 온천욕을 하러 갔을 때 교사이던 수호바는 그에게 다시 연락했다. "흰색 양복을 입은 청년 세 명이 와서 나를 태우고" 그의 빌라로 데려갔다. 그곳에서 그녀는 나디야 알릴루예바와 스탈린의 환영을 받았다. 그들은 저녁 식사를 하면서 옛날 일을 회상했다. 나디야는 유형지에서 젊은 스탈린이 어땠는지 그녀에게 물었다. "나는 그의 외모를 묘사하면서, 스탈린 동지는 그의 흰색 후드를 한 번도 벗지 않았다고 말했다." 나디야는 웃으면서 "그가 그처럼 멋쟁이였다고는 전혀 상상하지 못했다고 말했다." 그리고 스탈린은 텃밭에서 키우는 토마토를 자랑스럽게 보여주고, 집 옆의 사격장으로 데려갔다. 그곳에서 그는 라이플로 과녁 정중앙을 맞췄다. "당신은 어떻게 자기 몸을 지킬 거요?" 스탈린이 물었다. 또 그녀가 여관의 서비스가 별로 좋지 못하다고 그에게 말하자, 그가 중얼거렸다. "그 사람들을 야단쳐야겠군."

그런데 그다음 해에 스탈린이 람진과 다른 사람들을 재판에 회부했을 때 수호바 또한 거기에 포함되었다. 그녀가 그에게 탄원서를 내자 그는 그것을 받아주었다. "당신이 곤경에 처한 것이 이번이 처음이오?" 그는 물으면서 덧붙였다. "난 항상 말썽에 말려드는데 말이오." 그런 다음 그는 그녀의 연구소에 전화하여 그녀를 보호해주었다. "다음부터는 당신 스스로 싸워야 합니다." 그들은 다시는 만나지 않았다.[4]

스탈린이 남긴 사생아는 최소한 두 명이 있다. 두 사람 모두 아버지에게서 직접 도움을 받은 적이 없었다.

솔비체고드스크에서 스탈린이 묵었던 하숙집 여주인 마리야 쿠자코바가 낳은 아들 콘스탄틴 쿠자코프는 둘 중에서 더 흥미로운 삶을 살았다. 1917년에 스탈린이 정부 요직에 임명되는 것을 본 쿠자코바는 그에게 도움을 요청하는 편지를 썼다. 답장이 오지 않자 그녀는 스탈린의 아내인 나디야가 일하던 레닌의 사무실로 연락했다. 나디야는 스탈린에게 말하지 않은 채 쿠자코바의 연금 액수를 올려주었지만, 나중에 아이 아버지에게 이를 알렸다.

그 아이가 레닌그라드대학교에 입학한 데는 스탈린의 도움이 분명 있었을 것이다. 1932년에 엔카베데는 그 아이에게 다시는 자신의 출생에 대해 언급하지 않겠다고 약속하는 서류에 서명하게 했다.

그는 레닌그라드 군사기계연구소에서 철학을 가르쳤는데, 스탈린과 가장 가까운 거물인 안드레이 즈다노프는 그를 승진시켜 모스크바에 있는 중앙위원회 업무부에서 근무하게 했다. 나중에 콘스탄틴은 즈다노프가 자신의 출생을 알고 있었다고 말했다. 그는 아버지를 한 번도 만난 적이 없었다. 하지만 "한번은 스탈린이 걸음을 멈추더니 나를 보았다. 나는 그가 내게 뭔가를 말하고 싶어 한다는 느낌을 받았다. 난 그에게 달려가고 싶었지만 뭔가가 날 붙잡았다. 그는 파이프를 흔들더니 자리를 옮겼다." 제2차 세계대전 동안 콘스탄틴은 중령으로 복무했고 훈장을 받았지만, 그의 어머니는 레닌그라드 포위 기간에 굶어 죽었다.

1947년 여름, 쿠자코프는 즈다노프의 사무실로 호출되어, 무시무시하지만 야단스러운 비밀경찰총수인 빅토르 아바쿠모프를 만났다. 그들은 쿠자코프의 부관을 미국 스파이로 고발했고 쿠자코프 또한 기소되었다. 스탈린은 그의 체포를 허락하지 않았지만 쿠자코프는 명예 법정에서 재판을 받고 출당처분을 받았다. 그에게는 자녀가 셋 있었는데 그중 누구도 잡역부 일자리조차 얻지 못했다.

스탈린이 죽고 베리야가 체포된 뒤 그는 당에 복귀하여 문화성에서 소련 TV방송국 국장으로 장기간 재임했으며, 1996년에 죽었다.

스탈린과 리디야 페레프리기나와의 사이에서 태어난 아들인 알렉산드르는 살아남았다. 그는 아마 1917년 초반에 태어났을 것이다. 그녀는 그 뒤에 농민이자 어부인 야코프 다비도프와 결혼했는데, 야코프는 알렉산드르를 입양했다. 리디야는 이가르카에서 미용사가 되었고, 아이를 여덟 명 더 낳았다. KGB 국장인 세로프 장군에 의하면 "스탈린은 그녀를 한 번도 도와주지 않았다." 알렉산드르의 아들인 유리의 말에 따르면 알렉산드르는 "어머니인 리디야에게서, 스탈린과의 연애사건이 있은 지 한참 뒤에 그 사실에 대해 들었다." 그들은 "그 사실을 숨겼고, 그의 생부가 누구인지 아는 사람은 쿠레이카의 주민 몇 명뿐이었다."

알렉산드르는 우체부였고 콤소몰 지도원이 되었지만, 1935년에 엔카베데는 그를 크라스노야르스크로 불러 쿠자코프의 경우와 비슷하게, 자신의 출생에 대해 절대로 말하지 않겠다는 서약서에 서명하게 했다. 그런 다음 알렉산드르는 모스크바로 이사하겠느냐는 제안을 받았지만 거절했고, 무슨 일이 일어나지 않을까 항상 겁내면서 살았다. 그는 제2차 세계대전 때 사병으로 참전했다가 세 번 부상당했고, 대전이 끝난 뒤 대령으로 승진했다. 그는 광산촌인 노보쿠즈네츠크에서 식당을 운영하면서 결혼하여 세 자녀를 두었고, 1987년에 죽었다. "아버지는 내가 스탈린의 손자라고 말했다." 노보시비르스크에서 가족과 함께 살고 있는 유리가 말한다.[5]

스탈린이 1921년에 그루지야를 재정복하기까지* 그의 어머니가 살았던 나라와 러시아는 같은 나라가 아니었다. 그 뒤에 트빌리시에 다시 간 소소는 케케와 다시 합쳤는데, 그때 그는 그 지역에서 자신이 피를 부른 정복자이자 예전의 강도로서, 증오의 대상이 되었음을 알았다.

스탈린은 케케에게 정기적으로 편지를 보냈지만 거리를 두었다. "내 아들이 왜 트로츠키와 권력을 공유할 수 없는지 궁금해." 스탈린의 세계에서 이렇게 물을 수 있는 것은 "활기차고 수다스러운" 그녀뿐이었다. 스탈린은 그런 독립성을 절대로 용납할 수 없었다.

---

*스탈린은 그루지야 문제 때문에 레닌과 틈이 벌어졌다. 멘셰비키가 주도권을 잡았던 그루지야는 1918년에 독립국이 되었다. 대장은 그루지야를 내버려두어도 좋다고 생각했지만, 1921년에 스탈린과 세르고 오르조니키제는 침공을 계획하여 성공했다. 무자비하고 과감한 세르고는 백마를 타고 의기양양하게 트빌리시에 입성했지만, 그 나라를 잔혹하게 탄압했기 때문에 곧 '스탈린의 당나귀'라는 별명을 얻었다. 그루지야의 지위를 규정할 때가 되자 스탈린은 트랜스캅카스 연방에 포함시키자고 주장했지만, 수십 년 동안 스탈린의 동맹자였던 허세꾼 므디바니와 이론적 지도자인 마하라제의 지도를 받는 그 지역의 볼셰비키들은 독립 그루지야공화국을 요구했다. 스탈린주의자와 소위 일탈자들 사이에서 벌어지게 된 다툼에서 세르고는 적들 중 한 명에게 주먹을 날렸다. 이 때문에 분개한 레닌은 이제는 스탈린과 세르고에 반대하여 그루지야를 지원했다. 이로 인해 스탈린은 레닌의 아내인 크루프스카야에게 욕을 퍼부었다. 레닌은 유서에서 스탈린을 비서국에서 퇴출시키라고 요구했다. 하지만 시기가 너무 늦었고, 레닌은 심장발작을 다시 한 번 겪었다. 스탈린은 살아남았다.

케케는 잠깐씩 모스크바에 와서 나디야를 만났다. "이 여자는 내 아내니까 그녀를 힘들게 하지 마세요." 스탈린은 케케에게 경고했다. 그녀는 트빌리시의 골로빈스키 대로에 있는 옛 총독 궁전의 방 두 개짜리 아파트에서 사는 편을 택했다. 나디야는 가끔씩 편지를 보내 아이들의 소식과 사진을 전했다. 스탈린이 권좌를 향해 올라가고 있을 때 그의 편지는 짧막했다.

> 엄마에게, 만수무강하소서!
> ─당신의 아들,
> 키스와 함께,
> 소소,
> 1923년 1월 1일

케케는 그가 자신에게 충분한 관심을 보이지 않는다고 불평했다. "엄마, 엄마가 나한테 실망했다는 건 알지만, 내가 어떻게 하겠어요? 난 정말 너무 바빠 편지를 자주 쓸 수 없어요. 밤낮으로 일에 파묻혀 산다고요. 엄마의 아들, 키스와 함께, 소소, 1925년 1월 25일." 아니면 그녀는 그를 무시하고 자기 삶을 살았다. "엄마, 어떻게 지내시는지요? 오랫동안 내게 편지를 보내지 않으셨는데, 아마 내게 화가 난 모양이지요. 하지만 나더러 어쩌라고요? 난 너무 바빠요. 150루블을 보냅니다. 더는 안 돼요. 돈이 더 필요하면 얼마가 필요한지 말해주세요. 엄마의 소소."

나디야가 자살한 뒤에는 그들 사이가 눈에 띄게 더 소원해졌다.

어머니께,

잼, 생강, 추흐첼리(그루지야식 사탕)를 받았습니다. 아이들은 아주 기뻐했고, 감사 인사를 전해달라고 합니다. 저는 탈이 없으니 제 걱정은 하지 마세요. 난 내 운명을 감당할 수 있어요. 어머니가 돈이 더 필요한지 아닌지 모르겠어요. 혹시나 해서 500루블을 보냅니다. 나와 아이들의 사진을 동봉합니다.

잘 지내시고, 기운 내세요. 어머니. 키스와 함께.

—어머니의 아들, 소소,

1934년 3월 24일

추신, 아이들이 어머니에게 인사합니다. 나디야가 죽은 뒤 내 생활은 무척 힘들어졌지만, 강한 남자는 항상 용맹스러워야 하지요.

그가 케케를 마지막으로 찾아간 1936년에, 그녀는 그가 신부가 되었더라면 좋았겠다고 말했다. 이 말에 스탈린은 약간 즐거워했다. 그는 그녀에게 약과 옷을 보냈다. 그녀의 상태가 나빠지자 그는 그녀를 격려했다. "건강이 좋아지신다면 기쁠 거예요." 그가 1937년에 쓴 편지였다. "우리 일족은 튼튼하다고요!" 그녀는 그 직후, 대숙청 기간에 죽었다. 스탈린은 그녀의 장례식에 참석하지 않았지만 그가 보낸 화환에는 이렇게 쓰여 있었다. "사랑하는 어머니, 아들 이오시프 주가시빌

Young Stalin

리로부터." 그녀는 화려한 장례식을 치르고 성산에 있는 교회에 묻혔다.[6]

스탈린은 고리와 트빌리시의 옛 친구들과의 연락을 끊지 않았다. 가끔 그들에게 짧은 편지를 쓰거나, 뜬금없이 돈을 보내곤 했다. 그들이 탄원서를 내면 도움을 주는 것도 좋아했다. 1933년에 그는 카파나제에게 이렇게 썼다.

안녕, 페타, 이보게… 자네에게 2,000루블을 보내네. 지금은 돈이 더는 없네. 이 돈은 원고료인데, 원고료를 많이 받지는 않네. 하지만 자네 문제가 걱정이 많이 된다네. 이 돈과 별개로, 자네는 3,000루블을 대출받게 될 거야. 이 일에 대해 베리야에게 말해두었네.

오래오래 행복하게 지내게.

―베소.

전직 사제인 카파나제와 글루리제, 그리고 그의 레슬링 친구이던 체라제는 전쟁 동안 더욱 운이 좋았다. 1944년 5월 9일, 스탈린은 자신의 금고에 돈이 쌓여가는 걸 알았다(당 서기장, 수상, 최고지휘관, 국방인민위원, 소비에트 최고의장으로서도 봉급이 나왔다). 그는 돈을 쓸 길이 없었으므로 아래의 쪽지를 휘갈겨 썼다.

1. 내 친구 표트르 카파나제에게 4만 루블.
2. 그리샤 글루리제에게 3만 루블.

3. 미하일 체라제에게 3만 루블.

글루리제에게 보낸 쪽지 내용은 다음과 같았다. "그리샤! 내 이 작은 선물을 받아주게. 자네의 소소." 그는 정치에 전혀 끼어들지 않은 친구들에게는 너그러웠지만, 이레마시빌리와 다브리셰비를 용납했을 것 같지는 않다. 그들은 그와 정치적으로 대립했기 때문이다.*

스탈린이 1921년에 그루지야를 장악했을 때, 이레마시빌리는 전사자의 장례식에 참석했다가 케케 주가시빌리 바로 곁에 서게 되었다. 고리 시절부터 케케와 잘 알고 지내던 그는 말했다. "케케, 이런 사태의 책임은 당신 아들에게 있어요. 모스크바에 있는 그에게 편지를 써서, 그는 더 이상 내 친구가 아니라고 말하세요!" 그해 후반에 스탈린이 트빌리시에 왔을 때 이레마시빌리는 체포되었지만, 누이가 스탈린에게 탄원했다. 스탈린은 그녀에게 "자애롭게 친절한 태도로 대했다. '정말 애석하군요! 그를 생각하니 마음이 무척 아픕니다. 그(이레마시빌리)가 내게 돌아올 방도를 찾기를 바랍니다!'" 스탈린은 그를 석방하라고 명

---

*멘셰비키들은 기묘한 인생 궤적을 따라갔다. 앞에서 보았듯이, 카를로 치혜이제는 1917년 혁명의 초반에는 페트로그라드 소비에트의 의장으로서 가장 강한 권력을 쥔 인물이었다. 반면 같은 그루지야 출신의 멘셰비키인 이라클리 체레텔리는 1917년 여름에 강력한 러시아 장관이 되었다. 하지만 볼셰비키가 권력을 쥐자 치혜이제, 조르다니아, 체레텔리, 노에 라미시빌리는 독립 그루지야의 지도자가 되었다. 볼셰비키가 침공했을 때 그들은 달아나 망명할 수 있었다. 치혜이제는 1926년에 자살했다. 라미시빌리는 1930년에 파리에서 살해되었다. 조르다니아, 우라타제, 아르세니제, 사기라시빌리, 니콜라예프스키는 모두 망명하여 살아남았고, 각자 회고록을 썼다. 스탈린을 회색의 얼룩이라 불렀던 수하노프는 대숙청 기간에 총살되었다.

령한 다음 자기에게 들르라고 했다. 이레마시빌리는 이를 거절했다. 그는 다시 체포되었고, 스탈린의 부하 강도였고 이제는 비밀경찰의 고위 인물이 된 친차제에게 복종해야 했다. 스탈린은 그를 독일로 추방했는데, 그곳에서 그는 파시즘에 아첨하면서 (스탈린에게) 적대적인 회고록을 썼다.

다양한 모습을 가진 다브리셰비, 고리 경찰서장의 아들이자 은행 강도 사건의 동지이던 다브리셰비는 파리로 달아났다. 그는 제1차 세계 대전 때 장 비올랑이라는 이름을 쓰는 유명한 조종사가 되어 프랑스 첩자로 활약했다. 어떤 글에서는 그가 악명 높은 매춘부인 마타하리와 연애하는 사이였으며 1917년에 배신행위로 처형되었다고 하지만, 그의 에로틱한 첩자 행위는 사실 그 정도로 극적이지는 않았다. 프랑스 비밀경찰은 아름답고 젊은 모험가이자 여자비행사인 마르트 리샤르를 독일 첩자가 아닌지 의심했다. 그들은 숙련된 비행사인 다브리셰비를 파견하여 그녀를 감시하도록 했다. 그녀는 다브리셰비와 사랑에 빠졌고, 그들은 열정적인 연인 사이가 되었다. 다브리셰비는 그녀가 체포된다면 자살해버리겠다고 협박할 정도였다. 그는 그녀의 무고함을 입증하는 데 성공했다. 그녀는 프랑스 정보부에 가담하여 마드리드로 파견되었는데, 그곳에서 70대의 늙은 독일 정보부 총수를 유혹했다.

1936년에 스탈린은 다브리셰비에게 연락하여 돌아오라고 했다. 현명하게도 다브리셰비는 파리에 머물렀다. 스탈린이 죽은 직후 다브리셰비는 인터뷰를 발표했다. "난 스탈린의 이복형제다." 그는 1975년에 죽었는데, 그의 삶은 부고문에 잘 묘사되어 있다. "경이적인 혁명가,

비행사, 스파이, 작가였다." 그의 놀라운 회고록은 1979년에 프랑스어로 출판되었지만 별로 관심을 끌지 못했다.[7]

카모는 표도르 알릴루예프를 소름 끼치는 방식으로 다루었지만, 여전히 볼셰비키의 영웅으로 통했다. 하지만 이 단순무식한 위험인물은 평화 시의 업무에는 적응하지 못했다. 그는 체카 요원이 되었지만 너무 심하게 광기 어린 수준이었던 그의 잔인성은 그들의 업무에도 너무 심했다. 1922년에 그는 트빌리시로 돌아와서 관세 업무를 담당했다. 레닌이 캅카스에서 휴가를 보낼 계획을 세우자 카모는 그와 함께 지내겠다고 우겼다. 레닌은 결국 오지 않았다. 트빌리시에서 전해지는 이야기에 의하면 카모가 술을 너무 많이 마시고는, 스탈린이 트빌리시 은행 강도 행각에서 맡았던 역할에 대해 떠벌렸다고 한다. 이는 민감한 주제였다.* 그가 회고록을 쓰기 시작한 후 어느 날 자전거를 타고 귀가하던 중에 트럭 한 대가 그를 치었다. 그를 죽게 한 것이 스탈린이었다고들 한다. 트빌리시의 유일한 자전거가 트빌리시의 유일한 트럭에 치이니 우연치고는 이상하지 않은가, 하는 농담이 돌아다녔다.

카모는 그의 악명 높은 약탈 행위의 무대였던 예레반 광장의 틸리푸추리 술집 밖에 있는 푸시킨 정원에 묻혔다. 그곳에 있던 푸시킨 조각상이 치워지고 그의 조각상이 세워졌다. 나중에 스탈린은 그의 기념상

---

*친차제는 1921년에 그루지야 체카에 가담했고, 그 역시 카모와 비슷한 시기에 회고록을 썼다. 하지만 그는 훨씬 더 영리하게 행동했다. 그는 스탈린에게 반대하는 그루지야의 일탈파에 가담하여 해고당했다. 트로츠키파로 간주되어 체포된 그는 1930년에 감옥에서 결핵으로 죽었다.

을 치우라고 명령했다. 카모는 다른 곳에 이장되었다.[8]

소소의 보호자이자 아버지일지도 모르는 에그나타시빌리는 살아남은 두 아들, 사샤와 바소를 모스크바의 사립학교에 보내 교육시켰다. 그 가족은 레스토랑 사업가였고, 얼마 안 가서 고리 이외의 지역으로도 사업을 확장했다. 에그나타시빌리와 아들들은 바쿠에도 레스토랑을 열었으며, 바소는 하리코프대학교에서 학위를 따고 역사 교사가 되었다.

늙은 에그나타시빌리는 1929년에 죽었다. 그는 말년까지도 스탈린과 매우 가까운 사이였다. 사샤 에그나타시빌리는 1929년경까지 트빌리시에서 레스토랑 다섯 곳을 경영했다. 1930년대 초반에 두 형제가 모두 체포되었다. 사샤는 예누키제에게 연락했고, 예누키제는 그를 석방시켜 모스크바로 데려갔다. 그곳에서 그는 스탈린의 환영을 받았다. 바소 역시 즉시 석방되었다. 스탈린은 사샤를 엔카베데에 취직시키고, 크리미아에 있는 정치국원들의 다차를 운영하는 직책에 임명했다가 승진시켜 자신의 근위대로 데려갔다. 과거에 자본주의적인 레스토랑 사업가이던 사샤는 스탈린의 식음료를 담당하는 부서의 장이 되었다. 그 부서는 기지the Base라 알려진 곳으로서, 타인들에게 독을 썼고 자신에게도 그런 일이 있으리라고 두려워하는 편집광적인 독재자에게는 신뢰받는 지위였다.

에그나타시빌리는 독재자의 음식을 먼저 맛보는 일을 맡았으므로, 엔카베데에서는 그를 토끼라는 별명으로 불렀다. 엔카베데 내에서 그는 암묵적으로 스탈린의 친척, 혹은 형제로 알려졌다. 심지어 이 독재자를 다른 누구보다 잘 아는 블라시크 장군도 그랬다(사샤의 부하 가운데 젊은 시절에 라스푸틴을 섬겼고, 레닌과 스탈린도 섬긴 사람이 있었다. 그런 경이적인 요리 경력이 엔카베데라는 우주의 일부인 식당 그늘에 숨겨져 있었다. 이 세계사적인 요리사가 바로 블라디미르 푸틴 대통령의 조부였다).

멘셰비키가 아닌 사회주의자-연방주의자였던 바소는 트빌리시 신문 편집장으로 승진했다가 그루지야 최고 소비에트의 서기가 되어, 그루지야에 심긴 스탈린의 눈과 귀로 활동했다.

토끼 사샤는 스탈린이 주로 머무는 쿤체보 저택 가까이 살았으며, 식사 자리에 흔히 참석했다. 모스크바에 가게 되면 바소는 항상 스탈린의 집에 묵었다. 그들은 계속 케케와 가까이 지냈다. 사샤 에그나타시빌리가 1934년의 생일을 맞아 스탈린의 어머니에게 보낸 편지에는 그들의 특별한 관계가 잘 나타나 있다. "내 사랑하는 정신적인 어머니, 어제 난 소소를 찾아가서 오래 이야기했어요. 그는 체중이 불었습니다. 지난 4년 동안 지금처럼 건강해 보인 적이 없어요. 어머니가 생각하시는 것보다 훨씬 더 잘생겼고요. 그는 농담을 많이 합니다. 그가 늙었다고 누가 그러던가요? 그는 4년 전보다 더 젊어졌어요. 그가 마흔일곱 살이 넘었다고 생각할 사람은 아무도 없을 거예요!"

1940년에 스탈린은 옛날 아버지의 구두가게 도제였고 어린 자신에게 무척 친절했던 다토 가시타시빌리를 기억해냈다. "다토가 아직 살아 있는가?" 그는 갑자기 사샤에게 물었다. "그를 아주 오랫동안 보지 못했네." 에그나타시빌리는 여전히 고리에서 구두를 짓고 있던 다토를 불러 모스크바로 보냈다.

어느 날 스탈린과 그의 경호실장인 블라시크와 베리야가 그루지야 식 잔치를 벌이기 위해 에그나타시빌리의 집에 갔다. 스탈린은 다토와 다시 만났다. 스탈린이 그를 놀리자 늙은 제화공은 겁도 없이 대답했 다. "당신은 자신이 내 눈에도 다른 사람들에게처럼 스탈린으로 보인 다고 생각하십니까? 내게 당신은 여전히 내 팔에 안겼던 어린 소년입 니다. 계속 그렇게 놀리면 난 당신 바지를 벗기고 깃발보다 더 빨개질 때까지 궁둥이를 때리겠소!" 스탈린은 웃었다.

하지만 불길하게 그는 사샤의 아내를 눈여겨보았다. 토끼는 유대계 아르메니아 사업가의 전 부인인 독일여자와 결혼했다. 그들의 딸은 미 국에 살고 있었다.

"자네 부인은 기분이 언짢은가 보군. 내게 화가 났나?" 스탈린은 말 했다.

사샤는 그녀가 독일인이기 때문에, 그녀 자신과 미국에 있는 딸에 대 해 염려하고 있다고 설명했다.

"우리는 독일과 조약을 맺었지만, 그건 아무 의미도 없어요." 스탈 린이 그녀에게 장담했다고 사샤의 손자인 구람 라티시빌리가 전했다. "전쟁을 피할 수는 없어. 미국과 영국은 우리와 동맹을 맺을 거요."

독일군이 1941년에 침공해 오자 에그나타시빌리의 아내는 체포되어 총살되었다. "그녀는 그저 사라졌고, 다시는 나타나지 않았다." 사샤 의 손자가 말한다. 하지만 사샤는 이 일에 대해 절대로 스탈린에게 말 하지 않았다. 에그나타시빌리는 스탈린의 궁정에서 어떻게 처신해야 하는지 그 방법을 이미 알고 있었다.

전쟁 동안 이제 장군이 된 에그나타시빌리는 스탈린을 수행하여 테헤란과 얄타에 갔다. "포도주와 샤실릭 공급을 담당하는 그루지야 요리사가 중장이 되었단 말이지!"라고 흐루시초프는 자신의 회고록에서 비꼬았다. "전선에서 돌아올 때마다 그가 훈장 한두 가지를 더 받았음을 알아차렸다! 그리고 스탈린은 이 보급 담당 중장 앞에서 내게 호통을 친 일도 기억한다. 그는 스탈린과 우리 모두와 함께 취하기도 했다." 러시아 전쟁군벌인 스탈린은 그런 태도에 민감했다. 그는 또 베리야로부터 자기 가족 내에서 일어나는 부패에 대해 알게 되자,* 에그나타시빌리를 세 거두의 얄타회담을 준비하도록 크리미아의 국영 다차 감독 자리로 이직시켰다. 하지만 그 일이 끝난 뒤 그는 에그나타시빌리

---

*에그나타시빌리 일가는 바쿠에서 1918년 이후 베리야를 알고 지냈다. 그곳에서 베리야는 아제리 무사비스트 당에서 볼셰비키 이중첩자였거나, 그 반대였다. 베리야가 병이 들자 에그나타시빌리는 그 그루지야인을 간호해주었다. 베리야가 캅카스의 총독이 되고, 다음에는 엔카베데의 두목이 되었을 때 그는 캅카스에서 정보와 영향력의 독점체제를 구축하려고 했다. 하지만 에그나타시빌리는 베리야에 의존하지 않았다. 그뿐 아니라 사샤 에그나타시빌리는 스탈린의 근위부서에서 경호실장인 블라시크 장군 휘하에서 근무했는데, 블라시크 역시 베리야의 권력에 속한 사람이 아니었다. 베리야는 끊임없이 이런 상황을 시정하려고 애썼다. 제2차 세계대전이 끝난 뒤 베리야는 기지에서 스탈린을 위해 마련되는 엄청난 양의 식품을 판매하는 과정에서 블라시크가 부패를 저질렀다고 고발했다. 블라시크는 이에 반발하여 베리야를 부패 혐의로 역공격했으며 살아남았다. 하지만 기지를 운영했던 에그나타시빌리는 아마 그의 비위를 거슬렸을 것이다. 근위대 지휘권을 놓고 벌어진 베리야와 블라시크 간의 결투는 스탈린이 죽을 때까지 계속되었다. 에그나타시빌리 장군과 그의 아내에 대한 이야기가 나온 것은 지금이 처음이다. 그 이야기는 그의 평소 행동 패턴과도 들어맞는다. 아내인 나디야가 자살한 뒤 스탈린은 부하들의 아내를 불신했다. 그의 내각 수장인 알렉산드르 포스크레비셰프, 군대에서 자신의 꼭두각시인 쿨리크 원수의 젊고 예쁜 아내들은 총살되었다. 국가수반인 칼리닌, 외무상인 몰로토프의 아내들은 체포되었다. 하지만 이 남자들은 모두 한마디도 없이 계속 헌신적으로 그를 섬겼다.

를 뒤에 남겨두었다.

토끼는 1948년에 당뇨병으로 죽었다. 바소 에그나타시빌리는 계속 스탈린과 가까웠고, 옛 고리 친구들의 식사 자리에 참석했다. 하지만 스탈린이 죽은 뒤 베리야는 바소를 해고하고 그를 투옥시켰다. 베리야가 몰락하자 바소는 석방되어 1956년에 죽었다.[9]

스탈린의 볼셰비키 동지들의 운명은 소비에트 국민들의 (전체적으로 비극적인) 운명의 기준에서 보더라도 비극적이었다. 카메네프와 지노비예프는 1936년에, 부하린은 1938년에 총살되었다. 트로츠키는 1940년에 얼음용 도끼로 살해되었다. 모두 스탈린의 지시에 따른 일이었다. 1937~1938년 사이에 대략 150만 명이 총살되었다. 스탈린이 직접 사형 선고장에 서명한 것만도 거의 3만 9,000명에 달했는데, 그중에는 오래된 지인이 많았다. 스탈린의 떠오르는 거물인 베리야가 담당하던 그루지야는 특히 지독한 타격을 받았다. 그곳 공산당원들의 10퍼센트가 숙청되었고, 제10차 그루지야 당대회 대의원 644명 중 425명이 총살되었다.

가장 유명한 제물은 스탈린의 옛 친구 부두 '술통' 므디바니였다. 그는 예전에 스탈린의 목숨을 여러 번 구해준 적이 있었다. 하지만 므디바니는 1921년에 스탈린에게 반대했고, 수다스러운 이 전직 배우는 불경스럽게도 베리야는 케케의 집 주위에 무장 경호대를 배치해야 한다고 농담을 했다. 그녀를 보호하기 위해서가 아니라 그렇게 해야 또 다른 스탈린을 낳지 않을 테니까. 스탈린은 1920년대에 부두와 화해했다. 모스크바에 가게 되면 부두는 대개 스탈린의 집에 묵었다. 스탈린은 그루지야에서 므디바니 일가를 자주 방문했다. 심지어 그들 아들의 대부가 되어주기까지 했다. 하지만 스탈린은 므디바니의 반대를 잊지 않았다. 1937년에 그는 스탈린 살해 음모를 꾸몄다는 죄목으로 체포되어 얼마 뒤에 가족 거의 전부와 함께 총살되었다.

소소의 가장 가까운 그루지야 지인 셋의 운명은 불쾌한 무작위성의 우주에서 사태가 어떻게 완전히 엉뚱한 길로 나아갈 수 있는지를 말해준다. 나디야의 대부인 아벨 예누키제, 밝고 온화하고 삶을 즐기며 우호적인 예누키제는 중앙집행위원회 비서가 되어 크렘린, 당 소유의 빌라와 볼쇼이 발레단을 담당했는데, 그는 이 단체를 개인적인 데이트 에이전시로 사용하여 10대의 발레리나들(그리고 그들의 어머니들도)을 농락하는 것으로 악명이 높았다.

아벨 아저씨는 스탈린과 가까운 친구였지만 항상 그 자신의 입장을 유지했다. 바쿠의 인쇄소에 대한 회고록에서 그는 스탈린이 하지 않은 일에 대해 찬양하기를 거부했다. "코바는 내가 자신이 천재였다고 말해주기를 원하지만, 난 그렇게 하지 않을 것이다." 그는 불평했다. 그는 탄압이 심해지는 현상을 회의적으로 보았고, 박해받는 그루지야 동지들을 보호해주는 데서 자부심을 느꼈다. 하지만 그와 스탈린은 휴가를 함께 보낼 때가 많았고, 서로에게 다정한 편지들을 보내곤 했다. 그러나 1936년에 스탈린은 자신의 내부 서클 중에서 첫 번째로 예누키제를 골라 몰락시켰다. 그가 한 번도 공식적인 반대파에 속한 적이 없었는데도 말이다. 그는 1937년에 체포되어 총살되었다.

반면 카프타라제는 1920년 이후 내내 온갖 반대를 들고 나왔다. 그는 스탈린에게 공격했을 뿐 아니라 처음에는 므디바니를, 나중에는 트로츠키파를 후원했다. 그런데도 스탈린은 매번 그를 구해주고 도와주고 승진시켰다.

1937년에 카프타라제는 므디바니의 '음모'의 일원으로 (다시) 체포되어 스탈린을 살해할 계획을 꾸몄다는 죄목으로 사형선고를 받았다. 다른 사람들은 모두 처형되었지만 독재자는 살생부에서 카프타라제의 이름 옆에 표시를 하여 그의 목숨을 살려주었다. 1940년에 카프타라제가 보고 싶어진 스탈린은 그를 석방하고, 바로 그날 밤 저녁 식사에 초대했다. 스탈린이 "자네가 날 죽이려 한 것을 생각하니"라고 놀리기는 했지만, 그들은 잘 지냈다. 며칠 뒤 그와 베리야는 카프타라제의 아파트에서 식사했다. 집주인인 카프타라제는 국영인쇄소 소장이 되었고, 그다음에는 외무부 차관 겸 루마니아 대사가 되었다. 그는 스탈린보다 더 오래 살아, 1961년에 죽었다.

세르고 오르조니키제는 1930년대에는 스탈린에게 도전할 특권을 가졌던 최후의 구 볼셰비키였다. 스탈린 지시의 집행자인 그는 1920~1921년에 캅카스를 정복했고, 1920년대에는 반대파들을 패퇴시키는 일을 지원했으며, 1930년대까지 5개년 계획에 따라 중공업을 운영했다. 그와 스탈린은 떨어질 수 없는 사이였다. 같은 건물에 살았고, 서로에게 다정한 메모를 보내고, 함께 휴가를 보냈다. 하지만 1937년에 그 둘은 충돌했다. 세르고는 크렘린에서 자살했다.

예전 동지들 중에서 일부는 살아남았다.* 칼리닌은 1919년 이후 1946년에 죽을 때까지 국가수반(최고소비에트 의장)으로 있었다. 보로실로프 원수는 국방 위원을 지냈고, 대숙청 기간 동안 악랄한 하수인 노릇을 했다. 핀란드 전쟁과 제1차 세계대전에서 그는 무능하게 일을 그르치곤 했다. 스탈린은 보로실로프가 영국인 첩자라고 의심하여 괴롭혔다. 하지만 그는 주인보다 오래 살아 1960년까지 소련의 국가수반을 지냈다.

마이어 왈라크는 막심 리트비노프로 개명하여, 1930년대에 외교 분야의 인민위원이 되었고, 나중에는 워싱턴 주재 러시아 대사를 지냈다. 스탈린에 대한 비판을 입 밖에 낸 일로 스탈린은 리트비노프가 심한 자동차 사고를 당하게 했지만, 그의 목숨은 살려주었다. 아마 리트비노프가 런던의 부두에서 그를 구해준 일을 기억했기 때문일지도 모르지만, 그보다는 그의 국제적인 명성 때문이었을 것이다. 빈에서 스탈린이 묵은 집의 주인이던 트로야노프스키도 리트비노프와 함께 사적으로 스탈린을 비판했지만, 스탈린은 그를 승진시켜 첫 번째 주미 소련 대사로

---

*회색수염인 미하 츠하카야는 초년에는 스탈린을 승진시키고 보호해주었다가 레닌에게 등을 돌리고 제네바에서의 망명생활로 물러났지만, 무사히 살아남아 명예로운 구 볼셰비키로서 1950년에 수명을 다하고 죽었다. 설명할 수 없는 일이지만, 마하라제는 대숙청을 견디고 살아남도록 허용되었다. 런던에서 스탈린과 한방을 썼으며 트빌리시 은행 강도 사건에서, 또 그 뒤에는 바쿠에서 스탈린의 젊은 동반자이던 스테판 샤우미안은 1918년에 일어난 바쿠 코뮌의 잔혹한 대장으로서, 아제리인 1만 5,000명을 살해하는 일을 감독했다. 그런 다음 그는 백군과 영국군에게 잡혀, 스물여섯 명의 전설적인 위원의 하나로서 총살되었다. 그러자 스탈린은 샤우미안의 아들인 레반을 양자로 삼아 자기 집에 데려가서 키웠다. 시베리아에서 스탈린의 룸메이트이자 국가의 소비에트 의장이던 야코프 스베르들로프는 1919년에 인플루엔자로 죽었다.

Young Stalin

삼았고, 계속 살려주었다.

1918년에 스탈린을 다시 만난 비신스키는 워낙 영리한 사람이어서, 자신의 신뢰성 없는 정치적 과거를 숨기려 하지 않았고, 바일로프 감옥에서 자신이 스탈린에게 해준 도움을 상기시키려고도 시도하지 않았다. 그는 그저 공식적으로 공손하게 국가에 봉사하겠다고 했다. 안절부절못하고, 피에 굶주렸고, 무시무시한 존재인 동시에 비겁하고 겁에 질려 있던 그는 소비에트의 검찰총장이 되었다. 그는 1930년대의 전시용 재판에서의 스타 검사였으며, 1940년대에는 스탈린 시대 최후의 외무부 장관을 지냈다. 그는 1954년에 죽었다.

몰로토프는 1930년에서 1941년까지 수상을 지냈고, 1939년에서 1949년까지는 외무장관으로 있었다. 스탈린은 그를 자신의 계승자 후보로 보기 시작했고, 1952년에는 그 오랜 동지를 맹렬하게 비난했다. 숙청대상자로 지목되어 있던 몰로토프*는 스탈린이 죽는 바람에 살아났지만, 계속 그를 지지했다. 그는 다시 외무부 장관이 되었지만, 1957년에 흐루시초프를 실각시키는 데 실패했다. 몽골 대사로 좌천된 그는 1985년까지 살았는데, 그때까지도 꿈에서 스탈린을 보곤 했다.[10]

생애 마지막 날까지 스탈린은 자신의 과거를 찬양하고 예전에 저지

---

*그의 유대인 아내인 폴리나 역시 그와 마찬가지로 스탈린에게 헌신했으며, 스스로의 능력으로 부정치위원이 되었다. 그러나 그녀가 페미니즘적인 입장을 굽히지 않는 바람에 스탈린은 짜증스러워했다. 또 한편으로는 나디야와의 친분 때문에 불편해진 점도 있었다. 1939년에 그는 그녀를 거의 죽일 뻔했다. 자동차 사고를 위장하여 그녀를 살해하려는 생각도 했지만, 결국 1949년에 몰로토프가 그녀를 체포하게 만들었다.

른 실수를 숨기려고 애쓰는 노력을 한 번도 멈춘 적이 없었다. 개인숭배는 그의 후안무치한 허영심에 봉사하고 정치적 의미를 쌓는 데 기여했다. 그런데도 그는 동료들 앞에서는 겸손한 척하기를 좋아했다. 가슴속에서야, 그는 워낙 똑똑했으므로 젊은 시절에 대한 찬양 가운데 많은 수가 터무니없는 것임을 인식하지 못할 리는 없었다. 그루지야 출신의 작가인 감사후르디아가 쓴《지도자의 젊은 시절Youth of the Leader》을 읽고 그는 이렇게 썼다. "감사후르디아 책의 러시아어판 출판을 금지하도록 요청한다. J. 스탈린."

그는 1940년에 출판된 페도로프의 《카르트벨리아의 혁신Kartvelian Novelties》(카르트벨리아는 곧 그루지야다-옮긴이)에 대해서는 더욱 분개하여, 초록색 연필로 이렇게 갈겨썼다. "포스펠로프 동지가 나에 관한 페도로프의 책을 내 동의 없이, 내가 모르는 사이에 출판한 것은 멍청하고 우둔한 짓이었다. 페도로프의 책은 폐기 처리되어야 한다. 포스펠로프는 처벌받아야 한다. 스탈린."

바쿠 시절부터 알고 지내던 사이인 구 볼셰비키 사모일로바는 스탈린이 예전에 쓴 책과 기사들의 교정쇄를 자신의 박물관에 전시해도 되는지 물어보았다가 친필로 쓴 쪽지를 받았다. "난 당신이 이렇게 나이가 들어서도 이처럼 바보 같을지 상상도 못 했소. 그 책이 수백만 부 출판되어 있는데, 그 교정쇄가 왜 필요한가? 초고는 모두 태워버렸지!" 1905년 이후의 회상을 수록한 책이 편집되자 소소는 세 마디를 적었다. "출판하지 말라! 스탈린."[11]

해변에 있는 그의 빌라에서 식사할 때 늙은 스탈린은 옛 친구들과 함께, 과거에 알았던 이 사람들에 대해 이야기했다. 그들 중의 몇 사람은 자기 집에서 죽었고, 많은 수는 그의 지하감옥에서 뒤통수에 총알을 맞고 죽었다.

고향 노인들도 각자 할 이야기가 있었다. "그들은 사방에 만연한 뇌물과 부패에 대해 불평했다"고 몰로토프가 주장한다. 이 늙은 그루지야인들 가운데 "스탈린이 특히 좋아한 또 한 명"이 "스탈린에게 그루지야의 청년층이 겪는 힘든 상황에 대해 이야기했다." 그러자 스탈린은 불같이 화를 내어 자기 고향에 대한 숙청을 실시했다.

그 식사 자리에서, 고리와 신학교 합창단에서 흰 수단을 입고 소소와 함께 노래했던 여러 노인들은 노래하기 시작했다. "저녁 늦게까지 콜드스트림 빌라에서 그루지야 노랫소리가 흘러나왔다. 때로는 주인도 함께 불렀다. 늙었지만 달콤한 음색의 훌륭한 가수였다."

소소는 늙었고, 경화증을 앓고 있었고, 기억력이 감퇴했지만, 1953년 3월 5일에 일흔네 살의 나이로 죽는 날까지, 이 늙어가는 합창단 소년은 겨룰 자 없는 정치가, 편집증적인 과대망상자, 히틀러를 제하고는 짝을 찾을 수 없을 정도로 어마어마한 참상을 저지르는 정신이상의 대가였다. 대략 2,000만에서 2,500만 명의 죽음에 책임이 있는 스탈린은 자신이 정치적, 군사적, 과학적, 문학적 천재, 민중의 군주, 붉은 차르라고 여겼다.

아마 젊은 스탈린이 최후의 한마디를 해야 할 것이다. 1905년 8월에, 스물일곱 살 난 소소는 〈프롤레타리아티스 브르졸라〉에 실린 기사, 거의 읽히지 않지만 기묘하게 자기예언적인 기사에서 바로 그런 미친 과대망상을 조롱했다. "당신 눈앞에 고골 이야기의 주인공이 일어선다. 그는 정신이상 상태에서 자신이 에스파냐 국왕이라고 상상한다. 그런 것이 모든 과대망상자들의 운명이다." 젊은 스탈린은 이렇게 결론짓는다.[12]

늙은 니니카

우리 니니카는 늙었어
영웅적이던 그의 어깨가 무너졌어…
이 황량한 반백의 머리가
어떻게 강철 같은 힘을 깨뜨렸는가?

아 어머니! 여러 번
그의 하이에나 같은 낫을 휘두르면서,
옥수수밭 끝에서 가슴팍을 드러내고,
그는 소리를 지르며 갑자기 덤벼든 게 분명해

분명 그는 도르래의 산들을
나란히 쌓아올렸겠지
땀이 줄줄 흐르는 그의 얼굴에
불과 연기가 쏟아졌겠지

하지만 이제 그는 더 이상

늙은 나이가 낫처럼 잘라버린 무릎을 움직일 수 없어

그는 드러눕거나 꿈꾸거나 말해

과거의 아이들의 아이들을

시시때때로 그는

근처 옥수수밭에서 울리는 노랫소리를 듣지

한때 그토록 억셌던 그의 심장이

즐거움으로 요동치기 시작하는군

그는 부들부들 떨면서 몸을 끌고 나가

목동의 지팡이를 짚고 몇 걸음을 걸어

그리고 소년들의 모습을 볼 때

안도하여 미소 짓지

─ 소셀로(이오시프 스탈린)

감사의 말

스탈린에 관한 책을 쓰는 동안 전 세계 여러 나라와 도시에서 내 출판인을 포함한 많은 사람들의 도움을 받았다. 모두들 시간과 지식 양면으로 나를 지극히 너그럽게 대해주었다. 그렇기는 해도, 말할 필요도 없지만 이 책에 들어 있는 모든 오류는 나만의 것이다.

가장 먼저 감사해야 할 사람은 러시아사 저술의 대부들이다. 그들은 내 작업을 점검해주고, 발전시키고, 더 잘 쓰는 방법을 가르쳐주었다. 이사벨 데 마다리아가는 그때나 지금이나 역사 분야에서 내 첫 번째 후견인이었다. 예카테리나 여제와 포템킨 공작에 대해 쓴 내 첫 번째 책은 그녀의 엄격하지만 온화한 감독이 가져다준 혜택이 어떤 것인지 보여준다.

소련 역사의 두 거인인 로버트 콘퀘스트와 로버트 서비스 교수가 친절하게 내 글을 읽고 오류를 지적해준 것은 이 책이 만난 행운이었다. 그루지야 사회주의에 관한 주요 권위자인 마운트홀리오크 칼리지의

Young Stalin

러시아와 유라시아 연구를 담당하는 교수인 스티븐 존스가 함께 연구하면서 내 질문에 대답해주고 본문을 착실히 수정해준 것도 도움이 되었다. 애버딘대학교의 북극권 인류학 선임강사인 데이비드 앤더슨 박사가 대단히 관대하고 인내심 있게 이 책의 시베리아 부분을 수정해준 데 감사한다. 케임브리지대학교 스코트 극지방 연구소에 있는 인류학과 러시아 북방연구 책임자인 페어스 비테프스키 박사는 시베리아 인류학에 관해 내게 조언을 해주었고, 그의 사진 가운데 하나를 쓸 수 있게 허락해주었다. 또 도널드 레이필드 박사에게도 감사해야 한다. 그는 러시아 문학, 그루지야 문화, 볼셰비키 정치사에 관한 폭 넓은 지식을 내게 나눠주었을 뿐 아니라, 그루지야에 있는 자신의 연고도 이용할 수 있게 해주었으며, 스탈린의 시 전문을 직접 옮긴 탁월한 번역문을 인용하도록 허락해주었다.

조지 헤위트 교수는 감사하게도 캅카스어 지식으로 나를 도와주고, 아브하지아에 있는 인맥을 이용할 수 있게 해주었다. 그의 도움은 이루 말할 수 없이 귀중했다. 파리에 거점을 둔 클레르 무라디안 박사에게도 아무리 감사를 드려도 부족할 것이다. 그녀와 만난 적은 없지만 그럼에도 캅카스 역사에 관한 자신의 백과사전적인 지식과 그루지야/아르메니아 망명자 가족들과의 광범위한 연락망을 마음대로 쓸 수 있게 해주었다. 덕분에 옛날 증언을 들을 수 있었고, 새로운 자료를 구할 수 있었다.

이 책에 실린 새 자료의 많은 부분은 캅카스에서 나온 것들이다. 그루지야에서는 가장 먼저 대통령과 영부인 미하일 사가시빌리 부부에게 감사해야 한다. 비극적인 일이지만 마르크스레닌주의의 그루지야

형제애 연구소GF IML의 기록보관소는 손댈 길 없이 황폐해졌지만, 대통령의 개인적 명령으로 이 책의 핵심을 형성하는 자료들을 접할 수 있었다. 대통령의 선임 보좌관이자 큰 후원자인 나탈리아 칸첼리는 이 일을 가능하게 해준 사람이었으며, 나는 앞으로 언제까지나 그녀에게 감사할 것이다. 옛 친구이자 현대 그루지야 정치의 베테랑인 겔라 차르크비아니는 또한 스탈린이 믿는 측근 가운데 한 명의 아들인데, 내가 1990년대 초반 캅카스에서 종군기자로 있을 때 나를 도와주기 시작했고, 자기 아버지의 회고록 원고를 볼 수 있게 해주었다. 또 그루지야에서 내가 얻은 도움은 모두 그를 통해 얻었다. 그의 조카딸이며 본인 역시 스탈린 사상의 탁월한 역사가인 네스탄 차르크비아니는 자신이 잘 아는 곳인 기록보관소에서 내게 엄청난 도움을 주었고, 새로운 자료와 회고록을 찾아내고 새로운 증인들을 면담해주었다. 그녀는 또 원고를 읽고 수정해주기도 했다. 니노 케레셸리제에게도 많은 도움을 받았다. 그는 훌륭한 역사가이며 착실한 연구자이고 매우 훌륭한 그루지야어 통역가다. 또 그루지야 형제애 연구소의 주임 기록관리자인 바자 에바노이제에게도 감사를 전한다.

그루지야에서도 많은 사람이 나를 도와주었다. 최근 정치의 격동에서 만난 또 한 명의 옛 친구인 페테르 맘라제는 새로운 증인을 찾아내주었고, 그루지야에서 전해지는 스탈린 관련 이야기에 대한 지식을 나눠주었다. 내 친구인 자크로 메그릴리시빌리 교수는 출판되지 않은 카프타라제 원고, 즉 자기 의붓아버지의 회고록을 볼 수 있도록 도와주었고 트빌리시 은행 강도 사건의 전말을 밝혀주었다. 누그자르 수르골라제 교수에게도 감사한다. 또 다른 친구인 조지 타르한 무라비에게 깊이 감사한다. 그는 순수한 우정과 호기심에서 자신의 연줄과 자료에 대한 방대한 지식과 가족 내의 일화들을 내게 소개해주었다. 바르탕 구룰리 교수는 자신의 특별한 기록 연구를 내게 나눠주었다. 지아 술카니시빌리는 크고 작은 여러 가지 문제에서 나를 도와주었다. 항상 그렇듯이 나는 그에게 많은 은혜를 입었다. 그루지야 TV 방송국인 루스타비-2의 국장 닉 타바타제는 격려와 도움을 주었다. 그의 방송국에서 제작한 보도를 통해 나는 더 많은 증인과 자료를 찾을 수 있었다. 타마라 메그릴리시빌리에게 감사한다. 그녀는 자신이 운영하는 서점인 프로스페로 북스에서 자료와 증인을 구하는 광고를 내주었다. 그 서점은 모스크바에서 예루살렘 사이에 있는 최고의 서점이다. 레카 바실리에이아에게, 또 고리에서는 스탈린박물관 관장인 가이오즈 마흐니아시빌리에게 감사한다.

바투미와 아자리야의 기록보관소에서는 트랜스캅카스에 관한 뛰어난 역사가이자 그 자신이 역사의 한 조각인 메메드 지하시빌리가 이 책을 위해 엄청나게 중요한 새로운 자료와 사진을 찾도록 도와주었다. 그는 스탈린의 아브하지아 총독인 네스토르 라코바의 조카다.

아브하지아에서 나는 슬라바 라코바에게 감사해야 한다. 그는 볼셰비즘과 아브하지아와 캅카스에 관한 탁월한 역사가로서, 너무나 너그럽게도 자신의 연구와 자료 전체를 쓰게 해주었다. 조지 휴이트와 도널드 레이필드, 또 레이첼 클로그 박사도 모두 이 목적을 달성하기 위한 과정에서 나를 도와주었다.

바쿠, 아제르바이잔에서는 푸아드 아훈도프에게 감사한다. 그는 원유 붐에 관한 전문가이자 백만장자들의 옛 친구였다. 아제리 국립기록보관소GIA AR, GA AR의 소장과 부소장인 피크레트 알리에프와 짐마 바바에바에게 감사를 전한다. 메메드 지하시빌리에게도 마찬가지다.

베를린과 바쿠에서는 요르크 바베로프스키 교수의 은혜를 많이 입었다. 바쿠와 캅카스 지방의 폭력적인 문화에 관한 대표적 전문가인 그는 너그럽게도 자신이 알고 있는 것을 내게 나눠주었다. 또 알렉산더 프리스는 독일어 번역을 해주었다.

빈에서는 카렐 슈바르첸베르크 공작, 페터와 릴라 모건, 게오르크 하만에게 감사를 전한다. 리사 트레인은 스탈린이 묵었던 아파트를 찾아가서 사진을 찍어왔다. 핀란드에서는 탐페레를 조사할 때 도와준 편집자 알렉시 실탈라에게 감사한다. 부오코 타르필라, 작가 아르노 라이티넨, 레닌과 스탈린과 핀란드에 관한 핀란드의 전문가인 안티 쿠욜라에게 감사한다. 스웨덴에서는 페르 파우스티노와 노르스테츠/프리스마 출판사의 담당 편집자 전원에게, 또 다겐스 뉘헤테르의 마르틴 슈트가르트에게, 연구자 예니 랑캬에르에게, 카렌 알텐베르크에게, 페르 모그렌에게 감사한다. 네덜란드에서는 저명한 스탈린 연구자들인 에릭 판 레와 마르크 얀센에게, 자신들의 연구를 내게 나눠준 데 대해 감사한다. 폴란드의 크라쿠프에서는 런던 영화제작자인 완다 코시아와 친구인 마르타 조스트키에비치의 도움에 감사한다.

러시아에서 스탈린 역사가들의 원로이며 러시아 연방 국립 기록보관소의 선임연구원인 올가 흘레브니우크, 모스크바국립대학교 인문학

부 고대와 근대 초기 러시아사 교수인 알렉산드르 카멘스키가 베풀어
준 너그러움과 도움, 격려와 지식이 없었더라면 나의 어떤 책도 나오
지 못했을 것이다. 스탈린을 다룬 내 책 두 권의 주된 자료를 얻은 곳
은 사회정치사 러시아 국립기록보관소RGASPI의 대통령 기록보관소다.
그러므로 그곳의 소장인 키릴 M. 앤더슨 박사, 부소장 올레그 V. 나우
모프, 해당 부서장이자 스탈린의 글과 친필 원고에 관한 전문가인 라리
사 A. 로고바야에게 말로 다 할 수 없는 감사를 바친다. 하지만 가장 크
게 감사해야 할 사람은 갈리나 바브코바 박사다. 그녀는 모스크바대학
교에서 18세기 역사를 담당하는 뛰어난 강사로서, 나 이전의 저자들에
게 그런 것처럼 내가 이 책을 쓸 때에도 많은 도움을 주었다.

다음에 나오는 인명은 러시아에서 나를 도와준 분들이다. 편집자이
자 정치가인 블라디미르 그리고리에프, 상트페테르부르크에서는 아나
톨리 체레크마소프와 조야 벨리야코바, 드미트리 야쿠시킨, 에두아르
라진스키, 로이와 조레스 메드베데프, 보리스 일리자로프, 아르카디
바크스베르그, 라리사 바실리에바, 마샤 슬로님, 드미트리 칸칸, 아나
스타시아 웹스터, 톰 윌슨, 데이비드 캠블, 마르크와 레이첼 폴론스키,
루바 비노그라도바 박사가 그들이다. 스몰니학원 박물관 관장과 페테
르부르크의 알릴루예프 박물관의 스베틀라나 오시포바에게도 감사한
다. 아친스크에서는 아친스크 지역박물관 관장에게, 볼로그다에서는
볼로그다 지역 현대사 기록보관소VOANPI 소장, 그리고 볼로그다 지역
국립기록보관소GAVO 소장에게도 감사한다.

미국에서는 예조프의 서류 일체를 보게 해준 UCLA의 아치 게티 교

수의 너그러움에 감사한다. 론 서니 교수, 조지타운의 찰스 킹 박사에게, 1차 자료 몇 가지를 보여준 친절함에 대해 로만 브라크먼에게 감사한다. 다비드 차프차바제 공작과 마루시야 차프차바제 공비에게, 레제프 조르다니아와 니콜 조르다니아에게, 무사 트레인 클레브니코프와 그녀의 남편인 고 파울 클레브니코프에게 감사한다. 파울은 정말 독창적인 사람이었고, 나를 많이 격려해주었다. 그가 그립다. 또 콘스탄틴과 앤 시다몬–에리스토프 공작과 공비에게도 감사한다.

캘리포니아의 스탠퍼드에서는 캐롤 A. 리덴햄과 이리나 자이체바에게, 오흐라나와 보리스 니콜라예프스키 기록보관소를 이용하게 해준 데 대해 감사한다. 이스라엘에서는 알렉스 도란과 보리스 오를로프 박사에게, 파리에서는 조르주 마물리아 박사에게 감사한다.

아마 내가 만나본 증인 가운데 가장 흥분되는 사례는 마리암 스바니제였을 것이다. 그녀는 스탈린 아내의 친척으로 나이는 109세였지만 1907년에 있었던 카토의 죽음을 여전히 기억하고 있었다. 그들과의 면담, 회고록, 가족 간의 일화에 대해서는 다음 분들에게 감사를 전한다. 산드라 로엘로프 사카시빌리(그녀의 책은 그녀 남편의 가족이 스탈린을 보호해준 이야기를 담고 있다), 에테리 오르조니키제(세르고의 딸), 아르템 세르게에프 장군(스탈린의 양아들), 갈리나 주가시빌리(스탈린의 손녀), 스탈린의 조카들인 키라 알릴루예프(스탈린의 두 번째 부인인 나디야의 오빠 파벨의 딸–옮긴이), 레오니드 레덴스, 블라디미르 알릴루예프(레덴스)(레오니드와 블라디미르는 나디야의 언니 안나와 스타니슬라스 레덴스 사이에서 난 아들들이다–옮긴이), 스테판 미코얀 장군(아나스타스의 아들), 그리고 그의 딸인 아시켄 미코얀, 스탈린의 사위인 유리 즈다노프(안드레이의 아들), 이졸다 므디바니(부두의 과부 며느리), 수산나 토로셸리제(말라키아와 미나도라의 딸), 자크로 메그릴리시빌리(살바 누추비제의 의붓아들), 마사 페시코바(베리야의 며느리, 고리키의 손녀), 비야체슬라브 니코노프(몰로토프의 손자이며 전기작가), 고 마야 카프타라제(세르게이 카프타라제의 딸), 고 올레그 트로야노프스키(알렉산드르의 아들), 카테반 겔로바니(스바니제의 사촌), 메메드 지하시빌리(네스토르 라코바의 조카), 레제브 조르다니아(노에의 아들), 타냐 리트비노바(막심의 딸), 구람 라티시빌리(사샤 에그나타시빌리의 손자), 지아 타르한-무라비, 티나 에그나타시빌리, 바즈하 오쿠자바, 샬바 가체칠라제(크시아네 신부의 손자), 세르게 샤베르디안(샤베르디안), 타마즈 나스키다시빌리, 이라클리 데 다브리셰비, 알렉산드르 드 다브리셰비, 아니크 다브리차시빌리(이오시프 '소소' 다브리셰비의 두 손자와 또다른 손자의 아내), 줄리안 Z. 스타로스테크다.

영국에서는 마르크스 기념도서관 관장이자 런던에서 레닌에 관한 대표적인 전문가인 존 칼로 교수가 1907년과 스탈린의 웨일스 여행에 대해 크게 도와주었다. 또 신공산당의 총서기인 앤디 브룩스, 사회주의 역사협회의 프란시스 킹, 토니 아티엔자, 〈웨스턴 메일Western Mail〉의 폴 바라트, 던컨 히기트도 도움이 되었다.

영국과 프랑스에서는 에블린 드 로쉴드 경이 로스차일드 기록보관소를 마음대로 이용하게 해주었는데, 그곳의 멜라니 아스프레이가 스탈린의 인맥을 조사해주었다. 두 사람 모두에게 감사한다.

작건 크건 여러 가지 방식의 도움에 대해 다음의 분들에게 감사한다. 앤드루 로버츠, 로널드 하우드, 〈선데이 타임스〉지의 편집자인 존 위스로우, 그리고 〈선데이 타임스〉지의 사진편집자인 레이 웰스에게, 미클로스 쿤, 렌 블라바트니크, 클레어와 레이먼드 애스키스 자작, 존과 빅토리아 아이먼, 데이비드 킹, 특별 분과를 조사해준 데 대해 앤드루 쿡, 레어와 타티야나 시모니안, 제프리 엘리어트, 차르 체제와 스탈린 치하의 러시아에서의 성과 범죄에 관한 전문가인 댄 힐리 박사에게 로자먼드 리처드슨, 카메네프에 관해서는 캐서린 메리데일 박사, 마크 프란체티에게, 세르게이 데그티아레프-포스터, 나타 갈로그르, 존 할리데이, 잉가보르가 다프쿠나이트, 로렌스 켈리, 알렉산드라 고든-레녹스 부인, 데이비드 스튜어트-휴이트, 브루스 던대스 경, 올가 폴리치Hon. Olga Polizzi, 앤드루 마이어, 그루지야 주재 영국 대사인 도널드 매클라렌과 부인인 마이다. 나를 정상인으로 만들어준 데에 대해 내 체력단련사인 www.bodyarchitecture.co.uk의 스튜어트 테일러, 그리고 언제나처럼 지원하고 격려해주는 찰스와 패티 파머-톰킨슨에게 감사한다.

특별한 감사를 받을 사람은 나의 러시아어 교사인 갈리나 올레크시우크이다. 내 모든 역사 저술을 현명하고 친절하게 편집해준 영어권 편집자인 웨이덴필드앤드니콜슨의 이온 트레윈에게, 편집조수인 안나 헤르베, 베아 헤밍, 편집주간인 앨런 샘슨, 뛰어난 교정의 왕인 피터 제임스, 색인을 맡아준 더글러스 매튜스, 지도를 맡아준 데이비드 혹슬리에게도 감사하고 싶다. 페이퍼백 편집자인 피닉스사의 수전 램에게도 감사한다. 뉴욕에서는 크놉출판사의 누구보다도 훌륭한 편집자 소니 메

Young Stalin

타와 그의 상관인 조녀선 시걸에게 감사를 전하고 싶다. 내 대리인인 케이플앤드랜드사의 조지아나 케이플은 언제나처럼 활기차고 매우 효율적인 존재다. 웨이덴필드 경과 부인에게도, 또 앤서니 치텀에게도 오랫동안 내가 받아온 그들의 지혜와 지원과 우정에 대해 특별히 감사를 바친다.

항상 그렇듯이 부모님인 스티븐과 에이브릴 시백 몬티피오리 박사에게 감사해야 한다. 먼저 스탈린에 대한 섬세한 의학적, 심리적 분석에 대해, 두 번째로는 공정한(무자비할지는 몰라도) 편집기술에 대해, 마지막으로는 누구라도 부러워할 만한 온화한 부모이자 가장 놀라운 친구가 되어준 데 감사를 바친다.

이 책은 내 아들인 사샤에게 헌정되었지만, 내 삶에서의 또 다른 찬란한 빛인 내 딸 릴리를 이야기해야 한다. 말하기는 부끄럽지만, 두 아이는 모두 〈토마스와 친구들〉(영국의 TV 애니메이션 시리즈-옮긴이)을 알아보기도 전에 스탈린의 초상화를 먼저 알아볼 수 있었다. 아이들의 쾌활한 보모인 제인 로 덕분에 집에서 즐겁게 작업할 수 있었다.

마지막으로, 하지만 무엇보다도 먼저 사랑하는 내 아내인 산타는 예카테리나 여제와 포템킨 공작 같은 비범하고 매력적인 인물들과의 낭만적인 4인 가족 구성을 즐기기도 했지만, 피에 물든 스탈린의 존재가 우리 결혼에서의 인내심의 시금석이 되고 있다는 것을 알게 되었다. 스탈린을 벗어나는 과정에 이제 마침내 돌입했으니 이제 나는 산타의 환한 격려와 고요한 매력과 창조력과 웃음과 사랑이라는 황금 같은 전리품에 대해 감사하지 않을 수 없다.

참고문헌

1차 자료

Alexandrov, G. F., et al. (eds.), *Iosif Vissarionovich Stalin, Kratkaya biografiya,* Moscow 1946.

Alliluyeva, A. S., *Vospominaniya,* Moscow 1946 [Also: "Vospominaniya," *Roman-gazeta,* 1947].

Alliluyev, Sergei, "Vstrechi s tov. Stalinym," *Proletarskaya Revolyutsiya,* no. 8, 1937.

Alliluyev, Sergei, *Proidennyi put,* Moscow 1946.

Alliluyev, Sergei, and Alliluyeva, Anna, *The Alliluyev Memoirs,* ed. David Tutaev, London 1968.

Alliluyeva, Svetlana, *Twenty Letters to a Friend,* London 1967.

Alliluyeva, Svetlana, *Tolko odin god,* New York 1969.

Alliluyeva, Svetlana, *Only One Year,* London 1971.

Alliluyeva, Svetlana, *Dvadtsaty pisem k drugu,* Moscow 1981.

Alliluyeva, Svetlana, *Dalyokaya muzika,* New York 1988.

Alliluyev, V. F., *Khronika odnoi semi,* Moscow 2002.

Anninsky, L., et al. (eds.), *Stalin v vospominaniyakh sovremennikov i dokumentov epokhi,* Moscow 2002.

"Arkhivnye materaly o revolyutsionnoy delayatelnosti I. V. Stalina," *Krasny Arkhiv,* no. 2 (105), 1941.

Arkomed, S. T., *Robochee dvizhenie i sotsial-demokratiya na Kavkaze,* Moscow-Petrograd 1923.

Arsenidze, R., "Iz vospominanii o Staline," *Novy Zhurnal,* no. 72, June 1963.

Artyom: see F. A. Sergeev.

Badaev (Badayev), A., *The Bolsheviks in the Tsarist Duma,* London 1929.

Badaev, A., *Bolsheviki v gosudarstvennoi Dume, Vospominaniya,* Moscow 1954.

Young Stalin

Bagirov, M., *Iz istorii bolshevistskoi organizatsii Baku i Azerbaijana,* Moscow 1948.

Baikaloff, A. V., "Turukhanskie bunt politicheskikh ssylnykh," *Sibirskie Arkhiv,* no. 2, Prague 1929.

Baikaloff, A. V., *I Knew Stalin,* London 1940.

Barbusse, H., *Stalin: A New World through One Man,* New York 1935.

Batumskaya Demonstratsia 1902 goda, Moscow 1940.

Bazhanov, B., *Bazhanov and the Damnation of Stalin,* Athens, Ohio 1990.

Beria, L. P., *K voprusu ob istorii bolshevistskikh organizatsiyakh v Zakavkaze,* Moscow 1935.

Beria, L. P., *Lado Ketskhoveli,* Moscow 1938.

Beria, S., *Beria My Father: Inside Stalin's Kremlin,* London 2001.

Bessedovsky, G., *Revelations of a Soviet Diplomat,* London 1931.

Bibineishvili, V. (Baron), *Za chetvet veka,* Moscow 1931.

The Bolsheviks and the October Revolution: The Minutes of the Central Committee of the Russian Social-Democratic Party (Bolsheviks), August 1917–February 1918, London 1974.

Bukharin, N., *How It All Began,* New York 1998.

Bulgakov, Mikhail, *Batum,* Moscow 2004.

Charkviani, Candide, "Memoirs" (mss).

Chavichvili, Khariton, *Patrie, prisons, exil-Staline et nous,* Paris 1946.

Chavichvili, Khariton, *Révolutionnaires russes à Genève en 1908,* Geneva 1974.

Chernenko, K. (and Moskalev, M. A.), *I. V., Stalin v sibirskoi ssilke,* Krasnoyarsk 1942.

Chetvertyi (obedinitelnyi) sezd RSDRP, Moscow 1949.

Chetvertyi (obedinitelnyi) sezd RSDRP. Protokoly. Aprel–Mai 1906, Moscow 1959.

Dan, F., *Proiskhozhendenie bolshevizma,* New York 1946.

Dan, Lydia, "Bukharin o Staline," *Novy Zhurnal,* no. 75, March 1964.

Dan, L. O., *Iz arkhiva L. O. Dan,* Amsterdam 1987.

Dastakian, Nikita, *Il venait de la Ville Noire: souvenirs d'un Arménien du Caucase,* Paris 1998.

Davrichewy, Josef, "Je suis le demi-frère de Staline," *Miroir de l'Histoire,* December 1967.

Davrichewy, Josef, *Ah! Ce qu'on rigolait bien avec mon copain Staline,* Paris 1979.

Djilas, Milovan, *Conversations with Stalin,* New York 1962.

Djugashvili, Galina (Gulia), "Ded, papa, mama i drugie," *Druzhba Naradov,* no. 6, 1993.

Effendiev, "Istoriya rabochego dvizheniya turetskogo proletariata," in *Iz prochlogo. Stati I vospominaniya iz istorii bakinskoi organizatsii,* Baku 1923.

Elwood, R. C. (ed.), *Vserossiyskaya Konferentsiya Rossiiskoi Sotsial-Demokraticheskoi Rabochei Partii 1912 goda,* London 1982.

Gachechiladze, S., "Memoirs" (mss, Tbilisi).

Gio, Artyom, *Zhizn podpolschika,* Leningrad 1925.

Gogebashvili, Y. (ed.), *Deda Ena,* Tiflis 1912 and 1916.

Gorky, Maxim, *Days with Lenin,* London n.d..

Gromyko, A. A., *Memoirs,* London 1989.

Iosif Vissarionovich Stalin, Kratkaya biografia, Moscow 1938–47.

Iremaschwili, *Stalin und die Tragödie Georgiens,* Berlin 1932.

Iskander, Fasil, *Sandro of Chegem,* London 1979.

Istoricheskie mesta Tbilisi. Putevoditel po mestam, svyazannym s zhiznyu i deyatelnostyu I. V. Stalina, ed. Georgian Filial of the Institute of Marx–Engels–Lenin, Tbilisi 1944.

Ivanov, B. I., *Vospominaniya rabochego bolshevika,* Moscow 1972.

Jordania, Noe: see Zhordania.

Kaganovich L. M., *Tak govoril Kaganovich,* ed. F. Chuev, Moscow 2002.

Kaminsky, V., and Vereshchagin, I., "Detstvo i yunost vozhdya. Dokumenty, zapiski, rasskazy," *Molodaya Gvardiya,* no. 12, 1939.

Kavtaradze, S., *Iz vospominanii o tov. Staline,* Voroshilovgrad 1936.

Kavtaradze, S., "Iz vospominanii," *Oktyabre,* no. 11, 1942.

Kavtaradze, S., "Memoirs" (mss in Georgian).

Kennan, G., *Siberia and the Exile System,* London 1891.

Khatissian, Alexander, "Memoirs of a Mayor," *Armenian Review* 2 (3), September 1949.

Khrushchev, N. S., *Khrushchev Remembers,* London 1971.

Khrushchev, N. S., *Khrushchev Remembers: The Glasnost Tapes,* London 1990.

Kollontai, A., *Iz moey zhizni i raboty,* Moscow 1974.

Krasin, L. B., "Bolshevistskaya partiinaya tekhnika," in *Tekhnika bolshevistkogo podpolya, Sbornik statei i vospominanii,* Moscow 1925.

Krupskaya, N., *Vospominaniya o Lenine,* Moscow 1968.

Krupskaya, N., *Memoirs of Lenin,* London 1970.

Kvashonkin, A. V., Khlevnyuk, O. V., Kosheleva, L. P. and Rogavaya, L. A. (eds.), *Bolshevistkoe rukovodstvo. Perepiska 1912–27,* Moscow 1996.

Lado Ketskhoveli. Sbornik dokumentov i materialov, Tbilisi 1969.

Lakoba, Nestor, *Stalin i Hashimi 1901–2,* Sukhum 1934.

Lansbury, George, *My Life,* London 1928.

Lenin, V. I., *Polnoe sobranie sochineniyi,* Moscow 1958–65.

Lenin, V. I., *Biograficheskaya khronika,* 12 vols., Moscow 1970–82.

Lenin, V. I., *Perepiska V. I. Lenina i rukovodimykh im uchrezhdenii RSDRP s mestnymi partiinymi organizatsiyami 1905–7,* Moscow 1982.

Lobanov, M. (ed.), *Stalin: v vospominaniyakh sovremenikov i dokumentov epokhi,* Moscow 2002.

Ludwig, Emil, *Stalin,* New York 1942.

Lunacharsky, A., *Revolutionary Silhouettes,* New York 1968.

Makharadze, F., *Ocherki revoliutsionnogo dvizheniya v Kavkazi,* Tiflis 1927.

Makharadze, F., and Khachapuridze, G. V., *Ocherki po istorii rabochego i krestyanskogo dvizheniya v Gruzii,* Moscow 1932.

Medvedeva-Ter-Petrossian, S. F., "Tovarish Kamo," *Proletarskaya Revolyutsiya,* no. 8/9, 1924.

Meshcheryakov, N. L., *Kak my zhili v ssylke,* Leningrad 1929.

Mgeladze, A., *Stalin kakim ya ego znal,* Tbilisi 2001.

Mikoyan, A. I., *The Memoirs of Anastas Mikoyan,* vol. 1: *The Path of Struggle,* Madison, Connecticut 1988.

Mikoyan, A. I., *Tak bylo,* Moscow 1999.

Molotov, V. M., *Sto Sorok Besed s Molotovym,* ed. F. Chuev, Moscow 1991.

Molotov, V. M., *Molotov Remembers,* ed. F. Chuev, Chicago 1993.

Molotov, V. M., *Poluderzhavnyi vlastelin,* Moscow 1999.

Nikolaevsky, Boris, *Power and the Soviet Elite: The Letter of an Old Bolshevik and Other Essays,* New York 1965.

Nutsubidze, Ketevan, and Shalva Nutsubidze, *Nakaduli,* Tbilisi 1993.

Orlov, Alexander, *Secret History of Stalin's Crimes,* London 1954.

O Stepane Shaumiane, Vospominaniya, ocherki, stati, sovremennikov, Moscow 1988.

Perkins, Frances, *The Roosevelt I Knew,* New York 1946.

Pestkovsky, S. "Vospominaniya o rabote v Narkomnatse 1917–1919," *Proletarskaya revolutyutsiya,* no. 6, 1930.

Pestkovsky, S., "Ob oktiabrskikh druakh v Pitere," *Proletarskaya revolutyutsiya,* no. 10, 1922.

Protokoly Tsentralnogo Komiteta RSDRP(b). Avgust 1917–Fevral 1918, Moscow 1958.

"Protokoly Vserossiiskogo (martovskogo) soveshchaniya partiinykh rabotnikov 27 marta–2 aprelya 1917 goda," *VIKPSS,* no. 6, 1962.

Pyati (londonskii) sezd RSDRP, Protokoly, Aprel–Mai 1907 goda, Moscow 1963.

Raskolnikov, F. F., "Priezd tov. Lenina v Rossiyu," *Proletarskaya Revolyutsiya,* no. 1, 1923.

Rasskazy o velikom Staline, Tbilisi 1941.

Rasskazy starikh robochikh Zakavkazya o velikom Staline, Moscow 1937.

Reed, John, *Ten Days That Shook the World,* London 1982.

Revolyutsiya 1905 goda v Zakavkaze. Istpartotdel TsK KP (b) Gruzii,Tiflis 1926.

Roelofs, see Saakashvili.

Rokhlin, A. (ed.), *Dvadtsat piat let Bakinskoi organizatsii bolshevistikov,* Baku 1924–25.

Saakashvili, Sandra Roelofs, *Story of an Idealist,* Tbilisi 2005.

Sagirashvili, David, "Stalin iz vospominanii i rasmyshlennii," *Vestnik instituta po izuchenii istorii i kultury SSR,* no. 9, March–April 1954.

Sagirashvili, David, "Stalin and Social Democracy: The Political Diaries of David A. Sagirashvili," up. dissertation by Roy Stanley De Lon, Georgetown University, Washington, D.C. 1974.

Samoilov, F., "Bolshevistskaya fraktsiya IV Gosudarstvennoy Dumy v Yeniseiskoi ssylke pered fevralskoie revolyutsiey," *Proletarskaya Revolyutsiya,* no. 2/3, February–March 1927.

Samoilov, F., *Po sledam minuvshego. Vospominaniya starogo bolshevika,* Moscow 1934.

Schlyapnikov, A. G., *Semnadtsatyi god,* Moscow-Petrograd 1923.

Sedmaya (aprelskaya) vserossiiskaya konferentsiya RSDRP (bolshevikov). Petrogradskaya konferentsiya obshchegorodskaya konferentsiya RSDRP (bolshevikov), Aprel 1917 goda,

Moscow 1958.

Serge, Victor, *Portraite de Staline,* Paris 1940.

Sergeev, F. A., *Statii, rechi, pisma,* Moscow 1983.

Shaumian, S., *Izbrannye proizvedeniya,* Moscow 1957 and 1978.

Shestoi sezd RSDRP(b), Avgust 1917 goda. Protokoly, Moscow 1958.

Shotman, A. V., "Kak iz iskry vozgorelos plamya," *Molodaya Gvardiya,* 1935.

Shveitzer, Vera, *Stalin v turukhanskoi ssylke. Vospominaniya podpolshchika,* Moscow 1940.

Sidamon-Eristoff, Prince Simon C., *For My Grandchildren: The Memoirs of Colonel Prince Simon C. Sidamon-Eristoff,* privately published.

Souvarine, Boris, *Staline,* Paris 1935.

Spandarian, S. (Timofei), *Stati, pisma, dokumenty 1882–1916,* Yerevan 1940 and 1958.

Stal, Ludmilla, "Rabotnitsa v Oktyabre," *Proletarskaya Revolyutsiya,* no. 10, 1922.

Stalin v vospominaniyakh sovremenikov i dokumentakh epokhi, ed. M. Lobanov, Moscow 2002.

Stalin, I. V. (K.), "K natsionalnomu voprusu: evreiskaya burzhuaznaya i bundovskaya kulturno-natsionalnaya avtonomiya," *Prosveshchenie,* no. 6, June 1913.

Stalin, I. V., *Sochineniya 1–13,* Moscow 1952–54.

Stalin, I. V., *Works 1–13,* Moscow-London 1953.

Stalin, I. V., "Sam o sebe, redakzionnaya pravka sobstevennoy biografii," *Izvestiya TsK KPSS,* no. 9, 1990.

Stalin, I. V., *Iosef Stalin v obyatiyakh semi: iz lichnogo arkhiva,* ed. Y. Murin and V. Denisov, Istochnik 1993 and Moscow 1993.

Stalin, I. V., *Slovo tov. Staliny,* ed. R. Kosolapov, Moscow 2002.

Stalin-Kaganovich Correspondence 1931–1936, ed. R.W. Davies, Oleg Khevnuik and E. A. Rees, New Haven 2003.

Stasova, E. D., *Stranitsy zhizhni i borby,* Moscow 1957.

Stasova, E. D., "Partiinaia robota v ssylke i v Petrograde," in *V gody podpolya: sbornik vospominii 1910g-fevral 1917,* Moscow 1964.

Stopani, A., *Iz proshlogo. Stati i vospominania iz istorii bakinskoi organizatsii i rabochego dvizheniia v Baku,* Baku 1923.

Sukhanov, N., *Zapiskie o russkoi revolyutsii,* Berlin 1922–23.

Sukhanov, N., *The Russian Revolution 1917: A Personal Record*, Oxford 1955.

Suliashvili, D., *Ucheniheskie gody*, Tbilisi 1942.

Sverdlov, Y., *Izbrannye proizvedeniya*, Moscow 1957.

Sverdlova, K.T., *Yakov Mikhailovich Sverdlov*, Moscow 1957.

Talakvadze, S., *K istorii Kommunisticheskoi partii Gruzii*, Tiflis 1925.

Toroshelidze, Minadora Ordzhonikidze, "Memoirs" (mss, Tbilisi).

Tovstukha, I. P., *Iosif Vissarionovich Stalin, Kratkaya biografiia*, Moscow and Leningrad 1927.

Trifonov, Y., *Otblesk kostra. Ischeznovenie*, Moscow 1988.

Trotsky, L. D., *Moya Zhizn*, Berlin 1930.

Trotsky, L. D., *Stalin*, London 1968.

Trotsky, L. D., *My Life*, London 2004.

Troyanovsky, Oleg, *Cherez godi i rasstoyaniya*, Moscow 1997.

Tsereteli, I. G., *Vospominaniya o fevralskoi revoliutsii*, Paris 1963.

Tsintsadze, Kote, "Chemi Mogonebani (My Memoirs 1903–1920)," *Revolyutsiis Matiane*, nos 2–3,Tiflis 1923–24.

Tsintsadze, Kote, *Rogor vibrdzolot proletariatis diktaturistvis, chemi mogonebani* (How to Struggle for the Dictatorship of the Proletariat: My Memoirs from 1903 to 1920), Tiflis 1927.

Uratadze, G., *Vospominaniya Gruzinskogo sotsial-demokrata*, Stanford 1968.

Vazek, I., *V gody podpolya* in *Rasskazy starykh rabochikh Zakavakazya o velikom Staline*, Moscow 1939.

Vereshchak, S., "Stalin v tyurme," *Dni*, 22 and 24 January 1928.

Voroshilov, K. E., *Stalin i Krasnaya Armiya*, Moscow 1937.

Voroshilov, K. E., *Rasskazy o zhizni*, Moscow 1968.

Vstrechi s tov. Stalinym, Moscow 1939.

Vstrechi s vozhdem. Sbornik vospominanii o vstrechakh s tov. Stalinym, Saransk 1940.

Yaroslavsky, E., *Landmarks in the Life of Stalin*, London 1942.

Yaroslavsky, E., "Tri vstrechi," *Pravda*, 23 December 1939.

Yenukidze, Abel, *Istoriya organizatsiya i raboty nelegalnykh tipografii RSDRP na Kavkaze za vremya ot 1900 po 1906g,* in Tekhnika bolshevistskogo podpolya, Moscow 1925.

Yenukidze, Abel, "Iz proshlogo nashei partei," in *Iz proshlogo. Stati i vospominaniya iz istorii bakinskoi organizatsii,* Baku 1923.

Yenukidze, Abel, *Nashi podpolnye tipografii na Kavkaze,* Moscow 1925.

Zhdanov, Yuri, memoirs of Stalin, *Komsomolsky Pravda,* 10 January 2007.

Zhordania, N. (interview by N. Vakar), "Stalin po vospominanyam N. V. Zhordania," *Poslednie Novosti,* 16 December 1936.

Zhordania, N., *Moya Zhizn,* Stanford 1968.

Zhukov, G. K., *Vospominaniya i razmyshleniya,* Moscow 1995.

2차 자료

Abramov, A. N., *Nachalo revolyutsionnoi deyatelnosti I. V. Stalina,* Leningrad 1939.

Agursky, M., "Stalin's Ecclesiastical Background," *Survey,* no. 4, 1984.

Akopian, G. S., *Stepan Shaumian,* Moscow 1973.

Antonov-Ovseenko, A., *The Time of Stalin: Portrait of Tyranny,* New York 1980.

Antonov-Ovseenko, A., *Stalin bez Maski,* Moscow 1990.

Applebaum, Anne, *Gulag: A History,* London 2003.

Ascher, Abraham, *The Revolution of 1905-Russia in Disarray,* Stanford 1988.

Ascher, Abraham, *The Revolution of 1905-Authority Restored,* Stanford 1992.

Avtorkhanov, A., *Stalin and the Soviet Communist Party,* London 1959.

Baberowski, Jorg, *Der Feind is überall: Stalinismus im Kaukasus,* Munich 2003.

Baedeker, Karl, *Baedeker's Russia,* London 1914.

Baynac, J., *Kamo: L'homme de main de Lénine,* Paris 1972.

Bezirgani, G., "Ko'ba i Kamo," *Perspektivi,* no. 6, 1991.

Biagi, E., *Svetlana: The Inside Story,* London 1967.

Black, Conrad, *FDR, Champion of Freedom,* London 2003.

Bjorkegren, Hans, *Ryska Posten: de ryska revolutionarerna i norden 1906–17,* Stockholm 1985.

Brackman, Roman, *Israel at Noon,* New York 2006.

Brackman, Roman, *The Secret File of Joseph Stalin: A Hidden Life,* London 2001.

Burleigh, Michael, *Sacred Causes: Religion and Politics from the European Dictators to Al Qaeda,* London 2006.

Carswell, John, *The Exile: The Life of Ivy Litvinov,* London 1980.

Charroux, Robert, "Révélations sur l'enfance de Staline," *Miroir de l'Histoire,* October 1963.

Clements, Barbara Evans, *Bolshevik Feminist: The Life of Alexandra Kollontai,* Bloomington, Indiana 1979.

Clements, Barbara Evans, *Bolshevik Women,* Cambridge 1997.

Cohen, S. F., *Bukharin and the Russian Revolution: A Political Biography,* London 1974.

Conquest, Robert, *The Great Terror: Stalin's Purge of the Thirties,* London 1973.

Conquest, Robert, *Stalin: Breaker of Nations,* London 1993.

Cooper, Julian, Maureen Perrie, and E. A. Rees (eds.), *Soviet History, 1917–53: Essays in Honour of R.W. Davies,* London 1995.

Dadiani, S., *Stalin v Chiaturu,* Tbilisi 1940.

Daly, Jonathan W., *Autocracy under Siege: Security Police and Opposition in Russia, 1866–1905,* DeKalb, Illinois 1998.

Daly, Jonathan W., *The Watchful State: Security Police and Opposition in Russia 1906–17,* DeKalb, Illinois 2004.

Daushvili, A., *Story of Soso Djugashvili,* Tbilisi 2000.

Delbars, Yves, *The Real Stalin,* London 1953.

De Lon, Roy Stanley, "Stalin and Social Democracy: The Political Diaries of David A Sagirishvili," unpublished dissertation, Georgetown University, Washington, D.C. 1974.

Delo provokatora Malinovskovo, Moscow 1992.

Deutscher, I., *Stalin: A Political Biography,* London 1966.

Dubinsky-Mukhadze, I. M., *Ordzhonikidze,* Moscow 1963.

Dubinsky-Mukhadze, I. M., *Shaumian,* Moscow 1965.

Dubinsky-Mukhadze, I. M., "Mikhail G.Tskhakaya (Tsakhaya)," *Voprosy Istorii KPSS,* no. 5, 1965.

Dubinsky-Mukhadze, I. M., *Kamo,* Moscow 1974.

Elliott, Geoffrey, *From Siberia with Love,* London 2004.

Elwood, R., *Roman Malinovsky: A Life without a Cause,* Newtonville 1977.

Emelianov, Y., *Stalin Put k Vlasti,* Moscow 2003.

Emuksuzian, V. S., *Suren Spandarian,* Moscow 1982.

Essad Bey, *Stalin: The Career of a Fanatic,* London 1932.

Essaiashvili, V. G. (ed.), *Orcherki istorii Kommunist Partii Gruzii,* Tbilisi 1957.

Ettinger, Elzbieta, *Rosa Luxemburg: A Life,* London 1988.

Farnsworth, Beatrice, *Alexandra Kollontai: Socialism, Feminism and the Bolshevik Revolution,* Stanford 1980.

Felstinsky, Y., *Bil li Stalin agentom Okhranki? Sbornik statei, materialov i dokumentov,* Moscow 1999.

Ferguson, Niall, *The World's Banker: The History of the House of Rothschild,* London 1998.

Ferguson, Niall, *The War of the World,* New York 2006.

Figes, Orlando, *A People's Tragedy: The Russian Revolution, 1891–1924,* London 1996.

Fishman, W. J., *East End Jewish Radicals,* London 1975.

Fishman, W. J., *Streets of the East End,* London 1979.

Fishman, W. J., *East End, 1888: A Year in a London Borough among the Labouring Poor,* London 1988.

Fuller, William C., Jr., *The Foe Within: Fantasies of Treason and the End of Imperial Russia,* Ithaca, New York 2006.

Futrell, Michael, *Northern Underground,* London 1963.

Geifman, Anna (ed.), *Russia under the Last Tsar: Opposition and Subversion, 1894–1917,* Oxford 1999.

Geifman, Anna, *Thou Shalt Kill: Revolutionary Terrorism in Russia, 1894–1917,* Princeton 1993.

Getzler, I., *Martov: A Political Biography of a Russian Social Democrat,* London 1967.

Getzler, I., *Nikolai Sukhanov: Chronicler of the Russian Revolution,* London 2002.

Gorodetsky, E., and Y. Sharapov, *Sverdlov,* Moscow 1971.

Guruli, Vakhtang, *Materials for Stalin's Biography,* Tbilisi 1998.

Hall, Coryne, *Imperial Dancer: Mathilde Kschessinskaya and the Romanovs,* London 2005.

Hamann, Brigitte, and Thomas Thorton, *Hitler's Vienna: A Dictator's Apprenticeship,* Oxford 1999.

Haupt, Georges (ed.), *Les Bolsheviks par eux-même* (Makers of the Russian Revolution), Paris 1969.

Hosking, G., *Rulers and Victims,* London 2006.

Ilizarov, B. S., *Tainaya zhizn Stalina. Po materialam ego bibliotek i archiva. K istoriografii stalinizma,* Moscow 2002.

Imnaishvili, R., *Kamo,* Tbilisi 1955.

Ivanova, L. (ed.), *Stranitsy slavnoi istorii. Vospominania o Pravde 1912–17g,* Moscow 1962.

Jones, J. Sydney, *Hitler in Vienna,* London 1983.

Jones, Stephen F., *Socialism in Georgian Colors: The European Road to Social Democracy, 1883–1917,* Cambridge, Massachusetts 2005.

Kaptelov, B., and Z. Peregudova, "Byl li Stalin agentom Okhranki?," *Rodina,* no. 5, 1989.

Kennan, George, *Historiography of the Early Political Career of Stalin,* American Philosophical Society, no. 3, 1971.

Kershaw, Ian, *Hitler 1889–1936: Hubris,* London 1998.

Khlevniuk, Oleg, *In Stalin's Shadow: The Career of Sergo Ordzhonikidze,* New York 1993.

King, Greg, *The Court of the Last Tsar,* London 2006.

Klier, J., and S. Lambroze, *Pogroms: Anti-Jewish Violence in Modern Russian History,* Cambridge 1992.

Knight, Amy, *Beria: Stalin's First Lieutenant,* Princeton 1993.

Kolesnik, A., *Khronika zhizni semia Stalina,* Kharkov 1990.

Kujala, Antti, "Russian Revolutionary Movement and the Finnish Opposition, 1905," *Scandinavian Journal of History,* no. 5, 1980.

Kujala, Antti, "Finnish Radicals and the Russian Revolutionary Movement, 1899–1907," *Revolutionary Russia* 5, December 1992.

Kujala, Antti, et al., *Lenin Ja Suomi,* Helsinki 1987.

Kun, Miklos, *Stalin: An Unknown Portrait,* Budapest 2003.

Lakoba, S., "Legendarnoe nacholo veka," *Sovetskaya Abkhazia,* no. 145, 28 July 1982.

Young Stalin

Lakoba, S., *Boeviki Abkhazii v revolyutsii 1905–7 godov,* Sukhum 1984.

Lakoba, S., *Ocherki politecheskoi istorii Abkhazii,* Sukhum 1990.

Lakoba, S., *Otvet istorikam iz Tbilisi,* Sukhum 2001.

Lakoba, S., et al. (eds.), *Istoria Abkhazia,* Gadaut 1993.

Lang, D. M., *Modern History of Georgia,* London 1962.

Lauchlan, Iain, *Russian Hide-and-Seek: The Tsarist Secret Police in St. Petersburg, 1906–14,* Helsinki 2002.

Lee, Eric, "Eremin Letter: Documentary Proof That Stalin Was Okhrana Spy?," *Revolutionary Russia* 6, June 1993.

Levine, Isaac Don, *Stalin's Great Secret,* New York 1956.

Lieven, D., *Russia's Rulers under the Old Regime,* New Haven 1989.

Lieven, D., *Nicholas II: Emperor of All the Russias,* London 1993.

Lincoln, W. Bruce, *Passage through Armageddon: The Russians in War and Revolution, 1914–18,* New York 1986.

Loginov, V., *Taini Stalina,* Moscow 1991.

London Landmarks: A Guide with Maps to Places Where Marx, Engels and Lenin Lived and Worked, London 1963.

Ludwig, E., *Stalin,* New York 1942.

McNeal, R., *Bride of the Revolution: Krupskaya and Lenin,* London 1973.

McNeal, R., *Stalin: Man and Ruler,* London 1985.

Maisky, Ivan, *Journey into the Past,* London 1962.

Marcou, Lily, *Staline: Vie privée,* Paris 1996.

Maskulia, A. V., *Mikhail Tskhakaya,* Moscow 1968.

Medvedev, Roy A., *Let History Judge: The Origins and Consequences of Stalinism,* London 1971.

Medvedev, Zhores A., and Roy A. Medvedev, *The Unknown Stalin,* London 2003.

Merridale, Catherine, "The Making of a Moderate Bolshevik: An Introduction to L. B. Kamenev's Political Biography," in Julian Cooper, Maureen Perrie and E. A. Rees (eds.), *Soviet History, 1917–53,* London 1995.

Montefiore, Simon Sebag, *Stalin: The Court of the Red Tsar,* London 2003.

Moore, James, *Gurdjieff,* Shaftesbury, Dorset 1991.

Moskalev, M. A., *Bolshevistskie organizatsii Zakavkazya periode pervoi russkoi revolyutsii,* Moscow 1940 (See also Chernenko).

Muravyova, L., and I. Sivolap-Kaftanova, *Lenin in London,* Moscow 1981.

Nikolaevsky, Boris, "Bolshevistsky Tsentre," *Rodina,* no. 3/5, 1992.

Nikolaysen, H., *SD Networks in Transcaucasia and Stalin: The Rise of a Regional Party Functionary, 1887–1902,* Stanford 1991.

Nikonov, V., *Molotov Molodost,* Moscow 2005.

Obolenskaya, R., *Kamo: The Life of a Great Revolutionist,* London n.d.

Ostrovsky, Alexander, *Kto stoyal za spinoi Stalina?,* St. Petersburg 2002.

Owen, Frank, *Three Dictators,* London 1940.

Palmer, Alan, *The East End: Centuries of London Life,* London 1982.

Pares, Bernard, *The Fall of the Russian Monarchy,* London 1939.

Pearson, Michael, *Inessa: Lenin's Mistress,* London 2001.

Phillips, Hugh D., *Between the Revolution and the West: A Political Biography of Maxim M. Litvinov,* Boulder, Colorado 1992.

Pipes, Richard, *Formation of the Soviet Union: Communism and Nationalism, 1917–23,* Cambridge, Massachusetts 1964.

Pipes, Richard, *Revolutionary Russia,* Cambridge, Massachusetts 1968.

Pipes, Richard, *Russia under the Old Regime,* London 1982.

Pipes, Richard, *The Russian Revolution, 1899–1919,* London 1990.

Pipes, Richard, *The Unknown Lenin,* New Haven 1996.

Pipes, Richard, *The Degaev Affair,* New Haven 2003.

Pope, Arthur Upham, *Maxim Litvinov,* London 1943.

Porter, Cathy, *Alexandra Kollontai,* London 1980.

Pospielovsky, Dmitri, *The Russian Church under the Soviet Regime, 1917–82,* New York 1983.

Rabinowitch, A., *Prelude to Bolshevism: The Petrograd Bolsheviks and the July 1917 Uprising,* Bloomington, Indiana 1968.

Rabinowitch, A., *The Bolsheviks Come to Power: The Revolution of 1917 in Petrograd,* Chicago

2004.

Radzinsky, E., *Stalin,* London 1996.

Radzinsky, E., *Alexander II,* New York 2005.

Raguza, Imam, *La Vie de Staline,* Paris 1938.

Rayfield, D., *Stalin and the Hangmen: An Authoritative Portrait of a Tyrant and Those Who Served Him,* London 2004.

Rayfield, D., "Stalin the Poet," *PN Review* 44, Manchester 1984.

Reiss,Tom, *The Orientalist,* New York 2005.

Richardson, R., *The Long Shadow,* London 1993.

Rieber, A., "Stalin: Man of the Borderlands," *American History Review,* no. 5, 2001.

Robbins, Richard G., *The Tsar's Viceroys,* Ithaca 1987.

Rokhlin, A., "Gde pryatali nezakonnorojdennogo syna Stalina?," *Moskovsky Komsomolets,* no. 114, 22 June 1996.

Roobol,W. H., *Tsereteli: A Democrat in the Russian Revolution: A Political Biography,* The Hague 1976.

Rothstein, Andrew, *Lenin in Britain,* London 1970.

Ruud, Charles A., and Sergei A. Stepanov, *Fontanka 16: The Tsar's Secret Police,* Quebec 1999.

Schorske, Carl E., *Fin de Siècle Vienna,* London 1961.

Service, R., *The Bolshevik Party in Revolution: A Study in Organizational Change,* London 1979.

Service, R., "Joseph Stalin: The Making of a Stalinist," in John Channon (ed.), *Politics, Society and Stalinism in the USSR,* London 1998.

Service, R., *Lenin: A Biography,* London 2000.

Service, R., *A History of Modern Russia from Nicholas II to Putin,* London 2003.

Service, R., *Stalin: A Biography,* London 2004.

Seton-Watson, H., *The Russian Empire, 1801–1917,* Oxford 1967.

Sheinis, Z., *Maxim Maximovich Litvinov,* Moscow 1989.

Shub, David, "Kamo: Legendary Old Bolshevik of the Caucasus," *Russian Review,* 19 July 1960.

Slavin, B., "Stalin i Okhranka," *Alternativy,* no. 1, 1990.

Slusser, R., *Stalin in October: The Man Who Missed the Revolution,* Baltimore 1987.

Smith, E. E., *The Young Stalin,* New York 1967.

Stugart, M. (readers' queries), *Dagens Nyheter,* Stockholm, 22 March 2004.

Sukhodeev, V., *Stalin v zhizn i legendakh,* Moscow 2003.

Sukhotin, Y., "Bastard krasnogo vozhda," *Chas Pik,* no. 189, 21 October 1995.

Suleymanov, Manaf, *Eskitdiklarim, Okhuduglarim, Gorduklarim* [What I Saw, What I
    Read,What I Heard; Russian title *Dni Minuvshie*], Baku 1996.

Suliashvili, D., *Uchenichesky gody,* Tiflis 1942.

Suny, R. G., "A Journeyman for the Revolution: Stalin and the Labour Movement in
    Baku, June 1907–May 1908," *Soviet Studies,* no. 3, 1972.

Suny, R. G., *The Making of the Georgian Nation,* London 1989.

Suny, R. G., "Beyond Psychohistory: The Young Stalin in Georgia," *Slavic Review* 50,
    Spring 1991.

Thompson, Bruce, *Hitler's Vienna,* London 1983.

Thompson, Bruce, *Schnitzler's Vienna,* London 1990.

Tolf, Robert W., *The Russian Rockefellers: The Saga of the Nobel Family and the Russian Oil
    Industry,* Stanford 1976.

Tucker, R. C., *Stalin as Revolutionary, 1879–1929: A Study in History and Personality,*
    London 1974.

Tucker, R. C., *Stalin in Power: The Revolution from Above, 1929–41,* New York and London
    1990.

Ulam, Adam, *Lenin and the Bolsheviks,* London 1966.

Vakar, N.: see Zhordania.

Vaksberg, Arkady, *Stalin's Prosecutor: The Life of Andrei Vyshinsky,* New York 1990.

Van Ree, Erik, "Stalin and the National Question," *Revolutionary Russia* 7, December
    1994.

Van Ree, Erik, "Stalin's Bolshevism: The First Decade," *International Review of Social
    History* 39, 1994.

Van Ree, Erik, "Stalin's Bolshevism: The Year of Revolution," *Revolutionary Russia* 13,

June 2000.

Vasileva, L., *Kremlin Wives,* London 1994.

Vasileva, L., *Deti Kremlya,* Moscow 2001.

Vitebsky, Piers, *Reindeer People,* London 2005.

Volkogonov, D., *Stalin:Triumph and Tragedy,* New York 1988.

Volkogonov, D., *Lenin: Life and Legacy,* London 1995.

Williams, Robert C., *The Other Bolsheviks: Lenin and his Critics, 1904–14,* Bloomington, Indiana 1986.

Yagubov, S., *Stalin byl voxhdem rabochego dvizheniya v Baku,* Moscow 1947.

Yergin, Daniel, *The Prize,* London 1991.

Zhukov, Y., "Gori-Tbilisi," *Novy Mir,* 12 December 1939.

찾아보기

Young Stalin

Young Stalin

지은이 사이먼 시백 몬티피오리

1965년에 태어났으며 케임브리지대학교의 곤빌앤카이어스 칼리지에서 역사를 공부했다. 저서로 새뮤얼 존슨상, 더프 쿠퍼상, 마시 전기상의 최종 후보작이었던 《예카테리나 대제와 포템킨》, 영국출판대상에서 올해의 역사책상을 수상한 《스탈린: 붉은 차르의 궁정》, 소설 《사센카》 등이 있으며, 국내 출판된 책으로 《예루살렘 전기》가 있다.

이 책 《젊은 스탈린: 강철 인간의 태동, 운명의 서막》은 영국에서 코스타 전기문학상, 미국에서 〈LA 타임스〉 북 프라이스의 전기문학상, 프랑스에서 정치인 전기 그랑프리, 오스트리아에서 크라이스키 정치저술상을 수상했다. 이 책은 10여 년에 걸쳐 23개 도시와 9개국에서 여러 목격자와 증인, 새로 공개된 기록보관소를 통해 진행한 연구와 조사의 산물이다.

몬티피오리의 책들은 전 세계 35개 언어로 번역 출판되어, 독자들의 폭넓은 지지를 얻고 있다. 영국 왕립문학협회의 회원이기도 한 그는 아내인 산타 몬티피오리와 두 자녀와 함께 런던에서 살고 있다.

옮긴이 김병화

서울대학교에서 고고학과 철학을 공부했다. 꼭 읽고 싶은 책을 더 많은 사람들과 함께 나누고 싶은 마음에서 번역을 시작하게 되었고, 그리하여 나온 책이 《음식의 언어》《행복할 권리》《증언: 드미트리 쇼스타코비치의 회고록》《세기말 비엔나》《파리, 모더니티》《장성, 중국사를 말하다》《신화와 전설》《투게더》《무신예찬》《웰컴 투 뉴스비즈니스》《두 번째 태양》 등 여러 권이다. 같은 생각을 가진 번역자들과 함께 번역기획 모임 '사이에'를 결성하여 활동하고 있다.

젊은 스탈린

2015년 8월 19일 초판 1쇄 인쇄
2015년 8월 26일 초판 1쇄 발행

지은이 | 사이먼 시백 몬티피오리
옮긴이 | 김병화
발행인 | 이원주
책임편집 | 이연수
책임마케팅 | 이지희

발행처 | (주)시공사
출판등록 | 1989년 5월 10일(제3-248호)

주소 | 서울 서초구 사임당로 82(우편번호 137-879)
전화 | 편집 (02)2046-2850 · 마케팅 (02)2046-2894
팩스 | 편집 (02)585-1755 · 마케팅 (02)588-0835
홈페이지 | www.sigongsa.com

ISBN 978-89-527-7458-3 03990